JN449250

| 개정증보판 |

역사 속의 한국철학

이종성

충남대학교출판문화원

| 개정증보판 |
역사 속의 한국철학

지은이 이종성
발행일 2021년 9월 30일 발행인 이진숙
펴낸곳 충남대학교출판문화원 주소 대전광역시 유성구 대학로 99
전화 042-821-6045 홈페이지 http://www.cnupress.co.kr E-mail cnupress@cnu.ac.kr

ISBN 979-11-6503-133-6 93150
정가 30,000원

이 책의 내용을 사용하려면 반드시 저자와 충남대학교출판문화원의 동의를 얻어야 합니다.
잘못 만들어진 책은 구입하신 서점에서 교환하여 드립니다.

| 개정증보판 |

역사 속의 한국철학

책 머리에

21세기 한국이라고 하는 땅에서 한국인으로 살아간다는 것은 도대체 나에게 어떤 의미가 있을까? 21세기적인 삶의 문법이 분명 존재할 것만 같은데, 지금 나는 도무지 그것을 알 도리가 없다. 지난 세기까지만 하더라도, 나는 한국적인 것이 무엇인지, 또한 시대정신이 무엇인지 조금은 알고 있었다고 생각된다. 그러나 그것은 하나의 착각이었을 것임에 분명하다.

지금의 나에겐 한국적인 것이 무엇이고 21세기적인 한국인의 삶이 어떤 것이며, 또한 우리의 삶은 어떠해야 하는 것인지를 묻는다는 것이 매우 어리석은 질문처럼 비쳐지기만 한다. 왜 이렇게 되었을까? 스스로에게 물어보지만 답변에 궁색하기만 하다. 도무지 이 시대에는 꿈, 희망, 이념, 지향 등과 같은 가치가 설 자리가 없어 보인다. 또 거기에다가 그 흔한 사랑까지도 온통 흔들리는 깃발처럼 요동칠 뿐이다. 바람이 움직이는지, 깃발이 움직이는지, 아니면 마음이 움직이는지, 그런 것에 대한 물음은 과잉된 관념의 액세서리에 지나지 않게 되었다. 그래서 더 난감할 뿐이다.

나에게 이와 같은 느낌의 체계가 생성된 것은 이 시대를 살아가는 특정한 소수 학생들의 문제의식 때문일는지도 모르겠다. 이미 죽어버린 철학의 시대에 화석이 되어버린 생각의 다발들을 좇아간들 그게 나와 그리고 이 시대와 무슨 상관이란 말인가? 내가 근자에 어떤 학생에게 들었던 저와 같은 종류의 말이 나의 뇌리에 강하게 박혀 있다. 그것이 나를 보이지 않는 차꼬로 마치 노예처럼 결박하고 있는 중이다. 진리? 존재? 인식? 가치? 철학? 한국철학? 더군다나 전통철학?…. 그런 것이 도대체 무슨 상관이 있단 말인가? 이와 같은 종류의 냉소적인 비판의 말이 비수처럼 또는 독화살처럼 나의 심장 한 가운데 날아와 박혀 있다. 깊은 상처는 실연의 아픔에서만 오는 것도 아니요, 이별의 고통에서만 오는 것도 아니다. 뱉어진 말은 바람처럼 흘러서 지나갔지만, 아직도 말에 머물러 있는 나는 고민스럽다.

오랜 시간을 두고 공부해온 동양적인 것, 수양이니 마음 챙김이니 좌망이니 하는 개념들에게 그저 미안할 뿐이다. 나는 지금에야 겨우 아직도 갈 길이 멀다는 것만을 확실하게 알게 되었다. 그래서 옛 성현들이 '임중도원'(任重道遠)이라고 하였는가 싶다. 나는 지금의 학생들이 인식하는 것과 같은 이러한 철학의 죽음을 어떻게 받아들여야 하고, 또한 어떻게 극복하면서 대응해 나아가야 하는 것인지 잘 모르겠다. 더군다나 한국인에게 한국인의 철학을 이야기해야 한다는 것이 혼돈스럽기만 하다. 과거의 철학자들이 모두 죽어버린 귀신같은 존재인데, 그들을 만난다는 것이 도대체 무슨 의미가 있느냐고 강변하던 어느 반인문학자의 말이 덩달아 지금 나의 뇌리에서 너울거린다. 울렁증이 인다. 나의 정신적 울렁증이 내가 들었던 말들을 휘발시키지 못하고 무의식의 저편에 남겨두었다는 증거다. 휘발되지 않은 저 같은 말들이 나의 울렁증의 봉인을 해제시키고 있는 중이다.

그러나 과거 없는 현재가 없고 현재 없는 미래가 없듯이, 지금의 내가 존재한다는 것은 과거라는 시간과 아무런 연결의 끈이 없이 그저 존재하는 것은 아닐 것이지 않겠는가? 적어도 나의 사유와 나의 행동에 연대되어 있던 수많은 지난 시간들의 기억과 인습과 관념과 행위들이 있었을 것이 아니겠는가? 내가 누구이며, 또한 어떻게 살아야 하는 것인지를 여전히 고민하는 나의 실존이 분명 여기에서 살아가고 있는 것이 아니겠는가? 인간이란 존재가 어쩔 수 없이 부여된 자신의 삶을 피동적으로 살다가 가버리면 되는 그런 존재라면, 나의 고민과 나의 질문은 모두 용도 폐기되어도 무관할 일이다.

인간이란 존재가 어디 그렇게만 살아가도록 이미 결정되어버린 존재이던가? 끊임없이 새로운 자아를 찾아, 또는 존재 자체를 찾아 앞으로 나아가게끔 되어 있는 존재가 아니던가? 또한 모든 가능성을 열어두고 살아야 하는 그런 존재가 인간이란 존재 아니던가? 존재가 아닌 실존이라고 말한다 하더라도 별다른 문제가 없을 것이지만, 나의 실존이 존재적 가치에서 멀어진 지 너무 오래된 것이 안타깝다. 그나마 이 땅에서 누군가처럼 숨 쉬고 울고 웃으면서 때로는 분노하고 때로는 어울려서 살던 살맛나는 저편의 기억을 조금이나마 이 시대에 소환할 수 있다면 그로써 족할 것 같다는 생각도 든다. 이 땅에서 벌어졌던 숱하게 고맙고 미안했던 일들을 교훈삼아서 오늘의 나를 단속하고 고양할 수 있는 기회를 만들어보는 것도 분명 가치 있는 일이 아닐까?

전통철학을 공부한다는 것은 지나간 시대의 삶의 문법을 되새김질하는 것이라고 본다. 소가 자신의 먹이를 되새김질하는 것처럼 말이다. 그러고 보니 불교의 가르침 하나가 불현듯 떠오른다. 같은 물을 마셔도 누가 그 물을 마시느냐에 따라서 전혀 다른 결과가 나온다는 가르침이다. 같은 물을 마셔도 젖소가 마시면 우유를 생산하지만, 독사가 마시면 독을 뿜어낸다는 진리가 새롭다. 결국 받아들이는 주체와 그의 관념이 문제다. 어떻게 받아들일 것인가가 문제다. 나의 관념도 나의 실천도 모두 나의 주체와 관련이 있다. 귀가 있어야 들리지 않겠는가? 마음이 있어야 들리지 않겠는가? 먼저 듣고자 하는 자세가 중요하다.

지금까지 숱한 시간의 조각들이 이어져온 우주의 시간에 비한다면 대수로운 것이 아닐지 모르겠지만, 한국인의 시간도 적지 않은 시간이 흘러왔음에 분명하다. 그 시간의 조각들 위에 서서 그나마 자신의 목소리를 남길 수 있었던 수많은 철학자들의 언어를 만난다는 것은 여전히 가치 있고 의미 있는 일일 것이라 본다. 그것은 내가 살아보지 못한 또 다른 삶에 대한 이야기이며, 내가 공유해보지 못한 공간적 역사 속의 삶의 대화라고 생각한다.

우리가 과거의 전통철학을 공부하는 것은 지나간 과거에 포박되기 위함이 아니다. 과거를 공부한다는 것은 과거로 돌아가고자 하는 환상이나 공상 때문이 아니기 때문이다. 그것은 '지금 여기'에서 살고 있는 나 자신의 삶과 우리의 공동체를 위한 하나의 귀감을 확보한다는 점에서 의미가 있다. 또한 과거의 지혜를 미래의 지남으로 활용하기 위한 실천적 방편을 확보한다는 점에서 의의가 있다. 우리가 아직 오지 않은 미래를 소중하게 끌어안아야 한다면 우리는 또한 지나간 과거를 반추하며 '지금 여기'에서 보다 진솔한 대화를 나누지 않으면 안 된다고 본다.

이 책에 실린 글들은 이러한 것들과 나눈 대화의 일종이다. 물론 그것이 나만의 대화였다는 점에서 하나의 독백의 산물일지 모르겠다. 그러나 이와 같은 독백도 나 혼자만의 생각으로 직조될 수는 없는 일이었음을 안다. 나보다 이전에 나와 같은 주제들을 놓고 고민하고 씨름했던 선배 철학자들의 발자취가 있었기 때문에 이러한 논의들이 다시 서게 되었기 때문이다. '역사 속의 한국철학'이라는 주제를 설정해 놓고 보니, 전통시대에 한국에서 활동했던 철학자들이 무수히 많았음을 재삼 확인하였다.

수많은 철학자들의 다양한 저술들이 자신의 따뜻한 숨결을 전해주고 있다는 것은 무척이나 다행한 일이다. 역사 속에 남겨진 다양한 종류의 철학적 저술들을 만나다 보니 정말 다양한 방식으로 사유하고 논쟁하고 또한 실천하면서 살았던 선배 철학자들의 목소리가 곁에서 들리는 것만 같았다. 그래서 내 딴에는 그들과 밤낮없이 대화하면서 그들의 생각과 그들의 삶의 결을 이해해 보고자 노력하였던 시간들이 마냥 고마울 뿐이다. 내가 살아보지 못한 삶의 양상이 때로는 불교인의 모습으로, 또 때로는 유학자의 얼굴로, 또 때로는 도가적 삶의 울림으로 전해져 왔다. 여러 가지 옷을 입어본 느낌이랄까? 색깔이 서로 다른 여러 가지 관념의 옷을 입고 나의 영혼도 다양한 대화에 참여할 수 있었음을 확인했다. 서로 다른 사유와 서로 다른 삶을 살았던 사람들의 수많은 목소리가 여전히 나의 귓전에 머물러 있다. 그들이 있었다는 것이 진정으로 행복한 시간이다.

역사와 철학은 떼려야 뗄 수 없는 관계에 있다. 이들은 마치 씨줄과 날줄처럼 종횡으로 교직되어 있다. 이 책은 한국의 역사 속에서 전개된 총 14개 주제의 철학적 논의들을 시간적 흐름에 따라 인물별로 선별하여 논의한 것이다. 항상 하늘의 자손임을 자부하며 하늘을 닮아 하늘처럼 생각하고 하늘처럼 삶으로써 이 땅에 하늘을 구현하고자 하였던 한국인의 철학적 사유가 이 책의 행간 곳곳에 배치되어 있다.

이 책은 단군신화의 원형적 세계관과 풍류정신, 원효의 화쟁사상과 무애행의 실천, 의상의 『화엄일승법계도』에 나타난 화엄사상, 지눌의 돈오점수와 정혜쌍수 사상, 삼봉 정도전의 불교 배척의 내용과 성격, 퇴계 이황의 철학적 입장과 '경'사상, 고봉 기대승의 학문정신과 철학사상, 우계 성혼의 도학적 삶과 학문연원, 율곡 이이의 대동사회론과 철학적 지향, 서계 박세당의 실학적 사유의 기초, 남당 한원진의 역사인식과 조선중화주의, 성담 송환기의 「태극도설」 해석의 기본입장, 간정 이능화 『조선도교사』의 학술사적 의의와 한계, 만해 한용운이 본 주체의 문제와 민족자결의 원칙에 관한 내용들을 시대적 인물과 주제에 따라 검토한 것이다.

인간의 현재는 지나간 과거를 부정하고 존재할 수 없다. 지나간 과거가 있기 때문에 현재가 있는 것이라고 본다면, 한국적 과거의 전통철학은 현대 한국인의 정신적 뿌리이자 삶의 자양분이라고 할 수 있다. 미래가 현재가 되고 현재가 과거가 되고 있는 엄연한 사실 앞에서, 우리가 지나간 시대의 철학적 사유를 반성적으로 되돌아보지 않으면 안 되는 이유가 있는 것이다. 그것은 아직 우리 앞에 도래하지 않은 새로운 미래를 보다 주체적으로 맞이하기 위한 인간주의적인 소망 때문이다. 이러한 점에 주목할 때, 이 책은 21세기를 살고 있는 현대 한국인의 삶의 방향성에 새로운 방향타를 제시할 수 있는 하나의 디딤돌이 될 수 있을 것이라 믿는다.

여기에 실린 글들의 절반 이상은 이전에 이러저러한 요청에 의해 발표되었던 것들이다. 대체적으로 중반 이후의 글들은 기 발표된 것들을 모았다고 볼 수 있다. 그러나 앞의 여러 편들은 새롭게 작성하여 이전의 것들과 모았는데, 애초에 기획하였던 생각만큼 충실한 결과를 내지는 못하였다. 이미 만들어져 있던 원고 중에서도 제외되었던 것들이 여러 편 있었지만, 또한 보완하여 시대별 맥락이라도 훑어보고자 한 내용 가운데도 뜻을 이루지 못한 것들이 많다. 특히 한국도가철학과 관련된 몇 편의 원고들이 의도적으로 제외되었다. 이것은 한국도가철학사와 관련된 또 다른 저서의 기획에 따른 불가피한 결정이었음을 고백한다. 이 책에 싣지는 못했지만 애초에 기획하였던 여러 가지 주제별 연구들이 향후 한자리에 모여질 수 있다면, 그래서 이 책의 미진함을 감추기 위한 방편에서라도 꼭 새롭게 보완될 수 있다면, 지금의 한없이 부족한 이 결핍감으로부터 조금이나마 해방될 수 있으리라 믿는다.

책을 출간할 때마다 느끼는 것이지만, 이와 같은 종류의 인문학 서적은 이미 시장성이 사라진 지 오래라는 것을 나는 안다. 그럼에도 전혀 아랑곳 하지 않고 기꺼이 출판을 독려해준 사람들과 기관이 있음에 감사하지 않을 수 없다. 충남대학교 인문과학연구소와 출판문화원은 이 책의 출생에 있어 산증인이며 산파와도 같은 존재였다. 특히 충남대학교출판문화원에는 이 책을 통해 두 번째 빚을 지게 되었다. 어찌 감사하지 않겠는가? 지면을 통해서나마 감사의 마음을 전한다. 또한 자료제공과 문장교정에 도움을 준 황국하, 오지환, 최민영 세 선생님에게 고마운 뜻을 전한다. 그리고 이 책을 통해 나와 대화를 나누었던 모든 선배 철학자들에게 감사드린다. 그들은 죽은 지 이미 오래되었지만 결코 죽지 않았음을 나는 안다. 그들은 죽어서 밤하늘의 별들이 되었을 것이라는 오래된 기억의 전설이라도 나는 믿고 싶다.

별이 총총히 나의 연구실로 내려앉는다. 지금, 이것은 하나의 사건임에 분명하다. 그리고 이것은 '불후의 정신'을 좇았던 선배 철학자들이 과거로부터 보낸 한소식이라고 굳게 믿기로 한다. 그리고 이것은 나의 초발심을 회상시키는 믿음의 귀환이라고 생각하기로 한다. 그러고 보니 오래 전, 학문세계에 대한 '귀명'(歸命)을 믿었던 시절이 나에게도 있었다.

2017년 6월 15일

충남대학교 인문관 연구실에서

이종성 삼가적다

목 차

일러두기

1. 주요 인명은 호를 사용하는 것을 원칙으로 하였고, 일부 예외적인 경우는 그대로 두었다.
2. 중국 인명의 경우 1911년에 일어난 신해혁명을 기준으로 그 이전의 인물들은 한국식 발음으로 적었고, 그 이후에 출생한 인물들에 대해서는 현대 중국식 발음을 따라 표기하였다. 일본 인명은 모두 일본식 발음에 따라 표기하였다.
3. 저서명은 겹낫표(『 』)를 사용하였고, 편명과 연구논문은 홑낫표(「 」)를 사용하여 구분하였다. 다만 전서 및 전집 안의 편명 가운데 일반적으로 저서로 널리 알려진 저술의 경우는 겹낫표로 표기하였다.
4. 이 책의 제07장부터 제14장까지는 이미 발표된 원고를 모아 책의 형태에 맞게 새롭게 수정 보완한 것이며, 제01장부터 제06장까지는 미발표된 원고들이다. 참고로 기존에 발표된 제07장부터 제14장 및 [부록]까지의 주제와 서지정보는 아래와 같다.

제07장: 「고봉과 율곡의 사상적 연계성」, 『동서철학연구』 제52호, 한국동서철학회, 2009.

제08장: 「우계 성혼의 도학적 삶과 학문연원」, 『우계학보』 제28호, 우계문화재단, 2010.

제09장: 「율곡 대동사회론의 철학적 지향과 해석의 전환」, 『동서철학연구』 제81호, 한국동서철학회, 2016.

제10장: 「서계 유학사상의 실학적 인식의 기초」, 『철학논총』 제61호, 새한철학회, 2010.

제11장: 「남당 한원진의 역사인식과 중화주의」, 『우암논총』 제5집, 충북대학교 우암연구소, 2011.

제12장: 「성담 송환기 「태극도설」 해석의 우주론적 의의」, 『공자학』 제29호, 한국공자학회, 2015. 및 「성담 송환기 「태극도설」 해석의 인간학적 의의」, 『인문학연구』 제101호, 충남대학교 인문과학연구소, 2015.

제13장: 「이능화 『조선도교사』의 학술사적 의의와 한계」, 『인문학연구』 제81호, 충남대학교 인문과학연구소, 2010.

제14장: 「만해 한용운의 주체의식과 민족자결주의의 문제」, 『대동철학』 제69호, 대동철학회, 2014.

[부록] 「탈경계 시대의 율곡학에 대한 인문학적 성찰」, 『율곡학연구』 제44집, (사)율곡학회, 2021.

제 01 장

단군신화의 원형적 세계관과 풍류정신

1. 단군신화와 역사·철학의 조응

지구상에는 수많은 민족과 국가가 존재하고 있지만 그들이 모두 자신의 고유한 문화와 역사, 철학 등을 가지고 생활하고 있는 것은 아니다. 자신의 문화와 역사, 철학 등의 여러 요소들을 갖추고 살아간다는 것은 단시일 내에 한시적으로 이루어질 수 없는 일이다. 여기에는 오랜 동안 축적되어 있었어야만 할 해당 구성원 사이의 상호 결속과 그 결속을 이끌어줄 수 있는 정신적 이념이 동시에 수반되어 전승되는 일이 전제되어야 한다. 따라서 어떠한 민족이나 국가 공동체가 자신의 고유한 문화, 역사, 철학을 가지고 있다는 것은 그 공동체의 자긍심 확보에 도움이 될 뿐만 아니라 그 공동체 구성원의 상호 연대성 확보에도 크게 이바지한다고 볼 수 있다.

특정한 민족이나 국가 공동체의 고유한 문화와 역사, 철학이 발생하는 시점에 그 공동체의 이념을 담은 신화가 있다는 것은 매우 흥미로운 일이다. 희랍철학이 있기 이전에 희랍의 신화가 있는 것처럼 중국에서는 중국철학의 전개 이전에 중국의 신화가 이야기되고, 한국에서는 한국의 신화가 이야기된다. 인도가 그렇고, 일본이 그러하며, 베트남 역시 마찬가지이다. 그래서 신화는 역사와 문화, 철학이 아닌 듯하지만, 그것은 하나의 역사이기도 하고, 또한 문화이기도 하며 철학이기도 하다.

엄밀히 말한다면, 신화는 각 개별 공동체의 역사와 문화, 철학을 산생시킬 역사 이전의 역사이며, 문화 이전의 문화이며, 철학 이전의 철학이라고 말할 수 있다. 이 말은 각 개별 공동체의 역사와 문화, 철학의 현실태 속에는 해당 공동체의 신화적 서사구조가 은연중 반영되어 있다는 것을 의미한다. 신화는 현존하는 개별 공동체의 정신적 고향이거나 사회적 경험 내지 주체적 삶의 소산임을 가리킨다. 신화의 외적 형식이 허구적 상상의 이야기일 수는 있지만, 그 허구적 상상의 발원이 현존하거나 이미 존재했던 해당 공동체 구성원의 삶의 이념과 양식을 포함하고 있는 것이다. 이러한 측면에서 신화의 내면을 추적하여 살펴본다는 것은 매우 의미 있는 일임에 분명하다.

한국에는 '단군신화'[1]가 존재한다. 물론 단군의 존재가 신화가 아니라 구체적인 하나의 역사임을 주장하는 경우도 있다. 여기서는 이와 같은 역사성 시비의 문제는 논외로 한다. 다만 일반적으로 논의되고 있는 것처럼 신화로서 그 내용을 수용할 것임을 전제한다. 그것도 단순한 허구적 공상의 이야기가 아니라 한국인의 원형적인 삶의 이념과 양식을 담고 있는 역사성을 내면화시킨 신화로서 독해할 것임을 전제한다. 역사의 의미가 '히스토리'(Historie)와 '게쉬히테'(Geschichte)라는 두 가지 측면이 있다는 점을 감안한다면,[2] 단군신화는 후자의 역

---

1) '단군'을 한자로 어떻게 표기할 것인가에 대한 논의도 있다. 일반적으로 '단군'의 '단'자는 '檀'이라는 글자로 통용되고 있지만, 이것을 '壇'으로 보지 않으면 안 된다고 주장하는 경우가 있다. 신채호(申采浩, 1880-1936)와 이능화(李能和, 1869-1943)는 '단군'의 표기가 후자와 같아야 한다고 보는 대표적인 인물이다. 그 이유와 구체적인 내용에 대해서는 이능화의 『조선도교사』를 참고하라. 또한 일연의 『삼국유사』 역시 후자와 같이 '단군'을 표기하고 있다.

2) 루돌프 불트만(Rudolf Bultmann, 1884-1976)은 '히스토리'와 '게쉬히테'라는 두 가지 개념을 구별한다. 그는 '히스토리'가 과거를 원인과 결과로 보고 거기서 사실적 정보망을 이끌어내는 반면, '게쉬히테'는 사건 자체가 하나의 현재적인 사건이 되어 한 개인의 인격적 실존을 드러내는 역할을 한다고 본다. 신화가 일정 부분의 역사성을 담지하고 있다는 해석은 특히 인간 실존의 문제를 드러내 준다는 역사성과 관련된다는 점에서 '게쉬히테'와 더 밀접한 관련을 가질 수 있음을 시사한다. '게쉬히테'에 주목할 때, 역사는 사실보다 더 중요한 의미의 영역이 있음을 간과할 수 없다. 이러한 역사관에 따를 때 모든 사건들은 현재와 관련된 지속성과 더불어 사건의 의미성을 갖는다고 볼 수 있다.

사성을 좀 더 많이 반영하고 있다고 할 수 있을 것이다.

단군신화는 내용의 특성상 실존적 차원의 역사성을 담지하고 있다. 이러한 특징 때문에 단군신화는 철학과 밀접한 연대를 갖는다. 단군신화에서 역사의 의미가 동시에 물어지고 있기 때문이다. 그리고 인간 실존의 방식과 그 이념이 명시적으로 논의되고 있기 때문이기도 하다. 이러한 측면에서 단군신화는 허구적인 이야기 세계에서 뛰쳐나와 구체적인 인간의 실존적 삶의 현실과 조응한다. 역사가 된 신화는 과거의 삶의 문법을 현재에 되살려 반성하고 아직 오지 않은 미래의 삶의 목적까지 현재화한다. 그것은 한국인이 가진 상징작용의 현재적 재현이며, 그 재현은 한 편의 서사시의 구조를 갖는다.

대부분의 신화들은 문학의 옷을 걸치고 나타난다. 그렇다고 누가 문학을 실재 그 자체라고 하겠는가? 단군신화에 나타난 이야기의 서사양식 역시 마찬가지이다. 그것을 누가 실재적인 사실이라고 보겠는가? 그러나 그 이야기의 서사구조를 추적해 들어가다 보면 이야기의 효과로 전달되는 진실의 세계가 있다는 것을 알게 된다. 현실적 지반이 없는 문학이 없듯이, 현실과 유리된 신화도 없기 때문에 우리는 그 진실의 세계와 필연적으로 만나게 된다.

한국적 상징작용을 구체적으로 담고 있는 단군신화는 하나의 철학일 수밖에 없다. 단군신화에 대한 해석은 항상 열려있다. 그러나 단군신화가 담고 있는 외면적인 신화적 의미의 세계가 철학이 되고 구체적인 실존적 삶의 문법이 되기 위해서는 그에 대한 현재적 해석이 제기되지 않으면 안 된다. 이 점에서 단군신화는 영원한 '현재적 지속성'을 갖는다.

그렇다면 이제 본문의 내용을 통해 그 '현재적 지속성'의 구조와 내용에 관해 좀 더 구체적으로 검토해보기로 하자.

2. 『삼국유사』에 기록된 단군신화의 자료

잘 알려진 것처럼 한국의 가장 오래된 신화는 단군신화이다. 한국인에게는 이 신화에 등장하는 주인공 '단군'이 한국인의 역사적 시조라는 오랜 믿음이 전제된다. 이 믿음의 기원이 정확하게 언제부터인지에 대해서는 이견이 있을 수 있겠지만, 문자의 기록으로 단군신화를 전해준 사람은 고려 충렬왕 때 불교의 승려였던 일연(一然, 1206-1289)이다. 물론 비슷한 시기에 이승휴(李承休, 1224-1300)는 『제왕운기』를 통해 단군신화의 기록을 남긴다. 그러나 그 전체적인 내용의 완정성에서 볼 때 그것은 일연의 기록을 넘어서지 못한다. 이밖에 단군신화를 거론하고 있는 저술로서는 『응제시주』, 『세종실록지리지』, 『고려사지리지』, 『동국여지승람』 등이 있다.

일연은 『삼국유사』에 단군신화에 관한 내용을 기록하고 있다. 여기서는 편의상 크게 세 부분으로 나누어 일연이 소개하고자 한 단군신화에 대한 기록의 입장을 검토해보기로 한다.

> ① 『위서』(魏書)는 다음과 같이 말한다. "지금으로부터 2,000년 전에 단군왕검이 있어서 아사달에 도읍을 정하고 새로 나라를 세워 국호를 조선이라고 불렀는데, 그때가 중국의 요임금이 즉위한 시기였다."[3]

인용문①에서는 단군의 존재가 '왕검'이라고 하는 현실적 군주의 모습으로 등장한다. 그가 조선이라는 나라를 세웠는데, 그 시기가 중

---

3) 『삼국유사』, 「紀異」, 〈古朝鮮〉, "魏書云: 乃往二千載, 有壇君王儉, 立都阿斯達, 開國號朝鮮, 與高同時."

국의 요임금의 시기라고 보고 있다. 문제는 이와 같은 기록이 한국의 것이 아니라 중국의 사서에 소개되어 있다는 것이다. 그 사서의 이름이 『위서』이다. 당연히 중국의 위나라 역사를 담은 사서가 『위서』임을 부정할 수 없다. 그렇다면 전국시대에도 존재했고, 『삼국지연의』의 시대에도 동일한 이름으로 등장하는 위나라는 구체적으로 어떤 시기의 위나라를 말하는 것일까?[4)]

『위서』의 기록대상인 이 위나라는 정황상 전국시대의 위나라일 것이라고 추정된다. 이 나라는 기원전 5세기에서 기원전 3세기 정도에 존립했던 국가이며, 『맹자』에 등장하는 양혜왕이 다스리던 나라이기도 하다. 이 나라의 역사를 담은 사서가 『위서』라고 추정된다. 그러나 아쉽게도 이 역사서는 오늘날 전해지지 않는다. 물론 일연이 살던 당시에 『위서』가 존재하지 않았을 가능성 역시 배제하기는 힘들다. 그럼에도 일연이 자신의 역사서 『삼국유사』에 자신 있게 인용하는 중국 측의 사서이고 보면, 이 서책이 완전히 존재하지 않았을 것이라고 판정하는 것도 무리가 따른다. 여기서는 『위서』의 존재유무보다는 적어도 일연이 살아가던 당대까지 중국에서도 단군의 존재와 단군조선의 존재를 인정하고 있었음을 명시적으로 시사하고 있다는 점이 더 중요하다. 단군신화가 허구적 상상력의 산물이 아닌 구체적 역사성을 반영하고 있다는 입장인 것이다.

일연은 계속하여 다음과 같이 말한다. 이것은 실제적인 단군신화의 본문에 해당하는 내용이다.

---

4) 『위서』에서 말하는 위나라가 과연 어느 시대의 위나라인가에 대해서는 일찍이 최남선의 문제제기가 있었다. 그러나 다양한 시대의 동명의 위나라가 다수 존재했다는 한계 때문에라도 그 위나라를 특정한 시대의 어떤 위나라라고 속단하는 것은 한계가 있다고 본다(김정학, 「단군신화와 토테미즘」, 『단군신화연구』(청주: 온누리, 1994), 66쪽 참조).

② 『고기』(古記)는 다음과 같이 말한다. "옛날에 환인(桓因)의 여러 아들들 중 환웅(桓雄)이 있어서 인간 세상에 내려가 세상을 구하고자 하는 뜻을 자주 나타내므로 아버지가 아들의 뜻을 헤아려 삼위태백(三危太伯)을 내려다보니, 가히 인간을 널리 이롭게 해줄 만했다. 이에 천부인(天符印) 세 개를 주어 내려가 다스리게 하였다. 환웅이 무리 3,000명을 거느리고 태백산 봉우리의 신단수(神檀樹) 아래 내려와 그곳을 신시(神市)라고 불렀다. 그가 바로 환웅천왕이다. 그는 장차 풍백(風伯), 우사(雨師), 운사(雲師)를 거느리고 곡식, 수명, 질병, 형벌, 선악을 주관하게 하는 등 무릇 인간의 360여 가지 일을 주관하며 세상을 이치로써 교화하였다. 이때에 한 마리 곰과 한 마리 호랑이가 같은 동굴에 살고 있었다. 그들은 항상 신웅(神雄)에게 인간이 되기를 기원하였다. 그러자 환웅은 신령스러운 쑥 한 묶음과 마늘 20개를 주면서 말하기를 '니희들이 이것을 먹고 100일 동안 햇빛을 보지 않으면 곧 인간이 될 것이다'라고 하였다. 곰과 호랑이가 이것을 받아서 먹고 근신하기를 3·7일(21일)만에 곰은 여자의 몸으로 변하였으나 호랑이는 근신하지 못하여 인간의 몸으로 변하지 못하였다. 웅녀(熊女)는 더불어 혼인할 사람이 없었기 때문에 날마다 단수(壇樹) 아래에서 잉태하기를 기원하였다. 이에 환웅이 잠시 변하여 웅녀와 결혼하여 아들을 낳았다. 그를 이름 하여 단군왕검이라 불렀다. 단군왕검은 중국의 요임금이 즉위한 지 50년인 경인년(庚寅年)에 평양성에 도읍을 세우고 비로소 조선이라고 일컬었다. 다시 도읍을 백악산 아사달로 옮겼으니, 이를 궁홀산(弓忽山)이라고도 하고 금미달(今彌達)이라고도 한다. 그는 1,500년 동안 여기에서 나라를 다스렸다."[5]

---

5) 『삼국유사』, 「紀異」, 〈古朝鮮〉, "古記云: 昔有桓因庶子桓雄, 數意天下, 貪求人世, 父知子意, 下視三危太伯可以弘益人間, 乃授天符印三箇, 遣往理之. 雄率徒三千, 降於太伯山頂神壇樹下, 謂之神市, 是謂桓雄天王也. 將風伯雨師雲師, 而主穀主命主病主刑主善惡, 凡主人間三百六十餘事, 在世理化. 時有一熊一虎, 同穴而居, 常祈于神雄, 願化爲人. 時, 神遺靈艾一炷 蒜二十枚曰: 爾輩

인용문②에서는 또 하나의 전거를 인용하여 단군신화를 소개한다. 일연은 단군신화가 자신이 독창적인 상상력을 가지고 조작해낸 이야기가 아님을 강조하기 위한 방편으로 이와 같은 수사학을 제시한다. 앞선 인용문①에서는 중국 측 역사서를 제시했던 것과는 달리 인용문②에서는 한국 측 사서를 제시한다. 『위서』가 전해지지 않는 것처럼 『고기』라는 한국의 역사서도 오늘날 전해지지 않는다. 『위서』의 실체성 유무가 확실하지 않은 것처럼 『고기』의 실체성 여부도 정확하게 그 유무를 논정하기 어려운 한계가 있다. 그러나 적어도 신화가 역사와 만나고 있음이 중요하다. 이에 대한 구조적 특성과 내용에 대해서는 장을 달리하여 살펴보기로 한다.

> ③ 주(周)나라 호왕(虎王)이 즉위한 기묘년에 기자를 조선에 봉하므로 이에 단군은 장당경(藏唐京)으로 옮겼다가 뒤에 돌아와서 아사달에 숨어 산신이 되니, 이때의 나이가 1,908세였다고 한다.[6]

인용문③은 단군의 시대적 맥락이 후대로 내려와 있음을 시사한다. 1,908년의 시간이 경과한 후에 단군조선에 피치 못할 위기가 도래했음을 시사해 준다. 또한 이 기록은 적어도 주나라 초기까지는 단군조선이 존재했음을 알려주는 자료적 성격을 갖는다. 기자조선의 성립과 더불어 단군이 장당경으로 옮겼다가 그 뒤에 아사달에 가서

食之, 不見日光百日 便得人形. 熊虎得而食之忌三七日, 熊得女身, 虎不能忌而不得人身. 熊女者無與爲婚, 故每於壇樹下, 呪願有孕, 雄乃假化而婚之, 孕生子, 號曰壇君王儉. 以唐高卽位五十年庚寅卽位元年戊辰, 則五十年丁巳, 非庚寅也, 都平壤城, 始稱朝鮮. 又移都於白岳山阿斯達, 又名弓忽山, 又今彌達, 御國一千五百年."

6) 『삼국유사』, 「紀異」, 〈古朝鮮〉, "周虎王卽位己卯, 封箕子於朝鮮, 壇君乃移於藏唐京, 後還隱於阿斯達爲山神, 壽一千九百八歲."

산신이 되었다는 이야기는 단군의 영속성을 전해준다.

이상과 같이 일연은 역사적 서술을 준행하는 기록자의 입장에 충실한 모습을 보여준다. 자신이 철저하게 자료에 의거하여 단군신화를 기록하고 있음을 밝히고 있는 것이다. 일연은 그 기초자료가 『위서』와 『고기』임을 전제한 후 자신의 부가적 견해를 수록하는 태도를 전면적으로 배제하면서 단순한 인용만으로 단군신화를 전달하는 태도를 보여준다. 기록자가 주관적 입장을 배제하고 객관적 자료만으로 의사전달을 수행할 때 그 기록의 진정성은 상대적으로 증대된다는 점을 일연은 잘 알고 있었던 것이다.

전반적으로 일연의 기록 이면에서 단군신화의 역사적 전승이 매우 오래 되었다는 것이 감지된다. 이러한 맥락에서 단군신화에 전승되고 있는 한국적 세계관의 특징과 의의는 어떤 것인지 구체적으로 살펴볼 필요성이 있을 것이다. 우선 단군신화의 내용을 구조적으로 분석할 경우 확인되어지는 신과 인간의 여러 유형에 대해 살펴보기로 하자.

3. 단군신화에 나타난 신과 인간의 유형

신화는 상징과 밀접한 관련을 갖는다. 인간 이외의 어떠한 동물도 상징작업을 수행해내지 못하는 것이 사실이라면 신화는 인간의 이야기일 수밖에 없다. 단군신화 역시 한국인이 오랫동안 견지해 온 신과 인간의 이야기이다. 단군신화에는 신도 등장하고 인간도 등장한다. 그리고 이들 상호간의 구체적인 상호 관계성도 논의된다. 신화가 갖는 이러한 성격은 공동체정신과도 밀접한 관련을 갖는데, 단군신화는 한국인의 신화인 한에서 한국인의 저변에 흐르고 있는 정신적 이념세계와 근원적으로 맞닿아 있다. 그렇다면 한국인이 조형해 낸 신과 인간의 모습은 어떠한 것이었을까? 이에 대해서는 각각 네 가지의 유형이 확인된다. 그 각각의 내용을 살펴보면 아래와 같다.[7]

1) 네 가지 신격의 유형

장덕순은 단군신화에 나타난 신격의 단계는 천상에 뜻을 둔 신(환인)→지상에 뜻을 둔 신(환웅)→인간(단군)으로 구분되어 신→인간의 경로가 명확하다고 본다.[8] 윤천근은 이를 좀 더 세부적으로 분석하여 신의 유형을 네 가지로 규정한다. 그는 ① 제1의 신격으로서 환인, ② 제2의 신격으로서 환웅, ③ 제3의 신격으로서 풍백, 우사, 운사 등의 자연신, ④ 제4의 신격으로서 지상에서 신이 된 산신이라는 네 가지 신격을 상정한다. 이들 네 가지 신격의 유형은 각각 절대신격, 부속신격, 보조신격, 독립신격이라고 특징지을 수 있다고 본다.[9]

다만 윤천근은 이러한 네 가지 신격에 대한 규정에서 산신의 특성을 독립신격이라고 정의하지는 않았다. 그는 오히려 제1의 신격인 환인이 독립신격의 특징을 가진 절대신격이라는 것을 명시한다.[10] '독립신격'의 개념은 넓은 의미에서 제1의 신격뿐만 아니라 제4의 신격에도 적용할 수 있을 것이다. 이 개념은 애초부터의 태생적 독립성이라는 의미와 기존 세계로부터 제2차적으로 형성된 새로운 독립성이

---

7) 이에 대해서는 윤천근의 분류를 따라 서술할 예정이다. 윤천근은 「단군신화에 대한 분석」(『한국인의 철학』(서울: 도서출판 외계사, 1992), 23-28쪽)에서 인간의 유형과 신의 유형을 분석하여 소개하고 있다. 여기서는 윤천근의 분석을 근거로 이를 수정 보완하여 논의할 것임을 전제한다.

8) 장덕순, 「단군신화의 문학적 시고」, 『단군신화연구』, 241쪽 참조.

9) 윤천근, 「단군신화에 대한 분석」, 앞의 책, 27-28쪽 참조.

10) 윤천근, 「단군신화에 대한 분석」, 앞의 책, 23쪽 참조.

라는 의미가 모두 포함될 수 있다. 여기서는 독립신격의 의미를 기존의 세계로부터 새로운 독립성을 확보했다는 협의의 특성으로 제한해 보기로 한다. 따라서 여기에서는 제4의 신격인 산신의 존재만을 특별히 독립신격이라고 규정하기로 한다. 그렇다면 각각의 네 가지 신격은 어떠한 특징을 가지고 있는지 살펴보기로 하자.

① 제1의 신격인 환인은 하늘에 자신의 존재기반을 마련하고 있는 신격이다. 환인은 상징적으로 광명의 근원이다. 한마디로 그는 빛의 존재이다. 지상의 모든 존재자들이 빛이 없으면 자신의 생명을 유지할 수 없는 것처럼 환인은 모든 생명의 근원이다. 모든 에너지가 또한 환인으로부터 말미암는다. 그야말로 그는 일체 사물의 존재의 근거요 생명의 원인이면서, 세상의 지속성을 유지하게 하는 운동성의 담지자이다. 그럼에도 단군신화에 묘사된 환인의 특성은 자신의 의지를 인간세계에 직접 행사하지 않는 것으로서 나타난다. 그의 뜻을 대행하는 신격이 달리 상정되어 있다는 점이 그 방증이다. 이와 같은 환인의 존재는 최고, 전능, 영원, 전지 등의 속성을 가진 존재성을 갖는다. 또한 그는 어떠한 한에 있어서도 결코 인간 형태적인 모습을 지니지 않으며, 인간의 의지에 의하여 어떤 신빙한 장소에 넣어지거나 다른 인간의 육체에 담겨질 수 없는 존재성을 갖는다.[11]

② 제2의 신격인 환웅은 환인의 여러 아들 가운데 한명이다. 환웅은 절대신격인 환인의 존재와 인간세계를 매개해주는 부속신격이라는 특성을 갖는다. 그는 환인의 입장을 인간세계에 직접 구현하는 신격이다. 그러므로 절대신격과 인간세계의 중심에 자리 잡고 있는 신격이 바로 환웅인 것이다. 이은봉에 따르면, “초월적 세계의 연속과 보존이 그대로 유지되어 있어야 하는 아버지가 있어야 하며, 그 아버

[11] 이은봉, 「단군신화를 통해 본 천신의 구조」, 『단군신화연구』, 172쪽 참조.

지의 뜻을 따라 초월성을 운반하는 동반자로서의 아들이 있어야 하며, 그것을 완성시키는 지상세계의 활동자가 있어야 한다"[12]고 한다. 환웅은 지상세계에 아버지 환인의 뜻을 운반하는 존재인 것이다. 물론 그가 관여하는 세상의 범주는 인간에게만 머무는 것이 아니다. 곰과 호랑이의 기원을 들어주는 신화의 내용을 볼 때, 그는 일체 만물의 세계에 직접적으로 관여하는 존재임이 확인된다. 그러나 그가 가장 잘 다스리고 싶었던 세상은 인간세상이었다. 그의 목표는 '널리 인간을 이롭게 하는 것'이었던 바, 바로 '홍익인간'의 구현이었다. 환웅의 의지와 의식은 늘 평화로운 인간세상을 지향한다.

③ 제3의 신격인 풍백, 우사, 운사 등의 자연신들은 제2의 신격인 환웅에 부속되어 있다는 점에서 보조신격의 성격을 띤다. 이른바 부속신격에 부속되어 있기 때문에 보조신격의 성격을 갖는 것이다. 이들은 단일성을 갖지 않는다. 보조신격은 그 자체적으로 다원적 신격의 성향을 띤다. 그 다원성을 가진 다양한 신격들은 단군신화에서 유독 농경신의 특징으로 나타난다. 단군신화의 배경에 농업경제사관이 깊이 관류하고 있음을 알 수 있다. 그러나 이 보조신격은 여러 가지 다양성을 갖는다는 점에서, 새로운 삶의 터전에서는 얼마든지 다른 양상으로 나타날 수 있는 가능성을 안고 있다. 단군의 시대이기 때문에 주요 보조신격이 농경신의 요소로 상정되었다고 보는 것이 좋을 것이다.

④ 제4의 신격인 산신의 존재는 여러 가지 신격 가운데 유일하게 지상에서 신이 된 경우이다. 지금의 세상에서는 이러한 사유가 전연 근거가 없다고 보겠지만, 적어도 한국을 비롯한 동아시아의 고대사유에서는 이와 같은 사건은 가능한 것으로 이해되었음에 주목할 필

12) 이은봉, 「단군신화를 통해 본 천신의 구조」, 앞의 책, 176쪽.

요가 있다. 그것이 비록 이념적 바람의 산물일지언정 인간이 신이 된다는 서사구조는 다양한 형태로 존재한다. 한국인이 산을 중심으로 하늘을 발견하고 자신의 나라를 건설한 주체였음이 산신이라는 존재성으로부터 확인된다. 그는 지상에서 여러 가지 한계와 간난을 극복하고 독립한 존재라는 특성이 있다. 그는 특정한 인간세상에서 독립한 존재이기 때문에 다른 인간이나 집단에 의하여 지배되거나 종속되는 법이 없다. 이러한 점에서 그는 특별히 독립신격이라는 특징을 갖는다. 단군이 아사달에 들어가 산신이 되었다는 말은 지상최고의 존재가 되었다는 말이다.

2) 네 가지 인간의 유형

윤천근은 단군신화에 나타난 인간의 유형 역시 신의 유형이 네 가지로 분류되는 것처럼 네 가지 유형으로 분류된다고 본다. 그가 분류한 인간의 네 가지 유형은 ① 제1의 인간형으로서 환웅이 거느리고 내려온 무리 3,000, ② 제2의 인간형으로서 곰이 변화한 웅녀, ③ 제3의 인간형으로서 환웅과 웅녀 사이에서 태어난 단군, ④ 제4의 인간형으로서 지상에서 신으로 변화한 산신이라는 네 가지 인간형이다.[13]

이때 제4의 신격과 제4의 인간형이 '산신'이라는 점에서 동일한 존재임이 확인된다. 이것은 단군신화의 세계관이 신의 존재만을 위한 천국을 지향한다거나 인간의 존재만을 위한 인간세상을 상정하지 않았음을 보여주는 사례로서 독해된다. 신은 인간에게 어떠한 방식으로든 관여하게 되어 있고, 인간 역시 신의 존재성과 다양한 방식으로 연계되어 있음을 알려준다. 그 최종 정점이 바로 제4의 신격과 제4의

13) 윤천근, 「단군신화에 대한 분석」, 앞의 책, 23-27쪽 참조.

인간형인 것이다.

① 제1의 인간형은 무리 3,000의 존재이다. 이들은 본래 하늘에서 환웅이 거느리고 내려온 존재들로서, 경우에 따라서는 인간의 유형이 아니라 신의 유형으로서 해석될 소지가 다분한 존재들이다. 이것은 지상에 인간존재가 살고 있었음을 전제하거나 아니면 그것을 부정하는 세계관과 연대한다. 윤천근은 이 점에서 후자의 견해를 제시함으로써, 본래 하늘에 살고 있던 인간존재를 지상으로 이주시킨 것으로 독해한다.[14] 이와 같은 해석은 한국인의 존재의의를 하늘과 직결시키는 것임과 동시에 한국인이 본래 하늘의 자손인 '천손족'이라는 것을 공표하는 것이기도 하다. 그리고 이들 '천손족'이 이주해 온 지상의 '새로운 터전'은 두 말할 것도 없이 '홍익인간'을 구현할 '새 터'였던 것이다.

② 제2의 인간형은 곰이 변화한 웅녀이다. 단군신화는 신이 인간이 되기도 하지만, 짐승이 인간이 되기도 한다. 세상만물의 바람의 중심이 인간존재에게 초점이 맞추어져 있다. 그만큼 인간존재에 대한 자기중심성과 철저한 자기긍정이 단군신화의 배면에 깔려 있음이 확인된다. 문제는 곰의 존재가 과연 무엇을 의미하는가 하는 점인데, 이에 대해서도 동물인 곰과 곰의 토템을 가지고 있는 인간이라는 의견이 있다. 그러나 그것이 구체적으로 무엇을 의미하든지 간에 한 가지 분명한 것은 그 곰의 존재성은 인간의 범주, 보다 분명하게 말하면 인간다운 인간의 범주에는 아직 미치지 못한다는 점이다. 그 자체 동물성을 대표하는 곰이 단군신화에서 호랑이를 버리고 선택받았다는 것도 의미가 있는데, 이것은 당대 동아시아의 토템사상과 밀접한 관련이 있다. 호랑이는 용맹하기는 하나 그 용맹성이 영원하지 못하지만, 곰

---

14) 윤천근, 「단군신화에 대한 분석」, 앞의 책, 14쪽 참조.

은 누구보다 성실하고 근면할 뿐만 아니라 불사의 존재와 같은 영원성을 갖는다는 의의가 있다. 곰은 죽지 않는다. 죽더라도 언제든 재생한다는 신념이 고대 동아시아에 공존하고 있었다.[15] 한국인은 그 불사의 관념, 특유의 재생관념을 전유하는 신화를 단군에게 불어넣은 것이다. 한국이 900여 차례의 외침을 받아오면서도 불사의 존재처럼 다시 살아날 수 있었던 데는 이와 같은 곰의 이념이 항상 작용하고 있었던 것이라 볼 수 있다. 동물성이 인성의 범주로 변화한 경우가 제2의 인간형인 '웅녀'[16]라는 점은, 지상에서 탄생한 제1의 인간형이 웅녀라는 점과 일치한다. 이러한 맥락에서 본다면, 지상세계는 수많은 다양성을 가진 웅녀 같은 '그녀들'의 진솔한 삶의 현장임을 알 수 있다. '그녀들'에 의해서 새로운 인간이 끊임없이 생성되고 있기 때문이다.

③ 제3의 인간형은 환웅과 웅녀 사이에서 태어난 단군이다. 단군은 전체적으로는 제3의 인간형에 해당하지만 지상에서 탄생한 제2의 인간형이기도 하다. 그는 아버지의 신격과 어머니의 물격을 동시에 갖추고 있는 중도적 존재이다. 그는 어머니인 웅녀의 불완전한 속성을 지니고 있으면서도 아버지인 환웅의 완전한 속성을 가지고 있는 존재이다. 이러한 측면에서 단군은 하늘과 같은 존재성을 갖는 한편 지상의 동물성을 배제하지 못하는 존재성을 갖는다. 태생적으로 단군은 두 가지 속성의 길항으로 고민할 수밖에 없는 존재이다. 결과적으

---

15) 이것은 우왕의 신화에 밀접한 관련이 있다. 우왕은 곤의 아들인데 순임금이 축융에게 곤을 죽이게 하니 그 뱃속에서 우가 태어났다고 한 『산해경』 곽씨전의 우화를 비롯하여 곤이 우산에서 황웅으로 변화하였다는 『사기정의』의 내용이 대표적인 예에 해당한다(조지훈, 「동방개국설화고」, 『단군신화연구』(청주: 온누리, 1994), 230쪽 참조).

16) '웅'(고마 또는 개마)의 의미가 '곰' 또는 '검'이라는 점을 염두에 둘 때 웅녀는 일종의 지모신의 의의를 갖는다. 또한 그것은 북방토템의 대표성을 갖는다고 보는 이도 있다(유동식, 「시조신화의 구조」, 『단군신화연구』, 104쪽 참조).

로 단군은 어머니의 물성을 어떻게 교화하여 참다운 인성으로 바꾸어 나아가느냐 하는 과제를 안고 있는 존재이면서, 아버지의 신성을 지상세계에 어떻게 구현할 것인가 하는 과제를 한 몸에 떠안고 있는 존재라고 말할 수 있다. 그는 끊임없는 자기 교화와 반성이 필요한 존재이면서 동시에 새로운 인간의 유형에 맞게 세계를 재창조하면서 살아야 하는 실천적 존재인 것이다. 자신의 실천적 존재성에 충실한 단군은 이중의 속성을 가지면서도, 그 이중의 속성을 하나로 통일할 수 있는 역량을 발휘한다. 그래서 그는 제정일치적 측면의 '단군'(당골)이라는 제사장적 존재면서도 현실의 정치적 군장으로서 '왕검'이라고 표현되어지는 존재성을 갖게 되는 것이다.[17)]

④ 제4의 인간형은 지상에서 신으로 변화한 단군의 존재이다. 단군신화 안에서 그는 산신의 지위에 올라간 사람이다. 그가 산신이라는 점은 일상의 인간의 범주를 넘어섰다는 것을 의미한다. 본래 동아시아에서는 전통적으로 인간이면서도 인간의 범주를 넘어선 인간의 유형에 관심이 많았다. 특히 도가철학에서는 '신인'과 같은 새로운 인간상을 제시하기도 한다.[18)] 도교에서는 '신선'과 같은 존재가 상정되기도 한다. 단군신화에 등장하는 산신은 인간이 이루어낼 수 있는 최상의 존재의 위격이다. 그것이 가능할 수 있었던 기본인자는 아버지 환웅의 신성에서 비롯된다는 것을 부정할 수 없다. 산신은 아버지와 같

---

17) 손진태, 「단군신화에 표현된 사상의 특색」, 『단군신화연구』, 52쪽 참조.

18) 『장자』에는 '신인'의 다양한 특성이 많은 곳에서 설명된다. 대체적으로 그는 오곡을 먹지 않고도 살아갈 수 있고, 뜨거운 불속에 들어가도 죽지 않으며, 깊은 물에 들어가도 익사하지 않는 존재로서 묘사된다. 유신론적 세계관과는 거리가 먼 장자가 이와 같은 '신인'의 존재를 언급하고 있다는 것은, 하나의 은유이다. 신과 같은 특성을 갖는 인간이 어떠한 방식으로 세상과 대응해야 하는지에 대한 역설이기도 하다. 단군신화의 산신도 크게 다르지 않을 것이라 본다.

아진다는 의미일 것이다. 지상의 많은 아들들이 나이가 들어가면서 아버지를 닮아가는 모습이 단군에게서도 확인된다. 그는 독립된 신격이면서 또한 독립된 인간의 유형에 해당한다. 아무도 그를 지배하거나 종속시킬 수 없다. 그는 이미 최고의 자유의 경지에 들어가 있기 때문이다. 이러한 제4의 인간형에 비추어본다면, 그 어떠한 외부적 요인도 한국인을 무단적으로 지배할 수 없음이 자명하다.

이상과 같은 네 가지 인간의 유형은 각각의 특징이 있다. 무리 3,000으로 표상되는 제1의 인간형은 하늘의 속성을 띤 순진성을 갖는 존재이기는 하나 '주체의 발견'이라는 점에 기준을 두고 본다면, 그는 '종속적 인간형'에 머무는 존재일 뿐이다. 또한 제2의 인간형에 속하는 웅녀는 반(半) 종속적 인간형, 제3의 인간형에 속하는 인간 단군은 반신반인(半神半人)으로서 반(半) 자율적 인간형, 제4의 인간형에 속하는 산신 단군은 자율적 인간형에 해당한다고 규정할 수 있다.[19]

4. 단군신화의 철학적 의의

그렇다면 단군신화의 철학적 의의는 무엇일까? 이와 관련하여 『윤리와 사상』(2003)이라는 고등학교 교과서는 다음과 같은 다섯 가지 특징을 제시한다. 첫째, 인간 중심적 사고인 인본주의를 들 수 있다. 둘째, 자연으로서의 하늘과 땅이 인간과 합하여 하나가 되었다는 천인합일의 사상을 표현하고 있다. 셋째, 환웅과 웅녀의 결합은 자연과 인간의 조화라는 측면에서 조화정신의 의미로 파악할 수 있다. 넷째, 홍

---

19) 윤천근, 「단군신화에 대한 분석」, 앞의 책, 23-27쪽 참조.

익인간의 정신을 구현하는 것이다. 다섯째, 단군신화는 평화주의적 성격을 담고 있다.[20]

이러한 다섯 가지 철학적 의의는 일찍이 유남상의 「한국고대사상에 나타난 인본정신」(1977)에서 그 대체가 언급된 바 있다.[21] 여기에서는 유남상이 제시한 단군신화의 철학적 의미를 기준삼아 앞의 교과서에 수록된 다섯 가지 내용을 참고하여 그 의의를 여섯 가지 측면에서 논의해보기로 한다.

첫째, 인간 지향적인 세계관을 반영한 인본주의의 특징이 있다. 천신인 환웅은 천상 세계에 있으면서도 인간 세상에 내려와 살기를 원하였고, 곰과 호랑이도 인간이 되기를 원하였다. 이것은 일종의 인간 지향적인 세계관이라고 할 수 있는 것으로서, 강한 인본주의적 사고방식을 보여준다. 하늘의 신적 존재도 인간을 지향하고 지상의 물적 존재도 인간을 지향한다는 독특한 세계관이 확인된다는 점 때문이다. 이러한 사고방식은 한국철학사에 흐르고 있는 인본주의적 전통의 바탕이 되었다. 서양의 존재 지향성은 이러한 단군신화의 존재 지향성과 차별화되는 측면이 있다. 특히 물격과 인격의 상호 전환의 문제에 있어서 인간이 동물로 변화하여 자신이 가진 평소의 능력 이상의 권능을 발휘하는 서양의 '늑대인간'은 도리어 동물이 인간으로 변화하고자 하는 한국의 '여우인간' 구미호의 존재 지향성과 확연한 차

20) 교육인적자원부, 『윤리와 사상』(서울: 지학사, 2003), 75-77쪽 참조.

21) 유남상, 「한국고대사상에 나타난 인본정신」, 『새마음논총』 창간호, 충남대학교 새마을연구소, 1977, 81-87쪽 참조. 유남상이 분석한 단군신화의 다섯 가지 의의는 다음과 같다. ① 인간 지향적 우주관에 의한 인간 중심적 세계관의 문제이다. ② 「이화(理化)·화위(化爲)」의 변화의 원리에 관한 문제이다. ③ 신·물 일체화에서 인간이 화생하는 원리이다. ④ 종교적 신앙위에 선 계율의 사상이다. ⑤ 신·물 양성의 인간 주체적 자각에 의한 새로운 세계의 발견이다.

별성을 보여준다. 이것은 세계관의 차이 때문인데, 세계관의 차이가 결국 존재 지향성의 차별화로 나타난 경우이다.

둘째, 자연세계의 변화원리와 가치세계의 변화원리가 일원론적 관계로서 논의된 특징이 있다. 단군신화에는 곰이 여자의 몸으로 변화하였고, 환웅이 남자의 몸으로 변화하였다는 내용이 있다. 이것은 하늘과 땅의 변화원리가 인간을 지향하는 경향성을 가지고 있음을 제시한 것으로서, 자연세계의 인간 지향적 변화원리라고 할 수 있다. 다른 한편 단군신화에서는 세상을 이치로 변화시켰다는 내용도 발견된다. 이는 이념적 가치, 또는 도덕적 가치 등의 변화원리를 적시하는 것으로서, 인간세상이 자연의 변화에만 의지해서는 안 되고 반드시 가치세계의 변화와 함께해야 함을 제시한 것이라고 할 수 있다. 자연의 섭리를 주관하거나 가치의 세계를 주관하는 것은 모두 온전한 인간세상의 변화를 위해 필요한 것들이다. 단군신화가 말하는 곡물, 생명, 질병, 형벌, 선악과 같은 종류의 360여 가지 일들은 그 자체로 자연적인 것뿐만 아니라 가치적인 것들을 포함하고 있다. 여기서 말하는 가치적인 것들이란 인격적인 범주와 연동되는 것들이라고 볼 수 있다. 한편 인간 세상에 필요한 360여 가지의 다양한 일들을 주관하여 변화시켜야 하는 것은 인간의 고유한 책무이다. 이와 같은 세계관에서는 자연으로서의 하늘과 땅이 인간과 합하여 하나가 된다는 만물일체의 사상이 확인된다. 이는 천신인 '환웅'과 땅의 '웅녀' 사이에 인간 '단군'이 태어났다는 점을 들 수 있다. 인간의 가치를 자연과 동일시하는 사유 형태는 동아시아에서 보편적으로 나타나는 것이긴 하지만, 단군신화에서처럼 자연과의 친화적인 성향이 더욱 뚜렷한 형태로 나타난 특징은 그리 많지 않다.

셋째, 환웅과 웅녀의 결합은 신성과 물성의 일체화라는 측면에서 조화정신의 의미로 파악할 수 있다. 단군신화에서 신성과 물성의 일체화는 인간의 탄생으로 나타난다. 인간은 신성만 가진 존재도 아니요 그렇다고 물성만 가진 존재도 아니다. 인간은 신성의 중정지기와 물성의 중정지기가 하나로 모여 형성된 '중도적 존재성'을 갖는다고 볼 수 있다. '중도적 존재성'은 과하거나 모자람이 없는[22] 형평의 존재성을 의미한다. 그것은 일차적으로 자연의 존재성 자체를 의미한다. 그런데 그 자연의 존재성은 언제나 가치의 존재성과 하나로 조화롭게 통일되지 않으면 안 된다. 이것은 단군신화가 지니고 있는 조화정신의 특질이다. 그리고 이와 같은 조화정신은 한국철학의 전개과정에서 뚜렷한 하나의 특성으로 자리를 잡았다. 예컨대 풍류도와 원효의 화쟁사상을 비롯한 후대의 동학사상에 나타나는 유불도 삼교의 조화성이 그것이다. 조화정신은 한국철학의 전개 과정에서 여러 가지 다양한 사상들을 화합하여 원만하게 소통할 수 있도록 하는 밑거름이 되어 왔다.

넷째, 인간 세상에 널리 '홍익인간'의 정신을 구현하는 것이다. 이것은 인간의 생명을 비롯한 경제, 사회, 정치 등 현실적 삶의 여러 영역에 있어 이상적 완성을 도모한 실천적 목표라고 할 수 있다. '홍익인간'의 범주는 특정한 민족으로서의 한민족만을 지칭하는 좁은 개념일 수 없다. 그것은 온 인류를 통칭하는 개념이라고 보아야 한다. 그리고 '홍익'이란 널리 이익을 주고 보탬을 준다는 말이므로 결국 대타적인 헌신, 희생, 봉사, 사랑의 뜻이라고 할 수 있다. 따라서 홍익인간

---

22) 단군신화는 과하거나 모자란 존재의 속성을 호랑이를 통해 상징화한다. 호랑이의 자연적 본능은 매우 용맹한 것이지만 경우에 따라서 그 용맹성이 과격한 폭력성으로 나타날 수 있다는 점을 은연중 예단케 한다. 뿐만 아니라 환웅이 부여한 금령의 계율을 극복하지 못하고 약속한 기일을 채우지 못한 채 동굴을 빠져나간 호랑이의 행위는 수행에 익숙하지 못한 모자람의 맥락을 확인케 한다.

이란 인류에 대한 사랑, 인류에 대한 봉사를 의미한다. '홍익인간'은 주체적인 나의 자각을 전제한다. 그 주체가 상하, 좌우, 내외, 자타의 여러 방향으로 관계를 형성함으로써 입체적인 사랑을 이루는 것이 '홍익인간'이다. 나의 사랑이 가정에서 위로 향하면 '효'가 되고 '조상 섬김'이 되며, 아래로 향하면 자식에 대한 따뜻한 '자애'가 된다. 나의 사랑이 옆으로 향하면 '경애'가 되고 '우애'가 된다. 나의 사랑이 나보다 연장자인 남에게 향하면 '경로'가 되는가 하면, 자연사물로 향하면 '애물'이 되고, 정치적으로 확대되면 '애민'이 된다. 이러한 '홍익인간'의 이념은 한국인의 건국이념으로서, 교육이념으로서 뿐만 아니라 전통적 민본사상의 뿌리가 되어 오늘날까지 전승되고 있다.[23)]

다섯째, 평화주의적인 성격을 담고 있다. 즉 단군신화는 그리스 신화가 부모를 제거하고 형제들 간의 치열한 싸움 끝에 권력을 장악하는 제우스(Zeus)를 주신으로 상정하는 것과는 달리, 지극히 평화적인 내용으로 일관하고 있다는 점이 큰 특징이다. 이른바 가족 간의 질서가 수직적인 힘의 우열관계로 상정되는 다른 나라의 신화와는 달리 단군신화는 서로 간의 차이가 인정되면서도 매우 균형 잡힌 상호 인격의 존중성이 확인된다. 오이디푸스의 아버지 살해충동이 발견되는 것도 아니고, 형 오시리스를 죽인 동생 세트의 형제 살해충동이 발견되는 것도 아니다. 신화가 투쟁적이면서 가족 살해충동과 연관되어 있다는 것은 그 신화에 현실의 투쟁과 가족 살해충동을 반영하고 있는 것이라 볼 수밖에 없다. 단군신화는 자식이 어버이의 뜻을 살필 뿐만 아니라 어버이도 자식의 뜻을 살핀다. 대표적인 사례가 환웅이 홍익인간을 펼치고 싶은 자신의 뜻을 아버지 환인에게 묻고, 아버지는 아들의 뜻을 살펴 그것에 응한다는 신화의 전개양상이다. 무엇보다

23) 황의동, 『한국사상』(청주: 청주대학교출판부, 1990), 20쪽 참조.

단군신화에 나타난 홍익인간의 이념 자체가 평화적이다. 그리고 맹수인 호랑이와 곰도 단지 인간이 되기를 꿈꾸고 기원하는 소박한 품성을 가진 동물로 등장한다는 점은 단군신화의 평화주의적인 성격을 대변한다.

여섯째, 인간 주체적 자각원리에 의한 새로운 세계의 발견을 제시하고 있다. 유남상은 이것을 한국고유의 '밝'(白, 광명)사상이라고 본다. 그리고 그것의 현대적인 의미가 '인간 주체적 자각의 원리'라고 해석할 수 있다고 한다. 인간 주체적 자각이란 우주원리의 인간적 자각이다. 이로부터 새로운 세계가 발견되고, 그것을 현실에 구현하기 위한 실천이 뒤따르게 된다. 그러므로 이러한 원리는 인간의 이상이라고 할 수 있다. 그럼에도 이것은 관념적 이상이 아닌, 현실적이며 실존적인 인간의 주체적 자각이어야 한다. 이러한 점에서 이 이상은 역사 추진의 원동력이 되는 동시에 역사의 방향을 결정하는 역할을 담당한다. 단군신화에 나타난 천신과 지물이 '신시'의 터전에서 결합되고, 이 '신시'에서 인간의 세계와 역사가 새로 탄생하여 새롭게 전개된다고 하는 이념이 주체적 자각의 목표이자 그 내용이 된다. '신시'는 인간의 정신세계에 새로 밝혀진 이념의 세계이다. 단군신화는 이 세계에서 현실적인 인간의 역사가 탄생하여야 한다고 본다.[24] 이러한 주체적 자각원리를 내용으로 하는 '밝(白)사상'의 뜻은 시간적으로는 아침의 새로운 밝음, 공간적으로는 동쪽의 새로운 밝음이라는 의미로 풀이된다.[25]

이상의 몇 가지 철학적 의의에서 살펴본 것처럼 단군신화는 인간

---

24) 김지하는 '신시'를 '신령한 시장'이라고 파악하고, 약육강식의 대명사로 불리는 '인간시장'을 진정한 인격을 가진 '신령한 시장'으로 성화시킬 필요가 있다고 역설한다(김지하, 『틈』(서울: 솔출판사, 1995), 18쪽 참조).

25) 유남상, 앞의 논문, 86-87쪽 참조.

을 소중히 여기는 인간존중과 생명존중 정신, 자연과의 친화를 통한 천인합일 사상이 내재해 있다. 그리고 인간을 위한 복지와 정의, 평화와 도덕적 가치의 실현을 추구하는 사상도 내재해 있다. 이러한 이념은 한국인의 삶을 지탱하는 뿌리였으며, 각 시대가 요구하는 현실문제에 대한 적절한 해답을 주는 근거가 되어 오면서 한국사상의 정체성을 형성해 왔다.

5. 단군신화에 나타난 풍류의 이념과 전승

육당(六堂) 최남선(崔南善, 1890-1957)의 『조선상식문답』에 의하면, '풍류'라는 말은 '밝은 뉘'(광명이세)라는 뜻으로서 이것은 당시의 한국말인 '부루'의 한자식 표기라고 주장한다. 그는 '부루'란 말의 연원으로부터 '풍월도', '풍류교' 등의 말이 생겨났다고 한다. 또한 양주동(梁柱東, 1903-1977)은 『조선고가연구』에서 풍류를 태양 숭배나 자연 숭배의 관념과 연결시켜 이해하기도 한다.[26] 그래서 최남선 이래로 많은 사람들에 의해 풍류정신의 이념이 '밝달사상'이라고 주장되어 오기도 했다.[27] 밝달사상의 원형을 간직하고 있는 풍류도의 사상적 기원은 단군신화에 있다고 한다. 그만큼 풍류도의 기원은 오래된 것이다.

---

26) 풍류도의 어원에 관해서는 다음의 논문을 참고하라. 한홍섭, 「풍류도의 어원」, 『신라학연구』 제8권, 위덕대학교 신라학연구소, 2004.

27) 유남상도 '밝달사상'을 통해 단군신화의 철학적 의미를 검토한 대표적인 연구자에 해당한다(유남상, 앞의 논문, 86-87쪽 참조). 김정학은 밝달의 '밝'은 광명의 빛과 관련된 의미이고, '달'은 '산'의 고어라고 한다. 그는 백악, 백악산, 백두, 박달현 등은 모두 '밝달'의 한자어라고 주장한다(김정학, 「단군신화와 토테미즘」, 『단군신화연구』, 78쪽 참조).

기록으로 남겨진 '풍류'란 말은 고운(孤雲) 최치원(崔致遠, 857-?)의 「난랑비서」(鸞郎碑序)에 처음 등장한다. 다시 말하자면, 「난랑비서」는 현재까지 전해지는 기록으로는 가장 오래된 한국인의 풍류정신에 대한 정의와 해석의 글이라고 할 수 있다. 물론, 풍류란 말을 고운이 처음으로 사용한 것은 아닐 것이다. 고운은 당시의 언어를 빌어 한국적 고유사상에 대한 정의를 내린 것이라고 볼 수 있다. 그러므로 풍류에 대한 고운의 해석만 가지고 우리가 풍류의 개념내용을 이해한다는 것은 매우 어려운 것이 사실이다. 우리는 고운 당시의 개념적 속성이나 언어적 의미에 관하여 제대로 알 수 없는 한계가 있기 때문이다.

고운은 풍류와 유불도 삼교의 사상을 연계하여 이해하고 있는데, 풍류에 관한 「난랑비서」의 내용은 다음과 같다.

> 나라에 현묘한 도가 있으니 이를 풍류라 한다. 가르침을 세운 근원은 『선사』(仙史)에 상세히 실려 있다. 그 내용은 유교, 불교, 도교의 3교를 본디부터 포함한 것으로서, 그 도로 뭇 생명을 교화한다. 집에서는 효를 극진히 하고 나라에는 충성을 다하는 것이 공자의 사상과 같고, 무위자연으로 묵묵히 실천함을 가르치는 것은 노자의 가르침과 같으며, 악행을 짓지 않고 선행을 받듦이 석가의 가르침과 같다.[28]

이 기록은 『삼국사기』 신라 진흥왕 37년 조에 기록된 「난랑비서」의 일부 내용으로 인용된 것이다. 최치원은 유불도 삼교의 사상적 특성을 모두 지니고 있는 한국의 전통을 '풍류' 또는 '현묘한 도'라고 규정하였다. 현묘한 도는 '말로 다 설명하기 어려운 도'를 뜻한다. 『노자

---

28) 『삼국사기』 권4, 「新羅本紀」, 〈眞興王〉 37년조, "國有玄妙之道, 曰風流. 設教之源, 備詳仙史, 實乃包含三教, 接化群生, 且如入則孝於家, 出則忠於國, 魯司寇之旨也. 處無爲之事, 行不言之教, 周柱史之宗也. 諸惡莫作, 諸善奉行, 竺乾太子之化也."

』 제1장의 개념들을 취합하여 '현묘한 도'라는 표현을 사용하고 있음이 확인된다. 노자의 정신에 입각하여 본다면 '현묘한 도'는 개념으로 규정할 수 없는 종류의 도라는 의미를 갖는다.[29] 그럼에도 이를 억지로 규정해본다면, 그것은 부득이 '풍류'라고 할 수밖에 없다는 것이다.

고운은 풍류도의 역사적 유래가 『선사』(仙史)라고 하는 역사서적에 자세하게 갖추어져 있다고 밝힌다. 풍류도는 이미 고운 당시에 상당히 깊은 역사적 뿌리를 가지고 있었음을 알 수 있다. 그것이 고운의 시대에 이르러서는 화랑도로 제도화되어 있었다. 화랑도는 청소년들의 자발적 민간수련 단체로서 이른바 '국선도'라고도 했다. 이 단체는 집단생활을 통해 몸과 마음을 단련하고 교양을 쌓아 사회의 중심인물이 되며, 필요할 때에는 전투원이 될 인재양성을 위해 만들어졌다. 화랑들은 도의를 닦고, 노래와 춤으로 화합하며, 이름난 산과 물을 찾아다니며 수련하였다. 이러한 화랑도의 사상에서 예와 악의 조화정신을 확인할 수 있다.

고운은 화랑도의 정신세계를 삼교 통합적인 차원에서 설명한다. 물론 화랑도가 이러한 여러 가지 사상체계를 하나로 통합해서 자신들의 정신세계를 구축하고자 하는 의식적인 노력을 하고 있다는 말은 아니다. 다만 화랑도는 다수의 대중들의 집단이기 때문에 어떤 하나의 특정한 의식만을 드러내 보여주는 것이 아니라, 당시의 모든 정신적 의식들을 종합적으로 포함하고 있는 것이다. 화랑도가 가지고 있는 정신의 반경은 바로 그 시대 신라인들이 가지고 있는 정신의 반경과 동일한 것이고, 그러한 정신의 양태는 사상적 종합의 특색을 드러내는 것이다. 화랑이 활동하던 시기에 신라인의 정신세계는 고유

29) 『노자』 제1장, 왕필주, "而言[同]謂之玄者, 取於不可得而謂之然也." 참조.

한 풍류도의 토대 위에 불교와 유교와 도교의 사상이 상호 혼재되어 있었던 것이 사실이다.

고운이 한국적 고유사상으로서의 풍류도에 관하여 언급한 이래로 근현대에 들어서면서 신채호, 최남선 등을 비롯한 수많은 사람들이 풍류도와 풍류정신에 대해 논의하였다. 특히 일제 강점기와 해방 전후기에 활동하였던 범부(凡夫) 김정설(金鼎卨, 1897-1966)은 누구보다도 한국의 풍류정신에 관하여 많은 관심을 갖고 주목한 인물이다. 김범부는 『화랑외사』, 『풍류정신』 등의 저술을 통해 풍류도의 정신을 고양시키고자 평생 진력하였다. 이들 저서 속에 수록된 「최제우론」, 「음양론」, 「췌세옹 김시습」 등은 모두 풍류도의 천명에 그 의도가 있었을 뿐만 아니라, 특히 「물계자」, 「백결선생」 등은 풍류정신을 가장 심도 있게 다룬 글이라고 평가되고 있다.

김범부는 화랑도의 정신과 풍류도는 같은 것이라고 한다. 그 정신적 원류가 고운의 「난랑비서」에서 확인된다고 점을 전제한다.[30] 다만 김범부 역시 풍류도가 사상적 측면에서 파악된 것이라고 한다면, 화랑도는 제도적 측면에서 파악된 것이라는 입장을 표명한다.[31] 김범부는 풍류도가 한국의 전통정신의 특징을 잘 보여준다고 설명한다. 그리고 그 전통정신의 특징이 바로 '멋'과 '조화'의 정신이었다고 주장한다. 김범부가 파악한 풍류도의 정신은 멋과 조화의 정신에 다름 아니었음을 알 수 있다.

김범부는 『화랑외사』에서 우리가 만약 현재의 말로 풍류라는 말에 해당하는 말을 찾는다면 그것은 '멋'이라는 말을 사용했을 것이라고 한다. 그럼에도 그는 고운이 말하는 '현묘지도'와 '멋'이라는 말이 정

---

30) 김범부, 『화랑외사』(대구: 이문출판사, 1981), 222쪽 참조.
31) 김범부, 앞의 책, 218쪽 참조.

확하게 부합하지는 않는다고 본다. '멋'의 의미가 시대적으로 다르게 사용되었다고 보았기 때문이다. 즉, 풍류가 지닌 본래적인 멋의 의의가 통일신라 이후로 가면서 점차 왜곡되고 타락되었다는 것이 김범부의 입장이다. 점차적으로 건전한 멋이 사라지고 퇴폐한 멋이 등장하였다는 것이다. 만일 건전한 멋의 원형이 있다면, 고대의 풍류정신일 것이라고 본다.[32)]

김범부가 파악한 풍류정신의 또 다른 특징은 바로 조화의 정신에 있다. 그것은 고운 이래로 논의된 '현묘지도'의 사상성이라고도 말할 수 있는 성격의 것이다. 즉, 유불도 삼교의 정신을 원융하게 포괄할 수 있는 고유한 풍류정신이 조화의 정신이라고 할 수 있다.[33)] 김범부는 이 조화의 정신을 음식의 맛에 비유한다. 그것은 맛이 멋으로 통하기도 한다는 점 때문이다. 우리는 일상에서 음식 맛을 볼 때 '싱겁다'라거나 '짜다'라는 평가를 내린다. 그런데 싱겁다는 말은 음식의 맛이 무엇인가 결여된 것으로서 서로 잘 어울리지 않는다, 조화가 되지 않는다고 하는 것을 뜻한다.[34)] 이에 싱겁다는 것의 의미는 조화를 이루지 못했다는 것이 된다고 한다. 이것은 '설멋지다', '덜 되었다'라는 의미에 해당하는 맛이라고 한다. 즉, 이것은 조화의 멋이 결여되었다는 말이다. 반면 '짜다'라는 말은 '지나치다'라는 의미로서 조화를 넘어서 버렸다는 뜻에 해당한다. 따라서 그것은 과잉된 멋에 해당하는 것이라 할 수 있다.

김범부가 본 참다운 멋이란 하늘과 인간의 묘합을 의미하기 때문에 이것은 필연적으로 타자와의 소통을 전제하는 조화정신으로 나타

---

32) 김범부, 앞의 책, 224쪽, 227쪽 참조.

33) 이태호, 「범부 김정설의 풍류도론」, 『범부 김정설 연구논문자료집』(서울: 선인, 2010), 186쪽 참조.

34) 김범부, 앞의 책, 224쪽, 229-230쪽 참조.

난다. 이러한 조화정신은 자연이 인위에 합하였을 뿐 아니라 인위가 자연에 합한 상태로서 어떠한 의도됨이나 작위가 전연 없는 경지라고 할 수 있다. 김범부가 볼 때 '설멋'은 조화에 미치지 못하고, '과잉된 멋'은 멋있는 체하는 인위성 때문에 하늘과의 소통을 가로 막는다.[35] 따라서 참다운 멋이란 조화의 멋으로서, 그것은 원만한 회통의 멋이다.

이상에서 살펴본 풍류정신은 포용과 조화의 특성을 지닌 한국철학의 고유한 전통이라고 할 수 있다. 곧 풍류는 자연과 하나가 되는 어울림의 사상이며, 다양한 사상을 포용하고 종합하여 조화를 이루는 특성을 지닌다. 이러한 풍류의 사상적 특징은 그러한 전통이 이어진 신라와 고려 사회가 어떤 특정한 종교나 사상에 치우치지 않고, 여러 종교나 사상을 종합적으로 이해하고 수용할 수 있게 하는 바탕이 되었다. 그래서 풍류정신은 '화쟁사상'이나 '유불일치', 또는 '교선일치', '선교일치'처럼 다양한 사상들의 조화를 추구해가는 철학적 전통으로 전승되어 시대마다 자신의 시대에 맞게 항상 새로운 형태로 재현될 수 있었던 것이다.

35) 이태호는 황산덕의 의론을 인용하여 한국의 고유한 풍류정신이 시대의 흐름에 따라 그 웅장하였던 정신이 점차 타락함으로써 '시비 분별심과 안일주의', '도피와 둔세', '이기적 주술신앙'이라는 세 갈래의 에토스로 변질되어갔다고 파악한다(이태호, 「범부 김정설의 풍류도론」, 앞의 책, 191-192쪽 참조).

제 02 장

원효의 화쟁사상과 무애행의 실천

1. 원효의 생애와 저술

한국불교의 새벽이라고 평가되는 원효(元曉)[1]는 신라 진평왕 39년인 617년 지금의 경상북도 경산시 압량면에서 태어나 686년 70세의 나이로 입적했다. 일연은 『삼국유사』를 통해 원효에 관해 다음과 같이 기록하고 있다. "원효의 속성은 설씨이다. 할아버지는 잉피공 또는 적대공이라고도 한다. … 아버지는 담날(談捺) 내말(乃末)이다. 그는 처음에 압량군 남부 불지촌 북쪽에 있는 율곡의 사라수 아래에서 태어났다. 불지촌이라는 마을 이름은 발지촌이라고도 한다. … 아명은 서당(誓幢)이고 제명은 신당(新幢)[2])이다."[3]

원효는 골품제도가 엄격하게 지배하던 신라에서 성골과 진골은 아니지만 6두품 집안에서 태어나 어린 시절을 보내고, 대략 15세 전후의 나이에 출가하였다고 한다. 출가한 이후 혜공, 낭지, 보덕 등으로부터 배웠다는 기록이 남아있지만, 일정한 스승을 정해놓고 배운 것은 아니라고 전해진다. 또한 원효의 다양한 이력 가운데 원효가 화랑이었다거나 김유신의 요청에 의해 군사작전을 도와주는 군사가 되기

1) 『삼국유사』는 원효가 스스로 자신을 원효라 불렀는데, 이는 '불일(佛日)을 처음으로 빛나게 하였다'는 뜻으로서, 원효 역시 우리말 '새벽'이라는 의미가 있다고 한다(『삼국유사』 권4, 「義解」, 〈元曉不羈〉 참조).

2) 『삼국유사』의 원주에서 '당(幢)'은 우리말로 털(毛)을 뜻한다고 한다. 따라서 신당이란 새털이라는 의미를 갖는다. 『삼국유사』 권4, 「義解」, 〈元曉不羈〉, "第名新幢(幢者俗云毛也)."

3) 『삼국유사』 권4, 「義解」, 〈元曉不羈〉, "聖師元曉, 俗姓薛氏. 祖仍皮公, 亦云赤大公, … 父談捺乃末. 初示生于押梁郡南, 佛地村北, 栗谷娑羅樹下. 村名佛地, 或作發智村. … 師生小名誓幢, 第名新幢."

도 하였다는 주장도 있는데,[4] 이는 문학적 상상력과 가공에 기초한 것으로서 역사적 근거가 부족하다.[5]

원효는 젊은 시절 두 차례에 걸친 당나라 유학을 시도한다. 34세 때인 650년 의상과 함께 육로를 통해서 당나라 유학길에 오른 것이 첫 번째다. 그러나 원효는 이때 요동 땅을 밟기 전 고구려 순라군에게 체포되어 고초를 치르다가 가까스로 탈출하여 귀국한다. 그로부터 10년 후 백제가 신라에 의해 멸망당하는 것을 보고는, 그 이듬해 651년 의상과 함께 다시 당나라 유학길에 오른 것이 두 번째다. 이때는 이전과는 다르게 해로를 선택하였다. 그 이유는 멸망당한 백제의 해로가 이제는 신라의 강역이었기 때문에 좀 더 안전한 길을 선택한 것이었다고 볼 수 있다. 그러나 바닷가에 당도할 무렵 원효는 무덤 속에서 해골 물을 마시고 '일체유심조'(一切唯心造)의 이치를 깨닫고는[6] 당나라 유학을 포기하고 신라로 되돌아온다. 이후 요석공주와 결혼하여 아들 설총을 낳았고, 스스로를 소성거사(小姓居士)라고 부르며 춤추고 노래하면서 전국의 거리를 돌아다녔다. 그의 나이 52세이던 668년에는 고구려가 멸망하는 것을 지켜보았다. 결국 원효는 살아생전에 삼국통일의 과업이 완성되는 것을 지켜본 셈이다.

---

4) 김형효, 「도덕적 마음과 예술적 마음으로서의 불상」, 『법보신문』, 법보신문사, 2008년 12월 8일자.

5) 이와 같은 특징은 원효의 전기를 소설화한 이광수의 『원효대사』와 밀접한 관련이 있다. 이광수는 불교를 전쟁주의와 국가주의로서 재해석하여 재구성한 니치렌(日蓮)주의의 『법화경』과 1940년대 상황에서 전쟁과 평화, 삶과 죽음의 무분별한 사고를 부추기는 기제로 『화엄경』을 활용하였는데, 이에 대한 무반성적인 답습이 원효에 대한 오독을 낳고 있는 것이다(박균섭, 「이광수의 『원효대사』를 통해 본 전시동원체제와 식민교육의 성격, 『교육문제연구』 제46집, 고려대학교 교육문제연구소, 2013, 113-114쪽 참조).

6) 다시 말하자면, "분별하는 마음이 생겨나면 갖가지 법이 생겨나고, 분별하는 마음이 소멸하면 갖가지 법도 소멸한다"(『대승기신론소』(『한국불교전서』 1책, 759쪽 하), "心生則種種法生, 心滅則種種法滅")는 이치를 깨달은 것이다.

원효는 입종 3년 전인 683년에는 67세의 나이로 『금강삼매경론』을 짓고 그것을 황룡사에서 강론한다. 이 시기를 전후하여 원효는 매우 많은 저서를 출간한다. 대표적인 저서로는 『대승기신론소』, 『금강삼매경론』 등 99부 240여 권이 있었다. 그 가운데 지금은 많은 저서가 실전되었고, 20부 23권 정도만이 전해질 뿐이다. 앞에 소개한 저술 이외에 현존하는 원효의 저술로는 『대혜도경종요』, 『법화경종요』, 『금강삼매경론』, 『화엄경소』, 『무량수경종요』, 『아미타경소』, 『열반경종요』, 『미륵상생경종요』, 『보살계본지범요기』, 『보살영락본업경소』, 『판비판론』, 『중변분별론소』, 『이장의』, 『유심안락도』 및 『십문화쟁론』 일부가 있다. 원효의 저술은 경론율에 두루 걸쳐 있었음이 확인된다. 즉 원효는 중관, 유식, 열반, 여래장, 천태, 계율, 화엄 등 불교의 제 사상을 비롯하여 불교논리학인 인명학에 이르기까지 다양한 사상을 망라하는 전 방위적인 관심을 갖고 연구하여 이에 대한 저술을 남겼던 것이다.

그런데 이와 같은 원효의 철학적 특징은 화쟁사상(和諍思想)으로 집약된다. 일찍이 고려 숙종은 1101년 8월에 원효에게 화쟁국사라는 시호를 추증하였다. 또한 대각국사 의천은 원효를 가리켜 "여러 가지 서로 다른 쟁론의 극단을 화합하여 일대 지극한 공론의 정론을 얻었다"[7]고 평가하였다. 그만큼 화쟁사상을 떠난 원효의 철학적 특징을 논의하는 것 자체가 어려울 정도이다.

이에 이 글에서는 원효의 화쟁사상에 주목하고, 먼저 화쟁사상의 내용과 원융회통사상에 관하여 살펴보고, 화쟁사상의 근거와 한마음사상에 관하여 살펴본 후 마지막으로 화쟁사상의 구현 또는 무애행과 요익중생의 실천론에 관하여 구체적으로 살펴보고자 한다. 요컨대 이

---

7) 義天, 「祭芬皇寺曉聖文」, "和百家異諍之端, 得一代至公之論."

글은 화쟁사상의 내용과 그 이론적 배경 및 실천의 문제를 순차적으로 검토해보는 것을 목표로 한다.

2. 화쟁사상의 내용과 원융회통사상

원효의 수많은 저술 가운데 가장 대표적인 것은 『대승기신론소』라고 할 수 있다. 이것은 마명(馬鳴, Aśvaghoṣa)이 지은 것으로 전해지는 『대승기신론』의 연구서로서의 가치를 갖는 저서로서, 특히 『대승기신론소』는 '해동소'라고 하여 중국에서도 높은 평가를 받았다. 이 책은 당나라 화엄종의 완성자인 법장의 교학에 가장 큰 영향을 미친 것으로서 평가된다. 법장은 원효의 교학에 크게 영향을 받아 부분적으로 그것을 그대로 인용하여 『기신론의기』를 완성했다고 한다.[8]

원효는 『대승기신론』이 대승불교의 사상을 종합한 저서라고 평가한다. 『대승기신론』에는 중관사상, 유식사상, 여래장사상, 화엄사상 등이 종합적으로 융합되어 있기 때문이다. 이러한 특징 때문에 가마타 시게오(鎌田茂雄)는 "원효의 불교는 해동종·중도종·법성종·분황종·화엄종 등 여러 가지의 형태로 불렀다. 그러나 종지의 근본은 융화사상이다. 특히 그것을 '화쟁'이란 말로 표현하고 있다. 모든 저서를 통관하고 있는 사상은 다름 아닌 바로 이 사상이며, 이 근본사상이 각각의 저서에서 여러 가지의 형태로 나타나 있다"[9]고 한다. 고영섭 역시 원효불교의 핵심을 화쟁사상으로 보고, 그 근거가 한마음사상에 있으며, 화쟁의 실천이 무애행으로 전개된다고 본다.[10]

---

8) 가마타 시게오, 신현숙 옮김, 『한국불교사』(서울: 민족사, 1992), 83쪽 참조.
9) 가마타 시게오, 신현숙 옮김, 『한국불교사』, 83쪽.

『동문선』은 원효의 화쟁사상에 관하여 “여러 갈래의 서로 다른 쟁론을 화합하고, 두 가지의 문을 묘합하여 하나로 돌아가게 하는 것”[11]이라고 규정한다. 다시 말하자면 서로 다른 각 종파의 이론을 인정하면서도 이들이 원만하고 막힘이 없이 하나로 만남으로써, 대립과 갈등을 넘어선 보다 높은 차원에서 조화시키는 원융회통(圓融會通)의 사상이 바로 화쟁사상의 내용이라고 할 수 있다. 그렇다면 원효가 화쟁의 대상으로 삼은 쟁론의 대상은 어떤 것일까? 이에 대해서는 크게 불교 자체적인 종파의 쟁론이라고 보는 견해가 있고, 불교의 범주를 넘어선 일반적 쟁론들을 모두 포함한다는 견해가 있다. 두 가지 견해는 모두 나름의 의미가 있다. 앞의 견해는 화쟁의 구체성을 불교종파의 쟁론에서 확인하고자 한 점이며, 후자의 견해는 화쟁의 보편성을 인간현실의 쟁론의 대상으로부터 확인하고자 한 특징이 있다. 이른바 부분과 전체의 다각적인 화쟁을 서로 다른 입장에서 논의한 측면이 있다고 볼 수 있을 것이다.

그러나 여기에서는 화쟁의 구체적 쟁론대상인 불교 내부의 요인을 주목해보기로 한다. 원효 당시의 한국불교계는 중국으로부터 다양한 불교종파들이 유입됨으로써 다원적 불교의 시대를 열고 있었다. 이른바 소승불교와 대승불교, 중관불교와 유식불교 등이 아무런 여과 없이 수입되어 한국불교계는 큰 혼란에 빠지게 되었다. 왜냐하면 이들은 각자 서로 다른 이론을 주장하면서 자기의 이론은 옳은 반면 타자의 이론은 틀리다고 하는 끝없는 쟁론을 일삼았기 때문이다. 이러한 쟁론은 서로 간에 한 치의 양보도 있을 수 없었고, 또한 언제 마무리가 될는지 아무도 알 수 없는 혼란을 야기하였다. 이것은 큰 문제가

---

10) 고영섭, 「원효의 통일학」, 『한국의 사상가 10인: 원효』(서울: 예문서원, 2002), 164-225쪽 참조.

11) 『동문선』 권27, 「制誥」, “和百家之異諍, 合二門之同歸.”

아닐 수 없었다. 이러한 난맥상을 바로잡고자 하는 취지에서 원효는 『십문화쟁론』을 저술한다. 이 책을 통해 원효는 다음과 같이 말한다.

> 붓다가 세상에 있었을 때는 붓다의 원만 구족한 말씀을 따라 중생들이 하나와 같이 이해하고 판단하여 별 문제가 없었으나, 이제는 쓸데없는 이론들이 구름처럼 일어나 혹은 말하기를 '나는 옳고 남은 그르다'라고 하고, 혹은 '나는 그러하나 남들은 그렇지 않다'고 주장하는 이론만이 횡행하여 드디어 [건너기 힘든] 운하수처럼 되었다. … 존재의 세계를 싫어하여 공을 좋아함은 나무를 버리고 숲에 다다름과 같다. 비유컨대 청색과 남색은 같은 바탕이고, 얼음과 물은 같은 원천이고, 거울은 만 가지 형태를 다 용납함과 같다.[12]

이른바 붓다의 가르침은 하나인데, 붓다의 입멸 후 그 가르침을 해석하는 자기중심적 의론들이 난무하다 보니 서로 간의 갈등이 그치질 않게 되었다는 내용이다. 이러한 갈등을 원만 구족하게 해소하고자 제시된 것이 원효의 화쟁이다. 결국 화쟁은 붓다의 원만 구족한 말씀으로 되돌아가는 것이고, 이를 위해 자기중심적 의론과 그릇된 편견을 해체하는 것이라 볼 수 있다. 원효는 이것을 물로 비유한다. 본래 붓다의 가르침은 원만 구족한 커다란 하나의 물이었지만, 그것이 제 각각의 지류를 형성하여 커다란 물을 이루고는 자기의 물길만이 붓다의 물길이라고 주장하는 상황에 이르렀다고 본 것이다. 물은 같은 물이지만 제 각각 변형된 지류의 물길은 어둡고 혼탁한 중생의 상태와 다를 바 없는 분열이 발생했다고 인식한 결과이다.

---

12) 『십문화쟁론』(『한국불교전서』 1책, 838쪽 상), "如來在世, 已賴圓音, 衆生等 … 雨驟, 空空之論雲奔, 或言我是, 言他不是, 或說我然, 說他不然, 遂成河漢矣. 木 … 山而投廻谷憎有愛空, 猶捨樹以赴長林. 譬如青藍共體, 氷水同源, 鏡納萬形."

붓다의 입멸 후 불교의 다양한 지류는 소승불교의 시대로 오면서 18개 종파로 나누어졌고, 원효 당시 중국에서는 13개 종파로 분열되었는데, 이러한 종파불교가 한국에 거의 그대로 들어와 난립하고 있었다. 분열된 종파의 난립은 불교교단 내부의 혼란을 초래하였을 뿐만 아니라 각종 사회적 혼란의 요인으로 작용하였다. 즉 서로 다른 학설의 종파적 충돌은 사회적 이념의 충돌로 나타나게 되었고, 이로 인한 국론의 분열과 사회적 혼란은 피할 수 없는 상황이 되었던 것이다. 이러한 분열과 혼란을 화해시키고자 한 것이 원효의 화쟁사상으로서, 그것은 각종 불교종파의 난립에 따른 종파불교의 회통이라고 할 수 있다.

이와 같은 특징 때문에 원효불교의 특징은 어느 특정한 하나의 종파나 학파로서 규정되지 않는다. 요컨대 원효의 철학은 중관, 유식, 여래장, 화엄, 정토 등 다양한 사상과 관련이 되어 있지만, 특정한 어느 한 사상으로서 유독 중관사상이라거나 또는 유식사상, 여래장사상, 화엄사상, 정토사상이라고 하는 특정한 방식만으로 규정되지 않는 특성을 갖는다. 원효불교는 그 모든 사상적 특성을 담지하고 있으면서도 이를 포월적으로 지양하는 개별적인 특정한 사상만으로 특화되어 정의되지 않는 종합주의적인 성격을 갖는다.

『십문화쟁론』은 원효의 종합주의적인 불교의 성격을 잘 보여준다. 이종익이 복원한 『십문화쟁론』의 '십문'을 기준으로, 『한국민족문화대백과사전』의 설명을 참고하여 '십문'의 내용을 요약하여 소개하면 다음과 같다.[13]

---

13) 이종익, 「원효의 「십문화쟁론」 연구」, 『원효의 근본사상-십문화쟁론 연구』(동방사상개인논문집 제1집), 동방사상연구원, 1977, 444-445쪽 참조. 이종익은 '십문'이 구체적으로 열 가지 이쟁을 화합하려는 목적에서 입론된 것이라는 본 것이다. 그런데 이에 대한 반론을 제시한 대표적인 인물이 김상현이다. 그

① 삼승일승(三乘一乘) 화쟁문: 화쟁의 총상에 해당한다. 삼승(三乘 : 성문승·연각승·보살승)이 곧 일불승(一佛乘)이요, 무량승(無量乘)이 모두 일승이라고 한 것으로, 이는 오직 원효에게서만 찾아볼 수 있는 '일체 불법이 곧 일불승'이라는 통불교사상이라고 할 수 있다.

② 공유이집(空有二執) 화쟁문: '공'과 '유'의 두 가지 대립은 중관불교와 유식불교의 대립으로서, 중국에서는 삼론종과 법상종의 쟁론의 대상이었는데, 원효는 이 두 가지 쟁론의 집착을 과감하게 화쟁시켰다.

③ 불성유무(佛性有無) 화쟁문: "일체의 중생은 모두 불성이 있으며, 모두 성불할 수 있다"(一切衆生, 悉有佛性, 悉當成佛)고 하는 『열반경』의 기본정신을 토대로 불성유무에 대한 쟁론의 집착을 화쟁시킨 것이다.

④ 인법이집(人法二執) 화쟁문: 인간존재의 주관성과 대상존재의 객관성에 대한 서로 다른 쟁론의 집착을 화쟁시킨 것이다. 인간존재와 대상존재는 모두 공한 것이라서, 놓아두면 지혜롭지만 어느 일방에 집착하면 병이 된다는 관점을 제시하였다.

⑤ 삼성이집(三性二執) 화쟁문: 삼성이란 원성실성(圓成實性), 의타기성(依他起性), 변계소집성(遍計所執性)을 말하는데, 이에 대한 서로 다른 쟁론을 화쟁시킨 것이다. 원효는 삼성이 하나로 상통하는 서로 다른 세 가지 양상일 뿐임을 분명히 한다.

⑥ 오성성불(五性成佛) 화쟁문: 오성이란 성문정성(聲聞定性), 연각정성(緣覺定性), 보살정성(菩薩定性 또는 如來定性), 부정승성(不定乘性), 무성천제(無性闡提)를 말하는데, 이전에는 보살정승과 부정승성만이 성불할 수 있다는 입장이었지만, 원효는 일체중생이 모두 성불할 수 있다는 가능성을 제시해 오성성불의 이쟁을 화쟁시켰다.

⑦ 이장이의(二障異義) 화쟁문: 번뇌장(煩惱障)과 소지장(所知障)이라는 이항 대립적인 쟁론의 대상을 은밀의(隱密義)와 현료의(顯了義)를 통해 화쟁

는 '십문'이 개별적인 하나하나의 문이 아니라 여러 문을 가리킨다고 주장한다. 그는 화쟁의 대상이 불교를 넘어 다른 사상에까지 미치고 있다고 본다. 김상현, 「원효 화쟁사상의 연구사적 검토」, 『불교학연구』 11·12 합집, 한국불교연구원, 1995, 338-339쪽 참조.

시켰다. 원효는 이와 관련하여 『이장의』를 저술하였다.

⑧ 열반이의(涅槃異義) 화쟁문: 열반에 대한 서로 다른 쟁론을 화쟁시켰다.

⑨ 불신이의(佛身異義) 화쟁문: 생멸하는 육신과 금강불괴의 법신을 구분하여 서론 다른 쟁론을 일삼던 불신의 문제를 화쟁시켰다. 서로 다른 불신의 구분은 깨달음 이전의 문제일 뿐 깨달음의 경지에서는 불신이 구분되지 않는다는 입장이다.

⑩ 불성이의(佛性異義) 화쟁문: 불성에 대한 서로 다른 쟁론을 하나로 화쟁시킨 것이다.

고영섭은 『십문화쟁론』의 열 가지 범주는 아함에서부터 화엄에 이르기까지 기존에 논의된 다양한 주장들을 범주화한 것이라고 본다. 즉 공과 유, 인(人)과 법(法), 진(眞)과 속(俗), 일(一)과 이(異), 보신(報身)과 화신(化身), 무성(無性)과 유성(有性), 일승(一乘)과 삼승(三乘), 번뇌장과 소지장 등등 이항대립의 주장들이다. 요컨대, 원효는 열 가지로 범주화한 이항대립의 주장들을 '손감(損減)·증익(增益)·상위(相違)·희론(戲論)', 또는 '연(然)·비연(非然)·역연역비연(亦然亦非然)·불연비불연(不然非不然)'의 사구(四句)로 정리하면서, 어느 한쪽의 주장을 일방적으로 거부하지 않는 방법으로 화쟁시켰다는 것이 고영섭의 분석이다.[14)]

이와 같은 원효의 화쟁사상은 상대주의적인 이분법을 넘어서서 하나의 진리를 드러내고자 한 의의를 갖는다. 원효는 불교인답게 그 근원의 세계를 가리켜 열반이라고 한다. 그 세계는 한맛이다. 이와 관련하여 원효는 다음과 같이 말한다.

> 이것은 이치와 지혜를 모두 잊어버리고, 이름과 뜻이 아주 끊어진 것이니 이것을 일컬어 열반의 그윽한 뜻이라 한다. 다만 부처가 그것을 증득하고서도 그 자리에 있지 않고 응하지 않음이 없고 말하지 않음

14) 고영섭, 『원효 한국사상의 새벽』(서울: 한길사, 1999), 207-208쪽 참조.

이 없으니 이것을 일러 열반의 지극한 가르침이라 한다. 그러나 그윽한 뜻이면서도 한 번도 고요한 적이 없었고, 지극한 가르침이면서도 한 번도 말한 적이 없었다. 이것을 이치와 가르침의 한맛이라고 한다.[15]

원효는 또한 "불교 경전의 부분을 통합하여 온갖 흐름의 한맛으로 돌아가게 하고, 붓다의 뜻의 지극히 공정함을 전개하여 여러 가지 학설의 다양한 주장을 화합시킨다"[16]고 한다. 이러한 원효 화쟁사상의 특징은 종합주의적인 성격을 띠는데, 이를 통불교, 회통불교, 총화불교, 종합주의적 불교 등으로 부르기도 한다. 이후 이와 같은 원효의 회통불교적 화쟁의 논리는 한국불교의 한 특징을 이루게 된다. 이것은 '종요'(宗要)와 '개합'(開合)을 강조하는 원효불교의 구체화라고 할 수 있다. 원효는 화쟁을 위한 방편으로 항상 분석과 종합, 연역과 귀납을 이용하고, 이를 상호 보완적인 입장에서 논의한다. 요컨대, 원효는 화쟁사상에 근거하여 '입세간적 진리'(俗諦)와 '출세간적 진리'(眞諦)의 상대적인 모순을 극복하고 이를 함께 아우르는 진리의 회통을 모색한 것이다.

3. 화쟁사상의 근거와 한마음의 특징

원효의 화쟁사상은 한마음(一心) 수행의 실천과 맞닿아 있다. 많은

15) 『열반종요』(『한국불교전서』 1책, 524쪽 상-중), "斯卽理智都忘名義斯絶, 是謂涅槃之玄旨也. 但以諸佛證而不位, 無所不應無所不說, 是謂涅槃之至教也. 玄旨已而不嘗寂, 至教說而未嘗言. 是謂理教之一味也."
16) 『열반종요』(『한국불교전서』 1책, 524쪽 상), "統衆典之部分歸萬流之一味, 開佛意之至公和百家之異諍."

연구자들은 한마음이 화쟁사상의 근거가 된다고 본다. 고영섭은 한마음이 원효철학의 패러다임이고 화쟁은 한마음을 끌어내는 논리방식이며, 한마음의 실천행이 무애라고 한다.[17] 여기에서도 일반적인 견해에 따라 한마음을 원효 화쟁사상의 근거로 상정하고, 일체 깨달음의 원천으로 보기로 한다. 그렇다면 한마음이란 무엇인가? 원효는 다음과 같이 규정한다.

> 한마음이란 무엇인가? 더러움과 깨끗함의 모든 법은 그 성품이 둘이 아니고, 참됨과 거짓됨의 두 문은 다름이 없으므로 하나라고 이름한 것이다. 이 둘이 아닌 곳에서 모든 법은 가장 진실하여 허공과 같지 않으며, 그 성품은 스스로 신령스럽게 알아차리므로 마음이라고 이름한다. 그런데 이미 둘이 없는데 어떻게 하나가 있으며, 하나도 있지 않거늘 무엇을 두고 마음이라 하겠는가? 이 도리는 언설을 떠나고 사려를 끊었으므로 무엇이라 지목할지 몰라 억지로 한마음이라 부르는 것이다.[18]

원효가 말하는 한마음은 '진여문'(眞如門)과 '생멸문'(生滅門)이라는 두 가지 문으로 전개된다. 진여의 마음을 따르면 '진여문'이 되고, 생멸하는 마음을 따르면 '생멸문'이 된다. 그래서 원효는 다음과 같이 말한다. "한마음의 법에 의하면 두 가지 문이 있다. 무엇이 그 두 가지인가? 첫째는 심진여문이고, 둘째는 심생멸문이다. 이 두 가지 문이 모두 각각 일체의 법을 총괄하고 있다. 이것은 무엇 때문인가? 이 두 가지 문이 서로를 여의지 않기 때문이다."[19] 결국 이 두 가지 문은 별개

---

17) 고영섭, 앞의 책, 24-30쪽 참조.

18) 『대승기신론소』(『한국불교전서』 1책, 741쪽 상-중), "何爲一心? 謂染淨諸法其性無二, 眞妄二門不得有異, 故名爲一, 此無二處, 諸法中實, 不同虛空, 性自神解, 故名爲心. 然旣無有二, 何得有一, 一無所有, 就誰曰心? 如是道理, 離言絶慮, 不知何以目之强號爲一心也."

의 것으로서 모순적으로 대립하는 종류의 것이 아니라, 서로 화합하는 성격을 지니고 있음이 확인된다.

원효가 본 중생심은 한마음과 다르지 않으며 한마음은 중생의 마음을 벗어나지 않는다. 한마음이 곧 대승의 마음이기도 한 것이다. 원효는 한마음의 두 가지 양태를 다음과 같이 설명한다.

> 이 논에서 '심진여문'이라고 한 것은 『능가경』에서 말한 "적멸을 한마음이라고 이름한다"고 한 것을 해석한 것이며, '심생멸문'이라고 한 것은 『능가경』에서 "한마음을 여래장이라고 이름한다"고 말한 것을 해석한 것이다. 왜냐하면 일체법은 생함도 없고 멸함도 없으며 본래 적정하려 오직 한마음일 따름이므로, 이런 것을 심진여문이라고 이름하기 때문에 "적멸을 한마음이라고 이름한다"고 한 것이다. 또 이 한마음은 자체가 본각이지만 무명에 따라서 움직여 생멸함이 있기 때문에, 이 생멸문에서는 여래의 본성이 숨어 나타나지 아니하므로 여래장이라고 이름한 것이다.[20]

즉 『능가경』에서 말한 한마음의 적멸한 상태는 『대승기신론』의 '진여문'이며, 『능가경』에서 한마음이 여래장이라고 한 것은 『대승기신론』에서 말한 '생멸문'에 해당한다. 원효가 본 한마음은 여래의 마음과 일상인의 마음으로 구분된다. 한마음이 두 가지 문으로 나누어진다는 논리이다. 그 하나가 한마음의 본래성이고, 다른 하나가 현실

---

19) 『대승기신론소』(『한국불교전서』 1책, 740쪽 하-741쪽 상), "依一心法有二種門, 云何爲二? 一者心眞如門, 二者心生滅門, 是二種門皆各總攝一切法. 此義云何? 以是二門不相離故."

20) 『대승기신론소』(『한국불교전서』 1책, 704쪽 하-705쪽 상), "此言心眞如門者, 卽釋彼經寂滅者名爲一心也, 心生滅門者, 是釋經中一心者名如來藏也. 所以然者, 以一切法無生無滅, 本來寂靜 唯是一心, 如是名爲心眞如門, 故言寂滅者名爲一心. 又此一心體是本覺, 而隨無明動作生滅, 故於此門如來之性隱而不顯, 名如來藏."

성의 의미를 담지하게 된다. 그럼에도 이 두 가지 문은 결코 서로 다른 두 개의 실체론적인 문을 의미하지는 않는다.

원효는 "이와 같은 한마음을 통틀어 일체의 물들고 깨끗한 모든 법의 의지하는 바 되기 때문에 제법의 근본인 것이다"[21]라고 한다. 또한 "생사와 열반이 마침내 둘이 아니다"[22]라고 주장하는가 하면, "이처럼 모든 경계가 무한하지만 다 한마음 안에 들어가는 것이다. 붓다의 지혜는 모양을 떠나 마음의 근원으로 돌아가고, 지혜와 한마음은 완전히 같아서 둘이 없는 것이다"[23]라고 말하기도 한다. 또한 원효는 다음과 같이 말한다.

> 심진여라는 것은 곧 일법계대총상법문체이다. 이른바 심성은 불생불멸인데, 일체의 모든 법은 오로지 망령된 생각에 의지하여 차별이 있게 된다. 만일 마음의 망령된 생각을 여의면 곧 모든 경계의 모습들이 없어진다. 이런 까닭에 일체법은 본래부터 언설상을 여의었고, 명자상을 여의었고, 심연상을 여의어서 결국에는 평등하여 변이가 없고 파괴할 수 없는 한마음일 뿐이기 때문에 진여라고 이름한다. 모든 언설은 가명이어서 그 실체가 없는 것이니 단지 망령된 생각을 따른 것일지언정 심체를 확보할 수 없기 때문이다. … 마땅히 알라! 일체법은 설할 수 없고 생각할 수 없기 때문에 진여라고 이름 지은 것이다.[24]

---

21) 『금강삼매경론』 권하(『한국불교전서』 1책, 615쪽 하), "如是一心通爲一切染淨諸法之所依止故, 卽是諸法根本."

22) 『무량수경종요』(『한국불교전서』 1책, 553쪽 하), "穢土淨國, 本來一心. 生死涅槃, 終無二際."

23) 『무량수경종요』(『한국불교전서』 1책, 562쪽 상), "如是萬境無限, 咸入一心之內. 佛智離相, 歸於心原, 智與一心渾同無二."

24) 『대승기신론소』(『한국불교전서』 1책, 743쪽 중-744쪽 상), "心眞如者, 卽是一法界大總相法門體. 所謂心性不生不滅, 一切諸法唯依妄念而有差別. 若離心念, 則無一切境界之相. 是故一切法從本已來, 離言說相, 離名字相, 離心緣相, 畢竟平等, 無有變異, 不可破壞, 唯是一心, 故名眞如. 以一切言說, 假名無實, 但隨妄念, 不可得故. … 當知一切法不可說不可念, 故名爲眞如."

한마음은 본원의 세계이기 때문에 상대적인 세계의 언어나 분별적 지식을 넘어서 있다. 그 하나인 진리, 하나인 바탕은 본래 이름도 없는 것이다. 그럼에도 한마음이라고 부르는 것은 억지로 이름을 붙인 것에 지나지 않는다. 그것은 방편적으로 붙여진 이름일 뿐이다.[25] 대승불교에서는 이것을 공, 진여, 한마음, 진심 등 여러 가지 이름으로 부르고 있다. 이렇게 여러 가지 이름으로 불러 줄 수 있는 것도 그것이 본래 이름이 없는 바탕이기 때문이다. 본래 이름이 정해져 있는 것이면 다른 이름이 필요가 없을 텐데, 본래 이름조차 끊어진 바탕이다 보니 여러 이름이 붙게 되었던 것이다.[26] 요컨대 한마음이야말로 원효가 제시하는 '원음'이요, 또한 '한맛'이라고 말할 수 있다.

이러한 한마음의 진여를 가리켜 원효는 '언어에 의지한 진여'(依言眞如)라고 한다. 당연히 '언어를 여읜 진여'(離言眞如)로서의 한마음의 상태가 진정한 진여라고 할 수 있을 것이지만, 원효는 '언어에 의지한 진여'를 생략할 수 없다고 본다. 그러나 하나인 바탕은 표현이 불가능한 체험이기 때문에 표현을 하려고 할 때는 부정의 언어, 역설의 논리가 동원될 수밖에 없다.[27] '언어를 떠난 진여'만으로는 믿음을 일으킬 수 없고, 수행의 길에 들어가는 것도 불가능하기 때문이다.[28]

원효는 한마음을 '마음의 왕'(心王)이라고 부르기도 한다. "티끌의 통상을 완전히 파악하므로 이름하여 '마음의 왕'이라 한다. 그것은 본래의 한마음이 모든 법의 기본적인 원천이기 때문이다."[29] 원효에게 있

25) 『대승기신론소』(『한국불교전서』 1책, 741쪽 상-중), "然旣無有二. 何得有一? 一無所有, 就誰曰心. 如是道理, 離言絶慮, 不知何以目之, 强號爲一心也." 참조.
26) 강건기, 『불교와의 만남』(서울: 도서출판 불지사, 1993), 346-347쪽 참조.
27) 강건기, 『불교와의 만남』, 348쪽 참조.
28) 신옥희, 『일심과 실존』(서울: 이화여자대학교출판부, 2000), 26쪽 참조.
29) 『대승기신론소』(『한국불교전서』 1책, 750쪽 하), "了塵通相, 說名心王. 由其

어서 한마음은 존재와 현상의 근거이자 깨달음의 근거이다. 원효는 특히 한마음이 깨달음의 근거가 되는 이유가 '성자신해'(性自神解)의 특징 때문이라고 본다. '성자신해'란 마음이 신령스럽게 자기 본성을 자각하는 것을 말한다. 『대승기신론』은 이 일심의 자각을 중생 누구나가 이미 가지고 있는 마음의 본래적 각성이라는 의미에서 '본각'(本覺)이라고 한다.[30] 원효는 이러한 논리를 빌어 중생들의 본각을 드러내려고(始覺) 한다.[31]

'성자신해'는 공(空)이 그 자신의 본성을 스스로 신비스럽게 아는 것이기도 하다. 그런데 공이 마음인 것은 공이 스스로를 신령스럽게 알기 때문이다. 이 '성자신해'로 인해 한마음이 성립하게 된다. 무명에 휩싸인 생멸문의 중생심도 결국은 공의 자기자각인 성자신해를 갖춘 한마음이다. 이 마음 본선의 자기자작인 성자신해가 곧 공의 깨달음인 본각에 해당한다. 『대승기신론』을 통해 원효가 강조하는 것은 인간은 누구나 공의 자각인 '성자신해', 즉 본각을 갖고 있다는 것이다.[32]

4. 화쟁사상의 구현 또는 무애행과 요익중생의 실천

원효는 한마음을 실현하겠다는 굳건한 마음을 먼저 일으켜야 함을 강조한다. 이것이 '발심'(發心)으로서 이른바 '발보리심'(發菩提心)이다. 그 한마음은 또한 더 없이 깊은 마음이기에 하나밖에 없는 목숨을 걸고

本一心是諸拔之總源故也."

30) 한자경, 『한국철학의 맥』(서울: 이화여자대학교출판부, 2001), 76쪽 참조.

31) 고영섭, 「원효의 통일학」, 『삼국통일과 한국통일(상권)』(서울: 통나무, 1995), 211쪽 참조.

32) 한자경, 『한국철학의 맥』, 78쪽 참조.

돌이켜야 하는 것이라고 보았다. 불교에서는 목숨을 걸고 돌아간다는 것을 뜻하는 말이 이른바 '귀명'(歸命)이다. 이는 산스크리트어 'Namas'의 한자 번역어로서 일명 '나무'(南無)라고도 번역된다. 본래 '귀명'이란 예배, 숭배의 의미가 있다. 따라서 이마를 땅에 대고 예를 표하는 '귀명정례'(歸命頂禮)와 마음속으로 귀의한다는 '지심귀명'(至心歸命)의 양면성을 포함하고 있다.[33]

> 또한 귀명이란 근원으로 돌아감을 뜻한다. 중생들의 육근은 한마음에서 생겨난 것이다. 그러나 그것은 도리어 그 스스로의 근원을 배반하고 뿔뿔이 흩어져 부산한 먼지를 피우기에 이르렀다. 모든 번뇌가 여기로부터 나온다. 이제 목숨을 들어 이 부산한 먼지를 일으키는 번뇌의 마음을 한곳으로 집중시켜 그 본래의 원천, 즉 한마음으로 되돌아가는 까닭에 이를 귀명이라고 한다. 돌아가는 바 그 한마음이 바로 삼보(三寶)인 것이다.[34]

이 인용문에서 알 수 있는 것처럼 원효는 귀명의 대상이 한마음으로서, 그것은 삼보와 다를 바 없다고 한다. 이른바 불법승 삼보가 돌아가야 하는 목표이며, 그것은 목숨을 걸어서라도 반드시 돌이켜야만 하는 궁극의 목표이다. 그래서 삼보에 귀의한다는 말이 나온 것이

---

33) 『종교학대사전』(서울: 한국사전연구사, 1998), 「귀명」 조 및 須藤隆仙, 『世界宗教用語大事典』(東京: 新人物往来社, 2004), 「きみょう[帰命]」 조 참조. 중국과 일본에서는 '귀'와 '명'에 각각 독립적인 의미를 부여해서, '귀'는 돌아간다는 뜻으로, '명'은 '수명', '교명' 등의 의미로 해석된다. 따라서 '귀명'이란 '붓다의 가르침에 따르는 것', '인간의 수명에 의해서 일어나는 근원에 맞서는 것', '목숨을 바쳐서 믿는 것' 등 각 종파에서 여러 가지 해석이 이루어지고 있다(『종교학대사전』, 「귀명」 조 참조).

34) 『대승기신론소』(『한국불교전서』 1책, 700쪽 상), "又復歸命者還源義, 所以者衆生六根, 從一心起, 而背自原, 馳散六塵, 今擧命總攝六情, 還歸其本一心之原, 故曰歸命所歸一心, 卽是三寶故也."

다. 원효는 이 말을 '나무'(南無)라고 해석하여, 저자거리를 돌아다니면서까지 일반 대중들에게 '나무아미타불'의 염송을 가르쳤다. 이 말만 염송하여 실천한다 하더라도 미망에 빠진 중생들이 깨달음의 세계에 도달할 수 있다고 가르친 것이다.

일연의 『삼국유사』는 이와 관련된 원효의 행적을 다음과 같이 소개하고 있다.

> 원효는 이미 계율을 저버리고 설총을 낳은 뒤에는 속복으로 갈아입고 자기를 스스로 소성거사라고 하였다. 어느 날 우연히 어떤 광대가 큰 탈바가지를 가지고 춤추고 희롱하는 것을 보았는데, 그 형상이 너무나 빼어나고 기발하였다. 원효는 그 탈바가지의 모습을 따라 불사에 사용되는 도구를 만들었다. 『화엄경』에 나오는 "일체의 걸림 없는 사람은 단번에 생사를 벗어난다"는 구절을 따서 이 도구의 이름을 무애의 도구라고 하였다. 이에 노래를 지어 세상에 유포시켰다. 일찍이 불사의 도구를 가지고 많은 촌락에서 노래하고 춤추며 교화하고 읊고 돌아왔으므로 가난하고 무지몽매한 무리들까지도 모두 붓다의 이름을 알게 되었고, 일제히 '나무아미타불'을 부르게 되었으니 원효의 불법 교화가 컸던 때문이었다. 그가 태어난 마을 이름을 붓다의 땅이라 하고, 그가 세운 절 이름을 초개사라 했다. 스스로 원효라 일컬은 것은 대개 붓다의 태양을 처음으로 이 땅에 빛나게 했다는 뜻이다. 원효 또한 우리말이니 그때의 사람들이 모두 향언으로 이를 일컬어 새벽이라고 하였다.[35]

---

35) 『삼국유사』 권4, 「義解」, 〈元曉不羈〉, "曉既失戒生聰, 已後易俗服, 自號小姓居士. 偶得優人舞弄大瓠, 其狀瑰奇, 因其形製爲道具. 以華嚴經一切無㝵人, 一道出生死, 命名曰無㝵. 仍作歌流于世. 嘗持此, 千村萬落且歌且舞, 化詠而師, 使桑樞瓮牖玃猴之輩, 皆識佛陁之號, 咸作南無之稱, 曉之化大矣哉. 其生緣之村名佛地, 寺名初開, 自稱元曉者, 蓋初輝佛日之意爾, 元曉亦是方言也. 當時人皆以鄕言稱之始旦也."

일연의 설명에 따른다면, 원효가 아무것에도 구애받지 않는 철저한 자유의 상태, 즉 '무애행'(無碍行)에 도달한 계기는 『화엄경』「보살명란품」 제6의 한 구절을 절실하게 체인한 데서 온 결과라고 볼 수 있다. "일체의 걸림이 없는 사람은 단번에 생사를 벗어난다"는 말이 그것이다. 목숨을 걸만큼 절실한 진리의 세계, 또는 깨달음의 세계가 있음을 믿게 될 때 생사문제는 단번에 사라지고, 그 결과 일체의 걸림이 없는 무애인이 될 수 있다는 것이다. 원효가 본 무애인이란 '귀명'과 같은 진리에의 귀의를 통해 이루어지는 것임을 알 수 있다.

원효와 관련된 무애행의 이야기들은 여러 가지 사례가 전해진다. 그 가운데 찬녕(贊寧, 919-1001)이 지은 『송고승전』에 전해지고 있는 원효의 무애행에 관한 기록은 다음과 같다.

> (원효의) 발언은 미친 듯 난폭하고 예의에 벗어났으며, 보여 주는 모습은 상식의 선을 벗어났다. 그는 거사와 함께 주막이나 기생집에도 들어가고 지공(誌公, 양무제 때의 고승)처럼 금빛 칼과 쇠 지팡이를 지니기도 했으며, 혹은 주석서를 써서 『잡화경』(『화엄경』의 이명)을 강의하기도 하고, 혹은 사당에서 거문고를 타면서 즐기고 혹은 여염집에서 유숙하기도 하고, 혹은 산수 좋은 곳에서 좌선을 하는 등 때에 따라 마음대로 하는 데 대부분 일정한 법식이 없었다.[36]

앞서 살펴본 『삼국유사』와 비교해볼 때, 중국인 기록자에 의하여 기술된 원효의 행적은 일정 부분 거칠게 묘사된 측면이 없지 않다. 원효의 언어는 마치 미친 듯 난폭하고 예의에 벗어난 점이 많았으며, 식

36) 贊寧, 『宋高僧傳』(上海: 上海古籍出版社, 2014) 권4, 「義海篇」, 〈唐新羅國黃龍寺元曉傳〉, 70쪽, "無何, 發言狂悖, 示跡乖疎, 同居士入酒肆倡家, 若誌公持金刀鐵錫, 或製疏以講雜華, 或撫琴以樂祠宇, 或閭閻寓宿, 或山水坐禪, 任意隨機, 都無定檢."

색의 문제에 관해서조차 초연한 듯 주막이나 기생집까지도 자기 집 안방을 드나들 듯 자유롭게 출입하였다는 기록이 그것이다. 이와 같은 찬녕의 기록은 출가수도승이었던 원효가 기본적으로 지켜야만 할 계율조차 어기면서 방종한 삶을 살았다는 비판으로 받아들일 수도 있다.

그러나 이러한 외면적인 사실만 가지고 원효사상의 핵심을 평가할 수는 없다. 먼저 원효의 언어가 난폭하고 예의를 벗어났다는 점에 대해서는 당 시대적인 배경에 관해 주목할 필요가 있다고 본다. 이미 편협한 기준을 가지고 자신의 입장만을 옳다고 주장하는 사람들이나 특정한 종파에 대하여 원효의 언어가 정상적인 방식으로 제시되지는 않았을 가능성이 높다. 원효의 역설과 부정의 언어체계는 이와 같은 시대적 상황과 밀접한 관련을 갖는다고 본다.

또한 주막과 기생집 출입이 파계문제로 평가될 소지가 있지만, 여기에서는 도리어 해탈하지 못할 중생은 아무도 없다는 불성사상이 확인된다는 점에서 그 의의가 재고된다. 붓다의 종성이 왕이나 귀족에게만 있을 수는 없다고 하는 사유의 혁명이 무애의 실천적 행위로 나타난 것이라 볼 수 있다. 주막과 기생집의 출입이라는 행위가 식색의 본능을 해결하고자 한 것이라기보다는 주막과 기생집까지도 깨달음과 해탈의 범주에서 예외적일 수 없다는 가르침의 일환이었다고 평가된다.[37]

원효가 퇴속파계(退俗破戒)한 것은 불교의 참된 행을 철저히 하고자 한 까닭이라고 볼 수 있다.[38] 원효가 본 것은 중생의 마음이 곧 붓다

37) 원효가 만난 사람들은 기생과 주모만이 아니라 밭가는 노인, 광대, 백정 등을 비롯한 길거리의 아이들과 아낙네들까지 두루 포함된다. 이러한 범주에서 본다면 주막과 기생집만을 특화하여 기술하고 있는 『송고승전』의 논의방식은 객관성이 떨어지는 측면이 있다.

의 마음이요, 붓다의 마음이 곧 중생의 마음이라는 사실이다. 그러면서도 그는 특히 중생의 마음속에 깃들어 있는 붓다의 마음을 깨우고자 노력하였다. 원효는 "무릇 중생의 마음은 원융하여 걸림이 없는 것이니, 마치 태연하기가 허공과 같고 잠잠하기가 바다와 같으므로 평등하여 차별상이 없다"[39]고 보았기 때문이다. 이러한 원효의 입장은 또한 그가 『대승기신론소』에서 밝힌 것처럼 더러움과 깨끗함, 참됨과 망령됨이 둘이 아니라고 하는 진제와 속제의 통일관에서 비롯된 것이다.

이러한 입장 때문에 원효는 광대가 되어 광대에게서도 배울 정도였다. 그는 무애박을 만들어 이것을 두드리며, 무애가라는 노래를 함께 만들어 부르면서 대중 속으로 들어가 불교의 가르침을 설파하기도 한다. 이러한 원효의 노력은 불교의 가르침이 특권층의 소유물이 아니라 모든 사람들의 공유물임을 천명한 것이라 볼 수 있다. 원효는 왕실불교 내지는 귀족불교의 성격을 띠고 한국에 들어온 불교의 문제점을 직시하고 기존의 방식과는 반대로 일반대중을 지향한 불교를 제창한다. 그가 범했던 계율[40]들은 소승적인 특성을 갖거나 왕실불교 내지는 귀족불교적인 성격을 벗어나지 않았을 것이라 추정된다. 이를 위해서 그는 스스로 낮아지지 않을 수 없었다고 본다. 이에 원효는 자기 스스로를 가리켜 '소성거사'(小姓居士)라고 한 것이다.[41]

---

38) 조명기, 「불교의 총화성과 원효의 근본 사상」, 『한국의 사상가 10인: 원효』(서울: 예문서원, 2002), 59쪽 참조.

39) 『무량수경종요』(『한국불교전서』 1책, 55쪽 하), "夫衆生心性, 融通無礙, 泰若虛空, 湛猶巨海, 若虛空故, 其體平等."

40) 이러한 이유 때문에 원효가 계율에 대해 불철저했다고 볼 수 없다. 그는 10개의 무거운 금계(十重禁戒)와 48가지의 가벼운 계(四十八輕戒)를 합친 58가지의 계가 적혀 있는 『범망경』을 중시하였음이 확인되기 때문이다. 이와 관련하여 원효는 『범망계본지범요기』(梵網戒本持犯要記)라는 저술을 남겨 놓았다.

41) 김상현은 이와 같은 원효의 자세가 『잡보장경』의 한 구절인 "태산 같은 자부

원효의 무애행은 단적으로 '요익중생'(饒益衆生)을 구현하기 위한 실천적 행위라고 볼 수 있다. '요익중생'이라는 말은 원효의 『해심밀경소』에 몇 차례 등장하는 용어로서 '이익중생'과 같은 말이다. 이 말은 또한 한마음의 근원에 '귀명'하는 행위와 다르지 않다. 목숨을 걸고 한마음을 깨닫는 일은 '요익중생'의 실천행과 다르지 않은 것이다. 다시 말하자면 원효의 실천행은 '자리이타'(自利利他)에 충실한 '상구보리'(上求菩提), '하화중생'(下化衆生)의 구현에 그 의의가 있다고 보아야 한다.

5. 화쟁사상의 현대적 의의

원효의 화쟁사상은 현대사회에도 여러 가지 시사점을 남긴다. 남과 북의 대립을 비롯한 종교, 이념, 지역, 인종, 계층, 세대, 남녀, 노사 간의 갖가지 대립들이 그치지 않는 현대사회의 특성상 그 모든 것들의 원만한 소통과 화해가 요구되기 때문이다. 특히 남과 북의 분열과 대립으로 인해 지구상 유일한 분단현실을 겪고 있는 한국의 입장에서 볼 때, 원효의 화쟁사상은 특히 한국적 상황에 부합하는 측면이 있다.

일찍이 삼국의 분열과 대립의 상황을 보면서 통일의 이념을 불교적 해법에서 찾고자 한 원효는 『법화경종요』에서 하나의 시사점을 확인한 바 있다. 안계현은 이 점에 주목하고, 원효가 『법화경종요』를 지은 것도 삼국통일의 원리와 이념을 제시하려는 데 있었다고 본다.[42] 안

심을 갖되 누운 풀처럼 자기를 낮추어라"라고 한 정신을 그대로 적용시켜도 무방한 것이라고 평가한다(김상현, 「원효의 무애행과 화쟁사상의 현대적 의미」, 『전자불전』 11권, 동국대학교 전자불전문화콘텐츠연구소, 2009, 13쪽 참조).

42) 안계현, 「원효: 한국불교의 횃불」, 『한국인물탐사기(1)』(서울: 오늘, 1996),

계현이 풀이한 『묘법연화경』의 비유를 인용해보기로 하자.[43)]

어느 날, 백만장자가 밖에 나갔다가 집에 돌아와 보니 집 모퉁이에서 불이 나고 있었다. 불길은 이내 지붕을 덮기 시작했다. 그런데 집 안에서는 세 아이들이 장난에 정신이 팔려 놀고만 있었다. 워낙 좁게 만든 문이라 뛰어 들어가서 세 아이를 함께 데리고 나올 형편도 못 되었다. 그래서 할 수 없이, “얘들아, 불이 났다! 어서 나오너라.”하고 외쳤지만 아이들은 장난에만 열중하여 전혀 그대로 있을 뿐이었다. 그래서 거짓말을 꾸밀 수밖에 없었다. “얘들아! 밖에 좋은 장난감이 있다. 양이 끄는 수레도 있고, 사슴이 끄는 수레도 있고, 또 송아지가 끄는 것도 있다. 빨리 나와서 재미있게 놀자.” 그러자 세 아이들은 서로 밀치며 좁은 문으로부터 뛰어나왔다. 이래서 셋을 단번에 구출해냈다. 밖으로 나온 세 아이들은 각각 약속한 그 수레를 찾았지만 물론 있을 리 없었다. 그러나 백만장자는 아이들에게 실망을 주지 않으려고 하얀 소가 끄는 비싼 수레를 똑같이 각각 사주었다. 이리하여 세 아이를 데리고 저 멀리 불을 피했다.[44)]

이것이 이른바 ‘화택삼거’(火宅三車)의 우화로서, 불난 집은 번뇌에 가득 찬 이 세상을 말한 것이고, 여기에 사는 중생을 세 아이에 비유한 것이며, 백만장자는 붓다를 가리킨 것이다. 원효는 이러한 『법화경』의 정신에 입각하여 삼국통일의 원리와 이념을 제시했던 것이다. 회삼귀일(會三歸一)의 사상을 삼국통일의 이념에 적용한 결과이다.[45)]

344쪽.

43) 안계현, 「원효: 한국불교의 횃불」, 앞의 책, 345쪽.

44) 『묘법연화경』 권2 「비유품」 참조. 이것은 원문내용의 온전한 번역이라기보다는 설명을 위한 방편적 해석의 성격을 갖는다. 경전의 원문인용은 생략하기로 한다.

45) 안계현, 「원효: 한국불교의 횃불」, 앞의 책, 345쪽 참조. 그리고 양이 끄는 수레는 ‘성문승’, 사슴이 끄는 수레는 ‘연각승’, 소가 끄는 수레는 ‘보살승’을 비유하며, 흰 소가 끄는 수레는 ‘일불승’을 비유한다. 삼승이 일승에 귀의하며, 일

원효가 본 불교의 이념은 불난 집으로부터 사람을 구해내려는 것이며, 불을 끄는 가르침이다. 그런데 그 불은 특별한 불이어서 사람의 눈에 잘 보이지 않는다. 그것은 탐욕의 불길이자 분노의 불길이며 어리석음의 불길이다. '나'라고 하는 아상으로부터 탐욕의 불길, 분노와 성냄의 불길, 그리고 오온을 통한 어리석음의 불길이 끝없이 타오른다. 그리고는 대상세계에 옮겨 붙어 마침내는 온 세상이 불길 속에 휩싸인다. 마음 속에서 일어난 탐욕의 불길은 눈을 통해 얻기 어려운 물건과 재물 등을 비롯하여 욕망의 성적 대상 등에 옮겨 붙고 급기야는 도적질, 살인, 강간 등으로 나타나 결국에는 온 세상을 불길 속에 휩싸이게 한다. 이것이 삼계화택(三界火宅)이다. 우리는 이 불길 속에 있다는 사실을 분명히 깨닫지 않으면 안 된다. 깨달음의 이상향은 불이 꺼진 시원하고 청량한 세계이다. 이 세계가 불교에서는 열반의 세계, 해탈의 세계, 깨침의 세계이다. 열반이란 'Nirvāṇa'의 음역인데, 이 말은 불이 꺼진 상태를 뜻한다. 즉 탐욕의 불, 분노의 불, 어리석음의 불이 말끔하게 가셔진 상태이다. 그러므로 일체의 괴로움으로부터 벗어난 안온하고 청량한 세계이다.[46)]

원효가 화쟁사상을 통해 원융회통을 모색한 것이나, 한마음의 근원을 통해 중생의 다양한 마음을 하나로 귀일시켜 화합하고자 한 것은 모두 '열반적정'의 이념적 목표에 맞닿아 있다. 따라서 원효가 본 통일의 이념도 민족과 국가의 국지적 통합을 모색하는데 그치는 것

승은 삼승과 다르지 않다는 『법화경』의 '일승진실'과 '삼승방편'을 담은 '회삼귀일'의 정신이 확인된다. 원효는 『법화경』에는 '삼승'을 비유한 것이 두 가지가 있는데, 하나는 「비유품」에 나온 '삼거'(三車)의 비유요, 다른 하나는 「약초유품」에 나온 '삼초'(三草)의 비유라고 한다. 『법화종요』(『한국불교전서』 1책, 492쪽 상), "法花教中說, 三乘有二. 一者三車所譬, 出喩品; 二者三草所呪, 出藥草品."

46) 강건기, 『불교와의 만남』, 82-83쪽 참조.

이 아니라, 근원의 세계에 조화롭게 도달하고자 하는 실천적 지향성을 갖는다. 이러한 이유 때문에 원효의 화쟁은 '나'라는 존재의 해탈에만 머물지 않으며, '가족'이라는 공동체의 화해에만 의미를 두고 있지도 않을 뿐만 아니라, '국가'나 '민족'이라고 하는 집단주의적 공동체의 화합만을 꿈꾸지도 않는다. 원효의 화쟁은 일체의 존재사물이 자신의 모습대로 살아갈 수 있도록 하는 진정한 소통의 정신이며, 모든 중생들이 서로 원만하고 막힘이 없이 만나 조화를 이루어내는 종류의 평화로운 삶과 세계를 구현하는 방법이라는데 그 의의가 있다.

이상의 논의를 통해 원효가 한국불교의 새벽과 같은 존재일 수밖에 없던 이유가 충분히 밝혀졌다고 본다. '원효'는 새벽을 뜻하는 '새부'(塞部), 또는 '시단'(始旦)과 같은 말이다. 한국철학의 고유성을 '밝달'에서 찾은 최남선(崔南善, 1890-1957)의 견해에 의거한다면, 원효는 한국 고유의 '밝달' 정신의 체현자라고 할 수 있을 것이다. 어둠을 깨고 여명의 빛이 솟아오르는 것처럼 한국철학사에서 '원효'라는 빛은 마치 여명의 빛과도 같은 존재성을 갖는다. 그는 '푼다리카'(Pundarika, 芬) 중에서도 가장 훌륭한 존재(皇)로서 칭송되었다. 요컨대 그는 연꽃 중의 연꽃인 흰 연꽃과도 같은 존재였던 것이다.[47)]

---

47) 원효는 말년에 '분황사'에서 집중적인 집필활동을 하였는데, '분황'이 뜻하는 말이 바로 '푼다리카 가운데 푼다리카'라는 의미이다.

제 03 장

의상의 『화엄일승법계도』에 나타난 화엄사상

1. 의상의 생애와 저술

의상(義湘, 625-702)은 한국화엄의 기초를 연 사람이며 한국불교사상의 중요한 역할을 하였다. 중국 화엄종 제2조 지엄(智嚴)의 제자로서 화엄종을 대성한 법장과는 서로 동문수학한 사이였다. 그의 전기 자료로서는 『삼국사기』, 『삼국유사』, 『원종문류』(圓宗文類), 『송고승전』 등이 있다. 그런데 이 가운데 『송고승전』은 선묘(善妙)와의 전설이 너무 많이 기록되어 있어 전기 자료로서는 신용도가 낮다.[1)]

의상의 속성은 김씨, 한신(韓信)의 아들이라고 전하는데, 일설에는 속성이 김씨가 아닌 박씨로서 계림부의 사람이라고 전하기도 한다. 〈부석본비〉(浮石本碑)에 의거하면, 그는 20세의 나이에 출가하였다고 한다. 650년, 원효와 함께 고구려를 경유하여 당나라 유학의 뜻을 세웠지만, 고구려의 순라군에게 잡혀 뜻을 이루지 못하고 돌아왔다.[2)]

그러다 661년(문무왕 1년) 귀국하는 당나라 사신의 배를 타고 중국 양주로 들어갔다.[3)] 처음 양주에 머무를 때 주장(州將) 유지인(劉至仁)이 그를 관아에 머무르게 하고 성대히 대접하였다. 얼마 후 종남산 지상사(至相寺)로 지엄을 찾아갔다. 지엄은 전날 밤 꿈에 해동에 큰 나무 한그

---

1) 가마타 시게오, 신현숙 옮김, 『한국불교사』(서울: 민족사, 1992), 84쪽 참조. 의상과 선묘에 얽힌 설화는 다음을 참조하라. 김영태, 「설화를 통해본 신라 의상」, 『불교학보』 제18집, 동국대학교 불교문화원, 1981.

2) 가마타 시게오, 신현숙 옮김, 『한국불교사』, 84-85쪽 참조. 『삼국유사』에는 의상의 속성이 김씨라고 적혀 있는 반면, 『송고승전』에는 의상의 속성이 박씨라고 적혀 있다.

3) 『송고승전』은 의상이 중국 등주로 들어갔다고 한 것에 반해 『삼국유사』는 양주로 들어갔다고 적고 있다. 여기서는 『삼국유사』의 기록을 따르기로 한다.

루가 나서 가지와 잎이 번성하더니 중국에 와서 덮었는데, 그 위에 봉황새의 집이 있어 올라가 보니 한 개의 마니보주의 밝은 빛이 멀리까지 비치는 꿈을 꾸었다고 하면서, 의상을 특별한 예로 맞아 제자가 될 것을 허락하였다. 그곳에서 『화엄경』의 미묘한 뜻을 은밀한 부분까지 분석하였다. 의상이 당나라에 머무르면서 지엄으로부터 화엄을 공부한 것은 8년 동안이며, 나이 38세로부터 44세에 이르는 중요한 시기에 해당한다.[4)]

『송고승전』에 의하면 "의상은 설한 바와 같이 행함을 귀하게 여겨 강의를 하는 일 이외에는 수련을 부지런히 하였다. 세계와 국토를 장엄하여 조금도 두려워하거나 꺼리는 일이 없었었다. 언제나 의정(義淨)의 더러움을 씻는 법을 좇아서 실행하여 어떤 종류의 수건도 쓰지 않았으며, 시간이 되어 그냥 마르도록 내버려 두었다. 또 의복과 병과 바루, 이 세 가지 외에는 아무것도 몸에 간직하지 않았다"[5)]고 한다. 의상의 평소 생활이 깨달음의 지향성으로부터 한 치의 흐트러짐이 없었음을 설명한 기록이라고 할 수 있다.

잘 알려진 것처럼 의상은 부석사를 창건한 인물이다. 부석사 건사에 관해서는 선묘와의 일화가 연계되어 있기도 하다. 부석사 창건이 676년의 일이었는데, 의상은 이전까지 전국의 산천을 편력하며 화엄사상을 펼칠 터전을 마련할 계획을 세우고 있었다. 그는 당나라 유학길에서 670년 45세 때 신라로 귀국한다.[6)] 『송고승전』에 따르면 의상

---

4) 한국정신문화연구원, 『한국인물대사전』(서울: 중앙일보 출판법인 중앙M&B, 1999), 1453-1454쪽 참조.

5) 贊寧, 『宋高僧傳』(上海: 上海古籍出版社, 2014) 권4, 「義海篇」, 69쪽, "湘貴如說行, 講宣之外, 精勤修練, 莊嚴刹海, 靡憚暄涼. 又常行義淨洗穢法, 不用巾帨, 立期乾燥而止. 持三法衣, 瓶 鉢之餘, 曾無他物."

6) 의상의 귀국연대에 대해서도 이설이 있다. 『삼국유사』 권4, 「義解」, 〈義湘傳敎〉에서는 670년(문무왕 10년), 〈부석본비〉에는 671년으로 되어 있다. 당나라 침입설을 따를 경우 원효의 귀국연대는 『삼국유사』의 견해가 옳을 것이라

의 귀국이유는 화엄대교를 펼치기 위해서였다. 그러나 『삼국유사』에 의하면 의상은 당나라 고종의 신라침략에 관한 소식을 본국에 알리기 위해 서둘러 귀국한 것으로 되어 있다. 서로 다른 귀국 동기론이라고 할 수 있다. 그러나 일연의 기록을 따른다고 할 때, 의상의 귀국 동기론은 한국불교의 한 특징인 호국불교적인 특성과 긴밀하게 연결되어 있다는 점에서 주목된다. 귀국 후 의상은 전국 각지에 화엄사찰을 짓고 제자양성에 힘써 지통, 표훈, 범체, 도신 등의 훌륭한 제자를 배출하였다.[7]

의상의 저술로는 『화엄일승법계도』와 『화엄십문간법관』(華嚴十門看法觀), 『일승법계품초기』(一乘法界品鈔記), 『아미타경의기』(阿彌陀經義記) 4종과 『일승발원문』 및 『백화도량발원문』 등이 있다. 이 가운데 『백화도량발원문』은 의상의 저술인지 의문이 있다고 한다.[8] 평생 화엄교학의 선양과 중생교화에 헌신하였고, 중국인들로부터도 보살의 화현이라고 칭송을 받았다. 성덕왕 원년 702년에 열반에 들었다.

한국에서 의상에 관한 연구는 원효 연구에 비하여 상대적으로 미비한 것이 현실이다. 그에 관한 설화에 비하여 전해 내려오는 저술이 그리 많지 않다는 것이 하나의 이유일 것이다. 그럼에도 의상에 관한 연구는 이웃나라 일본에서 꾸준한 관심을 받아오고 있는데, 주로 의상의 전기설화 연구와 화엄교학 및 불성론에 관한 연구가 주종을 이

본다.

7) 『송고승전』 권4, 「義解篇」, 〈唐新羅國義湘傳〉, 68-69쪽, "登堂覩奧者則智通, 表訓, 梵體, 道身等數人."

8) 가마타 시게오, 신현숙 옮김, 『한국불교사』, 86쪽. 『백화도량발원문』은 의상이 신라로 귀국한 바로 그해에 낙산사의 관음굴에서 관음보살에게 기도를 드리고자 저술한 발원문이라고 알려져 있다. 여기에는 의상의 관음신앙을 알려주는 261자의 간결한 문장이 적혀 있는데, 가마타 시게오는 이 발원문이 의상의 저술이 아닐 가능성을 열어두고 있다. 이에 대한 보다 구체적인 연구가 필요해 보인다.

룬다.[9] 국내의 연구동향 역시 크게 다를 것이 없다. 이러한 점을 참고하여, 여기에서도 의상 화엄교학의 핵심이라고 할 수 있는『화엄일승법계도』를 중심으로 그 내용과 특징을 간단히 일별해 봄으로써, 의상 화엄사상의 내용을 살펴볼 예정이다.

2.『화엄일승법계도』의 도인과 내용

의상의『화엄일승법계도』는 일명『법계도』,『해인도』(海印圖),『법성게』(法性偈)라고도 불린다. 이것은 7언 30구 210자로 구성되어 있는데, 이에 대한 도인이 전해지고 있다. 의상은 "이『화엄일승법계도』를 지은 뜻은 리에 의하고 교에 의하여 간략한 시를 만들어 이름에만 집착하는 무리들로 하여금 그 이름마저도 없는 근원으로 돌아가게 하고자 함이라"[10]고 하여『화엄일승법계도』를 지은 뜻을 명시적으로 밝히고 있다.『송고승전』의 저자 찬녕은『화엄일승법계도』가 '법성의 바다'(法海)를 천명한 것이라고 평가하였는데, 이 저술이야말로 의상이 비로자나불의 한없이 깊은 의미를 밝히고자 한 것이었다.[11]

의상의『화엄일승법계도』는『화엄경』및『십지론』에 의해 화엄원교의 종요를 기록한 것이다. 이것은 스승이었던 지엄선사가 죽기 3개

---

9) ① 의상의 전기설화 연구: 八百谷孝保,「新羅僧義湘傳考」,『支那佛教史學』第3卷 第1號, 1939. ② 의상의 화엄교학 연구: 吉田紹欽,「義湘の行業と教學」,『宗教研究』新第14卷 第2號, 1937. ③ 의상의 성불론 연구: 吉津宜英,「義湘の成佛論」,『華嚴禪の思想史的研究』(大東出版社, 1985).

10) 『화엄일승법계도』(『한국불교전서』 2책, 1쪽 상), "故依理據教, 略制槃詩, 冀以執名之徒, 還歸無名眞源."

11) 『송고승전』 권4,「義解篇」,〈唐新羅國義湘傳〉, 69쪽, "疏皆明華嚴性海毗盧遮那無邊契經義例也."

월 전(668년 7월 15일)에 완성하였는데, 의상이 이해하고 있는 화엄교학의 종요를 서술한 것이다. 이 글에 대한 주석은 진숭(珍崇)의 『일승법계도기』, 고려 균여의 『일승법계도일승초』 및 『법계도기총수록』 등이 있다.[12] 『화엄일승법계도』는 도인(圖印)의 형식으로 구성되어 있다.

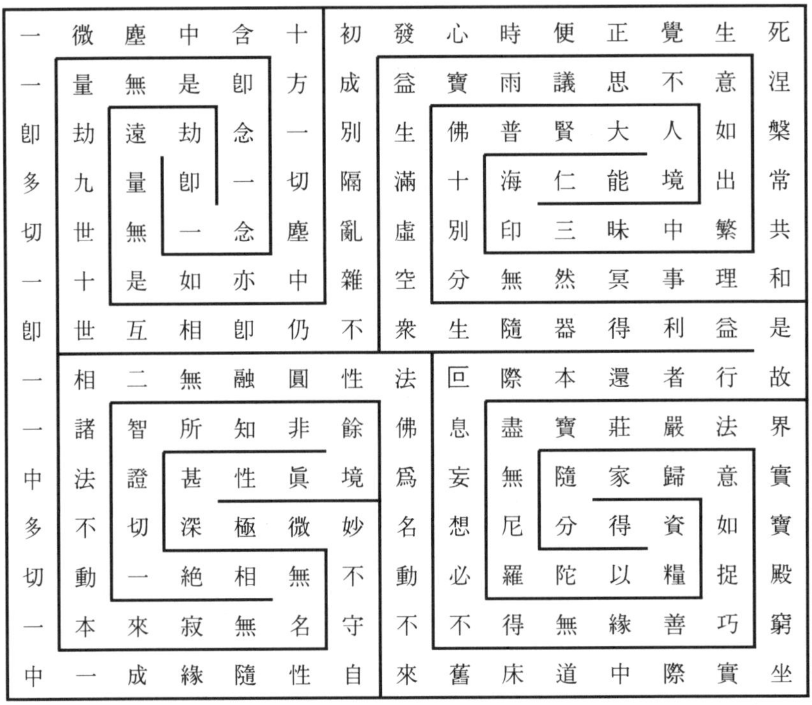

『화엄일승법계도』의 도인

12) 가마타 시게오, 신현숙 옮김, 『한국불교사』, 86쪽 참조.

도인의 가운데 글자는 '法'(법)자에서 시작하여 '佛'(불)자로 끝맺고 있다. 『화엄일승법계도』가 '불법'을 밝힌 것임을 분명히 한 것이라 볼 수 있다. '불'과 '법'이라는 글자가 가운데 자리에 배치된 이유는 불법이 '중도'라는 것을 설명하기 위한 방편이라고 볼 수 있다. 요컨대 『화엄일승법계도』는 법성의 진실한 덕이 중도임을 밝히고자 한 것임을 알 수 있다.[13)]

『화엄일승법계도』가 한 길로 표시된 것은 여래가 한 가지 음으로 법을 설하고 있음을 나타낸 것이다. 그리고 그것이 구불구불 여러 번 회전된 것은 중생의 근기와 의욕이 같지 않기 때문이다. 또한 『화엄일승법계도』는 시작과 끝이 없는데, 그것은 공간적으로 일정한 장소가 없고 시간적으로 원융함을 나타내기 위해서이다. 뿐만 아니라 그 도인이 사면과 사각으로 되어 있는 것은 사섭(四攝)과 사무량심(四無量心)을 널리 드러내기 위해서이다.[14)]

의상이 지은 『화엄일승법계도』의 내용을 다음과 같다.

[01] 法性圓融無二相　법성은 원융하여 두 모습이 없고
[02] 諸法不動本來寂　모든 법은 부동하여 본래 고요하네
[03] 無名無相絶一切　이름과 모양 모두 끊어버린 곳
[04] 證智所知非餘境　깨달아 안 바라 다른 경지 아니라네

---

13) 『화엄일승법계도』(『한국불교전서』 2책, 1쪽 중), "二問: 何故字中有始終耶? 答約脩行方便, 顯因果不同故. 何故字中多屈曲? 顯三乘根欲差別不同故. 何故始終兩字? 安置當中, 表因果兩位法性家內眞實德用, 性在中道故. 字相如是." 참조.

14) 『화엄일승법계도』(『한국불교전서』 2책, 1쪽 중), "一問: 何故印文唯有一道? 答表如來一音故. 所謂一善巧方便. 何故多有繁廻屈曲? 以隨衆生機欲不同故, 卽是當三乘教. 何故一道無有始終? 顯示善巧無方 應稱法界, 十世相應圓融滿足故, 卽是義當圓教. 何故有四面四角? 彰四攝四無量故. 此義依三乘, 顯一乘, 印相如是." 참조.

[05] 眞性甚深極微妙 참 성품은 참으로 깊고 깊어 참으로 오묘하지만
[06] 不守自性隨緣成 자성을 지키지 않고 인연 따라 나투네
[07] 一中一切多中一 하나 안에 일체요 여럿 안에 하나
[08] 一卽一切多卽一 하나가 곧 일체요 여럿이 바로 하나
[09] 一微塵中含十方 한 티끌 속에 시방세계 포함되고
[10] 一切塵中亦如是 모든 티끌이 역시 그러 하구나
[11] 無量遠劫卽一念 무량한 먼 시간이 곧 한 생각이요
[12] 一念卽是無量劫 한 생각이 곧 무량한 그 시간이니
[13] 九世十世互相卽 구세와 십세가 서로 일치하건만
[14] 仍不雜亂隔別成 뒤섞여 혼란하지 않고 따로 간격도 있네
[15] 初發心時便正覺 초발심 때가 바로 정각이요
[16] 生死涅槃常共和 생사와 열반이 항상 어울리고
[17] 理事冥然無分別 리와 사가 하나라서 무분별하니
[18] 十佛普賢大人境 열 가지 붓다와 보현, 대인의 경지로다
[19] 能仁海印三昧中 능히 어진 사람만이 해인삼매 가운데 들어가서
[20] 繁出如意不思議 성품의 여의를 따라 불가사의한 법을 나투네
[21] 雨寶益生滿虛空 보배 비를 허공 가득 중생 위해 뿌리니
[22] 衆生隨器得利益 중생은 그릇 따라 이익을 얻네
[23] 是故行者還本際 그러므로 수행자는 본래의 경계로 돌아가
[24] 叵息妄想必不得 망상을 그치지 않으면 반드시 얻을 수 없네
[25] 無緣善巧捉如意 무연의 방편인 여의를 붙잡아
[26] 歸家隨分得資糧 본래의 집으로 돌아가매 분수대로 자량을 얻네
[27] 以多羅尼無盡寶 무궁무진한 다라니의 보배로써
[28] 莊嚴法界實寶殿 법계의 진실한 보배궁전을 장엄하고
[29] 窮坐實際中道床 마침내 실제 중도의 자리에 앉으니
[30] 舊來不動名爲佛 예로부터 움직이지 않은 자리, 붓다라 이름하네

이것은 하나의 회문시(回文詩)이다. 그것은 의상 당시에 유행하던 문장의 한 형식으로서 다라니 법을 강조하여 담아낸 특징이 있다. 이상

과 같은 『화엄일승법계도』의 회문시에 관한 ‘문장의 뜻풀이’(釋文意)에 초점을 맞추어 관찰할 때, 이것은 크게 세 가지 범주로 구분된다. [01]구부터 [18]구까지는 ‘자리’(自利)의 행을 기준으로 한 것이며, [19]구부터 [22]구까지는 ‘이타’(利他)의 행을 해명한 것이며, [23]구부터 [30]구까지는 수행 방법론 및 이로써 이익을 받음에 관한 문제를 판별하고 있다.[15] 즉 불교의 근본정신인 ‘자리이타’와 그에 대한 실천 방법 및 공효에 대하여 『화엄일승법계도』는 주목하고 있는 것이다.

3. 『화엄일승법계도』의 특징과 의의

그렇다면 의상의 『화엄일승법계도』는 어떤 특징이 있을까? 이 물음은 의상의 화엄사상이 어떠한 의의를 가지고 있는가의 문제와 연계되어 있다. 여기에서는 다음과 같은 네 가지 특징과 의의에 대해 주목해보기로 한다.

첫째, 법성(法性) 원융설이라는 철학적 특징이 발견된다. 의상은 『화엄일승법계도』의 첫 구절에서 ‘법성원융무이상’(法性圓融無二相)을 제시할 만큼 법성원융사상을 강조하는데, 의상은 이것을 화엄불교의 진수라고 여겼을 것이라 본다. 즉 법성은 원융하여 두 가지 모습을 가지지 않는다는 것이 ‘법성원융무이상’인데, 일체의 현상적 대립과 투쟁을 지양하는 세계관이라고 볼 수 있다. ‘나’라는 존재와 ‘너’라는 존재는 연기법에 의하여 상의 상존하는 존재의 법칙을 지니고 살아간다. 따라서 진리의 세계와 세속의 세계가 둘이 아니며, 붓다와 중생의 마음

15) 김지견 역, 『일승법계도합시일인』(서울: 초롱, 1997), 35쪽 참조.

이 둘이 아니라는 연기의 세계를 가리켜 의상은 특별히 '법상원융무이상'의 세계라고 이름붙인 것이다. 그렇다고 법성원융의 세계가 현상적 개별자들의 존재의의를 전적으로 부정하지는 않는다. 현상의 다양한 차이는 그 자체적인 다양성으로 인정될 뿐 독자적 절연체로서의 개별적인 단독자의 존재성을 용인하지 않을 뿐이라고 보아야 한다. 세계는 다양한 방식으로 존재하지만 하나인 세계로 존재하며, 또한 하나이지만 다양한 세계로서의 의미를 갖는다. 그래서 의상은 『화엄일승법계도』에서 "하나 안의 일체요 여럿 안에 하나"(一中一切多中一)라거나, "하나가 곧 일체요 여럿이 바로 하나"(一卽一切多卽一)라고 한 것이다.[16] 이것은 일종의 상즉상융(相卽相融)의 논리로서, '즉문'과 '중문'의 합일이라고 볼 수 있다.[17]

둘째, 육상(六相) 원융설의 특징이 있다. 모든 존재는 다 '육상'을 가지고 있는데, '육상'은 서로 다른 상을 방해하지 않고 모든 것이 원만하게 일체가 되어 융화되어 있다는 것이다. 모든 존재는 연기법에 토대를 두고 반드시 여러 가지 인연들이 모여 이루어지기 때문이다. '육

---

16) 이것은 화엄불교의 기본정신인 ① 사법계(事法界), ② 이법계(理法界), ③ 이사무애법계(理事無碍法界), ④ 사사무애법계(事事無碍法界)의 사법계관의 정신과 무관하지 않다. 중국 화엄종에 있어서 이와 같은 사법계관은 징관(澄觀, 738-839)에 의하여 구체화된다. 징관은 중국 화엄종의 제4대조로 법장(法藏)의 화엄교학을 부흥시킨 인물이다. 이것은 두순(杜順, 557-640)의 진공관(眞空觀), 이사무애(理事無碍), 주편함용관(周遍含容觀)이라는 삼중관에 근거를 둔다(한종만, 「중국불교의 본체관」, 『동양철학의 본체론과 인성론』(서울: 연세대학교출판부, 1986), 65쪽 참조).

17) 즉문은 사(事)나 상(相)이 달라도 리(理)나 체(體)가 같다는 점에서 이법계 내지 이사무애법계를 주장하는 데 반해, 중문은 각 사(事)가 다시 전체 사(事)를 포함한다는 점에서 사사무애법계를 주장한다. 이 점에서 즉문은 소승, 대승, 돈교를 포함하는 삼승의 설이고, 중문은 화엄에 해당하는 일승별교의 설이다(한자경, 『한국철학의 맥』(서울: 이화여자대학교출판부, 2010), 95쪽). 『화엄일승법계도』에서는 분명 삼승이 강조되는 것은 아니다. 그렇다고 삼승이 일승으로부터 배제되는 것도 아님이 확인된다.

상'이란 ① 총상(總相), ② 별상(別相), ③ 동상(同相), ④ 이상(異相), ⑤ 성상(成相), ⑥ 괴상(壞相)을 말한다.[18] 이것은 ① '총-별', ② '동-이', ③ '성-괴'라는 세 가지 대립 쌍의 개념이나 모습이 서로 원융무이(圓融無二)한 관계에 있음을 보여준다. '육상'은 개별적인 하나의 모습이 나머지 다른 다섯 가지 모습을 원만하게 포함하며, 또한 전체 여섯 가지 모습이 각자 자기 자신의 모습을 잃어버리는 법이 없다는 특징을 갖는다. 의상은 이와 같은 육상 원융설을 연기설의 중요한 교의로 정착시키는데, 이는 세친의 『십지경론』에 보이는 원리를 발전시킨 것으로서 스승이었던 지엄의 화엄불교와 차별된다는 점에서 독자성을 갖는다.

셋째, 법성의 진실한 법이 '중도'(中道)라고 보고, 중도의 실천적 행위를 강조한 특성이 있다. 화엄동학이었던 법장의 화엄학에서는 '중도'의 개념이 발견되지 않는데, 의상은 '중도'를 통해 화엄학의 실천적 원리를 풀어나간 특징이 있다. 이 점 역시 의상 화엄학의 독자성이라고 볼 수 있다. 의상의 중도관은 멈춤이 없는 '오고 감'(去來)를 전제한다. 그런데 이에 대한 법장과 의상의 관점이 차이가 있다. 법장에게서는 '체'를 지닌 중심으로서의 일(一)의 존재가 상정되며, 일은 모든 것을 수렴하는 중심, 모든 것이 그곳으로 응축하는 지점의 역할을 담당한다. 그래서 상즉의 논의에서 '오고 감'의 운동은 더 이상 논의하기 어렵게 되었고, 상입의 설명에서는 아예 '오고 감'의 운동이 등장조차 하지 않는다.[19] 그러나 의상의 중도적 사유는 수렴하는 중심의 존재자와 같은 성격을 갖지 않는다. 중도는 중심존재가 아니다. 그것은 수렴과 확산의 끝없는 실천행을 의미할 뿐이다. 이와 관련하여 정

---

18) 『화엄일승법계도』(『한국불교전서』 2책, 1쪽 하), "所謂六相者, 總相, 別相, 同相, 異相, 成相, 壞相."

19) 정호영, 「『화엄일승법계도』에 나타난 의상의 중도적 사유」, 『불교연구』 제42집, 한국불교연구원, 2015, 241쪽 참조.

호영은 다음과 같이 말한다. "중도는 순수한 이론체계일 수 없다. 중도는 진리이기도 하지만, 진리로 향해 가는 길의 의미를 더욱 강하게 갖는다. 말하자면 중도는 우리에게 구체적 실천의 방법을 가르치고 모색케 하는 '실천-철학'인 것이다. 의상의 사상에 중도가 깊이 스며들어 있는 것도 이 때문일 것이다."[20]

셋째, '횡진법계관'(橫盡法界觀)의 특징을 갖는다. 이것은 법장이 제시한 '수진법계관'(竪盡法界觀)과 구분되는 특징이라는 점에서, 의상 화엄학의 독자성을 보여준다. 한자경은 "사사무애법계로서 현상세계 사물들의 '일중다 다중일'을 강조하는 것은 각 존재에 있어 개체성과 보편성의 양 측면을 동시에 고려한 것이다"[21]라는 입장에서, "일이 전체를 포함한다고 해도, 그 각각이 전체를 각자의 관점에서 포함한다는 차별적 측면을 강조하는 것이 '수진법계관'(竪盡法界觀)이라면, 그 각각을 통해 드러나는 전체가 결국은 하나의 전체라는 의미에서 전체적인 동일성의 측면을 강조하는 것이 '횡진법계관'(橫盡法界觀)이다"[22]라고 양자의 차이점을 명시적으로 규정한다. 화엄학에서 이 두 가지 법계관은 십층 탑의 비유로서 설명된다. 다음과 같은 균여(均如, 923-973)의 『일승법계도원통기』의 설명이 그것이다.

> 하나를 부를 때 일체가 입으로 답하는 것에는 두 가지 뜻이 있다. 첫째는 법장이 하나의 이름을 부를 때 일체가 각각 자기의 이름을 입으로 답하는 것이다. 둘째는 의상이 하나의 이름을 부를 때 일체가 모두 하나의 이름을 입으로 답하는 것이다. 풀이하여 말하면, 의상대덕의 다함과 다하지 못함은 십 층짜리 열 탑을 나열한 것과 같아서 첫째 탑의 첫째 층을 부를 때 나머지 아홉 탑의 첫째 층은 첫째 층으로서 한

---

20) 정호영, 앞의 논문, 228쪽.

21) 한자경, 『한국철학의 맥』(서울: 이화여자대학교출판부, 2001), 96쪽.

22) 한자경, 앞의 책, 96쪽.

> 꺼번에 입으로 답하며, 첫째 탑의 둘째 층을 부를 때 나머지 아홉 탑의 둘째 층은 둘째 층으로서 또한 모두 입으로 답한다는 뜻이니 이것이 '횡진법계'의 의미이다. 법장이 하나의 이름을 부를 때 일체는 각기 자기의 이름을 입으로 답함이라 한 것은 마치 십 층짜리 한 탑을 세우는 것과 같아서, 첫째 층을 부르자마자 나는 첫째 층 내지 나는 열째 층이라고 각각 자기의 이름을 입으로 답하는 뜻이므로 '수진법계'이다.[23]

이와 같은 균여의 두 가지 법계관에 대한 구분을 통해 한자경은 종합적으로 다음과 같은 평가를 내린다. "이렇게 보면 한국적 화엄에서 강조되는 것은 개체적 차별성 너머의 보편성과 동일성이며 일체 존재의 평등성이다. 중국이 개체성을 강조하며 개인주의적 성향이 강하다면, 한국은 개체 내면의 또는 마음 심층의 보편성을 강조하는 보편주의적 내지 평등주의적 성향이 강하다고 말할 수 있을 것이다."[24]

4. 의상의 화엄사상에 대한 평가

그동안 화엄의 세계관에 입각한 의상의 원융사상에 대해서는 연구자들에 따라 서로 다른 평가가 제기되어 왔다. 의상에 대한 종합적 평

---

23) 균여, 『일승법계도원통기』(『한국불교전서』 4책, 28쪽 하), "呼一名時一切各各自名口許. 二者相師呼一名時一切共一名口許(已上). 解云相大德盡不盡者, 如列十座十層塔, 呼第一塔初層時餘九塔初層, 初層一時口許, 呼初塔第二層時, 餘九塔第二, 第二層亦皆口許之義, 是橫盡法界義也. 藏公呼一名時一切各各自名口許者, 如立一座十層塔, 纔呼初層時, 我是第一層乃至我是第十層, 各以自名口許義故竪盡法界也."

24) 한자경, 앞의 책, 98쪽.

가로서 1970년대에는 이른바 '전제왕권 이념설'이 풍미하였다면, 1980년대 중반 이후는 이에 대한 반론이 등장하면서 의상의 화엄사상에 대한 재조명이 시도되었다.[25)]

'전제왕권 이념설'은 '하나이면서 여럿이고, 여럿이면서 하나'라고 하는 화엄의 세계관이 전제 왕권을 중심으로 한 중앙집권적 통치 체제를 뒷받침하기에 적당하다고 보는 입장이다.[26)] 화엄의 원융사상이 국민과 국왕의 관계를 여럿과 하나의 관계로 보고 국민을 국왕 중심으로 통합시키는 이념 역할을 할 수 있었다는 것이다. 이것은 의상의 원융사상이 전제왕권을 중심으로 한 중앙집권적 통치체제를 뒷받침하기에 적당하였다는 관점이다.[27)]

이기백은 이러한 관점을 가진 대표적 인물이다. 그는 "우주의 다양한 현상이 결국 하나라고 하는 『화엄일승법계도』의 정신은 전제왕권을 중심으로 한 중앙집권적 통치체제를 뒷받침하기에 적합하다"[28)]라고 하여 『화엄일승법계도』를 주목하는 한편, 의상이 진골귀족 출신인 점을 화엄사상이 당시의 전제주의와 연결될 수 있는 하나의 가능성으로 제시하였다.[29)] 이와 같은 규정은 가마다 시게오의 견해를 국내 연구자들이 무비판적으로 수용하여 이를 그대로 적용한 결과이다.[30)] 가마다 시게오는 한국 화엄종이 국가불교, 귀족불교의 성격을

---

25) 남동신, 「의상 화엄사상의 역사적 이해」, 『역사와 현실』 제20권, 한국역사연구회, 1996, 39-40쪽 참조.

26) 김두진, 「의상의 화엄사상과 사회적 성격」, 『한국학논총』 17. 『의상: 그의 생애와 화엄 사상』(서울: 민음사, 1995), 374쪽 참조,

27) 김문경, 「의식을 통한 불교의 대중화운동」, 『사학지』 제4권, 단국사학회, 1970, 102-107쪽 참조.

28) 이기백·이기동, 『한국사강좌 I 』(서울: 일조각, 1982), 100-101쪽.

29) 남동신, 앞의 논문, 42쪽 참조.

30) 김상현, 「신라중대 전제왕권과 화엄종」, 『동방학지』 제44권, 연세대학교 국학연구원, 1984, 64쪽.

강하게 갖고 있으며, 특히 의상은 국정에 깊이 간여한 측면이 있다고 규정하였다.[31] 그는 자세한 논거를 제시하지 않은 채 의상의 화엄사상을 '전제왕권 이념설'로 규정한 것이다.

실로 이러한 입장에서는 의상의 국가의식은 통일 전의 '왕이 곧 붓다'(王卽佛)라고 하는 사상에 입각한 왕실불교, 귀족불교의 전통을 계승한 것이라고 파악한다. 의상의 화엄사상은 삼국통일 초기 신라가 고구려, 백제의 귀족과 신라 귀족의 반목과 그 유민의 포섭문제 등 정치적으로 복잡한 양상을 나타내고 있을 때 그에 따른 상호 대립성이나 다원성을 통일하는 이념의 역할을 수행하였다고 한다. 그리고 또한 중앙집권적 지배체제의 정비과정에서 야기되는 귀족사회의 갈등이나 모순을 한 차원 높은 수준에서 깨닫게 하는 정신적 역할을 하게 된 것이라고 본다.[32] 마치 '하나는 전체를 위하여, 전체는 하나를 위하여'라고 외쳐대는 전체주의의 속성과 의상 화엄사상의 이념이 매우 닮았다는 관점이다.

반면 이와 같은 정치이념적인 평가와는 다르게 의상의 화엄사상은 중생의 조화와 화합을 모색하고자 한 것에 그 의의가 있다고 주장하는 '전제왕권 이념설'에 대한 반론이 있다. 의상 화엄사상의 의의는 원융사상에 근거를 둔 하나와 여럿의 조화와 평등의 관점에서 이해되어야 한다는 입장이다.[33] 특히 의상의 『화엄일승법계도』에서 말하는 하나와 여럿의 문제 역시 부분과 전체의 관계 속에서 말하는 하나와 여럿의 관계로 이해하지 않으면 안 된다. 하나는 우주론적인 절대타자나 현실정치적인 왕의 존재성을 가리키는 것이 아니다.[34] 이

---

31) 가마타 시게오, 신현숙 옮김, 앞의 책, 63쪽과 65쪽 참조.

32) 한국사특강편찬위원회 편, 『한국사특강』(서울: 서울대학교출판부, 1996), 324쪽 참조.

33) 김상현과 남동신 등이 이와 같은 입장을 대표한다.

것은 우주의 일체 만상이 하나로 통합되는 동시에 그 하나 역시 일체 만상에로 융합되므로 오히려 조화와 평등이 강조되는 이론이라는 데 그 의의가 있을 뿐이다.[35] 오히려 이 부분은 중국 화엄학과 차별화되는 특징이라는 점에 그 의의가 있다고 보지 않으면 안 된다. 이와 관련된 두 가지 사례를 들어보자.

첫째, 문무왕이 삼국통일 이후에 성을 쌓는 일을 거듭하고 있었다. 의상은 이로 인해 백성들의 노역이 과중해지는 것을 보고 왕에게 직접 이것을 중단할 것을 요청하는 글을 보냈다. 『삼국유사』는 다음과 같이 말한다. "서울에 성곽을 쌓으려고 이미 관리에게 명령을 내렸다. 이때 의상법사가 이 소식을 듣고 글을 보내 다음과 같이 아뢰었다. '왕의 정치와 가르침이 밝다면 비록 풀언덕 땅에 금을 그어서 성이라 하여도 백성들이 감히 넘어오지 못하고 오히려 재앙을 씻어 복이 될 것입니다. 그러나 정치와 교화가 바르지 못하다면 장성이 있다 하더라도 재해를 소멸하지 못할 것입니다." 문무왕은 이에 역사를 파하였다.[36]

둘째, 의상은 중국으로부터 귀국한 후 화엄사상을 설파하고 다양

---

34) 김상현은 의상의 화엄사상을 '전제왕권 이념설'로 규정하는 것은 『화엄일승법계도』에 나타난 '하나'에 대한 해석의 오류로부터 비롯된 것이라고 보고, 그 의의를 화엄학적인 측면에서 설명한다. 이에 대해서는 김상현의 앞의 논문, 61-65쪽 참조.

35) 남동신, 앞의 논문, 47-58쪽 참조.

36) 『삼국유사』 권2, 「紀異」, 〈文虎王法敏〉, "又欲築京師城郭. 既今眞吏. 時義相法師聞之, 致書報云: 王之政教明, 則雖草丘盡(畫)地而爲城, 民不敢踰, 可以潔災進福. 政教苟不明, 則雖有長城, 災害未消. 王於是正罷其役." 『삼국사기』에도 이와 유사한 기록이 보인다. 그러나 『삼국유사』의 내용과는 다르게 『삼국사기』에서는 문무왕이 성 쌓는 일을 의상에게 자문하는 형식으로 기록되어 있다. 『삼국사기』 권7, 「新羅本紀」, 〈文武王〉, "二十一年. … 六月, 天狗落坤方, 王欲新京城, 問浮屠義相. 對曰: 雖在草野茅屋, 行正道, 則福業長, 苟爲不然, 雖勞人作城, 亦無所益. 王乃止役."

한 실천을 펼침으로써 그 공을 인정받았다. 이에 문무왕은 의상에게 전장(田莊)과 노복(奴僕)을 하사하였다. 그러나 의상은 이를 거절하고 다음과 같이 말했다. "우리들의 불법은 평등하여 고하가 균등하고, 귀천이 같은 도리를 가지고 있습니다. 『열반경』에서도 여덟 가지 부정한 재물을 금하는 말을 하고 있습니다. 그런데 무슨 이유로 전장과 노복이 필요하겠습니까? 저는 법계의 세계를 집으로 삼고 바리때에 담을 것을 직접 농사지어 그것이 익는 것을 기다리는 것만으로 만족합니다. 법신의 지혜로운 생명이 이를 의지해서 살고 있는 것입니다." 이 내용은 『송고승전』의 기록이다.[37]

이상 두 가지 사례를 통해볼 때, 의상의 화엄사상은 '전제왕권 이념설'의 측면보다는 일반 백성들의 삶의 고통을 함께 걱정하는 애민정신과 더불어 평등사상을 강조한 조화와 화합의 사상이었음이 확인된다. 이러한 점은 중국 법장의 화엄사상이 전제왕권의 체제적 이념이었다는 '전제왕권 이념설'과는 분명히 차별되는 것임을 알게 한다. 의상의 실천적 행적은 법장이 당나라 측천무후의 정치적 부름을 수용한 것과 좋은 대조를 보여주기 때문이다. 의상은 진리의 본질적 이념을 구현하는데 충실했을 뿐 전제왕권의 옹호와 협조를 위한 방편으로 화엄사상을 제창한 것이 아니었다. 따라서 의상의 화엄사상을 전제왕권의 이념으로 간주하는 것은 재고되지 않으면 안 된다고 본다.

---

37) 『송고승전』 권4, 「義解篇」, 〈唐新羅國義湘傳〉, 68쪽, "國王欽重, 以田莊奴僕施之. 湘言於王曰: 我法平等, 高下共均, 貴賤同揆. 涅槃經八不淨財, 何莊田之有? 何奴僕之爲? 貧道以法界爲家, 以盂耕待稔, 法身慧命籍此而生矣."

제 04 장

지눌의 돈오점수와 정혜쌍수 사상

1. 목우자, 십우도와 같은 삶의 여정

지눌(知訥, 1145-1229)은 한국 선불교의 역사에 있어서 매우 중요한 인물이다. 왜냐하면 신라 중기에 한국에 전래된 선종은 고려 중엽까지는 중국선의 연장에 지나지 않았기 때문이다. 그야말로 지눌에 의하여 한국의 선불교는 독특한 선풍을 일으켰던 것이다.[1] 그는 한국 선종의 중흥과 한국적 선사상 확립에 크게 이바지한 인물이다.

지눌의 생애에 관해서는 전해지는 제한된 자료문제 때문에 주로 『동문선』 권117에 상재된 「조계산수선사불일보조국사비명」(曹溪山修禪社佛日普照國師碑銘)과 『조선불교통사』 「수선사중창기」(修禪寺重創記)에 의거하여 이해할 수밖에 없다. 지눌의 속성은 정(鄭)씨, 어머니는 조(趙)씨였는데, 황해도 동주(현재의 서흥군) 출신으로 8세에 출가했다.[2] 지눌의 출가동기에 대해서는 두 가지 견해가 전해진다.

우선 『동문선』의 자료에 따르면, 지눌이 이렇게 어린 나이에 출가하게 된 이유는 그가 어려서부터 병약하였기 때문이라고 한다. 「조계산수선사불일보조국사비명」에는 "나면서부터 병이 많아 약을 써도 효험이 없었다. 그래서 그의 부모는 불전에 기도하고 출가시킬 것을

---

1) 가마타 시게오, 신현숙 옮김, 『한국불교사』(서울: 민족사, 1992), 178-179쪽 참조.

2) 지눌의 출가시기에 대해서도 이견이 있다. 이영무는 "이종익씨는 「年甫八世」의 '甫'는 '再'의 오자로 보고 따라서 師의 출가연대를 16세로 추정하고 있다. 그러면 법랍 36세에 해당"(李鍾益, 「普照國師の思想とその宗風」, 日本 大正大學 學位論文)한다고 본다. 이영무, 「보조국사 지눌의 인물과 사상」, 『인문과학논문집』 제9집, 건국대학교 인문과학연구소, 1976, 88쪽.

맹세하니 병이 씻은 듯 사라졌다”[3]고 한다. 이와 같은 이유 때문에 지눌은 부모의 권유로 ‘사굴산파’[4]에 속했던 종휘(宗暉)에게 나아가 제자가 된 것이다.

그러나 이능화의 『조선불교통사』의 기록은 이와 다르다. 『조선불교통사』「수선사중창기」에서는 “젖니가 빠지는 어린 나이에 자질이 남달랐고 평소 출가할 뜻을 가지고 있었다. 그래서 과거를 사양하고 대선사 종휘에게 나아가 출가하였다”[5]고 한다. 「수선사중창기」에서는 지눌의 출가동기가 ‘발심출가’라고 보아 「조계산수선사불일보조국사비명」에서 제시한 ‘인연출가’설과는 현격한 차이점을 보이고 있다.[6]

가마다 시게오에 따르면, 지눌은 17세 때 경북 학록산 보문사에 들어가 대장경을 탐독하였으며, 특히 이통현(李通玄, 635-730)의 『신화엄경론』을 읽어 선의 종지와 화엄의 교지가 하나임을 깨달았다. 잇달아 전남 나주의 청원사에서 『육조단경』을 읽고 “진여자성이 생각을 일으킴에 비록 육근이 보고 듣고 깨달아 알더라도 진여의 성품은 어떤

---

3) 『동문선』 권117, 「조계산수선사불일보조국사비명」 참조.

4) ‘사굴산파’는 나말여초에 형성된 구산선문의 하나로서 범일(梵日, 810-889)에 의해 강원도 강릉에서 개창되었다. 사굴산파를 개창한 범일은 831년 당나라에 들어가 마조도일(馬祖道一, 709-788)의 제자인 염관제안(鹽官齊安)의 가르침을 받고 847년에 귀국하여 강릉 굴산사에서 선풍을 일으켰다. 참고로 구산선문은 다음과 같다. ① 가지산문(迦智山門): 전남 장흥 보림사: 도의(道義). ② 실상산문(實相山門): 전북 남원 실상사: 홍척(洪陟). ③ 동리산문(桐裏山門): 전남 곡성 태안사: 혜철(惠哲). ④ 희양산문(曦陽山門): 경북 문경 봉암사: 도헌(道憲). ⑤ 봉림산문(鳳林山門): 경남 창원 봉림사: 현욱(玄昱). ⑥ 성주산문(聖住山門): 충남 보령 성주사: 무염(無染). ⑦ 사굴산문(闍崛山門): 강원 강릉 굴산사: 범일(梵日). ⑧ 사자산문(師子山門): 강원 영월 홍녕사: 도윤(道允). ⑨ 수미산문(須彌山門): 황해 해주 광조사: 이엄(利嚴).

5) 『조선불교통사(하)』, 「修禪寺重創記」 참조.

6) 연탁, 「불일보조국사 지눌의 생애」, 『승가』 13, 중앙승가대학교, 1996, 356쪽 참조.

것에도 물들지 않고 항상 자재하다"라는 문장에 이르러서는 감탄과 환희 속에서 독송하였다고 한다.[7] 이 말은 모든 것을 보고 들을 수 있는 것이 인간이지만, 또한 보고 들은 것에 얽매이지 않을 수 있는 것 또한 인간이라는 의미이다.

지눌은 25세에 승과에 급제하였다. 그리고 33세에는 뜻을 같이하는 승려들과 더불어 '정혜결사'(定慧結社)를 결성하였다.[8] 지눌은 32세에 전남 지리산에 들어가 무주암에 머물면서 속세의 인연을 끊고 오직 좌선으로 일관했다. 어느 날 『대혜어록』을 읽다가 "선은 고요한 곳에도, 시끄러운 곳에도, 일상생활의 곳에도, 사량 분별의 곳에도 있지 않다"라는 한 문장에 이르러 홀연히 깨달았다. 이때 당나라의 화엄학자 규봉 종밀(圭峰宗密, 780-841)의 『선원제전집도서』를 읽었다. 42세에 정혜사를 거조사에서 순천 송광사로 옮기고, 송광산 정혜사를 조계산 수선사로 명칭을 고쳐 한국선의 근본도량으로 삼았다. 이 수선사는 현재 조계산 송광사이다.[9]

지눌의 저서에는 『수심결』, 『원돈성불론』, 『간화결의론』(看話決疑論), 『정혜결사문』, 『계초심학입문』(誡初心學人文), 『진심직설』, 『법집별행록절요병입사기』(法集別行錄節要幷入私記), 『화엄론절요』, 『염불요문』, 『상당

---

7) 가마타 시게오, 신현숙 옮김, 앞의 책, 179쪽 참조.

8) 이기영, 『한국의 불교』(서울: 세종대왕기념사업회, 1999), 132-133쪽 참조.

9) 가마타 시게오, 신현숙 옮김, 앞의 책, 179쪽 참조. 그러나 이와 같은 가마다 시게오의 견해는 약간의 착오가 있다. 지눌은 평생 크게 세 번의 큰 깨달음을 얻었는데, 이를 시기별로 정리하면 다음과 같다. ① 『육조단경』을 읽은 후 '진여자성'에 관하여 깨달음을 얻음(전남 나주 청원사). ② 『화엄경』의 한 구절을 읽고 선과 화엄의 진리관이 서로 다르지 않음을 깨달음(경북 학록산 보문사). ③ 『대혜보각선사어록』을 읽은 후 감정에 이끌리지 않는 선의 경지를 깨달음(전남 지리산 상무주암). 이러한 순서는 본문에 인용한 가마다 시게오가 본 순서와 서로 다른데, 가마다 시게오는 ①과 ②의 순서에 대해 오해한 것으로 보인다.

록』, 『법어가송』 등이 있다. 『화엄론절요』는 이통현의 『신화엄경론』을 절요한 것으로서 지눌이 이통현의 사상에 심취했었음을 확인할 수 있다. 『진심직설』은 이론적인 논리가 정연하여 한국선서의 백미로 알려졌으며, 지눌의 깨달음의 경지를 기록한 만년의 역작이다. 자성청정의 진심을 15조로 나누어 해설했다. 『수심결』은 돈오점수를 설하고, 하택 신회(荷澤神會, 684-758)의 '영지불매의 일심'에 관해서 언급하고 있다. 또 종밀에게 기울어 종밀의 『선문사자승습도』를 주석한 『법집별행록절요병입사기』는 지눌의 선학개론이며 교판론이기도 하다.[10]

지눌은 자신의 법호를 스스로 '목우자'(牧牛子)라고 하였다. 이 말은 '소치는 사람'이라는 뜻으로서, 「십우도」의 정신을 반영한 것이다. 선종에는 「십우도」라고 하는 열 개의 소와 관련된 그림이 전해져 온다. 본래는 「팔우도」였던 것을 송나라 때 곽암선사가 두 개의 그림을 보완하여 「십우도」를 완성하였다고 한다. 이 그림에는 소와 소치는 사람(어린아이)이 등장한다. 소는 번뇌와 욕망으로 가득 찬 일상인을 비유하는 반면 소치는 사람은 붓다의 마음을 비유한다. 이 그림이 전체 열 개의 그림으로 구성되었다는 것은 일상인이 붓다의 마음을 회복해가는 과정이 열 단계로 묘사될 수 있다는 의미이다.

「십우도」는 다음과 같은 열 가지 단계를 상정한다. ① 심우(尋牛), ② 견적(見跡), ③ 견우(見牛), ④ 득우(得牛), ⑤ 목우(牧牛), ⑥ 기우귀가(騎牛歸家), ⑦ 망우존인(忘牛存人), ⑧ 인우구망(人牛俱忘), ⑨ 반본환원(返本還源), ⑩ 입전수수(入纏垂手). 이 열 가지의 단계는 본래면목인 마음을 찾아가는 실천적 과정을 의미한다. 그런데 「십우도」에 나타난 소 그림이 경우에 따라서는 동일한 색깔로 그려진 것도 있지만, 검은 색의 소가 점차로 흰 색의 소로 변하여 나가는 모습으로 그려진 것도 있다. 흰 색의 소는

---

10) 가마타 시게오, 신현숙 옮김, 앞의 책, 179-180쪽 참조.

깨달음의 상태를 비유한다. 지눌은 「십우도」의 사상에 공명하여 평생 소의 본래면목을 찾아 나섰다고 볼 수 있다. 지눌의 삶은 「십우도」와 같은 깨달음의 여정 그 자체였다고 볼 수 있다.

2. 교선일치로부터 선교일치에로

고려시대 불교계는 통일신라 말기부터 나누어진 '5교 교종'[11]과 '9산 선종'이 서로 갈등과 대립으로 심각한 혼란을 겪는 일이 많았다. 이러한 상황에서 고려 전기에는 대각국사 의천(義天, 1055-1101)이 등장하여 교종과 선종을 한자리에 융회하는 '교관겸수'(教觀兼修)의 사상을 제창하였다. 그는 일찍이 송나라에 유학하고 돌아와 중국과 일본 등으로 사람을 보내 불교의 장경을 구해다가 이를 모아서 『속장경』을 간행하였고, 천태종을 중심으로 5교로 나뉘어 있던 교종을 하나로 합쳤다. 이로부터 고려불교는 천태종과 조계종으로 대별되는 새로운 국면을 맞이하게 된다.

천태종은 『법화경』을 소의경전으로 삼는다. 따라서 천태종은 모든 이론을 『법화경』에 귀일시키고자 하는 특징이 있다. 이러한 이유 때문에 천태종을 법화종이라고도 한다.[12] 의천이 다른 교종들까지 하나로 결합시킬 수 있는 사상적 근거는 모두 『법화경』으로부터 비롯된 것이라고 보면 된다. 『법화경』은 『묘법연화경』의 다른 말로서, 『화

---

11) 경전을 중시하는 계율종(戒律宗), 법상종(法相宗), 열반종(涅槃宗), 법성종(法性宗), 화엄종(華嚴宗)의 다섯 종파를 5교 교종이라고 부른다. 이 가운데 화엄종은 『화엄경』을 소의경전으로 삼는 해동 화엄종을 말하는데, 이는 달리 원융종(圓融宗), 부석종(浮石宗), 의상종(義湘宗)이라고도 불렸다.

12) 박종홍, 『한국사상사』(서울: 서문당, 1999), 169쪽.

엄경』, 『금강경』과 함께 대승 삼부경의 하나이다.

천태 지의(天台智顗, 538-597)가 대성한 천태교학(天台教學)에 따르면, 천태종은 모든 존재의 근저에 진실성이 있다고 하는 '실상론'(實相論), 공제(空諦)·가제(假諦)·중제(中諦)의 삼제가 서로 원융한 자체의 진실성을 가지고 있다고 하는 '삼제원융'(三諦圓融), 우주의 삼천 가지의 법이 모두 일념에 갖추어져 있다고 하는 '일념삼천'(一念三千), 일념삼천의 교의 또는 사상에 대한 관법으로서의 '일심삼관'(一心三觀), 이론에 해당하는 교와 실천에 해당하는 관을 함께 실천해야 깨달음을 얻을 수 있다고 하는 '교관이문'(教觀二門) 등의 교의 및 그에 해당하는 수행체계를 갖추고 있다. 의천의 천태사상도 이와 무관하지 않다.

의천은 천태교학의 가르침과 실천을 한시도 등한히 한 적이 없었다. 그는 말년에 "장발이 어찌하여 희어졌는가? 쌓인 공부의 수고로움 때문이다"[13]라고 술회할 정도로 공부에 매진하였다. 그는 다양한 경전의 교학을 두루 살펴보지 않으면 안 된다고 한다. 의천은 다음과 같이 말한다.

> (청량 징관(淸凉澄觀, 738-839)의 말처럼) 성(性)과 상(相)은 하늘의 일월, 역의 건곤과 같다. 배움이 성과 상이라는 두 가지 노선을 겸하여야만 바야흐로 회통한 사람이라고 할 수 있다. 『아비달마구사론』을 배우지 않으면 소승의 설을 알지 못하고, 유식론을 배우지 않으면 시교(始教)의 근본을 보지 못한다. 『대승기신론』을 배우지 않고 어찌 종돈(終頓)의 가르침을 밝힐 것이며, 『화엄경』을 배우지 않고 원융의 문에 들어갈 수 있겠는가? … 이승(二乘)의 법을 배우지 않고 어찌 대승을 배울 수 있겠는가라고 하는데 이 말은 가히 믿을 만하다. 이승도 숭상하여 익혀야 하겠거늘 하물며 대승은 어떠하겠는가?[14]

13) 『대각국사문집』(『한국불교전서』 4책, 564쪽 상-중), 「和ī郞中韻述自意」, "□□如何白, 多因積學勞."(□□疑長髮).

여기에서 말하는 이승(二乘)이란 소승을 가리키는 것으로서, '성문승'(聲聞乘)과 '연각승'(緣覺乘)을 의미한다. 그런데 소승의 가르침이라고 해서 소홀히 해서는 안 된다는 것이 의천의 입장이다. 소승을 가볍게 볼 수 없다는 인식이 있다면, 당연히 대승의 가르침을 소홀히 할 수는 없다는 것이다. 이와 같은 정신을 가진 이가 '보살승'(菩薩乘)인데, 그는 '자리이타'(自利利他)를 행하는 존재이다. 불교에서는 이들을 삼승이라고 한다. 그러나 깨달음에 이르게 하는 것은 오직 붓다의 가르침일 뿐이라는 점에서 일승이 다시 말해지는데, 의천은 삼승과 일승이 서로 다르지 않다는 '삼승일승론'을 주장한 것이다.

의천에 따르면, 진리는 언상이 없는 것이나 그렇다고 말을 떠난 것도 아니다. 말을 떠나면 미혹하게 되고 말에 집착하면 참다운 것을 잘 모르게 된다. 교를 공부하는 사람은 내적인 것을 버리고 외적인 것을 구하는 일이 많고 선을 익히는 사람은 밖의 대상을 잊고 내적으로 밝히기를 좋아한다. 그 둘이 다 편집이요 양 극단의 치우침이다. 그러므로 그 둘을 잘 화합하여 내외겸전(內外兼全)해야 한다고 한다. 그는 교종의 입장에서 선종을 포용하고, '교'(敎)와 '관'(觀)을 함께 닦아야 한다고 했다.[15)]

이와 같이 천태종에 기반을 두고 교종의 입장에서 선종을 하나로 합친 의천의 화쟁사상은 그 연원이 원효에게서 비롯된다. 그는 고려 숙종에게 건의하여 원효를 '화쟁국사'라고 하는 칭호를 내리게 한 장

---

14) 『대각국사문집』(『한국불교전서』 4책, 529쪽, 중-하), "性之與相, 若天之日月易之乾坤, 學兼兩轍, 方曰通人. 是知不學俱舍, 不知小乘之說; 不學唯識, 寧見始教之宗; 不學起信, 豈明終頓之旨, 不學花嚴, 難入圓融之門? … 不習二乘法, 何能學大乘, 斯言可信也. 二乘尙習, 況大乘乎?"

15) 동서철학연구회 편, 『동서철학입문』(서울: 창학사, 1984), 243쪽 참조.

본인일 뿐만 아니라, 지금까지 원효보다 뛰어난 사람을 보지 못했다고 평가하고 항상 '효성'(曉聖)이라고 부를 만큼 원효를 높이 받들었다. 이러한 점에서 본다 하더라도, 의천에 의하여 제시된 '교관겸수'의 화쟁사상은 원효의 원융회통의 화쟁사상으로부터 말미암은 것임을 알 수 있다. 의천이 원효의 재발견자라고 하는 이유가 여기에 있다.[16)]

그러나 의천이 교종과 선종을 하나로 회통시킨 커다란 업적을 남겼다고는 하지만, 의천의 교선일치론은 자체적인 시대적 한계를 넘어서지 못하고 말았다. 이와 관련하여 가장 큰 한계로 지적될 수 있는 것은 천태종의 문벌 귀족주의의 성격이다. 천태종은 왕실불교, 귀족불교의 틀을 완전히 벗어던지지 못하고 소수 문벌 귀족층의 이익을 대변하는 한계를 안고 있었다. 이러한 이유 때문에 천태종이 일반 대중화하는 데는 일정한 한계를 가질 수밖에 없었다.

의천이 교종의 입장에서 선종을 포용하였다면, 지눌은 선종의 입장에서 교종을 융섭하였다. 지눌은 선사이면서도 교종과의 회통을 위한 확실한 근거를 찾기 위해 3년간이나 대장경을 열람하였고, 급기야 『화엄경』을 통해 선종과 교종이 서로 다른 것이 아니라고 하는 확신에 이르렀다. 그는 선종의 닦음과 교종의 깨달음은 수레의 두 바퀴와 같다는 생각을 가지고 있었고,[17)] 이러한 사유 속에서 그 어느 것 하나도 소홀히 할 수 없다고 강조하는 '선교일치'를 제창하였다. 이러한 지눌의 '선교일치'의 가르침 역시 의천의 그것처럼 원효의 회통정신의 재확인이며, 한국불교의 일대 전통이 되어 오늘날까지 전승되는 맥락을 갖는다고 볼 수 있다.[18)]

---

16) 동서철학연구회 편, 앞의 책, 244쪽 참조.

17) 『목우자수심결』(『한국불교전서』 4책, 711쪽 중), "頓悟漸修之義, 如車二輪." 참조.

18) 동서철학연구회 편, 앞의 책, 244쪽 참조.

지눌에게 '선교일치'의 확신을 준 것은 『화엄경』의 한 구절이었다. 지눌은 어느 날 『화엄경』 권51, 「여래출현품」에서[19] "한 티끌 속에 대천세계가 들어있다"는 경권의 비유와 그 뒤에 통틀어서 말한 "여래의 지혜도 그와 같아서 중생들의 몸속에 이미 모두 다 갖추어져 있다. 다만 어리석은 범부들은 그것을 깨닫지 못한다"라고 한 구절을 열람하고는 크게 깨달았다. 그는 이때 너무나 감격한 나머지 그 경책을 머리에 이고 자신도 모르게 눈물을 흘렸다고 한다.[20] 이때 지눌은 교와 선이 서로 다르지 않다는 것을 깨달았다. 이와 관련하여 지눌은 『화엄론절요』 서문에서 다음과 같이 말한다.

> 모든 붓다가 입으로 말한 것을 교라 하고, 모든 조사가 마음으로 전한 것은 선이라 한다. 붓다와 조사의 마음과 입이 서로 어긋나는 것이 아닌데, 어찌 그 근원을 궁구하지 않고 각자 자기가 익힌 것만을 집착하여 허망한 쟁론을 일으켜 헛되이 세월만 보내겠는가?[21]

지눌이 선종의 입장에서 교종을 아우고자 한 것은 당대의 시대상황과도 밀접하게 맞물려 있다. 지눌이 활동하던 당시 고려는 무신정권이 강력한 무단정치를 자행하고 있었다. 무신정권이란 기존의 유학자 출신의 문신권력을 뒤집어엎고 무신들이 난을 일으켜 권력을

---

19) 『화엄경』 권51, 「如來出現品」, "如於一塵, 一切微塵, 應知悉然. 佛子! 如來智慧, 亦復如是, 無量無礙, 普能利益一切衆生, 具足在於衆生身中; 但諸凡愚, 妄想執着, 不知不覺, 不得利益."

20) 『화엄론절요』(『한국불교전서』 4책, 767쪽 하), 「華嚴論節要序」, "至閱華嚴經出現品, 擧一塵, 含大千, 經卷之喩, 後合云如來智慧, 亦復如是, 具足在於衆生身中, 但諸凡愚不知不覺. 予頂戴經卷, 不覺殞涕." 참조.

21) 『화엄론절요』(『한국불교전서』 4책, 768쪽 상), 「華嚴論節要序」, "世尊說之於口, 卽爲教, 祖師傳之於心, 卽爲禪. 佛祖心口, 必不相違, 豈可不窮根源, 而各安所習, 妄興諍論, 虛喪天日耶?"

농단하던 정권을 일컫는다.[22)]

무신정권의 시기에는 교종보다 선종을 중시하여 선종을 전폭적으로 지원하였다. 그것은 그동안 문신들이 교종을 지원하던 것에 대한 반발의식과도 무관하지 않다. 선종은 복잡한 불교경전의 이론적 탐구보다는 참선에 의한 종교적 신심을 중요하게 여겼기 때문에 무신들의 기질과 잘 맞았던 측면이 있었다. 이러한 시기에 무신들은 승려들과 결탁하여 '재앙을 막고 복을 기원하는'(攘災祈福) 불사의식을 지나치게 거행함으로써 재정의 궁핍을 초래했고, 백성들에게 지나친 경제적 수탈을 자행함으로써 커다란 사회적 혼란을 야기했다. 이러한 와중에 일부 권력지향적인 승려들은 무신들과 결탁하여 자신들의 현세적 욕망을 채워 나가기에 급급하였다. 무신정권에 편승한 일부 승려들은 자신들의 특권을 남용하여 무소불위의 권력을 휘두르고 막대한 재력을 축적하면서 백성들을 억압하는 세력으로 변질되어 갔다.

지눌이 '선교일치'를 통해 불교계의 통합을 이루어내고자 노력한 것도 이러한 시대적 상황과 무관하지 않다. 지눌 당대에 선종과 교종의 대립은 이미 극에 달해 있었는데, 교종의 입장에서는 선종이 교학에 힘쓰지 않는다고 비판하였고, 선종의 입장에서는 교종이 실천수행을 외면하고 있다고 비방하였다. 이러한 시대적 상황 속에서 지눌은 '불립문자'(不立文字), '직지인심'(直指人心), '교외별전'(教外別傳) 등과 같은

---

22) 무신정변은 근본적인 사회개혁을 목표로 일어난 것이 아니라 문신과 무신 사이의 단순한 계급차별의식으로부터 일어났다는 것이 정설이다. 무신정권은 문신들의 무신에 대한 계급차별에 저항하여 정변에 성공한 것이었으나 역설적이게도 수많은 민란과 직면하였다. 망이·망소이의 난을 비롯하여 김사미·효심의 난, 만적의 난, 진주 노비 반란 등이 이 시기에 연달아 일어났다. 이것을 보면 무신정변은 지배층 사이의 권력쟁투에 불과했을 뿐 결코 기층민들의 삶의 고충을 덜어주고자 일어난 정변이 아니었음이 분명한다. 무신정권기는 1171년부터 1270년까지 근 100여 년의 시기를 가리키는데, 이 가운데 최씨 무신정권기만 해도 최충헌, 최우, 최항, 최의 등 4대가 62년을 집권하였다.

선종의 가르침에 기반을 두면서도 교종의 가르침을 두루 섭렵하여, 선종의 입장에서 교종을 포용하고자 하는 원융회통의 이념을 추구해 나아간 것이다.

지눌의 '선교일치'는 '가림'(揀)과 '거둠'(收)을 통한 회통의 성격을 갖는다. 이러한 정신은 종밀의 사상에 일정 정도 영향을 받은 것으로 평가된다.[23] 지눌은 종밀이 사용하였던 '전간문'(全揀門)과 '전수문'(全收門)이라는 개념을 빌려와서 새롭게 옷을 입혔다. '전간문'은 부정을 통해서 진리에 이르는 것이고, '전수문'은 긍정을 통해서 진실에 도달하는 것이다. 이것도 아니고 저것도 아니라고 하면, 최소한 그것이 진리가 아닐 줄은 알게 되고, 그 결과 잘못된 인식을 버리게 되어서 진리의 세계에 비약할 수 있다는 것이 '전간문'의 원리이다.[24]

지눌은 선종과 교종의 갈등을 해소할 방편이 마음을 닦는 일에 있음을 천명한다. 마음을 닦는 일이란 불성을 깨닫는 것이며, 그것을 실천하는 것이다. 지눌은 그 방법을 밝힌 『목우자수심결』이란 저서를 저술한다. 그리고 자기 스스로를 마음을 닦는 일을 찾아 나선 소치는 사람이라고 자임한다. 지눌은 자신의 시대적 상황을 거부하기보다는 철저히 끌어안고 다시 서기를 희망한 인물이다. 그는 『권수정혜결사문』과 『화엄론절요』 두 군데에서 "삼가 들으니 땅에서 넘어진 자는 땅에서 일어나야 하는 것이니 땅을 떠나 일어나기를 구하는 것은 있을 수 없다"[25]고 하여, 오래 전부터 불가에서 전해져 내려오던 "땅에서 넘어진 자 땅을 짚고 일어나야 한다"[26]는 생각을 자신의 투철한

---

23) 이와 관련된 규봉 종밀에 관한 연구는 다음을 참고하라. 김진무, 「종밀선사의 시대인식과 '삼교회통'」, 『한국선학』 제27권, 한국선학회, 2010.

24) 이병욱, 「보조국사 지눌의 선교일치」, 『불교신문』 2003년 9월 24일자.

25) 『권수정혜결사문』(『한국불교전서』 4책, 698쪽 상), "因地而倒者 因地而起." 및 『화엄론절요』(『한국불교전서』 4책, 824쪽 상), "因地而倒者 因地而起."

26) 이 말의 출처는 『종경록』과 『선림유집』 등에서 확인된다. ① 『宗鏡錄』 七,

삶의 지침으로 삼았다.

지눌이 말한 땅의 비유는 '지금 여기'라는 구체적인 사회적 환경을 의미하기도 하고, 미혹된 세계, 또는 중생의 세계를 의미한다고 볼 수도 있다. 또한 그것은 마음이나 불성을 의미하는 것이기도 하다. 이러한 점에서 넘어진 곳도 지금 여기에서의 마음이요, 일어나야 할 곳도 지금 여기에서의 마음이라고 할 수 있다. 마음을 깨닫고 닦는 일이 필요한 이유가 여기에 있는 것이다. 지눌은 이것을 설명하기 위하여 아래와 같은 '돈오점수'(頓悟漸修)의 사상을 제창한다.

3. 돈오점수 사상

'돈오점수'는 중국 선종의 수양법이다. 특히 이것은 6조 혜능(慧能, 638-713)과 밀접한 관련을 갖는다. 혜능은 어느 날 『금강경』 가운데 "응당 머문 바 없이 그 마음을 낼 지니라"[27]라는 대목을 읽는 소리를 듣고 마음에 어떤 깨달음이 생겨나서 출가를 계획하였다. 그는 황매(黃梅)로 선종의 5조인 홍인(弘忍, 601-674)을 찾아가 그의 제자가 되었다. 그런데 5조 홍인에게는 이미 신수(神秀, 605-706)라고 하는 박학다식한 귀족 출신의 수제자가 있었다.

어느 날 자신의 의발을 전수해야 되겠다고 생각한 홍인은 제자들을 불러 모아 자기의 의발을 물려받은 사람은 선종의 요지를 게로써 잘 표현해 내는 사람이 될 것이라고 선언했다. 이에 신수가 다음과 같

"如人因地而倒因地而起, 一切衆生, 因自心根本智而倒, 亦因而起." ② 『禪林類集』 正覺逸頌, "堪悲堪笑修山王, 因地起兮因地倒."

27) 『금강경』 第十章, 「莊嚴淨土分」, "應無所住, 而生其心."

은 게를 지었다.

身是菩提樹　몸이 보리수라면
心如明鏡臺　마음은 명경대로다
時時勤拂拭　때때로 부지런히 거울을 닦아
莫使惹塵埃　먼지가 끼지 않도록 하라

신수의 게송을 전해들은 혜능은 이 사상을 반박하기 위하여 다음과 같은 게를 지었다.

菩提本無樹　보리는 본래 나무가 아니며
明鏡亦非臺　명경도 또한 대가 아니다
本來無一物　본래 어떠한 것도 없는 것인데
何處惹塵埃　어디에서 먼지가 일어나는가?

홍인은 혜능의 게를 인정하고 자기의 의발을 물려주었다.[28] 이로 인해 혜능은 중국 선종의 제6조가 되었고, 그의 설법은 『육조단경』(六祖壇經)으로서 전해지게 되었다. 그러나 이로 인해 중국 선종은 남과 북으로 갈라졌다. 신수의 계통을 이어받은 사람들은 '북종선', 혜능의 계통을 이어받은 사람들은 '남종선'을 형성하여 대립하게 되었다. 신수 계열의 '북종선'에서는 '점오'(漸悟)의 설을 주장한 데 반하여 혜능 계열의 '남종선'에서는 '돈오'(頓悟)의 설을 주장함으로써, 이른바 '남돈'과 '북점'의 사상적 지형도가 형성되었다.

지눌의 사상은 서로 분열된 '남돈'과 '북종'을 융합하여 한자리에 회통시킨 '남돈북점'의 사상이다. 이른바 남종선의 '돈오'와 북종선의

28) 이상의 내용은 풍우란, 정인재 역, 『중국철학사』(서울: 형설출판사, 2002), 320쪽 참조.

'점수'의 방법을 하나로 회통시킨 것이라 할 수 있다. '돈오'란 '단박에' 깨닫는 것, 또는 '몰록' 깨닫는 것을 의미한다. 다소 생경한 '몰록'이란 말은 '갑자기'라는 의미가 있다. 그렇다면 무엇을 갑자기 깨닫는다는 말인가? 그것은 마음의 성품, 또는 불성을 깨닫는 것 이외의 다른 것이 아니다. 그러나 거기에 머물러서도 안 된다. 마음 내지 불성을 실천하지 않으면 안 되기 때문이다. 이른바 마음을 닦는 것, '수심'(修心)이 필요한 이유이다.

이에 지눌은 일찍이 하택이나 종밀이 말한 것처럼 몰록 깨닫게 되면 마음이 '텅 비고 고요하여 신령스러운 앎'(空寂靈知)이 가능케 된다고 한다. 지눌은 이것이 청정한 마음의 본체라고 본다.[29] 텅 비고 고요하여야만 단박에 깨달음이 온다. 마치 어두운 공간에 불을 붙이면 갑자기 환해지는 것과 같은 이치다. 마음의 상태도 이와 같다. 어둡고 무지하기만 하던 마음에 깨달음의 빛이 전해지면 갑자기 이전의 어둡고 무지하던 상황이 사라진다. 그래서 이것을 '신령스러운 앎'이라고 하는 것이다.

'텅 비고 고요하여 신령스러운 앎'은 분별지와는 다르다. 분별지는 모든 것을 둘로 나누어 대립시킨다. 이것이라는 것이 있으면 저것이라는 것을 대립시키고, 저것이라는 것이 있으면 이것이라는 것과 대립시킨다. 위가 있으면 아래와 대립시키고, 아래가 있으면 위와 대립시킨다. 또한 앞이 있으면 뒤와 대립시키고 뒤가 있으면 앞과 대립시킨다. 뿐만 아니라 더러운 것이 있으면 깨끗한 것과 대립시키고 깨끗한 것이 있으면 이를 더러운 것과 차별화한다.

---

29) 『목우자수심결』(『한국불교전서』 4책, 710쪽 하), "旣揔無如是一切根境, 一切妄念, 乃至種種相貌, 種種名言, 俱不可得, 此豈非本來空寂本來無物也? 然諸法皆空之處, 靈知不昧, 不同無情, 性自神解, 此是汝空寂靈知淸淨心體." 참조.

지눌은 이와 같은 분별지와는 다르게 '텅 비고 고요하여 신령스러운 앎'은 일체의 분별과 이름, 말과 형상에 대한 분열을 모두 무화시켜 일체를 환하게 밝혀서 어떠한 차별도 없이 평등하게 보고자 하는 일종의 지식론적인 지평으로 이해한다. 그래서 지눌은 '텅 비고 고요하여 신령스러운 앎'이 비록 분별하는 지식은 아니지만, 닦아서 깨닫는 지혜도 아니라고 한다. 그것은 분별하는 지식이나 밝은 지혜를 내어 범부도 되고 성인도 되며, 선을 짓고 악도 지어서 따르고 어긋나는 작용이 갖가지 형세로 변하는 것이라고 한 것이다.[30]

이러한 특징 때문에 마음은 언제 어디서든 '갑자기' 깨달을 수 있는 가능계기를 담지하고 있는 것일 뿐 불변하는 절대적 실체로 존재하지 않는 것이다. 마음은 이른바 자성을 가지고 있다. 지눌은 자성을 '공적영지', '적지'(寂知), '성성적적'(惺惺寂寂), '정혜'(定慧), '자심근본보광명지'(自心根本普光明知), '상지'(常知), '본성', '진성'(眞性), '자심'(自心), '진심', '심성', '일심' 등 다양한 이름으로 지칭했다.[31]

지눌에게서 '돈오'란 마음이 곧 붓다임을 깨닫는 것이다. 그러나 마음은 이것을 깨닫는 것만으로 자신의 소임을 다하지는 않는다. 마음은 항상 자기실천을 동반하여야 한다. 지눌은 마음이 '육바라밀'(六婆羅蜜)의 실천적 근거라고 본다. '육바라밀'이란 보시(布施)·지계(持戒)·인욕(忍辱)·정진(精進)·선정(禪定)·반야(般若)바라밀을 말한다. 보시바라밀은 다른 이에게 베푸는 바라밀이며, 지계바라밀은 계율을 지키며 잘 간직하는 바라밀이며, 인욕바라밀은 참고 이겨내는 바라밀이며, 정진바

30) 『법집별행록절요병입사기』(『한국불교전서』 4책, 757쪽 상), "空寂靈知, 雖非分別之識, 亦非證悟之智, 然亦能生識之與智, 或凡或聖造善造惡, 順違之用, 勢變萬端."

31) 정혜정, 「지눌의 돈오점수와 이문정혜의 쌍수」, 『불교학연구』 제49호, 불교학연구회, 2016, 36쪽.

라밀은 불굴의 정신으로 끊임없이 노력하는 바라밀이며, 선정바라밀은 마음을 신중하게 집중하여 통일시키는 바라밀이며, 반야바라밀은 지혜로 관조하여 무차별적 보시를 이루어내는 바라밀이다. 이 가운데 마지막 반야바라밀은 나머지 다섯 가지 바라밀을 성립시키는 근거로 여겨진다. 여기서 말하는 '바라밀'이란 'pāramitā'의 음역으로서, 완전한 상태 또는 구극의 상태, 최고의 상태를 뜻한다. 육바라밀 가운데 선정바라밀은 특히 '돈오'의 수행법과 직접적인 관련을 갖는다는 점에서 중시된다.

이와 같은 바라밀을 실천하기 위해서라도 마음은 끊임없는 자기 닦음이 필요하다. 이것이 '점수'가 요청되는 이유이다. 그래서 지눌은 '돈오' 이후의 '점수'의 필요성을 말한다. 이것이 중국 선종과 차별되는 지눌사상의 독창성이다. 지눌에 의하면 '돈오'란 깨달음을 얻은 최후의 완성태가 아니다. 그것은 처음으로 마음의 실상에 눈뜨는 체험이다. 그리고 그 실상을 완성하기 위해서는 '점수'가 필요하다고 본다. 요컨대 '돈오'는 수행의 완성이 아니라 참다운 닦음의 출발이며 진정한 믿음의 확립이라고 말할 수 있다.[32] 이것을 단계적인 과정으로 말한다면 '돈오'가 먼저이고, '점수'가 다음 단계이다.

지눌은 '점수'의 필요성에 관하여 다음과 같이 말한다. "'점수'란 비록 본래의 성품이 붓다와 다름이 없음을 깨달았으나 오랜 동안 익혀 온 기운은 갑자기 버리기 어려우므로 깨달음에 의해 닦아 차츰 공이 이루어져서 성인의 태를 길러 오랜 동안을 지나 성인이 되기 때문에 '점수'라고 하는 것이다."[33] 또한 지눌은 종밀의 말을 인용하여, 물과

---

32) 강건기, 『목우자 지눌 연구』(전주: 부처님세상, 2001), 69쪽 참조.

33) 『목우자수심결』(『한국불교전서』 4책, 709쪽 하-710쪽 상), "漸修者, 雖悟本性, 與佛無殊, 無始習氣, 難卒頓除故, 依悟而修, 漸熏功成, 長養聖胎, 久久成聖故云漸修也."

얼음이 모두 똑같은 물이라는 사실을 깨달았다고 하더라도 얼음이 바로 물이 되지 않는 것과 마찬가지로, 과거의 습관을 버려 나아가는 '점수'가 필요하다고 한다.[34] 마음이 자성을 깨달았다고 하더라도 관성처럼 습관적인 욕망이 따라붙기 때문에 특히 일상의 범부에게는 '점수'가 필요하다고 본 것이다.

4. 정혜쌍수 사상

지눌은 마음 닦음이 '돈오'로써 이루어지고 '돈오'한 후에는 또한 '점수'가 필요하다고 주장한다. 그렇다면 '점수' 이후의 실천적 수행은 어떻게 이루어져야 하는가? 지눌은 그 방법이 '정혜쌍수'(定慧雙修)라고 하였다. 지눌이 말하는 '정혜쌍수'란 '정'과 '혜', 즉 선정과 지혜를 함께 닦는 것을 의미한다. 그렇다면 이제 선정과 지혜가 무엇인지 그 의미를 좀 더 구체적으로 살펴보기로 하자.

일반적으로 선정이란 참선으로 마음의 내면을 닦는 것을 말하는데, 이는 대승불교에서 중시하는 육바라밀의 다섯 번째 수행법이기도 하며, 또한 '계·정·혜' 삼학의 하나인 '정'을 가리키기도 한다.[35] 그리고 선정과 대비되는 지혜란 일반적으로 사물을 식별하는 지식(jnāna)을 의미한다기보다는 반야의 지혜(prajnā)를 가리킨다. 반야의 지혜란

34) 『목우자수심결』(『한국불교전서』 4책, 708쪽 중), "如經云: 理卽頓悟, 乘悟併消, 事非頓除因次第盡. 故圭峯, 深明先悟後修之義曰: 識氷池而全水, 借陽氣以鎔消, 悟凡夫而卽佛, 資法力以熏修 氷消則水流潤, 方呈漑滌之功, 妄盡則心靈通, 應現通光之用." 참조.

35) 『권수정혜결사문』(『한국불교전서』 4책, 700쪽 하), "定慧二字, 乃三學之分稱."

일상의 분별지를 초월하여 일체의 사물을 있는 그대로 보는 것을 말한다.

지눌은 선정과 지혜의 의미를 다음과 같이 설명한다. "마음에 어지러움이 없는 자성이 선정이요, 마음에 어리석음이 없는 자성이 지혜이다."[36] 지눌은 이것을 좀 더 구체화하여 다음과 같이 설명한다. "선정이란 이치에 맞추어 산란한 마음을 거두어 잡는다는 뜻으로서 여섯 가지 욕망을 뛰어넘게 하는 것이며, 지혜란 법의 옳고 그름을 분간하고 '공'의 세계를 관한다는 뜻으로서 묘하게 생사를 벗어나게 하는 것이다."[37]

이와 같은 지눌의 설명을 보면, 선정이란 여섯 가지 욕망의 부정과 관련되는 실천행이라는 것을 알 수 있다. 여섯 가지 욕망은 육근을 통해 일어나는 여섯 가지 욕망으로서, 눈, 귀, 코, 혀, 몸, 뜻이 일으키는 욕망이다. 이것이 특히 이성에 대한 욕정과 관련될 때 형색, 미모, 애교, 언어, 피부, 인상에 대한 탐욕과 연계된다고 알려져 있다. 이와 같은 욕망을 진리에 의하여 잠재우는 것이 선정인 것이다.

그리고 지혜란 진리의 세계에 나아가기 위한 하나의 '택법'(擇法, dhammavicaya)으로서, 어떠한 것이 올바른 길인가를 지혜롭게 잘 선택하는 일이다. '택법'은 알아차림(念), 택법(擇法), 정진(精進), 희열(喜), 안온(輕安), 집중(定), 평정(捨)이라는 '칠각지'(七覺支)의 하나이다. 이렇게 '택법'에 의한 변별력을 갖춘 후 일체의 것이 '공'이라는 것을 관하는 것이 '지혜'이다. 이와 같은 선정과 지혜의 단계에 도달하면 생사로부터 벗어날 수 있다는 것이 지눌의 생각이다.

---

36) 『권수정혜결사문』(『한국불교전서』 4책, 700쪽 하), "心地無亂自性定, 心地無癡自性慧."

37) 『권수정혜결사문』(『한국불교전서』 4책, 700쪽 하), "定以稱理, 攝散爲義, 能超六欲, 慧以擇法, 觀空爲義, 妙出生死."

지눌은 선정을 닦을 때 그 마음이 '성성적적'(惺惺寂寂)해야 한다고 주장한다. 이 말은 고요하면서도 밝게 깨어 있어야 함을 제시한 것인데, 깨달음을 깨달아 그것조차 잊은 상태를 의미한다. 그것은 마음의 상태가 항상 고요한 가운데 깨달음의 빛이 환히 빛나는 상태를 형용한다. '적적'은 사마타(śamatha, 止)적인 고요함이요, '성성'은 위빠사나(Vipassanā, 觀)적인 통찰이라고 한다. 그러나 선의 '성성'은 밝게 깨어 있음을 의미할 뿐 깨어 있는 상태에서 자신을 관찰하는 것까지 의미하지는 않는다. 이러한 점에서 '성성'은 아직 온전한 의미의 위빠사나는 아니다.[38] 지눌은 이것을 '성적등지문'(惺寂等持門)이라고 한다. 그것은 '정혜쌍수문'의 다른 표현인데,[39] 지눌은 다음과 같이 말한다.

> 고요히 반연하는 생각(緣慮)을 잊고 오뚝이 단정하게 앉아서 바깥 대상을 취하지 않고 마음을 거두어 안으로 비추어 보되, 먼저 고요함(寂寂)으로써 반연하는 생각을 다스리고 다음 또렷또렷함(惺惺)으로써 혼침(styāna, 혼미하고 침울하여 사려분별을 못하는 어리석음의 상태)을 다스린다. 혼침과 산란함을 고루 제어하되 취하고 버린다는 생각이 없어 마음이 뚜렷하고 확 트여 어둡지 않게 하여 생각 없이 알고, 들어서 아는 것이 아니므로 일체의 경계를 취하지 않는다. 만약 세상의 인연을 따라 어떤 일을 하더라도 할 일인지 하지 않을 일인지를 모두 관찰하여 온갖 실천할 일을 버리지 않으며, 하는 일이 있더라도 텅 빈 밝음을 잃지 않고 담연하게 상주하여야 한다.[40]

---

38) 김정빈, 「선(禪)과 위빠사나」, 『법보신문』, 법보신문사, 2016년 12월 14일자 참조.

39) '성적등지문'은 '원돈신해문'(圓頓信解門) 및 '경절문'(經截門)과 함께 삼종선문의 하나이다. '적적'한 선정과 '성성'한 지혜의 문을 가리키는 것이라서 달리 '정혜쌍수문'이라고도 하는 것이다.

40) 『정혜결사문』(『한국불교전서』 4책, 701쪽 중), "寂寂, 治於緣慮, 次以惺惺, 治於昏沉. 均調昏散, 而無取捨之念, 令心歷歷廓然不昧, 無念而知, 非彼所聞, 一切境界, 終不可取, 若隨世緣有所施作, 悉當觀察應作不應作, 萬行無癈, 雖

이때의 '적적'은 곧 '정'에 해당하고 '성성'은 '혜'에 해당한다. 지눌은 언제나 '정'과 '혜', 즉 선정과 지혜가 함께해야 한다고 주장한다. 그리고 이와 같은 '정'과 '혜'를 닦아서 깨닫게 되면 그때 비로소 '정혜'가 완성된다고 본다. 이 경우 '정혜'는 서로 떨어질 수 없는 하나가 된다. 이처럼 지눌이 자성을 '정혜'로서 이해한 것은 혜능의 '자성정혜'(自性定慧)의 사상을 수용한 결과이다. 그렇다고 그는 '자성정혜'만을 말하지는 않는다. 그는 '수상정혜'(隨相定慧)를 제시하고 이것을 '점수'와 관련시킨다.[41]

> '자성문'에서는 걸림 없는 고요함과 앎이 원래 무위여서 한 티끌에 대한 집착도 다 끊어졌으니 어찌 털어내는 노력을 수고롭게 하겠는가? 감정이 일으키는 한 생각도 일어나지 않으니 인연을 잊을 힘을 빌 것이 없다. … 수상문에서는 이치에 따라 산란함을 거두고 진리를 탐구하여 공을 관하여, 혼침과 산란을 두루 다스림으로써 무위에 들어간다.[42]

'자성문'은 모든 집착을 끊어버려 한 생각도 일어나지 않는 무심의 경지에서 행해지는 수행법인 반면, 수상문은 혼침과 산람함을 바로 잡는 수행법이다. 즉 '자성문'은 깨달음을 성취한 수행자를 대상으로 하는 수행법이며, '수상문'은 아직 깨달음을 성취하지 못한 수행자들을 대상으로 하는 수행법이라고 볼 수 있다.[43] '수상문정혜'는 북종선

有所作, 不失虛明, 湛然常住."

41) 『목우자수심결』(『한국불교전서』 4책, 712쪽 중), "定慧等持之義, 有二種, 一自性定慧, 二隨相定慧."

42) 『목우자수심결』(『한국불교전서』 4책, 712쪽 중), ""自性門則曰, 任運寂知, 元自無爲, 絶一塵而作對, 何勞遣蕩之功? 無一念而生情, 不假忘緣之力. … 隨相門則曰, 稱理攝散, 擇法觀空, 均調昏亂, 以入無爲."

의 수행법인 반면 '자성문정혜'는 남종선의 수행법이다. 이 두 가지 수행법은 오랜 동안 서로 갈등하며 대립하여 왔는데, 지눌에 의하여 마침내 하나로 회통된 것이다.

지눌은 마음 닦음의 수행이 '선정'에만 치우쳐도 문제가 있고, '지혜'에만 치우쳐도 문제가 있다고 본다. '선정'과 '지혜'는 마치 본체와 작용처럼 일원론적인 관계를 유지한다. 그래서 지눌은 다음과 같이 말한다. "선정은 본체요 지혜는 작용이니, 본체인 작용이기 때문에 지혜는 선정을 떠나지 않고, 작용인 본체이기 때문에 선정은 지혜를 떠나지 않는다. 선정이 곧 지혜이기 때문에 고요하면서 항상 알고, 지혜가 곧 선정이기 때문에 알면서 항상 고요하다."[44] 본체가 작용을 떠날 수 없고, 작용이 본체를 떠날 수 없듯이 지나치게 이론적이거나 또는 지나치게 실천적이어도 문제가 생긴다는 것이 지눌의 생각이다. 이와 관련하여 지눌은 다음과 같이 말한다.

> 이른바 악을 끊으면서도 끊은 것이 없고, 선을 닦으면서도 닦는 것이 없어야 진정한 의미에서의 끊음과 닦음이 될 수 있다. 만일 이와 같이 선정과 지혜를 아울러 온갖 행위를 닦는다면, 어찌 이것을 헛되게 침묵만 지키는 어리석은 선이나 다만 문자만 찾는 미친 지혜에 비교하겠는가?[45]

---

43) 윤종갑, 「지눌의 중도의 공부법」, 『동서철학연구』 제31호, 한국동서철학회, 2004, 257쪽 참조.

44) 『목우자수심결』(『한국불교전서』 4책, 711쪽 하), "定是體, 慧是用也, 卽體之用故, 慧不離定, 卽用之體故, 定不離慧. 定則慧故, 寂而常知, 慧則定故, 知而常寂."

45) 『권수정혜결사문』(『한국불교전서』 4책, 700쪽 중), "可謂於惡斷, 斷而無斷, 於善修, 修而無修, 爲眞修斷矣. 若能如是定慧雙運, 萬行齊修, 則豈比夫空守默之癡禪, 但尋文之狂慧者也."

지눌은 선정에만 치우치는 것은 '헛되이 침묵만 지키는 어리석은 선'(空守默之癡禪)이며, 지혜에만 치우치는 것은 '단지 문자만 찾는 미친 지혜'(但尋文之狂慧)라고 한다. 이와 같은 어리석은 선정과 미친 지혜로부터 벗어나는 유일한 방법은 '선정'과 '지혜'의 핵심을 깨달아 함께 실천하는 것일 수밖에 없다. 그것이 이른바 '정혜쌍수'이다. 이는 '선정'과 '지혜'에 관한 일방적 선택이 아닌 중도의 실천행이라는 점에서 그 의의가 있다.

중도의 수행법에 의해 깨달음을 얻은 붓다와 마찬가지로 지눌은 선종과 교종의 일치에 의해서만 진정한 깨달음이 가능하다는 것을 절감한 것이다.[46] 지눌의 방식에 의한 독창적 '정혜쌍수'가 제창된 이유이다. 그것은 선종과 교종의 새로운 공존의 모색법이기도 하다. 지눌은 선수행의 한 방편으로 교종의 교학을 수용하여 선교일치를 제시하고자 하였는데, 그 대표적인 노력의 산물이 바로 『원돈성불론』이라고 할 수 있다.

『원돈성불론』은 '정혜쌍수'라는 이념에서 한 걸음 더 나아가 그 이념을 자신의 방식으로 새롭게 재현한 '정혜쌍수'의 실질적 내용이기도 하다. 여기에서 지눌은 화엄의 교학을 원용하여 선종의 취지를 밝히고 있다. 그럼에도 선종의 목적 때문에 교종의 정신이 전혀 훼손되지도 않았다. 대표적인 사례가 화엄의 '육상원융'(六相圓融)에 대한 설명이다. 이는 '돈오점수'와 '정혜쌍수'의 정신이 화엄의 '육상원융'과 하나로 연대함으로써, 화엄이 선종을 위한 하나의 방편이 되고, 또한 선종이 화엄의 세계를 구현하는 실천적 행위의 근거가 된다는 점을 잘 보여주었다. 화엄의 '육상'은 '총상', '별상', '동상', '이상', '성상', '괴상'을 말하는데, 지눌은 '육상'에 '돈오점수'를 대입하여 설명한 것이

46) 윤종갑, 앞의 논문, 255쪽 참조.

다.[47] 이로써 선종과 교종은 상호지양의 방편을 통해 더 높은 경지에서 하나로 만나 원만하게 화합할 수 있는 새로운 가능성을 열게 된 것이다.

5. 철학적 의의와 돈점논쟁의 새로운 점화

이상에서 살펴본 것처럼 지눌의 사상은 선종과 교종을 하나로 회통시킴으로써 이념과 종파의 벽을 허물고 새로운 대화의 창구를 열어놓은 점에 그 의의가 있다. 이와 같은 지눌의 선교일치, 돈오점수, 정혜쌍수의 가르침은 원효가 제창한 회통정신의 재확인이라고 할 수 있다. 요컨대 지눌은 원효 이래 불교계의 역사적 과제였던 종파간의 심각한 대립과 갈등을 조화 원융시키는 회통불교의 전통을 충실히 계승하였던 것이다.[48]

지눌이 보여준 회통정신은 현대사회에 있어서도 그 적용가능성이 매우 높다. 세계는 이미 민족주의 시대, 종교주의 시대, 이념주의 시대를 넘어서 하나의 지구공동체 시대를 지향하고 있는 중이기 때문이다. 한국이라는 국지적인 측면에서 본다 하더라도, 한국 역시 다양한 인종과 다양한 문화, 그리고 다양한 생각들이 자기의 색깔을 갖고

---

47) 『원돈성불론』(『한국불교전서』 4책, 730쪽 중-하), "以六相義會通可見, 昧者, 約根本智, 該收五位論, 則不許漸修之行. 是但知摠相者也. … 又十方報佛, 名爲摠相. 衆寶所嚴身土差別, 名爲別相. 同一法身, 理智無二名爲同相. 智隨行異, 名爲異相. 成就衆生, 名爲成相. 能所皆空, 無得無證, 名爲壞相. 又以一智慧, 該收五位, 名爲摠相. 行解昇進, 名爲別相. 同佛根本智, 名爲同相. 修差別智, 名爲異相. 成大菩提, 具普賢行, 名爲成相. 智體無依用而不作, 名爲壞相." 참조.

48) 황의동, 『한국사상』(청주: 청주대학교출판부, 1990), 68쪽 참조.

자기와는 다른 색깔의 인종과 문화, 그리고 생각들을 수용하며 살아가고 있는 중이기 때문이다. 서로 다른 삶의 양식들이 상호 마찰 없이 원만하게 공존하기 위해서는 분명 지눌이 제시한 것과 같은 방식의 회통의 정신이 필요해 보인다.

그런데 지눌의 철학은 여전히 논쟁의 대상이다. 이와 같은 현상은 그의 철학이 죽지 않고 살아있다는 방증이기도 할 것이다. 특히 지눌의 '돈오점수' 사상은 많은 논의와 쟁점을 일으켰다. 그 논쟁의 점화는 1990년 송광사에서 일어났다. 100년에 한 번 열린다고 하는 무차선대회가 송광사에서 열렸는데, 이 대회의 논쟁의 주제가 바로 지눌의 '돈오점수'였다.

이 쟁점에 점화를 일으킨 인물이 바로 퇴옹(退翁) 성철(性徹, 1912-1993)이었다. 성철은 현대 한국불교를 대표하는 인물로서 1981년 '산은 산이요 물은 물이다'[49]라는 법어를 세상에 널리 알린 장본인이다. 그는 지눌의 '돈오점수'에 반대하여 '돈오돈수'를 주장하였다.[50] 1981년 성철은 『선문정로』를 발표하면서 "몹쓸 나무가 뜰 안에 있으니 베어버리지 않을 수 없다"(毒樹生庭, 不可不伐)[51]고 하여, 지눌의 사상을 정면으로 겨

---

49) 이 말은 1981년 성철이 조계종 제7대 종정으로 추대되었으나 추대식에 참여하는 대신 발표한 법어이다. 그러나 이 법어는 일찍이 중국 당나라 때 임제종 황룡파 인물인 청원 유신(青原惟信)이 제자들에게 설한 게송으로서 송대에 혜명(慧明) 등이 편찬한 『오등회원』(五燈會元)에 나오는 말이다.

50) 성철은 깨침과 지혜가 별다른 것이 아니라 동시적인 사건이라고 보았다. 그는 살아생전 구름과 햇볕의 비유를 즐겨 사용하여 "구름 걷히면 햇볕나제. 구름 걷히는 것 따로 있고, 햇볕 나는 것 따로 있는가"라고 말하곤 하였다(박성배, 「울며 겨자먹기 3000배에 속심이 눈녹듯」, 『시사저널』(서울: 시사저널사), 1993년 11월 11일자 참조).

51) 이 말은 중국의 화엄학자 청량 징관(清凉澄觀, 738-839)이 그의 스승 혜원(慧苑, 673-743)을 몰아세우며 썼던 말로서, 성철이 지눌을 비판하기 위해 원용한 말이다. 징관이 혜원을 비판한 것은 혜원의 스승 현수(賢首)가 죽은 뒤 혜원이 스승의 학설을 어기는 주장을 하였기 때문이며, 전통을 바로잡고자 한 취지였다.

냥한 후 매서운 비판을 제기하였다.[52)] 이와 같은 성철의 지눌 비판이 하나의 촉매가 되어 1990년 드디어 송광사에서 지눌과 성철의 서로 다른 주장이 정면으로 마주치게 된 것이다. 그런데 1993년 해인사 돈오점수 학술회의에서 성철의 제자 박성배는 또한 자신의 스승 성철의 '돈오돈수'를 강하게 비판하면서 '돈오돈수적 점수'를 제창하기도 하였다. 이와 같이 1990년대 전반기에는 실로 다양한 방식의 돈점논쟁이 성철의 문제제기를 중심으로 점화되었던 것이다.

그럼에도 현재 한국의 조계종은 너무나 고요한 것이 아닐까 싶다. 만일 지눌과 성철이 살아나서 다시 이 땅에 찾아온다면, 한국 조계종의 고요한 정적을 어떻게 바라볼 것인지 궁금하다. 이제 그 고요함을 깨고 다시 한 번 돈점논쟁의 새로운 점화가 일어날 때가 되지는 않았을까?

---

52) 성철은 『선문정로』의 서문을 통해 "무릇 이설 중의 일례는 돈오점수이다. … 따라서 돈오점수사상을 신봉하는 자는 전부 지해종도이다. … 그러므로 선문에서 지해종도라 하면 이는 납승의 생명을 상실한 것이니 돈오점수사상은 이렇게 가공할 결과를 초래한다"(성철, 『선문정로』(합천: 장경각, 1981), 3-4쪽)라고 하여 지눌의 돈오점수를 정면에서 배격하였다.

제 05 장

삼봉 정도전의 불교 배척의 내용과 성격

1. 성리학의 도입과 수용기의 핵심 인물들

중국 남송시대 주자(朱子, 1130-1200)에 의하여 집대성된 주자학은 당 시대가 직면한 시대적인 측면, 정치적인 측면, 학술적인 측면 등 다양한 요소들에 대한 반성과 함께 역사의 전면에 등장했다. 주자는 이른바 북송5자라고 일컬어지는 주렴계(周濂溪, 1017-1073), 소강절(邵康節, 1011-1077), 장횡거(張橫渠, 1020-1077), 정명도(程明道, 1032-1085), 정이천(程伊川, 1033-1107) 등의 학설을 종합적으로 수용하여 자신의 철학체계로 정립하였을 뿐만 아니라 그동안 유가사상과 대치 국면에 있던 불교와 도가의 철학사상을 전면적으로 배척하는 학문적 정체성을 뚜렷하게 제시하였다.

주자학이 한국에 전래된 것은 고려 말 원나라를 통해서였다. 이설이 없는 것은 아니지만, 일반적으로 안향(安珦, 1243-1306)이 원나라에 들어갔다가 고려에 주자학을 수입해서 들여왔다는 것이 학계의 통설이다.[1)] 학계에서는 이 시기를 1290년으로 잡고 있다. 주자학의 전래 원인은 당시의 국제정세와 내부적인 불교의 폐단 및 정치의 부패문제 등과 밀접하게 맞닿아 있다. 이 시기에 주자학을 수용한 지식인들은 새로운 이념을 통해 새로운 시대를 열어보고자 기획하였다. 역사에

---

1) 『고려사』에 의하면, 백이정이 정주학을 배워 고려에 처음 도입했다고 적혀있지만, 안향의 「연보」에는 안향이 백이정(白頤正, 1247-1323)보다 이른 시기에 주자학을 전래한 것으로 기록되어 있다. 이들 이외에도 이름이 알려지지 않은 주자학 전래자가 더 있었을 가능성을 부정할 수는 없다. 그럼에도 안향을 최초의 주자학 전래자로 보는 것은 현재까지의 사료와 이를 통한 연대고증의 결과라고 할 수 있다(한국철학회 편, 『한국철학사(중)』(서울: 동명사, 1987), 111-114쪽 참조).

서는 이들을 가리켜 신진사대부라고 한다. 신진사대부들은 기존에 사원세력과 결탁한 권문세족들의 타락을 비판하면서 기울어져가는 고려사회를 바로 세워보고자 노력하였다. 그들의 철학적 이념으로 선택된 것이 바로 주자학이었다.

주자학은 한국에 수용된 이래 도덕과 심성의 문제를 궁구하는 이른바 '궁리진성'(窮理盡性)의 성리학으로 발전하였다.[2] 한국성리학[3]은 우주론적 범주에 주안점을 두고 우주자연의 체계와 질서를 탐구하고자 한 주자학의 한국적 변용이라고 볼 수 있다. 한국성리학이 발전기에 접어든 15세기에는 사림파 지식인들에 의한 도학의 전성기가 펼쳐지며, 또한 16세기에 와서는 '사단칠정논쟁'을 통한 심성설 위주의 이론탐구가 전개되고, 16세기 말부터 17세기에 해당하는 시기에는 성리학의 예학적 변용이 이루어진다. 그리고 18세기에 이르러서는 '인물성동이논쟁'을 통한 인간심성과 도덕론에 대한 관심이 집중적으로 탐구되었다. 이것이 한국성리학의 대체적인 전개과정이다.

그런데 한국성리학의 초창기는 주자학의 도입기 또는 수용기라고 볼 수 있다. 이 시기에 안향이 주자학이라는 나무의 씨앗을 심었다면, 이 씨앗은 백이정(白頤正, 1247-1323), 최해(崔瀣, 1287-1340), 최문도(崔文度, 1292-1345), 권보(權溥, 1262-1346), 우탁(禹倬, 1262-1342) 등의 노력을 통해 지속적으로 배양되다가 파종한 지 거의 백 년이 지나서야 꽃을 피우기 시작하였으니, 목은(牧隱) 이색(李穡, 1328-1396), 포은(圃隱) 정몽주(鄭夢周, 1337-1392), 도은(陶隱) 이숭인(李崇仁, 1347-1392) 등 이른바 고려 말기 삼은(三隱)의 학문

---

2) 김충열, 『한국유학사(1)』(서울: 예문서원, 1998), 358쪽 참조.

3) 윤사순은 성리학의 특징을 ① 정주학의 특징, ② 주지주의의 특징, ③ 예 숭상의 특징, ④ 명분론적 사고, ⑤ 리기론의 보수적 특징, ⑥ 인존정신의 지향 등으로 규정한다(윤사순, 『한국의 성리학과 실학』(서울: 열음사, 1987), 25-29쪽 참조).

과 사상이 그것이다. 더욱이 이 꽃은 헛되지 않아서 그 뒤에 알찬 결실까지 맺기에 이르렀으니, 상촌(桑村) 김자수(金子粹), 양촌(陽村) 권근(權近, 1352-1409), 둔촌(遁村) 이집(李集, 1327-1387), 방촌(厖村) 황희(黃喜, 1363-1452) 등 이른바 사촌(四村)과 야은(冶隱) 길재(吉再, 1353-1419)가 성취해 낸 절의와 학문 그리고 정치와 교육의 빛이 그것이다.[4)]

윤천근은 한국성리학 수용기를 3세대로 구분한다. 즉 안향과 그의 제자들인 권보, 우탁, 이진, 이조년, 신천, 백이정 등이 활동한 제1세대와 이제현, 이곡, 이색 등이 활동한 제2세대, 그리고 그 수용이 완결되는 정몽주의 활동기인 제3세대가 그것이다.[5)] 그렇다면 이 가운데 두드러진 역할을 수행한 사람들을 중심으로 그들의 업적을 간략하게 살펴보기로 하자.

먼저 한국성리학 수용기의 제1세대에 해당하는 인물들이다. 권보는 충숙왕 2년(1315) 『사서집주』를 간행 유포하여 고려에서 주자의 학문이 폭넓게 유행하고 본격적으로 연구될 수 있는 토대를 마련하였다. 우탁은 역학에 조예가 깊었는데, 특히 정이천의 역학에 해박하였다. 그는 리 중심의 정주학이 널리 유포될 수 있는 우주론적 토대를 마련하였다. 백이정은 10여 년 동안 주자학을 공부하고 들어와 중국의 주자학을 본격적으로 고려에 수용한 인물이다.[6)]

이 가운데 권보는 일찍이 한국성리학이 그로부터 창도된 것이라고 말해진다고 평가될 정도로 중시되었다.[7)] 우탁은 성리학에서 중시하

---

4) 김충열, 『한국유학사(1)』, 355쪽 참조. 여기에서 김충열이 규정한 '삼은'은 도은 이숭인의 자리에 야은 길재가 대신 들어가기도 한다. 이러한 문제점 때문에 '삼은' 대신 '사은'을 이야기하기도 한다. 그리고 여기에 인용된 인물들의 생존 시기는 김충열이 기술한 것과 약간 다른 것들이 있는데, 이는 『한국민족문화대백과사전』에 의거하여 수정하였음을 밝힌다.

5) 윤천근, 『한국인의 철학』(서울: 외계사, 1992), 117-121쪽 참조.

6) 윤천근, 『한국인의 철학』, 117쪽 참조.

는 '성'(誠)과 '경'(敬)의 정신을 높이고 이를 실천하는 삶을 살았던 인물이다. 특히 점필재(佔畢齋) 김종직(金宗直, 1431-1492)[8])이 평가했던 것처럼 '왕정에서 도끼를 든' 인물이 바로 우탁이었다.[9)] 우탁이 50대 이후 감찰사 규정을 하고 있었을 때의 일이다. 충렬왕의 비 가운데 김양감의 딸인 숙창원비가 있었다. 그런데 충렬왕이 죽은 후에 그 아들인 충선왕이 이 비를 범하고 자신의 숙비로 책봉하였다. 우탁은 이 일이 인륜에 어긋나는 것이라고 보아 도끼를 들고 나아가 임금에게 직간하였다.[10)] 백이정은 안향보다 일찍 주자학을 도입한 인물이라고 평가되는 경우도 있지만, 아직 정론으로서 평가되지는 않는다. 그는 1298년 충선왕과 함께 원나라의 서울에 머물다가 주자학을 공부한 후 귀국할 때 여러 권의 성리서적과 『주자가례』를 가지고 들어왔던 인물이다.

다음으로 한국성리학 수용기의 제2세대에 해당하는 인물들은 다음과 같다.

우선 익재(益齋) 이제현(李齊賢, 1287-1367)은 권보의 제자이자 사위이다. 충선왕과 함께 원나라에 머물면서 연경의 만권당에서 중국학자들과 교유하면서 학문세계를 넓혔다. 그는 원나라에 있을 때 연경에만 머물러 있었던 것이 아니라 중국강토를 세 차례나 여행한 이력이 있다. 그것은 오늘날의 사천성, 절강성, 감숙성 등으로의 여행이었는데, 이 여행은 그의 안목과 세계관을 틔우는 데 큰 영향을 미쳤을 것임에 분명하다. 그는 주자학만이 실학이라고 믿었던 인물이다.

---

7) 『고려사』, 「열전」, 〈權溥傳〉, "東方性理之學, 自溥倡."

8) 점필재는 야은 길재의 영향을 받은 김숙자(金叔滋, 1389-1456)의 막내아들로 태어나 성종 대에 활동한 사림파의 대표 인물이다. 특히 세조가 단종을 내쫓고 왕위를 찬탈한 것을 비방하는 「조의제문」(弔義帝文)을 지어 사림파의 정신을 대변하였다. 이 제문은 후일 무오사화의 빌미가 되었다.

9) 『점필재집』 권3, 시, 〈過禮安有懷禹諫議倬〉, "彤庭持斧眞唐介."

10) 윤천근, 『한국인의 철학』, 133쪽 참조.

가정(稼亭) 이곡(李穀, 1298-1351)은 이제현의 문인이다. 1333년 원나라 정동성 향시에 수석으로 합격하였다. 특히 원나라 황제에게 건의하여 고려에서의 처녀 징발을 중지한 업적을 남겼다. 경사자집의 경학에 밝았던 인물로서, 심성수양을 중시하였다. 목은 이색은 그의 아들이며, 『토정비결』의 저자인 토정(土亭) 이지함(李之菡, 1517-1578)은 그의 8대 손이다.

목은(牧隱) 이색(李穡, 1328-1396)은 이곡의 아들로서 아버지 이곡과 마찬가지로 이제현의 문인이다. 이색은 원명교체기의 국제정세를 보고 천명이 명나라로 돌아갔다는 판단 아래 친명정책을 지지하고 나섰다. 그는 불교비판과 정치개혁의 문제에 있어서 온건한 입장을 취하였다. 불교의 현실적 운영의 문제나 타락상은 비판하였지만, 불교 자체의 입론의 의의까지 부정하지는 않았다. 또한 정치개혁의 문제에 있어서도 현실경제의 폐단이나 정치의 타락상에 대해서는 비판하였지만, 왕조를 바꾸어야 한다는 역성혁명에 대해서는 찬동하지 않았다. 그는 특히 성리학적 리기론의 입장에 있어서는 기를 중시하는 태도를 보임으로써 하나의 기운의 질서가 현상만물의 존재의 근거가 된다고 보았다. 그 하나의 기운의 질서는 맑고 깨끗함의 구분이나 두텁고 엷음의 경계, 또는 오랑캐와 문화인의 구별이 없다고 하여, 이것이 맹자가 말한 '호연지기'와 다를 바 없다고 규정하였다.[11]

다음으로 한국성리학 수용기의 제3세대에 해당하는 인물들로서, 고려왕조에 충절을 다한 정몽주, 길재, 이숭인 등과 조선왕조 창업에 큰 역할을 담당한 정도전(鄭道傳, 1342-1398), 하륜(河崙, 1347-1416), 윤소종(尹紹宗, 1345-1393), 권근(權近, 1352-1409) 등이 있다. 이들은 모두 목은 이색의 학문과 연결되어 있는 인물들이다.

---

11) 윤천근, 『한국인의 철학』, 119쪽 참조.

특히 동방성리학의 근원으로 평가받는 포은 정몽주는 이색과는 다른 방식으로 시대에 저항하였다. 그는 '불사이군'(不事二君)의 정신을 직접 자신의 목숨을 바쳐 보여준 것이다. 후대에 이와 같은 의리정신이 한국성리학의 주요 맥락으로 자리를 잡는다. 정몽주는 이색의 온건한 불교비판과는 달리 엄격한 불교 배척을 제창하였다. 그는 불교식의 장례를 금하고 유교 장례의식을 보편화시켰다. 불교에서는 사람이 죽으면 화장을 하고, 승려를 불러다 재를 올리며 종이돈을 태운다. 하지만 유교에서는 매장을 하고, 주자가 정해 놓은 절차대로 죽은 자와 이별하는 예식을 행한 다음 때맞추어 제사를 지낸다. 한국에 널리 퍼져 있는 제사 관습은 바로 정몽주에서 시작된 것이다.[12]

포은 정몽주와 같이 불교 배척에 대해서 강력하게 대응했던 또 한 명의 인물이 바로 삼봉 정도전이다. 삼봉 당시 주로 성균관 유학자들이 정치 사회적인 방면에서 불교 숭배의 허구성과 불사행위의 낭비성을, 그리고 윤리 도덕적인 측면에서 죄악성을 거론하며 불교를 공격하였다. 삼봉은 주로 이론적인 불교를 논박한 대표적인 인물로서 평가된다.[13]

그렇다면 삼봉의 불교 배척론은 과연 어떠한 내용을 담고 있는지 보다 구체적으로 살펴볼 필요가 있을 것이라 본다. 이에 삼봉의 불교 배척에 관한 기본입장과 그에 대한 세부적인 내용을 『삼봉집』에 수록된 「심기리편」과 『불씨잡변』 등의 저술을 통해 천착해보기로 한다.

---

12) 한국철학사상연구회, 『한국철학스케치(1)』(서울: 풀빛, 2008), 117쪽 참조.
13) 김충열, 『한국유학사(1)』, 359-360쪽 참조.

2. 삼봉의 불교 배척에 관한 기본입장

삼봉은 목은 이색의 문인이며, 양촌 권근의 스승이다. 그는 공민왕 11년(1362) 문과에 급제하여 고려에서 벼슬살이를 시작하였으나, 이성계를 도와 조선을 창업하는 데 혁혁한 공을 세운 인물이다. 그는 신진사대부들을 대표하여 조선 건국의 이념을 정립한 인물일 뿐만 아니라 조선의 모든 문물제도를 포설하는 데 크게 기여한 인물이다. 따라서 삼봉을 모르고 조선의 통치이념을 논의할 수 없고, 삼봉을 배제하고 조선의 학술적 특징을 논의할 수 없다고까지 말할 수 있을 정도로 삼봉이 후대에 미친 영향력은 매우 크다.

그러나 조선 창업의 가장 핵심인물의 한명이었던 삼봉은 왕자의 난에 의하여 암살되었을 뿐만 아니라, 사후에도 제대로 된 평가를 받지 못하고 정적들에 의해 비난을 받는 수모를 겪어야만 하였다. 삼봉의 아버지는 중앙의 높은 벼슬을 하였으나, 그의 어머니는 매우 미천한 천민 출신이었다고 한다. 이러한 이유 때문에 삼봉의 살아생전에도 그의 정적들은 삼봉의 혈통문제를 주요 공격무기로 삼았다.

특히 포은 정몽주는 당여인 김진양 등에게 삼봉의 죄를 탄핵하는 상소문을 작성하게 하였다. 그 상소문 가운데 "정도전은 미천한 신분에서 몸을 일으켜 당사(堂司)의 자리를 도둑질하였고, 천한 근본을 감추기 위하여 본주를 제거하려고 모함하였다"[14]고 하여 삼봉의 미천한 신분을 공격대상으로 삼았다. 삼봉은 개국 후나, 또는 사후에 있어서도 포은 정몽주의 행적을 기리는 사림인사들로부터 계속 냉대를 받았고, 조선후기의 식자들 사이에서도 삼노가(三奴家)의 하나로 불리

14) 『고려사절요』 권35, 공양왕 4년 4월조 및 『고려사』「열전」, 〈정도전〉 참조.

는 것이 유행하였다.[15)]

그럼에도 삼봉은 국가의 창업과 발전에 크게 기여한 인물이다. 그는 자신의 신분적 한계 때문에 좌절하지 않았고 오히려 이를 극복함으로써 후대인의 귀감이 되었다고 본다. 그는 조선왕조 개국을 주동한 혁명가적 정치가인 동시에 수많은 저술을 남긴 저술가요 사상가이기도 하다.[16)] 삼봉이 남긴 주요 저술은 「심문천답」, 「심리기편」, 『불씨잡편』을 비롯하여 『학자지남도』, 『팔진삼십육변도보』, 『태을칠십이국도』, 『상명태일제산법』, 『진맥도결』, 『오행진출기도』, 『강무도』, 『진법』, 『조선경국전』, 『고려사』, 『경국문감』, 『경제문감별집』, 『경제의론』 등 다수가 있다. 이들은 『삼봉집』에 수록되어 전해지고 있다.

삼봉은 민본주의에 입각한 왕도정치의 구현을 목표로 삼았던 인물이다. 그런데 삼봉은 자신이 목표로 삼은 왕도정치를 구현하기 위해서는 정학의 토대 위에서 인륜의 질서가 갖추어져야 한다고 보았고, 반면 정학에 위배되는 학문체계에 대해서는 철저한 비판과 배척이 필요하다고 생각하였다. 당연히 삼봉이 기준으로 삼은 정학은 주자성리학이었고, 그에 위배되는 학문은 불교와 도가와 같은 사상이었다. 그는 전통적으로 내려오던 유가와 불교, 도가의 사상적 특징을 각각 리학, 심학, 기학이라고 규정하고, 심학과 기학의 한계를 리학이 깨우칠 수 있게 할 수 있음을 공언하였다. 즉 유학이 불교와 도가의 한계를 깨우침으로써 그 한계를 알게 할 수 있다는 것이 삼봉의 기본 입장이었다.

이상과 같은 내용은 삼봉의 「심기리편」(心氣理篇)에 상세하게 소개되어 있다. 「심기리편」은 〈심난기〉(心難氣), 〈기난심〉(氣難心), 〈리유심기〉

---

15) 한영우, 『정도전사상의 연구』(서울: 서울대학교출판부, 1989), 18-20쪽 참조.
16) 한영우, 『정도전사상의 연구』, 32쪽.

(理論心氣)의 세 부분으로 구성되어 있다. 〈심난기〉는 불교의 입장에서 도가의 입장을 비판하는 내용을 담고 있고, 〈기난심〉은 도가의 입장에서 불교를 비판하는 내용을 담고 있다. 그는 불교의 '심'(心)과 도가의 '기'(氣)는 그 자체적으로는 존립할 수 없다고 본다. 심은 기에 의지해야 하며, 심 또한 기 없이는 그 영묘한 작용을 발휘할 수 없다는 것이 삼봉의 생각이다.

삼봉은 부분적인 진리성만을 갖추고 있는 심과 기는 반드시 리에 근거하여야만 자신의 제대로 된 기능과 역할을 수행해 낸다고 본다. 그래서 그는 "심만 있고 리가 없으면 이해관계에만 매달리게 되고, 반대로 기만 있고 리가 없으면 피와 살로 이루어진 육신이 움직여 금수로 돌아가게 된다"[17]고까지 말한 것이다. 사상적인 측면에서 불교와 도가는 유가사상에 미치지 못한 근원적 한계가 있다는 지적이다. 그런데 삼봉의 척불론은 이 같은 사상적 측면에서만 이루어진 것이 아니라, 정치적인 차원에서 더 큰 의미를 갖는 것으로 여겨진다.[18] 새로운 왕조의 정치적 이념으로서 새로운 권능을 행사하게 된 주자성리학을 지켜내기 위해서라도 삼봉은 이전 시대의 불교와 도가사상을 적극적으로 부정 비판하지 않을 수 없는 측면이 있었던 것이다.

유불도 삼가사상에 대한 삼봉의 입장이 잘 반영되어 있는 「심기리편」은 삼봉의 불교 배척론이 완전하게 정리된 단계는 아니었다. 그의 불교 배척론은 『불씨잡변』에 와서야 비로소 완전히 정비된다고 볼 수 있다. 삼봉은 『불씨잡변』의 저술을 마치고 "이것이 지금 실행되지 않는다 하더라도 오히려 후세에 전하여질 수 있다면, 내가 죽더라도 또한 편안하겠다"[19]라고 할 정도로 『불씨잡변』의 파급효과에 대해

---

17) 『삼봉집』 권10, 「심기리편」, 〈理論心氣〉, "有心無我, 利害之趨, 有氣無我, 血肉之軀, 蠢然以動, 禽獸同歸."

18) 한영우, 『정도전사상의 연구』, 48쪽 참조.

거는 기대가 컸다. 참고로 「심기리편」은 태조 3년에 저술된 것이고, 『불씨잡변』은 태조 7년의 저작이다.[20] 이렇게 본다면, 삼봉의 본격적인 불교비판은 조선왕조의 창업 이후에 이루어진 것임을 알 수 있다.

3. 이론적 측면에 대한 불교 배척의 논변

『불씨잡변』은 삼봉 불교 배척론의 최종 완결판이라고 할 수 있다. 삼봉은 여기에서 총 19개의 논변을 통해 불교의 그릇됨을 비판적으로 논변하였다. 그 내용은 크게 둘로 구분된다. 하나는 이론적 측면에 대한 불교 배척의 논변이며, 다른 하나는 전대 사실의 역사적 사례에 대한 불교 배척의 논변이다.[21] 즉 전체 19개의 주제 가운데 첫 번째 논변부터 열네 번째 논변까지, 그리고 여기에 마지막 열아홉 번째 논변을 포함한 총 열다섯 가지의 내용이 전자에 대한 논변이고, 이후 열다섯 번째부터 열여덟 번째까지의 네 가지 논변이 후자에 대한 논변이다. 여기에서는 우선 전자에 관한 비판적 입장부터 구체적으로 살펴보기로 한다.

(1) 불교의 윤회에 대한 논변 [佛氏輪回之辨]

삼봉의 첫 번째 불교비판의 대상은 윤회설이다. 양촌 권근은 이 첫

---

19) 『삼봉집』 권9, 序, 권근, 「佛氏雜辨序」 및 『양촌집』 권17, 서류, 「佛氏雜辨說序」, "縱不得行於時, 猶可傳於後, 吾死且安矣."

20) 송창한, 「정도전의 척불론에 대하여」, 『대구사학』 제15 · 16집 합집, 대구사학회, 1978, 230쪽 참조.

21) 『삼봉집』 권9, 識, 「佛氏雜辨識」, "道傳暇日, 著佛氏雜辨十五篇, 前代事實四篇." 참조.

번째 편인 '불교의 윤회에 대한 논변'의 내용이 『불씨잡변』 중에서도 가장 명백한 이론을 갖추었다고 칭송하였다.[22] 불교의 윤회설은 삼계와 육도의 중생들이 죽었다가 다시 태어나고, 태어났다가 다시 죽는 것을 영원히 반복한다는 이론이다. 이러한 반복이 마치 수레바퀴가 돌아가듯이 계속 맴돈다는 의미에서 윤회(saṃsara)라고 말한 것이다.[23] 삼봉은 불교에서 "사람은 죽어도 멸하지 않으므로 태어남에 따라 다시 형체를 받는다"는 윤회설이 있음을 전제하고[24] 이를 비판한다. 삼봉은 불교가 일종의 정신 불멸론을 주장하고 있다고 본 것이다. 이러한 정신 불멸론은 영원성을 갖기 때문에 인간은 죽더라도 조수와 물고기, 곤충 등으로 형체만 바꾸어서 다시 태어난다는 주장을 내놓게 된 것이라고 한다. 그래서 욕계, 색계, 무색계의 삼계와 지옥, 아귀, 축생, 아수라, 인간의 세계에 그 선업과 악업의 결과에 따라 다시 태어나 윤회한다는 것이다.

그러나 삼봉은 이와 같은 불교의 이론이 잘못되었다고 본다. 유가의 입장에서 보면 이 세상에 존재하는 모든 것들은 무극과 태극의 존재 및 음양오행의 질서가 정연하게 펼쳐져서 사람과 만물을 끊임없이 생겨나게 하는데, 이미 생겨난 것과 아직 생겨나지 않은 것 사이의 지속성은 한순간도 정지한 바가 없다고 한다. 이러한 지속성의 과정 안에서 단단한 것은 썩고 있던 것은 없어져 버리게 되는 것인데, 어떻

---

22) 『양촌집』 권17, 서류, 「佛氏雜辨說序」, "今觀三峯先生佛氏雜辨二十篇, 其言輪廻及五行醫卜之說, 最爲明備."

23) 정승석, 『간추린 불교상식 100문 100답』(서울: 민족사, 2012), 400쪽.

24) 『삼봉집』 권9, 『불씨잡변』, 「佛氏輪廻之辨」, "佛之言曰: 人死精神不滅, 隨復受形, 於是輪廻之說興焉." 본문에서 인용할 『불씨잡변』의 해석은 정병철 편저, 『증보 삼봉집』(서울: 한국학술정보, 2009)을 참고하여 이를 내용에 따라 수정하여 인용하기로 한다. 이하 각주에서 인용할 『불씨잡변』의 경우는 편명만을 밝히고 그 원문을 소개하기로 한다.

게 정신이 불멸하고 또한 그것이 다른 것으로 윤회할 수 있겠느냐고 비판한다. 그야말로 모든 개별자들은 새로운 존재의 새로운 탄생이라고 보아야 한다는 것이 삼봉의 입장이다.

삼봉은 또한 불교의 윤회설 가운데는 "혈기가 있는 모든 것은 스스로 일정한 수가 있어서, 오고 또 오고, 가고 또 가도 다시 더하거나 덜함이 없다"[25]는 이론이 있음을 지목하여 비판한다. 윤회설에는 이른바 개별적 존재의 정수(定數)가 있다는 것이다. 그러나 삼봉은 이와 같은 개체 정수론은 크게 잘못된 것이라고 본다. 삼봉은 불교 윤회설의 허구성을 토지생산과 관련하여 비판하다.[26] "모든 곡식의 자람도 같은 경우이다. 봄에 10섬의 종자를 심었다가 가을에 1백 섬을 거두어들여 드디어는 1천 섬, 1만 섬에 이르게 되니, 그 이익이 여러 배가 된다."[27] 따라서 개별적 존재의 정수가 존재한다는 말은 잘못이 아닐 수 없다는 것이다. 세상은 다만 기운의 왕성함과 쇠약함의 유행에 따라 '왕성한 세상'(盛世)도 있고, '쇠약한 세상'(衰世)도 있을 뿐이다. 왕성한 세상에서는 인류도 늘어나고 조수, 어별, 곤충도 함께 늘어나지만, 쇠약한 세상에서는 인류도 줄어들고 조수, 어별, 곤충도 또한 줄어든다. 이것은 인간과 만물이 모두 천지의 기로써 생기는 까닭이다. 그러므로 기운의 질서가 왕성하면 일시에 늘어나고 기운의 질서가 쇠약하면 일시에 줄어드는 것일 뿐이다.[28]

---

25) 「佛氏輪廻之辨」, "凡有血氣者, 自有定數, 來來去去, 無復增損."

26) 한영우는 이러한 이유 때문에 삼봉의 불교비판은 농업생산력의 발전에 대한 확신, 나아가서는 우주 만물의 진보에 대한 투철한 신뢰를 바탕으로 발상되어진 측면이 있다고 평가한다. 한영우, 『정도전사상의 연구』, 60쪽.

27) 「佛氏輪廻之辨」, "且百穀之生也. 春而種十石, 秋而收百石, 以至千萬, 其利倍蓰."

28) 「佛氏輪廻之辨」, "當盛世, 人類番庶, 鳥獸魚鼈昆蟲亦蕃庶. 當衰世, 人物耗損, 鳥獸魚鼈昆蟲亦耗損, 是人與萬物, 皆爲天地之氣所生. 故氣盛則一時蕃庶, 氣衰則一時耗損, 明矣."

(2) 불교의 인과에 대한 논변 [佛氏因果之辨]

살아 있을 때 착한 일을 하거나 악한 일을 하는 것을 '인'(因)이라고 하고, 다른 날에 보응을 받는 것을 '과'(果)라고 하여, 불교는 인과설을 주장한다.[29] 이와 같은 인과의 법칙 때문에 사람들은 지혜로운 사람과 어리석은 사람, 어진 사람과 불초한 사람, 가난한 사람과 부유한 사람, 귀한 사람과 천한 사람, 장수하는 사람과 요절하는 사람 등이 같지 않으며, 동물의 경우에는 어떤 것은 사람들에게 길들여져 실컷 부림을 받고 드디어는 죽음을 감수하기도 하고, 어떤 것은 그물이나 주살의 해를 면치 못하기도 하고, 크고 작고 강하고 약한 것들이 저희들끼리 서로 잡아먹기도 하여 하나하나가 고르지 못한 것이라고 한다.[30]

그러나 삼봉이 볼 때 불교의 인과설은 윤회설과 밀접한 관련이 있는 것으로서, 윤회설이 변증되면 인과설은 변증하지 않더라고 자명해지는 성격을 띠고 있다.[31] 이에 삼봉은 불교의 윤회설을 논척할 때 적용했던 음양오행설을 인과설에 또 다시 적용하여 비판하는 모습을 보여준다. 그는 음양오행의 운동이 서로 갈마드는 것이 가지런하지 않다고 본다. 이러한 이유 때문에 기운의 통합과 막힘, 치우침과 바름, 맑음과 흐림, 두터움과 얇음, 높음과 낮음, 길과 짧음의 차이가 생긴다고 한다.[32] 사람의 경우에도 맑은 기운을 얻은 사람은 지혜롭고 어질지만 흐린 것을 얻은 사람은 어리석고 불초하며, 두꺼운 것을 얻

---

29) 「佛氏因果之辨」, "且生時所作善惡, 是之謂因, 他日報應, 是之謂果."

30) 「佛氏因果之辨」, "今夫人則有智愚賢不肖, 貧富貴賤壽夭之不同. 物則有爲人所畜役, 勞苦至死而不辭者, 有未免網羅釣弋之害, 大小強弱之自相食者, 天之生物, 一賦一與, 何其僞而不均如是耶?" 참조.

31) 「佛氏因果之辨」, "輪廻之說辨, 則因果之說, 不辨而自明矣."

32) 「佛氏因果之辨」, "夫所謂陰陽五行者, 交運迭行, 參差不齊. 故其氣也有通塞偏正淸濁厚薄高下長短之異焉."

은 사람은 부자가 되지만 엷은 것을 얻은 사람은 가난하고, 높은 것을 얻은 사람은 귀하게 되지만 낮은 것을 얻은 사람은 천하게 되고, 긴 것을 얻은 사람은 장수하지만 짧은 것을 얻은 사람은 요절하게 된다고 한다.[33]

따라서 삼봉은 천지만물에 다양한 차이가 발생하는 이유는 음양오행의 기운의 질서에 의한 것으로서, 불교에서 주장하는 것처럼 특정한 인과의 문제 때문에 그 차이가 생겨나는 것은 아니라고 한다. 또한 인간의 길흉화복 역시 인과의 문제로부터 생겨나는 것이 아니라 음양오행의 기운의 차이에서 발생하는 것임을 분명히 한다. 삼봉이 볼 때 불교의 인과설은 신비주의적인 성격이 강하기 때문에 보다 경험적이고 합리적인 설명이 필요한 것으로 이해된다. 그래서 원용되는 것이 '양주설'(釀酒說)이다.[34] 술을 빚어도 술맛은 여러 가지로 다르게 나타난다. 그 이유는 누룩, 엿기름, 물과 같은 재료의 배합이나 항아리의 상태 및 날씨, 기간 등의 다양한 조건적 차이 때문인 것이지, 결코 인과응보의 이유 때문은 아니라는 것이다.[35]

(3) 불교의 심성에 대한 논변 [佛氏心性之辨]

삼봉은 마음을 정의하여 그것은 사람이 하늘에서 얻어 가지고 태

---

33) 「佛氏因果之辨」, "又在於人, 得其淸者智且賢, 得其濁者愚不肖, 厚者富而薄者貧, 高者貴而下者賤, 長者壽而短者夭."

34) 한영우, 『정도전사상의 연구』, 62쪽 참조.

35) 「佛氏因果之辨」, "今以至切而易見者比之, 酒之爲物也, 麴蘖之多寡, 瓮甕之生熟, 日時之寒熱久近適相當, 則其味爲甚旨. 若蘖多則味甘, 麴多則味苦, 水多則味淡, 水與麴蘖適相當, 而瓮甕之生熟, 日時之寒熱久近, 相違而不相合, 則酒之味有變焉. 而隨其味之厚薄, 其用亦有上下之異, 若其糟粕則委之汚下之地, 或有蹴踏之者矣. 然則酒之或旨或不旨或上或下或用或棄者, 此固適然而爲之耳, 亦有所作因果之報應歟? 此喩雖淺近鄙俚, 亦可謂明且盡矣. 所謂陰陽五行之氣, 相推迭運, 參差不齊. 而人物之萬變生焉, 其理亦猶是也." 참조.

어난 기로서 허령불매한 한 몸의 주인이라고 한다. 또한 성은 사람이 하늘에서 얻어 가지고 태어난 리로서 마음에 갖추어진 순수 지선한 것이라고 한다.36) 마음은 성과 정을 모두 통합한 것이며, 마음이라는 것은 신명의 집이요, 성은 그 갖추어진 바의 리라고도 한다.37) 이른바 주자성리학의 '성즉리'의 입장에서 마음과 리의 관계를 파악하고 있음이 확인된다.

그런데 불교에서는 마음을 성이라고 하고, 혼미하면 마음이요 깨달으면 성이라고 하였을 뿐만 아니라, 마음과 성이 다른 것이 마치 안(眼)과 목(目)의 명칭이 서로 다른 것과 같다고 하였다.38) 또한 불교에서는 마음이 '공적영지'(空寂靈知)한 특성을 갖고 있는데 연(緣)을 따라 변하는 것은 상(相)이고 변하지 않는 것은 성(性)이라고 본다고 하여, 성과 상이 서로 단절되어 있는 것이 문제라고 본다.39) 삼봉은 이와 관련하여 불교가 '공적영지'한 마음을 주장하기 때문에 마음에 리가 존재할 수 없고, 또한 '수연불변'을 주장하기 때문에 그것이 '정'(情)으로 이어질 수 없는 자체적인 한계를 지니고 있다고 본다. 그래서 삼봉은 "이른바 리라는 것이 그 가운데 갖추어져 있지 않기 때문에 사물을 대함에 막힌 것은 끊어 버리고자 하고 트인 것은 따라 순종하고자 하는데, 그 끊어 버리고자 하는 것이 원래 잘못이거니와 따라 순종하고자 하는 것 또한 잘못이다"40)라고 비판한다.

---

36) 「佛氏心性之辨」, "心者, 人所得於天以生之氣, 虛靈不昧, 以主於一身者也. 性者, 人所得於天以生之理, 純粹至善, 以具於一心者也."

37) 「佛氏心性之辨」, "又曰: 心統情性. 又曰: 心者, 神明之舍, 性則其所具之理." 참조.

38) 「佛氏心性之辨」, "彼佛氏以心爲性, 求其說而不得. 乃曰: 迷之則心, 悟之則性. 又曰: 心性之異名, 猶眼目之殊稱."

39) 「佛氏心性之辨」, "佛氏曰: 空寂靈知, 隨緣不變." 및 이에 대한 주석 "按佛氏以爲眞淨心, 隨緣是相, 不變是性, 如一眞金, 隨大小器物, 等是隨緣相也, 本金不變是性也. 一眞淨心, 隨善惡染淨, 等是隨緣相也." 참조.

불교에서 주장하는 이러한 심성의 특징을 종합적으로 볼 때, 삼봉은 불교가 허무한 진리를 제창하고 있고, 세계를 둘로 분열시켜서 보고 있을 뿐만 아니라 일체 사물을 서로 단절시키는 특징이 있다고 평가한다. 반면 유학은 이와 반대라서 진실을 제창하고 있고, 세계를 하나로 보고 있을 뿐만 아니라 간단이 없는 연속성 자체를 지닌 것이라고 평가한다. 유가와 불교의 차이가 이와 같이 분명하기 때문에 사람들은 마땅히 이를 분변하지 않으면 안 된다는 것이 삼봉의 입장이다.[41]

(4) 불교에서 마음의 작용이 성이라는 것에 대한 논변 [佛氏作用是性之辨]

삼봉은 불교에서 마음의 작용을 성이라고 본다고 한다. 삼봉은 불교에서 "먹을 물과 땔나무를 운반하는 것이 모두 묘용 아닌 것이 없다"고 한 것이 이것을 방증한다고 한다.[42]

그러나 삼봉은 단적으로 이와 같은 불교의 성 작용설을 부정한다. 왜냐하면 성은 사람이 하늘에서 얻어 태어난 리이고, 작용이란 사람이 하늘에서 얻어 태어난 기이기 때문이라고 한다. 마음의 정상, 이목의 총명, 손으로 잡고 발로 달리는 것 같은 모든 지각이나 운동을 하는 것은 모두 기이다.[43] 이처럼 리와 기의 관계를 통해 성과 그의 작

---

40) 「佛氏心性之辨」, "無所謂理者具於其中, 故於事物之來, 滯者欲絶而去之, 達者欲隨而順之, 其絶而去之者, 固已非矣, 隨而順之者, 亦非也."

41) 「佛氏心性之辨」, "故曰: 釋氏虛, 吾儒實; 釋氏二, 吾儒一; 釋氏間斷, 吾儒連續. 學者所當明辨也." 참조.

42) 「佛氏作用是性之辨」, "愚按佛氏之說, 以作用爲性. 龐居士曰: 運水搬柴, 無非妙用, 是也." 참조.

43) 「佛氏作用是性之辨」, "蓋性者, 人所得於天以生之理也, 作用者, 人所得於天以生之氣也. 氣之凝聚者爲形質爲神氣. 若心之精爽, 耳目之聰明, 手之執足之

용을 나누어 보는 삼봉의 입장에서 볼 때 불교에서 주장하는 작용의 범주는 기에 해당할 뿐 어떠한 경우에도 리가 되지 못한다. 따라서 리는 성의 범주와 연결되지만 기가 곧 성이라고 볼 수는 없기 때문에 불교의 성 작용설은 잘못되었다는 것이 삼봉의 입장이다.

삼봉은 또한 인간의 형기에는 여러 가지 이치가 간직되어 있다고 본다. 마음속에는 인의예지 사덕의 성이 간직되어 있으며, 또한 측은지심, 수오지심, 사양지심, 시비지심과 같은 정이 간직되어 있다. 머리모양과 눈의 모양과 입의 모양이 각각 곧고 단정하고 그칠 줄 아는 등속은 모두 당연한 법칙이라 바꿀 수 없는데, 이것이 바로 리이다.[44] 또한 그 바꿀 수 없는 당연한 법칙은 위의(威儀)의 법칙으로서 리가 작용하여 발하는 것을 말한다.

이와 같은 논변 끝에 삼봉은 다음과 같은 주자의 말을 인용하여 불교의 성 작용설을 비판한다. "만일 작용을 가지고 성이라고 한다면 사람이 칼을 잡고 함부로 휘둘러 사람을 죽이는 것도 감히 성이라고 할 수 있겠는가?"[45] 사람이 칼을 잡고 함부로 휘둘러 사람을 죽이는 행위는 당연한 법칙도 아니요 위의의 법칙도 아닐 뿐만 아니라 바꿀 수 없는 법칙도 아니다. 요컨대 성이란 어떠한 경우에도 작용의 범주에서 논의될 수 없는 것으로서, 오히려 그 작용의 이치에 해당하는 것임을 밝힌 것이라 할 수 있다.

奔, 凡所以知覺運動者, 皆氣也."

44) 「佛氏作用是性之辨」, "人旣有是形氣, 則是理具於形氣之中. 在心爲仁義禮智之性, 惻隱羞惡辭讓是非之情, 在頭容爲直, 在目容爲端, 在口容爲止之類, 凡所以爲當然之則而不可易者是理也." 참조.

45) 「佛氏作用是性之辨」, "朱子亦曰: 若以作用爲性, 則人胡亂執刀殺人, 敢道性歟?"

(5) 불교의 마음과 자취에 관한 논변 [佛氏心跡之辨]

삼봉은 마음과 자취는 서로 나눌 수 없는 것이라고 본다. 그는 다음과 같이 말한다. "마음이라는 것은 하나의 몸 가운데 주인이 되는 것이요, 자취라는 것은 마음이 일에 응하고 사물에 접하는 위에 발하여 나타난 것이다. 그러므로 '마음이 있으면 반드시 자취가 있다'고 한 것이니, 이것은 둘로 나눌 수 없는 것이다."[46] 예컨대 어린아이가 우물로 기어 들어가는 것을 보면 사람들이 측은한 마음을 일으키는데, 이것은 마음에 어짊의 성이 있기 때문이다. 그러므로 그 어린아이를 볼 때 밖으로 발하는 것은 바로 측은한 것이니 마음과 자취가 어찌 두 가지가 될 수 있겠는가? 수오, 사양, 시비의 마음이 모두 이와 동일하다.[47]

그러나 불교에서는 그 마음을 취하기는 하지만 그 자취를 취하지는 않는다고 한다. 곧 마음과 자취를 별개의 것으로 보는 것이다. 그래서 문수보살이 술집에서 놀았는데 그 행적은 비록 잘못되었으나 그 마음만은 옳다고 하는 주장이 생기게 되는 것이라고 한다.[48] 마음의 자취는 마음 자체와는 별개라서 전연 문제가 되지 않는다는 논리이다. 삼봉은 이와 같은 불교의 논리가 잘못되었음을 정자의 논의를 원용하여 비판한다. 즉 "불교의 학에는 '경으로써 안을 곧게 하는 것'(敬以直內)이 있기는 하지만 '의로써 밖을 방정하게 하는 것'(義以方外)은 없다. 이러한 이유 때문에 앞뒤가 꽉 막혀서 고루한 자는 마치 마른나무

---

46) 「佛氏心跡之辨」, "心者, 主乎一身之中, 而跡者, 心之發於應事接物之上者也. 故曰: 有是心, 必有是跡. 不可判而爲二也."

47) 「佛氏心跡之辨」, "人見孺子匍匐入井, 便有怵惕惻隱之心, 是其心有仁之性. 故其見孺子也, 發於外者便惻然, 心與跡, 果有二乎? 曰羞惡曰辭讓曰是非, 莫不皆然."

48) 「佛氏心跡之辨」, "乃曰文殊大聖, 遊諸酒肆, 跡雖非而心則是也."

처럼 야위어서 파리한 상태로 들어가고, 막힌 곳이 확 트여서 통할만한 자는 방자한 데로 들어가게 된다. 이것은 불교의 교리가 협소한 까닭이다."[49]

그럼에도 삼봉은 정자의 논변을 통해 불교를 비판하면서도 정자의 논리에 매이지는 않는다. 왜냐하면 곧바로 "의로써 밖을 방정하게 할 수 없으면 그 안을 곧게 한다는 것도 결국은 옳지 않은 것이다"[50]라고 비판하고 있기 때문이다. 정자가 불교의 일면적 가치를 인정하였음에 비하여 삼봉은 그 일면적 가치조차도 의미가 없다고 비판한 것이다.[51] 마음의 안과 밖이 별개의 것이 아니기 때문에 밖이 방정하지 못하다면 안도 곧아질 수 없다는 주장인 셈이다. 이러한 주장은 마음과 그 자취를 한 가지로 본 결과이다.

(6) 불교가 도와 기(器)에 어두운 것에 관한 논변 [佛氏昧於道器之辨]

삼봉은 주자성리학의 도기론(道器論)의 입장을 통해 불교를 비판한다. 그는 도와 기(器)를 다음과 같이 구분한다. "도란 리이니 형이상의 존재요, 기(器)란 사물이니 형이하의 존재이다."[52] 그런데 이와 같이 서로 구분되는 두 가지의 존재일지라도 도와 기(器)는 서로 떨어질 수 없는 관계에 있다. 그래서 삼봉은 "대개 도는 기(器)와 섞이지 않는다 할지라도 또한 기(器)에서 떨어지지 않는다"[53]고 한다. 도의 근원은 하

49) 「佛氏心跡之辨」, "程子曰: 佛氏之學, 於敬以直內則有之矣, 義以方外則未之有也. 故滯固者入於枯槁, 疏通者歸於恣肆, 此佛之教所以隘也."
50) 「佛氏心跡之辨」, "然無義以方外, 其直內者, 要之亦不是也."
51) 윤천근, 『한국의 철학』, 170쪽 참조.
52) 「佛氏昧於道器之辨」, "道則理也, 形而上者也. 器則物也, 形而下者也."
53) 「佛氏昧於道器之辨」, "蓋道雖不雜於器, 亦不離於器者也."

늘에서 나와 사물마다 존재하지 않음이 없고, 어느 때나 해당하지 않음이 없는 보편성을 갖는다. 사람은 하늘과 땅 사이에서 하루라도 그 사물을 떠나서 독립할 수 없다.[54]

그러나 이와는 다르게 삼봉이 볼 때 불교에서는 도와 기(器)가 섞이지 않음을 보고는, 도와 기(器)는 철저하게 구분되는 두 가지 존재라고 생각한다. 그래서 『반야경』의 말처럼 "무릇 상이 있는 것은 모두 허망한 것이다. 만일 모든 상을 상이 아닌 것으로 본다면 곧 여래를 볼 것이다"라는 주장이 제기되었다고 한다. 이것은 불교가 모든 존재를 파탈하려다가 오히려 공적에 떨어지는 한계에 봉착한 것이라고 비판한다.

또한 반대로 불교는 도가 기(器)에서 떠나지 않음을 보고는, 기(器)를 가지고 도리어 도라고 하는 잘못을 범한다고 한다. 이러한 사유 때문에 불교는 "선과 악이 모두 마음이요, 만법이 오직 의식이다. 그러므로 일체에 수순하되 하는 일이 모두 자연 그대로이기도 하고, 그와 반대로 미쳐 날뛰고 하고 싶은 대로 하여 온갖 행동을 못할 것이 없기도 하다"라고 말하는 데까지 나아가게 되었다고 비판한다.[55]

삼봉이 볼 때 불교는 유가처럼 도와 기(器)의 양면적 관계성을 모두 보지 못하는 한계가 있다. 이러한 이유 때문에 불교는 그 부잡(不雜)의 상황이나 불리(不離)의 상황 가운데 어느 한쪽으로 치우친 견해를 갖게 되었다고 본다. 그래서 삼봉은 불교가 역설적이게도 자신이 걱정하는 '유상'(有相)이나 '공상'(空相)에 치우치는 특정한 상황에 빠져버렸다고 비판한다. 그 특정한 상황이란 몽매한 어두움이다. 이와 같은 논변에

---

54) 「佛氏昧於道器之辨」, "蓋道之大原, 出於天, 而無物不有, 無時不然. … 人在天地之間, 不能一日離物而獨立."

55) 「佛氏昧於道器之辨」, "其道不離於器者, 則以器爲道. 乃曰善惡皆心, 萬法唯識. 隨順一切, 任用無爲, 猖狂放恣, 無所不爲."

주목해볼 경우 결국 삼봉은 불교의 이론을 가지고 역으로 불교를 비판하고 있음이 확인된다.

(7) 불교가 인륜을 버리는 것에 관한 논변 [佛氏毁棄人倫之辨]

삼봉은 전형적인 유학자답게 불교가 인륜을 버린다는 측면에 대해서 비판적이다. 그런데 이에 대한 비판에 대해서는 삼봉이 자신의 의견을 직접 제시하기보다는 정명도의 주장을 원용하여 간접적으로 이를 비판하는 입장을 취한다.

이 문제에 대한 정명도의 비판적 입장은 다음과 같다. ① "도 밖에 사물이 없고 사물 밖에 도가 없다. 이것은 하늘과 땅 사이에 어디를 가나 도가 아님이 없다는 것이다. 어버이와 자식 사이에는 어버이와 자식의 친한 바가 있고, 임금과 신하에 이르러서는 임금과 신하의 엄한 바가 있고, 부부와 장유, 그리고 붕우에 이르러서도 각각 도가 되지 아니하는 바가 없으니, 이것은 그것이 잠시도 떠날 수 없는 것이기 때문이다. 그런즉 불교인들이 인륜을 허물어뜨리고 사대(四大: 受相行識)를 버린 것이 그 도에서 분리된 것이 멀다고 하겠다."[56] ② "말과 행위가 두루 보편적이지 않음이 없건만 사실은 윤리에서 벗어나 있다."[57]

이와 같은 "정명도의 주장은 극진하기 이를 데 없다"[58]는 것이 삼봉의 입장이다. 요컨대 윤리적 입장을 표방하는 유학은 여러 가지 다양한 인간관계의 구분을 중시하는데, 이와는 다르게 불교는 그러한 다양한 인간관계를 차단하여 단절시키는 한계가 있다는 것이다. 인

---

56) 「佛氏毁棄人倫之辨」, "道之外無物, 物之外無道. 是天地之間, 無適而非道也. 卽父子而父子在所親, 卽君臣而君臣在所嚴, 以至爲夫婦爲長幼爲朋友, 無所爲而非道, 所以不可須臾離也. 然則毁人倫去四大, 其分於道遠矣."

57) 「佛氏毁棄人倫之辨」, "言爲無不周徧, 而實則外於倫理."

58) 「佛氏毁棄人倫之辨」, "先生之辨盡矣."

륜의 질서를 버리고 어떻게 도를 구현할 수 있겠느냐는 것이 바로 삼봉이 취한 불교비판의 한 가지 이유이다.

(8) 불교의 자비에 대한 논변 [佛氏慈悲之辨]

삼봉은 불교의 자비를 유가의 어짊(仁)의 맥락에서 해석한다. 그는 다음과 같이 말한다. "하늘과 땅은 만물을 생하는 것으로써 마음을 삼고, 사람은 하늘과 땅이 만물을 생육하고자 하는 마음을 얻어 태어났다. 그러므로 사람은 모두 차마 하지 못하는 마음이 있으니 이것이 이른바 어짊이다. 붓다는 비록 오랑캐이지만 이 또한 사람의 종류임에 틀림없으니 어찌 홀로 이러한 마음이 없겠는가? 우리 유가의 이른바 측은이나 불교의 이른바 자비는 모두 어짊의 작용이다. 그런데 그 말을 내세움은 비록 같으나 그 시행하는 방법은 서로 다르다."[59]

결국 불교의 자비는 유가의 어짊과 그 운용 방법에 있어서 큰 차이가 있다는 것이 삼봉의 생각이다. 유가는 "친한 이를 친하게 한 다음에 백성에게 어질게 하고, 백성에게 어질게 한 이후에 만물을 사랑한다"[60]고 하는 방식으로 어짊의 친소원근의 경계를 확실히 한다. 중요한 것은 유가의 어짊이 가까운 곳으로부터 먼 곳으로 확장되어 나아가는 방식을 택한다는 점이다. 이것은 동일한 기운의 질서를 갖고 있는 것으로부터 시작하여 동일한 부류에 해당하는 존재에로 나아가며, 더 나아가서는 동일한 생명을 가진 것들에게로 확장되어 나아간다는 논리이다. 이와 관련하여 삼봉은 "대개 육친은 나와 더불어 기가 같은 것이요, 다른 사람들은 나와 더불어 류가 같은 것이요, 만물

---

59) 「佛氏慈悲之辨」, "天地以生物爲心, 而人得天地生物之心以生. 故人皆有不忍人之心, 此卽所謂仁也. 佛雖夷狄, 亦人之類耳, 安得獨無此心哉? 吾儒所謂惻隱, 佛氏所謂慈悲, 皆仁之用也. 其立言雖同, 而其所施之方則大相遠矣."

60) 「佛氏慈悲之辨」, "親親而仁民, 仁民而愛物."

은 나와 더불어 생이 같은 것이다"[61]라고 한다.

그러나 불교는 이와 같지 않다. 불교에서는 사물에 대하여 표독한 승냥이나 호랑이 같은 것뿐만 아니라 미세한 모기 같은 것에도 자기 몸을 뜯어 먹혀 가면서도 아깝게 여기려 하지 않는가 하면, 사람에 대해서는 월나라 사람과 진나라 사람을 가리지 않고, 배고픈 자에게 밥을 먹이려 들고, 추위에 떠는 자들에게는 옷을 입혀주려고 하면서, 이른바 보시라고 한다. 그럼에도 그 내용을 살펴보면 불교의 자비는 부모와 자식의 관계나 임금과 신하의 관계를 단절시키려고 하고, 인륜을 가합이라고 하여, 아들은 아버지를 아버지로 여기지 않고, 신하는 그의 임금을 임금으로 여기지 않는 결과를 초래한다.[62] 따라서 삼봉이 볼 때, 불교의 자비는 결정적인 한계가 있다. 비유컨대 그것은 뿌리 없는 나무나 원류 없는 물이 쉽게 고갈되는 것과 같아서 끝내 사람을 유익하게 하지 못하고 만물을 구제하는 효과가 없다고 한다.[63]

(9) 불교의 참과 거짓에 대한 논변 [佛氏眞假之辨]

삼봉은 불교에서는 심성을 참이라고 하고 천지만물은 가합이라고 한다고 보면서, 그 구체적인 사례를 『원각경』과 『능엄경』에서 원용한다. 우선 삼봉이 원용한 『원각경』에서는 "일체 가운데 중생과 갖가지 환화가 모두 여래의 원각 묘심에서 나왔으므로, 그것은 허공에 나타나는 꽃(空花)이나, 물에 비친 달과 같다"고 하였으며, 또한 『능엄경』에서는 "공(空)이 큰 깨달음 가운데서 생겨나는 것은 마치 바다에 물거

---

61) 「佛氏慈悲之辨」, "蓋親, 與我同氣者也. 人, 與我同類者也. 物, 與我同生者也."

62) 「佛氏慈悲之辨」, "佛氏則不然. 其於物也, 毒如豺虎, 微如蚊蝱, 尙欲以其身餧之而不辭, 其於人也, 越人有飢者, 思欲推食而食之, 秦人有寒者, 思欲推衣而衣之, 所謂布施者也. … 佛氏以人倫爲假合, 子不父其父, 臣不君其君." 참조.

63) 「佛氏慈悲之辨」, "如木之無根, 水之無源, 易致枯竭, 卒無利人濟物之效."

품이 하나 일어나는 것과 같아서, 유루(有漏)와 미진국(微塵國)이 모두 공에 의하여 세워진 것이다"라고 하였다.[64]

그러나 천지만물은 모두 태극의 이치에 의하여 생겨난 것으로서 혼연한 이치를 그 가운데 가지고 있다. 그것은 일시적인 인연가합에 의하여 생겨났거나 환상적으로 존재하는 것이 아니다. 즉 천지만물은 거짓존재가 아니라는 말이다. 삼봉은 부처가 죽은 지 이미 수천 년이 지났어도 하늘이 땅 위를 높이 덮고 있는 것이 이처럼 확실하고, 땅이 하늘 아래에 평평하게 뻗어있는 것이 이처럼 뚜렷하며, 사람과 만물이 그 사이에서 태어남이 이처럼 찬란하며, 해와 달과 추위와 더위가 오고감이 이처럼 정연한 것이라면 이것을 어떻게 거짓된 존재라고 할 수 있겠느냐고 반문한다.[65] 삼봉은 "거짓이라는 것은 잠시에 불과한 것으로 천만 년 오래 갈 수 없는 것이며, 환상이라고 하는 것은 한 사람을 속일 수는 있어도 천만 사람을 믿게 할 수는 없다"[66]고 한다. 삼봉은 천지일월을 환망(幻妄)한 것이라고 보는 불교와는 달리 이 세계는 명약관화하게 실재하고 있다고 본다.

(10) 불교의 지옥에 대한 논변 [佛氏地獄之辨]

유학적 지식인들은 지옥의 존재를 불신한다. 삼봉 역시 마찬가지다. 그는 선유가 불교의 지옥설을 변박한 내용을 원용하여 자신의 입

---

64) 「佛氏眞假之辨」, "佛氏以心性爲眞, 常以天地萬物爲假合. 其言曰: 一切衆生, 種種幻化, 皆生如來圓覺妙心, 猶如空華及第二月. 又曰: 空生大覺中, 如海一漚發, 有漏微塵國, 皆依空所立."

65) 「佛氏眞假之辨」, "自佛氏歿, 至今數千餘年. 天之昆侖於上者, 若是其確然也. 地之磅礴於下者, 若是其隤然也. 人物之生於其間者, 若是其燦然也. 日月寒暑之往來, 若是其秩然也."

66) 「佛氏眞假之辨」, "且假者, 可暫於一時, 而不可久於千萬世. 幻者, 可欺於一人, 而不可信於千萬人."

장을 대신 전달한다. 불교에서는 지옥에 떨어진 자는 몸이 토막토막 잘리거나, 불에 타거나, 무거운 기구에 찧어지거나, 맷돌에 갈리는 등의 갖가지 고초를 받는다고 한다. 그런데 죽은 자의 형체는 썩어서 없어지고 정신은 또한 흩어져 버리고 마는데, 그 고통을 어떻게 인지하겠느냐고 한다. 뿐만 아니라 불교가 중국에 들어오기 전에도 사람이 잠시 죽었다가 다시 살아난 사람들이 있는데, 이들은 어째서 단 한 사람도 지옥에 잘못 들어가 지옥의 시왕을 보았다는 사람이 없는 것인가? 이로 본다면 지옥이란 없기도 하거니와 믿을 수 없음이 명백하다는 것이다.[67]

또한 어떤 사람은 "불교의 지옥설은 모두 낮은 근기의 사람들을 위하여 겁나는 지옥설을 만들어 착한 일을 하게 할 뿐이다"[68]라고도 하지만, 삼봉이 볼 때 이 또한 용납할 수 없다고 본다. 군자라면 마땅히 선을 좋아하고 악을 싫어하게 되어 있는데, 이는 외부적 강제에 의한 것이 아니라, 마음속에서 자연스럽게 발현되어 나온 것일 뿐임을 분명히 한다.[69]

(11) 불교의 화와 복에 관한 논변 [佛氏禍福之辨]

유가에서는 하늘의 도가 착한 사람에게는 복을 주고 악한 사람에게는 화를 주는 것처럼 사람의 도는 착한 사람에게 상을 주고 악한 사

---

67) 「佛氏地獄之辨」, "先儒辨佛氏地獄之說曰: … 必入地獄, 剉燒舂磨, 受諸苦楚. 殊不知死者, 形旣朽滅, 神亦飄散, 雖有剉燒舂磨, 且無所施. 又況佛法未入中國之前, 人固有死而復生者, 何故都無一人誤入地獄, 見所謂十王者歟? 此其無有而未足信也明矣."

68) 「佛氏地獄之辨」, "或曰: 釋氏地獄之說, 皆是爲下根之人, 設此怖令爲善耳."

69) 「佛氏地獄之辨」, "予曰: 君子之好善惡惡, 如好好色, 如惡惡臭, 皆由中而出, 無所爲而爲之. 一有惡名至, 則其心愧恥, 若撻于市, 豈待地獄之說然後不爲惡乎?" 참조.

람에 벌을 준다고 여긴다. 대개 사람에게는 마음가짐에 올바름과 사특함이 있고, 행위에 옳고 그름이 있어서 화와 복이 각각 그 종류에 따라 응한다고 본다.[70] 삼봉은 이러한 사유의 진정성을 알리기 위하여 화복에 관한 내용을 담고 있는 유가 고전의 사례를 언급한다. 그는 이들 고전에서도 확인되는 것처럼 군자는 화복에 대하여 자기의 마음을 바르게 하고 몸을 닦으면 그 뿐, 억지로 복을 구한다거나 화를 피하려고 하지는 않아야 한다고 주장한다. 복은 구하려고 하지 않아도 저절로 이르고 화는 피하려고 하더라도 저절로 멀어지는 것이기 때문이다.[71] 화복에 대한 근심과 걱정보다는 군자의 마음가짐이 더 중요하다고 본 것이 유가의 사상이요, 또한 삼봉의 사유였음을 알 수 있다.

그러나 삼봉이 볼 때 불교의 화복에 대한 주장은 유가와는 매우 다른 것이었다. 불교는 부처에 대한 믿음 여부에 따라 화복이 부여된다고 한다. 그래서 불교는 부처에게 귀의하는 자는 화를 면하고 복을 얻게 된다고 한다. 이것은 비록 열 가지 큰 죄악을 지은 사람일지라도 부처에게 귀의만 하면 화를 면할 수 있고, 아무리 높은 도를 성취한 사람일지라도 부처에게 귀의하지 않으면 화를 면할 수 없다는 말과 다르지 않다.[72] 그러나 이와 같은 불교의 주장은 아무런 근거가 없는 것으로서 마땅히 징계하지 않으면 안 된다는 것이 삼봉의 입장이었다.

---

70) 「佛氏禍福之辨」, "天道福善而禍淫, 人道賞善而罰惡. 蓋由人操心有邪正, 行己有是非, 而禍福各以其類應之."

71) 「佛氏禍福之辨」, "蓋君子之於禍福, 正吾心而已, 修吾己而已. 福不必求而自至, 禍不必避而自遠."

72) 「佛氏禍福之辨」, "彼佛氏則不論人之邪正是非, 乃曰歸吾佛者, 禍可免而福可得. 是雖犯十惡大憝者, 歸佛則免之, 雖有道之士, 不歸佛則不免也." 참조.

(12) 불교의 걸식에 대한 논변 [佛氏乞食之辨]

사람에게서 먹는다는 것만큼 중요한 일도 없다. 하루라도 먹지 않을 수는 없다. 그러나 하루를 먹는다고 해도 구차하게 먹을 수는 없는 일이다. 만일 먹지 않으면 목숨을 해치게 되고, 구차하게 먹으면 의리를 해치게 된다.[73] 이러한 이유 때문에 천자와 공경대부로부터 일반 서민에 이르기까지 모든 사람들은 자신의 일을 충실히 수행함으로써 먹고 살아간다. 천자와 공경대부는 백성을 잘 다스리는 일을 통해, 학문하는 사람은 도를 지키고 후학을 양성하는 일을 통해, 또한 농부와 장인과 상인은 각각 자신의 직분에 맞게 농사짓고 물건을 만들어내고 장사를 함으로써 먹고 사는 것이다. 요컨대 사람들에게는 각자의 직분이 있어서, '하늘의 양육'(天養)을 받고 살아가게 되어 있다는 것이 삼봉의 생각이다.

그러나 삼봉이 볼 때 불교는 이와 같은 '하늘의 양육'을 거부하고, 타자의 삶에 기생하는 삶의 모습을 조장한다. 불교는 걸식을 주장하고 있기 때문이다. 불교의 걸식행위는 매우 오랜 것이다. 그것은 이미 불교의 탄생 시기부터 존재한 것으로서, 석가모니는 식사 때가 되면 발우를 들고 걸식을 하였던 사례가 있다. 불교에서 주장하는 '걸식'(piṇḍa-pāta)에 대한 본래적 의미[74]와는 무관하게 삼봉은 불교의 걸식이 자신의 힘을 통한 아무런 노동도 없이 타자의 음식을 구차하게 얻

---

73) 「佛氏乞食之辨」, "食之於人, 大矣哉. 不可一日而無食, 亦不可一日而苟食. 無食則害性命, 苟食則害義理."

74) 걸식은 본래 인도 사회에서 종교 수행자에게 보시와 공양을 베푸는 사회적 관습의 하나였다. 이것이 종교 수행을 위해 탁발로 의식을 해결하는 방법이 되었고, 두타(頭陀, dhūta, 번뇌의 손감)의 공덕을 쌓기 위한 무소유의 간소한 수행생활을 의미하게 되었다(『岩波 佛教辭典』(東京: 岩波書店, 1999), 278쪽 참조). 요컨대, 걸식이란 아만과 고집을 버리고 타자에게 보시함으로써 선업을 쌓는 공덕이 본래 의미였다고 볼 수 있다.

어먹는 것에 지나지 않는 행위라고 비판한다. 걸식은 아무런 도리도 없고 의리도 없는 구차한 먹음의 행위에 지나지 않는다는 것이다.

불교의 걸식에 대한 삼봉의 비판은 정치적 비판으로 이어진다. 아무런 노동도 없이 걸식만 하던 불교인들이 어느 때인가부터 엄청난 부를 소유하고 사치를 일삼는 일이 비일비재해진 사실은 보통 심각한 문제가 아니라는 것이다. 삼봉이 전하는 비판적 의견을 들어보자.

> 오늘날 저들이 화려한 전당과 큰 집에서 사치스런 옷과 좋은 음식으로 편안히 앉아서 향락하기를 마치 왕자를 받듦과 같이 하고, 넓은 전원과 많은 노복을 두어 노비문서가 구름처럼 많아 공문서를 능가하고, 분주하게 공급하기는 공무보다도 엄하게 하니, 불교의 도에 이른바 번뇌를 끊고 세간에서 떠나 청정하고 욕심 없이 한다는 것은 도대체 어디에 있다는 말인가? 가만히 앉아서 옷과 음식을 소비할 뿐만 아니라, 좋은 불사라고 거짓 칭탁하여 갖가지 공양에 음식이 낭자하고 비단을 찢어 불전을 장엄하게 꾸미니, 대개 집안의 재산을 하루아침에 온통 소비한다.[75]

삼봉의 이와 같은 불교비판은 최종적으로 다음과 같은 결론적 비판으로 나아간다. "아! 의리를 저버려 이미 인륜의 해충이 되었고, 하늘이 내어준 물건을 함부로 쓰고 아까운 줄 모르니 이는 진실로 천지의 큰 좀 벌레일 뿐이다."[76] 이러한 한탄에서 불교를 해충과 좀 벌레라고 격하시킨 삼봉의 규정이 눈에 띈다.

---

75) 「佛氏乞食之辨」, "今也華堂重屋, 豐衣厚食, 安坐而享之如王者之奉, 廣置田園臧獲, 文簿雲委, 過於公卷, 奔走供給, 峻於公務, 其道所謂斷煩惱出世間, 淸淨寡欲者, 顧安在哉? 不惟坐費衣食而已, 假托好事, 種種供養, 饌食狼藉, 壞裂綵帛, 莊嚴幢幡, 蓋平民十家之產, 一朝而費之."

76) 「佛氏乞食之辨」, "噫! 廢棄義理, 旣爲人倫之蟊賊, 而暴殄天物, 實乃天地之巨蠹也."

(13) 불교의 선종과 교종에 대한 논변 [佛氏禪教之辨]

삼봉은 불교이론에 근원적인 취약점이 있다고 보면서도, 교종과 선종의 차이점을 구별한다. 그가 볼 때 불교는 인륜을 저버린 특성이 있음에도 교종에서는 일정 부분의 의리를 간직하고 있었다고 본다. 그런데 달마가 중국에 들어온 이후에는 '권선징악'의 도조차 끊어져 버렸다고 한탄한다. 선종보다는 교종의 입장을 일부 두둔하는 모습이 확인된다.

삼봉의 교종에 대한 입장은 다음과 같다. "불교의 주장이 그 최초에는 인연과 과보를 논하여 어리석은 백성을 속이고 꾀는 데 불과하였기 때문에 비록 허무를 종으로 삼아 인사를 저버렸지만 그래도 선을 행하면 복을 얻고 악을 행하면 화를 얻는다는 설에 있어서 사람들로 하여금 악을 징계하고 선을 권장하며, 몸가짐을 계율에 맞춤으로써 방사해지지 않게 하였다. 그러므로 인륜은 비록 저버렸을지라도 의리를 모두 상실하지는 않았다."[77)]

이에 비해 삼봉은 선종에 대해 다음과 같이 강도 높게 비판한다. "그런데 달마가 중국에 들어와서 그 설이 얕고 비루하여 고명한 선비들은 현혹시킬 수 없음을 스스로 깨닫고 이에 말하기를 '문자에 의존하지 않고(不立文字), 언어의 도를 끊으며(言語道斷), 곧바로 사람의 마음을 가리켜(直指人心), 자기 본성만 깨달으면 부처가 될 수 있다(見性成佛)'고 외쳤다. 그 말이 한 번 나와 지름길이 문득 열림으로써 그들의 무리가 돌아가며 논술하였으니, 어떤 사람이 말하기를 '선도 또한 이 마음이니 마음을 가지고 닦을 수 없으며, 악도 또한 이 마음이니 마음을 가

---

77) 「佛氏禪教之辨」, "佛氏之說, 其初不過論因緣果報, 以誑誘愚民耳, 雖以虛無爲宗, 廢棄人事, 尙有爲善得福, 爲惡得禍之說, 使人有所懲勸, 持身戒律, 不至於放肆, 故人倫雖毁, 義理未盡喪了."

지고 끊을 수 없다'고 하였다. 이로써 선을 권하고 악을 징계하는 도를 끊었다."[78]

선종은 특히 교종에서 중시하던 계율조차 방기함으로써 몸가짐에 대한 도를 잃어버렸다고 한다. 선종에서는 음란함과 노여움, 그리고 어리석음조차도 음욕을 끊는 범행(梵行)에 해당한다고 주장하면서, 스스로 세속의 일정한 틀에서 벗어나 속박을 풀어버린다 하여 오만하게 예법 밖으로 나가 제멋대로 방사한 행동을 하는데, 이것이 마치 미친 상태에 이른 것처럼 여겨져 사람의 조리라고는 조금도 찾아볼 수가 없다고 한다.[79] 이처럼 삼봉은 선종이 의리를 완전히 상실했다고 비판한다.

(14) 유가와 불교가 같고 다른 점에 대한 논변 [儒釋同異之辨]

삼봉은 유가와 불교의 진리관은 구절구절 같은 것이 많으나 그 일의 내용은 다르다고 주장한다. 예컨대 유가에서 '허'(虛)라고 하는 것과 불교에서 '허'라고 하는 것, 유가에서 '적'(寂)이라고 하는 것과 불교에서 '적'이라고 하는 것을 본다면, 유가에서 '허'라고 하는 것은 허한 것이기는 하지만 있는 것인 반면, 불교에서 '허'라고 하는 것은 진정으로 '허'하여 없는 것을 말한다. 또한 유가에서 '적'이라고 하는 것은 고요하되 감응이 있는 것을 말하지만 불교에서 '적'이라고 하는 것은 고요한 것 자체에서 끝나는 것을 말한다.[80]

---

78) 「佛氏禪教之辨」, "至達摩入中國, 自知其說淺陋, 不足以惑高明之士, 於是曰: 不立文字, 言語道斷, 直指人心, 見性成佛. 其說一出, 捷徑便開, 其徒轉相論述, 或曰: 善亦是心, 不可將心修心, 惡亦是心, 不可將心斷心, 善惡懲勸之道絶矣."

79) 「佛氏禪教之辨」, "或曰: 及淫怒癡, 皆是梵行. 戒律持身之道失矣, 自以爲不落窩臼, 解縛去械, 慠然出於禮法之外, 放肆自恣, 汲汲如狂, 無復人理. 所謂義理者, 至此都喪也." 참조.

뿐만 아니라 유가에서는 지식(知)과 실천(行)을 말하는데, 불교에서는 깨달음(悟)과 수행(修)을 말한다. 이 문제에서도 유가와 불교의 내용은 서로 달라서, 유가의 지식은 만물의 이치가 내 마음에 갖추어져 있음을 아는 것을 말한다면, 불교의 깨달음은 이 마음이 본래 텅 비어 아무것도 없음을 깨닫는 것을 말한다. 또한 유가의 행위는 만물의 이치를 따라 행하거나 빠뜨림이 없는 것이지만, 불교의 수행이란 만물을 끊어 버려 자신의 마음에 누가 없게 하는 것을 의미한다.[81]

이외에도 유가와 불교는 여러 가지 입장의 차이가 있을 수 있다. 그럼에도 유가와 불교가 이처럼 서로 다른 입장을 취하게 된 결정적인 이유는 유가가 마음과 이치를 하나로 보았음에 비하여 불교에서는 마음과 이치를 둘로 보았기 때문이다. 또한 불교는 마음이 공함으로써 이치가 없다고 보았음에 비해 유가는 마음이 비록 공할지라도 만물의 이치를 모두 갖추고 있다고 본 관점의 차이에서 유가와 도가는 서로 다른 입장을 표명하게 된 것이라 볼 수 있다. 요컨대 유가는 하나이지만 불교는 둘이고, 유가는 연속적이지만 불교는 단절적 세계관을 가지고 있다는 것이 삼봉의 생각이다. 그래서 삼봉은 한 가지 마음을 두고 어찌 같고 다름을 분별할 수 있겠는지 모르겠다고 하여, 마음을 갈라 세우는 불교에 대해 비판한다.[82]

---

80) 「儒釋同異之辨」, "先儒謂儒釋之道, 句句同而事事異. 今且因是而推廣之, 此曰虛, 彼亦曰虛. 此曰寂, 彼亦曰寂. 然此之虛, 虛而有. 彼之虛, 虛而無. 此之寂, 寂而感. 彼之寂, 寂而滅."

81) 「儒釋同異之辨」, "此曰知行, 彼曰悟修. 此之知, 知萬物之理具於吾心也. 彼之悟, 悟此心本空無一物也. 此之行, 循萬物之理, 而行之無所違失也. 彼之修, 絶去萬物, 而不爲吾心之累也."

82) 「儒釋同異之辨」, "要之, 此見得心與理爲一, 彼見得心與理爲二, 彼見得心空而無理, 此見得心雖空而萬物咸備也. 故曰: 吾儒一, 釋氏二; 吾儒連續, 釋氏間斷. 然心一也, 安有彼此之同異乎?" 참조.

앞의 열네 가지 이론적 논변 이외에 『불씨잡변』의 최종 결론에 해당하는 열아홉 번째 주제인 '이단 배척에 대한 논변'은 삼봉의 불교 배척에 관한 이론적 근거로서 제시된 것이기도 하다. 이 문제는 여기에서 살펴보기보다는 논의의 방편 상 마지막 부분에서 확인해보는 것으로 한다. 왜냐하면 이것은 불교 배척에 대한 삼봉의 강력한 의지의 표명인 동시에 『불씨잡변』의 최종 결론에 해당하는 성격을 띠고 있기 때문이다.

4. 전대 사실을 통한 불교 배척의 논변

삼봉 『불씨잡변』의 내용 가운데 제15편부터 제18편까지는 서산(西山) 진덕수(眞德秀, 1178-1235)의 『대학연의』에 나온 불교 배척의 내용을 원용한 것이다. 앞서 살펴본 열네 가지의 불교 배척의 내용이 모두 불교의 이론적 내용들에 대한 논변들이었다면, 여기에서 논의하고 있는 내용들은 구체적인 역사적 사례를 통한 불교의 한계를 지적한다는 특색이 있다. 여기에서 논의된 내용들은 삼봉이 직접 언명한 것들이 아니라는 한계는 있지만, 삼봉의 불교 배척에 관한 구체적인 신념을 마련하게 한 특징을 갖는다는 점에서 의의가 있다. 이제 이와 관련된 각각의 내용을 주제별로 살펴보기로 한다.

(15) 불법이 중국에 들어온 역사적 사례 [佛法入中國]

중국에 불법을 처음 들여온 인물은 한나라 명제이다. 삼봉은 『경제문감별집』에서, 한명제는 어려서부터 총명하였고 여러 가지 업적을 남기기도 하였으나, 결정적으로 천축국에 사신을 보내 처음으로 중국에 부처의 경전을 구득하여 들여와 억만세에 이르도록 불교의 화근을 열어 놓았다고 비판한다.[83] 한명제가 불교를 들여온 것에 대해서는 명제의 꿈 이야기가 전해진다. 어느 날 명제가 금빛으로 빛나는 신인이 궁전으로 날아오는 꿈을 꾸었는데, 이 꿈을 꾼 이후 명제는 직접 서역으로 사신을 파견하여 『십이장경』을 들여왔으며, 이것을 받아서 낙양 밖에 백마사를 짓고 거기에 보관하였다고 한다.[84]

삼봉은 사마광(司馬光, 1019-1086)의 『자치통감』의 내용[85]을 원용하여 다음과 같이 말한다. 한나라 명제는 서역에 부처라는 이름의 신이 있다는 말을 듣고 직접 사신을 보내 그 글과 사문을 얻어서 중국에 들여왔다. 그 글은 대개 '허무'를 으뜸으로 삼았고, 자비를 행하고 살생을 하지 않는 것을 귀하게 여겼다. 불교에서는 사람은 죽어도 정신은 멸하지 않아 다시 형체를 받아 태어난다고 생각하였다. 살아있을 때 선을 행하고 악을 행한 정도에 따라 응보를 받는 것이므로 귀하게 생각하는 것은 수련하는 것이며, 이를 통해 궁극적으로는 부처가 되는 것을 목적으로 삼았다. 불교는 굉원하고 광활한 말과 수승하고 방대한 말로써 어리석은 백성들을 유혹하였는데, 그 도에 정통한 사람을 사문이라 불렀다. 이와 같은 불법이 중국에 처음으로 전해진 것이 바로 한나라 명제 때였다.[86]

---

83) 『삼봉집』 권11, 『경제문감별집(상)』, 「君道」, 〈漢明帝〉, "天資聰察, … 亦云盛矣. 嗟夫, … 遣使天竺, 求浮屠書而開億萬世釋氏之禍, 深可惜耳." 참조.

84) K. S. 케네스 첸, 박해당 옮김, 『중국불교(상)』(서울: 민족사, 1991), 42쪽 참조.

85) 『자치통감』 권45, 漢紀37, 「顯宗孝明皇帝」, 8년 조 참조.

86) 「佛法入中國」, "漢明帝聞西域有神, 其名曰佛, 遣使之天竺, 得其書及沙門以來, 其書大抵以虛無爲宗, 貴慈悲不殺, 以爲人死精神不滅, 隨復受形, 生時所作善惡, 皆有報應. 故所貴修鍊, 以至爲佛, 善爲宏闊勝大之言, 以勸誘愚俗, 精於其道者, 號曰沙門. 於是中國始傳其術." 참조.

따라서 불법을 중국에 처음 들여온 한명제의 죄는 매우 큰 것이 아닐 수 없다는 것이 삼봉의 생각이다. 이러한 삼봉의 사유에 결정적인 영향을 미친 것은 바로 서산 진덕수였다. 그는 한명제 이후 중국에서는 영제가 처음으로 궁중에 사당을 세웠고, 위진 시대 이후로 불법이 점점 성해져서 오호의 임금으로서 승려들을 스승의 예로 섬겼던 인물들이 많이 나타났다고 비판한다. 예컨대, 석늑이 불도징을, 부견이 도안을, 요홍이 구마라집(鳩摩羅什, kumarajiva)을 스승의 예로써 받들었다. 원위의 효문제는 현명한 임금이라 칭하였지만, 역시 절에 가서 재를 올리고 설법을 들었으니, 이때부터 소량에 이르기까지 중국에 불법이 극성하였다. 이러한 죄의 기원이 바로 영평 연간으로부터 비롯된 것이니, 한명제를 책망하지 않고 그 누구를 책망하겠느냐는 것이다.[87] 이것은 중국에 갖가지 사회적 혼란과 사상의 혼돈 및 정치적 무질서를 가져온 것이 불교였다고 판단한 결과이다.

(16) 불교를 신봉하여 화를 얻은 역사적 사례 [事佛得禍]

삼봉은 불교를 신봉하였으나 역설적으로 화를 얻은 역사적 사례로서 양무제를 제시한다. 이것은 서산 진덕수의 평가를 원용한 것이기도 하다. 진서산은 양무제에 관하여 다음과 같이 평론한 바 있다.

> 위진 시대 이후의 임금 가운데 부처 섬기기를 양무제만큼 성대하게 한 사람은 없었다. 무릇 만승의 존귀함으로써 스스로 그 몸을 바쳐 부처의 시역 노릇을 하였으니, 그 비열하고 아첨함이 극심하다 할 것이

87) 「佛法入中國」, "眞西山曰: … 其後靈帝始立祠於宮中, 魏晉以後, 其法寢盛, 而五胡之君, 若石勒之於佛圖澄, 符堅之於道安, 姚興之於鳩摩羅什, 往往尊以師禮, 元魏孝文, 號爲賢主, 亦幸其寺, 修齋聽講, 自是至于蕭梁, 其盛極矣. 而其源則自永平始, 非明帝之責而誰哉?"

> 다. 채소와 면 요리를 먹는 것으로 종묘에 제사지내는 희생물과 맞바꾸었다. 그것은 아마도 명계의 도리에 누가 되지 않을까 두려워했기 때문일 것이다. 직관이 비단에 무늬를 놓는데, 사람이나 동물의 형상을 수놓는 것까지 금지시켰다. 그것은 가위로 재단할 때 인서(仁恕)의 덕에 어그러짐이 생길까 두려워했기 때문이다. 신하가 반역을 도모하여도 용서하여 죽이지 않고 백주에 도적질을 자행하여도 차마 막지 못하였으니, 이 모두가 부처의 계율을 미루어 넓히고자 하였기 때문이다.[88]

양무제는 529년 동태사에 나아가 사부대중을 모아놓고 무차대회를 열고 어복을 벗고 법의를 걸친 후 몸을 바쳐 희사하는 의식을 행하였다. 이때 신하들이 1억만금의 돈을 가지고 삼보 앞에 빌었고 양무제도 몸을 굽혀 속죄하였다. 이후 양무제는 불법수행을 위해 오래도록 재계하였을 뿐만 아니라 일체 고기를 먹지 않고 하루에 한 끼를 먹고 나물국에 거친 밥만을 먹었다. 그럼에도 불탑을 쌓는 일에는 공사를 구분하지 않고 비용을 소비하였다.

그런데 양무제가 불법에 귀의한 이후 수많은 문제들이 발생하여 급기야 그는 화를 당하고 말았다. 예컨대 왕후와 그의 자제들은 교만하고 음란하여 법을 지키지 않는 자가 많았고, 더욱 횡포해져 대낮에도 길거리에서 살인을 저지르고 어두운 밤에는 공공연히 약탈을 자행하였다. 그리고 죄를 지은 자가 망명하여 공주의 집에 숨어 있으면 관리들이 수사하여 체포하지 못하였다. 양무제는 여러 가지 폐단들에 대해 잘 알고 있었음에도 불교의 잘못된 자비심에 빠져 그것들을

---

88) 「事佛得禍」, "眞西山曰: 魏晉以後, 人主之事佛, 未有如梁武之盛者也. 夫以萬乘之尊, 而自捨其身, 爲佛之廝役, 其可謂卑佞之極矣. 以蔬茹麪食, 易宗廟之牲牢, 恐其有累冥道也. 織官文錦, 有爲人類禽獸之形者亦禁之, 恐其裁翦, 有乖仁恕. 臣下雖謀叛逆, 赦而不誅, 剽盜肆行, 亦不忍禁, 凡以推廣佛戒也."

금하지 못하였다.

또한 546년 3월에는 양무제가 동태사에 나아가 절에 머물면서 『삼혜경』을 강론하기 시작하여 4월 병술일에 강론을 마쳤는데, 이날 밤에 동태사 탑에 화재가 발생하였다. 양무제는 이것이 마귀 때문에 일어난 일이라 믿고 마땅히 불사를 크게 하여야 한다고 보고 토목공사를 일으켰다. 그런데 12층의 탑을 기공하여 완성할 무렵에 후경의 난이 일어나 중지되었다. 뿐만 아니라 후경은 양나라 수도인 대성을 함락하고, 양무제를 동태사에 감금하였다. 감금된 양무제가 어느 날 동태사의 승려에게 꿀물을 요구하였지만 얻지 못하고 끝내 굶어 죽고 말았다.[89]

삼봉은 양무제가 보여준 그릇된 믿음의 한계를 비판하는데 있어, 진서산의 말을 인용함으로써 자신의 의견을 대신한다.

> 양무제가 배운 것은 불교뿐이었는데, 불교에서는 천륜을 가합이라고 여김으로써 신하는 그 임금을 임금으로 여기지 않고, 자식은 그 아비를 아비로 여기지 않아 삼사십 년 동안에 풍속은 모두 무너지고 강상은 땅에 떨어져 이와 같은 극단에 이르게 된 것이다. 만일 양무제로 하여금 요임금, 순임금이나 삼왕을 스승으로 삼아 방외의 가르침을 섞지 않고 반드시 인의를 근본으로 삼거나, 반드시 예법을 숭상하고, 또한 반드시 형정을 밝히게 했다면 어찌 이와 같이 되었겠는가?[90]

---

89) 이상의 내용은 『불씨잡변』, 「事佛得禍」의 내용을 요약하여 소개한 것이다. 이에 대한 원문의 인용은 생략하기로 한다.

90) 「事佛得禍」, "帝之所學者釋氏也. 以天倫爲假合, 故臣不君其君, 子不父其父, 三四十年之間 風俗淪胥, 綱常掃地, 宜其致此極也. 使其以堯舜三王爲師, 不雜以方外之敎, 必本仁義, 必尙禮法, 必明政刑, 顧安有是哉."

(17) 천도를 버리고 불과를 담론한 역사적 사례 [舍天道而談佛果]

삼봉은 천도를 버리고 불과를 말한 전대 사실의 역사적 사례로서 당나라 대종을 든다. 당대종은 불교를 숭상하여 승려들에게 도첩을 주고 사찰을 세우고 재를 올리는데 주력하여 중외에서 서로 본받아 인사를 폐하고 불법을 받음으로써 국가의 형정이 날로 어려워지게 만든 인물이다. 삼봉은 당나라 왕실이 크게 무너지게 된 이유는 모두 여기에서 결정된 것이라고 평가한다.[91]

『불씨잡변』에 의하면, 당대종은 애초에 불교를 중요하게 여기지 않았는데, 불교를 좋아하던 재상 원재와 왕진 등의 설명을 듣고 불교를 좋아하게 되었다. 왕진과 원재는 당대종에게 불교에서 말하는 보응의 문제를 국가의 운수와 관련하여 다음과 같이 설명하였다.

> 국가의 운수가 원대한 것은 일찍이 복업을 심는 것이 아니면 무엇을 가지고 이르겠는가? 복업이 이미 정해지면 비록 때때로 작은 재앙이 있다 하더라도 마침내 해를 끼칠 수 없는 것이다. 안녹산과 사사명은 모두 그 자식에게 죽임을 당하였고, 회은은 군문을 나와 병들어 죽었고, 회홀과 토번 두 오랑캐는 싸우지 않고 저절로 물러갔으니, 이것은 모두 사람의 힘으로 미칠 수 있는 것이 아니다. 그러므로 어찌 보응이 없다고 하겠는가?[92]

그러나 삼봉은 이와 같은 사유에는 근원적인 오류가 내함 되어 있

---

91) 『삼봉집』 권11, 『경제문감별집(상)』, 「君道」, 〈唐代宗〉, "又崇佛教, 度僧尼, 造寺設齋, 中外相化, 廢人事而奉佛法, 刑政日紊, 唐室大壞, 決於此矣." 참조.

92) 「舍天道而談佛果」, "國家運祚靈長, 非宿植福業, 何以致之? 福業已定, 雖時有小災, 終不能爲害. 所以安史皆有子禍, 懷恩出門病死, 二虜不戰而退. 此皆非人力所及, 豈得言無報應也."

다고 본다. 삼봉은 서산 진덕수의 논의를 원용하여 이에 대한 비판을 대신한다. 진서산의 비판적 견해는 다음과 같다.

> 저 안녹산과 사사명의 난은 양귀비가 안에서 좀먹고, 양국충과 이임보가 밖에서 화를 빚어서 일어난 것이요, 그 난을 능히 평정한 것은 곽자의와 이광필 등 여러 사람들이 제실에 충성을 다하여 물리쳤기 때문이다. 그들이 모두 자식들에게 화를 당하였다는 것은 안녹산과 사사명이 자신의 신하로서 임금에게 반역하였기 때문에 그들의 아들 안경서와 사조의가 자신의 아비들을 시역한 것이니, 이것은 천도가 그 부류에 따라 응한 까닭이다. 또 회흘과 토번이 싸우지 않고 스스로 물러간 것은 또한 곽자의가 몸소 오랑캐의 앞에 나아가 꾀를 부려 반간한 덕택이니, 그 본말을 미루어 본다면 사람의 일로부터 말미암은 것이다. 그럼에도 원재와 같은 사람들은 이것은 사람의 힘으로 미칠 바가 아니라고 하였으니, 그 속이고 또한 무함함이 더욱더 심하지 않는가?[93]

이와 같은 논변 속에는 객관적 사실을 객관적으로 보지 못하는 그릇된 믿음의 형태에 대한 회의와 부정이 요청되고 있음이 확인된다. 세상일은 인과의 보응이나 부처의 가피에 의해서 이루어지는 것이 아니라 천도의 유행이나 인간의 노력에 의하여 이루어지는 것이라고 보아야 한다는 것이 유가 지식인들의 입장이었다. 따라서 천도를 버리고 불과의 보응을 믿는 태도는 마땅히 불식되지 않으면 안 된다는 것이 삼봉의 생각이었다.

---

93) 「舍天道而談佛果」, "且夫安史之亂, 以其太眞蠱於內, 楊李賊於外, 醞釀而成之也, 而所以能平之者, 由子儀光弼諸人盡忠帝室, 驅而攘之也. 其所以皆有子禍者, 祿山史明以臣叛君, 故慶緒朝義, 以子弑父, 此天道之所以類應者也. 回紇吐蕃, 不戰而自退, 則又子儀挺身見虜, 設謀反間之力, 推跡本末, 皆由人事, 載等乃曰此非人力所及, 其欺且誣, 顧不甚哉?"

(18) 부처 섬김을 극진히 하였지만 연대가 단축된 역사적 사례 [事佛甚謹年代尤促]

삼봉은 『불씨잡변』 가운데 열한 번째 '불교의 화와 복에 관한 논변'의 결론부분에서 '부처 섬김을 극진히 하였지만 연대가 단축되었다'는 역사적 사례를 제시한 후 여기에서 이것을 다시 한 번 구체적으로 확인한다. 이와 같은 주장은 일찍이 한퇴지(韓退之, 韓愈, 768-824)에 의하여 제시된 것이다. 삼봉은 이 주장을 적극 원용하고 있다. 즉 불설이 일어난 지 수천 년이 지나는 동안 부처 섬기기를 매우 독실하게 한 사람들이 있었는데, 아이러니하게도 이들 역시 화를 면하지 못하였다고 한다. 그들이 바로 양무제와 당헌종이다.[94]

한퇴지의 이 같은 주장이 나오게 된 배경을 보다 자세하게 언급한 것이 이 열여덟 번째 '부처 섬김을 극진히 할수록 연대가 단축되었다는 것에 대한 논변'이다. 삼봉은 당헌종 14년에 불골을 경사에 맞아들여 불법을 홍보하려던 때 한퇴지가 이를 반대하며 올린 표문의 내용을 원용하고 있다. 한퇴지의 표문은 바로 〈논불골표〉(論佛骨表, 819)이다. 한퇴지의 〈논불골표〉는 불교가 외래의 종교이기 때문에 중국인들에게 받아들일 수 없다는 것과, 불교를 받아들인 왕조의 수명이 대체로 단축되었다는 주장을 싣고 있다.[95] 삼봉이 원용하고 있는 〈논불골표〉 내용의 일부를 소개하면 다음과 같다.

---

94) 「佛氏禍福之辨」, "況自佛說興至今數千餘年, 其間事佛甚篤如梁武唐憲者, 皆不得免焉. 韓退之所謂事佛漸謹, 年代尤促者, 此其說不亦深切著明矣乎?" 참조. 양무제에 대한 사례는 앞의 '[16] 불교를 신봉하여 화를 얻은 것에 대한 논변'에서 이미 언급한 바 있지만, 여기에서 다시 한 번 그 사례를 제시하고 있음이 확인된다.

95) K. S. 케네스 첸, 박해당 옮김, 『중국불교(상)』, 244쪽 참조.

> 불교는 오랑캐의 한 법일 뿐이다. 황제로부터 우왕, 탕왕, 문왕, 무왕에 이르기까지 모두 장수하였고, 백성들도 안락하게 지냈는데, 그때는 부처가 있지도 않았다. 한나라 명제 때 비로소 불법이 들어왔다. 그 후부터 어지럽고 망함이 서로 계속되어 나라의 운조가 길지 못하였다. 송, 양, 진, 원, 위 등의 나라 이후에는 부처 섬기기를 점점 더 정성스럽게 하였는데, 나라의 연대는 더욱 단축되었다. 오직 양무제가 48년 동안 재위하였지만, 전후 세 차례에 걸쳐 부처에게 몸을 희사하였음에도, 마침내 후경에게 핍박을 받아 대성에서 굶어 죽었으니, 부처를 섬겨 복을 구하다가 도리어 화를 얻은 것이다. 이로써 미루어 본다면 부처를 믿을 수 없다는 것을 알 수 있다.[96]

이와 같은 표문을 올렸음에도 당헌종은 깨닫지 못하고 불골을 맞이하였다. 그럼에도 헌종은 불법의 보호를 받지 못했음인지 다음해 820년 환관 왕수징(王守澄)과 진홍지(陳弘志)에게 시해 당하고 말았다. 삼봉은 불법에 빠지는 일이 이러한 역사적 사례처럼 무의미하다는 것을 알리고 그것을 경계하고자 하였던 것이다.

5. 삼봉 불교 배척의 성격과 의의

삼봉은 이단 가운데 가장 강력한 이단이 불교라고 규정한다. 이러한 이유 때문에 삼봉은 불교가 사라지지 않으면 유학의 도가 바로 서지 못할 것이며, 또한 올바른 정치가 이루어질 수 없을 것이라고 본

96) 「事佛甚謹年代尤促」, "佛者, 夷狄之一法耳. 自黃帝至禹湯文武, 皆享壽考, 百姓安樂, 當是時, 未有佛也. 漢明帝時始有佛法, 其後亂亡相繼, 運祚不長, 宋齊梁陳元魏以下, 事佛漸謹, 年代尤促. 唯梁武在位四十八年, 前後三捨身, 竟爲侯景所逼, 餓死臺城, 事佛求福, 乃反得禍. 由此觀之, 佛不足信可知矣."

다. 『불씨잡변』은 이와 같은 내용을 담고 있는 삼봉의 불교 배척에 관한 하나의 이론서이다. 삼봉은 이 저술을 통해 마땅히 불교를 배척하지 않으면 안 되는 이유를 구체적인 조목들을 열거하여 자신 있게 논변하였고, 그 마지막 논변의 주제를 '이단 배척에 대한 논변'으로 상정하여 자신의 임무가 불교 배척에 있음을 강조하였다. 『불씨잡변』의 마지막 논변의 내용은 다음과 같다.

(19) 이단 배척에 대한 논변 [闢異端之辨]

삼봉은 이단의 의미가 대개 말을 교묘하게 하며 얼굴빛을 좋게 꾸며 사람의 본심을 잃게 하며, 또한 명령을 거스르고 종족을 무너뜨림으로써 일을 망치는 부류라고 간주한다. 요순은 공공, 환두, 삼묘, 곤이라고 하는 네 가지 악한들을 베었고, 탕왕은 걸을 물리쳤으며, 무왕은 주라고 하는 이단을 물리쳤다고 한다. 뿐만 아니라 공자와 맹자도 이단에 대한 경계를 철저히 하였는데, 맹자는 특히 양주와 묵적을 물리치는 데 철저하였다.

삼봉은 자신의 시대에 와서는 앞선 시기의 이단보다 더 강력한 이단이 활동하게 되었다고 본다. 그가 지목한 강력한 이단은 바로 불교였다. 불교는 그 말이 고상하고 미묘하여 성명과 도덕 가운데 출입함으로써 사람을 미혹시키는 것이 오히려 양주와 묵적보다도 더 심각한 지경에 이르렀다고 한다. 이에 삼봉은 이단을 물리치는 일을 자신의 평생 과업으로 삼겠다는 의지를 강력하게 표명한다. 그런데 삼봉이 이단으로 규정한 불교 배척의 강도는 상상 이상이다. 그는 다음과 같이 말한다.

아아! 난신적자는 사람마다 잡아 죽일 수 있으니, 반드시 형벌을 다스리는 관리를 기다릴 필요가 없는 것이며, 사특한 말이 제멋대로 나돌아 다녀 사람의 마음을 무너뜨리면 이것을 사람마다 물리칠 수 있어야 하니, 반드시 성현을 기다릴 필요가 없다. 이것은 내가 여러 사람에게 바라는 바이며 아울러 내 스스로가 힘쓰는 일이다.[97]

이 인용문을 보면 삼봉이 불교인을 가리켜 난신적자라고 지목하고 있음이 확인된다. 난신적자는 유학의 이단자들로서, 그 폐해가 너무나 크기 때문에 반드시 국가에서 정한 형법에 따라 그 죄를 묻는다거나 징벌할 필요조차 없다는 것이다. 또한 그들을 보면 어느 누구라도 그들을 잡아서 죽인다 하더라도 죄가 되지 않는다고까지 말하고 있다. 불교인을 금수만도 못한 존재로 평가하고 있는 것이다.

이와 같은 삼봉의 불교 배척의 논변은 학문적 엄밀성에 의한 객관성을 담보로 이루어졌다고 보기 어렵다. 삼봉의 불교 배척의 논변은 불교를 공격하여 배척하기 위해서 취해진, 이른바 비판을 위한 비판의 성격이 강하다. 삼봉의 불교 비판의 논변은 주로 지엽말단으로 흘러버린 불교의 외형에 대한 비판이 주를 이루고 있고, 주자성리학의 입장을 기준으로 다른 학문의 정체성을 용인하지 않는 주자성리학적 호교론(Apologetics)의 태도가 깊이 관여한 특성이 있다. 따라서 불교의 입장에서 보면 삼봉의 불교 비판의 이론은 얼마든지 다시 비판될 수 있는 소지가 있다.

그럼에도 삼봉의 불교 배척은 나름의 특성과 의의가 있다. 한영우는 『불씨잡변』이 사상 혁명의 지침서로서, 고려 시대 정치에 큰 영향을 미친 불교의 이론적 모순점을 조목조목 신랄하게 비판한 것이라고 규정하고, 그 의의를 최종적으로 다음과 같이 평가한다.

---

97) 「闢異端之辨」, "嗚呼! 亂臣賊子, 人人得而誅之, 不必士師, 邪說橫流, 壞人心術, 人人得而闢之, 不必聖賢. 此予之所以望於諸公, 而因以自勉焉者也."

> 한 마디로, 불교는 현세를 부정하는 허황된 종교로서 현실 정치에 필요한 실용적 이론을 갖추지 못하고 있으면서도 정치에 간여하고, 막대한 사원 경제를 장악하고, 국역을 지고 있지 않으므로 국가와 사회에 미치는 악영향이 크다는 것이다. 따라서 불교는 허학(虛學)이며, 현실 정치에 대한 구체적 대안을 가지고 있는 성리학을 정치의 바탕으로 해야 하며, 성리학만이 실제 문제를 해결하는 '실학'(實學)의 가치를 지니고 있다는 것이다. 성리학의 입장에서 불교를 비판한 것은, 오늘날의 관점에서 본다면, 사회과학이나 자연과학의 입장에서 종교를 비판한 것에 빗댈 수 있는 것으로 다소 무리가 있을 수 있다. 그러나 승려들의 정치 간여와 부패를 막음으로써 일종의 종교개혁을 촉구했다는 점에서 긍정적 의의가 크다.[98]

삼봉의 불교 배척에 관한 다양한 논변들에 대해서는 그에 대한 긍정과 부정이라는 서로 다른 입장의 차이를 보일 수 있다. 다만, 삼봉이 살던 시대적 배경을 외면하고 그의 불교 배척의 논변을 단순화시켜서 평가할 수만도 없다는 점을 간과해서는 안 된다. 불교에서는 오래 전부터 걸식을 주장하면서도 현실적으로 지나친 부를 축적하고 있다거나 사치를 일삼는 일이 비일비재했던 시대적 모순이 삼봉의 시대에 자리 잡고 있었기 때문이다.

삼봉의 시대에는 불교인들에 비해 상대적으로 빈곤할 뿐만 아니라 먹을 것이 없어서 굶주리고 병드는 백성들이 곳곳에서 신음하고 있었다. 삼봉은 이 점을 외면할 수 없었음이 분명하다. 그래서 '불교의 걸식에 대한 논변' 가운데 『서경』의 홍범사상[99]을 제시하면서, 홍범

---

98) 한영우, 『한국선비지성사』(서울: 지식산업사, 2017), 308-309쪽.

99) 홍범사상은 아홉 가지의 범주로 구성되어 있기 때문에 홍범구주의 사상이라고도 말해진다. 이것은 하나라의 우왕이 남겼다는 정치적 이념으로서 다음과 같은 아홉 가지 범주로 구성되어 있다. ① 오행(五行), ② 오사(五事), ③ 팔

이 특히 팔정(八政) 중에서도 식(食)과 화(貨)를 제일 앞에 두고 있는 취지를 명심하지 않으면 안 된다는 입장을 피력한다.[100] 백성들이 굶주리지 않고 따뜻한 생활을 해야만 한다는 생각인 것이다. 이와 같은 측면에 주목한다면, 삼봉의 『불씨잡변』의 저술 동기는 일반 백성들의 삶의 질을 높이고 복지를 향상시키기 위한 민본주의 정신에 토대를 두고 있었음이 분명하다고 볼 수 있다.

정(八政), ④ 오기(五紀), ⑤ 황극(皇極), ⑥ 삼덕(三德), ⑦ 계의(稽疑), ⑧ 서징(庶徵), ⑨ 오복(五福)과 육극(六極).

100) 「佛氏乞食之辨」, "洪範八政, 食貨爲先, 重民五敎, 惟食居首." 참조.

제 06 장

퇴계 이황의 철학적 입장과 '경' 사상

1. 퇴계의 생애와 저술

퇴계(退溪) 이황(李滉, 1501-1570)은 경북 안동군 도산면 온계리에서 진성 이식(李埴)의 7남 1녀의 막내아들로 태어났다. 이때가 연산군 7년이었다. 퇴계는 생후 7개월 만에 아버지를 여의고 어려운 환경 속에나마 어머니의 엄격한 가르침을 받고 자랐다. 어머니는 자식들에게 "문예만 힘쓰지 말고 몸가짐과 행실을 더욱 삼가라"고 훈계하기를 잊지 않았다. 이러한 어머니의 훈계와 엄격한 가르침은 퇴계의 인격형성에 큰 영향을 미쳤다.

금장태는 퇴계의 생애를 3시기로 나누어 본다.[1] "① 청년기(33세 때까지)에는 유교경전 연구에 열중하던 시기이다. 20세 무렵 『주역』을 연구하는 데 침식도 잊고 몰두하였다 한다. ② 장년기는 34세에 과거에 급제하여 벼슬길에 나가면서부터 시작하여 49세 때 풍기군수를 사직하고 귀향할 때까지로, 외척의 권력투쟁이 격심한 시대분위기 속에서 조용히 관직생활을 하였다. ③ 만년기인 50세 때부터 관직은 더욱 높아졌지만 끊임없이 사퇴하여 고향 예안에 돌아와 제자들과 학문을 강론하고 저술에 전념하였다."[2]

퇴계는 평생 관직생활에 큰 뜻을 두지 않았다. 오히려 『심경』과 『성리대전』 등을 통하여 주자학의 연마에 공을 들였고, 도학을 구현하는

1) 이와 같은 금장태의 견해는 이미 이상은과 이동준에 의해서 제시된 바 있다. 다음을 참고하라. ① 이상은, 『퇴계의 생애와 학문』(서울: 서문당, 1974), 13-14쪽. ② 이동준, 「16세기 한국 성리학파의 역사의식에 관한 연구」, 성균관대학교 박사학위논문, 1975, 130쪽.

2) 금장태, 『조선 전기의 유학사상』(서울: 서울대학교출판부, 1997), 261쪽.

것을 필생의 업으로 삼았다. 이와 같이 퇴계가 관리의 삶을 선택하기보다 학자의 길을 선택하게 된 배경에는 개인의 내면적인 이유와 함께 사회정치적 환경이라는 외면적 요소가 두루 작용한 측면이 있다. 퇴계의 성정이 기본적으로 학문을 좋아한 것은 사실이지만, 당시의 사회정치적 환경이 퇴계의 관계 진출을 포기하게 한 주요 요인으로 작용하였다.

퇴계가 살아가던 16세기의 조선은 통치층 내부에서 모순이 격화됨에 따라 사화가 끊임없이 일어나던 시대였다. 특히 을사사화 이후 퇴계는 집권세력인 외척들의 견제를 심각하게 받아들이지 않으면 안 되는 처지였다. 퇴계는 몇 차례의 사화를 직접 목도하였고, 참혹한 을사사화에는 친형인 이해를 잃게 되었으며 자신도 사화에 연루되어 피해를 당하였다.[3] 이와 같은 복잡한 사회정치적 환경은 퇴계로 하여금 관직생활보다 학문에 매진하는 삶을 선택하게 한 하나의 원인이 되었다.

학문연구와 교육자로서의 삶에 충실하던 만년에 퇴계는 서원을 중심으로 열심히 후진양성을 위해 강학하는 한편 주자학의 세계를 설명해내기 위한 다양한 저술활동에 매진하였다. 퇴계의 중요한 저술들은 그의 만년에 집중적으로 발표되었다. 퇴계의 대표적인 저술로는 『주자서절요』(1556), 『계몽전의』(1557), 『자성록』(1558), 『송계원명리학통록』(宋季元明理學通錄, 1559), 『심경후론』(1566), 「무진육조소」(1568), 『성학십도』(1568) 등이 있다. 철학적 성격을 가진 저술들로는 「천명도설」, 「천명후서」, 「사단칠정논변」, 「전습록논변」, 「심무체용변」, 「백사시교의」(白沙詩敎疑) 등이 있다.[4]

---

3) 이상은, 앞의 책, 56쪽 참조.

4) 유승국, 「한국의 유학사상 개설」, 『한국의 유학사상』(서울: 삼성출판사, 1984), 30쪽 참조.

2. 주체적 도덕주의의 입장

퇴계철학의 초점은 도덕주의에 맞추어져 있다. 그것은 인간세상의 삶의 질서를 제도나 법을 통해 계도해 나아가고자 하는 방식과는 전적으로 차별되는 것으로서, 구체적인 윤리적 삶의 요청에 의한 결과이기도 하다. 엄밀한 의미에서는 윤리와 도덕의 두 개념을 서로 구분하여 사용하기도 한다. 그러나 여기에서는 이 둘의 개념을 특별한 구분 없이 혼용할 예정임을 전제한다. 중요한 것은 도덕과 윤리의 문제가 퇴계철학의 논의의 중심이 된다는 사실을 확인하는 일이다. 이것은 곧 인간주의적 삶의 맥락에 대한 퇴계철학의 지향성을 발견하는 일이 될 것이라는 점에서 퇴계철학의 전체적인 의의를 확인하는 성격을 갖는다.

퇴계철학의 기본입장에 관해 황의동은 다음과 같이 설명한다. "퇴계의 철학적 입장은 윤리적 입장이라고 말할 수 있다. 그것은 그가 살았던 시대적 배경과 밀접한 관계가 있다. 한 마디로 퇴계는 사화의 시대를 살았다. 그의 나이 4세에 갑자사화가 일어났고, 19세에는 기묘사화가, 45세에 을사사화가 일어났다. 거의 반세기에 걸친 사화 시대는 수많은 사림들의 희생을 가져 왔으며, 인륜 질서의 파괴를 초래하였다. 불의가 정의를 짓밟고 패도가 왕도를 자처하고 소인배가 군자를 내쫓고 국정을 전횡하고 있었다. … 이러한 불의의 시대 또는 비의리의 시대에 있어서 퇴계는 나아가 직접 정치 현실을 광정하기보다는 물러서서 학문과 교육을 통해 그 시대의 전도된 가치 질서를 바로잡고자 하였다. 따라서 퇴계의 관심은 윤리적인 데 있었다."[5]

---

5) 황의동, 『한국의 유학사상』(서울: 서광사, 1995), 111-112쪽.

그런데 퇴계철학의 윤리적 또는 도덕주의적 특성이 당시의 사화가 빈발한 사회정치적 현실과 밀접한 관련을 갖는다는 점은 자칫 퇴계철학의 출처문제에 관한 의문과 함께 그에 따른 현실도피의 수단으로서 비판될 소지가 없지 않다. 퇴계가 소극적 현실도피의 방편으로 정치현실의 문제보다 윤리도덕적인 삶의 문제에 깊이 침윤되어 간 것이 아니겠느냐 하는 종류의 물음이 이에 해당할 것이다. 그러나 이러한 물음은 퇴계의 적극적 학문정신과 교육적 교화의 의의를 도외시한 입장에 지나지 않는다. 퇴계는 현실정치의 문제보다는 학문과 교육의 방법을 통해 무엇이 옳고 무엇이 그른지를 분명히 함으로써 진리의 표준을 높이고 혼탁하게 오염된 혼돈의 사회상을 바로잡고자 하는 적극적 의지와 견고한 각오를 가지고 있었음을 간과해서는 안 된다.[6] 퇴계는 한 차원 더 높은 이상을 가지고 있었던 것이다.

유승국은 퇴계의 도덕주의적 입장에 나타난 철학적 의의를 다음과 같이 밝힌다. "퇴계는 당시의 사화가 연달아 일어나서 올바른 선비들이 죽임을 당하며 부조리가 행하는 사회 현실에 있어서, 진실로 선악과 정사의 근원을 밝히고 올바른 진리를 천명함으로써 사람들이 나아갈 바 표준과 방향을 제시하고자 하였던 것이다."[7] 이러한 평가는 정치사회적 문제현상에 대한 한시적 치유의 효과보다 더 근원적인 치유가 필요하다는 퇴계의 입장을 잘 반영한다. 퇴계는 보다 근원적인 가치체계의 전환을 통하여 인간세상을 도덕적 이념의 세계로 변화시켜보고자 한 인물이다.

철학은 시대를 반영한다는 말처럼 퇴계철학 역시 그의 시대와 밀접한 관련이 있다. 퇴계는 조선 최고의 폭군으로 평가되는 연산군의

---

6) 유승국, 「한국의 유학사상 개설」, 앞의 책, 30쪽 참조.
7) 유승국, 『한국의 유교』(서울: 세종대왕기념사업회, 1999), 220쪽.

시대에 태어났고, 중종반정이 가져온 이념적 혼돈의 시대를 비롯하여 문정왕후와 그를 비호하던 외척들의 무단적 전횡으로 자신의 입지를 펼치지 못하였던 명종조의 시대를 함께한 인물이다. 퇴계 사후에는 동서분당의 정치적 균열(1575)을 초래했을 뿐 아니라 임진왜란(1592)의 국가적 외침에 속수무책이었던 선조가 조선을 다스렸다는 사실 역시 퇴계가 살았던 이전의 시대와 크게 다르지 않다는 점에서 시사성을 갖는다. 퇴계는 선조 3년 유명을 달리할 때까지 평생 이 땅의 현실과 가치세계의 이상에 관해 철저하게 고민하고 반성하였던 참된 지식인이었다.

시대가 부조리할 때 지식인의 삶의 선택은 두 가지로 나누어진다. 하나는 적극적으로 정치사회적인 문제 상황과 맞부딪쳐 그것을 변화시켜 나아가는 것이고, 다른 하나는 교육과 연구 등을 통해 후진을 양성하면서 이념적 가치체계의 변화를 도모하는 것이다. 퇴계는 후자를 선택함으로써 유학적 지식인의 본분에 충실한 삶을 지향하였다. 일찍이 공자가 "천하에 도가 실행되고 있으면 자신을 드러내 나타나고 도가 실행되지 않는 무도한 시대라면 숨는다"[8]고 한 것처럼 퇴계는 자신의 시대를 불의한 시대, 또는 진리가 사라진 시대라고 규정하고 자신의 정치현실로부터 일정한 거리감을 유지하게 된 것이라 볼 수 있다.[9]

그렇다고 지식인이 출사를 하지 않고 현실을 외면하며 자신의 일신의 안녕만을 도모하면서 사는 것도 올바른 삶은 아니다. 그렇다면

---

8) 『논어』, 「泰伯」, "天下有道則見, 無道則隱."

9) 선악과 정사를 비롯한 모든 종류의 이념적 가치체계가 전도되어 있던 불의한 현실로 인해 정치 일선에서 물러난 퇴계가 선택한 삶의 목표는 그 전도된 일체의 가치체계에 대한 반성과 재정립을 수행하는 것이었다. 이와 같은 가치체계의 반성과 재정립의 문제는 필연적으로 퇴계철학이 인간학적 도덕주의의 실천으로 나아갈 수밖에 없는 원인이기도 하였다.

불의한 시대를 살아가는 방법은 무엇인가? 그것은 바로 거백옥과 같은 종류의 삶을 살아가는 것이라 볼 수 있을 것이다. 공자는 "거백옥이 나라에 도가 행하여지면 벼슬하고, 바른 도가 행하여지지 않으면 물러나서 도를 마음에 간직하고 살았다"[10]고 평가하였다. 진리와 도덕이 올바르게 행해지지 않으면 정치 일선에서 물러나 도를 간직하고 사는 것이 올바른 태도라고 한 것이다. 주자 역시 거백옥과 같은 삶이 성인의 도라고 평가했다.[11]

『퇴계집』에는 공자와 거백옥의 출처문제를 자세하게 다룬 곳은 발견되지 않는다. 그럼에도 『논어』의 출처관에 주목할 수밖에 없는 이유가 있다. 퇴계와 같은 성리학자들은 사서와 주자의 주석을 매우 중요하게 여겨 높이 받들었기 때문이다. 이것은 사서와 주자의 주석이 하나의 지침이 된다는 말이기 때문에 공자와 거백옥에 대한 평가가 『논어』와 주자의 주석을 벗어나지 않는다는 의미로 이해될 수 있다는 말이다. 유학적 지식인들은 난세를 살아가는 삶의 지혜를 고전으로부터 확인받고 있었는데, 독서에 충실하였던 퇴계의 경우는 더욱 예외적일 수 없었다. 퇴계가 본 고전들은 출사가 반드시 천하의 모든 이익을 대신하지 않으며, 초야에 머물러 있더라도 천하의 이익을 도모할 수 있는 다른 방식의 방편이 존재하고 있다는 사실을 말해 주었다. 또한 선택은 주체적으로 이루어져야 하고, 실천은 준열하게 이루어져야 한다는 사실까지도 명료하게 제시해 주었다.

퇴계는 존재현상이나 자연현상에 대한 탐문보다 인간세상의 도덕화를 위한 해법의 강구와 그 실천에 철저하였다. 이것은 중국의 주자학이 존재와 자연의 질서에 지대한 관심을 갖고 그 의의를 추적해 들

---

10) 『논어』, 「衛靈公」, "子曰: … 君子哉遽伯玉, 邦有道則仕, 邦無道則可卷而懷之."

11) 『논어』, 「衛靈公」, 주자 주, "伯玉出處, 合於聖人之道."

어갔던 방향성과는 현격한 차이가 있다. 퇴계는 주자학의 최대 수용자요 그 실천자이다. 그럼에도 그는 또한 주자학을 한국의 상황에 맞게 현실적으로 새롭게 변용하여 운용한 창조적 철학자이기도 하다. 그는 단순한 주자학의 답습자라고 말할 수 없다. 퇴계철학이 자연세계의 물리적 법칙이나 원리에 관하여 주목하기보다는 인간주의적 도덕주의의 성격을 강하게 보여준다는 점이 이를 방증한다.

퇴계는 존재현상에 대한 문제보다는 인간의 내면적 성리의 문제에 대해 관심이 더 깊을 수밖에 없었다. 퇴계는 주류 유가의 성론에 입각한 본성의 구현에 남다른 실천의지를 보여줄 수밖에 없는 자신의 분명한 입장이 있었던 것이다. 이와 관련하여 퇴계는 다음과 같이 말한다. "오직 이 리를 알기 어려운 것이 아니라 행하기가 어려운 것이고, 행하기가 어려운 것이 아니라 능히 힘써 쌓아 오래도록 지키는 것이 더욱 어려운 것이다."[12] 이와 같이 퇴계는 주자학에서 '소이연지리'와 '소당연지리'의 두 가지 의의를 함께 갖는다고 보고 있는 리의 특성조차도 전자보다는 후자의 입장에서 그 의의를 확인하고자 한 특징을 보인다.

주자학의 주요 핵심범주의 하나인 리가 퇴계에게 와서는 당위론적 실천이성의 의미로 확고한 자리를 잡게 된다. 그렇다고 이 말이 순수이성으로서의 리의 특성이 전무하다는 의미를 갖지는 않는다. 순수이성의 범주와 실천의성의 두 가지 범주가 존재한다 하더라도, 인간이 인간다운 존재성을 전유하고 있음을 확인하기 위해서는 실천이성의 범주로부터 벗어나서는 안 된다는 것을 강조한 것이라고 볼 수 있다. 학봉(鶴峯) 김성일(金誠一, 1538-1593)이 「퇴계선생언행록」에 기록해 놓

12) 『퇴계집』 권14, 서, 「答李叔獻別紙」, "惟此理, 非知難而行難. 非行難而能眞積力久爲尤難."

은 다음과 같은 비유를 참조해보자.

> 무릇 배는 마땅히 물에 가야하고, 수레는 육지를 가야하는 것이 이치이며, 배인데 육지를 가고 수레인데 물에 가는 것은 이치가 아니다. 군주는 마땅히 어질어야 하고, 신하는 공경해야 하고, 부모는 자애로워야 하고, 자식은 효성스러워야 하는 것이 이치이다. 군주인데 어질지 않고, 신하인데 공경하지 않고 부모인데 자애롭지 않고 자식인데 효성스럽지 않다면 이치가 아니다.[13)]

퇴계는 "사물에 나아가 말한다면 마치 배가 물에 다니고 수레가 육지에 다녀서 배와 수레가 물과 육지를 다니는 것 같은 것이 이것이다"[14)]라고 한다. 이상의 사례에서 말하고 있는 사물의 이치는 개별적 사물들이 가지고 있는 자신들의 고유한 법칙이다. 배가 육지에서 다닐 수 없고, 수레가 물에서 다닐 수 없는 것은 지극히 당연한 일이다.

퇴계는 이와 같은 사물존재의 법칙을 인간의 주체문제로 승화시킨다. 사물존재의 법칙이 자신의 고유한 이치에 의하여 행위화되는 것처럼 인간의 행위도 자신의 고유한 법칙에 의하여 준행되지 않으면 안 된다는 것이다. 그래서 군주와 신하, 부모와 자식의 관계 역시 각각의 행위의 준칙에 의하여 행위화되지 않으면 안 된다고 본다. 그것은 외면적 특성을 갖는 성격의 규범이나 제도와는 전혀 다른 종류의 것으로서, 철저한 선험적 원리에 의하여 제안되는 행위의 준칙이라는 특성을 갖는다.

---

13) 『학봉집』 권5, 잡저, 「退溪先生言行錄」, "夫舟當行水, 車當行陸, 此理也. 舟而行陸, 車而行水, 則非其理也. 君當仁臣當敬, 父當慈子當孝, 此理也. 君而不仁, 臣而不敬, 父而不慈, 子而不孝, 則非其理也."

14) 『퇴계집』 권41, 잡저, 「心無體用辯」, "有就事物而言者, 如舟可行水, 車可行陸, 而舟車之行水行陸, 是也."

퇴계의 입장에서 볼 때, 인간존재의 행위의 준칙은 다른 개별적 사물들이 가지고 있는 자연의 법칙과는 달리 인의예지라는 도덕성에 자신의 자리를 마련하고 있다. 그 행위의 준칙은 다른 것이 아니라 인간다움의 원리이다. 군주는 어질어야 하고, 신하는 공경스러워야 하며, 부모는 자애로워야 하고, 자식은 효성스러워야 한다. 퇴계에게서 어짊과 공경, 자애와 효성은 그 자체로 리에 해당한다. 그리고 그 리는 존재의 이법인 동시에 당위의 이법이기도 하다. 자세히 보면 실천이성의 도덕주의적인 지향성이 퇴계가 본 세계의 존재구도 안에 깊숙이 반영되어 있음이 확인된다. 더불어 퇴계가 발견한 참된 인간의 유형이 유학적 범주 안에서 살아가는 도덕적 주체였음도 확인된다.

퇴계가 말하는 리는 주자학이 제시하는 성격과 범주를 크게 벗어나지 않는다. 리는 자연법칙의 성격도 포함하지만, 도덕법칙의 성격도 함유한다. 이와 같은 두 가지 측면의 존재와 당위의 원리가 하나의 리의 범주 안에 포함되어 있다는 것은 모순형용에 해당할지 모르지만 주자나 퇴계는 그 양면성이 근원적인 리의 범주에 모두 포함되어 있다고 간주한다. 그러나 근원적 리의 존재가 자연법칙의 원리와 함께 당위론적 도덕법칙도 포함한다는 특징이 존재와 가치의 문제를 동등하게 보았다는 의미로 치환될 수는 없다. 주자는 존재론적 차원에서 존재와 가치의 원리를 모색한 특징이 강하다면 퇴계는 도리어 인간주의에 바탕을 둔 가치론적 차원에서 존재와 가치의 문제를 논의하고 있는 특징이 강하다.

퇴계의 가치론적 사유는 보존해야 할 것과 소멸시켜야 할 대상을 명확히 한다. 그것은 주자와 같은 방식으로 제시된 '천리의 보존과 인욕의 소멸' 문제로 상정된다.[15] 특히 인간에게서 천리는 마땅히 그래

15) 『퇴계집』 권7, 차, 「進聖學十圖箚(幷圖)」, "遏人欲而存天理之工夫." ; 『퇴계

야만 되는 당위성을 갖고 인욕은 마땅히 멀리하여 물리쳐야 할 배제의 대상이 된다. 퇴계는 인심과 인욕을 구분한다. 그러면서 인욕의 유무가 사람마다 다르다고 주장한다. 인욕은 일상인의 것이지만 인심은 일상인이나 성인이나 모두 구비하고 있는 것임을 분명히 한다.[16] 퇴계는 다음과 같이 말한다. "인심이란 인욕의 근본이다. 인욕이란 인심의 흐름이다. 무릇 형기의 마음에서 생겨나지만, 성인 또한 없을 수 없다."[17]

퇴계는 인욕을 부정하는 것일 뿐 인심까지 부정하지는 않는다. "예컨대 배가 고파서 음식을 먹고 갈증이 나서 물을 마시는 일 등은 일상인들만의 일이 아니다. 비록 뛰어나게 지혜로운 사람일지라도 또한 없을 수가 없다. 그러나 없을 수가 없는 것은 천리의 바름이다. 그러나 조금이라도 어떠한 곳으로 건너갔다면 그것은 이미 인욕의 사사로움에로 흐른 것이다."[18] 요컨대 인심은 인욕과 분명히 다른 것이다.[19] 퇴계는 인욕이 곧 천리라고 한다면 이것은 불가하다고 보고, 천리 가운데는 본래 인욕이 없다고 하는 입장을 명시한다.[20]

집』 권7, 經筵講義, 「西銘考證講義」, "一公一私, 而天理人欲得失之分." 및 "遏人欲而存天理." 등 참조.

16) 누구나 인심을 가지고 있다는 입장에 관해서는 『퇴계집』 곳곳에서 논의되고 있다. 몇 가지 사례를 예시하면 다음과 같다. 『퇴계집』 권7, 차, 「進聖學十圖箚(幷圖)」, "道心卽覺於義理者,此非有兩樣心. 實以生於形氣, 則皆不能無人心."; 『퇴계집』 권23, 서, 「與趙士敬」, "人心之所不能無也."; 『퇴계집』 권35, 서, 「與柳應見」, "人心之所不能無也." 등 참조.

17) 『퇴계집』 권40, 서, 「答審姪問目(中庸)」, "人心者, 人欲之本. 人欲者, 人心之流. 夫生於形氣之心, 聖人亦不能無."

18) 『퇴계집』 권38, 서, 「答趙起伯大學問目」, "如飢食渴飮等事, 非獨衆人. 雖上智, 亦不能無. 然所不能無者, 天理之正也. 纔涉於有所, 則已流於人欲之私矣."

19) 『퇴계집』 권14, 서, 「答李叔獻問目」, "故人心不可謂之人欲."

20) 『퇴계집』 권17, 서, 「答友人論學書」(今奉寄明彦), "謂人欲亦是天理則不可. 蓋天理中本無人欲." 이와 동일한 내용이 『퇴계집』 권37, 서, 「答李平叔」에서

군자와 소인의 갈림길은 천리를 보존하느냐 인욕을 따르느냐의 문제로 결정된다. 퇴계는 "물욕에 빠지는 마음은 일상인들이 천리를 어겨서 그렇게 되는 것이기 때문에 인욕이라 이름하여 인심과 다르게 부르는 것이다"[21]라고 한다. 군자는 인욕을 이겨서 천리로 돌아가지만, 소인은 천리를 소멸시켜서 인욕을 다하는 존재이다.[22] 천리를 좇을 것인지 인욕을 따를 것인지는 주체의 문제와 긴밀한 연관을 갖는다. 퇴계의 주체는 특히 도덕적 주체로서의 성격을 띠는데, 그 도덕적 주체는 인심이 사사로운 욕망으로 흐르지 못하도록 끊임없이 경계하고 노력하는 주체이다.

이 도덕적 주체는 특정한 수양공부를 필요로 하고 그것을 실천궁행하기 위한 각고의 노력을 경주한다. 그래서 퇴계철학 안에서도 여러 가지 수양공부에 대한 방편이 제시된다. 그 가운데 조카 이교(李寯)의 질문에 답변하였던 '존양'과 '함양'에 대한 퇴계의 입장을 살펴보기로 한다. 퇴계는 다음과 같이 말한다. "고요할 때에 기르지 않을 수 없는 것은 움직일 때에 살피지 않을 수 없는 것과 같기 때문에, 존양과 성찰은 경중을 나눌 수 없다. 존양은 오로지 고요할 때를 가지고 말한 것이고, 함양은 움직일 때와 고요할 때를 겸하여 말한 것이다."[23] 퇴계의 답변에서 알 수 있는 것처럼 '존양'과 '함양'은 고요할 때와 움직일 때 각기 다르게 적용되는 수양의 방법이다. '존양'과 '함양'은 상보적 관계를 갖는 수양방법임을 알 수 있다. 중요한 것은 도덕적 지향에

다시 한 번 등장한다.

21) 『퇴계집』 권40, 서, 「答寯姪問目(中庸)」, "陷於物欲之心. 衆人遁天而然, 故乃名爲人欲, 而變稱於人心也."

22) 『퇴계집』 권35, 서, 「答李宏仲(德弘)」, "君子之勝人欲而復天理由此, 小人之滅天理而窮人欲亦由此."

23) 『퇴계집』 권40, 서, 「答寯姪問目(中庸)」, "靜之不可不養, 猶動之不可不察, 故存養省察, 不可分輕重也. 存養, 專以靜言. 涵養, 兼動靜言."

대한 수양은 움직일 때나 고요할 때나 한 치의 단절도 없이 연속성을 가져야 한다는 사실이다.

퇴계야말로 무도한 불의의 시대에 태어나서 활동하였지만 스스로의 실천궁행을 통해 자신이 목표로 한 도덕적 주체로서 우뚝 선 인물이다. 퇴계의 학문은 도덕주의적 실천학의 성격을 강하게 띠는데, 이러한 특징 역시 퇴계의 학문이 자신의 도덕주의적 삶을 반영하고 있기 때문인 것으로 풀이된다. 요컨대 퇴계의 도덕주의적인 삶의 이념과 그의 학문의 세계가 서로 유리되지 않음으로써 얻어진 결과라고 할 수 있다. 퇴계의 학문은 실로 사사로운 인욕을 깨끗하게 소멸시키고 천리를 날마다 밝게 하는 도덕주의적 실천학이었다고 평가할 수 있다. 이것은 일찍이 퇴계의 제자 학봉 김성일이 자신의 스승을 평가한 내용이이기도 하다.[24)]

3. 가치론적 내원과 리의 능동성 문제

앞에서 보았던 것처럼 퇴계철학은 주체적 도덕주의의 입장을 강하게 보여준다. 그렇다면 퇴계의 도덕주의의 철학적 근원은 어디로부터 비롯되는 것일까? 즉 가치론적 내원은 어디에서 찾아야 하는 것일까? 이에 대한 답변 역시 앞 장에서 그 대체가 간접적으로 제시되었다고 본다. 그것은 다름 아닌 천리 또는 리의 존재이다. 어느 곳에서

---

24) 『학봉집』, 속집 권5, 「퇴계선생언행록」, "先生之學, 私欲淨盡, 天理日明." 이와 같은 학봉의 퇴계에 대한 평가는 완전히 동일한 문장은 아니지만 퇴계가 회재(晦齋) 이언적(李彦迪, 1491-1553)을 평가한 행장의 문장에서 원용하는 것이기도 하다. 『퇴계집』 권49, 행장, 「晦齋李先生行狀」, "天理日明, 人欲日消." 참조.

는 태극이라고 말해지기도 한다. 퇴계철학에서 리는 전적으로 천리이며, 모든 존재의 근거이자 가치의 근거이다. 리가 없는 존재는 있을 수 없다. 이른바 리는 보편적 존재성을 갖는다는 말이다. 이러한 특징은 주자학자라면 모두가 공통으로 가지고 있는 세계인식이다. 이런 점에서 그것은 다른 주자학자들과 비교하여 별다른 특수성이나 차별성을 보여주지 못한다.

문제는 천리나 리라고 하는 것의 내용과 특징이 무엇인가이다. 거기에 대해서는 주자학자들마다 서로 다른 규정과 성격을 부여하여 왔기 때문에 퇴계가 리의 문제를 어떻게 이해하고 설명하였는지를 살펴보아야만 한다. 퇴계는 리기론의 범주를 비롯한 인성론의 범주 등을 통해 리의 범주에 독자성을 부여하여 설명한다. 결론적으로 말해서, 퇴계의 리는 절대성과 주재성, 신성성, 순수성, 그리고 순선한 성격과 같은 특징을 갖는다. 그리고 이것은 리와 대비되는 기운의 세계와는 전혀 다른 차별성으로 나타난다. 퇴계가 본 기운의 세계는 상대성과 타재성, 세속성, 잡박성, 그리고 악으로 흐를 수 있는 경향성 등을 특징으로 삼는다. 서로 다른 세계이지만, 리와 기의 세계는 상호공속성을 갖는다. 그럼에도 퇴계의 관심은 두 가지 세계의 차별성에 방점을 둔다.

퇴계는 리와 기운의 세계가 결단코 두 가지 세계일뿐임을 강조한다. 퇴계는 당시 주자학을 공부하고 있던 조카 이교에게 리기의 관계에 대해 다음과 같이 설명한다.

> 대개 기운의 세계는 사물마다 격리되어 차이가 있지만 리는 기운의 세계에 둘러싸여 끝내 없어지지 않는다. 그러므로 "만물이 각각 하나의 태극을 구비하고 있다"고 하며, 또 "리로써 말하면 완전하게 구비하지 않은 것이 없지만 기운으로써 말하면 편벽됨이 없을 수 없다"라

고 한 것이다.[25]

리와 기운의 세계가 완전성과 편벽성으로 구분되고 있음이 확인된다. 이러한 사유에 기초하여 퇴계는 리기의 상대성을 넘어서 존재하는 절대리의 '극존무대'한 특성까지 제시한다.[26] 이러한 사유의 연장선상에서 퇴계는 리의 존재성이 존귀하여, 더 이상의 존귀한 존재가 존재할 수 없다는 설명에까지 이른다. 극존무대의 성격을 갖는 리는 만물에게 명령을 내리는 존재일 뿐 타자에게 명령을 받아들이는 존재가 아니다.[27] 이와 같은 리는 타자에게 영향을 받지 않는다는 말이다. 일종의 리의 주재성이 확인된다.[28]

리의 존재성과는 다르게 기운의 질서는 어떠한 경우에도 리에게 영향을 미치지 못한다. 그것은 모든 것을 가능하게 하는 존재의 원인이면서 모든 운동이 가능하게 하는 운동의 원인이라고 볼 수 있다. 물론 이때의 리는 극존무대의 성격을 갖는 절대리에 한정될 경우이다. 그러나 현상적인 기운의 질서와 상대적으로 대응하는 리는 절대리와는 다르게 기운의 질서에 제한적인 영향을 받는다. 그래서 퇴계는 상대리를 넘어서 절대리의 세계에 다가갈 최상의 노력이 필요함을 역설한다.

---

25) 『퇴계집』 권40, 서, 「答審姪問目(中庸)」, "蓋氣雖自隔於物而有異, 理不爲氣所囿而終無. 故曰: 萬物各具一太極. 又曰: 以理言之則無不全. 以氣言之則不能無偏."

26) 『퇴계집』 권13, 서, 「答李達李天機」, "此理極尊無對, 命物而不命於物故也."

27) 『퇴계집』 권13, 서, 「答李達李天機」, "理本其尊無對, 命物而不命於物, 非氣所當勝也."

28) 이와 같은 퇴계의 '리의 주재성 발견'은 퇴계 후학과 남인들에게 전해져 정치적 이념의 정립과 서학의 수용에 특정한 영향을 미치게 된다. 특히 서학의 천주가 갖는 주재적 성격은 퇴계가 본 리의 극존무대의 주재성과 상호 치환되어 이해되는 현상을 낳게 된다.

퇴계는 서로 다른 리기의 특성 때문에 이들의 관계를 가치론적 우열관계로 구별한다. 두 세계 사이에는 엄청난 간극이 존재하고 있음이 분명하다. 당연히 전자는 고귀한 존재성을 갖는다. 반면 후자는 열등한 존재성을 갖는다. 나아가 '리는 귀한 반면 기운은 천하다'라거나 '리는 존귀하지만 기운은 비천하다'[29]고 하는 리기의 엄격한 구별과 함께 가치적 위계가 설정된다. 이러한 존재적 위계는 자연적인 것이라기보다는 가치론적인 것에 해당한다. 예컨대, 군대의 상황이라면 리는 장수요 기운은 병졸에 해당한다.[30] 퇴계의 리를 존중하는 관점은 금수와 구별되는 인간의 위치를 정립하자는 것이며, 물격과 인격의 존엄을 분명히 하자는 것이다.[31]

이와 같은 퇴계의 리 중시의 사상은 도덕적 선악의 문제에로 직결된다. 그리하여 리는 순선한 것이지만, 기는 선과 악을 함께 가지고 있다는 사상이 나오게 된다. 리는 순수한 선만을 담지하고 있을 뿐 자체적인 악이 내재하지 않는다. 퇴계에게서는 리의 존재야말로 모든 가치론적 이념의 내원이다. 뿐만 아니라 리는 생성의 근거이기도 하다. 퇴계는 세상에 존재하는 사물이나 그것의 운동성 자체는 리의 묘용이 아닌 것이 없다고 한다. 리도 기운의 세계처럼 활발발(活潑潑)하게 살아있는 운동성을 갖는다는 것이 퇴계의 생각이다.[32] 리의 운동성을 인정한 퇴계에 의하여 리는 더 이상 소극적 관념의 존재로 머물지

---

29) 『퇴계집』 권12, 서, 「與朴澤之」, "理貴氣賤, 然理無爲而氣有欲, 故主於踐理者, 養氣在其中, 聖賢是也." 참조.

30) 『퇴계집』 속집 권8, 「天命圖說(圖與序)」, "理爲氣之帥, 氣爲理之卒."

31) 황의동, 앞의 책, 116쪽 참조.

32) 이와 관련하여 퇴계는 소리개가 하늘을 날고 물고기가 물에서 뛰는 것을 리와 기의 문제에 대입하여 설명한다. 이 입장의 결론은 리의 묘용이 아닌 것이 없으니, 어찌 기의 관여 여부를 따질 수 있겠는가 하는 것이다. 『퇴계집』 권40, 서, 「答喬姪問目(中庸)」, "然子思引此詩之意, 本不在氣上, 只爲就二物, 而觀此理本體呈露妙用顯行之妙活潑潑地耳." 참조.

않게 되었다.

그러나 이와 같은 퇴계의 사유는 그대로 인정할 수 있는 것인가? 이에 대해 의문을 품고 퇴계 당대에 이미 문제를 제기했던 인물들이 있다. 고봉(高峯) 기대승(奇大升, 1527-1572)과 율곡(栗谷) 이이(李珥, 1536-1584)가 대표적인 인물들이다. 율곡은 퇴계가 본 리의 운동성을 인정할 수 없었기 때문에 '기발리승일도설'(氣發理乘一途說)을 제창하여 퇴계의 이론에 반론을 제기하였던 것이며, 고봉은 주로 사단칠정론의 측면에서 퇴계와 다른 자신의 의론을 전개해 나갔던 것이다. 여기에서는 퇴계와 고봉 사이에 오고간 사단칠정론의 내용만을 요약하여 살펴보기로 한다. 왜냐하면 사단칠정론의 촉발이 고봉의 문제제기로부터 일어났기 때문이다.

퇴계는 고봉 기대승과의 사칠논쟁을 전개하는 과정 중에 '리기호발설'을 주장한다. 퇴계는 명종 4년(1559)부터 21년(1566)까지 무려 8년여에 걸쳐 고봉 기대승과 더불어 6회에 걸친 논쟁을 벌였는데, 이것이 바로 퇴계와 고봉 사이의 '사단칠정논쟁'[33]이다. 퇴계의 사단칠정론은 추만(秋巒) 정지운(鄭之雲, 1509-1561)의 「천명도」의 해석으로부터 비롯된다. 추만은 「천명도」를 작성하면서 "사단은 리에서 발하고, 칠정은 기에서 발한다"(四端發於理, 七情發於氣)라고 적었다. 추만이 이것을 퇴계에게 보여주고 틀린 곳이 있으면 정정해 달라고 요청하였다.[34] 퇴계는

---

33) '사단칠정 논쟁'은 조선 성리학의 전개과정에서 나타난 4대 논쟁 중의 하나이다. 이른바 4대 논쟁이란, ① '무극태극논쟁'으로서 이언적과 망기당 사이에 있었던 논쟁이다. 이는 주류 유가적 사유와 이학적 사유 사이의 논쟁이었고, 이언적의 승리로 막을 내린다. ② '사단칠정 논쟁'이다. 바로 퇴계와 고봉 사이에서 1559년부터 1566년까지 8년 동안 이어졌던 논쟁이다. ③ '인심도심 논쟁'이다. 이는 율곡과 우계 간의 논쟁이었다. ④ '인물성동이 논쟁'이다. 임진왜란과 병자호란의 양란 이후 북벌론을 둘러싼 이념적 논쟁이었다.

34) 『퇴계집』 권41, 잡저, 「天命圖說後敍(附圖)」 참조.

이에 「천명신도」를 제작하여 "사단은 리의 발이고, 칠정은 기의 발이다"(四端理之發, 七情氣之發)라고 정정하여 주었다. 퇴계는 주자를 끌어들여 자설의 타당성을 주장하였는데, 그것은 『주자어류』에서 "사단은 리의 발이고, 칠정은 기의 발이다"(四端是理之發, 七情是氣之發)라고 한 점에 주목한 결과였다.

퇴계의 제1차 수정을 보고 고봉이 곧바로 의문을 제기해 왔다. 퇴계가 사단과 칠정을 구분하고, 리와 기에 분속시키는 것은 개념상으로는 옳을지 모르나 실제적으로는 옳지 않다는 것이다. 고봉의 질문으로부터 한국철학사의 주요논쟁의 하나인 '사단칠정논쟁'이 본격적으로 불붙게 된 것이다. 그 논쟁이 왕복서신을 통해 이루어졌는데, 이 점도 특기할만한 사실이다. 퇴계는 고봉의 이의를 수용하는 한편 자신의 이론을 다시 수정한다. 퇴계는 "사단은 리만으로 발하므로 선하지 않음이 없고, 칠정은 기를 포함하여 발하므로 선악이 혼재하여 있다"[35]고 주장한다. 이것이 퇴계 '사단칠정론'의 제2차 수정이다. 이러한 퇴계의 해석을 보면, 퇴계가 고민한 것은 '사단'과 '칠정'을 철저히 구분하여 '사단'을 가치론적 최상의 도덕적 범주에 올려놓고자 한 것이었음이 확인된다.

그러나 제2차 수정이 있었음에도 고봉의 의문은 해결되지 않았다. 고봉이 볼 때, 퇴계의 제1차, 제2차 수정의 특징은 모두 리와 기의 관계를 서로 구분한다는 점이다. 고봉은 퇴계의 두 차례 수정을 보고, 퇴계가 자신의 목적론적 사유로부터 자유롭지 못하였다는 사실을 확인하였음에 분명하다. 그것은 퇴계가 자신의 가치론적 세계관의 정립을 위하여 존재론적 이념의 세계까지 동질화시키고자 한 점이다.

---

35) 『퇴계집』 권16, 서, 「與奇明彦(大升)」, "四端之發, 純理故無不善. 七情之發, 兼氣故有善惡."

그만큼 퇴계는 '리와 기는 서로 구분된다'(理氣不相雜), '리와 기는 결단코 두 가지다'(決是二物)라고 하는 주자학의 이념에 철저하였다. '두 가지'(二物)란 서로 다른 것(異物)을 의미한다는 점에서, 퇴계는 리와 기의 철저한 구분을 염두에 둔 것이라 볼 수 있다. 그럼에도 이와 같은 관점은 주자학의 또 다른 입장인 '리와 기는 서로 떨어지지 않는다'(理氣不相離)는 의론을 적용하게 되면 난관에 부딪친다. 이것이 바로 고봉이 제시한 반론의 핵심이며, 고봉에 의하여 퇴계의 제1차, 제2차 수정이 모두 문제가 있다고 지적된 이유이다. 고봉은 '리와 기가 구분될 수 없다'는 것은 곧 '사단과 칠정이 구분될 수 없다'는 의미라고 보고는 자신의 입장과 다른 퇴계의 이론에 반론을 제기한다.[36]

이에 퇴계는 제3차 수정학설인 "사단은 리가 발하여 기가 따르고, 칠정은 기가 발하여 리가 탄다"(四端, 理發而氣隨之, 七情, 氣發而理乘之)고 하는 만년정론을 내놓는다. 이와 관련하여 퇴계는 다음과 같이 말한다.

> 대개 종합하여 말하자면 칠정도 리기를 겸한다는 것이 여러 말 할 것 없이 명백하다. 만약 칠정을 사단에 대응시켜서 각각 구분하여 말하자면 칠정을 기에 소속시키는 것은 사단을 리에 소속시키는 것과 마찬가지다. 그것들이 발함에 서로 맥락을 달리하고, 그 개념에 있어 서로 의미를 달리하므로 그 치중하는 바에 따라 나누어 소속시킬 수 있는 것이다. 나 역시 칠정이 리와는 전적으로 무관하게 외물에 감촉

---

36) 이와 같이 퇴계와 고봉의 해석이 서로 대립되게 되는 원인은 그들의 근본입장이 서로 다르기 때문이다. 이 점을 이상은은 '인설'과 '대설'로써 규정한다. 고봉의 입장은 일원론에 입각한 '인설'이요, 퇴계의 입장은 이원론에 입각한 '대설'이라는 것이다. '인설'은 연계적 설명방식으로서 상하를 말하는 것이요, '대설'이란 대조적 설명방식으로서 좌우를 말하는 것과 같다. 이러한 입장으로부터 고봉은 '사단을 포함한 칠정'을, 퇴계는 '칠정과 대비되는 사단'을 주장한 것이라고 본다(이상은, 「이황의 철학」, 『한국철학연구(중권)』(서울: 동명사, 1982), 270-272쪽 참조).

> 하여 발동한 것이라고 하는 것은 아니다. 그리고 사단도 사물에 감촉하여 발동하는 것이므로 본래 칠정과 다른 것이 아니다. 다만 사단이란 리가 발하여 기가 그것에 따른 것이고, 칠정이란 기가 발하여 리가 거기에 탄 것일 뿐이다.[37]

퇴계는 사단은 리의 발이요, 칠정은 기의 발이라고 한 처음의 주장을 완화하여 리가 발하면 기가 따르고 기가 발하면 리가 탄다고 하는 '리기호발설'을 주장하였다. 또한 천하에 리 없는 기도 없고 기 없는 리도 없다고 하였으며,[38] 제3차 수정인 "사단은 리가 발하여 기가 따르고, 칠정은 기가 발하여 리가 탄다"고 하는 만년정론을 내어놓았다. 요컨대 퇴계는 "사단은 리에서 발하고, 칠정은 기에서 발한다"고 한 추만의 주장을 "사단은 리에서 발하고, 칠정은 기에서 발한다"는 제1차 수정을 거쳐 "사단은 리만으로 발하므로 선하지 않음이 없고, 칠정은 기를 포함하여 발하므로 선악이 혼재하여 있다"는 제2차 수정, "사단은 리가 발하여 기가 따르고, 칠정은 기가 발하여 리가 탄다"는 제3차 수정을 거치면서 사단칠정론에 대한 자신의 정론을 수립하였다.

---

37) 『퇴계집』 권16, 서, 「答奇明彦(論四端七情第二書)」, "蓋渾淪而言, 則七情兼理氣, 不待多言而明矣. 若以七情對四端, 而各以其分言之, 七情之於氣, 猶四端之於理也. 其發各有血脈, 其名皆有所指, 故可隨其所主而分屬之耳. 雖滉亦非謂七情不干於理, 外物偶相湊著而感動也. 且四端感物而動, 固不異於七情. 但四則理發而氣隨之, 七則氣發而理乘之耳."

38) 제3차 수정에 보이는 이 같은 리기의 상호 관계는 고봉의 '리와 기는 서로 떨어지지 않는다'(理氣不相離)고 하는 관점을 상당 부분 수용한 결과로 여겨진다. 퇴계는 리에 기가 따르지 않으면 발용할 수 없다고 보았는데 이것은 바뀔 수 없는 필연의 정리라고 하였다.

4. '경'사상과 『성학십도』의 내용

1) '경'의 연원과 내용 및 실천방법

'경'(敬)사상은 퇴계철학의 핵심이라고 할 수 있다. 퇴계가 평생 '경'을 강조하였기 때문이다. 퇴계철학은 한마디로 '경'중시의 철학이라고 말할 수 있다. 퇴계의 전 생애와 철학체계는 실로 '경'이라는 한 글자로 요약된다. 그것은 율곡의 철학사상이 평생 '성'(誠)을 강조한 것과 좋은 대조를 이룬다. 그렇다고 퇴계가 전적으로 '경'만을 신봉하고 율곡이 '성'만을 위주로 삼았다고 말할 수는 없을 것이다. '성경'(誠敬)이란 복합개념이 제시되는 이유이다. 다만 퇴계에게서는 '경'이 '성'보다 상위개념이며, '성'은 경개념의 한 측면과 상관관계를 지니고 있다는 점이 특징일 것이다.[39] 율곡의 경우도 마찬가지이다.

퇴계에게 있어 '경'은 그의 생활에 있어서나 학문에 있어서나 가장 중요한 원리요 이념으로 중시되었던 것이다. 퇴계는 다음과 같이 말한다.

> 무릇 사람의 공부는 유사(有事)와 무사(無事), 유의(有意)와 무의(無意)를 막론하고 오직 마땅히 '경'을 위주로 하여 움직일 때나 움직이지 않을 때나 그것을 상실하지 않는다면, 그 사려가 싹트기 이전에는 심체가 허명하여 본령이 깊고 순수하며, 그 사려가 이미 생겨난 다음에는 의리가 밝게 드러나고 물욕이 멀어져 분란을 일으킬 위험성이 점차 감소된다.[40]

---

39) 윤천근, 『퇴계철학을 어떻게 볼 것인가』(청주: 온누리, 1987), 166쪽 참조.

40) 『퇴계집』 권28, 서, 「答金惇敍」, "大抵人之爲學, 勿論有事無事有意無意, 惟當敬以爲主, 而動靜不失, 則當其思慮未萌也, 心體虛明, 本領深純, 及其思慮已發也, 義理昭著, 物欲退聽, 紛擾之患漸減."

퇴계에게서 '경'은 일심의 주재이며 만사의 근본이다.[41] 마음이 한 몸의 주재가 되지만, '경'은 또한 한마음을 주재한다.[42] 따라서 경은 한마음의 주재가 되고 마음은 한 몸의 주재가 됨으로써 '경'이야말로 한마음과 한 몸의 주재로 되는 것이다. 이는 '경'을 하나의 수양원리로 본 것이 아니라, 인간정신의 주체로까지 규정하고 있음을 말해주는 것이라 하겠다.[43]

'경'을 학문적으로 이념화 한 성리서 가운데 남송의 서산(西山) 진덕수(眞德秀, 1178-1235)가 저술한 『심경』이 있다. 퇴계는 『심경』을 읽은 이후에 비로소 심학의 연원과 심법의 정미함을 올바로 알게 되었다고 술회한다. 그는 평생 이 책을 믿기를 신명과 같이하고, 이 책을 공경하기를 엄한 아버지처럼 하였다고 한다.[44] 그래서 66세 되던 1566년에는 『심경후론』을 짓고, 70세 이후에는 『심경』에 대한 강의를 주로 한 것이라 볼 수 있다.

퇴계의 '경'에 대한 관념은 유학정신의 본질로서 공자 이전의 요·순·우·탕·문·무·주공의 사상적 본질과 이어져 있다. 퇴계는 다음과 같이 말한다. "경은 옛날부터 서로 전하여져 왔다. 요임금의 '흠명'(欽明), 순임금의 '긍업'(兢業), 탕왕의 '성경'(聖敬), 무왕의 '경승'(敬勝), 공자의 '행독경'(行篤敬), '수기이경'(修己以敬) 등이 이것이다."[45] 여기서 볼 수 있

---

41) 『퇴계집』 권7, 차, 「進聖學十圖箚(幷圖)」, "敬者, 一心之主宰."

42) 『퇴계집』 권7, 차, 「進聖學十圖箚(幷圖)」, "蓋心者, 一身之主宰, 而敬又一心之主宰也."

43) 황의동, 앞의 책, 121쪽.

44) 『退陶先生言行通錄』 권2, "先生自言, 吾得心經而後, 始如心學之淵源, 心法之精微. 故吾平生, 信此書如神明, 敬此書如嚴父."

45) 『퇴계집』 권37, 「答李平叔」, "且以敬相傳, 自古而然, 如堯之欽明, 舜之兢業, 湯之聖敬, 武之敬勝, 孔子之行篤敬, 脩己以敬, 是也."

듯이 경은 요·순·우·탕·문·무·주공에로 이어지는 흐름을 갖는다. 이것은 물론 '경'의 사상적 연원이 유학의 근간을 이루는 고대정신으로부터 내려오고 있다는 것을 의미하는 것이다.

그렇다면 과연 '경'이란 어떤 뜻을 갖는지 그 개념을 살펴보자. 정이천은 경을 '주일무적'(主一無適)이라고 하였을 뿐만 아니라, 또한 '정제엄숙'(整齊嚴肅)이라고 해석하였다.[46] 경이란 마음을 하나로 하여 이리저리 나아감이 없는 것이니 마음이 한 곳에 모아짐을 의미한다. 경은 동정을 관통하는 것이어서 움직일 때나 고요할 때나 마찬가지로 일관성을 지녀야 한다.[47] 하나에 마음을 집중하는 것을 '주일'이라 하고 사념과 잡념이 침범하지 못하게 하는 것을 '무적'이라고 한다. '주일'은 적극적 의미에서의 경의 또 다른 표현이라고 한다면, '무적'은 소극적 의미의 경의 다른 표현이라고 할 수 있다.

특히 '주일'(主一)은 마음을 하나로 집중하는 것으로서, '전일'(專一)과 같은 의미를 갖는다. "경은 모름지기 '주일'하는 것이다. 처음에 한 개의 일(事)이 있는데, 또 한 개의 일을 더하면 곧 두 개를 이루는 것이고, 본시 한 개가 있는데 또 두 개를 더하면 곧 세 개를 이루는 것이다. 잠깐 사이라는 것은 시간을 가지고 말한 것이고, 조금의 차이라는 것은 사건의 경우를 가지고 말한 것이다."[48] 요컨대 때를 잃지 않아서 잠깐 사이라도 끊임이 없어야 하고, 사건의 경우를 놓치지 않아서 터럭만큼의 차질도 없어야 한다면, 반드시 '주일'해야 한다는 것이다. '일'

---

46) 『퇴계집』 권7, 차, 「進聖學十圖箚(幷圖)」, "朱子曰: 程子嘗以主一無適言之." ; 『퇴계집』 권7, 차, 「進聖學十圖箚(幷圖)」, "學者熟究於主一無適之說, 整齊嚴肅之說, 與夫其心收斂常惺惺之說." 참조.

47) 황의동, 앞의 책, 120쪽 참조.

48) 『퇴계집』 권7, 차, 「進聖學十圖箚(幷圖)」, "敬須主一, 初來有个事, 又添一个, 便是來貳, 他成兩个, 元有一个, 又添兩个, 便是參, 他成三个, 須臾之間, 以時言, 毫釐之差, 以事言."

은 시간적 지속성과 사건의 일관성을 의미한다. 그리하여 '주일'로부터 '계신'(戒愼), '공구'(恐懼)[49], '신독'(愼獨)과 같은 '경'에 해당하는 개념이 파생된다. 경계하고 삼가며 두려워하며, 그 홀로 있음을 삼가는 일이 모두 '주일'과 관련이 있다.

이에 비하여 '무적'(無適)이란 삿된 마음과 잡념을 막아 일을 지키기 위한 '주일'의 보조적 의미 내지 소극적 의미를 갖는 '경'의 성격을 가지고 있다. 퇴계는 "입을 지키는 것은 물병과 같아서 망령됨이 밖으로 나가지 않도록 하고, 사욕을 막는 것은 성과 같아서 삿된 것이 들어오지 못하게 하여야 한다"[50]고 한다. 안팎으로 나아가고 들어오는 것들을 경계하여야 한다는 말이다. 퇴계는 지키고 막는 일이 모두 '경'에 해당한다고 본 것인데, 주로 '무적'을 설명하기 위한 방편이었다고 볼 수 있다. 요컨대 망령된 말과 행위를 밖으로 내보내지도 아니하고, 삿된 욕망 때문에 본분을 잃어버리는 일도 없는 것과 같은 종류의 행위가 바로 '무적'인 것이다.

퇴계는 『퇴계집』 곳곳에서 '구방심'(求放心), '조존사망'(操存捨亡), '수렴'(收斂), '물망물조'(勿忘勿助), '상성성'(常惺惺), '직내'(直內) 등의 다양한 개념들을 제시한다. 이들은 모두 퇴계가 자신의 '경'을 설명하기 위한 방편적 개념들이며, '주일'이나 '무적'과 관련된 개념이라고 할 수 있다. 이와 같이 본다면, '경'과 관련된 다양한 개념들을 총 망라하는 핵심개념은 '주일무적'이라고 보아도 틀리지 않을 것이다. '주일무적'은 퇴계 '경'사상의 핵심개념이라고 볼 수 있는 것이다. 퇴계는 일상생활에서는 '주일무적'을 유지하고 실천한다면, 즉 '경'의 실천을 생활화한다면 '성'은 자연스럽게 따라온다는 생각을 가지고 있었다.

---

49) 『퇴계집』 권16, 서, 「答奇明彦」, "曰戒愼恐懼也. 主一之功." 참조.

50) 『퇴계집』 권7, 차, 「進聖學十圖箚(幷圖)」, "守口如甁, 不妄出也, 防意如城, 閑邪之入也."

성인이나 어진 자란 다른 사람이 아니라, 마음에 삿됨이 없고 덕을 간직하고 있는 사람이라고 본다.[51] 퇴계는 이러한 인간상을 구현하기 위해 철두철미하게 노력하였다. 그러면 '경'을 실천하는 방법은 무엇인가? 그것은 바로 지식론적 방법인 '거경궁리'(居敬窮理)와 실천론적 방법인 '경의협지'(敬義夾持)로 대별된다.[52]

먼저 지식론적 방법으로 제창된 '거경궁리'(居敬窮理)의 문제이다. 경은 진리인식에 이르는 길이요, 리의 체득방법으로 중시된다. 이것은 내외 두 방면으로 볼 수 있다. 거경은 내적이고 궁리는 외적이다. 외적 수양의 궁리는 도문학과 치지격물을 말한다. 그런데 거경과 궁리는 서로 의존하고 돕는 관계에 있으면서도, 궁리의 격물치지에서 사고와 배움의 합일을 강조하고, 특히 사고를 통한 실천학을 주장한 점에서 경의 주요한 방법의 하나가 궁리임을 밝히고 있다. 이와 같은 이유 때문에 주자학에서는 '거경'을 크게 여기고 '궁리'를 귀하게 아는 것을 제일의로 삼았던 것이다.[53] '거경궁리'는 주자학의 학문하는 방법으로서, 지행을 함께 하는 것이다.[54] 이렇게 볼 때, '경'은 곧 지식인이 학문을 완성할 수 있도록 그것을 가능하게 하는 바탕이라고 볼 수 있다.[55]

다음은 실천론적 방법으로 제안된 '경의협지'(敬義夾持)의 문제이다. '경의협지'는 '경'과 '의'를 함께 지탱한다는 말로서, 그 연원은 『주역』에 있다. 『주역』은 "군자는 경으로써 안을 바르게 하고, 의로써 밖을

---

51) 『퇴계집』 권25, 서, 「答鄭子中別紙」, "仁者, 無私心而有其德." 참조.

52) 유명종, 『한국사상사』(대구: 이문사, 1981), 346쪽 참조.

53) 『퇴계집』 권12, 서, 「答崔見叔問目」, "乃知朱門大居敬而貴窮理爲學問第一義."

54) 김태영, 「퇴·율 성경사상 연구」, 충남대학교 박사학위논문, 1988, 82-84쪽 참조.

55) 윤천근, 앞의 책, 171쪽 참조.

법도 있게 하면 덕이 크다"[56]고 하여 경과 의를 함께 지탱하여야 한다고 말하고 있다. 경이 내적인 본체라면 의는 외적은 법도이다. 이때 내적 경의 의미는 정적이요 본체적 의미를 갖는다면 외적 의는 동적이요 실천적 의미가 있기 때문에 이 양자가 어울려야 경의 본래적 속성을 잘 발휘하게 된다. 그런데 퇴계의 활법은 대개 주자의 활법과 같다. 주자는 경에 두 가지 종류가 있는데, '죽은 경'(死敬)이 있고 '살아있는 경'(活敬)이 있다고 한다.[57] 만일 '주일'의 경에 집착하여 일에 부딪쳐 의로써 그것을 바르게 하지 않고, 그 시비만 가리려 한다면 그것은 '죽은 경'이라고 했으니, 이것을 미루어 본다면 활법은 곧 경과 의를 함께 갖는 것이다. 결국 경의 실천적 의미의 '살아있는 경'이 되기 위해서 '경의협지'가 되지 않으면 안 된다.[58]

2)『성학십도』에 나타난 '경'사상

'경'의 최종목표는 도덕주의적인 이상인격을 구현하는 것이다. 퇴계는 '경'을 바탕으로 실천할 때 도덕적 자기완성인 성인의 구현이 가능하다고 본다. 왜냐하면 경을 통해서 생각하고 행위할 때 개별적 욕심이나 사사로운 욕구라 침입할 수 없기 때문이다. 퇴계철학은 철두철미하게 '성인의 학문'(聖學)을 지향하는데, '경'이야말로 성학의 시종이다. 그래서 퇴계는 주자가 "나는 경이라는 글자가 성학이 시작되고 완성되는 원인이라고 들었다"[59]라고 한 주장을 인용한다. 이 말은 이굉중(李宏仲)에게 보낸 답서에서 확인된다.[60]

---

56)『주역』,「곤괘」, 문언전, "君子敬以直內, 義以方外, 敬義立而德不孤."
57)『주자어류』 권12, 학6,「持守」, "敬有死敬, 有活敬."
58) 김태영, 앞의 논문, 85-86쪽 참조.
59)『주자어류』 권12, 학6,「持守」, "聖學之所以成始成終者."
60)『퇴계집』 권15, 서,「答李宏仲」, "蓋敬固聖學之所成始成終者."

퇴계는 68세 때 7세가 된 선조에게 『성학십도』를 제진한다. 퇴계는 『성학십도』는 모두 '경'으로써 위주로 한 것임을 분명히 한다. 그것은 공자가 말한 것처럼 배움과 사려를 겸하고, 움직임과 고요함을 일관하며, 안과 밖을 합하고 드러남과 은미함을 하나로 하는 방법이다.[61] 퇴계는 일상생활에서 '경'에 힘쓴다면 '중화'와 '위육'(位育: 천지가 자리를 잡고 만물이 육성된다)의 공을 이룰 수 있고, 덕행이 인륜의 떳떳함을 벗어나지 않으면 '천인합일'의 묘를 얻을 수 있다고 한다.[62] 퇴계는 이와 같이 '경'을 지반으로 하여 제작된 『성학십도』가 '성학'의 요체를 제시한 것임을 분명히 한다. 퇴계는 선조가 『성학십도』를 읽고 '성학'을 실천하여 준행할 것을 다음과 같이 요청한다.

> 이제 여기에 그 그림과 도설을 겨우 열 폭밖에 안 되는 종이에 베풀어 놓았습니다. 이것을 보고 생각하고 익히는 것은 평소 조용히 혼자 계실 때에 하는 것이지만, 도를 깨달아 성인이 되는 요령과 근본을 반듯하게 하여 나라를 다스리는 근원이 다 여기에서 나옵니다. 오직 전하께서는 정신을 가다듬어 뜻을 더하여서 처음부터 끝까지 여러 번 반복하되, 하찮은 것이라고 소홀히 하지 마시고 싫증이 나고 번거롭다고 그만두지 않으신다면, 국가로서도 매우 다행한 일이며 신하와 백성들에게도 매우 다행한 일이라 하겠습니다.[63]

---

61) 『퇴계집』 권7, 차, 「進聖學十圖箚(幷圖)」, "而持敬者, 又所以兼思學, 貫動靜, 合內外, 一顯微之道也."

62) 『퇴계집』 권7, 차, 「進聖學十圖箚(幷圖)」, "畏敬不離乎日用, 而中和位育之功可致, 德行不外乎彝倫, 而天人合一之妙斯得矣." 참조. 여기서 퇴계가 '중화'와 '위육'이 이루어진다고 한 말은 다음과 같은 『중용』의 사상을 원용한 것이다. 『중용』, "致中和, 天地位焉, 萬物育焉."

63) 『퇴계집』 권7, 차, 「進聖學十圖箚(幷圖)」, "是其爲圖爲說, 僅取敍陳於十幅紙上. 思之習之, 只做工程於平日 燕處, 而凝道作聖之要, 端本出治之源, 悉具於是. 惟在, 天鑑留神加意, 反復終始, 勿以輕微而忽之, 厭煩而置之, 則宗社幸甚, 臣民幸甚."

『성학십도』는 크게 둘로 나눌 수 있는데, 제1도 「태극도」에서부터 제5도 「대학도」까지는 진리의 연원으로서 모두 '천도'를 밝힌 것이며, 인륜과 덕업에 힘쓸 것을 밝힌 것이다.[64] 제6도 「백록동규도」에서 제10도 「숙흥야매잠도」까지는 인간의 '심성'에 근원을 둔 것으로서 일상생활에 힘쓰는 '경'의 실천과 방법에 관하여 논의한 것이다.[65] 즉 『성학십도』는 천도와 심성의 두 가지 주제를 통해 전반과 후반을 나누어 설명한 것이다. 『성학십도』는 도덕적 자아의 완성과 주체적 인격의 확립을 구현하기 위한 방법으로써 '경'에 초점을 맞추어 논의한 특징이 있다.

이제 아래에서 각 도의 내용을 살펴보도록 할 예정인데, 여기에서는 다만 논의의 방편 상 퇴계가 기술한 각각의 그림에 대한 개략적인 소개와 그에 대한 원문의 대표적인 설명만을 인용하여 소개하는 데 머물고자 한다. 아래 『성학십도』의 그림은 '한국유경편찬센터'(ygc.skku.edu)의 도설자료를 인용하고, 원문번역은 한국고전번역원의 것을 원용하여 필요에 따라 부분적으로 수정하여 인용할 것임을 전제한다.

---

64) 『퇴계집』 권7, 차, 「進聖學十圖箚(幷圖)」, "以上五圖, 本於天道, 而功在明人倫懋德業." 참조.

65) 『퇴계집』 권7, 차, 「進聖學十圖箚(幷圖)」, "以上五圖, 原於心性, 而要在勉日用崇敬畏." 참조.

(1) 제1도: 「태극도」

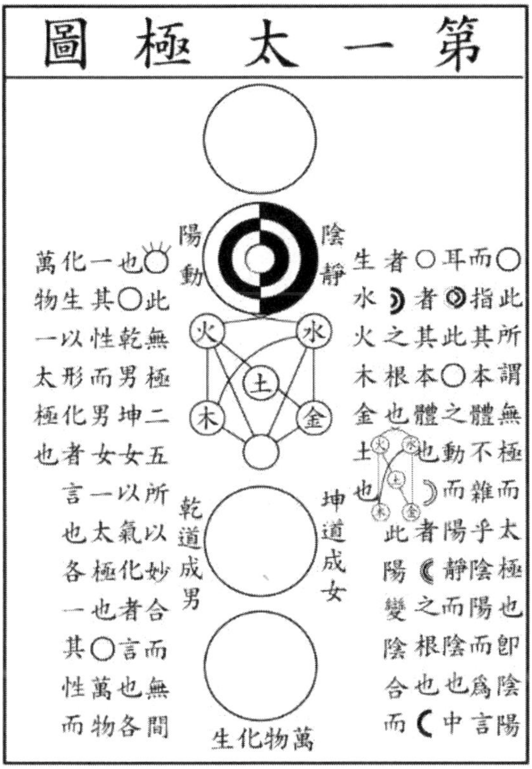

퇴계는 주자의 말을 인용하여 이것은 도리의 커다란 두뇌에 해당하며, 백세 도술의 연원이라고 하고, 『성학십도』에 「태극도설」을 첫머리에 내세운 것은 『근사록』이 「태극도설」을 첫머리에 내세운 것과 같다고 하였다.[66] 또한 퇴계는 "수양한다는 것과 거역한다는 것은 또한 '경'과 '방자함'으로 구분될 뿐이다. '경'하면 욕심이 적어지고 이치가 밝아진다"고 한 주자의 말을 빌려 '경'으로 수양하는 것이 대단히

66) 『퇴계집』 권7, 차, 「進聖學十圖箚(幷圖)」, "朱子謂此是道理大頭腦處, 又以爲百世道術淵源, 今玆首揭此圖, 亦猶近思錄以此說爲首之意."

중요한 것임을 밝혔다.[67)]

제1도 「태극도」에 원용된 「태극도설」의 내용은 다음과 같다.

> 무극이면서 태극이다. 태극이 동(動)하여 양(陽)을 낳아 동이 극에 이르면 정(靜)하고, 정하여 음(陰)을 낳아 정이 극에 이르면 다시 동한다. 한 번 동하고 한 번 정하는 것이 서로 그 뿌리가 되어 음과 양으로 나누어져서 양의(兩儀)가 성립된다. 양이 변하고 음이 합하여 수·화·목·금·토를 낳아서, 오기(五氣)가 순차적으로 베풀어져 네 계절이 운행된다. 오행이란 바로 하나의 음양이요, 음양이란 바로 하나의 태극이며, 태극은 본래 무극이다. 오행이 생겨남에 각각 그 성(性)을 하나씩 지닌다. 무극의 진(眞)과 이(二 음양)·오(五 오행)의 정기(精氣)가 미묘하게 합해서 응결되어, 건도(乾道)는 남성을 이루고 곤도(坤道)는 여성을 이룬다. 이기(二氣)가 교감하여 만물을 화생하니, 만물이 나고 또 나서 변화가 무궁하다. 오직 사람만이 빼어난 것을 얻어 가장 영특하니, 형체가 이미 생겨나 정신이 지혜를 발하며, 오성(五性)이 감동하여 선악이 나누어지고 만사가 나온다. 오직 성인은 중정 인의로써 정(靜)하되 정을 주장하여 인극(人極)을 세웠다. 그러므로 성인은 천지와 더불어 그 덕이 합하고, 일월과 더불어 그 밝음이 합하며, 네 계절과 더불어 그 차례가 합하고, 귀신과 더불어 그 길흉이 합하니, 군자는 이것을 닦아서 길하게 되고, 소인은 이것을 거슬러서 흉하게 된다. 그러므로 "하늘의 도를 세워 음과 양이라 하고, 땅의 도를 세워 유(柔)와 강(剛)이라 하고, 사람의 도를 세워 인(仁)과 의(義)"라고 하며, 또 "원시반종(原始反終)하여 사생의 설을 안다"고 하였으니, 위대하도다 역이여, 이야말로 지극한 것이로다.[68)]

---

67) 『퇴계집』 권7, 차, 「進聖學十圖箚(幷圖)」, "朱子曰: … 修之悖之, 亦在乎敬肆之間而已矣. 敬則欲寡而理明."

68) 『퇴계집』 권7, 차, 「進聖學十圖箚(幷圖)」, "無極而太極, 太極動而生陽, 動極而靜, 靜而生陰, 靜極復動. 一動一靜, 互爲其根, 分陰分陽, 兩儀立焉. 陽變陰合, 而生水火木金土, 五氣順布, 四時行焉. 五行一陰陽也, 陰陽一太極也, 太極本無極也, 五行之生也各一其性. 無極之眞, 二五之精, 妙合而凝, 乾道成男, 坤

(2) 제2도: 「서명도」

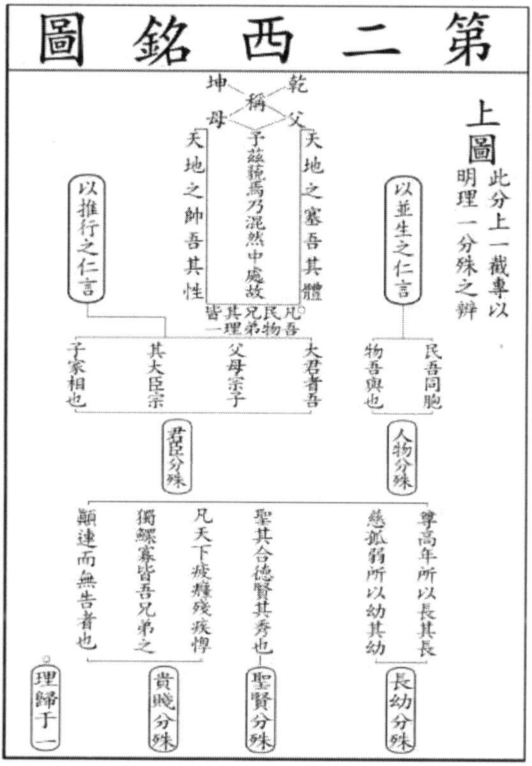

道成女. 二氣交感, 化生萬物, 萬物生生, 而變化無窮焉. 惟人也得其秀而最靈, 形旣生矣, 神發知矣, 五性感動, 而善惡分, 萬事出矣. 聖人定之以中正仁義而主靜, 立人極焉. 故聖人與天地合其德, 日月合其明, 四時合其序, 鬼神合其吉凶, 君子修之, 吉, 小人悖之, 凶. 故曰: 立天之道, 曰陰與陽, 立地之道, 曰柔與剛, 立人之道, 曰仁與義, 又曰: 原始反終, 故知死生之說, 大哉易也, 斯其至矣."

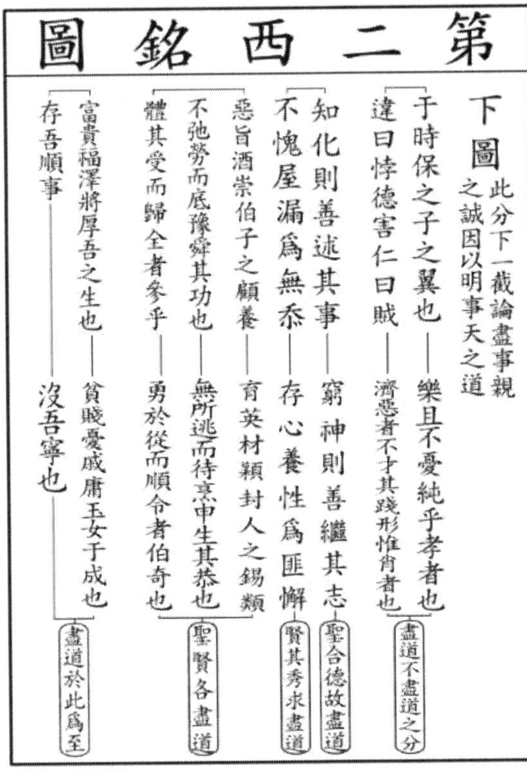

퇴계는 먼저 「서명」의 저자가 장횡거(張橫渠, 1020-1077)라는 점을 밝힌다. 「서명」의 처음 이름은 「정완」(訂頑)이었는데 후일 정자가 「서명」이라고 하였고, 임은 정씨(林隱程氏)가 「서명」의 내용을 그림으로 만든 것이라고 한다. 퇴계는 「서명」이 “성학은 어짊을 구하는데 있는 것이니 모름지기 이 뜻을 깊이 체득하여 천지만물과 더불어 일체가 됨을 깨쳐야 한다”고 하였다.[69] 여기에서는 ‘경’에 대한 직접적인 언급이

---

69) 『퇴계집』 권7, 차, 「進聖學十圖箚(幷圖)」, “右銘, 橫渠張子所作. 初名訂頑, 程子改之爲西銘, 林隱程氏作此圖. 蓋聖學在於求仁, 須深體此意, 方見得與天地萬物爲一體.”

없기는 하지만, 경의 마음 상태로 심의 본체와 작용을 수양하여 인의 원리를 체득하여 실천하도록 설명하고 있다.

제2도 「서명도」에서 소개하고 있는 장횡거의 「서명」의 내용은 다음과 같다.

> 건(乾)을 아버지라 일컫고, 곤(坤)을 어머니라고 일컬으니, 나는 여기에 미소한 존재로 그 가운데 섞여 있다. 그러므로 천지에 가득 차 있는 것은 나의 몸이 되었고 천지를 이끄는 것은 나의 성(性)이 되었다. 백성은 나의 동포요, 만물은 나와 함께 있는 것이며, 대군(大君)은 내 부모의 종자(宗子)요, 대신은 종자의 가상(家相)이다. 나이 많은 사람을 높이는 것은 어른을 어른으로 섬기는 것이요, 외롭고 약한 이를 자애하는 것은 어린이를 어린이로 대하는 것이다. 성인은 천지와 덕을 합한 자요, 현인은 빼어난 자이며, 무릇 천하의 병들고 잔약한 사람들과 아비 없는 자식, 자식 없는 아비, 그리고 홀아비와 과부들은 모두 나의 형제 가운데 심한 환난을 당하여도 하소연할 곳이 없는 자이다. 이것을 보존하는 것은 자식으로서 공경함이요, 즐거워하고 근심하지 않는 것은 효에 순한 것이다. 어기는 것을 패덕이라 하고, 인(仁)을 해치는 것을 적(賊)이라 하며, 악한 일을 하는 자는 못난 사람이요, 형체가 생긴 대로 올바르게 행동하는 자가 오로지 부모를 닮은 자이다. 조화를 알면 그 일을 잘 계승하고 신묘한 이치를 궁구하면 그 뜻을 잘 계승할 것이다. 사람이 잘 보이지 않는 곳에서도 부끄럽지 않은 것이 부모에게 욕됨이 없는 것이며, 마음을 보존하고 본성을 기르는 것이 부모를 섬기는 데 게으르지 않는 것이다. 맛 좋은 술을 싫어하는 것은 숭백(崇伯)의 아들 우(禹)가 부모의 봉양을 돌보는 것이요, 영재를 기르는 것은 영봉인(穎封人)이 효자의 동류를 만드는 것이다. 노고를 게을리하지 않고 부모를 마침내 기쁘게 한 것은 순(舜)의 공이요, 도망하지 않고 죽음을 기다린 것은 신생(申生)의 공손함이다. 부모에게 받은 몸을 온전히 하여 돌아간 자는 증삼(曾參)이요, 따르는 데 과감하고 명령에 순종한 자는 백기(伯奇)이다. 부귀와 복택은 장차 나의 삶을 풍요롭

게 하는 것이요, 빈천과 근심 걱정은 너를 옥처럼 연마하여 완성시켜 주는 것이다. 나는 살아서는 순종하여 섬기고, 죽어서는 편안히 돌아가리라.[70]

(3) 제3도: 「소학도」

「소학도」는 본래 없었던 것인데 퇴계 자신이 『소학』의 목록에 의거하여 만든 것임을 밝힌다. 퇴계는 「소학도」를 만든 이유가 「대학도」와 대조가 되도록 함이었다고 한다. 대개 『대학』과 『소학』의 관계가 의존관계에 있기 때문에 이들은 하나이면서 둘이요, 둘이면서 하나와 같다고 설명한다.[71] 「소학도」는 '입교', '명륜', '경신'이라고 하는 세 가지 축으로 나누어지는데, '경'은 그 가운데 한 자리를 차지한다. 퇴계는 『대학혹문』에서 『소학』과 『대학』을 서로 대비적으로 논의한 '경'의 상관관계를 「소학도」에 인용하고 있다.

---

70) 『퇴계집』 권7, 차, 「進聖學十圖箚(幷圖)」, "乾稱父, 坤稱母, 予玆藐焉, 乃混然中處. 故天地之塞, 吾其體, 天地之帥, 吾其性. 民吾同胞, 物吾與也, 大君者, 吾父母宗子, 其大臣, 宗子之家相也. 尊高年, 所以長其長, 慈孤弱, 所以幼其幼. 聖其合德, 賢其秀也, 凡天下疲癃殘疾惸獨鰥寡, 皆吾兄弟之顚連而無告者也. 于時保之, 子之翼也, 樂且不憂, 純乎孝者也. 違曰悖德, 害仁曰賊, 濟惡者, 不才, 其踐形, 惟肖者也. 知化則善述其事, 窮神則善繼其志. 不愧屋漏爲無忝, 存心養性爲匪懈, 惡旨酒. 崇伯子之顧養, 育英才, 穎封人之錫類. 不弛勞而底豫, 舜其功也, 無所逃而待烹, 申生其恭也. 體其受而歸全者, 參乎, 勇於從而順令者, 伯奇也. 富貴福澤, 將厚吾之生也, 貧賤憂戚, 庸玉女于成也. 存吾順事, 沒吾寧也."

71) 『퇴계집』 권7, 차, 「進聖學十圖箚(幷圖)」, "右小學, 古無圖. 臣謹依本書目錄爲此圖. 以對大學之圖. 又引朱子大學或問通論大小之說. 以見二者用功之梗槩. 蓋小學, 大學, 相待而成, 所以一而二, 二而一者也. 故或問得以通論, 而於此兩圖, 可以兼收相備云." 참조.

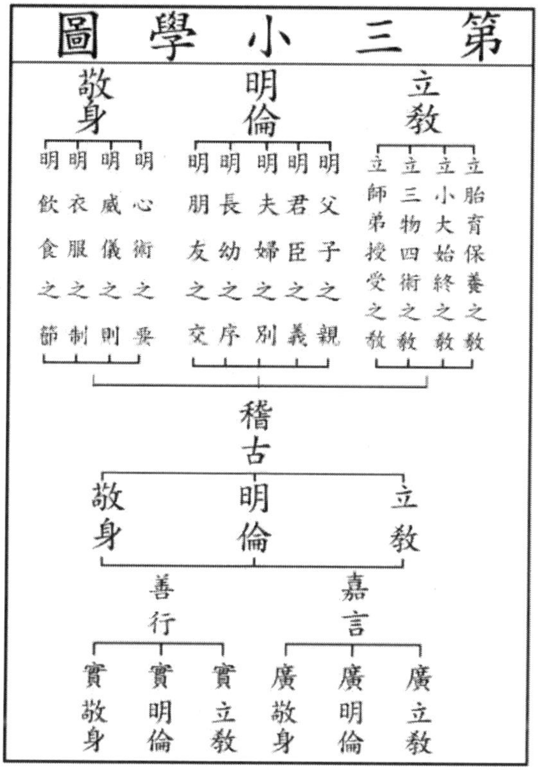

어렸을 때 『소학』을 익히지 않으면 잃어버린 마음을 수렴할 수가 없고 덕성을 길러서 『대학』의 기본을 삼을 수 없다. 성장하고도 『대학』의 진리를 습득하지 못하면 성현의 의리를 밝히고 또한 그 의리를 여러 가지 일에 베풀어 『소학』의 성공을 이룩할 수 없다. 이러한 이유로 어린이로 하여금 반드시 먼저 쇄소, 응대, 진퇴의 절도와 예악사어서수의 육예를 익히는 일에 진력하게 하여 성장한 다음에 덕을 밝히고 백성을 새롭게 하여 지극한 선에 이르도록 하는 것이 당연한 순서일 것이니, 또한 어찌 옳지 않다고 하겠는가?[72]

---

72) 『퇴계집』 권7, 차, 「進聖學十圖箚(幷圖)」, "方其幼也, 不習之於小學, 則無以收其放心, 養其德性, 而爲大學之基本. 及其長也, 不進之於大學, 則無以察夫

이것은 퇴계가 주자의 『대학혹문』을 인용하여 '경'의 실천이 어린 시절부터 체계적으로 지속되어야 함을 강조한 것이다. 『소학』에는 주자가 지은 '제사'(題辭)가 실려 있는데, 이것이 곧 「소학제사」(小學題辭)이다.

제3도 「소학도」에는 주자의 「소학제사」가 소개되어 있는데, 그 내용은 다음과 같다.

> 원(元)과 형(亨)과 이(利)와 정(貞)은 천도의 떳떳함이요, 인의예지는 인성의 벼리이다. 무릇 사람의 성품은 시초에는 착하지 아니함이 없어, 애연(藹然)한 사단이 외물에 감동함에 따라서 나타난다. 어버이를 사랑하고 형을 공경함과 임금께 충성하고 어른에게 공손함은 사람이 지니고 있는 떳떳한 성품이다. 이것은 순한 것이요 억지로 한 것이 아니다. 오직 성인의 성품은 드넓은 하늘과 같으니, 터럭 끝만큼도 더하지 않아도 모든 선이 충분하다. 보통 사람들은 어리석어서 물욕에 가리어져 그 벼리가 무너지고 자포자기에 빠져 버린다. 성인은 오직 이 점을 가엾게 여겨 학교를 세우고 스승을 두어서 그 뿌리를 북돋우고 그 가지를 뻗게 하였다. 『소학』의 방법은, 물 뿌리고 쓸고 응답하며 집에 들어가서는 효도하고 밖에 나가서는 공경하여 모든 행동에 거스름이 없이 행한 뒤에 여력이 있으면 시를 외고 글을 읽으며 영가무도(詠歌舞蹈)를 하는 데도 생각이 지나침이 없게 하는 것이다. 이치를 궁구하고 몸을 닦는 것은 이 학문의 큰 요지이다. 밝은 명이 환하여 안팎이 없으니, 덕이 높고 업이 넓어야 그 본래의 본성으로 다시 돌아갈 수 있는 것이다. 이것은 옛적에도 부족한 것이 아니었거늘 지금이라고 어찌 남음이 있겠는가? 세대가 멀어지고 성인이 없어지니 경전이 쇠

義理, 措諸事業, 而收小學之成功. 今使幼學之士, 必先有以自盡乎灑掃應對進退之間, 禮樂射御書數之習, 俟其既長, 而後進乎明德新民, 以止於至善, 是乃次第之當然, 又何爲不可哉?"

퇴하고 교화가 해이해져서 어릴 때부터 교육이 바르지 못하고 커서는 더욱 사치하여, 마을에 좋은 풍속이 없어지고 세상에는 어진 인재가 없어서, 이익과 욕망으로 어지럽고 잡된 말들로 시끄러워졌다. 다행히 사람이 타고난 떳떳한 성품은 하늘이 있는 한 없어지지 아니하니, 이에 옛날에 들은 것을 수집하여 뒤에 오는 사람들을 깨닫게 하려 한다. 아, 아이들아. 이 글을 공경히 배우라. 이것은 늙은 나의 노망한 말이 아니라 오직 성인의 가르침이다.[73]

(4) 제4도: 「대학도」

퇴계는 『대학』의 경문이 공자의 것이며, 양촌(陽村) 권근(權近, 1352-1409)이 이를 바탕으로 「대학도」를 그렸다고 밝힌다.[74] 그는 「대학도」의 핵심이 '경'을 밝히는 데 있다고 본다. 퇴계는 이 「대학도」에서 주자의 『대학혹문』의 말을 인용하면서 '경'의 개념을 밝힌다. 퇴계는 다음과 같은 내용의 주자의 설명을 재인용하면서 「대학도」에 나타난 '경'의 의미를 확인한다.

---

73) 『퇴계집』 권7, 차, 「進聖學十圖箚(幷圖)」, "元亨利貞, 天道之常, 仁義禮智, 人性之綱. 凡此厥初, 無有不善, 藹然四端, 隨感而見. 愛親敬兄, 忠君弟長, 是曰秉彝. 有順無彊. 惟聖性者, 浩浩其天, 不加毫末, 萬善足焉. 衆人蚩蚩, 物欲交蔽, 乃頹其綱, 安此暴棄. 惟聖斯惻, 建學立師, 以培其根, 以達其支. 小學之方, 灑掃應對, 入孝出恭, 動罔或悖, 行有餘力, 誦詩讀書, 詠歌舞蹈, 思罔或逾, 窮理修身, 斯學之大. 明命赫然, 罔有內外, 德崇業廣, 乃復其初, 昔非不足, 今豈有餘? 世遠人亡, 經殘敎弛, 蒙養弗端, 長益浮靡, 鄕無善俗, 世乏良材, 利欲紛拏, 異言喧豗. 幸玆秉彝, 極天罔墜, 爰輯舊聞, 庶覺來裔. 嗟嗟小子, 敬受此書. 匪我言耄, 惟聖之謨."

74) 『퇴계집』 권7, 차, 「進聖學十圖箚(幷圖)」, "右孔氏遺書之首章. 國初, 臣權近作此圖."

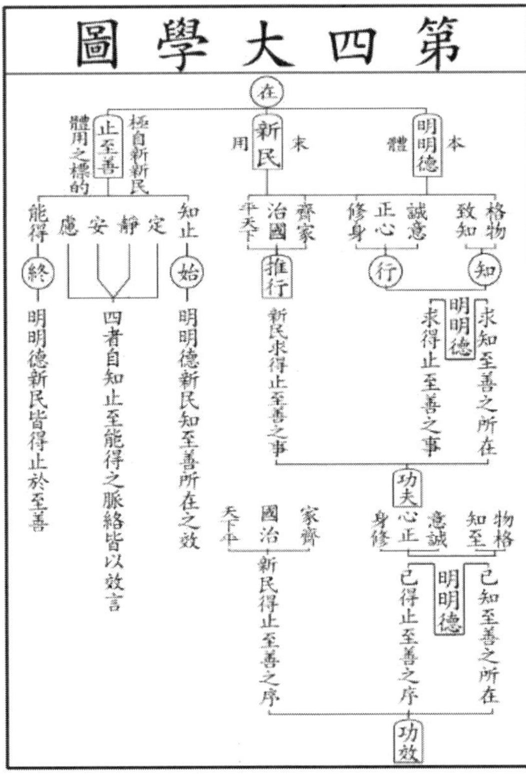

일찍이 정이천은 '경'의 의미를 '주일무적'과 '정제엄숙'이라고 보았다. 그리고 주자의 문인 사상채(謝上蔡, 이름은 양좌(良佐), 1050-1103)는 '상성성'(常惺惺)이라고 하였으며, 윤화정(尹和靖, 이름은 焞, 1071-1142)은 그 마음을 단속하여 어떤 물건도 용납되지 않는 것이라고 하였다. 이러한 말을 참고한다면 결국 '경'이라는 것은 한 마음의 주재요, 모든 일의 근본이 된다.[75] 그래서 퇴계는 "경이란 형이상과 형이하를 관통하게 하는 것이

---

75) 『퇴계집』 권7, 차, 「進聖學十圖箚(幷圖)」, "朱子曰: 程子嘗以主一無適言之, 嘗以整齊嚴肅言之. 門人謝氏之說, 則有所謂常惺惺法者焉. 尹氏之說, 則有其心收斂, 不容一物者焉云云. 敬者, 一心之主宰, 而萬事之本根也." 이와 같은

니 확실하게 하고 충분히 터득할 수 있도록 항상 노력하여야 한다는 것을 잊지 말아야 한다"고 강조한 것이다.[76)]

제4도 「대학도」는 다음과 같은 『대학』의 경문을 소개하고 있다.

> 『대학』의 도는 밝은 덕을 밝히는 데 있고, 백성을 새롭게 하는 데 있으며, 지극한 선에 머무름에 있다. 머무를 곳을 안 뒤에야 정함이 있으니, 정한 뒤에 고요해질 수 있고, 고요해진 뒤에 편안해질 수 있고, 편안해진 뒤에 생각할 수 있고, 생각한 뒤에 얻을 수 있다. 사물에는 본말이 있고 일에는 시종이 있으니, 먼저 하고 뒤에 할 것을 알면 도에 가까워질 것이다. 옛날에 명덕을 천하에 밝히려고 하는 자는 먼저 그 나라를 다스렸고, 그 나라를 다스리려고 하는 자는 먼저 그 집을 정돈하였으며, 그 집을 정돈하려고 하는 자는 먼저 그 몸을 닦았다. 또 그 몸을 닦으려고 하는 자는 먼저 그 마음을 바르게 하였고, 그 마음을 바르게 하려고 하는 자는 먼저 그 뜻을 성실하게 하였고, 그 뜻을 성실하게 하려고 하는 자는 먼저 앎을 지극하게 하였으니, 앎을 지극하게 하는 것은 사물의 이치를 연구하는 데 있는 것이다. 사물의 이치가 연구된 뒤에야 앎이 지극해지고, 앎이 지극해진 뒤에야 뜻이 성실해지고, 뜻이 성실해진 뒤에야 마음이 바르게 되고, 마음이 바르게 된 뒤에야 몸이 닦여지고, 몸이 닦여진 뒤에야 집이 정돈되고, 집이 정돈된 뒤에야 나라가 다스려지고, 나라가 다스려진 뒤에야 천하가 화평하게 된다. 천자로부터 서민에 이르기까지 모두 한결같이 수신으로 근본을 삼는다. 근본이 어지러우면서 말단이 다스려지는 법은 없으며, 후하게 해야 할 데에 박하게 하고 박하게 해야 할 데에 후하게 할 자는 없을 것이다.[77)]

'경'에 대한 이해는 조선 사대부들에게는 매우 일반화된 것이었다. 후일 남당 한원진이 주강에서 영조에게 아뢴 말 가운데도 동일한 언급이 확인된다. 『영조실록』 10권, 영조 2년 병오(1726) 8월 29일(무자)조 기사 참조.

76) 『퇴계집』 권7, 차, 「進聖學十圖箚(幷圖)」, "敬者, 又徹上徹下, 著工收效, 皆當從事而勿失者也."

77) 『퇴계집』 권7, 차, 「進聖學十圖箚(幷圖)」, "大學之道, 在明明德, 在新民, 在止

(5) 제5도: 「백록동규도」

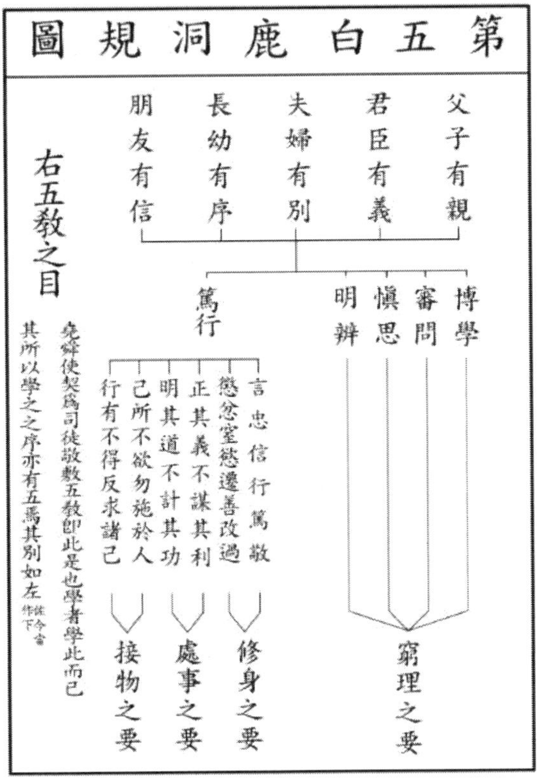

「백록동규」는 주자가 저술하여 백록동서원의 학생들에게 게시한

於至善. 知止而后有定, 定而后能靜, 靜而后能安, 安而后能慮, 慮而后能得. 物有本末, 事有終始, 知所先後, 則近道矣, 古之欲明明德於天下者, 先治其國, 欲治其國者, 先齊其家, 欲齊其家者, 先修其身. 欲修其身者, 先正其心, 欲正其心者, 先誠其意, 欲誠其意者, 先致其知, 致知, 在格物. 物格而后知至, 知至而后意誠, 意誠而后心正, 心正而后身修, 身修而后家齊, 家齊而后國治, 國治而后天下平. 自天子以至於庶人, 壹是皆以修身爲本, 其本亂而末治者否矣, 其所厚者薄, 而其所薄者厚, 未之有也."

글인데,[78] 퇴계는 이 규문에 의거하여 「백록동규도」를 제작하였다. 퇴계는 백록동에 서원이 자리 잡게 된 유래에 관해 다음과 같이 소개한다.

> 백록동은 남강군 북쪽 광려산 남쪽에 위치한 마을인데, 당나라의 이발이라는 사람이 여기에 은거하면서 흰 사슴을 길렀다 하여 그 이름을 따서 백록동이라고 부르게 된 것이다. 남당 때 서원을 세워 '국상'(國庠)이라 불렀는데 이 서원에 학생이 항상 수백 명이 되었다. 송나라 태종이 이 서원에 서적을 내려주고 백록동의 지도자에게 관직을 주어 더욱 교육을 장려하도록 하였다. 그러다가 중간에 와서 교육이 제대로 시행되지 않게 되었을 무렵 주자가 이 지방의 지사로 임명되었다. 주자는 서원의 중건을 조정에 요청하고 학생들을 모집하여 교육의 내규를 만들어서 도학을 가르쳤는데, 이로써 서원의 교육이 드디어 온 세상에 성행하게 되었다.[79]

제5도는 교육과 관련된 내용을 담고 있다. 퇴계는 당우시대의 교육은 오품의 중시에 있었고, 삼대의 교육은 오륜의 질서를 밝히는 데 있었다고 본다. 퇴계는 제5도 「백록동규도」를 통해 교육은 반드시 인간으로서 지켜야 할 윤리에 근원을 두고 이치를 구명하여 열심히 실천해야 할 것임을 분명히 한다.[80] 여기에서는 '수신', '응사', '접물'의

---

78) 『퇴계집』 권7, 차, 「進聖學十圖箚(幷圖)」, "右規, 朱子所作以揭示白鹿洞書院學者."

79) 『퇴계집』 권7, 차, 「進聖學十圖箚(幷圖)」, "洞在南康軍北匡廬山之南, 有唐李渤隱于此, 養白鹿以自隨, 因名其洞. 南唐建書院, 號爲國庠, 學徒常數百人. 宋太宗頒書籍, 官洞主以寵勸之, 中間蕪廢. 朱子知南康軍, 請于朝重建, 聚徒設規, 倡明道學, 書院之敎, 遂盛于天下."

80) 『퇴계집』 권7, 차, 「進聖學十圖箚(幷圖)」, "蓋唐虞之敎在五品, 三代之學, 皆所以明人倫. 故規之窮理力行, 皆本於五倫. 且帝王之學, 其規矩禁防之具, 雖與凡學者有不能盡同者, 然本之彝倫, 而窮理力行, 以求得夫心法切要處, 未嘗不同也." 참조.

요점이 모두 '경'에 있음을 밝혔다. 제5도 「백록동규도」에는 다음과 같은 「동규후서」(洞規後敍)가 소개되어 있다.

> 내가 보건대 옛날 성현이 사람에게 공부하는 것을 가르친 뜻은 어느 것 할 것 없이 의리를 강명하여 그 몸을 닦은 뒤에 이를 미루어 사람에게 미치지 아니한 것이 없었으니, 그것을 기억하고 두루 보아 사장을 짓기에 힘써 명성을 구하고 이록을 취하고자 한 것은 아니었다. 그러나 오늘날 공부하는 이들은 이와는 상반된다. 성현이 사람 가르치는 법은 경에 갖추어져 있으니, 뜻있는 선비는 마땅히 숙독하고 깊이 생각하여 묻고 분변해야 할 것이다. 진실로 이치의 당연함을 알아서 자신에게 반드시 그렇게 하도록 책려한다면, 그 일상생활의 법도와 금지 규정을 어찌 다른 사람이 베풀어 주기를 기다린 뒤에 준수하고 좇을 필요가 있겠는가? 요즈음에도 학교에 규정은 있지만 학문에 대한 기대가 너무 천박하고, 그 규정도 딱히 옛사람의 뜻이 아니다. 그러므로 이제 이 당에는 더 이상 그 규정을 쓰지 않고, 특별히 성현들이 사람들에게 학문하는 것을 가르친 바의 큰 근본을 취하여 위와 같이 조목조목 열거하여 현판에 게시한다. 제군들은 서로 강명하고 준수하여 이것을 몸에 실행하기를 기한다면, 생각하고 행동할 때에 경계하고 삼가며 두려워하고 조심하는 바가 반드시 저 규정보다 엄격함이 있을 것이다. 그러나 만약 그렇지 못하고 혹 금지 규정의 범위를 벗어남이 있다면 이른바 규정이란 것은 반드시 취해야 할 것이요 실로 생략할 수 없는 것이 될 것이니, 제군들은 명심할지어다.[81]

---

81) 『퇴계집』 권7, 차, 「進聖學十圖箚(幷圖)」, "熹竊觀古昔聖賢所以教人爲學之意, 莫非講明義理, 以修其身, 然後推以及人, 非徒欲其務記覽爲詞章, 以釣聲名取利祿而已. 今之爲學者, 既反是矣, 然聖賢所以教人之法, 具存於經, 有志之士固當熟讀深思而問辨之. 苟知理之當然, 而責其身以必然, 則夫規矩禁防之具, 豈待他人設之, 而後有所持循哉? 近世於學有規, 其待學者爲已淺矣, 而其爲法, 又未必古人之意也. 故今不復施於此堂, 而特取凡聖賢所以教人爲學之大端, 條列如右, 而揭之楣間. 諸君相與講明遵守, 而責之於身焉, 則夫思慮云爲之際, 其所以戒謹恐懼者, 必有嚴於彼者矣. 其有不然, 而或出於禁防之外, 則彼所謂規者, 必將取之, 固不得而略也, 諸君其念之哉."

(6) 제6도: 「심통성정도」

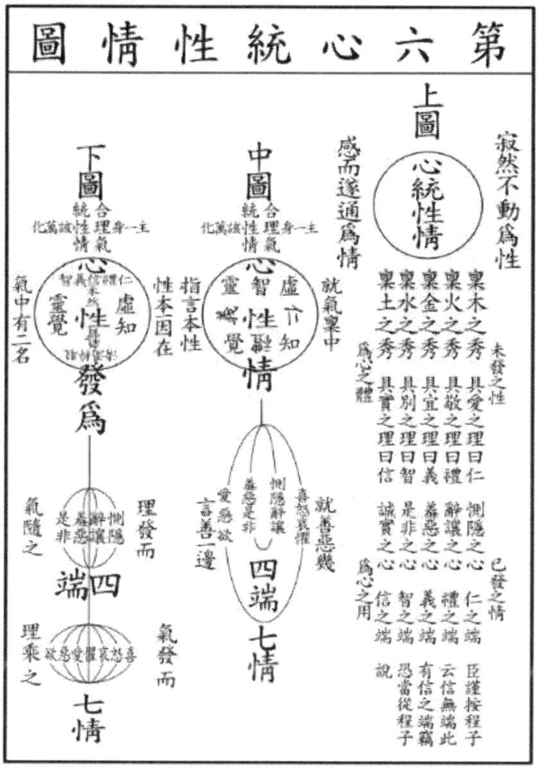

「심통성정도」는 상도, 중도, 하도의 세 부분으로 구성되어 있다. 상도는 임은 정씨(林隱程氏)가 직접 그리고 해설을 붙인 것이다. 중도와 하도는 퇴계가 직접 그린 것이다.[82] 여기에서는 리와 기를 인식하고 '성'과 '정'을 통섭하고 있는 것은 '심'이므로 '경'에 의하여 '심'을 존양하고 성찰하도록 한 내용을 담고 있다. 제6도 「심통성정도」의 앞부분에는 임은 정씨의 논지가 다음과 같이 소개되어 있다.

---

82) 『퇴계집』 권7, 차, 「進聖學十圖箚(幷圖)」, "右三圖, 上一圖, 林隱程氏作, 自有其說矣. 其中下二圖, 臣妄竊推原聖賢立言垂敎之意而作."

임은 정씨는 다음과 같이 말했다. "소위 '마음이 성(性)과 정(情)을 통섭한다'는 것은, 사람이 오행의 빼어남을 받아서 태어남에 그 빼어난 것에서 오성(五性)이 갖추어지고, 오성이 움직이는 데서 칠정이 나오는 것을 말한 것이다. 대개 그 성·정을 통섭하는 것은 마음이다. 그러므로 그 마음이 적연히 움직이지 아니함이 성이 되는 것은 마음의 본체요, 감통하여 정(情)이 되는 것은 마음의 작용이다. 장횡거가 '마음이 성과 정을 통섭한다'고 하였으니, 이 말이 합당하다. 마음이 성을 통섭하는 까닭에 인의예지가 성이 되고 또 '인의의 마음'이란 말도 있으며, 마음이 정을 통섭하는 까닭에 측은·수오·사양·시비가 정이 되고 또 '측은한 마음·수오하는 마음·사양하는 마음·시비하는 마음'이란 말도 있는 것이다. 마음이 성을 통섭하지 못하면 미발의 중(中)을 이룰 수 없어서 성이 천착되기 쉽고, 마음이 정을 통섭하지 못하면 절도에 맞는 화(和)를 이룰 수 없어서 정이 방탕하기 쉽다. 배우는 사람들은 이것을 알아서 반드시 먼저 그 마음을 바르게 하여 성을 기르고 그 정을 단속하면, 배우는 방법이 얻어질 것이다."[83]

(7) 제7도: 「인설도」

「인설」은 주자가 저술한 것이며, 「인설도」 역시 주자가 직접 그린 것이다. 퇴계는 인의 도리를 밝힌 것으로서 이것보다 훌륭한 설명이 없다고 극찬하였는데,[84] 여기에서는 '경'으로 사욕을 극복하여 '인'을

---

83) 『퇴계집』 권7, 차, 「進聖學十圖箚(并圖)」, "林隱程氏曰: 所謂心統性情者, 言人稟五行之秀以生, 於其秀而五性具焉, 於其動而七情出焉, 凡所以統會其性情者則心也. 故其心寂然不動爲性, 心之體也, 感而遂通爲情, 心之用也. 張子曰:心統性情, 斯言當矣, 心統性, 故仁義禮智爲性, 而又有言仁義之心者, 心統情, 故惻隱羞惡辭讓是非爲情, 而又有言惻隱之心, 羞惡辭讓是非之心者.心不統性, 則無以致其未發之中, 而性易鑿, 心不統情, 則無以致其中節之和, 而情易蕩. 學者知此, 必先正其心, 以養其性, 而約其情, 則學之爲道得矣."

84) 『퇴계집』 권7, 차, 「進聖學十圖箚(并圖)」, "右仁說, 朱子所述, 并自作圖. 發明仁道, 無復餘蘊."

실천할 것을 강조하였다. 제7도 「인설도」에는 주자의 「인설」이 다음과 같이 소개되어 있다.

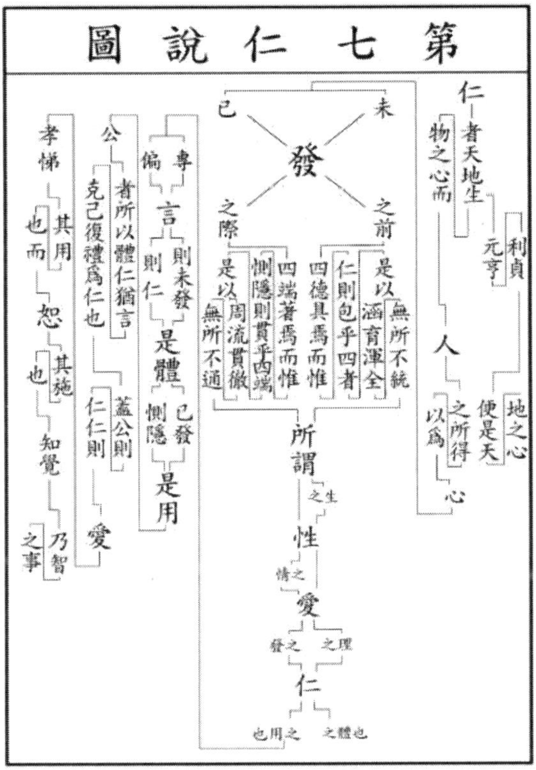

주자는 다음과 같이 말하였다. “인(仁)이라는 것은 천지가 만물을 낳는 마음이요, 사람이 이것을 얻어서 마음으로 삼는 것이다. 아직 발현하기 전에 사덕이 구비되어 있는데, 오직 인만이 이 네 가지를 포함하고 있다. 그리하여 함육하고 혼전(渾全)하여 거느리지 않음이 없으니, 이른바 생(生)의 성(性)이요, 애(愛)의 이(理)로, 이것이 인의 본체이다. 이미 발현된 즈음에는 사단이 나타나는데, 오직 측은만이 사단을 관철

하고 있다. 그리하여 두루 흘러 관철하여 통하지 않음이 없으니, 이른 바 성(性)의 정(情)이요, 애(愛)의 발현으로, 이것이 인의 용이다. 전체적으로 말하면 미발은 체이고 이발은 용이며, 부분적으로 말하면 인은 체이고 측은은 용이다. 공(公)이라는 것은 인을 체득하는 것이니, '사심을 극복하여 예로 돌아감이 인이 된다'고 하는 말과 같다. 대개 공은 인이요 인은 애이니, 효도하고 공경하는 것은 그 용이고 서(恕)는 인을 베푸는 것이며 지각은 이것을 아는 일이다." 또 그는 다음과 같이 말하였다. "천지의 마음은 그 덕이 넷이 있어서 원·형·이·정이라 하는데, 원은 통하지 않음이 없다. 그것이 운행하면 차례로 춘하추동이 되는데, 봄의 생기가 통하지 않음이 없다. 그러므로 사람의 마음에도 그 덕이 넷이 있어서 인·의·예·지라 하는데, 인은 포괄하지 않는 것이 없다. 그리고 그 인·의·예·지가 발현하여 작용하면 애(愛)·공(恭)·의(宜)·별(別)의 정(情)이 되는데, 측은하게 여기는 마음은 관통하지 않음이 없다. 무릇 인의 도는 곧 천지가 만물을 낳는 마음으로, 만물에 있어 정이 발현되기 전에 이미 이 체가 갖추어져 있고, 정이 발현하면 그 작용이 무궁하다. 진실로 이를 본받아 보존하면 온갖 선의 근원과 모든 행실의 근본이 이에 있지 않음이 없다. 이것이 공자 문중의 교육이 반드시 배우는 이로 하여금 인을 구하는 데 급급하게 하는 까닭이다. 공자는 '사심을 극복하여 예로 돌아감이 인이 된다'고 하였으니, 이는 자기의 사심을 제거하고 천리로 돌아갈 수 있으면 이 마음의 체가 있지 않음이 없고, 이 마음의 용이 행하지 않음이 없음을 말한 것이다. 또 '거처하는 것이 공손하고, 일을 하는 것이 공경스러우며, 타인에게 진심으로 대해야 한다'는 말은 이 마음을 보존하는 것이며, '효도로써 어버이를 섬기고 공경으로 형을 섬기며 서(恕)로써 상대에게 미쳐 간다'는 말은 이 마음을 행하는 것이다. 이 마음은 어떤 마음인가? 천지에 있어서는 끝없이 만물을 낳는 마음이요 사람에게 있어서는 따뜻하게 사람을 사랑하고 만물을 이롭게 하는 마음으로, 사덕을 포함하고 사단을 관통하는 것이다."[85]

---

85) 『퇴계집』 권7, 차, 「進聖學十圖箚(幷圖)」, "朱子曰: 仁者, 天地生物之心, 而人

(8) 제8도: 「심학도」

제8도 「심학도」는 임은 정씨(林隱程氏)가 성현들이 심학을 논의한 것 중에서 중요한 내용들을 선별하여 수집하고, 다시 그것을 그림으로 그린 것이다.[86] 퇴계는 「심학도」를 설명하는 과정 중에 이것을 제작한 임은 정씨, 즉 정복심(程復心, 1257-1341)에 대해 자세하게 설명한다. "임은 정씨의 자는 자현(子見)이며 신안 지방의 사람이다. 그는 숨어 살아서 벼슬을 한 적은 없고, 의리에 맞는 생활을 규모 있게 하였으며, 백발이 되도록 경서를 연구하여 얻은 바가 깊었고, 『사서장도』(四書章圖) 3권을 저술하였다. 원나라 인종 조에 정씨를 추천하여 벼슬을 주려고 하였으나 그가 원하지 않아서 향군박사의 직책을 주었더니, 그 벼슬도 마다하고 고향으로 돌아기고 말았다."[87]

之所得以爲心. 未發之前, 四德具焉, 而惟仁則包乎四者. 是以, 涵育渾全, 無所不統, 所謂生之性愛之理, 仁之體也. 已發之際, 四端著焉, 而惟惻隱則貫乎四端. 是以, 周流貫徹, 無所不通, 所謂性之情愛之發, 仁之用也. 專言則未發是體, 已發是用, 偏言則仁是體, 惻隱是用, 公者, 所以體仁, 猶言克己復禮爲仁也. 蓋公則仁, 仁則愛, 孝悌其用也, 而恕, 其施也, 知覺, 乃知之事. 又曰: 天地之心, 其德有四, 曰元亨利貞, 而元無不統. 其運行焉. 則爲春夏秋冬之序, 而春生之氣, 無所不通. 故人之爲心, 其德亦有四, 曰仁義禮智, 而仁無不包. 其發用焉, 則爲愛恭宜別之情, 而惻隱之心, 無所不貫. 蓋仁之爲道, 乃天地生物之心, 卽物而在情之未發, 而此體已具, 情之旣發, 而其用不窮, 誠能體而存之, 則衆善之源, 百行之本, 莫不在是. 此孔門之敎, 所以必使學者汲汲於求仁也. 其言有曰: 克己復禮爲仁, 言能克去己私, 復乎天理, 則此心之體無不在, 而此心之用, 無不行也. 又曰: 居處恭, 執事敬, 與人忠, 則亦所以存此心也. 又曰: 事親孝, 事兄悌, 及物恕, 則亦所以行此心也. 此心, 何心也? 在天地則坱然生物之心, 在人則溫然愛人利物之心, 包四德而貫四端者也."

86) 『퇴계집』 권7, 차, 「進聖學十圖箚(幷圖)」, "右林隱程氏掇取聖賢論心學名言爲是圖."

87) 『퇴계집』 권7, 차, 「進聖學十圖箚(幷圖)」, "程氏字子見, 新安人, 隱居不仕, 行義甚備, 白首窮經, 深有所得, 著四書章圖三卷. 元仁宗朝, 以薦召至, 將用之, 子見不願, 卽以爲鄕郡博士, 致仕而歸."

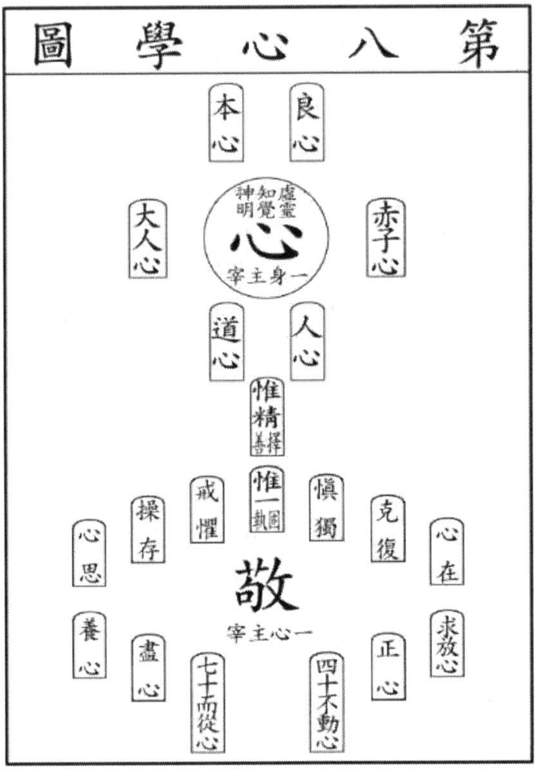

퇴계는 제8도 「심학도」에서 미발과 이발의 심을 밝히고, '경'으로써 심을 존양하고 인심을 극복하는 여러 조목을 대비시켜 설명하였다. 퇴계는 여기에서 임은 정씨가 "심이란 일신의 주재요, 경은 일심의 주재"라고 한 것을 인용하여 성학의 시종이 다름 아닌 '경'에 있음을 천명하였다. 이 내용은 퇴계가 제8도 「심학도」에 인용한 임은 정씨의 「심학도설」에서 확인된다. 「심학도설」의 내용은 다음과 같다.

> 임은 정씨는 다음과 같이 말한다. "적자의 마음은 인욕이 혼탁하기 이전의 양심이요, 인심은 곧 욕심에 눈을 뜬 것이다. 대인의 마음은

의리가 갖추어져 있는 본심이요, 도심은 곧 의리를 깨달은 것이다. 이것은 두 가지 마음이 있는 것이 아니니, 실로 형기에서 나온 것은 모두 인심이 없을 수 없고, 성명에서 근원한 것은 도심으로 된 것이다. 이 그림의 '유정유일 택선고집'(惟精惟一擇善固執) 이하는 인욕을 막고 천리를 보존하는 공부가 아닌 것이 없고, '신독' 이하는 인욕을 막는 곳의 공부이니, 반드시 '부동심'에 이르면 부귀가 마음을 음란하게 할 수 없고, 빈천이 마음을 옮기게 할 수 없으며, 위무가 마음을 굴하게 할 수 없어 도가 밝아지고 덕이 성립됨을 볼 수 있을 것이다. '계구'(戒懼) 이하는 천리를 보존하는 공부에 관한 부분들이니 반드시 '종심'(從心)에 이르면 마음이 곧 체요 욕(欲)이 곧 용이며, 체는 곧 도(道)요 용은 곧 의(義)이며, 음성은 음율이 되고 몸은 법도가 되어서 생각하지 아니하여도 얻고 힘쓰지 아니하여도 저절로 절도에 맞음을 볼 수 있을 것이다. 요컨대 공부하는 요령이 모두 하나의 '경'에서 떠나지 않는 것이다. 내개 마음이란 몸의 주재요 경은 또 마음의 주재이니, 배우는 이들이 주일무적의 설과 정제엄숙의 설 및 그 마음을 수렴하라든가 항상 깨어 있다고 하는 설들을 익히 궁구하면, 그 공부가 극진하여 넉넉히 성인의 경지에 들어가는 것이 또한 어렵지 아니할 것이다."[88]

---

88) 『퇴계집』 권7, 차, 「進聖學十圖箚(幷圖)」, "林隱程氏復心曰: 赤子心是人欲未汨之良心, 人心卽覺於欲者. 大人心是義理具足之本心, 道心卽覺於義理者. 此非有兩樣心, 實以生於形氣, 則皆不能無人心, 原於性命, 則所以爲道心. 自精一擇執以下, 無非所以遏人欲而存天理之工夫也, 愼獨以下, 是遏人欲處工夫, 必至於不動心, 則富貴不能淫, 貧賤不能移, 威武不能屈, 可以見其道明德立矣. 戒懼以下, 是存天理處工夫, 必至於從心, 則心卽體欲卽用, 體卽道用卽義, 聲爲律而身爲度, 可以見不思而得, 不勉而中矣. 要之, 用工之要, 俱不離乎一敬. 蓋心者, 一身之主宰, 而敬又一心之主宰也, 學者熟究於主一無適之說, 整齊嚴肅之說, 與夫其心收斂常惺惺之說, 則其爲工夫也盡, 而優入於聖域, 亦不難矣."

(9) 제9도: 「경재잠도」

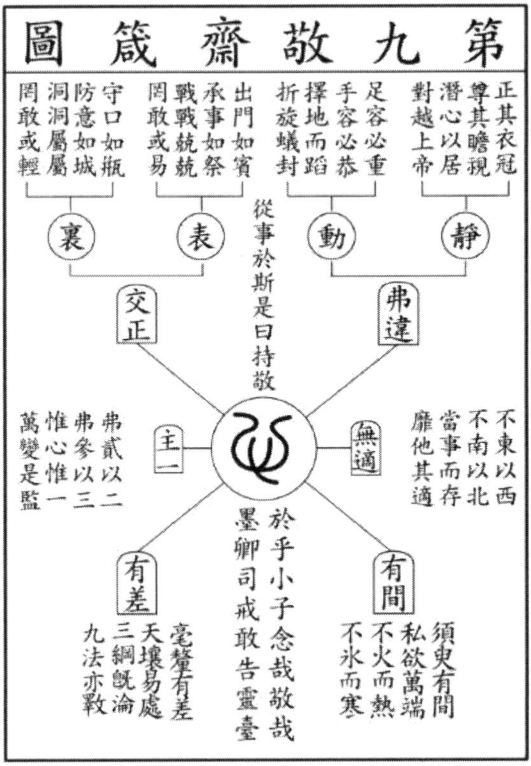

퇴계는 「경재잠도」의 해설을 통해 '경'이 성학의 처음과 끝이 된다는 점을 분명하게 밝힌다.[89] 퇴계는 다음과 같이 「경재잠」의 유래에 대해 설명한다. "「경재잠」의 제목 아래 주자 자신이 설명하기를 '장경부(張敬夫, 1133-1180)의 「주일잠」(主一箴)을 읽고 그 남긴 뜻을 수집하여 「경재잠」을 저술하여 서재의 벽에 써 붙이고 자신을 경계하였다'고 하였다."[90] 여기에서는 '경'이 '성'보다 더욱 엄숙주의적이며 경건주의적

89) 『퇴계집』 권7, 차, 「進聖學十圖箚(幷圖)」, "則敬爲聖學之始終, 豈不信哉?"
90) 『퇴계집』 권7, 차, 「進聖學十圖箚(幷圖)」, "朱子自敍曰: 讀張敬夫主一箴, 掇

인 개념임을 알게 된다. 제9도 「경재잠도」에는 주자가 지은 다음과 같은 내용의 「경재잠」이 소개되어 있다.

> 의관을 바로하고 눈매를 존엄하게 하고 마음을 가라앉히고 거처하면서 상제를 대하듯 하라. 발은 반드시 무겁게 놓고 손은 반드시 공손하게 하여 땅을 가려 밟되 개미집도 피하여 돌아가라. 문을 나설 때는 큰손님을 뵙는 것같이 하며 일을 할 때는 제사를 지내는 것같이 하여 조심조심 하여서 혹시라도 안이하게 처리하지 말라. 입을 다물기를 병처럼 하고 뜻을 방비하기를 성처럼 하여 성실히 하여 혹시라도 가볍게 하지 말라. 서쪽으로 간다 하고 동쪽으로 가지 말고 북쪽에 간다 하고 남쪽으로 가지 말아서 일을 당하면 오직 거기에만 마음을 두고 다른 데로 좇지 않게 하라. 둘로 마음을 두 갈래로 내지 말며 셋으로 마음을 세 갈래로 내지 말고 마음을 오로지 하나로 하여 만 가지 변화를 살피라. 여기에 종사하는 것을 경을 지킨다고 하니, 움직일 때나 고요할 때나 어김이 없이 표리를 바르게 하라. 잠깐이라도 간단이 있으면 사욕이 만 갈래로 일어나서 불이 아니더라도 뜨겁고 얼음이 아니더라도 찰 것이다. 털끝만큼이라도 어긋남이 있으면 천지의 자리가 바뀌어 삼강이 무너지고 구법(九法)이 실추될 것이다. 아, 아이들아. 깊이 생각하고 공경하라. 이제 경계의 글을 써서 감히 영대에 고하노라.[91]

其遺意, 作敬齋箴, 書齋壁以自警云."

91) 『퇴계집』 권7, 차, 「進聖學十圖箚(幷圖)」, "正其衣冠, 尊其瞻視, 潛心以居, 對越上帝, 足容必重, 手容必恭, 擇地而蹈, 折旋蟻封. 出門如賓, 承事如祭, 戰戰兢兢, 罔敢或易.守口如甁, 防意如城, 洞洞屬屬, 罔敢或輕. 不東以西, 不南以北, 當事而存, 靡他其適. 弗貳以二, 弗參以三, 惟心惟一, 萬變是監, 從事於斯, 是曰持敬, 動靜弗違, 表裏交正. 須臾有間, 私欲萬端, 不火而熱, 不氷而寒. 毫釐有差, 天壤易處, 三綱旣淪, 九法亦斁. 於乎小子, 念哉敬哉. 墨卿司戒, 敢告靈臺."

(10) 제10도: 「숙흥야매잠도」

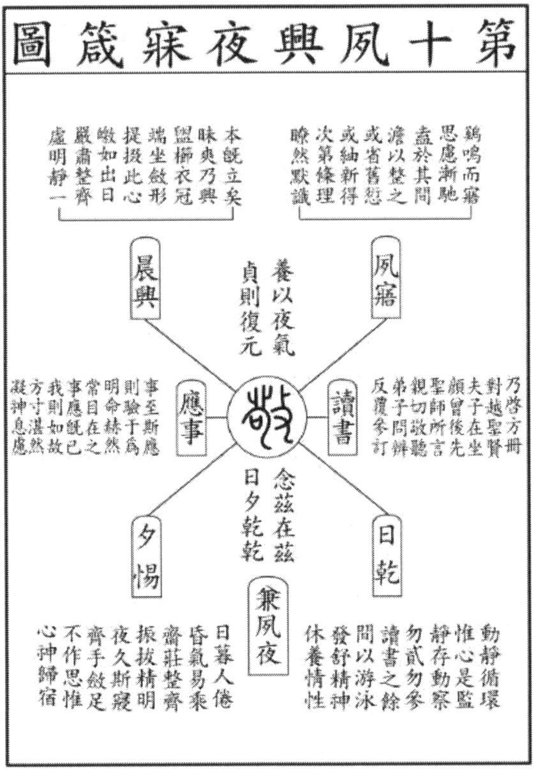

「숙흥야매잠」은 남당(南塘) 진무경(陳茂卿, 陳柏)이 저술하여 자신을 경계한 글이다. 금화(金華) 왕노재(王魯齋; 王栢, 1197-1274)가 일찍이 태주에 있는 상채서원에서 교육을 주관할 때 오직 「숙흥야매잠」만을 교육하여 학생들로 하여금 각각 외우게 하고 익혀서 실행하도록 하였다고 한다. 퇴계는 왕노재의 「경재잠도」를 참고하여 이 그림을 만들어 왕노재의 그림과 상대되게 하였고 밝힌다.[92]

92) 『퇴계집』 권7, 차, 「進聖學十圖箚(幷圖)」, "右箴, 南塘陳茂卿(柏), 所作以自警者, 金華王魯齋嘗主教台州上蔡書院, 專以是箴爲教, 使學者人人誦習服行.

「숙흥야매잠도」에서는 '경'을 심성의 중간에 놓고 모든 것이 그것을 중심으로 설명된다. 「숙흥야매잠도」는 아침에 잠자리에서 깨어날 때부터 잠자리에 들 때까지 책을 읽고 일하고 하는 모든 경우에, 언제 어디에서나 '경'을 잃어버려서는 안 된다는 것을 도해로 설명한 것이다. 이렇게 한 순간도 '경'을 잃어버리지 않고 생활한다면 반드시 하늘의 이치가 구현될 수 있다고 한다. 제10도 「숙흥야매잠도」는 이와 같은 내용을 구체화하여 다음과 같이 말하고 있다.

> 닭이 울어 깨어나면 이것저것 생각이 차차 일어나게 되니, 어찌 그 동안 고요하게 마음을 정돈하지 않겠는가? 때로는 과거의 허물을 반성하고 때로는 새로 얻은 것을 생각해 내어 절차와 조리를 분명하게 알아 두라. 근본이 서게 되면 새벽에 일찍 일어나서 세수하고 빗질하고 의관을 차리고 단정히 앉아 몸을 추스른다. 이 마음을 다잡아 마치 떠오르는 해와 같이 밝게 하고, 엄숙하고 가지런하며 허명하고 한결같이 고요하게 하라. 그러고는 책을 펴서 성현을 대하게 되면 공자가 자리에 있고 안자와 증자가 앞뒤에 있을 것이다. 성현의 말씀을 고분고분 공손히 듣고, 제자들이 묻고 변론한 것을 반복하여 참고하고 바로잡으라. 일이 이르러 응하면 행위에서 증험이 되니, 환하게 밝은 하늘의 명을 항상 주시하라. 일에 응하고 나면 곧 나는 예전과 같아질 것이니, 마음을 고요하게 하여 정신을 모으고 잡념을 버리라. 움직임과 고요함이 순환할 때에 오직 마음이 이를 응시하여 고요할 때는 보존하고 움직일 때는 살펴서, 정신을 둘로 나누지 말고 셋으로도 나누지 말라. 글을 읽다가 여가를 틈타서 간간이 유영을 하여 정신을 이완하고 정성(情性)을 휴양하라. 날이 저물면 피곤해져서 흐린 기운이 쉽게 타고 들어오니, 재계하고 정제하여 정신을 명랑하게 하라. 밤이 깊어 잠자리에 들면 손발을 가지런히 하고 사유를 하지 말아서 심신을 잠들게 하라. '야기'로써 길러 나갈 것이니, 정(貞)하면 원(元)에 돌아온다. 생

臣今謹倣魯齋敬齋箴圖, 作此圖以與彼圖相對." 참조.

각을 여기에 두고 또 여기에 두어 밤낮으로 꾸준히 계속하라.[93]

이상의 내용에서 확인되는 것처럼 『성학십도』와 '경'은 밀접한 관계가 있다. 『성학십도』의 사상의 핵심이 바로 '경'이라는 한 글자에 집약되어 있다고 하더라도 과언이 아닐 정도다. 퇴계는 『성학십도』의 거의 반이나 되는 도해 속에 '경'을 위주로 한 사상을 배치한 것처럼 그의 학문 체계의 핵심 부분에도 '경'이 자리하고 있다는 것을 알게 된다. 『성학십도』의 모든 도해와 설명에는 '경'이라는 개념이 전제되어 있고, 설혹 표면적으로 드러나 있지 않은 경우라 할지라도 그 배면에서 '경'이라는 개념을 어렵지 않게 발견할 수 있다는 것을 부인할 수 없다.[94]

퇴계는 평생토록 '경'을 통해 자신이 희망하던 성인의 경지로 나아가고자 끊임없이 노력했던 인물이고, 또한 모든 사람들이 자신과 함께 '경'에 힘쓸 수 있기를 소망했던 인물이었던 것이다. 퇴계가 주자에게서 확인한 평생의 신념 같은 정신이 있다면 그것은 '경' 한 글자로 요약될 수 있을 것이다. 그는 주자가 자신과 같이 '경'을 강조하였던 인물이라고 확신하였기 때문이다.

---

93) 『퇴계집』 권7, 차, 「進聖學十圖箚(幷圖)」, "雞鳴而寤, 思慮漸馳, 盍於其間, 澹以整之? 或省舊愆, 或紬新得, 次第條理. 瞭然默識, 本旣立矣, 昧爽乃興, 盥櫛衣冠, 端坐斂形. 提掇此心, 皦如出日, 嚴肅整齊, 虛明靜一. 乃啓方册, 對越聖賢, 夫子在坐, 顔曾後先. 聖師所言, 親切敬聽, 弟子問辨, 反覆參訂. 事至斯應, 則驗于爲, 明命赫然, 常目在之, 事應旣已, 我則如故, 方寸湛然, 凝神息慮. 動靜循環, 惟心是監, 靜存動察, 勿貳勿參. 讀書之餘, 間以游泳, 發舒精神, 休養情性. 日暮人倦, 昏氣易乘, 齋莊整齊, 振拔精明. 夜久斯寢, 齊手斂足, 不作思惟, 心神歸宿, 養以夜氣, 貞則復元. 念玆在玆, 日夕乾乾."

94) 『퇴계집』 권7, 차, 「進聖學十圖箚(幷圖)」, "吾聞敬之一字, 聖學之所以成始而成終者也."

5. 후대의 영향과 평가

퇴계는 전대미문의 사화의 시대를 살다갔다. 이러한 시대환경 속에서 퇴계의 관심은 자연스럽게 인간다운 삶의 질서회복에 초점이 맞추어졌다. 그는 전도된 가치체계의 재정립을 위한 실천적 과제수행을 평생의 과업으로 삼았다. 이와 같은 문제의식으로부터 퇴계의 철학은 인간 본연의 성품을 어떻게 본래의 상태로 회복시키고 이것을 존양하느냐 하는 인간학적인 수양방법과 실천의 문제로 확장되었다. 이 과정에서 퇴계는 리의 가치에 주목하고 리의 능동성을 강조한 철학을 제창함으로써 주체적 도덕형이상학의 체계를 완성하였다. 그런데 퇴계가 주장한 리의 능동성은 인간 심성의 도덕적 능동성으로 연결되는 특징이 있다. 퇴계가 본 리의 능동성은 이성과 양심에 대한 주체적 자율성을 제고하는 철학적 근거였다. 따라서 퇴계에게서 활발발한 도덕의 권능이 온 세상에 구현된다는 것은 리의 능동성과 온전하게 하나가 되는 것이나 다를 바 없는 일이었다.

퇴계와 관련된 여러 가지 일화를 참고할 때, 퇴계의 인품은 남다름이 있었다. 정신이 모자랐던 후처 권씨 부인과 관련된 몇 가지 일화라거나 며느리를 재가시킨 일화들을 통해 보면 퇴계가 얼마나 개명한 지식인이었는지를 단적으로 보여준다. 또한 퇴계는 항상 언행을 조심하였을 뿐 아니라 아무리 아랫사람이라도 '너'라고 부르는 일이 없었다고 전해진다. 인간에게는 존귀한 리의 이념이 존재하며, 함부로 대할 수 있는 인간이란 애초에 존재하지 않는다는 것이 퇴계의 입장이었기 때문에 가능한 일이었다고 할 수 있다. 퇴계와 관련된 전승설화의 저변에는 인간존중의식이 깔려 있다고 볼 수 있다.

퇴계는 교육을 통해 현실에 리를 발현시키고 도덕의 세계를 구현하고자 한 특징이 있다. 그는 평생 교육을 통해 수많은 제자를 양성하였다. 그 가운데 승상을 역임한 인물만 해도 10여 명이었고 나라에서 시호를 받은 인물은 30여 명, 대제학을 역임한 사람도 10여 명이나 되었다. 퇴계의 문하에서 배출된 유명한 학자로는 금계(錦溪) 황준량(黃俊良, 1517-1563), 사암(思庵) 박순(朴淳, 1523-1589), 월천(月川) 조목(趙穆, 1524-1606), 문봉(文峯) 정유일(鄭惟一, 1533-1576), 학봉(鶴峯) 김성일(金誠一, 1538-1593), 민재(民齋) 이덕홍(李德弘, 1541-1596), 서애(西厓) 유성룡(柳成龍, 1542-1607), 한강(寒岡) 정구(鄭逑, 1543-1620) 등이 있다. 이들은 모두 퇴계의 영향을 받은 기라성 같은 인물들로서 영남학파의 대표자들이다.

한국철학사에서 차지하는 퇴계의 위상은 매우 크다. 일찍이 율곡은 다음과 같이 퇴계를 평가하였다. "퇴계 선생은 세상의 유학의 종장으로서, 정암 조광조 뒤로는 서로 비교할 사람이 없다. 그 재조와 기국은 혹 정암에 미치지 못할는지 모르지만, 의리를 탐구하여 정미한 것까지 드러내는 데 있어서는 정암이 퇴계에 미치지 못한다."[95) 율곡은 한국성리학의 태산북두로 여겨지는 정암과 퇴계를 비교한 것이다. 특히 의리를 탐구하여 정미한 것까지 드러내는 일은 정암도 퇴계에 미치지 못한다고 할 정도로 퇴계는 도덕적 의리학 분야의 최고봉이라고 볼 수 있는 것이다.

또한 퇴계의 문인 지산(芝山) 조호익(曺好益, 1545-1609)은 퇴계의 학문적 지위를 다음과 같이 평가하였다. "주자가 작고한 뒤 문인들이 각자가 들은 것을 사방에 전수하였지만 다수가 그 본래의 뜻을 잃어버려 그 흐름이 점차 차이가 나더니 점점 더 이단에 빠져들더니 사도의 정맥이 이미 중국에서 끊어져버렸다. 퇴계가 수백 년 후에 바다 바깥에서

95) 『퇴계전서』, 「언행록」, "先生爲世儒宗, 趙靜庵之後, 無與爲比, 其才調器局, 或不及靜庵, 至於深究義理, 以盡精微則又非靜庵所及矣."

태어나 박문약례에 나아가 경의협지하여 그의 분기에 미혹되지 않고 순수하고 한결같이 올바름을 드러내어 주자의 도를 전하는 적전이 되었다. 비단 우리나라에서만 비교할만한 사람이 없을 뿐 아니라, 비록 중국에서도 또한 이만한 인물을 볼 수가 없으니, 실로 주자 이후의 제일인자이다."[96]

이와 같은 퇴계의 사상은 국내뿐만 아니라 국외에까지 영향을 주었다. 특히 일본 학자들은 퇴계의 저술을 읽고 감명 받은 경우가 매우 많았다. 혹자는 퇴계의 『자성록』을 가장 감명 깊고 많은 영향을 준 저술이라고 평가한다. 「주자서절요서문」을 읽고 감명 받아 신명 같이 존경한다는 학자도 있고, 「천명도설」을 읽고 감명 받은 학자도 있어 각기 자신의 성격과 영향력에 따라 퇴계의 주요 저술을 다르게 선정하였다.[97] 그럼에도 퇴계의 저술이 일본에 전해졌고, 그 저술들을 보고 일본의 학자들이 퇴계를 높이 평가하였다는 사실만큼은 분명하다.

임진왜란 때 일본에 전해진 퇴계의 학문은 후지와라 세이가(藤原惺窩, 1561-1619)에게 직접적인 영향을 주어 그로 하여금 일본 주자학을 창시하게 하였고, 그 뒤로도 일본 유학을 대표하는 구몬학파와 구마모토학파에 큰 영향을 끼쳐 두 학파 사람들은 퇴계를 대대로 신명처럼 받들었다. 기몬학파(崎門學派)의 창시자인 야마자키 안사이(山崎闇齋, 1618-1682)는 퇴계를 '주자의 직제자나 다름없는 조선의 제일인'이라고 평가하였고, 그의 제자 사토 나오카타(佐藤直方, 1650-1719)는 이렇게 말하였다. "그의 학문이 이룬 바는 크게 월등하여 원나라나 명나라의 학자들과

96) 『지산집』 권5, 잡저, 「退溪先生行錄」, "朱子旣歿, 門人各以所聞, 傳授四方, 多失本旨, 其流漸差, 浸浸入於異端, 斯道正脈, 已絶於中原. 退溪生於海外數百載之下, 博約兩進, 敬義夾持, 不爲他歧之惑, 而粹然一出於正, 以嫡傳朱子之道, 不但吾東方未有其比, 雖中原, 亦不見其髣髴者, 實朱子後一人也."

97) 유승국, 「한국의 유학사상 개설」, 앞의 책, 31쪽 참조.

비교할 바가 아니다.[98] 이외에도 이나바 모쿠사이(稲葉默齋, 1732-1799), 요코이 쇼난(横井小楠, 1809-1869), 모토다 도우야(元田東野, 1818-1891) 등이 모두 퇴계를 존숭하여 그 지위를 높이 평가하였다.

이와 같이 일본학자들에 의해 존숭된 퇴계의 정신은 일본인의 이념형성에 일정 부분 공헌한 부분이 있고, 또한 이러한 이유 때문에 한일 양국의 정신사의 발전에 이바지한 부분이 분명하다고 평가된다. 일본의 퇴계 선양은 서양에까지 퇴계를 알리는 역할을 담당한 긍정적 의의가 있다. 현재는 한국, 일본, 중국, 미국, 독일 등지에 퇴계학연구소가 생겨 국제학술대회가 활발하게 거행되고 있는가 하면 퇴계학 연구의 활성화와 국제화 지수가 해마다 높아가는 중이다.[99] 이것은 퇴계철학의 가치와 의의가 현대에도 충분히 인정되고 있다는 사실의 방증이 아닐 수 없다.

---

98) 정용선, 『한국의 사상』(서울: 한샘출판사, 1994), 184쪽 참조.
99) 정용선, 앞의 책, 185쪽 참조.

제 07 장

고봉 기대승의 학문정신과 철학사상

1. 문제의 소재

그동안 고봉(高峰) 기대승(奇大升, 1527-1572)에 대한 평가는 퇴계와 율곡의 아성에 가려 상대적으로 과소평가된 감이 없지 않다. 그러나 조선 유학사에 있어서 고봉의 학문적 위상과 사상사적 의의는 결코 과소평가할 수 없다. 고봉은 퇴계보다 26년 이후에 태어나 퇴계 사후 2년 뒤에 세상을 떠났음에도 불구하고, 당대의 대학자요 선배였던 퇴계와 더불어 '사단칠정 논쟁'을 벌임으로써 한국 성리학의 학문적 발전을 실질적으로 이끌어낸 인물이었다.

금장태는 고봉의 사상사적 가치가 성리설을 통하여 불멸의 업적을 남겼던 학문적 역할에 있다고 보면서 그 의의를 다음과 같이 천명하고 있다. "조선시대의 도학은 권근에 의하여 체계적인 이론으로서의 제시가 시도되었지만, 16세기에 이르러서야 학문적인 탐구가 본격적으로 심화되었다. 이때의 도학은 강하게 배타적인 정통론을 내포하고 있었기 때문에 쉽사리 권위주의화하고 형식주의에 빠질 수 있는 경향이 다분히 있었다. 서경덕의 주기론적 입장은 일찍부터 배제되고 조광조의 의리론과 이언적의 주리론이 정통으로 정립되면서, 그 다음 이황이 이것을 계승하였다는 것은 조선조 도학의 권위를 확립시키는 예정된 궤도가 될 수 있었을 것이다. 바로 이러한 시기에 등장한 기대승은 성리의 근원과 이기의 개념을 재검토하게 함으로써 학문의 형식적 권위화를 견제하였다. 그리고 논리와 개념의 한계에까지 파고들어 철학적 사유의 메마르지 않는 원천을 계발해 주었다."[1] 고봉의 학문적 관심은 도학의 전통이 권위주의에 의하여 고사되지 않기를 희망하는 데서 출발한 것임을 알 수 있다.

이러한 고봉의 철학정신은 율곡에 의하여 지지를 받는다. '사단칠정 논쟁'에 대해서 역시 고봉의 입장은 율곡에 의하여 지지된다. 그러나 이전 시대에 '무극-태극 논쟁'이 퇴계에 의하여 회재 이언적의 승리로 막을 내렸다면, 이 '사단칠정 논쟁'은 고봉이 율곡에 의하여 지지를 받았음에도 오늘날까지 그 논쟁의 승리자를 가리기가 쉽지 않은 것이 현실이다. 퇴계는 퇴계대로의 입장이 있고, 고봉과 율곡은 또한 그들대로의 논리가 있기 때문이다. 이러한 이유로 연구자들 사이에는 오늘날까지 퇴계를 지지하는 입장과 고봉과 율곡을 지지하는 입장이 팽팽하게 맞서고 있는 실정이다. 윤사순, 김낙진 등은 전자의 입장을 변호하지만,[2] 정병련, 황의동은 후자의 입장을 옹호하고 있다.[3] 이 같은 입장의 차이는 퇴계학파와 율곡학파의 차이를 드러내는 것이기도 하다는 점에서도 주목된다.

이 글은 그동안 퇴계와 고봉의 관계에 대해 검토했던 연구들에 비하여 상대적으로 빈약한 연구 성과를 보이고 있는 고봉과 율곡의 학문적 관계에 대하여 살펴보고자 기획되었다. 율곡이 고봉의 입장을 적극적으로 변호하고 나선 것이 사실이라면, 양자는 그 차별성보다는 유사성이 더 많을 것이라 예상된다. 그러나 논의의 전개 과정에서 율곡이 과연 고봉의 입장을 단순하게 변호하기만 한 것일까라는 점을 묻고자 한다. 그래서 만일 양자 간에 발견되는 사상적 측면의 차별

---

1) 금장태, 『한국유교의 이해』(서울: 민족문화사, 1989), 175-176쪽.

2) 윤사순, 『퇴계철학의 연구』(서울: 고려대학교 출판부, 1983). ; 김낙진, 「이황과 기대승의 리기 심성론에 나타난 문제의식 검토」, 『퇴계학과 한국문화』 제41호, 경북대학교 퇴계연구소, 2007.

3) 정병련, 『고봉 선생의 생애와 학문』(광주, 전남대학교출판부, 2006). ; 황의동, 「고봉의 성리학과 율곡의 성리학」, 『고봉의 철학과 사상(II)』(광주: 광주직할시, 1991).

성이 있다면 이 점에 대해서도 동시에 주목해보고자 한다. 여기에서는 양자의 학문적 기본정신과 성리학적 관점 및 경세론적 입장의 연계성의 문제를 중심으로 논의해보도록 할 것이다.

2. 학문정신의 기본입장

앞서 예시한 것처럼 금장태는 고봉의 학문관이 권위주의와 형식주의를 견제 비판하는 것을 그 특징으로 한다고 밝힌 바 있다. 학문하는 사람들에게 있어서 이 같은 태도는 매우 중요하다고 하겠다. 그럼에도 정통과 이단의 이분법 사이에서 전자의 길을 걸을 수밖에 없던 당대의 지식인들에게는 전통적 권위만큼 중요한 것도 달리 없었다. 기성의 권위에 대한 부정은 곧 지식인 사회로부터의 파문과 방출을 의미하는 것이기도 하였기에 고봉 당대의 학문은 자칫 형식주의로 빠질 공산이 컸음을 부인할 수 없다.

고봉 당대의 시대사조는 크게 두 가지 맥락을 중심으로 전개되고 있었다. 금장태가 논의한 앞의 인용문에 의하면, 그 하나는 조광조를 중심으로 한 의리론적 입장이며, 다른 하나는 이언적으로부터 이황으로 이어지는 주리론적 입장이다. 서경덕의 주기론적 입장이 있었으나 이는 이미 주류이념으로부터 멀리 배제되어 있었다는 것이다. 전자는 도학적 맥락이며, 후자는 성리학적 맥락에 해당한다. 전자가 삶의 실천적 맥락과 관련을 갖는 것이라면, 후자는 사상적 맥락과 연관된 것이라 할 수 있다.

고봉의 학문 형성에 있어서 도학정신은 그에게 큰 영향을 미쳤다고 볼 수 있다. 역사적 책무에 대해 민감했던 유학적 지식인들이 다들

그랬던 것처럼 고봉은 자신의 삶과 시대가 균열되지 않기를 희망하였다. 그 희망을 현실화하기 위해서는 당대를 선도해 나아갈 시대정신이 필수적이었다. 고봉은 그것을 도학적 이념에서 찾았던 것이다. 잘 알려진 것처럼 정몽주-길재-김숙자-김종직-김굉필-조광조로 이어진 도학정신은 조광조에 이르러 그 정점에 도달한다. 고봉도 이러한 도학적 맥락을 인정한다.[4] 그리고 선배 유학자들 중 누구보다 조광조를 높이 평가했던 율곡은[5] 도학에 대한 개념과 성격에 대하여 다음과 같이 규정한다. "도학이란 격물치지로서 선을 밝히고, 성의 정심으로 그 몸을 닦아, 몸에 쌓아서는 천덕(天德)이 되고, 이를 정치에 베풀면 왕도가 된다."[6]

율곡의 언명에서 확인되는 바와 같이, 도학이란 '수기-치인', '천덕-왕도' 내지는 '내성-외왕'의 조화로운 일치를 그 목표로 한다. 그러나 도학에 있어서 왕도로 나아가기 위한 전제조건이 곧 '수기'이기 때문에 철저한 자기수양이 요청되는 것이다. 이러한 도학풍은 16세기 전반의 주된 학풍이었다. 특히 고봉의 경우는 이러한 도학풍과 밀접히 연관이 되어 있었다. 그것은 그의 숙부 기준이 기묘명현으로 조광조와 함께 도학정치를 추구하다 화를 입었기 때문이다. 고봉의 부친 기진은 이를 계기로 현실정치와 거리를 두고, 전라도 광주로 이사하여 정착하게 되었다. 고봉은 이러한 배경에서 태어났고, 그의 학풍 또한

---

4) 『고봉집』, 「論思錄」 권하, "我國學問, … 至麗末禹倬鄭夢周後, 始知性理之學, 及至我世宗朝, 禮樂文物, 煥然一新, 以東方學問相傳之次言之, 則以夢周爲東方理學之祖, 吉再學於夢周, 金淑滋學於吉再, 金宗直學於淑滋, 金宏弼學於宗直, 趙光祖學於宏弼, 自有源流也. 邇來儒士, 欲爲聖賢之學, …."

5) 율곡은 한국 유학사에 있어서 진정한 도학의 선구자가 정암 조광조라고 규정할 정도로 정암의 도학적 위상을 높이 평가하고 있다(『율곡전서』 권31, 어록상, "然則道學自趙靜菴始起." 참조).

6) 『율곡전서』 권15, 잡저, 「東湖問答」, "夫道學者, 格致以明乎善, 誠正以修其身, 蘊諸躬則爲天德, 施之政則爲王道."

도학풍을 기본으로 하고 있다.[7)]

고봉과 율곡의 철학정신은 도학적 시대정신과 더불어 불가분의 관계에 있었다. 실제로 고봉은 당시 조정 관료들이 사화를 대하는 태도가 매우 소극적이고 모호하다는 판단 아래 이를 강렬하게 비판한 바 있다. 그는 도학을 실천하다가 억울하게 희생된 정암의 명예를 회복하고,[8)] 을사사화로 인하여 문제가 된 회재의 명예를 복권시켜야 한다고 주장하여[9)] 이를 관철시킨 바 있다. 반면 그는 을사사화의 주범으로 지목되던 윤원형에 대한 단죄를 서슴없이 주장하는 내용의 「낭서상소」(郎署上疏)를 올리기도 하였다. 고봉의 이러한 행동은 모두 옳고 그름을 준별하는 시비의 판단에 따른 것으로서 그 기준은 언제나 도덕적 이치를 벗어나는 것이 아니었다.

한편, 성리학적 논의에 있어서 화담의 학문성향을 주기론이라 규정하고 회재와 퇴계의 학문성향을 주리론이라 규정하는 방식에 대해서는 일찍이 문제가 제기된 바 있다. 일본인 다카하시 도오루(高橋亨, 1878-1967)가 퇴계와 고봉을 각각 주리론과 주기론의 이론적 선구자로 지목하여 그 철학적 특징을 대비한 이후 아베 요시오(阿部吉雄)와 배종호는 이 관점을 계승하였다.[10)] 그 이후 이러한 분류방식은 별다른 문제제기 없이 한 동안 당연한 것으로 인정받아 왔다. 그러나 과연 '조선에서 주기철학이 가능한가'라는 선언적 문제의식을 통해 본다면,

---

7) 황의동, 『기대승』(서울: 성균관대학교출판부, 2008), 21-22쪽 참조.

8) 『고봉집』, 「論思錄」 권상, "趙光祖又金宏弼弟子也. 有篤學工夫, 欲挽回世道, 防其利欲之源, 而不得而死. 至今朝廷之上, 不能明知是非, 不得已是其是而非其非, 然後人心悅服矣."

9) 『고봉집』, 「論思錄」 권상, "彥迪學問, 無愧於宏弼汝昌, 必須一樣伸雪表章, 然後是非可明也."

10) 다카하시 도오루, 조남호 옮김, 『조선의 유학』(서울: 소나무, 1999), 18쪽 참조.

이 같은 전통적 분류방식은 재고되어야 함이 마땅하다.[11] 이러한 점에 관심을 두고 김낙진은 고봉이나 율곡을 주기론자로 몰아간 것은 퇴계학파의 비하의식에서 비롯된 일이지만, 마찬가지로 퇴계가 리의 운동을 인정했다는 평가는 율곡으로부터 본격화되어 그 학파에 의해 일관되게 주장된 비난이었다고 주장한다. 이 비난들은 일방적인 것으로서 상대 학파로부터는 긍정되지 않았던 것들이라는 것이 그 근거이다.[12] 고봉의 성리학적 입장은 '주리론'과 '주기론'이라는 단순한 이분법적 도식을 벗어나 있다.

그런데 퇴계의 성리학적 세계관이 조형되어 당대의 시대정신으로서 주류 역할을 담당해 나아갈 즈음에 고봉은 그 궤도에 무임승차하지 않았다. 고봉은 과감하게 자신의 논점을 토대로 퇴계의 철학적 논지에 대하여 반론을 제기한 것이다. 퇴계철학의 형성은 당대로부터 엄청난 파장력을 확보하고 있었기 때문에 고봉이 퇴계와는 구분되는 또 다른 노선을 방법적으로 모색하였던 사실은 그 자체만으로도 매우 특기할 만한 일이 아닐 수 없다.[13] '사단칠정 논쟁'으로 가시화되는 퇴계와 고봉 사이의 이념적 충돌이 이를 잘 말해 준다. 고봉의 퇴계 비판은 전통적 구습에 얽매이지 않는 학문적 비판정신으로부터

---

11) 이에 관해서는 조남호, 「조선에서 주기철학은 가능한가」, 『논쟁으로 보는 한국철학』(서울: 예문서원, 1995), 129-147쪽을 참고할 것. '주리'와 '주기'의 개념은 퇴계와 고봉 사이에서 벌어졌던 사단칠정 논쟁의 진행과정 중에 "사단은 리를 주로 하고(主理), 칠정은 기를 주로 한다(主氣)"고 한 퇴계의 발언으로부터 유래한다.

12) 김낙진, 앞의 논문, 66쪽 참조.

13) 김낙진은 퇴계와 고봉이 일반적으로 이해되는 것보다 생각 이상으로 많은 공유점을 가지고 있다는 점을 잘 분석하고 있다. 현실 세계에 대한 도덕적 비판정신, 의리와 이해를 철저히 구분하려는 입장, 화담 학파에 대한 냉소적 태도, 상산학에 대한 우려, 나흠순과 그 학설의 성행에 대한 우려에 대한 경계가 이들에게서 공통적으로 발견된다는 것이다. 김낙진, 앞의 논문, 166쪽 참조.

발로된 것이다. 양자 간의 이념적 충돌은 성리학적 세계관의 충돌이었는데, 결과적으로 고봉과 율곡의 학문적 맥락이 퇴계의 것과는 다르다는 평가를 제공하는 단서가 되었다. 성리학적 세계관의 측면에서 고봉과 율곡은 매우 유사한 관점을 공유하였던 것이다.

고봉의 학문적 태도에서 나타나는 비판정신은 율곡에게서 보다 강화되어 나타난다. 율곡이 선배 학자들을 준열히 비판하는 태도는 고봉이 퇴계를 비판하였던 것 이상이었다. 학문에 대한 비판정신의 토대 위에서 율곡은 진리에 대한 개방적 태도를 갖추어 나아간다. 율곡은 불교나 도가사상, 양명학 그리고 서화담의 기학사상 등에 대하여 그 장단처를 올바로 인식하고 학문에 임해야 한다고 보았던 점이 이를 대변한다.[14] 율곡이 유학적 세계관과는 다른 이학적 사유의 방식에 대해서도 문호를 개방할 수 있었던 것은[15] 그가 학문의 권위주의에 대한 비판정신을 소유하고 있었기 때문에 가능한 일이었다. 율곡은 학문을 함에 있어서 고봉과 같은 종류의 비판적 이성을 창조적으로 수용함으로써 진리에 대한 개방적 인식을 제고하는 데까지 나아갔던 것이다.

율곡은 "이단이란 말이 어찌 불교와 노자, 선학과 육상산의 학문만을 가리키겠는가? 세상에서 선왕의 도를 그르치고 자기 한 몸의 욕망만을 따르는 자는 모두 이단 아닌 것이 없다"[16]고 하여, 이단의 기준

14) 유승국, 「율곡 철학의 근본 정신」, 『율곡 이이』(서울: 예문서원, 2002), 77-84쪽 참조.

15) 이동희는 고봉의 학문적 입장이 퇴계와는 다른 관점을 가졌고, 그것이 명대 중기 정암(整庵) 나흠순(羅欽順, 1465-1547)의 기의 철학과 왕양명의 심학 등의 새로운 조류와 연관되었을 가능성이 있다고 본다. 율곡 역시 정암의 영향을 어느 정도 받았다고 볼 수 있는데, 고봉은 정암을 비판하고 있어 그 영향을 단정할 수는 없다고 본다. 다만, 고봉이 당시 명과 조선의 문화적 교류와 분위기를 반영하였을 것이라고 한다(이동희, 앞의 논문, 121쪽 참조).

16) 『율곡전서』 권13, 발, 「學蔀通辨跋」, "異端之言, 豈必佛老禪陸爲然乎? 世之

자체를 확대 적용하는 태도를 보인다. 이단의 기준이 단순하게 유학이라거나 성리학이라고만 말할 수는 없다는 것이다. 유학 또는 성리학적 도리를 추적하여 가는 지식인들이라 할지라도 그 삶의 궤적이 정도에서 벗어난다면 이것은 이미 이단의 길을 걷는 것이나 다를 바 없다는 것이다. 이단을 규정하는 기준은 온전하게 진리의 영역으로 돌려져야 한다는 것이 율곡의 입장이었다.

이렇게 볼 때, 율곡의 학문적 입장은 고봉의 비판정신을 창조적으로 계승 발전시킨 종류의 것이라고 말할 수 있다. 율곡이 퇴계의 학문관에 정면으로 맞설 수 있었던 동기부여는 이미 고봉에 의하여 충분히 마련되어 있었기 때문이다. 실제로 율곡은 고봉의 학풍에 적지 않은 영향을 받고 있다. 뿐만 아니라 고봉과 율곡은 고봉이 율곡보다 9년 연상이었음에도 서로 간에 진실한 마음과 덕으로써 친교를 맺었던 이른바 '도의지교'(道義之交) 사이였다.[17] 또한 이들의 '도의지교'는 이론과 실천의 통합을 모색하고자 하는 철저한 도학정신에 기반을 두고 있었다.

3. 성리학적 관점

중국에서 발생한 주자학은 '리기론'과 '심성론'이라는 두 축을 중심으로 전개되는 특징이 있다. 리기론과 심성론은 각각 존재론과 도덕

非先王之道, 循一己之欲者, 莫非異端也."

17) 『사계유고』 권8, 행장, 「皇考嘉善大夫司憲府大司憲兼同知成均館事 贈資憲大夫吏曹判書兼知經筵義禁府事 弘文館大提學 藝文館大提學 知春秋館成均館事 世子左賓客黃岡先生家狀」, "與栗谷先生, 奇高峯大升爲道義交."

론의 범주로 환원된다. 그런데 주자학에서는 '천인합일'(天人合一)이라는 대전제 아래 하늘의 이치와 사람의 심성은 근원적으로 일치하는 것이라고 본다. 주자학은 우주 자연의 생성과 변화를 설명하기 위한 이론적 바탕으로 리기론을 발달시켰고, 다시 이를 근거로 하여 인간 심성의 발생 과정과 그 작용을 탐구함으로써 인간의 도덕적 실천의 철학적 근거를 해명하고자 하였다.[18]

조선의 지식인들은 주자학의 기본논리에 충실하고자 하면서도 존재론과 도덕론의 관계를 좀 더 철저하게 모색해보고자 하였다. 이 과정에서 '사단-칠정'[19]의 문제가 자연스럽게 부각되었다. 그런데 중국에서 '사단칠정'의 문제는, 리기 심성론의 탐구에 있어 하나의 과제로 다루어지기는 했어도 태극론과 같은 우주론에 비해 그다지 비중 있게 다루어지지는 않았다. 이에 비해 한국에서는 사단과 칠정의 발생 과정을 리기론적으로 해명하는 문제가 중요한 철학적 관심사로 떠올랐으며, 이것은 대규모 논쟁으로까지 전개되었다.[20] 이것이 '사단칠정 논쟁'이다.[21] 이 논쟁은 한국 유학의 이론적 차원을 한 단계 상승

---

18) 『엔사이버 두산백과사전』, http://www.encyber.com 참조.

19) 잘 알려진 것처럼 '사단'이란 개념은 맹자가 성선설의 근거로 내세운 '측은지심'(惻隱之心), '수오지심'(羞惡之心), '사양지심'(辭讓之心), '시비지심'(是非之心)을 각각 인의예지라는 네 가지 덕의 단서로 설명한 데서 비롯되었다. 사단은 그 자체로 도덕적인 감정이며, 도덕적 행위의 단서가 된다. 또한, '칠정'은 『예기』 「예운」 편에서 인간의 감정을 희(喜)·로(怒)·애(哀)·구(懼)·애(愛)·오(惡)·욕(欲)의 일곱 가지로 지칭한 것으로부터 비롯된다. 그러나 『중용』에서는 희·노·애·락의 네 가지 감정을 내세운다. 이 네 가지 감정의 양태는 인간의 총체적 감정을 모두 보여주는 것이 아니라 그 총체적 감정을 대표하는 성격을 지닌다. 『예기』의 칠정이나 『중용』의 사정은 모두 동일한 인간 일반의 감정을 말하는 것이다. 『중용』의 희로애락은 그 자체적으로는 도덕적 감정은 아닌 것이다.

20) 『엔사이버 두산백과사전』 참조.

21) 사단칠정 논쟁은 추만(秋巒) 정지운(鄭之雲)이 지은 『천명도』 가운데 "사단은 리에서 발하고, 칠정은 기에서 발한다"(四端發於理, 七情發於氣)라는 문구

시키는 결과를 낳았다. 뿐만 아니라, 한국 유학이 중국 유학의 권역 안에 있으면서도 그 문제의식의 차별화를 명백히 하는 '한국적 주자학'을 탄생시키는 계기가 되었다. '한국적 주자학'을 각별히 '성리학'이라고 부르는 이유가 여기에 있다.

원래 사단은 인의예지의 덕목과 관련된 윤리적 범주에, 칠정은 인간의 감정을 총칭하는 인성론의 범주에 각각 속하여 서로 다른 맥락에서 사용되던 말이었다. 그러나 주자학이 일어나면서부터 이 두 개념은 인간 심성이 발현되는 과정에서 도덕적 성격을 띠는 것과 그렇지 못한 것을 각각 나타내는 상반된 의미로 인식되어 대조되는 개념으로 쓰이게 되었다. 이 과정에서 사단과 칠정의 문제가 자연스럽게 부각되어 사단칠정 논쟁으로 발전하였다. 이 논쟁은 퇴계와 고봉 사이에서 처음 발생하였고, 나중에 율곡과 우계 사이에서 다시 논의됨으로써 새로운 국면의 논쟁으로 전개되었다. 이 과정에서 주된 쟁점이 되었던 것은 사단이 리에 속하는가 아니면 기에 속하는가 하는 문제와, 리가 과연 발동할 수 있는가 없는가 하는 두 가지 문제였다.[22] 여기에서는 이 두 가지 쟁점, 즉 사단과 리기 분속의 문제 및 리의 발동 문제를 중심으로 고봉과 율곡의 사상적 연계성에 대해 살펴보기로 한다.

에 대하여 퇴계가 "사단은 리의 발이요, 칠정은 기의 발이다"(四端理之發, 七情氣之發)라고 정정하여 준 것이 계기가 되어 촉발되었다. 이후 퇴계의 수정에 대하여 고봉이 이의를 제기하면서 약 8년에 걸친 논쟁으로 확대된 것이 사단칠정 논쟁이다. 퇴계와 고봉의 사단칠정 논쟁의 전개과정에 대한 상세한 내용은 윤사순의 『한국유학논구』(서울: 현암사, 1991) 가운데 「퇴계의 심성관에 대한 연구」를 참고할 것.

22) 『엔사이버 두산백과사전』 참조.

1) 사단과 리기 분속의 문제

원래 사단·칠정을 리·기에 분속시키는 것은 중국에서는 주자가 이미 그와 같이 하였고, 뒤에 남송의 경학자이자 의학 이론가인 정형(程逈)과 더불어 원대의 정복심(程復心, 호는 林隱) 등도 그 영향을 그대로 받았다. 이러한 사례는 한국에서도 마찬가지였는데, 이는 이미 추만과 퇴계 이전에 양촌 권근의 『입학도설』 중에 보이고 있고, 성종 때 경연 신하 가운데 이파(李坡)가 "사단의 발(發)은 다만 이 리가 있을 뿐이다"(四端之發, 只有是理)라고 한 적이 있었으며, 그 후 진일재(眞一齋) 유숭조(柳崇祖, 1452-1512)가 찬한 「대학강목잠」(大學綱目箴)과 『성리연원촬요』(性理淵源撮要)에도 역시 사칠 분대(分對)의 견해가 있었던 것으로부터 확인된다.[23]

퇴계는 사단과 칠정을 리기에 분속시킨 대표적 인물이다. 그가 고봉과의 사단칠정 논쟁을 진행하는 과정 중에 자신의 이론을 몇 차례 수정하였음에도 리기 분속에 대한 입장만은 결코 양보하지 않았다. 우선 3차에 걸쳐 수정된 퇴계의 사단칠정설은 다음과 같다. ① "사단은 리의 발이고, 칠정은 기의 발이다."(四端理之發, 七情氣之發) ② "사단은 리만으로 발하므로 선하지 않음이 없고, 칠정은 기를 포함해서 발하므로 선악이 혼재하여 있다."(四端之發純理故無不善, 七情之發兼氣故有善惡未知) ③ "사단은 리가 발하여 기가 그것에 따르는 것이며, 칠정은 기가 발하여 리가 그것에 탄 것이다."(四則理發而氣隨之, 七則氣發而理乘之) 퇴계의 일관성은 사단칠정의 대대를 분석하고, 이를 각각 리기에 분속시켜 대설적으로 분개한 점에서 찾아진다. 즉, 사단칠정을 리기로 분별하고, 이들의 상호관계를 '불상잡'의 측면에서 강조한 점이 퇴계 입론의 특징인 것이다.

퇴계 역시 엄연한 주자학의 이론가였기 때문에 주자의 리기론적 입장이 무엇인지에 대해서는 분명하게 이해하고 있었을 것임에 틀림

---

23) 이병도, 『한국유학사』(서울: 아세아문화사, 1987), 206쪽 참조.

없다. 특히, '리기불상리'(理氣不相離), '리기불상잡'(理氣不相雜)으로 표현되는 리기의 관계에 대해서 누구보다 잘 알고 있었을 것이다. 그렇기 때문에 퇴계는 사칠과 리기가 사실에 있어서는 떨어져 있지 않지만, 지시하여 말하는 바에 의하여 구별이 없을 수 없다고 한 것이다. 그는 리기를 나누어 분속할 수 있다 하더라도, 리기가 두 가지 별개의 사물인 것처럼 오해되어서는 안 된다고 생각하였다. 그래서 사단과 칠정은 모두 같은 정에 해당되지만, 그 소종래(所從來)와 소주(小主), 소중(所重)에 따라서 리기로 나눌 수 있는 것이라고 한 것이다.[24] 그런데 우리는 퇴계가 '소종래', '소주', '소중'의 측면에서 사단을 리의 발현이라고 보고 칠정을 기의 발현이라고 본다고 하여, 사단이 전적으로 리에 의해서만 발현되고 칠정이 전적으로 기에 의해서만 발현된다고 본 것은 아니라는 사실에 유의해야만 한다. 왜냐하면 퇴계에게 있어서 사단은 리가 주가 되는 것이지만, 칠정은 기가 주가 된다는 의미이기 때문이다.[25]

그러나 고봉은 퇴계가 말한 바 있는 "사단은 리를 주로 하고 칠정은 기를 주로 한다"는 것이 그 대강은 비록 같을지 모르지만 곡절에는 같지 않은 바가 있다고 비판한다.[26] 이러한 고봉의 비판은 사단칠정을 모두 마음에서 나온 것으로 보고, 마음을 리기의 혼합체요 정도 리

---

24) 『퇴계집』 권16, 「答奇明彦」, 論四端七情 제1서, "蓋理之與氣, 本相須以爲體, 相待以爲用, 固未有無理之氣, 亦未有無氣之理, 然而所就而言之不同. … 由是觀之, 二者雖曰皆不外乎理氣, 而因其所從來, 各指其所主與所重而言之, 則謂之某爲理, 某爲氣, 何不可之有乎?" 참조.

25) 『퇴계집』 권16, 「答奇明彦」, 論四端七情 제2서, 改本, "大抵有理發而氣隨之者, 則可主理而言耳, 非謂理外於氣, 四端是也. 有氣發而理乘之者, 則可主氣而言耳理發而氣隨之, 主理而言耳." 참조.

26) 『고봉집』, 兩先生四七理氣往復書, 상편 권1, 「高峯答退溪論四端七情書」, 제1절, "四端主於理, 七情主於氣而云云者, 其大綱雖同, 而曲折亦有所不同者也."

기를 겸한 것으로 보는 태도로부터 기인한 것이다.[27] 고봉은 기본적으로 리기가 서로 독립적으로 분리될 수 없는 것이라는 존재에 관한 일반론을 앞세워 퇴계의 입론을 비판한다. 또한 사단칠정 역시 분리되어 상호 대거될 수 있는 성질의 것이 아니라고 한다. 리기가 구분될 수 없는 것처럼 사단칠정 역시 구분될 수 없다는 것이다. 고봉은 사단과 칠정이 모두 정이며, 칠정 밖에 별도로 사단이 있는 것은 아니라고 본다. 그는 칠정 속에 사단이 포함된다고 한다. 이것이 이른바 '칠포사'(七包四)의 논리이다.[28] 그렇다고 칠정이 곧 사단 자체인 것은 아니며, 칠정 가운데 '중절자'(中節者)만을 가리켜 사단이라고 하는 것이다.

고봉은 사단칠정을 퇴계처럼 리기에 분속시키게 되면, 리기를 각각 독립된 별개의 사물로 보게 되는 폐단이 일어난다고 본다. 퇴계처럼 본다면 사단에는 기가 없는 것이 되고 칠정에는 리가 없는 것이 되고 만다는 것이다. 고봉은 리기는 서로 떨어질 수 없는 것이며, 사단도 정이기 때문에 칠정에 포함될 수밖에 없는 것이라고 한다. 그래서 고봉은 주자가 '리기는 나눌 수 없다', 그러면서도 '리기는 결단코 둘이다'라고 한 선언적 명제의 두 가지 관점을 따라 리기의 관계를 본다. 이에 리기를 혼합하여 말한 것과 나누어 말한 것을 혼동해서는 안 된다고 한다.[29] 리기는 진실로 구분이 있으나 사물에 있어서는 섞여

---

27) 『고봉집』, 「兩先生四七理氣往復書」, 상편 권1, 〈高峯答退溪論四端七情書〉, 제6절, "四端七情, 無非出於心者, 而心乃理氣之合, 則情固兼理氣也, 非別有一情, 但出於理, 而不兼乎氣也."

28) 배종호, 『한국유학사』(서울: 연세대학교출판부, 1978), 76쪽.

29) 『고봉집』, 「兩先生四七理氣往復書」 상편 권1, 〈高峯答退溪論四端七情書〉, 제4절, "古之聖賢, 論及理氣性情之際, 固有合而言之者, 亦有別而言之者, 其意亦各有所主, 在學者精以察之耳." 퇴계 역시 사단칠정이나 리기를 나누어 볼 수도 있고, 종합하여 볼 수도 있다는 점을 인정한다. 퇴계나 고봉은 다 같이 주자학이라는 학문적 범주 안에서 논쟁을 벌이고 있기 때문에 주자학의 대전제를 위배하면서까지 무모하게 자신의 논의를 전개시키지는 않는다. 사

있어 나눌 수 없는 것이기 때문이다. 리는 기의 주재자로 조짐이 없는 것, 기는 리의 재료로서 형적이 있는 것, 리는 작위성이 없는 것, 기는 작위하는 것으로 엄밀히 구별되지만, 실제 사물에 있어서는 리기가 섞여 떨어질 수 없는 것이다.[30]

율곡의 철학적 입장은 고봉의 관점과 상당히 유사하다. 일체 존재를 '리기불상리'의 일원적 관점에서 보고자 한 점이라든가, 리기의 분석보다는 리기의 합에 관심을 가졌다는 점 등이 그것이다. 사단칠정의 논의에 있어서도 율곡은 퇴계의 학설을 취하기보다는 고봉의 입론과 유사한 발언을 한다. 율곡은 고봉처럼 사단이 칠정에 포함되는 종류의 것이라고 본다. 이는 인간의 정은 한 가지이고, 사단은 칠정 중의 선 일변과 같은 것이라는 인식 때문이다. 이밖에도 『율곡전서』 안에는 고봉의 관점과 유사성을 갖는 언명들이 여럿 발견된다.[31] "사단은 칠정을 겸할 수 없으나, 칠정은 사단을 겸한다. … 사단과 칠정의 관계는 본연지성·기질지성의 관계와 같다."[32] "사단은 오로지 리만을 말하고, 칠정은 기를 겸하여 말한 것이다. … 사단을 구성함에 있어서 리를 주로 한다는 말은 옳지만, 칠정을 구성함에 있어서 기를

단칠정과 리기는 종합하여 보면 구분될 수가 없으며, 구분하여 보면 통합될 수가 없다는 것이다. 퇴계는 고봉이 종합하여 보는 측면에만 치중하여, 그 구분될 수 있는 측면을 간과할 수 있다고 본다(윤천근, 『퇴계철학 어떻게 볼 것인가』(청주: 온누리, 1987), 247쪽 참조).

30) 황의동, 『한국의 유학사상』, 197쪽. 고봉은 사단이라 하더라도 리기 묘합을 전제하고 칠정이라 하더라도 리기 묘합을 전제하며, 사단칠정을 별개의 두 정으로 인정하지 않고 칠정 속에 포함시켜 설명한다. 그러므로 사단칠정을 끝까지 두 가지로 보는 퇴계와의 갈등은 필연적인 것이었다(황의동, 앞의 책, 201쪽 참조).

31) 이에 관한 자료의 예시와 분석에 대해서는 다음의 논문을 참고하라. 이동희, 「율곡 성리학과 고봉 성리학 비교」, 『동양철학연구』 제44집, 한국동양철학회, 2005.

32) 『율곡전서』 권9, 서, 「答成浩原」, "四端不能兼七情, 而七情則兼四端, … 四端七情, 正如本然之性氣質之性."

주로 한다는 말은 옳지 않다."[33] 이러한 표현은 고봉의 것과 다르지 않다. 율곡은 이 논리를 밀고 나아가 사단과 칠정이 같다는 것을 증명하기 위하여 두 가지를 일대일로 비교하였다. 이것이 소위 율곡의 '사칠배속'이다.[34]

율곡은 퇴계의 입론에 대해 강한 의문을 품고 반론을 제기했던 고봉의 주장을 상당 부분 수용하고 있다. 그리고 이를 자신의 성리학적 입장을 강화하는 입론의 근거로 활용하면서 재차 언급하기도 한다. 한편, 율곡의 성리학 체계에 나타나는 고봉적 요소는 율곡 자신의 퇴계학 비판을 위하여 선택되어진 것들이라 볼 수 있는 측면이 있다. 율곡은 퇴계의 학설을 비판하기 위해서라도 고봉의 학설을 검토해보지 않으면 안 되는 상황이었을 것이다. 그리고 결과적으로 자신의 성리학적 토대 위에서 고봉보다 풍부하면서도 정밀한 언어를 통한 발전적 논의를 전개할 수 있었으리라 본다.

2) 리의 발동 문제

고봉은 '리기불상리'의 입장으로부터 퇴계의 사단칠정설에 대한 또 하나의 중요한 반론의 단서를 찾아낸다. 그것은 리기의 불가분리성을 강조하는 입장에서 성정을 논하게 되면 리의 발동은 설 자리가 없

---

33) 『율곡전서』 권10, 서, 「答成浩原」, "四端專言理, 七情兼言氣云爾耳. … 且四端謂之主理可也, 七情謂之主氣則不可也.

34) 이동희, 앞의 논문, 144쪽. 칠정이 사단을 포함한다는 주장으로부터 율곡은 다시 칠정과 사단을 비슷한 것끼리 연결시켜 생각한다. 즉, 측은은 애(愛)에, 수오는 오(惡)에, 공경은 구(懼)에, 시비는 희로(喜怒)의 당연성 여부를 아는 것에 각각 배속시킨다. 그러나 주자는 칠정과 사단은 비슷한 점이 있지만 그 성격상 나누어 붙이기 어렵다고 하였다. 율곡의 사칠배속의 논리는 그의 '기발리승일도설'의 필연적 결과로 나타난 것으로 지나친 천착이라고 할 수 있다(『디지털한국민족문화대백과사전』(서울: 동방미디어, 2001) 참조).

다는 것이다. 이는 고봉이 성을 '리가 기 속에 들어와 있는 것', 곧 리와 기의 합체(合理氣)로 규정한 데서도 잘 알 수 있다. 더욱이 주자가 리의 작용성을 인정하지 않았다는 것을 들어 리의 발동을 부인했을 뿐만 아니라, 천리의 발현이 순수한 그대로 완수되느냐의 여부는 전적으로 기에 달려 있다고 주장함으로써 리의 무조작성을 강조하고 있다. 리기 관계를 이와 같이 파악하고 나면 사단칠정의 개념적 규정과는 상관없이 리발 자체가 성립할 수 없게 된다.[35)]

퇴계는 고봉과는 달리 기의 발동뿐만 아니라 리의 발동까지 주장한다. 이것이 이른바 '리기호발설'이다. 이것은 "리에 동정이 있다"고 한 주자의 학설을 독창적으로 발전시킨 것이라 평가된다. 고봉과 율곡의 입장을 옹호하고자 하는 사람들은 퇴계의 사단칠정설이 논리적 타당성을 결여하고 있다고 평가하지만, 퇴계의 입장에서 본다면 이것은 또 다른 의의를 담지하고 있는 것임에 분명하다. 즉, 도덕적 가치의 보편성을 확보하고자 한 의의가 그것이다. 퇴계는 현상세계의 작용성에 대해서보다는 도덕적 가치세계의 주도적 이념성을 확보하고자 하는 측면에서 리의 능동성과 주재성에 관하여 끊임없이 논의한다. 이것은 퇴계의 만년 정론이었던 '사단은 리가 발하여 기가 따르는 것이며, 칠정은 기가 발하여 리가 그것에 탄 것'(四端理發而氣隨之, 七情氣發而理乘之)이라고 한 3차 수정학설에도 예외 없이 적용되는 종류의 것이다. 참고로 이에 관한 퇴계의 주장을 살펴보자.

> 천하에 리 없는 기가 없고 기 없는 리가 있을 수 없다. 그러므로 사단은 리가 발하여 기가 따르는 것이고, 칠정은 기가 발하여 리가 타는 것이다. 만약 기가 따르지 않는 리는 주출(做出)이 불가능하고, 리가 타

---

35) 전호근, 「사칠리기 논쟁: 주희 심성론의 한국적 전개를 위한 최초의 갈등」, 『논쟁으로 보는 한국철학』(서울: 예문서원, 1995), 171쪽 참조.

지 않는 기는 곧 이익과 욕망에 빠져서 금수가 되는 것이니, 이것은 변할 수 없는 정리(定理)이다.[36)]

리의 현실적 작용성 여부의 문제를 뒤로 돌리고 나면, 퇴계의 3차 수정학설에서 제시된 말(馬)과 인간의 비유는 리기의 주종관계로 전환되어 이해된다. 말에 대한 인간의 주도적 권능이 인간으로 하여금 말을 자신의 통제권 아래 둘 수 있다는 근거로 작용하기 때문이다. 여기에서 인간은 리의 범주로, 말은 기의 범주로 등치된다. 더불어 사단은 리요, 칠정은 기라고 분별된다. 더 나아가 '인간/리/사단'의 범주는 '말/기/칠정'의 범주를 지도하고 통제할 수 있는 고유의 권능을 부여받는데, 그것은 다름 아닌 리의 주재성이다.[37)]

앞의 인용문에서처럼, 퇴계에게 있어서 리의 가치는 궁극적으로 인간이 금수로 타락하지 않도록 하는 데 있다. 퇴계가 '리발'을 강조한 것은 결국 인간의 본래성을 회복하여, 타락하지 않고 선의지를 발휘할 수 있게 하는 것이라 하겠다. 리와 기는 주어진 경우에 따라 여러 가지 특성으로 설명된다. 퇴계가 리를 존귀한 것으로 기를 비천한 것으로 보며 '리기불상잡'을 강조했던 것은, 무엇보다도 리의 질서와 기의 흐름을 구별하려는 데 의의가 있다. 그러나 순수성·고귀성·존엄성 등으로 상징되는 리의 우위성을 확보함으로써 기의 불완전성을 극복하고, 더 나아가 이익과 욕망으로 타락할 가능성을 제거하여 순

36) 『퇴계집』 권36, 「答李宏仲問目」, "天下無無理之氣, 無無氣之理, 四端理發而氣隨之, 七情氣發而理乘之, 理而無氣之隨, 則做出來不成, 氣而無理之乘, 則陷利欲而爲禽獸, 此不易之定理."

37) 퇴계는 "리는 지극히 높아 상대할 것이 없어서 사물에 명령을 하기만 하고, 명령을 받지는 않는다"(『퇴계집』 권13, 「答李達李天機」, "此理極尊無對, 命物易不命於物故也.")고 하여 리의 극존무대성을 강조하는데, 이는 리의 주재성을 보여주는 주장이기도 하다. 퇴계는 리의 극존무대성을 강조함으로써 고봉이 주장하는 '리약기강'(理弱氣强)의 논리에 나름대로 대응한다.

수한 도덕적 가치를 실현하기 위한 것이라 할 수 있다. '존천리, 멸인욕'이라는 수양방법은 이런 이유에서 요청되는 것이다.[38]

고봉은 퇴계와 같은 종류의 리발은 불가하다는 뜻을 분명히 밝히고 있다. 존재와 개념의 차이를 혼동한 경우이기도 하고, 존재적 범주를 도덕적 범주에 확대 적용한 범주적 착오이기도 한 점을 인식했기 때문이다. 이러한 점을 염두에 두고 고봉은 퇴계의 입론 방식이 '대설'(對說)인 반면 자신의 입론 방식이 '인설'(因說)임을 명백히 한다.[39]

고봉의 이른바 리발이 불가하다는 입장은 다음과 같은 주장에서도 확인된다. "리가 기를 따라 발하여 조금도 막힘이 없다면 이것은 바로 리가 발한 것이다. 그런데 만약 이것을 도외시하고 다시 리가 발하는 것을 찾는다면 나는 헤아리고 모색하는 것이 심할수록 더욱 찾을 수 없을 것이리라 생각한다. 이것은 다름이 아니라 바로 너무 리와 기를 나누어 설명한 병폐이다."[40] "측은해 하고 부끄러워하는 것이 어찌 기의 자연스러운 발현이 아니겠는가? 그러나 그렇게 되는 까닭은 리이다. 그러므로 리에서 발한다고 한 것일 따름이다."[41]

이처럼 고봉 역시 '리발'을 언명하기도 한다.[42] 그것은 리가 '소이

---

38) 최영성, 앞의 책, 718-719쪽 참조.

39) 『고봉집』, 「兩先生四七理氣往復書」 하편 권2, 〈高峯答退溪再論四端七情書〉, 首條 제2조 참조. 고봉은 이어서 대설과 인설의 의미에 대해 다음과 같이 부연 설명한다. "대설은 곧 좌우를 말하는 것과 같은 것으로서 서로 상대시켜 말함이고, 인설은 상하를 말하는 것과 같은 것으로서 이어서 말하는 것이다."

40) 『고봉집』, 「兩先生四七理氣往復書」 하편 권2, 〈高峯答退溪再論四端七情書〉, 제5조 제7조 제9조 제12조 제14조, "氣之順理而發, 無一毫有碍者, 便是理之發矣. 若欲外此而更求理之發, 則吾恐其揣摩模索愈甚, 而愈不可得矣, 此正太以理氣分說之幣."

41) 『고봉집』, 「四七理氣往復書」 상편 권1, 〈高峯答退溪論四端七情書〉, 제10절, "且如惻隱羞惡, 亦豈非氣之自然發見者乎? 然其所以然者則理也, 是以謂之發於理爾."

42) 퇴계와의 사단칠정 논쟁 중 고봉은 리의 '무정의', '무계탁', '무조작'함의 특성을 들어 퇴계의 리발설에 대해 공격한다. 이 때문에 그가 '리발', '리동' 등의

연자'임을 알리기 위한 방편으로 제시된다. 그것은 보편적 사실성에 관한 담론이 아니다. 그것은 일종의 조건부적 개념으로 사용되는 것이라고 여겨진다. 고봉에게서 리발이란 기가 리를 따라 발하여 조금도 막힘이 없다는 의미이다. 리기가 분리될 수 없는 하나의 관계 속에서 기가 리의 주재에 따라 조금도 막힘없이 순리로 발하는 것을 리발이라 했으니, 고봉이 사용한 리발이란 사실상 리 자체의 발이 아니라 기의 발인 셈이다. 따라서 이러한 이치를 도외시하고 다시 리발을 찾는다면 그것은 무의미한 일이라고 경계한다. 리발이란 표현이 표현 그대로 리 자체의 발이라는 의미는 아니라는 말이다.[43)]

황의동은 이 같은 이유로 고봉을 '리기공발론자'로 규정하는 기존의 입장에 대해 비판하면서, 고봉의 학설이 리발 불가의 입장이었음을 강조한다. 그는 고봉이 '리발'이라는 표현을 쓰고 또 논변 끝에 가서 퇴계의 학설에 동의하기도 하지만, 이것은 맹자의 사단확충설의 본의를 존중하는 의미가 들어 있고, 당시 논변의 마지막 단계에서 부득이 타협적 태도를 보일 수밖에 없었던 전후 사정이 있었다고 변호한다.[44)] 그러나 아무리 그렇다고 하더라도 고봉의 입장은 자기모순이 아닐 수 없다. 고봉이 이와 같은 모순을 범할 수밖에 없었던 이유는 무엇일까?

고봉은 리기의 불가분리성과 함께 리의 무작용성을 논증하려는 의

개념을 실제로 사용했음에도 불구하고 고봉은 리의 발동을 원천적으로 부정하였던 것으로 평가되기도 한다. 고봉 만년의 입장도 퇴계의 리기 호발론에 대한 타협적 동의일 뿐 결코 학문적 일치는 아니라는 것이다. 그러나 진정 고봉이 리의 작위성 자체를 전면적으로 폐기한 것인가 하는 것은 여전히 남는 의문이라서 이에 대한 반론이 없는 것도 아니다. 이 문제에 관해서는 다음의 논문을 참고하라. 김낙진, 「이황과 기대승의 리기 심성론에 나타난 문제의식 검토」, 『퇴계학과 한국문화』 제41호, 경북대학교 퇴계연구소, 2007.

43) 황의동, 『한국의 유학사상』, 198-199쪽 참조.

44) 황의동, 앞의 책, 196쪽. 200쪽 참조.

도를 일찍부터 지니고 있었다. 그러나 퇴계는 고봉의 주장이 나흠순의 논지와 비슷하다며 극도로 경계하는 태도를 취하였다. 퇴계는 고봉이 리기를 일물로 보려는 입장을 원천 봉쇄하고자 하였던 것이다. 이에 고봉은 자신의 입장이 나흠순과는 상관이 없다고 극구 부인하고 스스로 리기를 일물로 볼 수 있는 여지를 없애고 있다. 아마도 그는 논쟁이 리의 무작용성을 논하는 데까지 이르러 주자학의 급소가 드러나는 것을 원치 않았거나 퇴계와의 관계를 고려할 때 대립되는 주장으로 팽팽히 맞서기보다는 차라리 자설의 가능성을 축소시킴으로써 논의의 일치점을 구하는 것이 좋다고 생각한 듯하다. 고봉의 입론은 이와 같은 약점을 지니고 있는 것이다.[45]

이 점은 율곡을 통해서도 간접적으로 입증된다. 율곡은 퇴계의 '리기호발설'의 부당함을 다음과 같이 주장한다. "리는 형이상자요, 기는 형이하자이다. 두 가지 것은 능히 서로 떨어질 수 없다. 이미 서로 떨어질 수 없다면, 그 발용은 하나이니, 서로 발용한 것이 있다고 말할 수 없는 것이다. 만약 서로 발용함이 있다고 한다면, 이것은 리가 발용할 때에 그 기가 혹 미치지 못하는 경우가 있고, 기가 발용할 때에 리가 혹 미치지 못하는 경우가 있을 것이다. 그렇다면, 이와 기는 이합이 있고, 선후가 있을 것이요, 동정에 단서가 있고 음양에 시작이 있을 것이니, 그 잘못이 적지 않을 것이다."[46]

율곡은 '기발리승일도설'을 주장한다. 이것은 퇴계의 리발설에 대한 부정이기도 하다. 율곡이 볼 때, "발하는 것은 기요, 발하는 까닭은

---

45) 전호근, 앞의 책, 172쪽 참조.

46) 『율곡전서』 권10, 서, 「答成浩原」, "理形而上者也, 氣形而下者也, 二者不能相離, 既不能相離, 則其發用一也, 不可謂互有發用也. 若曰互有發用, 則是理發用時, 氣或有所不及, 氣發用時, 理或有所不及也. 如是則理氣有離合, 有先後, 動靜有端, 陰陽有始矣, 其錯不小矣."

리다. 기가 아니면 발할 수 없고, 리가 아니면 발할 바가 없다."[47] 발하는 것은 어디까지나 기지 리가 아니라는 것이다. 리는 기발의 까닭이 되고 주재가 되는 것으로 무위의 존재라는 것이다. 율곡은 그 누구보다 확고한 리발 부정의 신념을 가지고 있었던 것이다.[48] 또한 고봉은 사단도 칠정처럼 기의 작용, 즉 신체의 작용이라고 하여 그 예를 아이가 우물에 빠지는 것을 보고 감응하는 것을 들었는데,[49] 율곡 역시 다음과 같은 유사한 설명을 하고 있다.

> 퇴계는 이를 입론의 근거로 삼아 사단은 리발기수요, 칠정은 기발리승이라고 하였는데, 이른바 기발리승은 옳으며, 칠정만이 그러할 뿐만 아니라 사단도 역시 기발리승이다. 왜냐하면 어린아이가 우물에 빠진 것을 본 뒤에라야 측은한 마음을 발하게 되는데, 이것을 보고서 측은해지는 것은 기이니, 이것이 이른바 '기발'이라는 말이요, 측은한 마음의 근본은 어짊이니, 이것이 이른바 '리승'이라는 말이다. … 그런데 '리발기수'와 같은 주장은 분명히 앞뒤가 있는 것이다.[50]

---

47) 『율곡전서』 권10, 서(2), 「答成浩原」, "發之者, 氣也; 所以發者, 理也. 非氣則不能發, 非理則無所發."

48) 황의동, 『기대승』, 88쪽 참조. 율곡은 "發之者, 氣也; 所以發者, 理也. 非氣則不能發, 非理則無所發."의 원문 아래 소주(小註)를 달아 "'발지'(發之) 이하의 23자는 성인이 다시 태어나도 이 말을 바꿀 수 없다"고 강조할 만큼 분명하게 리발 불가의 입장을 천명하고 있다(『율곡전서』 권10, 서, 「答成浩原」, "發之以下二十三字, 聖人復起, 不易斯言.").

49) 『고봉집』 별집, 부록 권2, 「請享疏」, "蓋退溪專以七情, 爲形氣所感, 故有此病, 喜怒雖形氣所感, 赤子入井之事感則仁之理便應, 而惻隱之心, 於是乎形, 豈非形氣所感乎? 蓋雖外邊所感, 而中間實有是理, 便相契合, 故謂之性發爲情爾."

50) 『율곡전서』 10권, 서, 「答成浩原」, "退溪因此而立論曰: 四端理發而氣隨之, 七情氣發而理乘之. 所謂氣發而理乘之者, 可也, 非特七情爲然, 四端亦是氣發而理乘之也. 何則見孺子入井, 然後乃發惻隱之心, 見之而惻隱者, 氣也, 此所謂氣發也, 惻隱之本則仁也, 此所謂理乘之也. … 若理發氣隨之說, 則分明有先後矣."

그러면 율곡은 과연 고봉의 성리학에 대해 어떻게 보고 있는가? 단적으로 율곡은 사단칠정에 대해 고봉과 견해가 일치하고 있음을 고백하고 있다. 그러면서 고봉의 '리발'을 비판한 흔적은 발견되지 않는다. 만약 고봉이 참으로 퇴계처럼 리 자체의 발용을 주장했다면 분명히 율곡의 비판이 있었을 것임은 재론할 필요가 없다. 율곡은 이미 고봉의 '리발' 표현을 '리발' 그대로 해석하지 않고, 기의 자연발현으로 이해하였던 것이라 볼 수 있다. 고봉이 '리발'이란 표현을 쓰고 또 논변 끝에 가서 퇴계의 설에 동의했던 것은, 부득이했던 나름의 이유가 있었던 것이다.[51]

『율곡전서』에는 율곡이 고봉의 사단칠정설에 대해 종합적으로 평가한 글이 있다. 우선 율곡의 평가를 보도록 하자. ① "퇴계가 기명언(고봉)과 사단칠정을 논한 것이 무려 만 여 언이나 되지만, 명언의 논리는 분명하고 직절하여 그 형세가 마치 대통을 쪼개는 것 같고, 퇴계는 변설이 비록 상세하지만 이치가 밝지 않아, 반복 음미하여도 끝내 틀림없이 확신한 맛이 없다. 명언의 학식이 어찌 퇴계보다 낫기를 기대할 수 있겠는가? 다만, 재주가 있어 우연히 이를 알아낸 것일 뿐이다."[52] ② "내가 강릉에 있을 때 기명언이 퇴계와 더불어 사단칠정에 대하여 논한 편지를 보았다. 퇴계는 '사단은 리에서 발하고 칠정은 기에서 발한다'고 하였고, 명언은 '사단칠정은 원래 두 개의 정이 아니고 칠정 중의 리에서 발한 것이 사단이다'라 하여 왕복한 편지가 만

---

51) 황의동, 앞의 책, 88-89쪽 참조. 고봉이 만년에 자신의 논리적 일관성을 폐기하면서 퇴계의 입장에 타협할 수밖에 없었던 환경에 대해서는 다카하시 도오루, 조남호 옮김, 앞의 책, 48-50쪽을 참고할 것.

52) 『율곡전서』 권10, 서, 「答成浩原」, "退溪與奇明彦論四七之說, 無慮萬餘言, 明彦之論, 則分明直截, 勢如破竹, 退溪則辨說雖詳, 而義理不明, 反覆咀嚼, 卒無的實之滋味. 明彦學識, 豈敢冀於退溪乎? 只是有箇才智, 偶於此處見得到耳."

여 언인데 마침내 서로 맞지 않았다. 내가 보기에 명언의 말은 나의 의견과 꼭 합치된다."[53]

이에 대해 최영성은 다음과 같이 평가한다. ①에서 '우연히'라고 한 표현은 해석하기에 따라 고봉을 그저 '문학지사'로만 인정하고, 그의 성리학적 조예를 과소평가 하려는 의도로 이해될 수 있다. 즉, 율곡이 상대적으로 자신의 '기발리승일도설'이 자득임을 강조하려다보니 나온 말일 것이다. ②에서도 율곡은 사단칠정설에 대한 자신의 견해가 고봉과 상부함을 우연으로 돌리고, 고봉의 성리설로부터 영향을 받지 않았음을 은연중 부각시키고자 했다. 그러나 어찌 되었든 율곡이 고봉의 설에 공감을 갖고 영향을 받았던 것만은 사실이라고 하겠다.[54]

4. 경세론의 입장

1) 고봉의 경세관에 대한 율곡의 비평

율곡의 고봉에 대한 평가는 단지 사단칠정설과 관련된 것에만 머물지 않는다. 율곡은 고봉의 경세론적 태도에 대해 비평한 기록도 남기고 있기 때문이다. 율곡의 『경연일기』에는 고봉에 대한 총평이 기록되어 있는데, 이를 통해 우리는 율곡이 본 고봉관의 일단을 확인할 수 있다.

『경연일기』에 나타난 율곡의 고봉관은 『명종실록』이나 『선조실록』

---

53) 『율곡전서』 권14, 잡저(1), 「論心性情」, "余在江陵, 覽奇明彦與退溪論四端七情書, 退溪則以爲四端發於理, 七情發於氣, 明彦則以爲四端七情元非二情, 七情中之發於理者爲四端耳, 往復萬餘言, 終不相合. 余曰: 明彦之論, 正合我意."

54) 최영성, 『한국유학통사(중)』(서울: 심산출판사, 2006), 92-93쪽 참조.

에 유사한 논조로 기록이 되어 있을 만큼 당대의 고봉관을 형성하는 데 지대한 영향을 미친 것이 사실이다. 우리는 고봉과 율곡의 관련성 문제를 비롯한 고봉의 경세론적 입장이나 개혁의 노선에 대해 알아보기 위해서라도 『경연일기』에 수록된 기사의 내용에 주목할 필요가 있다. 율곡은 고봉에 관하여 다음과 같이 비평한다.

① 1572년 10월: "전 사간원 기대승이 죽었다. 기대승의 자는 명언(明彦)인데 젊어서 문학으로 세상에 이름이 났다. 널리 보고 잘 기억하였으며 기개가 호걸스러웠고, 담론함에 있어 좌중 사람들을 굴복시켰다. 과거에 급제한 뒤로는 청명이 크게 드러났으나, 이양(李樑)이 세력을 행사할 때 그를 꺼려서 벼슬을 빼앗았다. 이양이 패한 후 그가 더욱 높은 직에 있었고, 사류가 추중하여 영수로 삼았다. 기대승 역시 한 시대를 경륜하는 것으로써 자임하였다. 그러나 그의 학문이란 단지 변론의 박식함과 크게 늘어놓는 데 힘쓸 뿐 마음을 보존하고 실천하는 공력은 없었다. 또한 이기기를 좋아하는 병통이 있어, 남이 자기에게 순종하는 것을 좋아하는 까닭에, 지조 있는 선비는 이에 화합하지 않았고 아첨하는 자들이 많이 추종하였다. 그리고 그의 지론 역시 상례를 따르는 데에 힘쓰고 개혁하는 것을 좋아하지 않았으므로, 식자들이 더욱 취하지 않았다. 젊었을 적에 조식(曺植)이 그를 보고, '이 사람이 뜻을 얻으면 반드시 시사를 그르칠 것이다'라고 하였으며, 기대승 역시 조식이 유자가 아니라 하여 두 사람이 서로 용납하지 않았다. 기대승이 조식의 허물을 말하였기 때문에 조식의 제자들이 그를 미워하였다. 그가 대사성으로 있을 때 유생들에 대한 공급을 박하게 하고, 또 '식무구포'(食無求飽)라는 글제를 내어 유생들로 하여금 잠을 깃게 하여 유생을 깨우치게 하므로, 유생들이 좋아하지 아니하여 성균관에 나아가는 자가 많지 않았다. 경오년에 바야흐로 위훈을 논의할 때, 기대승이 듣고 홀로 말하기를, '을사년은 거짓이 아니요, 또 선왕이 이미 정한 것이니 지금 와서 삭훈하는 것은 옳지 않다'고 하였는데, 사당(邪

黨)이 기대승의 말로 주장을 삼으니 식자들이 자못 옳지 않게 여겼다. 기대승이 이렇게 시속과 불합하고, 또 식자들이 그의 주장을 취하지 않게 된 데다, 임금으로부터도 심상한 대우를 받게 되어, 뜻을 얻지 못하고 울울하였다. 이에 벼슬을 버리고 낙향하다가 도중에 병을 얻어 고부에서 객사하니, 그 재조(才調)를 아까워하는 사람이 많았다. 기대승이 비록 참다운 인재는 아니지만 영특함이 남보다 뛰어나서, 퇴계와 사단칠정의 동이를 쟁변함이 수천 언이었는데, 논의가 뛰어나다보니 학자들이 옳게 여겼다."[55]

② 1572년 10월: "기대승은 영재와 박학으로 그 기개가 일세를 덮을 만하였으나, 자신감이 너무 지나치고 바른 말하는 벗을 좋아하지 않았다. 만일 그가 뜻을 얻어 그 배운 바를 행했다면, 그가 때를 만난 것이 행이 되었을지 불행이 되었을지 알 수 없다. 일찍이 들음에, 어떤 사람이 최영경의 처소에서 기대승과 친한 사람에게 대승의 상을 조위하기를, '사문이 불행하여 이 사람이 갑자기 죽었다'라고 하였다. 이에 최영경은 불끈 낯빛을 변하고 말하기를, '기명언은 재학은 조금 있으나 큰 병통이 있었으니, 을사년의 뭇 간인들을 공이 있다 하였고, 조남명이 조정을 요란하게 한다고 했으니, 이러한 편견을 가지고 만일 일을 했다면 반드시 정치에 해를 끼쳤을 것이다. 이 사람의 죽음이 사문에 해가 될 것이 무어란 말인가'라고

55) 『율곡전서』 권29, 『경연일기』, "前司諫院大司諫奇大升卒, 大升字明彦, 少以文學名世. 博覽强記, 氣槪豪俊, 談論能伏一座人. 旣登第, 淸名大著. 李樑用事, 忌之落其職. 樑敗, 仕益顯, 士類推重, 以爲領袖. 大升亦以經綸, 一時自負. 而其學只務辯博宏肆而已, 實無操存踐履之功. 且有好勝之病, 悅人順己, 故介士不合, 而阿諂者多趨焉. 其持論亦務循常, 而不喜矯革, 識者尤不取之. 少時, 曹植見之曰: 此人得志, 必誤時事, 大升亦以植爲非儒者, 兩不相許. 大升言植過失, 故植之學徒惡之. 其爲大司成也, 命薄諸生之供, 且以食無求飽爲題, 使作箴以諷諸生, 諸生不悅, 多不就館者. 庚午年, 方論僞勳, 大升聞之, 獨曰: 乙巳之勳非僞, 且先王已定, 今不可削, 邪黨以大升言爲主, 識者頗不韙. 大升旣與流俗不合, 又爲識者所不取, 自上亦待以尋常, 鬱鬱不得志. 棄官而去, 路得臀腫, 行至古阜村舍 竟不起, 人多惜其才調. 蓋大升雖非實才, 而英特過人, 其與李滉爭辨四端七情之同異, 累數千言, 論議發越, 學者是之."

하였다. 최영경의 말이 비록 지나친 감이 없지 않으나 식자들이 혹 전연 그르다고 하지는 않았다."[56]

③ 1569년 3월: "기대승으로 말하면 재주는 호매하지만 기질이 거칠어 학문이 정밀하지 못하였다. 몹시 자부하며 선비들을 경시하여, 자기와 의견이 같지 않으면 미워하고 같은 사람은 좋아하니, 만약 임금의 신임하는 뜻을 얻는다면 그 집요한 병통이 나라를 그르치고 말 것이다. 이문순(퇴계)의 현명함으로도 그 추천하는 바가 이와 같았으니, 사람을 안다는 것이 어찌 어려운 일이 아니겠는가?"[57]

④ 1572년 8월: "기대승이 벼슬을 버리고 고향으로 돌아갔다. 기대승은 기개가 일세를 덮을 만하였고 안중에 강하게 보이는 자가 없었다. 마음속으로 온 세상을 흔들어 움직이면 다 자기의 지휘를 받으리라 생각하였다. 그러나 조정에서 한 말은 실제와 맞지 않는 것이 많았다. 임금도 총애하는 뜻이 없으며, 대신도 또한 중히 여기지 않으므로 이에 결단을 내리고 고향으로 돌아갔다."[58]

인용문①과 ②는 '고봉졸일기사'(高峯卒日記事)이다. 율곡은 여기에서 고봉의 인물에 대해 종합적으로 비평하고 있다. 이 중 인용문①의 일부 기사만이 짤막하게 『고봉집』「청향소」에 유사하게 실려 있다. "고

---

56) 『율곡전서』 권29, 『경연일기』, "大升以英才博學, 氣蓋一世, 而自信太過, 不喜爭友. 若使得志而行其所學, 則未知其遇爲幸耶, 爲不幸耶. 嘗聞客於崔永慶之座, 弔大升所親曰: 斯文不幸, 斯人遽歿. 永慶怫然變色曰: 奇明彦小有才學, 大有病痛, 以乙巳羣姦爲有功, 以南冥爲擾亂朝廷, 以此偏見, 若得施設 必害於政. 此人之死, 豈足爲斯文之不幸乎? 永慶之言雖過, 而識者或不深非云."

57) 『율곡전서』 권28, 『경연일기』, "奇大升則才豪氣麤, 學問不精. 自許太高, 輕視士類, 異己者惡之, 同己者悅之, 若使得君, 則其執拗之病, 將以誤國矣. 以文純之賢, 所薦如此, 知人豈不難矣哉?"

58) 『율곡전서』 권29, 『경연일기』, "奇大升棄官而歸. 大升氣高一世, 眼無强禦. 意謂可以聳動一世. 皆從指嗾, 而在朝言多不合. 自上無眷重之意, 大臣亦不推重, 乃決意歸鄕."

봉은 기개가 호준하고 경국제세를 책임져 사류의 영수가 되었다"는 것이 그것이다.[59] 「청향소」는 『경연일기』의 비판적 내용을 배제하고 긍정적 평가만을 옮겨 실었음을 알 수 있다. 그리고 특기할 만한 것은, ①과 ②의 인용문에서처럼 율곡이 남명 조식(1501-1572)과 그의 문인 최영경의 말을 빌려 고봉을 우회적으로 비판하고 있다는 점이다. 강한 현실비판과 더불어 실천정신을 강조했던 남명학파를 고봉과 맞세운 것은 나름의 이유가 있어 보인다. 그것은 인용문②와 ③의 내용에서처럼 고봉이 만약 자신의 뜻을 펼쳤다면, 그 집요한 병통이 나라를 그르치는 불행한 결과를 초래했을 것이라는 우려 때문이다. 그리고 실질적인 예로서 왕안석(王安石, 1021-1086)의 실패를 들고 있다.[60] 율곡은 은연중 고봉을 왕안석에 빗대어 비판하고 있는 것이다.

그런데 『경연일기』에 나타난 율곡의 고봉관에 대해 주목한 것은 최영성이 대표적이다. 그는 다음과 같이 말한다. "고봉에 대한 율곡의 입장은 시종 비판적이었다고 할 수 있다. 율곡은 왜 고봉에 대해

---

59) 『고봉집』 별집, 부록 권2, 「請享疏」, "文成公李珥曰: 氣概豪俊, 經濟自任, 爲士類之領袖."

60) 『율곡전서』 권29, 『경연일기』, "士有幸不幸, 孰不以遇爲幸, 以不遇爲不幸也哉? 雖然, 或有遇而不幸 不遇而幸者, 何可一概論之哉? 柳子厚貶死荒裔, 而文學辭章, 炳炳傳後, 是不遇之幸也. 王介甫當國設施, 而羣小附會, 卒僨其國, 是遇之不幸也." 참조. 왕안석의 개혁의 실패에 대해서는 율곡뿐만 아니라 고봉도 회의적이다. 고봉은 「논사록」에서 신종이 왕안석을 신임하였으나, 왕안석이 요란스럽게 법을 개정하여 국가를 그르쳤고, 그 뒤에 군대를 출동하였지만 대패하고 말았다고 소개하고 있다. 이로 인하여 소인배들이 앞 다투어 나오게 되었고 그 화가 만연됨으로써 급기야 송나라 왕실의 화근이 되었다고 한다. 이것은 마땅히 후세의 군주들이 거울로 삼고 경계해야만 할 일이라고 한다(『고봉집』, 「논사록」 권상, "宋法之弊已久, 人情莫不欲改, 神宗不得擔當之人, 王安石出而擔當, 神宗信而任之, 紛亂改法, 終誤國家, 其後用兵大敗, 神宗夜半起而痛哭, 遂至不興, 小人競進, 其禍蔓延, 爲宋室基禍之主人君如天, 至公而無私. 若有偏信底心, 則奸邪伺釁, 害不可言, 或事不如意, 便爲尋常, 而不克有終, 則治不可成, 自臨御以後." 참조).

이처럼 심하다고 할 정도의 비판적인 입장을 취하였을까? 그에 대해서는 가볍게 논단 할 수 없겠으나, 고봉이 '인순에 힘쓰고 개혁을 좋아하지 않았다'는 점이 율곡으로부터 대유로 추중 받지 못한 원인 가운데 하나였으리라고 짐작된다. 다시 말해서, 고봉이 기묘명현 집안 출신이면서도 개혁과 변통에 대해 매양 신중론을 폈던 것이 율곡에게는 개혁에 소극적이고 미지근한 태도로 인식되었던 듯하다."[61]

이러한 율곡의 비평은 고봉과 율곡 상호간의 도학관의 차이로부터 기인한다. 사실상 고봉과 율곡의 도학정신은 정암 조광조를 중심으로 형성된다는 공통의 특성이 있다. 그럼에도 이들 사이에는 분명한 노선의 차이가 있었다. 바로 정암의 지치주의의 실패를 대하는 현실적 태도의 문제이다. 고봉은 정암을 비롯한 기묘명현들의 개혁의 실패가, 군주의 덕이 성취되지 않은 상태에서 일을 서두르다가 비롯된 것임을 교훈 삼아 다시는 그러한 전철을 되밟지 않겠다는 의지가 있었다. 고봉은 정암의 정치사상, 개혁노선을 계승하면서도 정치개혁에 퍽 신중한 태도를 보였다. 이로 말미암아 율곡으로부터 개혁할 수 있는 시기를 당해 머뭇거리는 병통이 있었다는 비판을 받게 되었던 것이다.[62] 율곡은 지치주의의 구현을 위해서라도 개혁은 반드시 필요하며, 또 때를 놓쳐서는 안 된다는 주장을 통하여 변법 경장의 시의성을 강조하였다.

또한 율곡이 고봉을 비판하는데 있어서 회재 이언적에 대한 도학적 맥락의 평가는 또 하나의 중요한 기준이 된다. 율곡은 회재의 학문을 지지한 퇴계와는 분명하게 다른 입장의 차이가 있었다. 특히, 율곡은 회재가 을사사화 때 보여준 처세의 태도가 문제임을 지적하며, 그

---

61) 최영성, 「고봉 경세사상에서의 '개혁'의 성격」, 『동양철학』 제14집, 한국동양철학회, 2001, 68쪽 참조.

62) 최영성, 앞의 논문, 76쪽 참조.

가 경세의 자질이 부족하다는 비판을 서슴지 않았다. 위의 인용문① 역시 이 문제를 간과하지 않고 있다. "경오년(1570)에 바야흐로 위훈을 논의할 때, 대승이 듣고 홀로 말하기를, '을사년(1545)은 거짓이 아니요, 또 선왕이 이미 정한 것이니 지금 와서 삭훈하는 것은 옳지 않다'고 하였는데, 사당이 기대승의 말로 주장을 삼으니 식자들이 자못 옳지 않게 여겼다"는 비평이 이를 잘 반영하고 있다. 또한 인용문④에서 "조정에서 한 말은 실제와 맞지 않는 것이 많았다"고 한 것 역시 동일한 맥락에서 제기된 비판이라고 할 수 있다. 이에 비해 퇴계는 회재를 누구보다 극찬하면서 존숭하였다.

물론 조정암에 대해서는 퇴계와 율곡이 모두 도학적 공헌을 높이 평가하지만, 퇴계는 회재를 더 높이고 율곡은 정암을 더욱 존숭하는 입장이다.[63] 회재는 을사사화 때 처신에 문제가 있다는 이유로 율곡에 의해 비판의 대상이 되지만, 회재는 당대 훈구 세력에 대한 비판의 핵이었던 도덕성의 문제를 강조한 사림의 대변인이었다. 회재는 훈구 세력이었던 김안로를 탄핵하다 파직당하기도 했고, 을사사화의 연장이었던 정미사화에 연루되어 강계로 유배를 가서 돌아오지 못하고 죽음을 맞게 된다. 이러한 상황을 근거로 볼 때 회재철학의 중심축인 도덕성 강조는 사림들의 정당성에 대한 근거를 밝혔다는 의미가 있다.[64]

회재에 대한 평가는 퇴계와 율곡의 도학적 계열을 차별화시킨 결정적 계기가 되었다고 할 수 있다. 그런데 고봉은 선조에게 정암과 회재의 명예회복과 신원을 요청하여 이를 관철시킨 바 있다. 이러한 고봉의 도학적 입장은 율곡에 의하여 좋게 평가될 수 없는 종류의 것이

63) 황의동, 『율곡철학연구』(서울: 경문사, 1987), 17쪽.

64) 김교빈, 「'태극'을 둘러싼 주자학적 이해와 비주자학적 이해의 대립」, 『논쟁으로 보는 한국철학』(서울: 예문서원, 1995), 125쪽.

었다. 율곡이 볼 때, 회재의 도학정신은 투철하지 못한 바가 있었던 것이다. 회재가 결정적인 순간에 절의를 지키지 못했다는 것이다. 이렇게 본다면, 고봉이 '상례에 따르는 것을 힘쓰고 개혁하는 것을 좋아하지 않았다'고 하는 것은 고봉이 회재의 처신을 두둔하면서 그의 명예를 복권시키고자 하였던 일과도 무관하지 않을 듯하다.

그러나 율곡의 경세론적 입장이 고봉의 경세론적 문제의식과 완전히 절연된 별개의 것은 아니라고 본다. 적어도 경세의 기본방향이나 목표 등에 있어서 양인은 상당한 유사성을 보여준다. 고봉과 율곡은 이미 '성리학의 도학화' 경향성을 보이던 시대를 살았던 만큼 당대의 시대정신이나 학문정신, 사대부의 실천적 삶의 문제 등에 대하여 생각을 같이 하는 것이 많았을 것임에 틀림없다. 이 점을 전제로 고봉과 율곡의 경세론적 매락의 연계성에 대해 보다 구체적으로 살펴보기로 한다. 다만, 여기에서는 경세론과 관련된 여러 가지 주제 중에서 두 가지 측면만을 논의의 대상으로 삼기로 한다.

2) 경세사상

(1) 경세의 삼강령

고봉은 많은 관직에 등용되어 경세의 문제를 몸소 실천하였던 인물이다. 그의 관직생활은 시종 중앙 무대에서만 이루어졌다. 특히, 37세부터는 경연관으로 입시하여, 38세부터 여러 벼슬을 하면서도 늘 경연관을 겸직하였다. '논사'(論思)의 직에 임하는 그의 태도와 자세는 「논사록」 여러 곳에서 찾아볼 수 있다. 「논사록」은 제왕학 교본이자 왕도정치의 지침서로서, 이후 『동호문답』 등의 선구가 되었다.[65]

---

65) 최영성, 앞의 논문, 58쪽 참조. 고봉의 경세사상은 근본적으로 유교의 경전 속에 그 근거를 두고 있다. 고봉의 저술 「논사록」을 참고하면 그가 중시한 경

따라서 고봉의 경세론적 입장은 대부분 그의 「논사록」에서 찾아볼 수 있다.

고봉은 경세의 삼강령으로 ① '뜻을 세우는 것'(立志), ② '현명한 인재를 구하는 것'(求賢), ③ '책임을 맡기는 것'(責任)이라는 원칙을 제시한다. 이것은 정이천의 말을 인용한 것으로서, 경세를 대하는 성리학자들의 전형적인 기준이었다.

고봉은 무엇보다 군주의 입지가 중요하다고 보면서 이를 강조한다. 고봉은 경세의 구체적 내용으로서 '군주의 덕'을 제기한다. 군주의 덕이란 치자의 도덕성 함양을 의미한다. 유가의 정치철학이 치자의 도덕적 모범을 전제한다고 볼 때, 그의 경세이론 또한 이를 벗어나지 않는다. 그것은 먼저 어진 신하를 등용하기 위해 반드시 필요한 조건이 된다. 군주가 근본을 단정히 하고 근원을 맑게 한 뒤에야 어진 사람이 기꺼이 등용되려 하기 때문이다. 뿐만 아니라 인군의 덕이 날로 향상되어 높아지지 않으면 조정의 신하는 물론 만 백성에까지도 도덕적 권위가 설 수 없고, 민심의 귀일을 기대할 수 없기 때문이다.[66] 이렇게 볼 때 군주의 덕 또는 군주의 도덕성 함양이란 궁극적으로 군주의 입지에 수렴되는 문제라고 할 수 있을 것이다.

군주는 항상 온 나라 안의 인민과 곤충, 초목까지도 모두 그 살 곳을 얻게 해야 한다는 생각을 가져야만 하는데, 이것이 바로 군주의 입지라고 한다. 이 뜻이 이미 세워지면 방탕한 욕심이 감히 생기지 못하여 하늘의 이치가 점점 밝아질 것이라고 한다. 군주는 언제나 백성이 아직 편안하지 못할까 염려하여 편안하게 하려고 노력할 것이요, 세

전의 일부를 알 수 있다. 이 저술은 율곡의 『동호문답』과 함께 조선조 500년간 왕정의 대표적 교본으로 존중되었다(안진오, 「고봉의 생애와 시대적 배경」, 고봉사상학술대회 발표요지문, 한국동양철학회, 1990. 11. 2. 참조).

66) 황의동, 『기대승』, 145-146쪽 참조.

상이 태평하지 못할까 염려하여 태평하게 하도록 노력할 것이며, 기거와 침식에 있어서도 혹 정사에 해가 되는 일이 있을까 염려하고, 사려와 언어에도 정치를 해치는 단서가 있을까 염려하고, 조심하고 두려워해서 마치 살얼음을 밟듯이 하고 범 꼬리를 밟은 듯이 하여 매양 옛 성인을 따를 것을 생각해야 한다고 한다. 이것이 경세의 대강령 중에서도 가장 중요한 군주의 입지이다.[67]

그러나 구중궁궐 안에서는 이목이 넓지 못하여 수많은 정사를 홀로 다스릴 수가 없기 때문에 반드시 어진 이를 얻어서 그를 가까이 하고 책임을 맡겨 의심하지 않아야 한다. 그러면 현자들은 사방의 현자들을 끌어와서 더불어 조정에 있으면서 함께 국사를 다스릴 것이니, 이것이 군주가 어진 이를 임용하는 것이다. 그리고 책임을 맡긴다는 것은 군주가 반드시 현자를 구하여 그를 정승 지위와 육경의 반열에 두어 주춧돌이나 동량처럼 의지하고, 심복과 팔다리처럼 신임해서 그로 하여금 백관을 통솔하고 각기 그 직책을 수행하도록 맡기는 것이다. 예컨대 수령에게는 반드시 백성을 다스릴 책임을 지우고, 변방의 장수에게는 반드시 군민을 무휼하도록 책임을 지우는 것이다. 이와 같이 한 뒤에야 모든 직책이 다 거행되어 국사가 제대로 다스려질 수 있을 것이라고 한다.[68]

---

67) 『고봉집』, 「論思錄」 권상, “古人之議, 以大綱爲主. 昔程伊川曰: 欲爲治者, 必立志求賢責任, 欲爲其事而徒泛泛悠悠, 則事終不成. 如欲致大平之治, 則三代聖主, 不可不師法. 嘗以爲一國之內, 昆虫草木, 皆仰賴於我躬, 欲使之各得其所, 則此人君之立志也. 此志旣立, 則逸慾不敢生, 而天理漸明矣. 百姓恐未安欲其安, 世道恐未平欲其平, 至於起居寢息之間, 恐或有妨政害治之事, 思慮言語之際, 恐或致害於朝廷, 戒謹恐懼, 以追古聖人之意, 每用勉旃, 古人云舜何人也, 予何人也, 此立志也.” 참조.

68) 『고봉집』, 「論思錄」 권상, “然而九重之內, 耳目未廣, 下無奉行之人, 則恩未及行, 必也得賢而親近之 知之勿疑, 則彼所謂賢者, 引其所知, 四方之賢者, 使之滿朝, 則時自平矣. 所謂責任者, 得賢而置相位及六卿之列, 倚重之謂也. 小小

고봉은 결론적으로 군주가 경세의 세 가지 강령에 대해 유념할 것을 요청하면서[69] 다음과 같이 말한다. “어진 이를 구하려는 마음만 있고 뜻이 서지 못하면 어진 이를 구할지라도 얻지 못할 것이고, 설령 어진 이를 얻었다 하더라도 뜻이 굳게 서지 못하면 그를 활용할 수 없을 것이다. 반드시 임용된 자들에게 임무를 맡겨주고 성공하기를 권하고 하찮은 잘못은 접어두고 따지지 말아야 한다. 이것이 치도의 큰 강령이다. 큰 강령이 서지 못하면 하찮은 폐단을 바로잡고자 해도 될 수 없을 것이다.”[70]

율곡 역시 고봉이 제시한 경세의 삼강령에 대해 강조하고 있다. 우선 ‘뜻을 세우는 것’에 대해 율곡은 다음과 같이 말한다. 율곡은 제왕의 학문 내용을 정리해 선조에게 올린 바 있다. 그것이 다름 아닌 『성학집요』이다. 율곡은 여기에서 “학문에서 가장 먼저 해야 하는 것은 입지이니, 뜻을 세우지 않고 일을 이룬 사람은 없었다”[71]고 강조하였다. 학문하는데 가장 먼저 힘써야 하는 것이 입지임을 밝힌 것이다. 이는 군주라도 예외는 아니다. 율곡은 어떤 사람이 타고난 기질이 비록 흐리고 잡박하더라도 자신의 노력에 의하여 맑고 순수한 기질을 회복해서, 어리석음을 밝음으로 바꾸어 성인과 같아질 수 있다고 하였다. 그 첫 단계가 바로 입지라는 것이다. 군왕의 입지 여부에 따라 왕도정치의 구현 여부가 결정된다고 할 만큼 입지는 경세의 중요한

之事, 必責之以其任, 然後象職畢擧, 而國可理矣. 若守令則必責以治民, 若邊將則必責以撫恤軍民. 我國有積弊之事, 百官不喜治民.”

69) 『고봉집』, 「論思錄」 권상, “請以立志求賢責任三事, 常加體念.”

70) 『고봉집』, 「論思錄」 권상, “徒有求賢之心, 而此志不立, 則雖求之, 不可得矣, 賢雖得之, 而此志不堅 則亦不可用矣. 必也委任而責成, 如微細過誤之事, 置而勿問, 此治道之大綱也. 此三者最大, 故敢達, 大綱不立, 則小小之弊, 雖欲救之, 不可得矣.”

71) 『율곡전서』 권20, 「聖學輯要」, 修己, “學莫先於立志, 未有志不立而能成功者.”

선결조건이 된다.

그리고 율곡은 "예로부터 현철한 군주는 나라를 혼자서 다스릴 수 있었던 것이 아니니 반드시 현자를 얻어 나라를 함께 했다"[72]고 하면서 '현명한 인재를 구하는 것'에 대해서도 고봉과 뜻을 같이 하고 있다. 율곡은 "임금은 나라의 근본이며, 그에게 치란이 달려 있다"[73]고 하여 군주의 역할을 강조하였다. 그런데 군주는 자신의 부족한 부분에 대해서는 그 방면에 자신보다 능력이 있는 사람을 택해서 그 일을 맡김으로써 문제를 해결할 수 있지만, 인재를 알아보고 채용하고 승진시키고 좌천시키는 일은 남에게 맡길 수 있는 일이 아님을 숙지하고 있어야만 한다. 그래서 군주에게는 사람을 알아보기 위한 공부가 매우 중요하다. 군주가 수양이 되어 있지 않으면 사람을 알아보는 안목을 가질 수 없으므로, 현명한 인재를 쓰기를 원한다면 군주는 먼저 수기부터 해야 한다. 인재를 알아보는 능력은 군주가 반드시 갖추어야 할 자질이며, 수양과 학문은 바로 이 능력을 계발하기 위한 것이다. 신하의 현명함과 사특함을 분변하는 것은 군주가 가진 마음의 명암에 달려 있다.[74]

또한 율곡은 '책임을 맡기는 것'에 대해서도 고봉과 같은 의견을 피력한다. 사람과 직분이 서로 맞으면 십년이 되도록 바꾸지 않아야 한다는 것이 율곡의 소견이다. 율곡은 이를 실천한 인물이 바로 세종대왕이라고 한다.[75] 그리고 율곡은 다음과 같이 말한다. 임금은 신하를 천직을 함께 하는 정치적 동반자로 삼아야 한다.[76] 군주는 일단 어떤

---

72) 『율곡전서』 권7, 소차, 「陳時弊疏」, "自古明王誼辟, 不能獨治, 必得賢者而共國."

73) 『율곡전서』 권6, 소차, 「應旨論事疏」, "人君是一國之,本 而治亂係焉."

74) 이동인, 『율곡의 사회개혁사상』(서울: 백산서당, 2004), 67쪽 참조.

75) 『율곡전서』 권5, 소차, 「玉堂論遞兩司箚」, "至如我世宗大王, 東方聖主也. 知人善任, 立賢無方, 才大位卑, 則不次擢用, 人器相稱, 則十年不遷." 참조.

사람을 적합한 인물로 판단해서 임용했으면, 그를 신임하고 의심하지 말아야 하며,[77] 임금은 자신의 뜻을 관철시키려 하지 말고, 자신을 버리고 남을 좇는 태도를 보여야 한다.[78] 임용은 하되 그 말을 채택하지 않는 것은 어진 이를 존경하는 행동이 아니다.[79] 어진 이를 대접하는 도리는 사람됨을 밝게 알고, 능력에 맞추어서 임용하며, 정성껏 신뢰하는 일이다.[80] 율곡은 "열 칸의 집과 백무의 밭을 물려받은 필부도 이를 후손에게 잘 전하려고 하는데, 하물며 백 년의 사직과 천리의 국토를 물려받은 임금에게 어찌 이를 잘 전할 책임이 없겠는가?"[81]라고 하여 군주의 막중한 책임에 대해 말하고 있다.

그러나 임금은 이 어려운 책임을 혼자서 이행하는 것이 아니다. 군주는 현명한 신하를 택해서 나라를 다스리는 직을 신하와 함께 하면 된다.[82] 그래서 율곡은 "작으로써 덕 있는 이를 명하고 관으로써 능력 있는 이에게 맡기는 것이니, 성왕의 정치는 현명한 이에게 맡기고, 능력 있는 이를 부리는 것에 지나지 않는다"[83]라고 하였던 것이다.

---

76) 『율곡전서』 권3, 소차, 「玉堂陳時弊疏」, "收賢才以共天職."

77) 『율곡전서』 권5, 소차, 「萬言封事」, "知其爲君子, 則任之勿貳, 知其爲小人, 則斥之勿疑, 疑則不任, 任則不疑."

78) 『율곡전서』 권7, 소차, 「司諫院請進德修政箚」, "自古人君之善治者, 規模節目, 雖或不同, 而其大要, 不過修身致賢, 舍己從人, 擇能授職, 委任責成, 擧直錯枉, 信賞必罰, 如斯而已."

79) 『율곡전서』 권29, 「經筵日記」, 萬曆元年癸酉, "所謂尊賢者, 非爵之而已也. 必用其言, 施之事爲, 然後方是尊賢也."

80) 『율곡전서』 권24, 「聖學輯要」, 爲政, "必也知之極其明, 用之適其才, 信之盡其誠, 然後可謂眞好賢矣."

81) 『율곡전서』 권5, 소차, 「萬言封事」, "匹夫以十間之屋, 百畝之田, 傳於子孫, 子孫猶思善守, 以無忝所生, 況今殿下受祖宗, 百年社稷, 千里封疆, 而禍亂將至者乎?"

82) 『율곡전서』 권3, 소차, 「陳弭災五策箚」, "伏願殿下, 信任仁賢, 旁求俊乂, 以共國事."

83) 『율곡전서』 권30, 「經筵日記」, "爵以命德, 官以任能, 聖王之治國, 不過任賢使能而已."

(2) 언로의 개방

일찍이 정암 조광조는 경세의 문제를 다룸에 있어서 언로의 중요성을 인식하고 언로를 개방하여야 함을 주장한 바 있다. 정암의 도통을 계승하고자 한 고봉 역시 언로의 중요성 및 그 개방의 문제에 대해서 누구보다 적극적인 의견을 피력하였다. 그것은 언로의 개방이 국가의 존망과 관계가 있을 만큼 중요하다고 보았기 때문이다. 1564년 2월 13일의 아침 경연에서 고봉은 당시의 군주였던 명종에게 언로의 문제에 대해 다음과 같이 발언한 바 있다.

> 언로는 국가에서 매우 중요한 것이다. 언로가 열리면 국가는 안정되지만, 언로가 막히면 나라가 위태롭다. 지금 언로가 열려 있는지는 알기 어렵다. 지난번 하늘의 변고로 인하여 직언을 구하였을 때, 5개월이 지난 연후에야 비로소 상소하는 자가 있었는데, 이제 또 그 말의 근원을 끝까지 힐문하고 있다. 나(臣)은 이 뒤로부터 더욱 진언하는 자가 없을까 두렵다.[84)]

고봉은 언로의 중요성에 대해 강조하면서도 당시의 시대상황이 언로 개방과는 무관한 모습을 보이고 있다고 진단하고 있는 것이다. 언로가 개방되기 위해서 군주는 무엇보다도 신하들의 간언에 귀를 기울여야만 한다. 그럼에도 군주가 신하들의 의견을 무시하고 전혀 수용하려 하지 않는다면 나라를 위해 진언하려는 사람들은 자연적으로 사라져버릴 것이라는 것이 고봉의 생각이다.

고봉은 당시대적 언로의 상황에 대해 크게 염려한다. 그는 군주가 대간의 말을 따르지 않고, 또한 경연에서 폐단을 바로잡는 계책을 올

---

84) 『고봉집』, 「論思錄」 권상, "言路於國家大矣. 言路開則國家安, 言路塞則國家危. 方今言路洞開則未知也. 頃者自上因天變求言, 至於五朔, 然後始有上疏者, 今又自上窮詰言根. 臣恐自此益無進言者也."

려도 듣고 시행하지 않음을 걱정하였다.[85] 이는 언로를 가로막는 일차적인 문제가 군주로부터 비롯됨을 시사한다. 이에 고봉은 다음과 같이 말한다. "근래에 대신이 아뢰는 말과 대간이 탄핵하는 일을 임금이 모두 머뭇거리고 어렵게 여기니 지극히 미안한 일이다. … 삼사의 공론은 진실로 따르지 않을 수 없는데, 더구나 대신의 말에 있어서이겠는가? 국가를 위하는 뜻이 있다면 반드시 대각의 말을 따라야 할 것이다. 그런 뒤에야 언로가 열리는 것이다."[86]

이러한 이유로 고봉은 공론의 중요성을 강조한다. "언관의 공론을 따르지 않는 것은 정치의 일대 결함이다. 크고 작은 일을 막론하고 한결같이 묘당의 공론을 따라서 대소와 완급의 마땅함을 잃지 않는다면, 사리에 지극히 마땅하고 정사의 체통에도 매우 합당하게 될 것이다."[87] 이것은 1569년에 고봉이 당시의 언로의 폐색을 걱정하면서 선조에게 올린 말이다. 고봉이 볼 때, 공론이란 자의적이고 주관적인 것이 아니다. 그것은 사리에 지극히 합당할 뿐만 아니라 정사의 체통에도 합당한 것을 의미한다.

고봉은 언로의 개방이 군주와 밀접하게 관련되어 있음을 강조한다. "대저 군주가 사람을 대하고 말을 할 때에는 그 단서가 미미하더라도 그 영향은 심대하다. 만일 조금이라도 간언을 싫어하는 기색이 보이면 임금에게 아첨하고 비위를 맞추는 무리들이 다투어 그 꾀를 바쳐서 군주의 총명을 흐리게 만든다. 정직하고 성실해서 용감히 말

---

85) 『고봉집』, 「論思錄」 권상, "此意自上亦非不知也, 至如臺諫之言, 時亦不可無留難也." 참조.

86) 『고봉집』, 「論思錄」 권상, "近日以來, 大臣啓達之言, 臺諫彈駁之事, 亦皆留難, 至爲未安. … 三司公論, 固不可不從, 而況大臣之言乎? 未有志於爲國, 則必從臺閣之言, 然後言路開矣."

87) 『고봉집』, 「論思錄」 권상, "自上姑從言官之啓, 而不失大小緩急, 處置得宜之序, 則於事理極當, 於政體甚合."

하는 자들은 말을 다할 수가 없어서 오직 몸을 사려 멀리 물러갈 것을 생각하게 된다. 만일 아첨하는 자들이 등용된다면 곧 나라의 해가 될 것이다."[88] 언로의 문제에 대한 군주의 판단 여부가 국가의 흥망을 좌우한다는 것이다. 언로가 개방될 때 나라는 정직하고 성실한 사람들을 중심으로 흥하게 되지만, 언로가 폐색될 때 나라는 아첨하는 무리들로 가득 차 망하게 된다. 그래서 올바른 정치를 구현하기 위해서라도 군주는 특히 언론 양사인 사간원과 사헌부의 기능을 중시하고 대간을 우대하여야 하는 것이다.

그렇다면 언로는 무엇 때문에 개방되어야 하는가? 이 문제에 대하여 황의동은 「논사록」의 내용을 정리하여 다음과 같은 두 가지 이유를 제시한다.[89] 첫째, 그것은 군주 한 사람의 총명의 한계로 인한 국정의 실수 가능성 때문이다.[90] 그런데 훌륭한 인재는 군주의 타락과 잘못을 비판하고 시정하는 역할을 수행하기 때문에 언로 개방의 필수적 조건이 된다. 군주가 언로를 개방하면 국가의 인재들이 앞을 다투어 정책대안을 제시하고 할 말을 다하게 되는 것이다. 둘째, 언로의 개방은 공론 형성의 조건이기 때문에 반드시 필요하다. 군주의 정치는 결국 공론에 따라 하는데, 공론의 형성은 언로 개방을 통해 가능하기 때문이다. 고봉은 공론을 가리켜 '사람들이 마음속으로 똑같이 여

---

88) 『고봉집』, 「論思錄」 권상, "大抵人主待人發言之際, 其端甚微, 而其應甚著. 若有厭聞之端, 則諂諛承順者, 爭逞其術, 皆欲錮惑聖聰. 直諒敢言者, 不能盡言, 惟思奉身遠退直諒者退. 諂諛者進, 則朝廷之害."

89) 황의동, 『기대승』, 155쪽 참조.

90) 『고봉집』, 「論思錄」 권상, "自古人主, 居九重之內, 聰明豈能廣乎? 聰明不能廣, 則國家之事, 不及知者多矣. 是以建立百官, 同議政事, 而大臣則於人君如腹心, 專主國事, 其間大臣或有未及察之事, 或有失誤之事, 人主所爲, 亦不能無誤, 故設立臺諫, 政事號令, 用捨黜陟之際, 臺諫糾正, 大臣獻替, 自古及今, 帝王之法也." ; 『고봉집』, 「論思錄」 권상, "然一人所見有限, 天下事變無窮. 若以一人誤見, 已成王命之後, 後雖改之, 亦爲未安." 참조.

기는 것'이라고 하였다.[91]

공론을 인심의 보편성으로 보는 고봉의 관점은 율곡의 언로사상으로 연결되어 나타난다. 율곡은 특히 "언로가 열리느냐 닫히느냐에 따라 국가의 흥망이 달려 있다"[92]고 하였는데, 이는 "언로가 열리면 국가가 안정되지만 언로가 막히면 나라가 위태롭다"고 한 고봉의 사상과 정확하게 일치한다. 즉, 언로의 중요성에 대해 고봉과 율곡은 다 같이 공감하고 있는 것이다. 물론 이러한 사유가 정암 조광조로부터 연유한다는 사실을 간과할 수는 없을 것이다.

그런데 율곡의 언로관은 '국시론'으로까지 확충되는 특징이 있다.[93] "국시의 정립은 더욱이 구설로써 다툴 수 없는 것이다. 인심이 한 가지로 그러한 바를 일러 공론이라 하고, 공론의 소재를 일러 국시라 한다. 국시란 한 나라 사람들이 꾀하지 아니하고서도 한 가지로 옳다고 하는 것이니, 이익으로써 유혹하지 않고 위협으로써 두렵게 하지 않는데도 삼척동자 또한 그 옳음을 아니, 이것이 곧 국시이다."[94] 사람마다 누구나 그렇게 생각하는 민심의 보편성이 곧 공론이고, 이 공론은 정치의 최고이념이 된다는 생각이다. 따라서 공론은 언로의 개방 없이 불가능하다.[95]

이와 같이 볼 때, 공론의 전제조건이 언로 개방에 있다는 율곡의 사고 역시 고봉과 같다. 더불어 율곡은 고봉처럼 군주의 총명에 한계가

---

91) 『고봉집』, 「論思錄」 권상, "然公論所在, 人心所同然."

92) 『율곡전서』 권3, 소차, 「陳弭災五策箚」, "言路開塞, 興亡所係."

93) 『율곡전서』 권4, 소차, 「玉堂論乙巳僞勳箚」, "公論之發, 出於國人, 不可沮遏, 則順輿情定國是."

94) 『율곡전서』 권7, 소차, 「辭大司諫兼陳洗滌東西疏」, "況國是之定, 尤不可以口舌爭也. 人心之所同然者, 謂之公論, 公論之所在, 謂之國是. 國是者, 一國之人, 不謀而同是者也. 非誘以利, 非怵以威, 而三尺童子, 亦知其是者, 此乃國是也."

95) 황의동, 앞의 책, 156쪽.

있기 때문에 언로 개방이 필요하다고 주장한다. 율곡은 다음과 같이 말한다. "이른바 언로를 넓혀 여러 대책을 수립해야 되는 이유는, 임금이 묘연한 몸을 가지고 억조의 위에 자리를 잡고 있으나 그 자신의 총명이 모든 것을 다 듣고 모든 것을 다 볼 수 없기 때문이다. 그러므로 옛날의 성왕은 반드시 국인의 귀를 자기의 귀로 삼아 듣지 아니함이 없었고, 국인의 눈을 자기의 눈으로 삼아 보지 아니함이 없었으며, 국인의 마음을 자기의 마음으로 삼아 알지 못함이 없었다."96) 율곡은 군주 역시 일반인과 같이 한계를 지닌 존재로서 그 자체 완전한 존재가 아니라고 본다. 율곡은 이러한 인간관의 토대 위에서 언로 개방의 필요성을 요청한다. 이는 군주 역시 한계를 지닌 존재이기 때문에 많은 사람들의 의견을 듣고 국정을 운영하여야 한다는 것으로, 군왕은 백성과 하나가 되어야 한다는 민본주의적 사유의 발현이기도 하다.

언로 개방의 문제에 있어서 고봉과 율곡은 많은 면에서 유사성을 보이고 있다. 그것은 정암을 중심으로 형성된 조선조 언로관의 한 전형이 고봉에게 전해지고, 이것이 다시 율곡에게 전승됨으로써 박전적 형태를 갖추어낸 것이라 평가할 수 있을 것이다. 고봉이 언로 개방의 선언적 담론에 가까운 주장을 많이 제기하였다고 한다면, 율곡은 이를 보다 구체화하여 논의하였다고 할 수 있다. 율곡은 언로 개방의 중요성을 비롯하여 언로 개방의 이유와 목적, 그리고 그 범위까지도 상술하고 있는 것이 특징이다. 따라서 고봉의 언로관은 "조광조의 언로사상의 계승인 동시에 율곡의 언로사상의 선하가 된다는 점에서 높이 평가되어야 할 것"97)이라는 견해는 매우 적절하다.

---

96) 『율곡전서』 권3, 소차, 「玉堂陳時弊疏」, "所謂廣言路以集羣策者, 人君以眇然之身, 處億兆之上, 聽不足以盡聽, 明不足以盡視. 故古之聖王, 必以國人之耳, 爲我之耳, 聽無不聽, 以國人之目, 爲我之目, 明無不視, 以國人之心, 爲我之心, 知無不盡."

5. 논의의 종합과 의의

이상의 논의를 통하여 우리는 고봉과 율곡의 사상적 연계성에 대하여 검토해보았다. 이를 통하여 율곡은 많은 면에서 고봉과 의견을 같이 한다는 점을 확인할 수 있었다. 특히 사단칠정에 관한 고봉의 성리학적 입장은 율곡에 의하여 강력한 지지를 받고 있다는 사실을 확인할 수 있었다. 고봉의 만년 견해가 '리기공발'의 입장을 취한다는 전통적 견해가 아직 존재하는 상황이기는 하지만, 고봉이 '기발리승'의 측면을 강조하였다는 사실에 대해서만큼은 별다른 이견이 없다. 성리학적 입장에서 율곡은 고봉처럼 기의 발동에 대해 유념하면서 '기발리승일도설'을 자신의 정론으로 정착시킨다. 이러한 점은 양자의 사상이 상호 배척하기보다는 긴밀한 연관성을 갖고 있다는 점을 알려주기에 충분하다.

다만, 경세론적 입장에 있어서 율곡은 고봉의 입장을 강하게 비판하기도 하고, 다른 한편으로는 의견의 일치를 보이기도 하는 등 사상적 연속성과 불연속성의 두 가지 태도를 견지한다. 이는 성리학적 사유의 노선이 상호 일치하였던 것과는 서로 다른 입장의 차이가 경세를 대하는 태도에 있었음을 알려주는 것이라 하겠다. 율곡은 상대적으로 고봉보다 철저한 도학관을 견지한다. 정암에 의한 도학적 맥락의 상호 연속성이 회재 이언적에 대한 평가에 이르러 불연속적 맥락으로 탈바꿈된다는 사실이 고봉과 율곡을 차별화시키는 계기로 작용한다. 이 때문에 양인은 회재의 도학적 맥락에 대해 서로 다른 평가를 내리게 되는 것이다. 이러한 도학관은 현실의 문제 상황을 해결하는

97) 황의동, 앞의 책, 156쪽.

방법론에도 영향을 미쳐 양자의 사상적 불연속성을 강화하기에 이른 것이라 파악된다.

고봉과 율곡의 도학관은 양자의 경장론에 영향을 미친다. 양인은 경장의 방법과 내용에 있어서 서로간의 입장차가 있었다. 잘 알려진 것처럼 기존의 관습이나 제도를 개혁한다는 의미의 '경장'의 개념은 성리학자들에 의해 즐겨 사용된다. 그러다보니 경장의 의미 안에는 제도나 형식의 변혁만이 아니라 유가의 철학적 정신을 회복하여 높이 선양한다는 의미가 확대 적용된다. 따라서 유가의 근본정신과 그 체제를 재건한다는 것이 곧 경장이라고 이해되기도 하는 것이다. 그러므로 경장은 현실의 상황을 변혁의 대상으로 상정한다는 특징을 갖는다. 부조리와 모순이 넘쳐나는 현실의 상황을 유가철학적 기준을 가지고 이념적 측면과 제도적 측면에서 변혁해보겠다는 것이 경장의 실질적 내용인 것이다.

율곡은 정암 조광조의 도학정신을 계승하여 자신의 경장론을 주장한다. 정암의 경장이 다소 지나친 면이 있었다고 파악한 율곡은 정암보다는 차분하게 점진적 개혁론의 입장에서 경장을 주장하였다. 율곡은 경장의 필요성과 당위성을 비롯하여 그 방법과 기준에 관하여 자세하게 논의함으로써 제법 체계적인 경장론을 제시한다. 그런데 경장의 문제에 있어서 고봉은 율곡보다 신중하다. 율곡은 이 같은 고봉의 태도가 마땅하지 않았다. 그래서 고봉을 '상례에 따르는 것을 힘쓰고 개혁하는 것을 좋아하지 않았다'고 평가한 것이다.

『고봉집』에 실린 이식(李植)의 논의를 보더라도 고봉은 당대의 경장론자들과는 다른 노선을 천명하고 있음을 어렵지 않게 확인할 수 있다. 그의 말을 들어보자. "이때에 수많은 인재가 한창 진출하여 기용되었는데, 그들은 경세제민을 급선무로 여겨 건의하여 밝힌 것이 많았기 때문에 논의가 분분하였다. 그러나 공은 뜻을 세우고 어진 이를 구하여 직임을 맡겨 성사하기를 책임지우는 것으로 대강의 선무를 삼았으니, 대체로 공의 뜻은 근본을 바르게 하는 데 있었기 때문에 법제보다는 교화를 우선으로 하였다. 이 때문에 경장파의 의논과는 꽤 서로 어긋났고 대신들은 더욱 불편스럽게 여겼다."[98] 그렇다면 고봉은 과연 개혁에 무관심했던 것일까? 그래서 고봉은 일종의 반개혁론자라도 된다는 말인가? 우리는 경장론과 관련하여 마지막으로 이 문제에 대해 주목해보지 않을 수 없다.

개혁을 대하는 고봉의 입장은 분명한 바가 있다. 고봉은 현실개혁의 중요성을 인지하면서도 개혁에 대한 매우 신중한 태도를 취하였다. 다음의 인용문은 개혁에 대한 고봉의 입장을 잘 말해주고 있다.

> 근래에 쌓인 폐단이 심히 많은데 이것을 개혁하는 것도 하나의 좋은 일이다. 그러나 나(臣)의 의견에는 그 중에 너무 심한 것만 고치고서, 임금의 학문이 점차 높아지고 일에 대한 경험이 익숙해지기를 기다려서 인재를 모아 조정에 둔 다음 그들과 더불어 십분 뒤에 차례로 개혁하여 폐단을 바로잡는 것이 좋다고 여긴다. 이 말은 너무 무기력한 듯하나, 조종조로부터 폐단이 많은데, 이제 사람들을 착하게 인도하지도 못하고 법령으로 그 폐단을 바로잡으려 한다면, 혹 도리어 병통이 생겨서 뒤에 폐단이 없지 않을까 걱정된다. 시골의 보통 사람들도 선조로부터 물려받은 오래된 집을 고치려고 하면, 반드시 좋은 목수를 얻어야 하고 여러 재목을 구비하여야 할 뿐만 아니라, 또한 반드시 때를 기다린 뒤에라야 가능하다는 것을 안다. 만일 하루아침에 갑자기 썩고 오래된 집을 철거해 버릴 경우에 좋은 목수도 없고 여러 가지 재목도 없다면, 뒤에 수습하기 어려울 것이다. 내(臣)가 묵묵히 인정을

---

98) 『고봉집』 부록 권1, 諡狀[李植], "是時, 羣才方進, 急於經濟, 多所建明, 論議紛然. 而公則請以立志求賢, 委任責成, 爲大綱先務, 蓋志在正本, 先教化而後法制. 故頗與更張之議相左, 而大臣尤不平."

> 살펴 보건대, 근본을 다스릴 것을 생각하는 자는 적고 당장 눈앞의 것에 급급해 하는 자들은 많다. 나이가 젊은 자들은 쾌활한 일을 하려고 하여 경장하자는 의론을 좋아한다. 그리고 나이 많은 자들은 그것이 어려운 줄 알면서도 시론에 구애되어 또한 할 수 있다고 말하나, 끝까지 담당하여 목숨을 거는 자는 볼 수가 없다.[99]

이를 통해 볼 때, 고봉의 개혁론은 다소 온건한 성향을 띠고 있음에 비해 신진사류들의 노선은 상대적으로 급진적 성향을 보이고 있음을 확인할 수 있다. 보수와 진보, 기성세대와 신진세대 사이의 갈등의 양상처럼 고봉과 율곡의 경장관도 방법적 측면에서 서로 차이가 있었던 것이다. 율곡에 비해 9년 연상이었던 고봉의 입장에서 율곡을 위시한 신진사류들의 급진적 현실개혁론은 문제가 많다고 판단되었음에 분명하다. 고봉은 제도나 법을 통하여 단기일 내에 급진적으로 하는 개혁보다는 다소 시간이 걸릴지 모르지만 군주의 학문과 경륜이 성숙해지고 현명한 인재를 등용한 다음에 현실의 문제 상황들을 차례차례 개혁해 나가는 점진적 개혁이 더 중요하다고 보았던 것이다. 보다 완전한 개혁은 법가적 성향의 통치에 의해서가 아니라 유가의 기본정신에 충실할 때 이루어진다는 입장이다.

이러한 고봉의 개혁론적 입장은 제도나 법령에 의지한 경장보다 인간의 심성적 변화를 통한 개혁이 훨씬 더 근원적이라는 것으로서, 그것은 일종의 근원주의적 성향의 개혁론이라 평가된다. 고봉은 "예

---

99) 『고봉집』, 「論思錄」 권상, "近來積弊甚多, 變革亦一美事. 然臣意則以爲當損其太甚, 而待上學問漸高, 經歷已久, 下人亦試下手然後所爲之事, 終亦堅固矣. 此言甚似頹靡, 而祖宗朝積弊多端, 今不能淑人心, 而遽欲爲法令捄其弊, 則或生他病, 不無後弊. 以俗談言之, 則常人欲改久遠祖上之家, 必得良匠必備象材, 又待時而爲之. 若一朝遽撤, 而無良匠無象材, 則後難收拾也. 近察人情, 思治根本者少, 姑務目前者多. 年少者欲做快活之事, 長者雖以爲難, 而拘於時論. 亦曰可爲, 不見終始擔當, 死生以之之人."

로부터 나쁜 법을 개정하려고 할 때에는 반드시 그 근원을 알아서 다스렸다. 그런데 하루아침에 폐단을 바로잡고자 하면서 근본을 버려두고 지엽적인 것만을 막으려 한다면, 장애되는 일이 생겨서 일이 이루어지기 어렵다"[100]고 하여 지엽적인 것의 변혁보다는 근원적인 측면의 개혁이 중요하다고 보았다. 이러한 사실은 고봉을 단순하게 보수나 진보라고 규정하는 일방적인 평가로부터 자유롭게 한다. 실제로 고봉은 신진세대의 급진적 태도를 경계함과 동시에 기성세대의 보수적 태도에 대해서도 서슴없이 비판하였다. 이렇게 본다면, 우리는 고봉이 개혁에 대해 무관심하였다고 말할 수 없다. 후일 양사기(楊士奇)가 고봉을 가리켜 "경제정책의 경장에도 또한 요량함이 있었다"[101]라고 평가하였던 것은 반개혁론자로서의 고봉의 이미지를 불식시키기에 충분하다.

정암이 내세운 지치주의적 경장론의 급진성을 유학 본연의 근원주의적 차원으로 전환시킨 것이 고봉이라면, 이러한 근원주의적 토대 위에서 시의에 맞는 점진적 경장론을 이끌어낸 것이 율곡이라고 말할 수 있다. 특히, 고봉과 율곡은 유가적 이념에 충실하면서 다 같이 백성을 위한다는 민본적 기준에서 경장론을 제시하지만, 율곡은 고봉에 비해 제도적 측면의 경장에 대해서까지 관심을 갖고 세부적 논의를 전개하였다는 차이가 있다. 율곡은 시의에 대한 정확한 진단을 토대로 실효와 실공에 힘써야 한다고 주장하면서 그 실천이 바로 현재의 잘못을 과감하게 고쳐나가는 경장임을 강조하였는데, 이것이 바로 '무실론'에 토대를 둔 그의 독특한 경장론이다.

---

100) 『고봉집』, 「論思錄」 권상, "自古欲改弊法, 必知弊源而治之然後可也. 欲矯一朝之弊, 舍其本而防末流則事難成也."

101) 『고봉집』, 별집 부록 권2, 挽章, 楊士奇, "弊賦更張亦有裁."

제 08 장

우계 성혼의 도학적 삶과 학문연원

1. 문제의 소재

우계(牛溪) 성혼(成渾, 1535-1598)은 퇴계(退溪) 이황(李滉, 1501-1570)과 율곡(栗谷) 이이(李珥, 1536-1584)가 활동하던 16세기 한국 성리학의 전성시대를 살다 간 인물이다. 그는 퇴계를 존숭하여 높이 받드는가 하면 율곡과는 둘도 없는 막역한 '도우지교' 사이였다. 특히 그는 1572년 율곡과 '사단칠정', '인심도심', '리기' 등의 문제로 당대 성리학의 중심주제들에 대해 열띤 토론과 논쟁을 주도해 나아간 것으로 유명하다. 이는 퇴계와 고봉의 학술논쟁의 뒤를 잇는 매우 중요한 사건이었다. 이 '우율논쟁'은 퇴계 성리학에 대한 반성을 이끌어냄과 동시에 우계와 율곡 자신의 성리설을 한층 견고하게 다지는 역할을 수행해 냈다고 평가된다.[1)]

그러나 이와 같은 중요한 위치에 있는 우계의 인물과 학문 등에 대한 연구는 그동안 퇴계와 율곡에 비해 상대적으로 소략하였다. 그나마 우계에 대한 지속적인 연구가 그동안 하나하나 축적되어 지금에 와선 제법 각 분야별로 다양한 방식의 논의들이 도출되어 전문적인 저서로 묶일 만큼의 성과를 얻어내기는 하였지만, 동시대적인 인물인 퇴계와 율곡에 대한 연구 성과에 비한다면 아직도 그 연구의 토대가 척박한 것이 현실이다. 그동안 우계에 대한 연구는 주로 재단법인 우계문화재단이 주도해 왔다고 할 수 있다. 우계문화재단은 1988년 『성우계사상연구논총』을 발간하기 시작하였고, 『우계학보』를 지속

---

1) 황의동, 「우계학의 전승과 그 학풍」, 『범한철학』 제28집, 범한철학회, 2003, 32쪽 참조.

적으로 발간해 왔다. 국내의 전문가들을 다양하게 참가시켜 우계에 관한 관심을 고조시키고 학문적 업적을 축적해온 데는 실로 우계문화재단의 숨은 역할과 공로가 크다고 말하지 않을 수 없다.

우계는 이제 퇴계와 율곡에 비견되는 위치에서 조명되기도 한다. 퇴계의 학을 '퇴계학'이라고 하고, 율곡의 학을 '율곡학'이라고 부르듯이 지금은 우계의 학을 '우계학'이라고 부르는 데 어색해하지 않게 되었다. 이미 성리학 전공자들 중에서 황의동, 최영성 등이 이러한 명칭을 사용하고 있음을 본다. 특히 황의동은 율곡학파에서 독립된 '우계학파'의 설정을 주장한 효시가 된다. 그는 하나의 학파를 규정할 때 필요조건으로서, ① 학문적, 사상적으로 특성이 존재하고, ② 사자간, 사우간에 학풍을 공유하며, ③ 더 나아가 이것이 학자군으로 결속되고 유지되었느냐의 여부를 들 수 있다고 한다. 우계학파의 범주에 드는 학자군의 학문세계, 학문연원 등을 고려할 때 이 세 가지 요건을 충족하기에 '우계학파'의 설정은 당연하다고 한다.[2] 물론 이 문제에 대해서는 반론이 예견되지 않는 것은 아니지만, 이는 이 글의 범위를 벗어난다. 다만 이와 같은 종류의 논의는 이전의 고식적인 연구의 방법과 틀을 벗어나는 종류의 것이기 때문에 우계에 대한 연구의 폭을 확장시키는 데 이바지할 것이라는 점에 대해서만큼은 의심의 여지가 없다.

본래 이 글은 우계 성혼의 연구를 통하여 새로운 사상 정립이나 독창적 논점을 제고하고자 하는 목적에서 기획되지 않았다. 이 글이 목표로 하는 것은 우계의 생애와 학문적 연원에 관한 기본적 토대를 소개하고자 하는 것이다. 따라서 여기에서는 최대한 우계의 삶과 그의 사상적 기본입장에 대해 초점을 맞추어 논의를 전개할 것이다.

---

2) 황의동, 『우계학파연구』(서울: 서광사, 2005), 13쪽 참조.

2. 우계 성혼의 시대와 생애

1) 우계 성혼의 시대

우계 성혼이 살았던 시기가 중종 30년(1535)으로부터 선조 31년(1598)이었다는 사실은 이 시기가 조선조 16세기 중기로부터 후기에 해당하는 시기임을 알려준다. 이 시기는 안정기에 놓여 있었던 사회정치적 상황이 매우 혼란스러워지던 때였을 뿐만 아니라, 대외 관계에 있어서도 일찍이 유례가 없었던 사상 초유의 사건들이 발발하여 국정이 더 없이 불안정하던 시기였다.

우계는 조선시대 중기인 '중종-인종-명종-선조'로 이어지는 4대에 걸쳐 생존하였고, 그가 생을 마친 시기는 임진왜란이 끝나던 무렵이었다. 우계가 태어나기 16년 전 중종 14년(1519)에 기묘사화가 일어나 신진 사류들의 목숨을 빼앗아 갔는가 하면, 우계 당대에는 명종 원년(1545)에 기묘사화가 일어나기도 하였다. 그리고 우계의 말년에는 1582년(선조 15)부터 본격화되었던 당인들의 대립과 반목이 급기야 동서분당을 일으킴으로써 치열한 당쟁으로까지 비화되어 나아가던 시기였다.

우계가 살았던 시대는 오랜 동안 오랑캐라고 인식하여 업신여겼던 여진과 왜구들이 빈번하게 조선의 국경을 침범하여 혼란을 유발하던 때였다. 1583년(선조 16)에는 여진족이 침입하여 경원부를 함락시키는 사건이 발생하여 조정에서는 신립(申砬, 1546-1592) 등으로 하여금 두만강변의 여진족을 정벌하게 하였다. 그런데 무엇보다도 왜구가 그 어느 때보다 빈번하게 출몰하면서 왜변을 일으키는가 하면, 급기야 임진왜란과 정유재란을 일으켰던 시기가 바로 우계가 살아가야만 했던 당대 조선의 현실이었다. 1544년(중종 39)에는 왜구가 경상도 고성에 출몰하였고, 1552년(명종 7)에는 제주에, 1555년(명종10)에는 전라도 영암에 각각 침입하였다. 1555년의 왜구 침입으로 인한 변란이 바로 을묘왜변이다.

이 사건 이후에도 왜구의 침입은 줄어들지 않았으며, 도요토미 히데요시(豊臣秀吉, 1536-1598)가 일본을 통일시키고 나자 왜구는 단순한 노략질의 차원을 넘어 급기야 대규모 전쟁을 감행하여 왔다. 이것이 곧 1592년(선조 25)에 일어난 임진왜란이며, 1597년(선조 30)에는 또 다시 정유재란이 발발하였다. 조선에서의 7년 전쟁이라 일컬어지는 왜란이 끝나자 조선의 영토는 황폐하기 이를 데 없었고, 백성은 도탄의 나락으로 빠져들었다. 이 전쟁은 경제적인 파탄과 더불어 사회질서의 붕괴를 가져왔으며, 전란에 따른 인명의 손상과 문화재의 손실 및 도적의 창궐을 가져왔다. 이로 인해 왜인들에 대한 적개심이 그 어느 때보다 높아지는 반면, 명나라에 대한 사대의식은 그 어느 때보다 강화되는 계기가 마련되기도 하였다.

한편, 명종 14년인 1559년에는 황해도에 거점을 두었던 임꺽정이 나타나 횡행하다가 1562년(명종 17)에 처형되는 사건이 있었고, 명종 16년인 1561년에는 나주의 토호였던 김응란(金應蘭), 김언림(金彦霖) 등이 난을 일으켰다. 명종 대에 국가 사회의 질서가 심각한 도전을 받고 있었음을 확인시켜 주는 예들이다.

그러나 이 같은 불만의식의 토로보다 더 강력한 사건이 있었으니, 그것은 다름 아닌 1589년(선조 22)에 일어난 정여립(鄭汝立, 1546-1589) 모반사건이었다고 할 수 있다. 이 모반사건이 정치적으로 조작된 것이라는 의견도 있지만, 그 사실성 여부를 떠나서, 이 사건은 결국 '기축옥사'라는 결과를 낳아 서인이 약 1,000여 명에 이르는 동인들의 목숨을 앗아갔다. 선조 대에 일어난 붕당정치의 가장 큰 폐해와 한계를 드러낸 사건이 바로 이 기축옥사였다고 할 수 있을 것이다. 당시 우계의 나이 55세 되던 때의 일이었다.

이 기축옥사란 정여립의 모역사건을 계기로 동인과 서인의 당인들 사이에 벌어진 일종의 정치적 세력 다툼이었다. 선조가 즉위하면서 정계에 대거 진출하여 정국을 장악한 사림세력은 1575년 이후 동인과 서인으로 양분되고, 그동안 양쪽의 조화를 주장하던 율곡이 서인이 되면서 서인의 정파로서의 터를 잡게 되는 1582년부터 본격적인 붕당정치가 전개되었다. 한때 정국의 우세를 장악했던 서인은 율곡이 죽은 뒤 선조의 견재를 받으면서 위축되고, 동인이 권력의 핵심에 진출하여 정국을 주도하였다. 이러한 상황에서 한때 율곡의 천거로 청현직에 오르기도 했던 정여립은 율곡이 죽은 후 그를 배신했다 하여 선조의 미움을 받고 고향인 전주로 쫓겨 갔다. 이에 정여립은 선조의 한계에 도전하여 전라도와 황해도 일대의 세력들과 결탁하여 이른바 '대동계'라는 조직을 결성하고 모역을 꾀하였다고 한다.[3)]

정여립은 천하는 공물이라는 전제 아래 혈통에 의한 왕위 계승이 결코 절대성을 가질 수 없다고 하고, 주자학적인 '불사이군론'에 대해 매우 강한 회의적 입장을 갖고 있었다. 이것이 곧 정여립의 '천하공물설'(天下公物說)과 '하사비군론'(何事非君論)이다. 이는 전제왕권의 체제 아래에서는 결코 용납될 수 없는 과격한 혁신사상임에 분명하다. 옥사는 황해도에서 비밀이 누설되어 1589년 10월 황해감사 한준 등의 고변으로 시작되었다. 이때 송강(松江) 정철(鄭澈, 1536-1593) 등 서인세력은 사건을 처리하면서 이를 정권장악의 기회로 삼아 동인을 제거하고자 옥사를 확대하였다. 정여립은 진안군 죽도로 도망했다가 자결하고 그 아들 옥남(玉男)은 잡혀서 처형되었다. 정여립의 친척인 정언신, 정

3) 『엔사이버 두산백과사전』, http://encyber.com 참조.

언지, 이진길을 비롯하여 평소 정여립과 친분이 깊었던 이발, 이길, 백유양, 이급 등이 일당으로 몰려 심문 도중에 죽고, 아계(鵝溪) 이산해(李山海, 1539-1609)와 내암(來庵) 정인홍(鄭仁弘, 1535-1623) 등 다수의 동인 핵심인물들이 관직에서 밀려났다. 특히 남명(南冥) 조식(曹植)의 제자 최영경(崔永慶, 1529-1590)과 화담(花潭) 서경덕(徐敬德, 1489-1546)의 제자 정개청(鄭介清, 1529-1590) 등 동인의 핵심적 당인들이 옥사하였다. 그 결과 동인은 크게 위축되고 서인이 정국을 주도하게 되었다.[4]

이 기축옥사와 같은 당쟁의 화가 발생하기 이전 우계는 11세의 어린 나이에 이미 조선 4대 사화의 하나인 을사사화를 통해 당대 조선의 정치적 현실을 인식하게 되었다. 을사사화는 1545년(명종 원년) 8월에 척신인 윤원형(尹元衡)이 권신인 이기(李芑)와 결탁하여 윤임 및 사림파에게 타격을 가한 정치적 보복이었다.[5] 을사사화를 통하여 정적을 제거하고 정권을 잡은 이기 등은 명종의 보위를 굳혔다는 명분으로 공신이 되었다. 이때 사직을 지켜냈다는 위사공신(衛社功臣)에 봉해진 이가 무려 28인이었다. 명종 초년에는 이들 공신집단이 강력한 정치세력을 형성하고 정국을 운영해 나아갔다. 을사사화의 경우 싸움은 외척 간에 벌어졌으나 사림파도 다수 제거되었다. 사화는 대개 훈구파와 사림파로 나누어지는 지배계급 내부의 세력다툼으로, 부분적으로 정치론에서 차이가 나거나 경제적 이해관계가 엇갈려 일어난 사건이었다. 을사사화는 비록 사림파가 화를 당한 것이나 외척이 중요한 변수로 작용했던 정치적 갈등이었던 것이다.[6]

그런데 1546년 윤원로(尹元老), 윤원형 형제의 권력다툼 끝에 윤원로

---

4) 『엔사이버 두산백과사전』 참조.

5) 즉 을사사화는 윤원형으로 대표되는 소윤 일파가 윤임으로 대표되는 대윤의 세력을 몰아내는 과정에서 사림들이 크게 피해를 입은 사건이었다.

6) 『엔사이버 두산백과사전』 참조.

가 유배되어 사사된 데 이어 1547년(명종 2)에는 괴벽서 사건으로 다시 많은 사림이 화를 입었으니, 이것이 이른바 '정미사화'이다. 이해 9월 부제학 정언각(鄭彦慤)이 양재역(良才驛)의 벽 위에서 "여왕이 집정하고 간신 이기 등이 권세를 농락하여 나라가 망하려 하니 이것을 보고만 있는가"라는 내용의 주서(朱書)로 된 벽서를 발견했다. 이 벽서는 임금에게 보고되었고 섭정을 하던 문정황후는 명종에게 지시하여 윤임 일파를 숙청하게 하였다. 이에 윤원형 일파인 이기, 정명순(鄭明順) 등이 이러한 사론(邪論)은 을사옥의 뿌리가 아직 남아 있는 증좌라고 무고하여 그 잔당으로 지목된 중종의 서자 봉성군(鳳城君)을 비롯한 송인수(宋麟壽), 이약빙(李若氷), 임형수(林亨秀) 등을 죽이고 권발(權撥), 이언적(李彦適) 등 20여 명을 유배시켰다. 이 사건은 '벽서의 옥'이라고도 부르며 윤원형 일파가 정적을 숙청하기 위해 만들어낸 일이었다.[7)]

또한 정미사화에 이어 1549년(명종 4) 충청도 충주에서는 이홍윤(李洪胤)이 소윤파들에 의해 모반을 도모한다는 무고를 당하고 결국 수많은 선비들과 함께 처형된 또 하나의 옥사사건이 있었다. 충주를 지역적 배경으로 일어난 이 옥사사건 때문에 충주고을이 텅 비게 될 정도였다는 표현이 있을 정도로 이홍윤 옥사는 매우 참혹한 것이었다.[8)] 이것이 '기유옥사' 또는 '기유사화'이다. 이홍윤은 양재역 벽서사건으로 희생된 이약빙의 둘째 아들로서 당시 대윤파의 거두이자 장경왕후의 오빠인 윤임의 사위였다. 이 기유사화 이후 권신이었던 이기는 곧바

---

7) 『두산세계대백과전서(22)』(서울: 두산동아, 2002), 604쪽 참조.

8) 박홍갑, 「조선 명종조 충주옥의 전개와 충주사림」, 『조선시대사학보』 17, 조선시대사학회, 2001, 61쪽 참조. 이홍윤의 모역사건이라 알려진 충주옥이 마무리되어 갈 무렵, 충주가 비록 큰 고을이지만 혁파하여야 한다는 추관들의 주장이 끊이질 않았고, 이에 목사와 판관은 파직되고 충주는 유신현이라는 이름으로 강등되었다. 이에 따라 충청도 역시 청홍도로 개칭되었다(박홍갑, 앞의 논문, 78쪽 참조).

로 영의정에 올랐다. 그만큼 소윤파들은 이 사건이 대윤 일파의 완전한 정치적 몰락을 가져온 것이라고 평가하였던 듯하다.[9)]

이러한 사화와 정쟁, 그리고 남북의 외침은 심각한 사회정치적 혼란과 무고한 이들의 살육을 담보하고 있었다. 이러한 시대가 우계 당대의 현실이었다. 특히 선조 대에 이르러 첨예하게 가시화된 동서분쟁은 많은 문제를 안고 있었다. 동론서박의 논쟁으로 비화된 동서분쟁은 당시의 지식인들을 양당의 어느 한 파에 붙어 상대 당인을 반목질시하게 만들었고, 그러한 당인들은 자손만대로 소속 당파를 세습하였으며, 그들의 집안들까지도 함께 가담하기에 이르렀던 것이다. 당쟁은 한 번의 사건이나 승부로 끝나지 않았고, 아울러 중앙관리들의 대립 투쟁만이 아니라 전국 모든 사림들의 대립 투쟁으로 그 양상이 변모 확대되어 갔다. 이처럼 사화와 당쟁이 되풀이되는 가운데, 정계에의 진출을 단념한 사람학자들은 학문연구와 후진양성에 보다 많은 정력을 기울이게 되었다. 여기에 환영받았던 학문이 이른바 '성리학'이다. 그것은 인간이 근본이 선하다는 것을 탐구하는 데서 유교적 조화정치의 이상을 실천해 보려는 이론적 근거를 마련했던 것이다.[10)]

우계가 살아갔던 시대에 하나의 희망이 있었다면 그것은 성리학의 이념체계를 견고히 하여 모순된 현실에 적용하고자 하는 대응이 끊이지 않았던 점이라고 할 수 있을 것이다. 일찍이 1543년(중종 38)에 풍기군수 주세붕(周世鵬, 1495-1554)이 순흥에 백운동서원을 세웠는데, 이때

---

9) 박홍갑은 "명종 초기 대윤과 소윤의 첨예한 갈등 속에서 약한 명분으로 출발한 을사사화 주모자들은 자신들의 입지를 보다 강화하기 위해 제2, 제3의 조치들이 필요했고, 그에 대한 마무리 작업이 충주사림의 소탕작업이었다"(박홍갑, 앞의 논문, 73쪽)고 평가하고 있다. 이렇게 본다면, 을사사화는 기유사화에 이르러 최종 종결되었다고 할 수 있다.

10) 원용문, 「우계 성혼론」, 『한문학논집』(양곡 박천규교수 화갑기념특집), 근역한문학회, 1994, 311쪽 참조.

우계의 나이 9세 되던 해였다. 1550년(명종 5)에는 회재(晦齋) 이언적(李彦迪, 1491-1553)이 유배지에서 『구인록』(求仁錄)과 『봉선잡의』(奉先雜儀)를 편찬하였다. 1556년(명종 11) 퇴계가 『주자서절요』를 지었으며, 1558년(명종 13)에는 퇴계가 정지운의 「천명도설」을 개정하였고, 1559년(명종 14)에는 퇴계와 고봉 사이에 '사단칠정에 관한 논쟁'이 시작되어 1566년까지 이어졌다. 그리고 1564년(명종 19)에 이정(李楨, 1512-1571)이 성리학에 관한 여러 책과 『성리대전』을 읽고 일부를 뽑아 『성리유편』을 간행하였으며, 1568년(선조 1)에는 퇴계가 선조에게 『성학십도』를 지어 올렸고, 1569년(선조 2)에는 율곡이 『동호문답』을 지어 올렸다. 또한 1576년(선조 9)에 율곡과 우계 간에 '인심도심에 관한 논쟁'이 시작되어 1578년까지 계속되었다. 1575년(선조 8)에는 『주자대전』을 교정하여 간행하였고, 같은 해에 율곡이 『성학집요』를 지어서 올렸다. 1576년(선조 9)에는 율곡의 『격몽요결』이 편찬되었으며, 1582년(선조 15)에는 율곡이 『학교모범사목』을 지어 올렸을 뿐만 아니라 『만언봉사』를 올려 시폐를 논하고 공안 개정을 청하였다. 이외에도 1583년 회재의 『중용구경연의』(中庸九經演義)를 비롯한 『매월당집』이 간행되었다.

이와 같은 시대적 배경 위에서 우계의 학문은 형성되었다. 현실세계의 혼란상은 우계에게 지식인의 책무에 대해 끊임없이 고민하게 만들었고, 당대에 이루어진 주자학에 관련된 서책의 간행 및 당대 지식인들 사이에서 오고간 성리설적 논쟁들은 우계에게 학문의 세계에 몰입할 수 있는 배경을 제공해 주기에 충분하였다. 결코 평온하지 못했던 시대에 우계의 삶이 평안하였을 리 만무하기 때문에 우계의 학문은 유가철학의 '우환의식'을 견지하면서 일관된 형태로 연성되어져 갔다고 여겨진다. 그는 실제로 정치, 철학, 교육, 문학 등의 다방면에 걸쳐 자신의 의론을 남기고 있는데, 모든 방면에서 현실과 유리되지 않는 실천적 태도를 일관되게 견지하였다.

2) 우계 성혼의 생애

우계 성혼은 중종 30년인 1535년에 태어나 선조 31년인 1598년에 향년 64세를 일기로 세상을 떠난 조선 중기의 대표적 성리학자의 한 명이다. 본관은 창녕이며, 자는 호원(浩原), 호는 우계 또는 묵암(默庵)이다. 현감이었던 성수침(成守琛, 1493-1564)의 아들로 어머니 판관 윤사원(尹士元)의 딸 파평 윤씨와의 사이에서 서울 순화방(順化坊, 현재 서울시 종로구 창성동 158번지) 본가에서 태어났으며, 경기도 파주 우계에서 거주하였다. 우계의 시조는 고려시대 중윤(中尹)이었던 성인보(成仁輔)이며, 그의 아버지 성수침은 정암(靜庵) 조광조(趙光祖, 1482-1519)의 문인으로 청송(聽松)선생이라 불리었다.

우계의 생애는 대체로 3기로 나누어볼 수 있다. 그러나 어떻게, 어떤 시기를 각각 3기로 나누는가 하는 문제에 관해서는 입장의 차이가 있을 수 있다. 이에 대한 명확한 기준을 제시하는 데는 여러 가지 난점이 있을 것임에 분명하다. 여기서는 편의상 우계의 생애를 초년기, 청장년기, 노년기의 3단계로 나누어 살펴보기로 한다.

(1) 초년기

1535년(중종 30)에 태어난 우계는 어려서부터 매우 병약하였다. 그는 스스로 지은 「묘지」에서 자신의 병약함에 관해 다음과 같이 밝히고 있다. "성혼은 약관 시절에 병을 앓아 몸이 허약하고 정신이 어두웠는데, 이렇게 일생을 마쳤다. 어려서부터 가정에서 수학하였는데 언제나 옛사람들이 몸을 닦고 학문한 내용을 들으면 개연히 흠모하는 마음을 가지고 책을 읽고 이치를 궁구하여 은미한 뜻을 깊이 찾으려고 노력하였으나 끝내 얻지 못하였으며, 마음을 잡아 지키고 함양하여 허물과 죄악을 면하려고 노력하였으나 끝내 잡아 지키지 못한 채, 병 때문에 스스로 폐하여 조금도 뜻을 성취하지 못하였으니, 참으로 슬프다."[11] 이 글이 그의 나이 53세(선조 20)에 지었다는 글이고 보면, 평소 그가 얼마나 건강에 대해 자신이 없었는지를 가늠케 함이 있다. 그의 병약함에 대해서는 「행장」에서도, "선생은 젊어서부터 질병이 많아 몸이 수척하고 얼굴이 검게 타서 옷 무게를 감당하지 못할 듯하였다"[12]고 전하고 있다.

우계가 10세 되던 1544년(중종 39)에 아버지 청송이 파산(坡山)의 우계에 복거(卜居)하였다. 이때 성혼은 가정에서 아버지의 가르침을 받고 학업에 정진함으로써 큰 진보가 있었다고 한다. 10세의 나이로도 우계는 스승의 가르침을 더 이상 기다릴 필요가 없을 정도였다고 「우계선생연보」는 전하고 있다. 그는 17세 되던 1551년(명종 6) 7월에 신여량(申汝樑)의 딸 고령 신씨를 부인으로 맞이하였고, 같은 해 감시(監試)에서 생원, 진사의 양장 초시에 모두 합격하였으나 병이 생겨 복시(覆試)에 응하지 않고 오로지 학문에만 전심하였다. 그해 겨울에 휴암(休庵) 백인걸(白仁傑)의 문하에서 『상서』를 수학하였다. 19세에 장남 문영(文泳)을 낳았다.

또한 약관의 나이인 20세 되던 1554년에는 같은 고을의 율곡 이이와 사귀게 되면서 도의지교(道義之交)를 맺어 평생지기가 되었다. 이때 율곡은 우계를 칭송하여 "만약 견해가 도달한 경지를 논한다면 내가 다소 나은 점이 있겠지만, 조행(操行)의 독실함과 확고함은 내가 미치

---

11) 『우계집』, 우계선생연보부록, 「묘지」, "渾年弱冠得羸疾, 澌毁昏弱, 以終其身. 少受學于家庭, 每聞古人修身爲學, 慨然有歆慕之意, 欲讀書窮理, 玩索微旨, 而竟不能得, 欲操持涵養, 以免過惡, 而終無所執守, 以疾自廢, 志不少就, 悲夫."

12) 『우계집』, 우계선생연보부록, 「행장」, "先生少多病, 癯然瘦黑, 如不勝衣."

지 못한다"[13]라고 하여 우계의 실천적 독실함에 대하여 높이 평가하였다. 기질적으로 우계는 율곡과 많은 차이점이 있었던 듯한데,[14] 율곡의 평가처럼 우계는 실제로 뛰어난 실천력을 소유한 '덕행의 인물'[15]이었음이 분명하다.

(2) 청장년기

우계는 25세 때 차남 문준(文濬)을 낳았고, 27세 되던 1561년(명종 16)

---

13) 이와 관련된 기록은 다음과 같이 여러 곳에서 발견된다. ①『우계집』,「우계선생연보」, 1554년(명종 9) 갑인년조, "三十三年甲寅. 與栗谷李先生定爲道義之交" 및 이에 대한 세주 "先生自志學之後, 眞實刻苦, 規模嚴密. 栗谷嘗稱曰: 若論見解所到, 吾差有長, 至於操履敦確, 則吾所不及云." 참조. ②『우계집』,「행장」, "栗谷嘗稱曰: 若論見解所到, 吾差有一日之長, 操履篤實, 吾所不及云." ③『율곡진시』에도 이와 유사한 기사가 수록되어 있다. "의리상으로 깨우치는 점에 있어서는 내가 우계보다 나아서 우계가 나의 설을 많이 좇았으나, 나는 성격이 조밀하지 못하여 알고도 실천하지 못하는데, 우계는 알고 나면 곧바로 일일이 실천하여 자기 것으로 만든다. 이 점이 내가 그에게 미치지 못하는 바이다."(『율곡전서』, 권32, 어록 하,「우계집」, "吾於義理上曉解處, 優於牛溪, 牛溪多從吾說, 而吾性弛緩, 雖知之而不能實踐, 牛溪則旣知之, 便能一一踐履, 實有諸己, 此吾所以不及也."). ④ 뿐만 아니라,『선조수정실록』, 권32, 31년 6월, 갑인조에도 이 기사가 동일하게 실려 있고, ⑤『계곡집』에 실린「우계선생신도비명」에도 이 기사를 다음과 같이 싣고 있다. "栗谷嘗稱曰: 若論見解所到, 吾差有寸長, 操履敦確, 吾所不及云." ⑥ 신독재(愼獨齋) 김집(金集, 1574-1656)이 쓴「묘표음기」(墓表陰記)에도 이 내용이 등장한다.

14) 우계의 외손인 노서(魯西) 윤선거(尹宣擧, 1610-1669)는 우계가 학문을 함에 있어서 일일이 법도를 따라 실천하는 점을 높이 평가하면서, 우계와 율곡의 차이점에 대해 다음과 같이 기술하고 있다.『노서유고』, 노서선생유고부록, 遺事,「魯西先生遺事」, "至於牛栗兩先生, 則氣質不同, 故成德亦異, 想其氣像, 恐如河南兩程夫子. 又曰: 栗谷先從上達處入, 故學之無可依据, 牛溪一一循蹈規矩, 學之有迹, 正如程子之論顏孟也. 又曰: 栗谷見解超卓, 而至於做事處, 則必推牛溪, 以爲非牛溪, 不可以爲國, 故癸未特薦, 以爲可任經綸, 其同德之相許如此. 又曰: 栗谷之言, 高明通透, 牛溪之言, 質慤精嚴, 考其書, 皆可見也."

15)『남계집』권57, 雜著 記事,「記少時所聞」, "栗谷以幼時神童, 長而學問文章大鳴一時, 世無當其意者. 惟見牛溪德行出處可以愈已, 遂力薦于朝, 終身無所貳." 참조.

에 어머니 파평 윤씨의 상을 당했다. 29세 되던 1563년 가을에 아버지 청송이 풍병을 앓아 위독하자, 우계는 자신의 넓적다리 살을 베어 약에 섞어서 올렸는데, 얼마 후 병이 덜하다가 반년 만에 병이 다시 발작하여 또 다시 넓적다리의 살을 베어 약에 섞어서 올렸다고 한다.[16] 급기야 30세 되던 1564년(명종 19)에 아버지의 상을 당했다. 이후 우계는 3년 동안 여묘(廬墓) 살이를 하였다. 이러한 일들은 우계의 효성이 남달랐음을 알려준다.

34세 되던 1568년(선조1)에는 퇴계 이황을 만난 뒤 그로부터 깊은 영향을 받는다. 그리고 같은 해 2월에 경기감사 윤현의 천거로 전생서 참봉에 임명되었으며, 1569년에는 목천점참봉, 장원서장원, 적성현감 등에 제수되었으나 모두 사양하고, 중봉(重峯) 조헌(趙憲, 1544-1592) 등 사방에서 모여든 학도들의 교훈에 힘썼다. 그는 1571년(선조 4) 37세 봄에 「서실의」(書室儀) 22조를 지어 벽에 걸어놓고 제생들을 지도하였고,[17] 또한 『주자대전』과 『주자어류』를 손수 초록하여 한 권의 책으로 만들고, 그 첫머리에 쓰기를 "배우는 사람은 우선 이 책을 읽고 그 기본을 세워야 한다"고 하여 학문하는 자세와 방법에 관하여 논하였다.[18] 이 한 권의 책이 바로 『위학지방』(爲學之方)이며, 이 책은 후에 『주문지결』(朱門旨訣)이라고 개칭되었다.

특히, 우계는 38세 되던 1572년(선조 5) 여름 율곡 이이와 9차에 걸쳐

16) 『우계집』, 우계선생연보부록, 「행장」, "癸亥. 聽松先生患風疾危劇, 先生割股和樂以進, 病良已, 半歲復作, 又割股和藥以進, 至甲子正月, 竟不起, 廬墓三年."

17) 『우계집』, 「우계선생연보」, 1571년(선조 4) 신미년조, "五年辛未春, 揭書室儀示諸生." 및 이에 대한 세주 "學徒多集, 先生訓迪不倦, 爲作書室儀二十二.條." 참조.

18) 『우계집』, 「우계선생연보」, 1571년(선조 4) 신미년조, "抄朱子書爲學之方示諸生" 및 이에 대한 세주 "先生手抄大全語類, 輯成一册. 題卷首曰: 學者須先讀此以立基本, 不可不讀也." 참조.

'사단칠정'과 '리기'의 학설을 변론하였다. 이는 우계가 일찍이 퇴계 이황을 사숙하였으나 그의 리기호발설에 회의를 품고 있었는데 『중용』「서」에서 주자 또한 인심도심을 양변으로 나누어 말한 것을 보고, 퇴계의 호발설도 불가할 것이 없겠다고 생각하여 율곡에게 질문한 데서 시작되었다. 우계는 율곡에게 묻기를 "주자가 이른 '인심도심', '혹생혹원'(或生或原)이라는 말에 이미 주리(主理), 주기(主氣)의 구분이 있다. 이로 본다면, 퇴계가 이른 '사단리발'(四端理發), '칠정기발'(七情氣發)이라는 말은 너무 지나친 것이 아닌가?"라고 물으니, 이에 대해 율곡은 다음과 같이 대답하였다. "발하는 것은 기이고 발하게 하는 것은 리이다. 성과 정 사이에 한 '기발리승'(氣發理乘)이라는 도가 있을 뿐이므로, '사단칠정', '인심도심'이 모두 '기발리승'인 것이다"라고 하였다. 장서로 왕복하면서 의문점을 변론한 것은 전현들이 발견하지 못한 바를 새롭게 발견한 말이 많았다고 한다.[19)]

39세 되던 1573년(선조 6) 2월에는 공조좌랑에, 7월에는 장원에 제수되었으나 모두 부임하지 아니하였으며, 그해 12월에 사헌부지평에 제수되었다. 과거 출신이 아닌 사람으로서 헌관에 임명되기는 기묘사화 이후 처음 있는 일로서, 이는 율곡의 주장으로 이루어진 것이었다. 그러나 그는 이를 모두 사임하였다. 41세(1575년, 선조 8) 이후 지평, 공조좌랑, 예빈시판관, 장흥고주부, 종묘서령, 광흥창주부, 장령, 장악원첨정 등이 연속적으로 제수되었으나 모두 나가지 않았다. 45세(1579년, 선조 12) 8월에 스승인 휴암 백인걸의 부음을 듣고 통곡하였다.

---

19) 『우계집』, 「우계선생연보」, 1572년(선조 5) 임신년조, "六年壬申夏, 與栗谷先生論四端七情理氣之說" 및 이에 대한 세주 "先生就退溪高峯理氣之辨, 發問於栗谷曰: 朱子人心道心或生或原之說, 旣有主理主氣之分, 則退溪所謂四端理發, 七情氣發之論, 亦不爲過耶. 栗谷答曰, 發者氣也, 所以發者理也. 性情之間, 有氣發理乘一道而已, 四端七情人心道心, 俱是氣發而理乘之也. 長書往復, 難疑引喩, 多發前賢所未發者, 書凡九篇." 참조.

47세(1581년, 선조 14) 2월에 사정전(思政殿)에 등대하여 학문과 정치 및 민정에 관하여 진달하였으며, 대도(大道)를 강론하니, 상하가 모두 추존하고 존경하였다. 그해 3월에는 장령에서 내섬시첨정으로 전직되고, 4월에는 장문의 「봉사」(封事)를 올렸다. 그 요지는 심신의 수양과 의리의 소명을 강조하는 한편 그 방법을 제시하였으며, 이어 '군자'와 '소인'을 등용함에 따라서 치란이 결정된다고 역설하였다. 이 같은 우계의 '군자'와 '소인'에 대한 의론은 정암 조광조의 도학사상에 그 맥락이 닿아 있다고 할 수 있다. 또 역법(役法)과 공법(貢法)의 민폐를 논하고 경장을 역설하되 혁폐도감(革弊都監)의 설치를 제의하였다. 그러나 그의 주장은 채택되지 못하였고, 그렇다고 귀향이 허가된 것도 아니었다. 이어 내섬시첨정, 풍저창수를 역임하면서 선정전에 등대하였으며, 특별히 경연에 출입하도록 명을 받았다. 그 뒤 전설사수, 충무위사직에 제수되었다. 그는 경연석상 또는 상소로 계속 물러날 것을 청하였지만 받아들여지지 않다가 그해 연말에 선조의 윤허를 받고 고향으로 돌아왔다. 48세(1582년, 선조 15)에는 다시 집의, 사옹원정, 사재감정 등으로 불렀으나 관직에 나가지 아니하였다.

49세(1583년, 선조 16)에는[20] 특지로 통정대부에 가자하여 병조참지로, 이어 이조참의에 전직, 은대를 하사받았는데, 이는 율곡이 이조판서로 있으면서 상경을 권유했기 때문이었다. 그리고 곧 이조참판에 특

---

20) 『노서유고』 권7, 서, 「上愼獨齋」, "道學之盛, 莫尙於宣廟初元, 宣廟之銳意圖治, 實在於癸未際會. 李文成公以不世之才, 當經濟之任, 力薦先生, 要與共貞, 宣廟倚毗文成, 必欲招致先生, 以興治道. 朝野想望, 先生出處, 以卜國家興衰, 而先生以病自遜, 不輕去就. 及乎辛巳敬禮之至, 然後乃始暫起, 思政一接, 首講大道, 上下推服. 矜式一世, 先生行道處義之正, 可謂得彙征之時而無失望之民也. 至於癸未特召之旨, 懇懇於同心同德, 先生之三辭乃就, 蓋見行可之兆而有幡然之志也. 其所以辨奸而顯忠, 旣退而復進者, 無非爲世道汚隆之計耳. 是實先生出處之大端也." 참조.

배되었다. 이러한 그의 관계 진출은 율곡의 권유에 의한 것이었다. 그는 율곡이 죽자 곧바로 사직을 청하였다. 그러나 허락되지 않았고 동지중추부를 맡게 되었다. 그러던 중 7월에 파산으로 돌아와 사직소를 올렸으나 겸직만 면하였을 뿐이었다. 12월에는 경기감사를 통하여 내려진 먹을거리를 사급 받았다.

이 해 계미년은 우계의 정치적 출처에 있어서 매우 중요한 해였다고 평가된다. 우계의 외손인 노서 윤선거는 우계가 선조의 재위 기간 중 이 해가 '도학'의 전성기라고 보고, 선조의 부름에 세 번 사양하고 나서 나아갔던 바 이는 도를 행할 수 있는 조짐을 보고서 뜻을 한 번 바꾼 것이었다고 하였다. 그는 이것이 모두 세도를 높이려는 계책이었으며, 이는 실로 우계 출처관의 큰 단서가 된다고 한다. 우계는 당시 계미년이 도학의 전성기가 될 수 있는 가능성이 있는 시기라고 보았다. 그 이유는 도우였던 율곡이 경세제민의 책임을 담당하여 정도를 구현하고자 하였기 때문이며, 동시에 선조도 자신의 뜻을 다하여 나라를 다스리고자 다짐하였기 때문이다.[21]

이상의 내용처럼 우계는 청장년기에 해당하는 인생의 중반기에 현실정치와 밀접한 관련을 갖고 살아갈 수밖에 없었다. 거의 40세가 가까운 30대 후반부터 정치현실에 발을 들여 놓은 이후, 우계는 무려 40회가 넘는 사직소를 올렸는데, 신병을 이유로 사직하고자 하는 우계를 선조임금은 끊임없이 조정으로 불러들이려 하였다. 이는 선조가 그만큼 우계를 아끼고 사랑하고 믿음직스러운 신하로 인식했다는 이야기가 된다.[22]

---

21) 이상의 내용은 한국정신문화연구원, 『한국인물대사전』, 951쪽에 정리된 '성혼'의 설명내용을 토대로 『우계집』의 「우계선생연보」를 비롯하여 월사 이정구가 기록한 『우계집』에 실린 우계에 대한 「행장」의 기록을 참조하여 재정리한 것이다.

그러나 『계곡집』에 실려 있는 「우계선생신도비명」을 참조할 때, 우계가 조정에서 벼슬한 날짜를 계산해 보면 채 1년이 못 된다고 한다. 우계는 산림에서 덕을 쌓으려고만 하였을 뿐 본래 세상을 담당하려는 뜻이 없었는데, 명성과 실제가 크게 알려져서 선조의 특별한 예우를 받고 정해진 순서를 무시한 지위에 임명되는 등 파격적인 대우를 받기까지 하였다고 한다.[23] 또한 김상헌이 쓴 「신도비명」에는 우계의 출처관이 매우 분명하여 그는 항상 '도의'를 기준으로 삼았으며, 이에 임금의 명이 있어도 나아가지 않는 경우는 있었으나, 명이 없는데도 스스로 간 적은 없었다고 밝히고 있다.[24] 이는 우계의 인품과 학문이 겸비되지 않았다면 불가능한 일이었다고 본다.

(3) 노년기

우계의 노년기는 학문적으로 우계 도학의 성숙기이자, 관직생활로는 임진왜란과 정유재란을 만나 고초를 겪은 시기로 볼 수 있다. 우계가 50세(1584년, 선조 17) 되던 해 정월에는 일생의 막역한 친구이자 학문의 동반자였던 율곡이 49세로 생을 마치자, 그는 사실상 서인의 영수가 되었고, 그 뒤에 동인이 득세할 때에는 피소를 당해 「자핵소」(自劾疏)를 올리기까지 하였다.[25]

53세(1587년, 선조 20) 7월에는 자기 자신의 묘지문인 「자지문」(自誌文)을 지었다. 우계는 자신의 묘지문을 스스로 써서 아들에게 맡겨 무덤 속에 넣으라 하면서 다음과 같이 말했다 한다. "나는 평생에 명예를 도

---

22) 원용문, 앞의 논문, 314쪽 참조.

23) 『계곡집』 권13, 비명, 「우계선생신도비명」, "先生蘊德丘園, 本無當世志, 及聲實騰聞, 大被宣廟殊眷, 待以不次之位, 然歷計立朝日月, 不滿一歲." 참조.

24) 『우계집』, 우계연보부록, 「신도비명」, "蓋先生出處, 一徇道義. 或有召命而不來者, 未嘗無召命而自至者也."

25) 김오봉, 앞의 논문, 130쪽 참조.

둑질하여 국가의 은혜를 저버렸으니, 실로 나의 죄가 크다. 너는 마땅히 나의 유의를 따라 국가에서 부의를 내리고 제사하는 은전을 내리면 이를 사양하고, 묘 앞에 단지 '창녕성모묘'(昌寧成某墓)라는 다섯 글자만을 써서 자손들로 하여금 내가 묻혀 있는 곳을 알게 하면 충분하다. 삼베옷을 입히고 종이 이불로 염하여 소달구지에 싣고 고향에 돌아가 장례하여 나의 뜻을 어기지 말도록 하라."[26)]

55세(1589년, 선조 22) 때는 기축옥사로 서인이 집권하면서 이조판서에 복귀하였는데, 56세(1590년, 선조 23)되던 해에 동인의 최영경이 원사하자 동인의 포화가 그에게 집중되었다. 그러나 우계는 이때 송강 정철에게 최영경을 구원하자는 서신을 보내 최영경 구명운동에 발 벗고 나섰다고 「연보」와 「행장」은 기록하고 있다.[27)] 4월에는 양민(養民), 보방(保邦), 율탐(律貪), 진현(進賢) 등에 대한 방법을 개진하는 장문의 「봉사」를 올리고 귀향하였다. 57세(1591년, 선조 24)에 『율곡선생문집』을 엮어 정리하였다.

58세(1592년, 선조 25) 때에는 임진왜란이 일어났는데 우계는 그해 7월 세자를 위해 「위학지도」(爲學之道)와 「시무에 알맞은 열다섯 조항」을 논하여 올렸고, 12월에 「시무에 알맞은 아홉 조항」을 적어 올렸다. 60세 되던 1594년 석담정사에서 서울로 돌아와 비국당상, 좌참찬에

---

26) 「우계선생연보」, 1587년(선조 20) 정해년조, "(丁亥)七月. 作自誌文." 및 이에 대한 세주 "先生自書屬子, 俾納予壙中曰: 吾平生盜名以負國恩, 吾罪大矣. 汝當以我遺意, 辭賻祭恩數, 墓前書昌寧成某墓五字, 使子孫知其處足矣. 衣以布衣, 歛以紙衾, 載牛車歸葬, 毋違我志可也." 참조.

27) 『우계집』, 「우계선생연보」, 1590년(선조 23) 경인년 9월조, "(庚午)九月. 與鄭左相澈書"와 이에 대한 세주를 참조할 것. 세주의 내용이 많으므로 그 구체적인 내용은 생략하기로 한다. 『우계집』, 우계선생연보부록, 「행장」, "聞崔公永慶, 以湖南方伯洪汝諄狀啓中飛語, 亦在縲絏中. 先生抵書於松江鄭相澈曰: 崔孝元孝悌淸修, 豈有與聞逆謀之理乎? 鄭相之意亦然, 乃於榻前, 極陳崔永慶孝友氣節, 必無與知之理. 上意稍解."

있으면서 「시무에 알맞은 14조항」을 지어 올렸다. 그런데 이 무렵 명나라는 명군을 전면 철군시키면서 대왜 강화를 강력히 요구해와 그는 영의정 유성룡(柳成龍, 1542-1607)과 함께 명나라의 요청에 따르자고 건의하고, 또 일본과의 강화를 건의한 이정암(李廷馣, 1541-1600)을 옹호하다가 선조의 미움을 받았다. 특히 왜적과 내통하며 강화를 주장한 변몽룡(邊蒙龍)에게 왕은 비망기를 내렸는데, 여기에 유식인(有識人)의 동조자가 있다고 지적하여 선조는 은근히 성혼을 암시하였다. 이에 그는 용산으로 나와 「걸해소」(乞骸疏)를 올리고, 그 길로 사직한 후 연안의 각산에 우거하였으며,[28] 1595년 2월에 파산의 고향으로 돌아왔다.

1597년에 정유재란이 일어나자, 우계는 자책감 때문에 입궐하지 못하다가, 64세(1598년, 선조 31) 6월 6일 64세의 일기로 파산서실에서 서거하였다.[29] 우계 사후 1681년(숙종7)에는 율곡과 함께 문묘에 배향되었으며,[30] 제향서원으로는 여산의 죽림서원, 창녕의 물계서원, 해주의 소현서원, 함흥의 운전서원, 파주의 파산서원 등이 있으며, 시호는 문간(文簡)이다.[31]

3. 우계 성혼의 도학적 학문연원

우계 성혼의 학문은 주자학적 사유의 반경 안에서 형성되고 조형

---

28) 한국정신문화연구원, 『한국인물대사전』, 951쪽 참조.

29) 김오봉, 앞의 논문, 131쪽.

30) 『조선왕조실록』, 숙종, 부록, 「숙종 대왕 행장」 참조.

31) 한국정신문화연구원, 『한국인물대사전』, 951쪽 참조. 시호는 1633년(인조 11)에 내려졌는데, '道德博文'을 '文', '一德不懈'를 '簡'이라 한다 하였다(『우계집』, 「우계선생연보」 참조).

되어졌다고 할 수 있다.[32] 남계 박세채 역시 우계의 학문연원이 근원적으로 낙학(洛學)과 민학(閩學)에 있었다고 밝히고 있다. 여기서 말하는 낙학은 낙양의 정명도, 정이천의 이정학(二程學)을 상징하며, 민학은 민중(閩中)의 주자학을 상징하는 말로서, 낙학과 민학이란 통칭 '정주학'을 의미하는 말이다.[33] 이것은 유학적 사유의 가치를 최고의 것으로 인정하던 당 시대적 조류를 반영하는 것이기도 하다.

따라서 우계는 당시 조선의 전통적 유학자들의 경우와 같이 주자처럼 사유하고 주자가 마련한 행위의 준칙 안에서 행위 하고자 노력하였던 독서인이었다고 평가할 수 있다. 즉, 우계의 학문적 기준은 주자에게 있었다고 할 수 있다.[34] 우계의 학문이 하늘과 인간의 조화로운 합일이 이상이었던 유학적 범주 안에서 연마되고 완성되는 성격을 지니는 것도 이러한 연유와 무관하지 않다.

우계의 학문은 특히 성리설적 측면에 있어서 그 근원을 주자에 두고자 하였고, 퇴계나 고봉, 율곡 등이 이루어낸 학문세계와 적지 않은 면에서 공감대를 형성해 내기도 하였다. 그래서 일각에서는 우계의 학설이 율곡의 학설과 일치하는 면이 많다고 하여 '우율학파'[35]라고

---

32) 『우계집』, 우계연보부록, 「행장」, "其規摸節度, 一以考亭爲準則." 여기에서 말하는 '고정'(考亭)은 주자의 회암(晦庵)이란 호 이외의 또 다른 호이다. 그런데, '고정'은 중국 복건성 건양현에 있는 지명으로서, 주자가 말년에 이곳에다 '창주정사'(滄洲精舍)를 세워 강학하였던 곳이기도 하다. 주자는 이 지명을 따서 자신의 호로 삼았음을 알 수 있다.

33) 『남계집』 권70, 祝文, 「牛溪先生」, "學成德尊, 規繩在躬, 淵源洛閩, 百代儒宗." 참조.

34) 『선묘보감』(宣廟寶鑑)에 기록된 사신(史臣)의 논단을 참조할 때 우계의 "학문은 주자를 기준으로 삼아 강론하여 밝히고 실천하는 공부를 모두 지극히 하였으며, 본원의 공부에 더욱 부지런히 힘썼다"고 한다(『신편 국역 우계 성혼 문집(5)』, 민족문화추진회, 2006, 34쪽).

35) 성락훈은 '우율학파'라는 규정을 통해 우계와 율곡을 함께 묶어 명명한 바 있는데, 그 이유가 대략 ① 양인의 지리적 위치가 가깝고 서로 친하게 지냈다는 점, ② 양인의 문하생이 양문을 함께 내왕했다는 점, ③ 같은 서인의 계열로

규정하기도 하였고, 다른 한 편에서는 일종의 '절충파'의 성격을 띤 것으로 평가하기도 하였다.[36] 최근에 이르러서는 '우계학파'라는 개별 명칭을 사용함으로써 그 사상적 독립성을 강조하기도 하는 실정이다. 이에 대해서는 향후 성리학연구 전문가들에 의해 수행될 보다 전문적인 검토와 평가에 기대하기로 하며, 여기에서는 논외로 한다. 다만, 우계의 성리학설은 직접적으로 주자에게 연원을 두고 있으며, 가깝게는 동시대의 인물인 퇴계와 고봉 및 그와 도의지교를 나누었던 율곡과의 학문적 교류와 영향관계를 통해서 형성되었다는 점만큼은 의심의 여지가 없음을 인정하기로 한다.

특히 우계가 퇴계를 존경하고 사모하였음에 대한 기록은, 우계의 사위 팔송(八松) 윤황(尹煌, 1571-1639)과 우계의 문인 중봉 조헌의 제문을 비롯한 문인 청음(淸陰) 김상헌(金尙憲, 1570-1652)의 「우계선생신도비명」에서 한결같이 증언하고 있다.[37] 「우계가장」에도 "병이 깊고 거리가 멀어 퇴계를 섬기지는 못했으나, 평생 우러르기를 마치 문인처럼 하였으며, 일찍이 서울에 갔을 때 퇴계를 뵙고, 그 글을 얻어 익히고 다시 초록해 두니 한 부의 책이 되었다"[38]고 기록되어 있듯이, 실제로 퇴계에 대한 존모의 감정은 매우 컸던 것임에 분명하다. 우계의 나이 35세인 1569년(기사년)에 고향으로 돌아간 퇴계를 그리며 쓴 다음의 시 역

서 함께 문묘에 배향되었다는 점, ④ 사단칠정설의 입장에서 우계가 율곡의 설을 따랐다는 점을 들었다(『한국문화사대계(11)』(서울: 고려대 민족문화연구소, 1970), 434-435쪽 참조). 그러나 성락훈의 이 같은 주장은 ④의 견해가 결정적 한계를 지닌 것으로 평가되고 있다. 이에 대해서는 이동희, 「우계 성리설의 특성과 사상사적 의의」, 『한국학논집』 제34집, 계명대학교 한국학연구원, 1997, 259쪽 참조.

36) 유명종, 「절충파의 비조 우계의 리기철학과 그 전개」(『성우계사상연구논총』, 우계문화재단, 1991) 및 이동희, 앞의 논문 참조.

37) 이동희, 앞의 논문, 258쪽 참조.

38) 이동희, 앞의 논문, 258쪽에서 재인용함.

시 우계의 퇴계에 대한 존모의 감정을 여실히 보여준다.

> 기사년 늦은 봄에 퇴계가 시골로 돌아갔네/ 서울에 쳐다볼 사람 적고 선비들 의지할 곳을 잃었구나/ 대로(大老)도 역시 복이 없는지 천운이 그만 쇠해서 그런 것인가/ 산중에서 남모르게 탄식하노니/ 한 밤중에 눈물만 쏟아지네.[39]

우계는 이 해에 아버지의 「청송묘갈」을 퇴계에게 지어 달라고 요청하기도 한다.[40] 아버지의 묘갈명을 부탁한다는 것은 그만큼 그의 인품과 학문을 존경한다는 의미이기도 하다는 점에서, 우계의 퇴계를 향한 존경의 감정은 의심의 여지가 없는 것이었다.

또한 고봉(高峯) 기대승(奇大升, 1527-1572)과는 정신적 연대감 역시 소홀히 볼 수 없는 측면이 있다. 고봉이 퇴계와의 사이에서 벌인 사단칠정 논쟁이었던 이른바 '퇴고 논쟁'은 우계의 학문을 형성하는데 있어 중요한 맥락의 하나로 자리 잡는 계기가 되었다고 할 수 있다. 우계는 결국 이 논쟁에 자극되어 자신의 벗이었던 율곡과의 사이에서 인심도심 논쟁인 '우율 논쟁'을 탄생시켰기 때문에 그 논쟁의 단초를 여는 역할 면에서 중시된다고 하겠다. 그리고 우계의 사위인 팔송이 "(우계의) 스승은 오직 퇴계였고, 벗은 율곡이었다"[41]라고 평가한 것을 인정할 경우 우계의 사유반경 안에는 퇴계와 더불어 율곡의 영향력 또한 무시할 수 없는 측면이 있다고 볼 수 있다. 그럼에도 이와 같은 사실이 우계의 학문적 자주성이나 독자성을 외면한다는 의미로 환치

---

39) 『우계집』 권1, 시, 「聞退溪先生棄官歸山」, "己巳春暮月, 退溪浩然歸, 京城少宗仰, 士子失所依, 大老也無福, 皇天時運衰, 山中空竊嘆, 中夜涕漣洏."

40) 『우계집』, 「우계선생연보」, 1569년(선조 2) 기사년조, "請撰聽松墓碣于退溪先生."

41) 『신편 국역 우계 성혼 문집(5)』, 「우계연보보유」 제3권, 222쪽 참조. 원문은 다음과 같다. "師惟退陶, 友則栗谷."

될 수는 없다.

우계의 성리학에 있어서 특히 리기설에 대한 이론적 분석에 대해서는 의견이 분분한 것이 사실이다. 그러나 대체적으로는 우계가 '리기일발설'(理氣一發說)을 견지하였다고 보는 입장이 주류를 이루고 있다. 김충열, 배종호, 유명종, 성교진, 황의동 등이 이 견해를 지지하고 있는 바 이에 관해서는 기존에 발표된 전문 연구 성과에 의지하기로 하며 이 글에서는 논의하지 않기로 한다.

여기에서는 우계 학문의 성리설적 측면에 주목하기보다는 우계의 학문적 토대형성에 기여한 두 가지 요소를 중점적으로 검토해 볼 예정이다. 그 하나는 우계의 학문세계에 가장 직접적인 영향을 행사한 것으로 보이는 가학적 연원이며, 또 하나는 우계의 학문적 특색을 구성하는 요소로서의 도학적 연원이다.[42] 이 두 가지 학문적 요소는 상호 밀접한 연관성을 갖는다는 점에서 가학적 연원은 도학적 연원에 토대를 두고 형성되고 있고, 도학적 연원은 가학적 전통으로 전승된다는 특징을 드러내고 있는데, 이는 우계의 학문적 연원에 있어서 특기할 만한 점이라고 할 수 있다.

1) 가학적 전통

우계의 학문적 특징은 강한 가학적 전통을 계승하고 있다는 점이다. 그는 그 누구보다 자신의 부친 청송(聽松) 성수침(成守琛, 1493-1564)의 가르침에 충실하였다.[43] 전통 시대의 지식인들에게 있어서는 매우 당

---

42) 우계의 학문적 연원에 주목하고 이 두 가지 요소를 우계학의 연원으로 검토한 것으로는 황의동의 「우계학의 전승과 그 학풍」(이 논문은 『우계학보』 제21호(2002)와 『범한철학』 제28집(2003)에 같은 이름으로 상재되었다.)이 대표적인데, 나도 이 견해에 동의하는 입장이다.

43) 『계곡집』 권13, 비문, 「우계선생신도비명」, "竊聞緖論, 聽松之學, 蓋出於靜

연한 일일 수도 있었겠지만, 특히 우계는 자신의 삶의 방향성과 학문하는 태도 등에 대해 부친으로부터 결정적 영향을 받았다고 평가된다. 청송은 우계에게 있어서 혈연을 전승한 아버지인 동시에 그의 골수 깊은 곳까지 스며들어 있는 또 하나의 강력한 지적 전통을 전달해준 정신적 스승이기도 하였던 것이다. 이렇게 볼 때, 우계의 사유와 행위는 우계 자신만의 것일 수 없으며, 자신을 낳아주고 가르친 부친 청송의 영향권 안에서 이루어진 것이라 말할 수 있는 것이다. 이러한 맥락은 자연스럽게 우계의 정신적 사유의 반경을 직접적으로 형성케 한 '창녕 성문'이라는 한 가문의 정신사를 추적하게 만드는 요소로 작용한다.

일찍이 남계(南溪) 박세채(朴世采, 1631-1695)는 『남계집』에서 우계의 학맥이 자신의 가학적 전통에 충실한 것임을 밝히면서, 우계의 학문적 특질을 다음과 같이 소개한 바 있다. "묵암 성 선생은 집안에서 바른 학문을 전수받고 우계에 은거하면서 제자들을 가르쳤는데, 충신(忠信)과 독경(篤敬)을 진덕수업(進德修業)하는 방법으로 삼아 경전의 뜻을 강론하는 것으로 보좌하였다. 그의 말이 평실하고 적확하여 절대로 신기하거나 고묘한 경향이 없었으며 저술하거나 말하는 것을 더욱 경계하였으니, 이는 송나라의 명현인 호안정(胡安定, 胡瑗을 말함)과 윤화정(尹和靖, 尹焞을 말함)의 유풍에서 나온 것이다."[44]

여기에서 박세채가 말하고 있는 호안정은 북송시대의 저명한 학자이자 교육자로서 20여 년 동안을 교육에 몰두하여 후진양성에 힘을 기울였는데, 따르는 제자가 수 천 명을 넘었으며, 그의 문하생 중에는

庵, 而先生早服庭訓, 又嘗尊慕退陶而淑艾焉." 참조.

44) 『남계집』 권69, 題跋, 「跋晩退軒遺稿」, "嘿菴成先生家傳正學, 隱居敎授於溪上, 大抵以忠信篤敬, 爲進修之方, 輔以講論經義. 其言平實的確, 絶无奇高妙之趣, 尤戒以著書立言, 蓋亦興起於胡安定尹和靖之風矣."

유명한 학자와 명성 있는 대신들이 다수 배출되었다고 한다. 윤화정은 낙양 사람으로 정이천의 제자이다. 그가 정이천을 만나고 난 이후에야 비로소 『대학』과 「서명」을 보았다는 유명한 일화가 있을 정도로 그는 정이천의 낙학을 충실히 계승한 인물이었다. 그는 '그 마음을 거두어들여 어떠한 것도 용납하지 않음'(其心收斂, 不容一物)을 중시하였던 인물이다. 이를 통해 볼 때, 남계가 왜 호안정과 윤화정의 유풍을 우계가 계승하였다고 말하였는지가 분명해진다.

우계는 호안정과 윤화정의 유풍을 가정교육을 통해 아버지 청송으로부터 전수 받았고, 정주학을 토대로 한 제자들의 교육에 심혈을 기울인 것이라 볼 수 있다. 실제로 우계는 '우계서실'을 지어 학문을 강론하였다. 우계의 나이 30세가 되기 이전부터 그의 훌륭한 풍모를 전해들은 사람들이 이미 배울만한 스승임을 알고 원근 각지에서 앞 다투어 배움을 청하며 찾아왔고, 우계는 이들을 기꺼이 받아들여 가르침에 게으르지 않았다고 한다.[45)]

한편 우계에게 학문에 대한 강한 의지와 신념을 심어준 부친 청송 성수침의 삶의 궤적을 간단히 살펴볼 필요가 있다. 청송 성수침은 조선조 성종 대에 태어나 주로 중종과 명종 대에 활동한 성리학자이다. 그가 활동하던 시기는 중국에서 전래된 주자학이 한국적 토양 위에 완벽하게 자리를 잡고 한국적 성리학으로서의 특색을 갖추어내며 화려한 꽃을 피우기 시작할 바로 직전 시대였다고 볼 수 있다. 한국적 성리학의 꽃이 화려하게 만개하려던 시대 앞에서 당대의 독서인들은 성리학적 사유의 전문성을 모색하는 세계에 점차 침잠해 들어갈 만반의 태세를 갖추어 나아가고 있었다. 그것은 조선의 역사에서 여러

---

45) 『명재유고』 권32, 記, 「牛溪書室重修記」, "牛溪書室者, 卽我默庵先生講道之所也. 蓋先生自歲三十以前, 聞其風者, 已知學之有師, 遠近爭負笈而歸之, 先生樂育不倦." 참조.

차례 등장하는 ‘선비들의 화’ 때문에 가속화된 면이 없지 않다고 본다. 유학 본연의 정신이 강한 현실성을 동반한 실천적 삶을 구현하는 데 있는 것이라면, ‘의리의 성리화’는 시대의 굴절된 자화상을 일정 정도 반영한 것이라고 아니할 수 없다.

청송이라는 호 이외에도 죽우당(竹雨堂), 파산청은(坡山淸隱), 우계한민(牛溪閒民)이라는 호를 사용하였던[46] 성수침은 ‘의리의 성리화’로 시대 의식을 이끌어가던 당파적 지식인들의 시대를 살아가기보다는 ‘성리의 도학화’가 절실하게 요청되던 유학적 소망의 시대를 살아갔다. 그 유학적 소망은 정암 조광조에 의해 보다 구체적인 이념으로 표명되었다. 청송 당대의 이념은 정암 조광조에 의하여 주도 되었다고 할 수 있다. 정암은 요임금과 순임금의 시대와 같은 지극한 태평성대의 시대가 도래 할 것을 염원하며 전국의 독서인들을 규합해 나아갔던 것이다. 이 시기에 우계의 부친 청송은 자신의 아우인 성수종(成守琮, 1495-1533)[47]과 함께 정암의 문인으로 당당하게 활동하였다.

그러던 중 1519년(중종 14)에 현량과에 천거되었으나, 기묘년에 들어서 선비들이 커다란 화를 당하자 벼슬을 단념하고 낙향하였다. 기묘년에 발생한 선비들의 화로 인하여 당시 독서인들의 정신적 지주였

---

46) 한국정신문화연구원, 『한국인물대사전』, 937쪽 참조.

47) 성수종은 조선 중종 때의 유학자로서, 조광조의 문인이다. 1519년(중종 14) 별시문과에 병과로 급제하였는데, 이때 남곤, 김구, 김식 및 조광조 등이 시관으로 있었다. 문장이 뛰어나고 학문이 깊어 장래가 촉망되었으나 그해 기묘사화가 일어나 조광조가 물러나자, 그의 문인이라 하여 대간의 탄핵을 받아 과방에서 삭제되었다. 그 뒤 다시 과거에 응시하여 초시에 여러 번 합격하였으나 벼슬에 뜻을 버리고 청빈하게 살았다. 기질이 영특하고 기골이 장대하였으며, 효성이 지극하여 19세에 부친상을 당하여서는 3년 동안 시묘를 하면서 자신은 죽을 먹으면서 매일 세 번씩 상식을 올렸다고 한다. 사후에 직제학에 추증되었고 물계의 세덕사, 파주의 파산서원에 제향되었다(한국정신문화연구원, 『한국인물대사전』, 937쪽 참조).

던 정암과 그를 따르던 수많은 사림들이 처형되거나 유배당하였기 때문이다. 이에 청송도 백악산(白岳山) 송림 속에 서실을 짓고 '청송'이라는 편액을 내걸고 문을 닫고 들어 앉아 일체 출입하지 않았다.[48] 이로부터 우계의 부친 성수침은 '청송'이라는 호로 세간에 널리 알려지게 되었다. 『조선왕조실록』은, "파주(坡州)에 사는 성수침(成守琛)은 효행이 탁이하고 청렴으로 자신을 지켰으며, 학문은 경사(經史)에 통달하였다. 한가히 지내면서 홀로 즐겼고 과거에 나아가지 않았으니, 비록 옛 일민(逸民)에 견주어도 전혀 부끄러울 것이 없었다"[49]고 기록하고 있다.

김충열은 이 시기에 청송처럼 산림에 묻혀 묘당에 나아가기를 거부하였던 인물들이 있었는데, 그 대표적인 인물이 바로 화담(花潭) 서경덕(徐敬德, 1489-1546)을 위시한 대곡(大谷) 성운(成運, 1497-1579), 남명(南冥) 조식(曺植, 1501-1572), 용문(龍門) 조욱(趙昱, 1498-1557), 일재(一齋) 이항(李恒, 1499-1576), 동주(東洲) 성제원(成悌元, 1506-1559) 등이었다고 하며, 특히 그 학문적 성향을 '은거하여 자신을 지키고'(隱居自守), '성현이 되기를 기약한다'(聖賢自期)고 하는 '도학풍'이었다고 한다. 그런데 이와 같은 '도학풍'으로 전환시켜 놓은 중추적 구실을 청송 성수침이 이루어 냈다고 한다.[50] 그리고 이

48) 『우계집』, 「우계선생연보」, 1544년(중종 39) 갑인년조, "二十三年甲辰九月. 聽松先生卜居坡山之牛溪, 先生侍學於家庭" 및 이에 대한 세주 "聽松受學于靜庵趙先生之門, 己卯禍後杜門不出. 築書室于白岳松林間, 扁以聽松." 참조.

49) 『조선왕조실록』, 명종 7년 임자(1552, 가정 31), 7월11일 (신묘). 청송은 아우 성수종과 함께 어릴 때부터 '효아'(孝兒)로 불렸고, 부친상을 당해서도 같이 삼년상을 치룬데 이어 그 뒤에도 아침저녁으로 사당에 배알하는 일을 잊지 않아 사람들로부터 지극한 효성과 우애로 명성을 얻었다.

50) 김충열, 「우율사칠논변 평의」, 『성우계사상연구논총』, 우계문화재단, 1991, 16쪽 참조. 여기에서 성운은 명종 조의 유학자로서 형 성우가 을사사화로 화를 입자 벼슬을 버리고 속리산에 은거하였으며, 그 후 수차례의 벼슬에 임명되었으나 모두 나아가지 않고 시문과 거문고로 소일하였다. 그는 성수침과 종형제 사이였다.

러한 도학적 특징이 바로 창녕 성씨 가문의 가학이라고 규정한다.[51]

앞에서 열거한 인물들 중 대곡 성운은 그의 형 성우(成遇)가 을사사화로 화를 입자, 벼슬을 버리고 보은 속리산에 은거하였다. 성운은 이 시기에 보은현감으로 온 동주 성제원[52]을 만났고, 그의 치적과 덕업에 대한 칭송을 기리고 기품의 특이함에 대해 이야기한 시를 짓기도 하였다. 또한 그를 위해 특별히 초당을 지어주기까지 하였다고 한다. 그 후 성운에게는 여러 차례에 걸쳐 참봉, 도사 등의 벼슬이 제수되었으나 모두 나아가지 않았다. 그는 시문에 능하였으며 불교적 취향을 드러내는 시를 많이 남기고 있다고 전해진다.[53] 이들 성우, 성운 형제는 우계의 아버지 성수침과는 종형제 사이였다. 이러한 가학적 전통은 고스란히 우계의 몫으로 전승되었고, 우계 역시 이러한 가학적 전통을 별다른 거부감 없이 흡수하여 자신의 생활세계에 적극적으로 운용하는 삶의 태도를 견지하였다.

그런데 특히, 우계의 가학적 전통에서 중요한 위치를 점유하고 있

---

51) 김충열, 앞의 논문, 18쪽.

52) 퇴계는 동주의 성품을 '청광'(淸狂)이라고 하였고, 그 방달한 성품을 들어 '방성'(方成)이라고 표현하였을 정도로 특이한 기품을 가진 인물이었다(『퇴계문집고증』, 권5 참조). 동주는 분명 성리학과 도학정신의 토대 위에서 사유하고 활동하였음에는 분명하나, 그의 사유와 행위의 영역은 다른 학문의 영역에 대해서도 그 취지를 인정하고 공유하는 개방적 태도를 견지하였다. 이것은 창녕 성문의 또 다른 학문적 특징으로 작용하게 되었다는 점에 그 의의가 있다고 할 수 있다. 한편, 동주의 생애와 도학정신에 대해서는 다음의 논문을 참고하라. 김문준, 「동주 성제원의 생애와 도학정신」, 『동서철학연구』 제24호, 한국동서철학회, 2002.

53) 한국정신문화연구원, 『한국인물대사전』, 941쪽 참조. 성운은 속리산에 은거하던 시기에 조선시대를 대표하는 풍류객 중의 한 사람인 백호(白湖) 임제(林悌, 1549-1587)를 만나 그의 스승이 된 것으로도 유명하다. 임백호가 황진이의 무덤을 지나다가 남긴 한 편의 시조는 매우 유명하여, 지금까지도 많은 사람들에 의하여 즐겨 회자되고 있다. "청초 우거진 골에 자는다 누웠는다/ 홍안은 어디가고 백골만 누웠는고/ 잔잡아 권할 이 없으니 그를 슬퍼하노라."

는 인물은 누구보다 매죽헌(梅竹軒) 성삼문(成三問, 1418-1456)이라고 할 수 있다. 물론, 우계의 직계 가계도에 성삼문의 이름이 올라가 있는 것은 아니지만,[54] 단종 복위 사건을 계기로 가문의 화를 입었던 창녕 성문이고 보면 매죽헌의 영향력은 그의 죽음 이후에까지 강한 파급효과를 미쳤을 것이라 미루어 짐작할 수 있다. 1456년 부친 성승(成勝, ?-1456)[55]과 함께 단종 복위의 계획이 수포로 돌아감과 동시에 39세의 나이에 거열형에 처해져 세상을 떠난 매죽헌은 창녕 성문의 정신적 지주였음에 분명하다. 매죽헌의 죽음에 이어 아버지 성승도 주모자의 한 사람으로 극형에 처해졌고, 삼빙(三聘), 삼고(三顧), 삼성(三省) 등 매죽헌의 세 동생과 더불어 아들 맹첨(孟瞻), 맹년(孟年), 맹종(孟終) 및 갓난아기까지 모두 죽음을 당하여 혈손이 끊어졌다.[56] 그야말로 삼족을 멸하는 멸문의 화로써 세조는 창녕 성문의 의기를 굴복시키고자 한 것이다. 그러나 역사는 역적으로 몰려 불운하게 죽어간 매죽헌의 혼을 기려 후에 충절과 의리의 모범으로 삼게 된다. 매죽헌은 유교적 지식

---

54) 이와 관련하여 창녕 성문의 계파별 성격에 따른 학문적 성격을 규명하는 연구가 요청되며, 또한 상곡공파(桑谷公派)와 회곡공파(檜谷公派) 등으로 분화된 창녕 성문의 가학적 전승의 양상에 대해서도 구체적인 검토가 필요하다고 본다.

55) 성승은 조선 전기의 무신으로 성삼문의 아버지이다. 세조가 어린 조카 단종을 위협하여 선위를 받자, 아들 성삼문을 비롯하여 박팽년, 하위지, 이개, 유성원, 김질 등 집현전학사들과 유응부, 박쟁 등의 무신들을 포섭하여 단종 복위 운동을 배후에서 조종하였다. 기회를 엿보다가 1456년(세조 2) 6월 1일 세조가 상왕 단종과 함께 명나라 사신을 위하여 창덕궁에서 큰 잔치를 여는 그날을 거사일로 정하고 유응부, 박쟁과 함께 왕의 뒤에 운검(雲劍)으로 섰다가 그 자리에서 세조를 제거하고 단종을 복위하기로 계획하였다. 그러나 그날 아침에 세조가 잔치 장소가 좁다는 이유로 운검을 폐지하라는 명을 내렸으므로 그날의 거사는 중지되고 뒷날 거사하기로 하였다. 이에 함께 모의하였던 김질이 배반하여 세조에게 밀고함으로써 그 아들 성삼문을 비롯한 다른 모의자들과 함께 잡혀가서 군기감 앞에서 능지처사되었다(한국정신문화연구원, 『한국인물대사전』, 937쪽 참조).

56) 한국정신문화연구원, 『한국인물대사전』, 935쪽 참조.

인의 한 표상으로 전환되어 기려지게 되는 것이다.

한편 생육신의 한 사람이었던 문두(文斗) 성담수(成聃壽)까지 창녕 성문이 배출한 인물이고 보면,[57] 매죽헌 당대의 창녕 성문은 한결같이 불사이군(不事二君)의 의리와 충절을 지키고 살았음을 알 수 있다. 충절과 의리를 강조하는 이 같은 정신은 매죽헌 당대에 있어서나 후대에 이르기까지 가문의 상징처럼 창녕 성문의 인물들에게는 깊이 각인되어졌다고 할 수 있다. 혈연을 기반으로 한 가문의 공감대는 유교적 지식인들이 세상을 살아가는 힘이며 자부심이다. 매죽헌은 사후에 모든 창녕 성문의 표상이자 자랑이 된 것이다. 매죽헌은 유학적 철인정치를 표방하는 독서인들로부터 '인'(仁)의 정신을 현실세계에 직접 구현한 인물로 인식되기도 한다. 그것은 '인'이 유가의 기본입장이기도 하지만, 이는 곧 '살신성인'(殺身成仁)의 정신에 맞닿아 있는 것이기 때문이다. "뜻 있는 선비와 어진 사람은 살기 위하여 '인'을 해치는 일이 없고, 오히려 자신의 목숨을 바쳐 '인'을 행할 뿐이다."[58] 이것은 『논어』에 실린 공자의 말이다.

이상에서 살펴본 바와 같이, 우리는 창녕 성문의 가학적 전통이 충절과 의리를 표방하면서 강력한 '살신성인'을 통한 '인'의 정신을 구현하고자 함에 있었음을 확인하였다. 이는 '죽었으나 죽지 않은' 매죽헌의 정신적 반영이다. 그러나 문제는 우계와 그의 아버지 청송 및 청송

---

57) 그의 아버지 인재(仁齋) 성희(成熺)도 1456년(세조 2) 당질인 성삼문 등 사육신이 단종의 복위를 꾀하다가 처형당할 때 연루되어 10여 차례나 극심한 고문을 받으면서도 끝내 입을 열지 않았다. 김해로 귀양을 갔다가 3년 뒤에 풀려나 공주 달전으로 돌아왔으나 비분한 마음에 병이 되어 죽었다(한국정신문화연구원, 『한국인물대사전』, 952쪽 참조). 이에 충격을 받은 성담수는 그 뒤 벼슬을 단념하고, 선영이 있는 파주의 문두리에 은거하여 시와 낚시로 소일하였다고 전해진다(한국정신문화연구원, 『한국인물대사전』, 931쪽 참조).

58) 『논어』, 「위령공」, "志士仁人, 無求生以害仁, 有殺身以成仁."

의 종형제인 대곡 등이 모두 매죽헌의 기본정신에 충실한 삶을 지향하면서도 매죽헌과는 동일한 삶을 살 수 없었던 현실성을 간과할 수 없다는 점이다.

자의적이건 타의적이건 간에 대부분의 매죽헌 후손들은 산림에 은일하는 삶의 방식을 택하였고, 현실정치에 적극적으로 참여하는 것보다는 후진교육에 매진하는 삶을 지향하였다. 여기에서 창녕 성문이 지향한 '인'의 정신은 이제 '살신성인'이라는 대타적 배려와 저항의 이념성보다는 '극기복례'(克己復禮)[59]의 대자적 수렴과 수양의 방식 쪽으로 그 무게중심을 옮겨 놓은 것이다. 창녕 성문의 가학적 전통은 이제 이전과는 다른 새로운 방식으로 자신의 시대와 현실에 길항하는 방법을 모색하게 된 것이라고 볼 수 있다. '인'의 정신은 변함없는 가학적 전통으로 남았지만, '살신성인'의 구체적 방법은 '극기복례'를 대안으로 삼아 그 패턴을 전환한 것이다.

2) 도학적 연원

우계의 학문적 성격이 가학적 전통에서 드러난 것처럼 '도학풍'이라고 할 때, 우계의 가학적 전통은 이미 그 학문적 전통의 측면과도 떼려야 뗄 수 없는 밀접한 관련성이 있다. 그것은 우계의 사승관계가 가정에서 아버지의 가르침을 통해 이루어졌기 때문이다. 우계가 아버지 청송에게 학문을 전수받았다고 하는 점은 앞에서 이미 그의 가학적 전통을 통해 살펴본 것이지만, 남계 박세채는 좀 더 구체적으로 청송이 정암 조광조의 학통을 계승하여 우계에게 전승했다고 밝히고 있다. 남계는 다음과 같이 말한다.

---

59) 『논어』, 「안연」, "顔淵問仁, 子曰: 克己復禮爲仁."

처음에 우계 선생은 정암 조 문정공의 학문을 선친인 청송공에게서 배워 파평의 산 속에서 강학을 통해 전수하였다. 그리고 율곡 이 문성공과 더불어 서로 학문을 강론함으로써 붕우 간에 유익하게 함이 더욱 지극하였으니, 문로의 올바름과 실천의 독실함이 근세의 여러 유자들로부터 보더라도 아마 이보다 앞설 사람은 없다."[60]

또한 조선 중기 4대 문장가 중의 한 명인 월사(月沙) 이정구(李廷龜, 1564-1635)가 적은 우계의 「행장」에도 이와 유사한 내용이 기록되어 있다. "'선고 휘 수침은 세상에서 청송 선생이라 일컫는데, 젊어서 조정암의 문하에서 수학하고 은거하여 뜻을 지키며 '도학'을 강명하였다."[61]

이러한 정황으로 미루어 볼 때, 우계의 가학적 전통은 정암 조광조와 밀접한 관련이 있음을 알 수 있다. 그것은 월사가 지적한 것처럼 바로 도학적 전통 때문이고, 또한 청송이 정암의 문인이기 때문이기도 하다. 그러나 정암의 도학풍과 청송의 도학풍은 그 근본 취지가 서로 같을지는 몰라도, 방법적 측면에서 차이가 있는 것 같다. 월사는 청송의 도학풍의 특징이 '은거하여 뜻을 지키는 것'(隱居守志)이라고 표이하였는데, 정암의 도학풍은 이러한 종류의 성격과는 분명한 거리가 있기 때문이다.

잘 알려진 것처럼 조선조 도학의 전통은 사림에 의하여 주도되었다. 사림이란 무오사화(1498년)와 기묘사화(1519년)라는 두 차례의 사화를 겪으면서 15세기 말엽부터는 주로 지방의 향촌사회에서 자신들의 영향력을 행사해 오던 지식인 집단을 말한다. 이들은 학문적으로 사장

60) 『남계집』 권81, 행장, 「成均生員贈吏曹參議魯西先生尹公行狀」, "初牛溪先生得靜庵趙文正公之學於其考聽松公, 講授於坡平山中. 仍與栗谷李文成公麗澤益至, 蓋其門路之正, 踐履之篤, 自近世諸儒未之或先也."

61) 『우계집』, 우계선생연보부록, 「행장」, "考諱守琛, 世稱聽松先生, 少受業趙靜庵之門, 隱居守志, 講明道學."

학보다 경학을 중시하였으며, 그 이념체계는 주로 정주성리학으로부터 구하였다. 사림은 김종직(金宗直, 1431-1492)이 김굉필(金宏弼, 1454-1504), 정여창(鄭汝昌, 1450-1504), 김일손(金馹孫, 1464-1498) 등의 제자들을 배출하면서 그 세력이 커지는데, 중앙의 훈구 척신들이 정치적으로 장기집권을 함으로써 일어나는 여러 가지 문제점을 비판하면서 지방 향촌사회의 질서를 재편성하고자 하는 의지를 지니고 있었던 집단이다. 특히 성리학의 이념을 통하여 도학정치를 제창하였던 조광조는 바로 김종직의 문하에서 학문을 연마하였던 인물이다. 조광조야말로 정몽주(鄭夢周, 1337-1392), 길재(吉再, 1353-1419), 김종직, 김굉필로 이어지는 사림의 정맥을 계승하였다고 평가된다. 조광조는 사림의 정당성을 확립하기 위하여 '군자'와 '소인'을 분별할 것을 역설하기도 하였다.[62]

우계 역시 이러한 정암의 선비정신에 투철하였다. 우계는 군자와 소인을 나누는 기준을 '이해'와 '시비'에 두었다. 우계는 "천하에는 단지 이 '이해시비'(利害是非)라는 네 가지 만이 있으니, 요컨대 '이해'를 버리고 '시비'를 택해야만 비로소 군자가 될 수 있다"는 말을 일찍이 한음(漢陰) 이덕형(李德馨, 1561-1613)에게 일러 주었고, 한음은 이 말에 깊이 감동하여 평생토록 세상의 변고에 좌절당하지 않았다고 한다.[63]

우계는 '이해'와 '시비'의 문제를 '이해'와 '의리'의 관계로 대비시켜 논의하기도 하는데, 이는 '시비'의 문제가 유가적 '의리'로 대체될 수 있음을 시사한다. 실제로 '의리'에 반대되는 개념이 '이해'이다. 이 둘은 선과 악, 공과 사로 상반된 가치를 나누어 가진다. 그래서 우계는 '의리'와 '이해'를 대립적인 것으로 구분하기를 게을리 하지 않는다. 그는 누차 동중서(董仲舒, BC170?-BC120?)의 '의를 바르게 하고, 이익을 도모

62) 이종성, 「보인당과 기호유학의 맥락적 관계」, 『동서철학연구』 제37호, 한국동서철학회, 2005, 300-301쪽 참조.

63) 『신편 국역 우계 성혼 문집(5)』, 「우계연보보유」 제1권, 105쪽 참조.

하지 않는다'는 말을 원용하여 의리는 마땅히 추구할 것이지만, 이해는 고려하거나 추구할 것이 아님을 역설한다. 그에게 의리와 이해는 결코 양립할 수 없는 것이었다.[64)]

이러한 생각의 기저에는 사림의 정맥이 단순한 학문적 계승에 의지하는 것이 아니라, 의리정신을 기준으로 맥락화되어야 한다는 도학적 의식이 반영되어 있다. 도학이란 중국 송대에 확립된 것으로서,[65)] 추상적 이론에 빠져드는 것이 아니라 인간의 본성을 따르고 그것을 밝히는 것이 특징이다. 또한 도학은 인간 내면의 덕성을 밝힐 뿐 아니라 나아가 사회적으로 대중을 선에로 인도한다는 사명을 자각하고 있다. 도학의 '도'는 '수기'(修己)와 '치인'(治人) 내지 '내성'(內聖)과 '외왕'(外王)이라는 개체의 인격성과 이를 토대로 한 사회적 질서의 실현이라는 양면을 동시적으로 밝히는 것이다. 곧 도학은 유교의 근본과제로서 개인과 사회의 이상을 실현하는 학문이라 하겠다.[66)]

정암이 내세운 진정한 도학은 내외가 겸전됨으로써 이론과 실천이 한 치의 간극도 보여서는 안 되는 것이었다. 즉, '수기'와 '치인'이 겸전되고, '내성'과 '외왕'이 함께 하여야 한다는 입장이다. 이러한 연유로 율곡은 도학사상의 진정한 출발점을 정몽주가 아닌 정암 조광조에게서 확인하는 것이다.[67)] 이는 다음과 같은 도학에 대한 율곡의 개념정의로부터 비롯된다. "무릇 도학이란 격치(格致)하여 선을 밝히고, 성정(誠正)으로 몸을 닦아, 몸에 온축하여서는 천덕(天德)이 되고 정치에

64) 김낙진, 「우계 성혼의 의리사상」, 『우계 성혼의 학문과 사상』, 407쪽 참조.

65) 『율곡전서』 권31, 語錄上, 「金振綱所錄」, "問: 道學之名, 始於何代耶? 先生曰: 始於宋朝."

66) 금장태, 앞의 책, 238-239쪽 참조.

67) 『율곡전서』 권28, 『경연일기』, "我國理學無傳, 前朝鄭夢周始發其端, 而規矩不精, 我朝金宏弼接其緖, 而猶未大著, 及光祖倡道, 學者翕然推尊之, 今之知有性理之學者, 光祖之力也." 참조.

시설하여서는 왕도가 되는 것이다."[68] 즉, 왕도정치의 이상과 사림의 선비정신의 천명이 정암을 우리나라 도학의 시조로 보게 한 것이다.[69]

우계는 청송의 권유로 17세 때인 1551년(명종 6) 겨울에 휴암 백인걸에게서 『상서』를 배운다. 당시 휴암은 을사사화로 인하여 파직되어 파주에 내려와 있었다. 우계가 휴암의 가르침을 받게 된 데에는 휴암이 청송과 함께 정암의 문인이었다는 점이 크게 작용하였을 것이라 짐작된다.[70] 우계가 휴암에게 배운 『상서』는 정암의 도학적 이상인 '지극한 다스림'(至治)의 이념이 상재되어 있는 경서라는 점에서, 휴암에게 연결된 학문적 전통에서도 정암의 영향력이 지대하였음을 알 수 있다. 『상서』에서 "지극한 다스림은 향기로워 신명을 감응시킨다. 제물이 향기로운 것이 아니라 밝은 덕이 오로지 향기로운 것이다"[71]라고 함이 그것이다. 이는 지극한 다스림의 이상적 정치가 덕에 근원하는 덕치임을 보여 주며, 동시에 신명을 감동시키는 지고의 경지임을 보여 준다.[72]

우계에게 『상서』를 가르친 휴암은 우계와 더불어 학문적으로 토론하기를 좋아하여 늙도록 그만두지 않았다고 한다. 휴암은 정암의 인품과 이상을 절대적인 것으로 신봉하였던 한 명의 독실한 '정암주의자'였다. 그는 죽을 때까지 변함없이 진심으로 나라를 걱정했던 애국자였다고 율곡은 평가한다. 그러한 그가 우계를 조정에 크게 쓸 인물

---

68) 『율곡전서』 권15, 잡저2, 『동호문답』, "夫道學者, 格致以明乎善, 誠正以修其身, 蘊諸躬則爲天德, 施之政則爲王道."

69) 금장태, 앞의 책, 238쪽 참조.

70) 『우계집』, 「우계선생연보」, 1551년(명종 6) 신해년조, "(三十年辛亥) 冬, 受尙書于休庵白公" 및 이에 대한 세주 "白公名仁傑, 亦靜庵門人也. 乙巳, 以獻納被謫, 是歲赦還坡州村庄, 先生奉聽松命請業焉." 참조.

71) 『서경』, 「君陳」, "至治馨香, 感于神明, 黍稷非香, 明德惟香."

72) 금장태, 『조선 전기의 유학사상』(서울: 서울대학교출판부, 1997), 249쪽 참조.

로 천거하기도 하였다.[73]

그러나 율곡의 『경연일기』에 나타난 기록에 근거할 때, 휴암에 대한 우계의 평가는 일방적으로 긍정적이지 만은 않다. 우계는 일찍이 사람들에게 휴암을 평가하여 다음과 같이 말하였다고 한다. "예컨대, 백공의 재주를 바둑을 두는 것에 비유하자면 그는 어느 때는 아주 잘 두어서 국수와도 대적할 수 있으나, 때로는 패착을 두기도 하니, 의지하고 믿을 만한 재주가 아니다."[74] 이렇게 본다면, 휴암은 우계가 정암에게로 좀 더 가까이 다가가게 한 디딤돌 역할을 담당했다고 보아야 할 것이다.

그런데 사회적 모순과 불의에 저항하여 적극적으로 도의를 실천하고자 하였던 정암의 도학정신과는 다른 방향에서 또 하나의 도학풍을 열어간 사람들이 있었다. 그것은 '은기하여 뜻을 지키는 것'과 같은 종류의 것이었다. 청송과 함께 이러한 학풍을 열어간 대표적 인물로는 화담 서경덕과 남명 조식의 경우를 들 수 있다. 김충열은 당대 지식인들 중에서 퇴계와 율곡은 출사(出仕)의 이론을 중시하는 편이었다면, 청송과 남명은 불사(不仕)와 천리(踐履)를 중시하는 편이었다고 한다.[75] 실제로 청강(淸江) 이제신(李濟臣, 1536-1583)은 『청강소어』(淸江謏語)를 통해, 우계의 아버지 청송이 젊어서부터 남명 조식과 뜻을 같이 하여

---

73) 『율곡전서』 권30, 『경연일기』, "仁傑雖不能下學問之功, 而每與成渾, 李珥論學, 雖耄而不廢. 珥每曰, 白公之識見雖差, 八十之年, 矻矻論學, 不談他事者只此人也. 仁傑與珥, 論光祖, 李滉優劣. 珥曰: 論其資稟則靜菴絶勝矣, 語其造詣則退溪爲優. 仁傑掉頭搖手曰: 大不是, 退溪安敢望靜菴乎? 厥後, 仁傑薦成渾, 李珥可大用, 而珥有輕率之病云, 人或尤之. 仁傑曰: 渠短靜菴, 擬以退溪之下, 故吾言云然, 仁傑憂國之誠, 至死不變, 而才非適用, 只喜忼慨立論而已." 참조.

74) 『율곡전서』 권30, 『경연일기』, "成渾常語人曰: 白公之才, 比於圍棋, 則有時高著, 可敵國手, 而有時亂著, 非可倚恃之才也." 참조.

75) 김충열, 앞의 논문, 19쪽.

서로 친하게 지냈다고 적고 있다.[76] 그럼에도 청송은 남명이 단성에서 올린 존철살인 같은 상소문의 내용을 보고나서 남명의 학문이 아직 미진하다고 걱정하였던 사실을 보면,[77] 청송의 도학풍은 남명과도 다른 면이 있었음을 짐작케 한다.

청송과 남명 이외에 화담 서경덕 역시 '은거하여 뜻을 지키는 것'으로 일관하였던 인물이었음은 잘 알려진 사실이다. 이런 이유 때문에라도 화담에 대한 우계의 생각은 남다름이 있었다고 본다. 우계는 37세 되던 해인 1571년(선조 4)에 천마산에 가서 화담의 옛집을 방문하고 다음과 같은 기행문을 남긴다.

> 선생은 세상에 뛰어난 재주로 성현이 남긴 경전에서 도를 구하여 음미하고 즐거워해서 '자신을 지키고 밖에서 구함이 없었다'(自守而無求於外). 추위와 굶주림이 극심하여 며칠 동안 먹지 못하고 한 벌의 무명옷으로 겨우 몸을 가릴 지경에 이르렀으니, 다른 사람들은 그 근심을 감당하지 못하였으나, 선생은 바야흐로 태연하게 거처하였다. 그래서 도의의 진리를 함영하여 덕스러운 모양이 얼굴과 등에 나타나고 집과 마을에 충만해서 사람들의 고량진미를 원하지 않았으니, 조예가 깊어 스스로 터득한 공부가 마음속에 쌓여 외면에 나타난 것임을 알 수 있다. 이 어찌 한 절조를 지닌 선비와 듣고 사모하는 무리들이 헤아리고 흉내를 내어 얻을 수 있는 것이겠는가?[78]

---

76) 이에 대해서는 『신편 국역 우계 성혼 문집(5)』, 80쪽의 내용을 참조함.

77) 『신편 국역 우계 성혼 문집(5)』, 80쪽 참조. 남명은 명종 10년인 1555년에 단성현감을 사양하는 상소에서 소인의 척결과 군자의 발탁을 통한 적극적 개혁을 촉구하였으나, 문정왕후를 '궁중의 일개 과부'로 표현함으로써 커다란 파장을 일으킨다. 청송이 볼 때 이러한 측면은 지나침이 있을 뿐만 아니라, 이는 남명의 학문적 미진함에서 비롯된 것이라 여겨 아쉬워한 것이다.

78) 『우계집』, 「우계선생연보」, 1571년(선조 4) 신미년조, "(五年辛未)九月. 遊天磨山, 訪徐花潭敬德舊廬." 및 이에 대한 세주 "先生於記行錄書曰: 先生以高世之才, 求道於遺經, 玩而樂之, 有以自守而無求於外, 寒餓之極, 至於數日不食, 一褐被體, 人有不堪其憂, 而方且頹然處順, 涵泳乎道義之腴, 睟於面背, 充於

여기서 중요한 것은 우계가 화담의 도학풍을 '자신을 지키고 밖에서 구함이 없는 것'(自守而無求於外)에서 찾았다는 점이다. 이것은 이른바 '위기지학'(爲己之學)의 풍도를 설명한 것이다. 우계의 도학적 전통은 근원적으로 정암에게 그 연원을 두고 있는 것이지만, 그의 아버지 청송을 거쳐 우계의 대에 이르러서는 그 학문적 성향이 보다 강한 '위기지학'의 형태를 띠고 나타나게 되었다고 할 수 있다. 청음은 우계의 「신도비명」에서 우계의 학풍이 '위기지학'에 있음을 명시적으로 천명한 바 있다.[79] 이러한 도학적 특징은 '은거하여 자신을 지킨다'는 신념을 갖고 살았던 당대 창녕 성문의 가학적 전통이기도 하였다.

조선시대의 학문에는 과거를 준비하기 위하여 경전을 해석하고 암기하는 공부로서의 '위인지학'(爲人之學)과 함께 이른바 '위기지학'이라는 학풍이 대립적으로 거론되었다. 본래 『논어』「헌문」 편에 나오는 이 말을 당대의 지식인들은 성리학적 전통 위에서 해석하였다. 그것은 정주학의 전통이었으며, 실제로 정이천은 이들의 개념을 대립적인 것으로 해석한 장본인이다. 조선에서 '위기지학'을 강조하는 전통은 '길재-김숙자-김종직-김굉필'로 이어지는 15세기 초기사림과 더불어 한 세대 뒤의 인물인 조광조에 이르러 절정에 이른다.[80] '위기지학'에 대한 재발견은 종래 과거제에 종속되어 있던 교육에 독자성을 부여했다는 점, 또 '해석하고 외우는 공부'의 수준을 넘어서기 어려웠던 경학이 교육적 힘을 가진 진정한 학문으로 승격할 수 있는 길을 보여 주었다는 점에 그 의의가 있다.[81]

門閭, 而不願人之膏粱之味, 則其深造自得之功, 有以積於中而形於外者可知也. 是豈一節之士聞慕之徒有所指擬采獲, 而可得乎此哉." 참조.

79) 『우계집』, 우계선생부록, 「신도비명」, "專心爲己之學."

80) 박연호, 「교육의 목적으로서의 '위기지학'-조선시대 교육사상을 중심으로-」, 『중등 우리교육』 제83호, 우리교육, 1997, 51쪽 참조.

81) 박연호, 앞의 논문, 53쪽 참조.

'위기지학'에 뜻을 품은 도학자들은 기본적으로 '위인지학'의 학문적 태도를 경계하고 비판한다. 그것은 본연한 자아의 순수성을 왜곡하고, 일탈시키는 역할을 담당하고 있다는 인식에 기초한다. 조선조에 도학풍을 견지하였던 사림의 지식인들은 '위인지학'을 '위기지학'과 대비시켜 논의하면서, '위인지학'의 개념이 '다른 사람을 위한 학문'이라는 의미가 아니라 '남을 이기기 위한 학문', 또는 '남에게 잘 보이기 위한 학문'이라는 의미로 독해하였다. '남을 이기기 위한 학문'은 자아의 이기심에 의하여 촉발되어 나타나고, 타자와의 소통과 배려를 문제 삼기보다는 경쟁에서의 결과적 승리에만 주력한다. 이러한 특징 때문에 '남에게 잘 보이기 위한 학문'은 자아의 성숙을 가져온다든가 세상을 개선하는 일에 이바지하기보다는 결과적으로 '자아의 상실'만을 초래할 뿐이다.

우계 역시 이러한 인식의 토대 위에서 철저하게 '위인지학'의 태도를 지양하고, '위기지학'의 도학풍을 견지하였다. 그것은 '주체적 자아'를 확립하는 일과 다르지 않다. 그래서 우계는 주체적 자아의 결단과 노력이 유가적 이상인격인 '성현'에 다가가게 하는 첩경이라고 보았던 것이다. 그리고 이러한 믿음은 결코 배반당하지 않을 것이라고 여겼다. 그것은 개별적 자아의 영속적 삶에 대한 무한한 신뢰로부터 비롯되는 종류의 것이었다고 본다. 우계는 적어도 '죽어도 죽지 않은 삶'이 있다고 생각한 것이다. 그래서 '삶의 죽음'을 '죽음의 삶'과 바꿀 수 있다는 신념이 생겼던 것이며, 이러한 신념은 도덕과 의리로 중무장한 인격을 현실에서 구현하고자 하는 바람으로 나타났다. 이는 창녕 성문에 대대로 전승되어 온 '성현이 되기를 기약한다'(聖賢自期)고 하던 또 하나의 도학적 전통이 있었기 때문에 가능한 일이었다.

우계는 "성현이 남긴 가르침이 서책에 이미 갖추어져 있는데, 지금 사람들의 말에서 찾으려고 한다면 이미 잘못된 생각이다"[82]라고 할 정도로 '성현의 학문'을 공부할 것을 강조하였다. 만약 진실로 '성현의 학문'에 뜻이 있다면 의심하여 미루고 기다릴 것이 없으며, 견주어 흉내만 낼 수 없다는 것이 우계의 입장이었다. 그런데 이 같은 우계의 입장은 일찍이 그의 아버지 청송에게서 가학적으로 전수된 가르침이었다는 점을 또한 간과할 수 없다. 즉, "도는 큰 길과 같고 성현의 가르침은 해와 별처럼 밝아서 알기에 어렵지 않으나, 요는 힘써 행하여 그 앎을 채우는 데 있을 뿐이니 말로만 하는 학문은 전혀 일을 이루지 못한다"[83]고 한 교훈이 그것이다. 이것은 율곡이 기록한 청송의 「행장」에 나오는 말이다. 말로만 하는 공부는 부화하기가 이를 데 없다. 도를 삶의 질서 안에서 현실적으로 행위화해 낸다는 것은 일종의 '말놀이'나 '말잔치'의 '말(언어)-부림'의 양태를 벗어난다. 이것은 학자들이 범하기 쉬운 일종의 '위인지학'을 경계하고 배격하는 교훈이다.

4. 논의의 종합과 전망

이상의 내용을 통해 볼 때, 우계는 가학적 전통으로부터 이어져 온 도학의 학풍을 충실히 계승하여 실천하였음이 확인된다. 청송을 통해 우계에게 전승된 도학적 실천이념은, 생활세계의 실제적 삶의 반경 안에서 도덕과 의리를 구현하는 것과 다른 종류의 것이 아니었다.

---

82) 『남계집』 권35, 서, 「答李常卿」, "嘗竊有聞於牛溪先生矣. 其與人書曰: 聖賢方册備在, 乃欲求於今人之言, 已爲誤見." 참조.

83) 『청송집』 권2, 부록, 「행장」, "道若大路, 而聖謨賢訓, 昭如日星, 知之不難, 要在力行以實其知耳, 言語之學, 都不濟事." 이 기사는 『연려실기술』 권11, 「명종조 유일, 성수침」에도 소개되어 있다.

우계는 언제나 성현의 이상적 경지를 희구하였고, 실제로 그렇게 되기 위하여 평생을 끊임없이 각고면려한 실천적 삶으로 일관하였던 것이다.

우계 당대에 이미 하나의 뚜렷한 학풍으로 자리 잡은 도학의 이념은 매우 강한 설득력을 갖추고 지식인 사회 전반에 파급되었는데, 창녕 성문은 일찍이 매죽헌의 의기에 찬 죽음을 보면서, 이를 자신들의 가학적 전통으로 확고하게 다져 나갔다. 또한 도학의 현실적 구현을 주창한 정암의 사상은 이들의 신념체계를 강화시키는 결정적인 이념으로 전승되었다. 창녕 성문의 안팎에서 전승된 학문적 전통이 서로 같았기에, 우계의 학문적 연원은 그래서 가학적 전통과 도학적 연원이 서로 같은 맥락에서 하나의 기원을 이루게 되었던 것이다. 즉, 도학의 이념을 중심으로 가문의 영역 안에서는 매죽헌의 전통이 계승되었고, 가문의 영역 밖에서는 정암의 학통이 전수되었던 것이다.

그러나 황의동은 우계의 학문적 연원을 종합적으로 평가하여, 우계의 학풍이 형성되는 데 있어서는 가학적 전통과 사승관계로 중첩된 도학풍이 가장 큰 영향을 미쳤다고 볼 수 있지만, 본래 도학이란 '수기'와 '치인'을 그 내용으로 삼는다고 볼 때, '은거하여 뜻을 지키는 것'으로서 '수기'의 측면에 더욱 치중했던 우계의 학풍은 역시 가학적 영향이 더 컸다고 볼 수 있다고 한 바 있다.[84] 이러한 평가는 대단히 유효하다고 본다. 우계 자신의 출처가 그와 같았고, 아버지 청송의 입장이 또한 그러하였다고 볼 수 있기 때문이다. 같이 '은거하여 뜻을 지키는 것'으로서 소임을 다하고자 한 당대의 지식인 그룹 중에서 남명의 학문을 미진하다고 한 청송의 평가나, 스승이었던 휴암에 대한 우계의 인물평 등에서 전해지는 정서는 창녕 성문만의 고유한 가문

84) 황의동, 『우계학파연구』(서울: 서광사, 2005), 41쪽.

의 자존심과 도학적 계통이 있음을 독해하게 하는 측면이 있다. 그 고유의 도학풍의 내용에 대해서는 향후의 연구과제로 남기기로 한다.

이 글은 우계의 학문관을 전문적으로 연구하기 위한 시론의 형식을 벗어나지 않았다. 본래 이 글의 목적이 우계 성혼의 시대적 배경과 학문적 연원을 검토하는 데 있었던 만큼 실제로 본문의 내용 안에서 고찰하지 못한 많은 문제들이 있다. 이에 남겨진 문제를 몇 가지 거론하면서, 앞으로의 연구과제로 삼아보기로 한다.

(1) 먼저 우계의 학문관을 이해하기 위한 전제로서 학문의 의의, 또는 도학의 의의에 대한 보다 구체적인 검토가 필요하다. 『우계집』 안에서 설명되는 도학의 개념들을 최대한 추출하여 자료 소개를 비롯한 그 의의를 밝혀내야 하겠고, 우계의 학풍에 직접적으로 연관된 인물들이 거론하는 도학의 성격에 대해서도 연구가 수반되어야 할 것이다.

(2) 또한 도학의 방법과 내용은 어떠한 것이 있는지 설명되어야 할 것이다. 우계는 후인 『주문지결』이라고 그 명칭이 바뀌는 『위학지방』이라는 저서를 만들어 후학들을 교육하였는데 여기에 대한 구체적인 검토가 필요할 것이며, 그가 자신의 서실에서 배워야 할 요목들에 대해 구상했던 학문적 태도 및 독서론에 대해서도 주목해보아야 할 것이다.

(3) 우계의 성리학적 세계관 및 인성론, 수양론, 교육론, 경세론 등에 대한 세부적인 맥락 위에서 그의 도학적 위상과 내용이 구체적인 맥락으로 이해되어야 할 것이다. 즉, 우계의 전 방위적인 분야별 주제의 연결망 위에서 우계 도학사상의 구조와 특질이 드러나야 한다는 말이다.

(4) 우계 사후의 도학적 학풍의 전승에 대해서도 구체적인 검토가

필요하다. 우계의 문하에 있었던 수많은 제자들과 그들의 분기가 있다면 그 원인과 성격 등에 대해서 연구할 필요가 있겠고, 다른 한편으로는 우계의 사위 팔송을 통하여 노서와 명재 등으로 계승되어진 노성의 파평 윤문의 학문적 성격에 대해서도 그 관계성과 학문적 맥락을 놓치지 말아야 할 것이다.

(5) '우계학'이라는 명칭부여의 타당성에 대해서도 발전적인 논의가 진전되어 그 정착 여부를 확정지어야 할 것이다. 이를 위해서는 우계의 학문적 독립성에 대한 의론이 전제되어야 할 것이며, 향후 보다 구체적인 논거를 확보하기 위해 노력하여야 할 것이다.

이 외에도, 전문 학자들에게 만이 아니라 일반인들에게까지 우계의 학문이 퇴계나 율곡의 학문에 버금간다는 인식을 제고하기 위한 부단한 노력만큼은 반드시 수반되어야 한다고 생각한다. 그러기 위해서는 학술연구자를 중심으로 한 자료적 연구와 학술행사의 개최뿐만이 아니라 학술 외적인 측면에서의 다양하고 활발한 활동들 역시 끊임없이 기획되고 실행되어져야만 할 것이라고 본다.

이제 마지막으로 구봉(龜峯) 송익필(宋翼弼, 1534-1599)이 일찍이 우계에게 주었다는 시 한 수를 소개하면서 이 글을 마무리하기로 한다.

> 고향에서 편한 삶이 태평인 줄 뉘 알았으리오/ 흰머리 병 많은 몸이 변성에 머물렀구나/ 가슴 속의 큰 계책이 끝내 이루어지지 못했으니/ 천하의 남아는 다시 나지 못하리라/ 꽃은 막 피려 할에 때에 비로소 빛깔이 나고/ 물은 못을 이루는 곳에 도리어 소리가 없는 것이라네/ 일천 산에 비 지나니 거문고와 서책은 눅눅해도/ 예전대로 갠 하늘엔 달만 홀로 밝구나.[85]

---

85) 『구봉집』 권2, 「七言律詩一百首」, 〈寄牛溪〉, "安土誰知是太平, 白頭多病滯邊城, 胸中大計終歸謬, 天下男兒不復生, 花欲開時方有色, 水成潭處却無聲, 千山雨過琴書濕, 依舊晴空月獨明."

제 09 장

율곡 이이의 대동사회론과 철학적 지향

1. 문제의 소재

유가의 철학자들치고 '대동'에 대한 이상적 세계관을 모색하지 않은 사람은 거의 없을 정도이다. 중국에서뿐만 아니라 조선에서도 '대동'에 대한 논의는 대다수의 유학자들에 의하여 끊임없이 제기되어 왔다. 16세기 도학의 시대를 살다간 율곡(栗谷) 이이(李珥, 1536-1584) 역시 '대동'에 대한 이상과 그의 구현에 대한 실천적 목표를 잊지 않았다. 이 글은 특히 율곡이 본 대동사회론의 특징과 의의를 중심으로 그 정치철학적 함의를 살펴보려는 목적이 있다.

그동안 율곡의 대동사회론은 크게 주목받지 못했다. 그럼에도 몇 편의 선행연구가 눈에 띈다. 최도영의 「율곡 대동사상에 관한 연구」(동국대 석사학위논문, 1993)를 비롯하여 이영경의 「율곡 대동사회론의 윤리적 성격」(『유교사상연구』 제9집, 한국유교학회, 1997), 이두찬의 「율곡 대동사회론에 나타나는 사회철학적 의의」(『율곡사상연구』 제10집, 율곡학회, 2005), 강정인의 「율곡 이이의 정치사상에 나타난 대동·소강(小康)·소강(少康)」(『한국정치학회보』 제44집 제1호, 한국정치학회, 2010) 등이 대표적이다. 이들은 율곡 대동사회론의 범주를 각각 정치철학, 사회철학, 윤리학의 분야에서 검토한 의의가 있다.

이들은 개별적으로 독립된 분야별 연구의 특징을 보여주고 있다. 그럼에도 이들이 서로 무관한 전혀 다른 내용을 논의한 것은 아니다. 요컨대 윤리학의 특성이 배제된 정치철학이나 사회철학이 무의미할 뿐만 아니라 정치철학의 특성이 배제된 사회철학이나 윤리학 역시 무의미하며, 마찬가지로 사회철학의 특성이 배제된 정치철학이나 윤리학의 범주 역시 무의미하기는 마찬가지이기 때문이다. 이들 세 가지 범주는 떼려야 뗄 수 없는 상호 긴밀한 관계를 지니고 있다.

나는 이러한 점을 염두에 두고 윤리학이나 사회철학적 특징이 내재된 율곡 대동사회론의 정치철학적 함의에 대해 검토해보고자 한다. 이 글에서는 우선 우리에게 익숙하게 알려진 '대동'이란 용어와 그 사상의 기원에 관하여 검토해보도록 하겠다. 율곡이 본 대동사회론의 내용과 특징을 검토해보기에 앞서, 먼저 '대동'에 대한 철학적 근거를 확인해보고 그 의의를 살펴볼 필요가 있다고 보기 때문이다. 이 과정에서 '대동'과 대비적으로 논의되는 '소강'의 사회정치적 특징에 대하여 검토해볼 것이다.

이와 같은 대동사회론의 기초적 사유의 형태를 확인한 후 율곡이 논의하고 있는 대동사회론의 특징을 구체적으로 살펴볼 것이다. 율곡은 특히 대동과 소강에 관한 독자적인 관점을 가지고 있는데, 이 글에서는 이에 관한 특징을 구체적으로 살펴봄으로써 율곡이 기획하였던 대동사회론의 이상이 어떻게 현실화되는 계기를 마련하게 되는지 주의 깊게 살펴보도록 할 것이다. 그리고 이와 같은 율곡의 대동사회론이 그가 제창한 왕도정치의 지향성과 맞물려 어떻게 논의되는지 확인해보는 기회를 갖도록 할 것이다.

이러한 논의의 결과 율곡이 본 대동사회론의 의의와 왕도정치사상의 정치철학적 함의가 율곡 특유의 '경장론'(更張論)이라고 하는 현실주의적 사상의 특질을 매개로 논의된 것임을 확인하는 계기가 될 것이라 예상한다.

2. 대동사회론의 사상적 연원

현재 '대동'이란 용어는 유가철학의 사상적 전유물인 것처럼 논의되는 경우가 많다. 그러나 '대동'에 대한 전반적인 사유내용을 검토해 보면, 이것이 단순하게 유가적 사유의 전유물만은 아닐 것이라는 회의가 생겨난다. 거기에는 도가철학의 사유의 색채가 강하게 반영되어 있는가 하면,[1] 묵가철학의 세계관을 연상시키는 내용도 포함되어 있다.[2] 또한 철학사적 전개의 맥락에서 볼 경우에는 잡가 류의 사상적 혼합의 절충주의의 양상까지 발견되기도 하며, 나아가 범학파적 사유의 총결의 의의가 발견되기도 한다.[3]

그럼에도 여전히 대동사회와 그 구성 체제에 대한 사상의 주요 원천은 유가적이라는 시각이 지배적이다. 예컨대 장카이지(張豈之, 1927-)의 경우만 하더라도 중국전통문화경전어록의 일환으로 출간 중인 기획물 중 『천하대동』이라는 저서를 총괄적으로 설명하는 자리에서 이와 같은 견해를 보여준다. 그는 유가의 대동사상은 도가와 묵가사상을 흡수한 특징이 있다고 간주한다. 더불어 그는 이것이야말로 중국 고대의 '화이부동'(和而不同)이란 문화정신의 결정을 보여주는 구체적인 사례라고 평가한다.[4] 이와 같은 관점에는 중국사상사를 유가철학 본위로 해석하고자 하는 관점이 역력하게 배어있음이 확인된다. 박원재는 이러한 태도가 사상사에 대한 하나의 '관점 선취의 오류'와 연관

---

1) '대동'이란 용어가 『장자』의 「재유」와 「천하」에서 발견된다. 이밖에 『열자』, 『할관자』, 『문시진경』에도 '대동'의 용어가 발견된다.

2) 『묵자』 「대취」에 '대동'이란 용어가 한 차례 발견된다. 특히 묵가의 겸애사상과 상동사상 등이 대동사상과 연관성을 갖는 대표적인 사례에 해당한다.

3) 박원재, 『유학은 어떻게 현실을 만났는가』(서울: 예문서원, 2001), 83쪽 참조.

4) 韓星 編撰, 『天下大同』(西安: 西安出版社, 2008), 5쪽 참조.

되어 있다고 본다.[5)]

그런데 관점 선취의 입장에 선 유가철학자들에게도 대동사회의 유가철학적 사유의 기원문제는 여전히 고민거리였다. 물론 유가의 전적들 안에서 '대동'이란 용어가 직접 발견되지 않는 것은 아니다. 대표적으로 『서경』「홍범」에 '대동'이란 말이 한 번 언급되고 있는데,[6)] 이는 충분히 유가의 경세론과 관련하여 논의할 수 있는 정치철학적 특징을 지니고 있다.

그럼에도 '대동'의 사상적 연원은 그 구체성을 담지하고 있는 『예기』「예운」에서 찾아진다. 그만큼 「예운」에 기술된 대동사회에 대한 설명이 구체적이고 명료하기 때문이다. 다만 앞서 지적한 것처럼 대동사회의 특징을 이루고 있는 세부적인 내용들만큼은 단순하게 유가에게만 전유될 수 있는 사유의 결과물이 아닌 것이라는 점이 일찍부터 의문으로 제시되어 왔다. 율곡 역시 이러한 의문으로부터 자유롭지는 않았던 것 같다. 아래에서 좀 더 자세히 살펴보겠지만, 율곡은 '대동사회'에 대한 관심보다는 이와 대칭되는 '소강사회'에 대한 관심을 더 많이 보여주고 있기 때문이다.

그렇다면 율곡이 본 대동사회의 특징을 살펴보기에 앞서, '대동'이란 용어가 제시되어 있는 『예기』「예운」의 내용을 먼저 살펴보기로 하자.

> 공자는 다음과 같이 말했다. 대도가 행해지던 때와 삼대의 성현에게는 내가 아직 미치지 못했지만, 나는 그것을 실행할 뜻을 가지고 있

5) 박원재, 앞의 책, 82쪽 참조.

6) 『서경』, 「洪範」, "七, 稽疑: 擇建立卜筮人, 乃命卜筮. 曰雨, 曰霽, 曰蒙, 曰驛, 曰克, 曰貞, 曰悔, 凡七. 卜五, 佔用二, 衍忒, 立時人作卜筮, 三人占, 則從二人之言. 汝則有大疑, 謀及乃心, 謀及卿士, 謀及庶人, 謀及卜筮. 汝則從, 龜從, 筮從, 卿士從, 庶民從, 是之謂大同."

> 다. 대도가 행해졌을 때 천하는 공의가 구현되었다. 현자와 능력 있는 자를 지도자로 뽑고 신의와 화목을 가르쳤다. 그러므로 사람들은 자기의 어버이만 어버이로 대하지 않았고 자기의 자식만 자식으로 대하지 않았다. 나이든 사람은 그 여생을 편안히 마칠 수 있었고, 장년의 젊은이는 그 능력을 발휘할 수 있었으며, 어린아이도 잘 자랄 수 있었고, 과부와 고아, 홀아비, 병든 자도 모두 부양받을 수 있었다. 남자는 자신의 직분이 있었고, 여자도 각자 돌아갈 곳이 있었다. 재화가 헛되이 땅에 버려지는 것을 싫어했지만 그렇다고 그것을 결코 자기 것으로 숨겨두지 않았고, 스스로 일하는 것을 싫어하지 않았지만 또한 자기 자신만을 위해서 일하지도 않았다. 이렇기 때문에 음모를 꾸미는 일이 생기지 않고, 훔치거나 해치는 일이 일어나지 않았다. 그러므로 집집마다 문이 있어도 잠그지 않았다. 이것을 '대동'이라 한다.[7)]

이처럼 '대동사회'는 공자의 말을 통해 규정된다. 그것도 편명 자체가 예를 운용하게 된 과정과 관련된 「예운」이다. 그리고 공자가 규정한 '대동사회'란 대도가 행하여져 천하에 공의가 구현된 사회를 의미한다[天下爲公]. '공공성(public character)의 확보'가 이루어진 사회가 '대동사회'인 것이다. 이때 '공공성의 확보'란 사적 소유의 배타성을 넘어선 공적 대상에 대한 분계의 인식과 상호 책무의 실천으로서 이해된다.[8)]

정치적인 측면에서 볼 때, 대동사회는 천하가 특정한 한 사람이나 한 가문에게 귀속되는 것이 아니라 모든 사람에게 공유되는 사회이

---

7) 『예기』, 「禮運」, "孔子曰: 大道之行也, 與三代之英, 丘未之逮也, 而有志焉. 大道之行也, 天下爲公. 選賢與能, 講信修睦, 故人不獨親其親, 不獨子其子, 使老有所終, 壯有所用, 幼有所長, 矜寡孤獨廢疾者, 皆有所養. 男有分, 女有歸. 貨惡其棄於地也, 不必藏於己; 力惡其不出於身也, 不必爲己. 是故謀閉而不興, 盜竊亂賊而不作, 故外戶而不閉, 是謂大同."

8) 대동사회와 관련된 공공성의 특징은 '공'과 '사'의 전제를 토대로 논의되지만, 그것은 권력의 유무를 통한 상호 분계성의 지향을 노정하지는 않는다. 즉 배타적 소유권에 반대되는 특권적 공공성을 지칭하는 것이 아니라는 말이다.

다. 이른바 사해동포주의가 구현된 사회가 대동사회인 것이다. 여기서는 권력의 세습이 용인되지 않는다. 따라서 자신의 자식만 소중하다고 간주하는 법이 없다. 자기 자식만을 자식으로 대하는 것이 아니기 때문에 능력 있는 사람을 선발하여 선양하는 방식을 취한다. 그러다보니 이 사회에서는 어린아이도 잘 자랄 수 있는 여건을 보장받고, 과부와 고아, 홀아비, 병든 자도 모두 걱정 없이 잘 부양받을 수 있는 여건이 마련된다. 현대적 관점에서 본다면, 이 사회는 무상보육과 사회복지정책이 잘 갖추어진 사회라고 볼 수 있다.

또한 경제적인 측면에서 볼 때, 대동사회는 성별에 따른 직업의 분화와 '공공재'(public goods)에 대한 비배제성과 비경쟁성이 인정되는 사회이다. 남자는 남자의 역할과 일이 있고, 여자는 여자에게 알맞은 역할과 일이 보장된다. 일자리가 없어서 무위도식하는 젊은이들이 없는 사회이기도 하다.[9] 더군다나 '사적재'(private goods)에 대한 사사로운 욕망 때문에 그것을 숨겨두는 법이 없는 사회가 바로 대동사회이다. '사적재'의 배제성과 경쟁성은 내 것과 네 것의 경계가 명확하고, 내가 그것을 전유하거나 사용하는 만큼 상대적으로 다른 사람이 그것을 덜 사용하게 되는 특징이 있다.[10] 또한 자기 자신만 잘 먹고 잘 살고자 하는 이기적 목적의식 때문에 애써 일하는 법도 없는, 모두의 행

---

9) 주나라 시절 소공의 정치는 대단히 모범적인 것으로 평가된다. 주공과 함께 천하를 양분하여 다스릴 때 소공이 다스린 지역에서는 모든 사람이 할 일이 생겼으며, 실직자가 사라졌다고 한다(이종성, 『믿음이란 무엇인가』(파주: 글항아리, 2014), 92쪽 참조). 어느 시대에나 실업의 문제는 중요한 사회문제의 하나라는 점에서, 대동사회는 실업문제가 완벽하게 해소된 이상세계라고 할 수 있다. 그럼에도 소공이 활동하던 주나라는 사적재에 대한 소유의식의 강화 때문에 소강사회라고 평가받을 수밖에 없다.

10) 이와 같은 '공공재'와 '사적재'에 대한 내용에 관해서는 다음을 참고하라. 정치학대사전편찬위원회, 『21세기 정치학대사전(상)』(서울: 아카데미리서치, 2002).

복을 위해서 열심히 일하는 사회가 대동사회이다.

뿐만 아니라 윤리적으로 볼 때, 대동사회는 상호간의 믿음과 타자에의 배려가 유지되는 소통의 사회이다. 대동사회는 상대방을 침해하는 행위가 잘못되었다는 것을 인지할 뿐만 아니라 서로가 훔치고 해치는 법이 없는 타자에의 배려가 이루어지는 사회이다. 집집마다 문이 있어도 도둑들이 침입하는 일이 없어서 문을 잠글 필요가 없는 도덕적 자발성이 보장되는 사회가 또한 대동사회이다. 이러한 사회에서는 자기의 어버이만 극진히 떠받들고 다른 사람의 어버이를 차별하여 무시하는 법이 없고, 자기의 자식만 소중하다고 감싸 안고 다른 사람의 자식을 차별하여 무시하는 법도 없다. 사람에 대한 개별적인 차별의식이 적용되지 않는 사회가 바로 대동사회인 것이다.

이상과 같이 정치적 측면이나 경제적 측면, 그리고 윤리적 측면의 각 분야에서 '공공성의 확보'가 이루어진 사회를 가리켜 대동사회라고 한다. 그것은 정치적 측면의 대동사회만을 말하는 것도 아니고, 경제적 측면의 대동사회만을 말하는 것도 아니며, 윤리적 측면의 대동사회만을 말하는 것도 아님을 알 수 있다. 역사적으로는 이 대동사회에 해당하던 때가 '요순시대'라고 한다. 특히 요임금 시대의 태평성대를 노래한 것이라 전해지는 「격양가」(擊壤歌)[11]의 내용을 보면, 이 시대가 왜 대동사회였는지를 짐작케 한다. 때가 되면 일터에 나아가 일하고, 때가 되면 돌아와 쉬면서 고복격양(鼓腹擊壤)의 태평성대를 노래하던 시대가 요순시대였다고 할 수 있다. 『예기』 「예운」의 작자는 그

---

11) 「격양가」의 내용은 다음과 같다. "해가 뜨면 일하고, 해가 지면 쉬고, 우물 파서 마시고, 밭을 갈아 먹으니, 임금의 덕이 내게 무슨 소용이 있으랴."(日出而, 日入而息, 鑿井而飮, 耕田而食, 帝力于我何有哉). 이 노래는 후대의 위작이라고 평가되기도 한다. 그러나 그 진위를 불문하고 요임금 때의 정치가 대동사회를 구현할 수 있었던 이유만큼은 충분히 전달해주는 데 전연 문제가 없다고 여겨진다.

근거를 '공공성의 확보'에서 찾고 있는 것이다.

대동사회라고 해서 약간의 예외가 없는 것은 아니다. 『장자』에서 변형되어 유비되고 있는 요임금 시대의 10년 가뭄과 10년 폭우의 자연재해는 요순시대가 마냥 평화로운 시대일 수 없음을 암시한다.[12] 또한 효도의 대명사라고 하는 순임금의 아버지 고수의 행위나 그의 계모와 이복동생 상의 처신은 대동사회가 안고 있는 '공공성의 확보'의 차원과는 너무나 요원한 거리감이 있다. 따라서 요순시대가 역사적 대동사회였다고는 하지만, 그것은 모든 부분에 대한 '공공성의 확보'를 의미하는 현실적 담론은 아님을 알 수 있다. 그것은 특정한 목적주의의 특성을 갖는 사회상의 한 전형으로서의 의의가 더 강한 것이라고 할 수 있다.

여기서 제창되는 것이 바로 '소강사회'다. '소강'의 개념은 『시경』에서 한 차례 발견된다.[13] 그 구체적인 사상적 연원은 역시 『예기』「예운」에 있다.

> 지금은 대도가 숨어 버리고 천하는 하나의 가문이 되었다. 사람들은 모두 자신의 어버이만 어버이로 대하고 자기의 자식만 자식으로 대하며, 재화와 노동을 자기만을 위하여 사용한다. 다스리는 자들이 그 지위를 세습하는 것을 예라고 여기고 성곽과 해자를 파서 방비를 굳건히 한다. 예와 의를 기강으로 삼아 그로써 군주와 신하의 관계를 바로잡고 부자관계를 돈독히 하며 형제 사이를 화목하게 하고 부부를 화합하게 한다. 또 그로써 제도를 만들고 밭과 마을의 경계를 세우며 용감하고 지혜로운 자를 현명하다고 여기고 자기를 위하여 공을 세운다. 그러므로 음모가 쓰이게 되어 생겨나고 이로부터 병란이 일어난다. 우왕, 탕왕, 문왕, 무왕, 성왕, 주공은 이 때문에 뽑힌 사람들이다.

---

12) 『장자』, 「逍遙遊」, "大浸稽天而不溺, 大旱金石流土山焦而不熱." 참조.
13) 『시경』, 「民勞」, "民亦勞止, 汔可小康, 惠此中國, 以綏四方."

> 이 여섯 군자는 예를 실행하는 데 힘을 다하지 않은 적이 없다. 그렇게 하여 올바름을 드러내고 신의를 입증하였으며 과실을 밝히고 인을 본받으며 사양하는 것을 가르쳐 백성들에게 상도를 보여 주었다. 만약 이것을 따르지 않는 자가 있으면 권세가 있는 자라도 제거되었으니, 백성들은 그것을 재앙으로 여겼다. 이런 상태를 '소강'이라고 한다.[14)]

'소강사회'는 '천하가 하나의 가문이 되었다'라고 하는 것처럼 '사적재'의 인정이 가시화된 사회이다[天下爲家]. 이미 대도는 숨어버렸고, 사람들은 윤리적으로 자기의 어버이나 자식만을 위하였고, 경제적으로는 재화와 노동을 자신만을 위하여 사용하였다. 이와 같은 사회적 특성 때문에 결정적으로 정치적 측면에서는 선양의 풍습이 사라지고, 위정자나 기득권자들이 자신의 지위를 세습하기에 이르렀다. 세습이 제도적으로 정당화된 시대가 바로 소강사회인 것이다.

그나마 이 와중에도 사회의 수많은 모순과 부조리를 바로 잡을 수 있는 '성인'이 나타났던 것은 소강사회가 안고 있던 건강성이었다고 평가된다. '성인'의 교화와 다스림으로 인해 사람들 사이에는 예와 의가 갖추어졌기 때문이다. 이른바 군신, 부자, 형제, 부부, 붕우 사이의 오륜의 질서가 갖추어진 것이 소강사회의 건강성이다. 「예운」의 작자는 역사적으로 소강사회를 잘 이끌었던 인물들이 있었다고 본다. 바로 '우왕, 탕왕, 문왕, 무왕, 성왕, 주공' 등 여섯 명의 성현이 그들이다. 이 여섯 명의 성현이 이끌었던 시대는 '요순시대'라 일컬어지는 '대동사회'까지는 아니라 하더라도 인간사회에 예의와 법도가 갖추어

---

14) 『예기』, 「禮運」, "今大道既隱, 天下爲家, 各親其親, 各子其子, 貨力爲己, 大人世及以爲禮. 城郭溝池以爲固, 禮義以爲紀; 以正君臣, 以篤父子, 以睦兄弟, 以和夫婦, 以設制度, 以立田里, 以賢勇知, 以功爲己. 故謀用是作, 而兵由此起. 禹·湯·文·武·成王·周公, 由此其選也. 此六君子者, 未有不謹於禮者也. 以著其義, 以考其信, 著有過, 刑仁講讓, 示民有常. 如有不由此者, 在勢者去, 衆以爲殃, 是謂小康."

져 질서가 유지되던 '다소 건강한 사회'였다고 본 것이다.

3. 대동사회의 지향과 소강(少康)사회의 강조

이상과 같은 『예기』「예운」의 내용에 근거하여 조선조 유학자들 대부분은 자신의 대동사회론에 대한 이상을 제시한다. 율곡 역시 「예운」의 내용을 근거로 자신의 대동사회론을 제창하고 있다. 그런데 『율곡전서』를 통해볼 때 율곡이 대동사회론을 직접 언급한 곳은 그리 많지 않다. 율곡이 제창한 대동사회론의 입장은 선조에게 지어올린 『성학집요』의 내용 가운데 「성현도통」에서 확인된다.

> 여기에 성인이 여러 만물 가운데서 뛰어나 총명과 지혜로써 그 성품을 온전하게 하니 억조의 백성들이 자연히 돌아오게 되었다. 다툼이 있으면 해결해 주기를 구하였고, 의문이 있으면 가르쳐 주기를 구하여 받들어 임금으로 삼았는데, 이 때문에 민심이 향하는 바가 천명이 돌아오는 바가 되었다. 성인은 억조의 백성이 스스로 돌아온 것을 알고 군사의 직책을 맡지 않을 수 없었다. 그러므로 천시에 순응하고 지리에 따라서 백성을 기르는 기구를 만들었다. 여기서 궁실과 의복과 음식과 도구가 점차 구비되고 백성들이 필수품을 얻어서 삶을 즐기고 생업에 편안하게 되었다. 그러나 또 안일하게 지내면서 가르치지 않으면 금수에 가까워짐을 근심하여 인심에 따르고 하늘의 이치에 근본을 두고 교화의 기구를 만들었다. 이에 부자, 군신, 부부, 장유, 붕우가 각각 그 도리를 얻으니 하늘의 질서가 이미 밝아지고 또 시행되었다. 또 시대가 같지 않기 때문에 제도를 마땅히 하여야 하고, 어질고 어리석음이 같지 않기 때문에 가르치고 다스리는 방법을 고려하여 인정을 절제하고 시무를 헤아려서 이에 더하고 줄이는 규범을 만들었

> 다. 여기서 문질과 정령과 작상과 형벌이 각각 마땅하게 되었는데 그 지나친 것은 억제하고 그 미치지 않은 것은 끌어올려서 착한 이는 일으키고 악한 이는 징계하여 마침내 '대동'으로 돌아왔다. 성인이 하늘을 이어 준칙을 세워 일세를 다스린 것도 이러한 것에 불과하였고 도통의 이름은 여기에서 생겼다. 성인이 능히 위대한 군주가 될 수 있었던 것도 그 도덕이 능히 일세를 복종시킬 수 있었기 때문이니, 세력을 빌릴 수 있었기 때문이 아니다. 그러므로 성인이 이미 세상을 떠나면 반드시 또 다른 성인이 나와서 대신 천하에 임하여 수시로 변통하면서 백성으로 하여금 빈궁하지 않게 하였다.[15]

황의동에 따르면, 율곡의 역작인 『성학집요』(1575)는 『대학』의 '명덕을 밝힘'(明明德), '백성을 새롭게 함'(新民), '지극한 선에서 그침'(止於至善)이라는 세 가지 강령 위에 '격물', '치지', '성의', '정심', '수신', '제가', '치국', '평천하'의 논리체계에 따라 구성된 것이다. 이와 같은 논의의 전개방식은 『성학집요』의 제7편 「위정공효」에서 '평천하'의 이념을 제시한 후 제8편의 「성현도통」에서 '대동'의 이념을 통해 최종적으로 마무리되고 있다.[16] 그러나 엄밀하게 말하면, '수신-제가-평천하'의 사업 중에서 마지막 단계인 '평천하'의 사업은 조선의 군주에게 적당

---

15) 『율곡전서』 권26, 『성학집요』, 「聖賢道統」, "於是, 有聖人者首出庶物, 聰明睿智, 克全厥性. 億兆之衆, 自然歸向. 有爭則求決, 有疑則求敎, 奉以爲主, 民心所向, 卽天命所眷也. 是聖人者, 自知爲億兆所歸, 不得不以君師之責爲己任. 故順天時, 因地理, 制爲生養之具. 於是, 宮室衣服, 飮食器用, 以次漸備, 民得所需, 樂生安業. 而又慮逸居無敎, 近於禽獸, 故因人心, 本天理, 制爲敎化之具. 於是, 父子君臣夫婦長幼朋友, 各得其道, 天敍天秩, 旣明且行. 而又慮時世不同, 制度有宜, 賢愚不一, 矯治有方, 故節人情度時務, 制爲損益之規. 於是, 文質政令, 爵賞刑罰, 各得其當, 抑其過, 引其不及, 善者興起, 惡者懲治, 終歸於大同. 聖人之繼天立極, 陶甄一世, 不過如此, 而道統之名, 於是乎立. 聖人之能爲大君者, 以其道德能服一世故也, 非有勢力之可借. 故聖人旣沒, 則必有聖人者代莅天下, 隨時變通, 使民不窮."

16) 황의동, 『율곡사상의 체계적 이해(2)』(서울: 서광사, 1998), 82-83쪽 참조.

하지 않다는 문제의식 때문에 율곡은 '수기-정가-위정-도통'의 네 가지 범주를 중심으로 『성학집요』를 구성한 특징이 있다.[17)]

대동사회란 종교적, 철학적, 윤리적, 문화적인 세계와 정치적, 사회적, 경제적인 세계가 하나의 세계로 통합된 지극히 높은 차원의 지극한 선의 이상세계이다.[18)] 이와 같은 특징은 대동사회가 경세론적 범주에서 논의될 문제임을 명시적으로 알려준다. 경세론이란 국가나 사회를 올바르게 경영하기 위해 제시된 정치적, 사회적, 경제적, 문화적인 다양한 방면에 대한 실천적 문제의식을 포함한 논리적인 사유나 의식을 가리킨다. 조선시대 성리학자들의 경우 경세론과 관련된 문제의식은 그들이 왕에게 올린 각종의 상소문과 시무책 등의 형태를 통하여 제시된 바 있다.[19)]

그런데 율곡은 대동사회보다는 소강사회를 더 많이 언급한다.[20)] 율곡이 제시한 '소강사회'는 이중적 성격을 띤다. 율곡은 이것을 설명하기 위한 방편으로 두 가지 형태의 '소강'의 개념을 제시한다. 즉 율곡에 따르면 '소강'의 용례가 『예기』「예운」이 제시한 것과 같이 '小

---

17) 배병삼, 「이이의 『성학집요』(고운기 외 16인, 『한국의 고전을 읽는다(4)』(서울: 휴머니스트, 2006), 208쪽 참조.

18) 이동준, 「16세기 한국 성리학파의 역사의식에 관한 연구」, 성균관대 박사학위논문, 1975, 273쪽.

19) 『유교대사전(상)』(서울: 유교사전편찬위원회, 1990), 56-57쪽 참조.

20) 소강사회는 유가의 현실적 대안이며, 대동의 공동체는 유가나 율곡의 한결같은 이상이다. 그러나 율곡은 이상적 세계인 대동의 세계만을 오로지 바라보지 않고, 인간의 수양과 교육을 통해서 인위적으로 이룰 수 있는 차선의 사회인 소강의 세계를 강조한다. 율곡의 대동론은 '소강'(小康)을 넘어 '대동'에 도달하고자 한 것이다. 그러나 이념적 완성형인 대동에 이르는 '소강'의 현실적 의의는 매우 중요하다. 율곡은 이 점에 주목하고 '소강'에 대한 이중적 논의를 전개함과 동시에 담론의 의의 자체를 왕도정치론으로 전환하는 특징을 보여준다. 율곡의 왕도정치론과 관련된 담론의 전환은 소강의 또 다른 논의라는 점에 의의가 있다. 이에 대해서는 장을 바꾸어 다음 제4장에서 논의할 예정이다.

康'으로 표기될 경우도 있지만, '少康'이라고 달리 표현된 경우도 있다. 『율곡전서』를 종합적으로 살펴볼 경우, 전자보다는 후자의 개념을 율곡이 더 선호하였다는 사실을 확인케 된다. 후자의 개념은 『예기』 안에서 전혀 찾아볼 수 없다는 점이 또한 특기할 만한 사항이다. 그것은 조선 사대부들에게 많이 사용되던 개념이지만, 율곡은 일반론적으로 통용되던 '소강(小康)'의 개념을 중시하기보다는 도리어 *'소강'(少康)*의 개념을 강조한다.[21]

그럼에도 율곡은 이 두 개념에 대한 차이점을 명료하게 설명해 놓지는 않았다. 이러한 이유 때문에 '소강'에 대한 두 가지 용례의 상호 동일성과 차별성을 정확하게 확인하기 어려운 한계가 있다. 강정인은 이 문제에 대해 고민했던 대표적인 연구자이다. 그의 연구(2010)는 율곡이 상정한 두 가지 '소강'의 차이점을 밝히는 데 초점이 맞추어져 있다. 강정인의 연구는 그동안 아무도 주의 깊게 살펴보지 못했던 사항에 대해 주목하였고, 그로 인해 율곡이 제안하는 대동사회론과 소강사회론의 연구의 외연을 넓히는데 이바지하였다고 평가된다. 그의 관점을 요약하면 다음과 같다.

> 율곡은 전통적인 '대동'과 '소강'(小康) 개념을 통합하여 사용한 반면 *'소강'(少康)*은 한고조와 당태종의 치세에 비견될 수 있는 긍정적인 통치기간이라는 용례로 사용하고 있다. 예컨대 『성학집요』에 등장하는 대동 개념은 전통적 '대동'의 개념은 물론이고 윤리적 질서를 세우는 '소강'(小康)의 개념까지 포괄한다. 이른바 '소강'(小康)의 최대치가 '대동'이다. 그러나 율곡 자신이 직접 '소강'(小康)이란 용어를 사용한 경우는 없다. 『성학집요』에서 언급된 '소강'(小康)이란 표현은 선조의 말을 인용한 것이거나 정명도의 말을 인용한 경우일 뿐이며, 율곡은 자신의

21) 이후 '소강'(少康)과 '소강'(少康)을 구분하기 위한 방편으로 후자는 *'소강'(少康)*으로 표기하도록 한다.

의론을 제시하기 위한 방편으로 '소강'(小康)이란 표현을 사용한 적은 없다. 그 대신 *'소강'(少康)*이란 표현을 사용한 것은 무려 10여 차례에 이른다. 그런데 율곡이 말하는 *'소강'(少康)*이란 의미는 크게 세 가지 뜻으로 구분되어 사용된다. 첫째는 백성이 '다소 강안함을 느끼는 상태', 둘째는 중국 하나라를 중흥시킨 군주의 이름, 셋째는 패도정치의 와중에서 빼어난 군주가 '그나마 볼만한 정치'를 이룬 상태란 뜻이다.[22]

이와 같이 '대동'과 '소강'(小康), 그리고 *'소강'(少康)*의 상호 관계 및 차이점을 밝힌 강정인의 연구는 매우 의미 있는 분석이었음이 분명하다.[23] 그러나 '대동'과 '소강'(小康)의 통합 개념으로서 '대동'의 의의에 대한 주의가 필요하다. 물론 율곡에 의해 통합 개념으로 재탄생한 새로운 '대동'의 의의는 부정될 수 없다. 그럼에도 '대동' 안에 완전히 수용되지 못한, 그리고 율곡에 의해서 선택받지 못한 '소강'(小康)의 의의는 여전히 유효하다는 점에 주목하지 않으면 안 된다. 그러나 나는 도리어 율곡에 의하여 주목받고 있는 *'소강'(少康)*의 개념이 왜 제시되었는지에 관한 문제부터 고민해보아야 한다고 생각한다.

---

22) 강정인, 「율곡 이이의 정치사상에 나타난 대동·소강(小康)·소강(少康)」, 『한국정치학회보』 제44집 제1호, 한국정치학회, 2010. 이와 같은 강정인의 논점은 『넘나듦의 정치사상』(서울: 후마니타스, 2013)이라는 그의 저서 제6장에 재수록되어 출간되었다. 『동아일보』 권재현 기자는 이것을 요약하여 「大同과 小康과 少康, 그 차이를 아시나요」라는 기사로 소개한 바 있다. 『동아일보』 2013년 7월 22일자 참조.

23) 이와 같은 분석이 이루어지 이전까지는 각종 문집과 역사서 등에 표현된 '소강'(小康)과 *'소강'(少康)*의 개념이 대체로 대동소이한 의미를 가진 것이라고 해석되어 왔다. 특히 *'소강'(少康)*이라고 표기된 대부분의 용례들은 『예기』에 근거하여 '소강'(小康)의 오기라고 주장되었다. 두 가지 의미가 상호 유사한 경우가 없는 것은 아니지만, 엄밀하게 보아 양자의 상호 차별성은 무시될 수 없다. 한편 일부 인명의 오기가 확인될 경우가 있다. 예컨대 『성호전집』, 권56, 「題跋」에 표기된 '小康'은 인명의 오기이다. 이것은 『춘추좌씨전』, 「哀公」 원년 조 기사에 의거하여 '小'를 '少'로 바로잡아야 마땅한 사례이다.

먼저 인명으로서의 의의이다. 역사적 인물이었던 *'소강'(少康)*은 하나라의 6대 군주로서, 유궁씨(有窮氏)에게 빼앗겼던 권력을 되찾아 하나라를 중흥시킨 제왕의 이름이다.[24)] 그의 조부가 중강(仲康)이었는데, 그에게는 태강(太康)이라는 형이 있었다. 태강은 정사에는 관심이 없고 사냥과 놀이만 즐기다가 유궁씨에게 쫓겨나고 만다. 중강과 그의 아들 상(相)이 뒤를 이었지만 하나라는 쇠퇴하고 말았다. 이러한 위기에서 *'소강'(少康)*이 나라의 중흥을 이루어낸 것이다. 이와 같은 점이 율곡에 의하여 주목받게 되었고, 역사인물인 *'소강'(少康)*의 중흥은 당대의 군주 선조에게 거는 기대와 중첩되게 되었다. 이 인물의 이름이 공교롭게도 백성이 느끼는 '다소의 강안한 상태' 및 군주가 이룩한 '그나마 강안한 정치'의 의미와 맞물려 있는 점이 시사적이다.

특히 율곡은 *'소강'(少康)*의 정치를 이룩한 역사적 인물로서 진문공, 진도공, 한고조, 한문제, 당태종, 송태조 등을 예시한다.[25)] 이 점은 율곡 이후 조선 사대부와 유교 독서인들의 의식세계에 공유되어 확산된다.[26)] 율곡 사후 이와 같은 *'소강'(少康)*의 의미에 대해 주목한 대표적 인물은 동춘당(同春堂) 송준길(宋浚吉, 1606-1672)이다. 그는 자신의 시대

---

24) 이러한 점을 인정하여 척재(惕齋) 이서구(李書九, 1754-1825)는, "하나라는 계(啓)와 *소강(少康)* 이외에 다른 훌륭한 임금이 없었다"(『弘齋全書』 권100, 「經史講義·多方」, "書九對: 夏自啓少康以外, 無他令主.")고까지 평가하고 있다.

25) 『율곡전서』 권15, 雜著, 『동호문답』, "晉文公一戰而定霸, 晉悼公三駕而服楚, 漢高祖五年而成帝業, 文帝玄默而致刑錯, 唐太宗定大業而致太平, 宋太祖承五季而平僭亂, 斯數君者, 才足以靖亂, 智足以用人, 獨恨夫不能躬行心得." 참조.

26) 『홍재전서』 권3, 春邸錄, 「答宮僚」, "三代之後, 三代之學不傳. 雖有如漢文帝唐太宗宋孝宗者, 稍得賢明之稱, 能做少康之治, 而皆不能本之於格致誠正之學, 求其跡之近於仁義者, 則皆孟子所謂五霸假之也." 또한 『승정원일기』 인조 4년 병인(1626, 천계6) 10월 22일(신유) 조에서는 "한문제가 마침내 '소강'(少康)의 정치를 이루었으니, 이것은 본받을 만하다"고 평가하고 있다. 이들은 모두 *'소강'(少康)*을 '소강'(小康)과 다르게 사용한 용례에 해당한다.

가 *'소강'*(少康)을 구현해야 할 시기라고 판단한다. 그는 "삼대 때의 현성한 보좌는 바랄 수 없지만 관중, 제갈량, 왕맹(王猛), 소작(蘇綽) 정도의 사람을 얻어 함께 나라를 다스린다면, 오히려 안으로는 나라를 다스리고 밖으로는 외적을 물리쳐 난리를 평정하고 나라를 부흥시켜 세상을 *'소강'*(少康)으로 만들 수 있을 것이다"[27]라고 한다. 또한 정조 때 소론의 명장으로 활약한 조윤대(曺允大, 1748-1813)는 "이에 당우 삼대의 정치는 말할 수도 없고, 한나라나 당나라 때의 *'소강'*(少康)의 정치에도 미치지 못한다"[28]라고 하여 자신의 시대를 신랄하게 비판한 바 있다.

이상의 개념적 용례들을 종합해볼 때, '소강'(小康)은 하·은·주 삼대의 정치를 말하는 것이지만, *'소강'*(少康)은 특히 한나라와 당나라 때 일시적으로 이루어졌던 역사적 중흥과 같은 잠정적인 평화를 의미하는 것임을 알 수 있다. 결국 『율곡선서』를 비롯한 수많은 문집에 등장하는 *'소강'*(少康)의 개념이 그동안 아무런 반성 없이 논의되어온 '소강'(小康)의 오자가 아님을 확인케 된다. 이와 관련된 지금까지의 숱한 오역을 바로잡을 수 있는 계기가 확인된 셈이다.[29]

실제로 위기에 처한 나라의 중흥을 이끌었던 하나라의 *'소강'*(少康)과 마찬가지로 한문제와 당태종 역시 *'소강'*(少康)의 사회를 이룩하는데 크게 공헌했다는 생각이 율곡으로 하여금 *'소강'*(少康)을 강조하게 한 것이라 여겨진다. 역사적 사례로 보더라도 가까운 시대에 실존했던 한문제와 당태종도 온갖 고초와 노력 끝에 이루어냈던 사회정치적 안녕을 조선의 군주가 못 이루어낼 리 없다는 모범을 제시한 것이

---

27) 『동춘당집』 권4, 疏箚, 「申乞解職疏」, "三代賢聖之佐, 雖不可望, 而如得管葛王蘇之材, 與之有爲, 猶可修攘興撥, 措世少康."

28) 『일성록』, 정조 10년(1786) 1월 22일(정묘) 조 참조.

29) 이 점에서 강정인의 선행연구는 매우 의미 있는 연구사적 의의가 있다(강정인, 앞의 논문 참조).

라 볼 수 있다.

요컨대 나는 *'소강'(少康)*을 넘어 '소강'(小康)에 이르고, 거기서 다시 '소강'(小康)을 넘어 '대동'에 도달하고자 한 것이 율곡 대동사회론의 목표였다고 본다. 이러한 도식은 율곡이 진단한 당대 조선의 현실이 '창업기'[30]를 거쳐 '수성기'[31]에 이르렀고, 다시 '경장기'[32]에 도달했다는 역사의식과 궤를 같이한다. 그렇다고 조선의 창업기가 곧바로 '대동'이고, 수성기가 '소강(小康)'이며, 경장기가 *'소강'(少康)*에 해당한다는 말은 아니다. 나는 '대동-소강(小康)-*소강(少康)*'이 조선의 '창업기-수성기-경장기'가 각각 본받아야 할 이상목표였다고 생각한다.

율곡은 당 시대가 역사적 중흥을 이루어내야만 하는 '경장기'임을 강조한다. 이러한 사유의 기원은 조선 초기의 유학자 양촌(陽村) 권근(權近, 1352-1409)에게서 찾아진다. 일찍이 양촌은 자신의 시대를 '수성기'라고 규정하고 이를 정치적 '필장'(畢張)에 해당하는 시기라고 규정한 바 있고,[33] 또한 한당시대의 *'소강'(少康)*의 정치적 구현의 의의[34]와

---

30) 『율곡전서』 권14, 雜著, 「策問」, "我國祖宗創業垂統, 金科玉條, 極其詳密." 참조.

31) 『율곡전서』 권5, 疏箚, 「萬言封事」, "世宗守成, 始用經濟六典, 至于成廟, 刊行大典, 厥後隨時立法, 名以續錄." 및 『율곡전서』 권15, 雜著, 「東湖問答」, "我太祖開國, 世宗守成, 始制經濟六典, 而世祖承業, 乃制經國大典, 此皆因時而制宜, 非故變亂祖宗之法度也." 참조.

32) 『율곡전서』 권9, 書, 「上退溪先生」, "國家之沈於痼疾, 二十餘年矣. 上因下循, 一毫不改, 目今民力已竭, 國儲已罄. 若不更張, 國將不國, 立朝之士, 何異幕燕, 中夜思之, 不覺起坐." 및 『율곡전서』 권7, 疏箚, 「陳時弊疏」, "今殿下承積弊之餘, 宜講更張之策." 참조.

33) 『양촌집』 권33, 雜著類·策題類, 「策題」, "太上神武而創業, 主上文明而守成, 治具畢張, 庶績咸熙, 以逮萬世無疆之基." 참조. 여기서 양촌이 언급한 '治具畢張'(정치적 제도와 법령을 모두 펼쳐 시행한다는 의미)은 한유(韓愈, 768-824)의 「진학해」의 한 구절을 인용한 것이다(韓愈, 「進學解」, 『古文眞寶』, 後集, 「文篇」 참조).

34) 『양촌집』 권33, 雜著類·策題類, 「重試策問」, "揖讓征伐, 文質損益, 事與時異, 而同歸乎治, 何歟? 漢唐以降, 迄于宋元, 代各有治, 其有合於中道而可述者歟?

함께 하나라 *'소강'*(少康)의 치적[35]에 관해 제시한 바 있다. 율곡은 시기적으로 앞선 양촌의 시대가 '수성기'에 해당한다면, 자신의 시대는 이제 '경장기'로 규정됨에 무리가 없다고 본 것이다. 그리고 앞선 '수성기'에 이미 정치적 제도와 법령이 시행되기 하였지만, 그에 대한 폐단도 없지 않아 이젠 시대의 흐름과 함께 경장이 요청된다고 본 것이다.[36]

율곡은 동중서(董仲舒, BC.170?-BC.120?)의 말을 빌어 '경장'의 의미를 다음과 같이 설명한다. "동중서가 말하기를, 금슬의 소리가 고르지 못할 때 반드시 줄을 풀었다 다시 매어야만 연주할 수 있다. 정치를 하는데도 잘 다스려지지 않으면 반드시 변혁하여 다시 바꾸어야 다스릴 수 있다."[37] 요컨대 율곡은 금슬의 소리가 고르지 못할 때 줄을 다시 매어 연주해야 하는 것처럼 정치적으로 경장하지 않으면 안 되는 시대가 바로 *'소강'*(少康)이라고 본 것이다.

그런데 대동사회론의 논의 과정에서 율곡이 당대의 군주인 선조와 서로 생각을 달리할 수 있는 문제의 소재는 '소강'(小康)에 있다. 왜냐하면 앞서 살펴본 것처럼 이 사회의 주된 특징이 군주의 세습과 그의 정당성 확보에 있기 때문이다. 왕조사회의 체제를 유지하고자 하는 군주의 입장은 당연히 이 '소강'(小康)의 중시에 있을 수밖에 없다. 그러나

予以否德, 莅于一國臣民之上, 雖無德教可以及民, 庶幾夙夜思致少康, 其於帝王之心之道, 蓋嘗有志而願學焉." 참조.

35) 『양촌집』 권33, 雜著類·策題類, 「策題」, "然啓方繼禹, 有扈已叛, 又不數世, 而有羿, 浞之禍, 及少康旣壯, 僅復舊物, 自後賢君無聞焉," 참조.

36) 율곡은 자신의 시대를 '경장기'라고 규정하기도 하지만 '중쇠기'(中衰期)라고 규정하기도 한다. 그는 조선이 건국된 지 200여 년이 지난 자신의 시대가 이미 '중쇠기'에 도달하였다고 진단하고, 그 이유 때문에 '천명'을 연속시켜야 할 때라고 본다(『율곡전서』 권30, 『경연일기』, "我國家傳至二百餘年, 今已中衰, 此正迓續天命之秋也.").

37) 『율곡전서』 권25, 『성학집요』, 「爲政下」, "董氏曰: 琴瑟不調, 甚者, 必解而更張之, 乃可鼓也. 爲政而不行, 甚者, 必變而更化之, 乃可理也."

율곡은 왕조의 정통성이라는 외면적인 세습의 관행이 지닌 정치적 의의보다는 이상정치의 구현이라는 이념 자체를 중시한다. 율곡이 '소강'(小康)에 대한 논의 자체를 지극히 배제한 이유가 있는 것이다.

율곡의 대동사회론에 대한 인식은 『예기』가 규정한 대동사회론과 일정 부분 차별화된다. 뿐만 아니라 앞서 강정인이 지적한 내용처럼 율곡적 의미의 대동사회는 『예기』가 언급한 종류의 '소강'(小康)의 일부 특징들을 수용한다. 이러한 관점은 이미 조선 초부터 형성되어 있었다고 볼 수 있다. 양촌이 제시한 삼대의 이상에 대한 언급을 보면 이 점은 분명해진다. 그는 "자고로 천하와 국가를 소유하면서도 능히 오래도록 선정을 베풀고 안정을 누린 때는 삼대만한 시대가 없었다. 우왕, 탕왕, 문왕, 무왕으로부터 모두 성인의 덕으로 창업 수통하여 후대를 개척하여 주었기 때문에 그 자손들이 오래도록 전승하게 된 것이다"[38]라고 말한다. 양촌이 이 시대를 '대동'으로 볼 것인지 '소강'으로 볼 것인지 분명하게 언급하지는 않았지만, 율곡처럼 '소강'을 '대동'의 개념 안에 통합해 새롭게 제시한 현실적 '대동'의 이상이었다고 볼 수 있는 측면이 있다.

한편 강정인이 분석해낸 율곡 대동사회론의 특징은 대체로 다음과 같다. 대동사회 역시 소강사회처럼 초보적 형태의 사유재산이 형성되었고, 이로 인한 분쟁 또한 피할 수 없었으며, 그 분쟁을 해결하기 위한 방책은 유교적 인륜질서였고, 사회적 경장은 인륜질서의 토대 위에서 일어났다. 그리고 무엇보다 가장 민감한 사안 중의 하나였던 군주의 선양과 세습에 대한 언급을 대동사회론의 설명에서 의도적으로 배제한다. 이러한 특징 때문에 율곡은 자연스럽게 천하를 공공성과

---

38) 『양촌집』 권33, 雜著類·策題類, 「策題」, "自古有天下國家, 而能長治久安者莫三代若也. 蓋由禹湯文武皆以聖人之德, 創業垂統, 克開厥後, 宜其子孫傳世之久也."

소유권의 입장에서 바라보는 관점 역시 제외하게 되었다고 본다.[39)]

당대 군주의 왕위 세습에 대한 부정은 체제에 대한 반동이며, 한마디로 역모로 규정될 수 있는 한계가 있는 민감한 사안이었다. 대동사회에 대한 입장이 역모와 관련되었던 구체적인 역사적 사건이 있었다. 바로 선조 22년인 1589년에 발생한 정여립(鄭汝立, 1546-1589)의 기축옥사 사건이다. 그가 결성했다는 '대동계'(大同契)는 당대 사회를 부정하는 체제 저항의 상징이었다. 율곡은 이와 같은 문제를 슬기롭게 피해 나가고 있는 것이다.

그러나 율곡이 대동사회의 선양의 특징을 전혀 언급하지 않은 것은 아니다. 대동사회론에 대한 율곡의 언급 중 "성인이 이미 세상을 떠나면 반드시 또 다른 성인이 나와서 대신 천하에 임하여 수시로 변통하면서 백성으로 하여금 빈궁하지 않게 하였다"라고 말한 점이 이를 반영한다. '성인'의 대를 잇는 것은 또 다른 '성인'인 것이지, 앞선 '성인의 자식'은 아니라는 점이 분명하다. 율곡은 선양과 세습에 대한 직접적인 개념적 언급만을 피했을 뿐이지, 여전히 대동사회에서의 선양을 이상적 모델로 상정했다고 보지 않으면 안 된다.

이러한 점에서 '대동'과 '소강'은 여전히 구분되고, '소강'(小康)은 또한 *'소강'(少康)*과 구분되어야 한다. '소강'(少康)의 도달목표가 '소강'(小康)이라고 한다면, *'소강'(小康)*의 도달목표는 '대동'이다. 그리고 '대동'은 가장 마지막 단계에 구현되어야 할 사회적 이상이지만, *'소강'(少康)*과 '소강'(小康)이 최종목표로 삼는 이상적 사회상이기도 하다. 이상사회의 이념적 목표는 항상 '대동'을 지향하여야 한다는 말이다. 율곡이 볼 때, 자신이 살던 당대 조선의 현실은 이 가운데 먼저 *'소강'(少康)*을 구현해야 할 상황이었다고 인식된다.

---

39) 강정인, 앞의 논문, 12쪽 참조.

4. 담론의 전환과 왕도정치론의 의의

앞서 살펴본 것처럼 율곡이 대동사회에 대한 철학적 담론을 제시하면서 가장 주목한 것은 '대동'이나 '소강'(小康)이라기보다는 *'소강'*(少康)의 의의를 피력하는 것이었다. 그 결정적인 이유는 율곡이 당대의 현실을 '경장기'라고 보고, 이에 대한 난국의 타개책을 군주의 실천에서 찾았기 때문이다. 율곡은 곳곳에서 군주의 경세적 실천을 강조한다. 사회 전반에 걸친 군주의 관심과 배려, 그리고 구체적인 경세의 실천이 선행되지 않으면 안 된다는 것이 율곡의 입장이다.

그렇다면 대동사회는 최초의 세계상이라고 말할 수 있을까? 그게 아니라면 최초의 세계는 어떠한 상태였을까? 이에 대한 『예기』와 율곡의 관점은 서로 다르다. 『예기』는 천하에 대한 공공성이 확보된 대동사회가 최초의 사회라고 표상하지만, 율곡은 대동사회 이전에 자연 상태에 놓인 세계가 있었다고 본다.[40]

그렇다고 율곡이 본 최초의 사회가 칼 맑스(Karl Marx, 1818-1883)가 생각한 원시공산제사회와 같은 이상세계를 지칭하지는 않는다. 율곡은 대동사회보다 이전에 원시공동체사회가 있었음을 인정한다. 그러나 이 사회는 여러 가지 미개한 원시성을 벗어나지 못하였다는 것이 율곡의 입장이다. 그 미개한 자연 상태를 벗어나 문명화된 사회가 바로 대동사회인 것이다.[41] 이러한 율곡의 관점은 일정 부분 「예운」이 도가의 저작이라는 오해를 불식시키고,[42] 동시에 도가적 세계관과의

---

40) 강정인, 앞의 논문, 12쪽 참조.

41) 그렇다고 나는 율곡이 본 자연 상태에 놓여 있는 인간의 본성이 순자가 말하는 종류의 자연 상태의 인간처럼 악한 것으로 규정될 수는 없다고 본다. 율곡은 최초의 자연 상태에 놓여 있는 인간의 본성 문제보다는 문명화되지 못한 자연 상태의 한계에 대해 지적할 뿐임을 주의해서 보지 않으면 안 된다.

마찰을 피하기 위한 방편으로 제시된 것이기도 하다.

이렇게 볼 때 율곡이 본 대동사회는 정신문명의 이상적 정점이기도 하다. 여기에서는 모든 정신문화의 총체가 문명의 척도라고 할 수 있다. 특히 인의의 도덕을 통한 정신문명이 발달하지 못한다면, 물질적 발달의 총화가 제 아무리 뛰어나다 하더라도 그것은 진정한 문명이라고 평가될 수 없다. 유학적 사유에서는 그와 같은 문명을 창출 계도하여 나아가는 존재가 바로 '성인'이다. 역사적 맥락에서 '성인'은 '대동'과 '소강'(小康)의 시대를 이끌어나간 인간상이다.

율곡은 '대동'과 '소강'(小康)의 사회상을 거론하기보다는 상대적으로 그 사회의 문명을 창출하여 계도해나간 '성인'에 대해서 보다 더 주목한다. '성인'은 '공공성의 확보'가 이루어진 시대에서뿐만 아니라 인간세상에 소유권이 강화되고 국가의 구분과 집단의 분열이 가속화되는 상황에서도 '공공성의 확보'에 최선의 노력을 경주한 인물이기 때문이다. '성인'은 '대동'의 시대에도 존재하지만 '소강'(小康)의 시대에도 존재하는 참다운 주체이다

율곡이 '성인'의 존재를 주목함과 동시에 그로부터 하나의 사상적 변곡점이 형성된다. 바로 '대동'과 '소강'에 관한 담론이 자연스럽게

---

42) 장따이니엔(張岱年, 1909-2004)은 대체로 대동사상은 유가·도가·묵가의 사상이 혼합되어 있다고 본다. 근대의 사람들은 '대도가 행해지던 시대'(大道之行也), '대도가 이미 숨어 버린 시대'(大道旣隱) 등의 말에 근거하여 「예운」의 대동사회 학설은 도가의 영향을 받았다고 한다. 그러나 「예운」에서 말하는 '현명한 이와 능력 있는 이를 뽑아 쓴다'(選賢與能)는 것은 분명히 도가의 사상과 서로 위배된다. 그리고 '재물이 땅에 버려지는 것을 싫어하며'(貨惡其棄于地也), '힘이 자기의 몸에서 나오지 않음을 싫어한다'(力惡其不出于身也)는 것 등의 말 역시 도가의 무위의 의미와 매우 어긋난다. 그러므로 장따이니엔에 따르면, 「예운」의 작자는 도가의 영향을 받았다고 하여도 도가의 영향을 받은 점은 실제로 크지 않다(장대년, 김백희 옮김, 『중국철학대강(상)』(서울: 까치, 1998), 567쪽 각주9) 참조).

'왕도'의 문제로 전환된 것이다. '선양'과 '세습'의 논란에서 벗어날 수 있는 활로를 찾은 것이다. '선양'과 '세습'으로 대변되던 '대동'과 '소강'(小康)의 두 가지 사회상은 이제 '왕도'라는 단일한 창구를 통해 논의 가능하게 된 것이다. 율곡은 '왕도' 및 그와 대비되는 '패도'의 관계에 대해 논의하면서, '왕도'의 구현을 강조한다. 그의 『노자』 주해서인 『순언』에서조차 '왕도'가 이상적 목표로 제시될 정도이다.[43]

'왕도'의 이상은 유가가 기획하는 경세 구현의 최대목표이다. 율곡이 볼 때 '왕도'는 내성외왕의 성학에 기반을 두고 민생과 백성의 교화를 통해 이루어진다. 율곡은 "무릇 인의를 궁행하는 것은 하늘의 덕을 실천하는 것이요, 백성을 살리고 교양하는 것은 '왕도'를 구현하는 것이다"[44]라고 하여, 인의도덕과 '왕도'의 구현을 서로 연결시켜 이해한다. 요컨대 '왕도'의 시작은 백성의 의식주를 해결하는 경제문제로부터 비롯되며, '왕도'의 마침은 백성을 윤리적 차원으로 끌어올리는 교화의 결과로 귀결된다.[45]

이에 대비되는 것이 맹자가 말한 '패도'이다. 맹자는 '왕도'가 어짊의 덕을 구현하는 것이라면, '패도'는 어짊의 덕을 가식하는 것이라고 한다.[46] 어짊을 내세워 '왕도'를 지향한 것처럼 보였지만, 실제로는 패권자의 실력주의가 현실화된 것이라고 할 때, 이것을 가리켜 '패도'

---

43) 『순언』 제35장 주, "朱子曰: 若是王道修明, 則不正之氣, 都消鑠了." 및 『순언』 제35장 종결부분, "右第三十五章. 言王道之效, 至於人神各得其所." 참조. 그럼에도 『순언』에서 '대동'이나 '소강'(小康)의 개념은 단 한 차례도 언급되지 않는다.

44) 『율곡전서』 권25, 『성학집요』, 「爲政下」, "夫躬行仁義者, 天德也. 教養生民者, 王道也."

45) 황의동, 『율곡철학연구』(서울: 경문사, 1987), 167쪽 참조.

46) 『맹자』, 「公孫丑上」, "孟子曰: 以力假仁者霸, 霸必有大國, 以德行仁者王, 王不待大. 湯以七十里, 文王以百里. 以力服人者, 非心服也, 力不贍也; 以德服人者, 中心悅而誠服也, 如七十子之服孔子也." 참조.

라고 부른다. '왕도'와 대비되는 이러한 특징 때문에 '패도'를 바라보는 시선은 전통적으로 그리 긍정적이지 못했다. 그것은 인의의 이름을 빌리기만 하고 도덕의 실마리를 찾지 못한 것, 선왕의 도를 회복하지 못한 것, 공리(功利)의 사사로움을 이루는 데 그쳤다는 평가 때문이다.[47)]

율곡은 '패도'의 긍정적 측면이 전혀 없는 것은 아니라고 본다.[48)] 시대가 모순과 부조리로 가득 차 혼란이 가중되고 있다면, 이에 대한 일정 부분의 실력주의의 행사가 필요하다는 입장이다. 이는 유가적 실리주의의 한 전형으로서, 항상 공리(公利)에 자신의 이념적 지반을 둔다. 여기서 의리와 이익의 관계를 상호 보완적인 것으로 보고자 한 율곡의 입장이 확인된다. 율곡은 '패도'의 한계를 알면서도, 그 긍정적인 효과로 나타날 수 있는 역사적 중흥과 '잠정적 평화', 즉 강정인의 규정에 의하면 '다소 강안함을 느끼는 상태'의 가능성을 타진한다.[49)] 이러한 사유가 '패도'와 *'소강'(少康)*의 이념을 하나로 연결시킨다. 한시적인 '잠정적 평화'일지어정 '소강'에 진입하지 않으면 역사의 질곡은 종결되지 않을 것이라는 것이 율곡의 현실주의적 입장이기 때문이다.

율곡은 '왕도'와 '패도'를 구분하고, 그 전형적인 인물들을 아래와

---

47) 강정인, 앞의 논문, 16쪽 참조.

48) 이와 같은 율곡의 입장은 공자의 관중 평가로부터 기인한다. 『논어』, 「憲問」, "子路曰: 桓公殺公子糾, 召忽死之, 管仲不死. 曰: 未仁乎? 子曰: 桓公九合諸侯, 不以兵車, 管仲之力也. 如其仁! 如其仁!" 참조.

49) 조선시대 각종 사료에서 언급되는 *'소강'(少康)*의 의미는 군주의 패도정치의 결과를 가리킬 경우도 있지만, 관료들의 정치적 행위의 긍정적 결과를 의미하는 경우도 있고, 천재지변으로부터 자유로운 상태를 가리키는 경우와 풍작이 되긴 하였지만 아주 풍년이라고까지는 말할 수 없는 정도를 가리키는 뜻으로 다양하게 사용되었다. 종합적으로 볼 때 그 의미는 '다소 평안한 상태' 내지는 '잠정적인 평화' 정도에 해당한다.

같이 소개한다. 다소 긴 문장이지만 직접 인용하여 율곡의 입장을 확인해보기로 한다.

(1) 옛날에 오제와 삼왕은 총명하고 예지로운 자질을 가지고 천명을 받들어 임금이 되고 스승이 되어서, 쟁탈이 그치게 하고 잘살고 번성하게 만들고, 가르침으로써 인륜을 펴게 하고, 해와 달과 다섯 별자리가 궤도를 따르고 오행이 때를 맞춰 행하며, 하늘과 땅이 정한 위치에 안정하고, 사람의 도리가 서게 하였다. 이것은 이른바 재지가 특출하여 '왕도'를 행한 자이다.

(2) 상나라의 태갑과 주나라의 성왕은 자질이 오제·삼왕에 미치지 못하였으니, 만약에 성스런 신하의 보좌가 없었더라면 전형(典刑)의 전복됨을 누가 구했겠는가? 나라를 넘어뜨리려고 참소하는 사람들은 필경 난리를 일으켰을 것이다. 그러나 태갑은 이윤에게 정사를 맡기고, 성왕은 주공에게 정사를 맡겨, 덕을 기르고 학업을 닦아 대업을 이었으니, 이것이 이른바 어진 신하에게 정사를 맡겨 '왕도'를 행한 자이다.

(3) ① 진나라 문공은 한 번의 전쟁으로 패업을 확정하였고, ② 진나라 도공은 세 번 출동하여 초나라를 굴복시켰으며, ③ 한나라 고조는 5년 만에 제업을 성취하였고, ④ 한나라 문제는 무언의 감화로써 옥에 죄수가 없게 하였으며, ⑤ 당나라 태종은 패업을 확정하여 태평함을 이루었고, ⑥ 송나라 태조는 후오대의 문란한 뒤를 계승하여 어지러운 세상을 평정하였으니, 이들 여러 임금의 재주는 난을 안정시키기에 넉넉하였고, 지혜가 사람을 등용하기에 넉넉하였으나, 오직 안타까운 것은 몸소 행하고 마음으로 터득하여 선왕의 도를 회복하지 못한 것이다. 나라를 부강하게 하고 백성이 번성하게는 했으나 교화가 있었다는 말은 듣지 못하였으니, 이것이 이른바 재지가 특출하여 '패도'를 행한 자이다.

(4) ① 제나라 환공은 음악 소리와 아름다운 여색이 귀와 눈에서 떠나지 않았고, ② 한나라 소열제는 군대 안에서 분주하여 넓적다리

> 살이 말안장 위에서 닳았으니, 만약 어질고 재주 있는 신하가 보좌하지 않았더라면, 환공은 어진 임금이 될 수 없었을 것이요, 소열이 조그마한 땅도 소유하기 어려웠을 것이다. 그러나 환공은 관중을 등용하고 소열은 제갈량을 등용하였기 때문에 제후를 규합하여 천하를 한 번 바로잡는 공을 이루기도 하였고, 한중과 서천을 점유하여 한나라의 국운을 연장시키기도 했다. 다만 안타까운 것은 관중이 성현의 도를 알지 못하였고, 제갈공명은 신불해와 한비자 같은 법가의 폐습을 벗어나지 못하여 뛰어난 공적이 여기에 그치고 말았다는 것이다. 이것이 이른바 어진 이에게 맡겨 '패도'를 행한 자이다.[50)]

이 인용문을 보면, '왕도'를 행한 인물유형에 두 가지가 있고, '패도'를 행한 인물유형에도 역시 두 가지가 있음이 확인된다. 인용문(1)은 자기 자신이 예지를 갖추고 있었기 때문에 직접 '왕도'를 행한 경우이며, 인용문(2)는 훌륭한 신하들의 보좌를 받아 '왕도'를 행한 경우이다. 그리고 인용문(3)은 자신의 정치적 권능을 통해 직접 '패도'를 행한 경우이며, 인용문(4)는 훌륭한 신하들의 보좌를 받아 '패도'를 행한 경우이다. 요컨대, (1) 직접 '왕도'를 행한 인물은 오제삼왕이며,

---

50) 『율곡전서』 권15, 雜著, 『동호문답』, "有昔者五帝三王, 以聰明睿智之資, 受天命而爲君師, 治之而息齊爭奪, 養之而致其富庶, 教之而敍其彛倫, 七曜順度, 五徵時若, 天地以位, 人極以立, 此所謂才智出類而行王道者也. 商太甲周成王, 資質不及於三五, 若非聖臣篤棐, 則典刑誰救顚覆? 讒人終必交亂. 然而太甲能任伊尹, 成王能任周公, 進德修業, 克紹丕緖, 此所謂能任賢者而行王道者也. 晉文公一戰而定霸, 晉悼公三駕而服楚, 漢高祖五年而成帝業, 文帝玄默而致刑錯, 唐太宗定大業而致太平, 宋太祖承五季而平僭亂, 斯數君者, 才足以靖亂, 智足以用人, 獨恨夫不能躬行心得, 以復先王之道, 富庶則有之, 教則無聞, 此所謂才智出類而行霸道者也. 齊桓公聲色不絶乎耳目, 漢昭烈髀肉空銷於鞍馬, 使無賢智之士爲之輔佐, 則桓公不得爲令主, 昭烈難有其尺地. 然而桓公能用管仲, 昭烈能用諸葛亮, 或糾合諸侯, 以成一匡之功, 或跨有漢川, 以綿赤帝之祚. 獨恨夫管仲不知聖賢之道, 孔明未免申韓之習, 功烈止此而已. 此所謂能任賢者而行霸道者也."

(2) 훌륭한 신하의 보좌로 '왕도'를 행한 사람은 은나라의 태갑과 주성왕이다. 그리고 (3) 직접 '패도'를 행한 인물은 진문공, 진도공, 한고조, 한문제, 당태종, 송태조 등 여섯 명이며, (4) 훌륭한 신하의 보좌로 '패도'를 이룬 인물은 제환공과 한나라 소열제가 있다.

그런데 '패도'가 외형적인 '왕도'를 이루어낸 것처럼 비쳐지는 측면이 발견된다 하더라도 그것이 '왕도'가 아닌 '패도'로 규정될 수밖에 없는 것은, 그것이 어떠한 기준에서 비롯되었느냐 하는, 행위동기의 문제와 밀접하게 연대되어 있기 때문이다. 본래의 순수한 마음에서 일어난 '공공성 확보'의 결과였느냐, 아니면 개별적인 사적 욕망에서 일어난 '공공성 확보'의 결과였느냐의 평가기준이 중요하다. 이러한 입장에서 율곡은 제환공, 진문공, 당태종의 치적을 다음과 같이 비판한다. "제환공과 진문공의 일과 같은 것은 본래 천하를 위하여 하였으니, 이것이 공천하의 일이 아니겠느냐? 그러나 그 마음을 미루어 보면 모두 사사로운 뜻에서 나온 것이고, 당태종이 정신을 가다듬고 정치에 힘써서 태평한 세상을 이룩한 것 역시 모두 사사로운 뜻을 벗어나지 못한 것이었다."[51]

율곡은 '패도'로 인한 사회·정치적 국면의 '잠정적 평화'의 효과를 인정하면서도, '공공성 확보'의 결여문제를 '패도'의 주요한 한계점으로 지적한다. '경장'의 상태에 놓여 있는 시대적 국면을 외면할 수 없다는 우환의식 때문에 율곡은 방편적으로나마 '패도'를 일정 부분 용인하기는 하지만, 궁극적으로 '왕도'의 이상을 포기해서는 안 된다고 강조한다. 율곡은 현실의 토대 위에서 이상을 모색하고, 이상의 실천적 토대를 현실에서 찾고자 하였음을 알 수 있다. 이로부터 율곡이

---

51) 『율곡전서』 권31, 語錄, 「金振綱所錄」, "如桓文之事, 固爲天下而爲之, 是非公天下事乎? 然原其心, 皆出於私意, 如唐太宗勵精圖治, 以致太平, 亦皆未免私意."

‘왕도’와 ‘패도’의 조화를 현실세계에서 모색하고자 한 특징을 확인케 된다.[52]

이러한 세계관은 그의 ‘리기지묘’(理氣之妙)[53]의 존재론적 사유방식 위에서 성립된 것이라고 볼 수 있다. 그것은 이론과 실천, 의리와 실리, 윤리와 경제 등 제 분야에 대한 상호 대립이 아닌 화해와 참된 길로 나아갈 수 있는 가능성을 제시한다.[54] 이와 같은 의의 때문에 ‘대동’과 ‘소강’(少康) 그리고 ‘왕도’와 ‘패도’의 문제에 대한 이상과 현실의 상호 조화의 가능성이 열리게 된 것이다.

5. 논의의 종합과 전망

대동사회는 동양적 경세론의 최종 목표이다. 『예기』「예운」에서 이에 대한 내용을 언급한 이후 경세에 뜻을 가졌던 수많은 사람들이 이를 주목했다. 『예기』에는 ‘대동’과 더불어 ‘소강’의 사회상을 제시

---

52) 율곡이 ‘왕도’와 ‘패도’의 관계적 조화를 제창한다고 하여, ‘패도’의 모든 면들과 조화를 이루고자 한 것은 아님에 유의하여야 한다. ‘공리’(功利)적 측면의 ‘패도’, 또는 사사로운 뜻과 이기적 욕망을 기준으로 한 부당한 동기로부터 유발된 일체의 ‘패도’의 결과는 한계가 있다. 이러한 점에 대한 자발적 반성이 수반되지 않는 한 ‘패도’는 ‘왕도’와 조화를 이룰 수 없다. 오히려 ‘패도’를 지향하는 공리주의자(功利主義者)들이 형식적으로나마 명분으로 삼았던 공리(公利)와 그 ‘공공성 확보’의 차원을 ‘왕도’로 연결시키지 않는다면 양자의 조화는 무의미하다. 여전히 ‘패도’는 극복의 대상인 것이다.

53) 『율곡전서』 권10, 書, 「答成浩原」, “理氣之妙, 難見亦難說. 夫理之源, 一而已矣. 氣之源, 亦一而已矣.” 및 같은 곳, “感理氣之妙, 本無離合.”, 『율곡전서』 권20, “故朱子曰: 理自理, 氣自氣, 不相挾雜. 合二說而玩索, 則理氣之妙, 庶乎見之矣. 論其大槪, 則理無形而氣有形. 故理通而氣局.” 등 참조.

54) 황의동, 앞의 책, 111쪽 참조.

한다. '대동'은 공공성의 확보가 이루어진 사회를 말하는 데 반해 '소강'은 예의가 요청되는 사적 소유권의 문제가 발생하는 사회를 말한다. 그러다보니 '소강'은 부정적이고 한계가 있는 사회상의 전형으로 독해되어, '대동'만이 도달해야 할 이상목표로 인식되어 왔다.

그런데 조선중기를 살다간 율곡 이이의 경우 '대동'과 '소강'(小康) 이외에 또 다시 *'소강'(少康)*이라는 사회상을 목표로 제시함으로써, 대동사회론과 관련된 철학적 담론의 외연을 확장시켰다. 율곡은 특히 군주가 요청하는 '소강'(小康)의 구현에 앞서 *'소강'(少康)*이 더 절실하게 필요하다는 견해를 보여준다. 이것은 율곡 자신의 시대적 상황이 '경장기'에 해당한다는 역사인식으로부터 비롯된 사유이다. 모든 정치 제도적 규범과 법령 등을 다시 바꾸어 성인의 정치에는 미치지 못한다 할지라도, 한당시대의 역사적 중흥을 이끈 경세의 모범적 군주인 한고조나 한문제 및 당태종에 비견되는 정치를 구현할 수 있는 가능성은 충분히 있다고 본 것이다. 그러나 *'소강'(少康)*의 구현이 절실한 상황에서도 '대동'의 이념을 외면해서는 안 된다는 것이 율곡의 입장이다. *'소강'(少康)*의 목표가 '소강'(小康)이고, '소강'(小康)의 목표가 '대동'이지만, *'소강'(少康)*이나 '소강'(小康)은 모두 그 궁극적 이념의 목표설정은 '대동'에 두어야 한다고 본다.

대동사회를 구현하기 위해서는 '공공성 확보'의 노력이 수반되지 않으면 안 된다. 이 점은 율곡이 자신의 시대를 경장하기 위한 대안으로 제시한 것이기도 하다. '공공성 확보'를 위해서는 무엇보다 먼저 경세가들이 자신의 마음을 공평하게 유지하는 노력을 통해 마음의 공공성 확보를 이루어내야 하며, 왕도정치를 위한 민본적 의미의 다양한 분야에서의 공공성 확보를 이루어내지 않으면 안 된다. 사실 이와 같은 공공성 확보의 문제는 사회, 정치, 경제, 문화, 종교, 윤리 등 모든 분야와 연관성을 갖는다. 대동의 이념은 그야말로 전방위적인 영역에 걸쳐 자신의 의미를 행사하지 않으면 안 된다.

이 글은 그 가운데 경세의 문제와 관련되는 몇 가지 요소에만 주목한 한계가 있다. 그러나 율곡이 대동사회를 최종 목표로 상정하면서도, *'소강'(少康)*의 구현이 선필수적인 것임을 명시하였다는 점과, 경세적 공공성의 확보 문제를 경세의 제일원리로 천명하였다는 점만큼은 의심의 여지가 없다. 율곡이 제안한 여러 가지 대안들은 현재성을 갖는다. 그것은 율곡 당대의 현재성이면서도 오늘날 현대의 현재성에 해당하기도 한다. 이와 같이 볼 때, 율곡이 제안하는 대동사회론의 현재성 담론은 대동사회론의 철학적 의의에 해당한다.

그렇다면 현대에 와서 율곡의 대동사회론은 어떠한 측면에서 그 현재성을 보장받을 수 있는 것일까? 일곱 가지 측면을 제시해보면 다음과 같다.

(1) 경세의 주체에 대한 반성이 현재성을 가지고 있어야 한다.
(2) 명분과 실질의 일치에 대한 현재성이 있어야 한다.
(3) 민생문제의 해법과 복지국가 구현의 현재성이 있어야 한다.
(4) 언론의 공공성 확립과 유지에 관한 현재성이 있어야 한다.
(5) 정치와 도덕의 일치를 통한 정치적 공공성 확립의 현재성이 있어야 한다.
(6) 생산, 분배, 소비 등에 대한 경제적 공공성 확립의 현재성이 있어야 한다.
(7) 대외 국가관의 공공성 확립을 통한 평화 지향적 현재성이 있어야 한다.

우리는 결론적으로 묻지 않을 수 없다. 지금 대한민국의 현재적 상황은 *'소강'(少康)*의 구현이 절실한 때인가? 아니면 '소강'(小康)을 실현해야만 할 시점인가? 그것도 아니라면 이상적 세계인 '대동'의 목표가 선행되어야 할 상황인가?

현대 중국에서는 마오쩌둥(毛澤東, 1893-1976)이 자신의 정치적 목표를 대동사회로 제창하고 여론을 결집해 나아간 시기가 있다. 반면 개혁개방을 중국사회주의에 도입한 덩샤오핑(鄧小平, 1904-1997)은 마오쩌둥과 달리 좀 더 현실적인 목표로서 '소강'(小康)사회를 제창한 적이 있다.[55] 그렇다면 우리는 지금 정확하게 어디에 서 있는 것일까? 우리 시대의 현재성부터 철저하게 점검해볼 일이다.

---

55) 1979년 덩샤오핑은 일본 오히라 마사요시(大平正芳, 1910-1980)와의 회견에서 '세 발자국을 걷는다'(三步走)라는 이념을 제창했다. 제1보는 '온포'(温饱) 문제를 해결한다는 것이었다. 1981년부터 1990년까지 국민을 잘 먹고 잘 입게 한다는 것이 그 내용이다. 제2보는 '소강'(小康)을 구현한다는 것이다. 1991년부터 20세기 말까지 국민총생산을 두 배로 늘려 먹고 살만한 경제상황을 만들겠다는 것이 그 내용이다. 그리고 제3보는 현대화의 실현이다. 21세기 중반까지 중국의 인민들이 부유한 생활을 유지할 수 있도록 한다는 것이 그 내용이다.

제 10 장

서계 박세당의 실학적 사유의 기초

1. 시대와 생애

서계(西溪) 박세당(朴世堂, 1629-1703)[1]은 주자학이 만연하던 조선의 시대적 삶을 살았던 지식인이다. 그 중에서도 서계의 삶의 반경은 국가의 안정적 질서가 해체되어 가던 조선후기의 시대성을 담지하고 있었다. 이 시대는 혼란의 시대였다. 서계가 태어나기 2년 전인 1627년에는 후금의 제1차적 침공인 '정묘호란'이 발발하였고, 1636년에는 조선 최대의 굴욕적 사건이기도 한 '병자호란'이 발생하기도 하였다.

이러한 시대적 배경 속에 마련된 서계의 삶은 결코 평온할 수 없는 것이었다. 거듭되는 당파의 분화가 서인을 노론과 소론으로 양분하면서 서계는 노론에의 한 지탄의 대상으로 주목받았고, 급기야 '사문난적'이라는 정치적 이데올로기의 폄출을 받기에 이르렀다. 뿐만 아니라 그는 살아생전에 아들 둘이 먼저 세상을 떠나는 불운을 겪기도 하였다. 부모가 돌아가시는 것을 비유하여 하늘이 무너지는 아픔이라고 한다지만, 자식이 부모를 앞세우는 것은 그보다 더한 고통이 있다고 한다. 그런데 서계는 한 명도 아닌 두 명의 아들이 자신보다 먼저 유명을 달리하였다. 특히, 인현왕후의 폐위에 반대하다가 죽은 둘

---

1) 박세당의 본관은 반남, 자는 계긍(季肯), 호는 서계(西溪)·잠수(潛叟)·서계초수(西溪樵叟) 등이다. 이조참판 박정(朴炡)과 관찰사 윤안국(尹安國)의 딸인 양주윤씨 사이에서 태어났다(『서계집』 권21, 부록, 「諡狀」, "公諱世堂字季肯號西溪樵叟, 少號潛叟, 潘南之朴. … 考諱炡, … 官至吏曹參判, … 妣楊州尹氏觀察使安國之女." 참조). 그는 조선후기를 대표하는 학자로서, 남원에서 태어났다. 여러 관직을 두루 역임하였으나, 말년에는 양주(楊州)의 석천동(石泉洞, 지금의 도봉산 아래 다락원)으로 물러나 주로 저술활동에 힘썼다.

째 아들 정재(定齋) 박태보(朴泰輔, 1654-1689)는 조선조 역사상 그 유례를 찾아보기 힘든 극형을 받고 세상을 떠났다. 이것은 자연적 죽음이 아닌 정치적 이데올로기가 만들어낸 죽음이었기에 더욱 비극적인 것이었다.

일반적으로 '조선시대'의 삶과 환경은 근대적 삶과 환경에 배치되는 전근대적인 것으로 평가받는다. 그럼에도 서계는 자신의 삶과 시대적 환경에 최대한 길항하면서, 자주적이고 독창적인 학풍을 독자적으로 마련한 대표적 인물이다. 특히, 그의 주저 『사변록』은 주자학에 대한 비판적 사유의 내용을 담고 있는 매우 진보적인 저작이었다. 『사변록』의 비판적 사유는 당대에 이미 큰 논란거리였다. 당시 태학생이었던 수허재(守虛齋) 홍계적(洪啓迪, 1680-1722)은 『사변록』이 주자의 학설과 어긋나고 다름이 많으니, 마땅히 거두어들여 물과 불속에 던져버리고 죄를 다스려야 한다는 내용의 상소를 올렸다. 이에 숙종은 『사변록』 변파설을 지어 올리라는 명령을 하달한다.[2] 뿐만 아니라, 그것은 외재(畏齋) 이단하(李端夏, 1625-1689)의 비판[3]을 비롯하여 수곡(睡谷) 이여(李畬, 1645-1718)의 비판[4]을 받는 등 상대 당인들의 집중적인 공격의 대상이 되었다.

주자의 견해에 비판적이었던 서계의 유학사상은 그 특징이 '실학사상'으로서 규정되고 있다. '실학'의 개념과 내용에 대한 여러 가지 입장이 존재하지만, 이 문제는 이 글의 논의의 대상에서 제외된다. 다만, 서계의 유학적 입장은 '경세치용', '이용후생', '실사구시' 등을 제창한 조선후기의 실학사상과도 무관하지 않다는 점을 인정하기로 한

2) 『숙종실록보궐정오』, 숙종29년, 계미, 4월17일(임진) 조 참조.

3) 그러나 외재는 『사변록』을 변파하라는 숙종의 명을 받아들이지 않았다. 이에 대해서는 『한수재집』 권3, 書啓, 「承思辨錄辨破之命後書啓」, 癸未, 7월조와 『숙종실록』, 숙종29년, 계미, 8월12일(을유) 조 참조.

4) 『수곡집』 권6, 「因洪禹行等疏斥辭免箚」, "以臣謂世堂爲異端." 참조.

다. 이러한 특징을 선구적으로 제창한 것은 윤사순의 「박세당의 실학사상 연구」(『한국유학논구』(서울: 현암사, 1980) 및 「박세당의 실학사상」(『한국의 성리학과 실학』(서울: 열음사, 1987) 등이다. 후자는 전자의 압축정리본이라는 점에서 그 연구사적 의의는 전자에 있다. 이것은 논저로 묶이기 이전인 1974년에 이미 발표된 하나의 논문이었다.

이글을 통해서 윤사순은 경세가로서의 서계가 가졌던 '대내현실관'과 '대외현실관'의 실학적 성격을 구명하였다. 뿐만 아니라 철학적 측면에서는 서계의 노장관과 그 실학적 성격, 그리고 반주자적 실학사상에 관하여 구명하였다. 윤사순은 명실상부하게 서계의 실학사상을 다각도로 검토한 훌륭한 성과를 남긴 것이다. 윤사순의 서계 실학사상에 관한 연구는 이미 이 분야에서는 하나의 '고전'이다. 나는 시대와 무관하게 통용될 이러한 '고전'의 관점에 대체로 동의한다.

따라서 서계의 실학사상에 대한 구체적인 내용들에 대해서는 윤사순의 선행연구를 참고하기로 하고, 여기에서는 다만 서계 실학사상의 구체성을 강화하는데 필요한 '실학적 사유의 기초'에 대해서 살펴보기로 하겠다. 그것은 구체적으로 '격물치지'의 주제에 대한 검토라고 할 수 있다. 이에 대한 주제적 검토가 이루어져야만 서계 실학사상의 특징과 의의가 보다 분명하게 밝혀질 수 있을 것이다. 이러한 점에서, 이 연구는 서계 실학사상의 토대주의적 성격을 갖는다고 할 수 있다.

2. 주자학에 대한 비판적 입장

서계는 『사변록』을 지어 주자의 유학사상에 대한 매우 비판적인 견해를 피력한 것으로 유명하다. 그중에서도 특히 『대학장구』에 대한 서계의 입장은 매우 새로운 특징이 있다는 것은 잘 알려진 사실이다. 서계는 주자의 대학장구의 체계를 새롭게 개정하였을 뿐만 아니라,[5] 그 의의에 대해서도 해석의 독자성을 보여주고 있다. 특히, 기존의 '세 가지 강령' 설에 대하여 '두 가지 강령' 설을 제창한 것은 그 두드러진 특징의 하나라고 할 수 있다. 서계는 『사변록·대학』에서 다음과 같이 주장한다.

> (주자의 『대학장구』의) 주에서 '밝은 덕을 밝히는 것'과 '백성을 새롭게 하는 것', '지극한 선에 그치는 것'의 세 가지를 『대학』 한 책의 강령으로 삼았는데, 진실로 이와 같다면 밝은 덕을 밝히는 것이 한 가지 일이 되고, 백성을 새롭게 하는 것이 한 가지 일이 되며, 지극한 선에 그치는 것이 또 따로 한 가지 일이 된다. 지금 밝은 덕을 밝히는 것과 백성을 새롭게 하는 것이 이미 각기 한 가지 일이 되었는데, 지극한 선에 그치는 것이 또 따로 한 가지 일이 될 수 있겠는가? (주자의 『대학장구』의) 주에서, "밝은 덕을 밝히는 것과 백성을 새롭게 하는 것이 모두 마땅히 지극한 선에 그쳐야만 된다"고 하였으니, 그렇다면 밝은 덕을 밝히는 것과 백성을 새롭게 하는 것을 버리고는 이른바 따로 지극한 선이란 것이 없는 것을 볼 수 있다. 강령이 있으면 반드시 조목이 있게 마련이니, 조목도 없으면서 홀로 그 강령만 있는 것은 있을 수 없다. 강령은 여러 조목을 맺는 것이니, 조목이 있지 않은 데 강령만 어찌 설치되겠는가? 그러므로 이 책에 밝은 덕을 밝히는 조목이 다

5) 서계는 전7장 이후로는 주자처럼 '정심·수신'(전7장), '수신·제가'(전8장), '제가·치국'(전9장), '치국·평천하'(전10장)에 대한 해석으로 각 장을 분류하지 않고, '정심'(전7장), '수신'(전8장), '제가'(전9장), '치국'(전10장)에 대한 해석으로 재분류하였다. 이 같은 재분류는 대학의 본문에 대한 재개정이라는 결과를 가져올 수밖에 없다(이영호, 「서계 박세당의 『사변록·대학』에 대한 연구」, 『한문학보』 제2집, 우리한문학회, 2000, 137쪽 참조). 이러한 재분류는 주자가 전6장까지는 독립된 장명을 사용하지만, 전7장에서 전10장까지는 두 개념 사이를 오가는 문장들이 섞여 있다는 생각에 그 장명 또한 복명을 쓰고 있다는 판단에 근거한다(이영호, 앞의 논문, 136쪽 참조).

섯 가지가 있고, 백성을 새롭게 하는 조목이 세 가지가 있으나, 지극한 선에 그치는 조목은 마침내 찾아볼 수 없으니, 이로써 이 책의 강령이 두 가지뿐인 것을 알겠다. 지극한 선에 그치는 것은 곧 밝은 덕을 밝히고 백성을 새롭게 하는 공효를 이루는 것이니, 그것을 분리해서 별도로 하나의 강령을 만들어서는 안 되는 것이 명백하다.[6]

서계는 『대학』 경문에 대한 주자의 주를 정면에서 반박한다. 이것은 『대학』 전문에 대한 예기된 비판을 위한 하나의 전주곡이라고 할 수 있다. 그런데 주자의 '세 가지 강령' 설에 대한 서계의 비판적 입장은 크게 두 가지 논리에 근거를 둔다.

첫째, 서계가 볼 때 주자는 세 가지 강령으로서 '밝은 덕을 밝히는 것', '백성을 새롭게 하는 것', '지극한 선에 그치는 것'을 내세우고 있지만, 앞의 두 가지 강령이 모두 마지막 세 번째 강령 안에 포함되어야 한다는 자체 모순적인 논리를 제시하고 있다는 것이다.

둘째, 강령에는 반드시 조목이 있어야 하는데, '지극한 선에 그치는 것'에는 해당되는 조목이 없다고 한다. '밝은 덕을 밝히는 것'에는 '격물'·'치지'·'성의'·'정심'·'수신'이라는 다섯 가지 조목이 해당되고, '백성을 새롭게 하는 것'에는 '제가'·'치국'·'평천하'라는 세 가지 조목이 각각 분속되지만, '지극한 선에 그치는 것'에는 해당되는 조목이 없다는 것이다. 이러한 이유 때문에 서계는 주자가 말하는 '세 가지 강령' 중에서 마지막 강령에 해당하는 '지극한 선에 그치는 것'이라는 강령

6) 『사변록·대학』 경1장, "註以明德新民至善三者, 爲一書之綱領, 誠如此是明德爲一事, 新民爲一事, 至善又自爲一事. 今明德新民旣各自爲一事矣, 至善又可得以自爲一事乎? 註言明德新民皆當止於至善, 然則捨明德新民而更無所謂一段至善者, 可見, 且有綱必有目, 未有無其目而獨有其綱. 綱所以挈衆目, 目旣不存, 綱安所設? 故此書爲明德之目五, 爲新民之目三, 而及求其爲止至善之目者, 則終不可以得, 以此知此書之爲綱者二而已. 若夫止至善, 乃所以致明德新民之功, 則其不可離之, 使別爲一綱領明矣."

은 무의미하며, 대학의 강령은 단지 두 가지뿐이라고 주장한 것이다.[7)]

요컨대, '지극한 선에 그치는 것'이란 단독으로 보면 매우 모호하고 막연한 것을 요구하는 가치명제이다. 그것은 '백성을 새롭게 하는 것'과 같은 어떤 전제가 있을 때만 구체적으로 실현될 수 있다. 그러므로 막연한 가치의 조건을 독립된 영역으로 인정한다는 것은 곧 막연하나마 가치의식을 스스로의 부담으로 삼겠다는 태도를 뜻한다. 이 태도는 마침내 공허한 가치를 추구하는 경향으로 흐르게 되는데, 이것은 구체적인 선의 의미와 의의를 망각하고 오직 선례만을 추종하는 형식주의적 한계를 낳게 된다.[8)] 서계는 '세 가지 강령' 설에 대한 비판을 통해 이 점을 명시적으로 밝히고 있는 것이다. 서계는 『대학장구』의 '세 가지 강령' 설에 대한 부정뿐만 아니라 더 나아가서 '여덟 가지 조목'의 근거라고 할 수 있는 '격물치지' 설에 대해서도 자신의 입장이 주자와 다르다는 점을 분명하게 제시한다.[9)]

이상의 내용은 서계의 주자 경학관에 대한 비판적 입장을 보여주는 일례에 불과하다. 『사변록』 안에서는 주자의 세계관과 인간관 등 주자학 내적인 사유방식에 대한 서계의 비판이 끊임없이 이어지고 있기 때문이다. 서계는 기존의 주자학적 경학관에 대해 직설적인 비판을 서슴지 않았던 주자학 비판론자였던 것이다. 뿐만 아니라 서계는 당시 주자 중심의 성리학이 지나치게 형이상학적이고 공소한 관념에 치우쳐 있음으로써 유가 본래의 학문내용인 인생의 일용에 절실한 문제를 소홀히 여기게 되었다고 비판하였다.[10)] 또한 그는 주자

---

7) 이영호, 앞의 논문, 143-144쪽 참조.
8) 윤사순, 「박세당의 실학사상에 관한 연구」, 『한국유학논구』(서울: 현암사, 1980), 261쪽 참조.
9) 이 문제와 관련된 내용은 『사변록·대학』에서 충분히 확인할 수 있는데, 이에 관해서는 아래에서 몇 가지 주제로 분류하여 보다 상세하게 검토해보기로 한다.

가 인간의 영원한 이상으로서 성인과 군자의 모습을 설정하고 이를 위해 철저한 자기수양을 강조하는 태도를 보였지만, 그것은 오히려 인간들에게 공허한 관념이 될 뿐 실제적인 도움은 주지 못하였다고 비판하기도 하였다.[11] 이러한 점들은 모두 서계의 주자에 대한 비판론적 시각을 대변하는 것들이다.

3. 사물의 차이성에 대한 강조 또는 주체의 발견

서계는 전통적으로 전해져오던 인간과 사물의 통일성이라든가 인간과 인간을 비롯한 사물들 상호간의 보편성을 부정하고 개별적 사물의 차이성을 강조한다. 특히, 그는 인간과 사물이 하나의 동일한 원리를 공유하고 있다는 주자학의 대전제를 부정한다. 서계가 부정하는 주자학의 대전제는 다음과 같다. "주자는 정자의 '성즉리'의 이론을 이어받아, 인간이나 사물이 같은 하나의 리를 성으로 가지고 태어난다고 믿었다. 주자는 암암리에 리의 실재를 전제하고서, 인간이나 사물이 리(천명 또는 태극)라는 동일 근원으로부터 각각 하나의 리를 가지고 태어나며 그 리가 곧 성이라고 생각하였다. … 그러므로 주자의 경우 인간과 사물의 성은 근본적으로 같다. 성이 인간뿐 아니라 사물에도 적용된다."[12]

그러나 서계는 일차적으로 '성'과 '리'는 서로 다른 개념이라고 본

---

10) 장숙필, 「박세당의 실학적 인간관」, 『실학의 철학』(서울: 예문서원, 1996), 104쪽 참조.

11) 장숙필, 앞의 논문, 105쪽 참조.

12) 윤사순, 앞의 논문, 262쪽.

다. “(주자의 『중용장구』의) 주에서 성을 리라고 했는데, 이제 이와 같지 않게 해석한 것은 무슨 이유인가? 리가 마음에 밝은 것이 성이 되므로 하늘에 있어서는 리라 하고, 사람에 있어서는 성이라 하는 것은 명칭을 문란하게 할 수 없기 때문이다. ‘리’니, ‘성’이니, ‘도’니, ‘교’니 하는 것은 그 근본이나 귀결을 따진다면 같지 않은 것이 없다. 다만 그 명칭을 문란하게 할 수 없기 때문이니, 이 명칭이 문란하게 되면 혹시 본말의 차례를 잃게 되어 말하는 뜻을 밝힐 수 없게 된다.”[13]

서계는 ‘성’의 개념이 인간과 사물의 범주에 모두 적용된다고 보던 주자의 견해를 부정하고, ‘성’은 단지 인간에게만 적용되는 개념이라고 주장한다. 그는 비록 물에도 성이 있는 것은 마찬가지이지만, 다만 그 성의 본질이 인간과 더불어 ‘류’가 같지 않아서 오상의 덕을 일컬을 수 없기 때문에 물을 겸해서 말하는 것은 『중용』의 뜻이 아니라고 한다.[14] ‘류’가 다르면 ‘성’도 다르다는 것이 서계의 입장이다. 그런데 논리학에서 ‘류’(Class)란 공통적인 징표를 가진 개체들의 전체, 또는 그러한 집합에 대한 사고 상의 모형(한 개념의 외연)을 가리킨다.[15]

사물에는 ‘같은 류’와‘ 다른 류’가 있다. 예컨대 소나 개는 인간과 더불어 동물이라는 점에서는 모두 ‘같은 류’에 해당할 수도 있겠지만, 서계가 볼 때 인간은 소나 개와는 엄연히 구분되는 ‘다른 류’에 해당하는 존재이다. “만물에 각각 형과 색이 있으니, 소는 소의 형색이 있고 개는 개의 형색이 있다. 하늘이 각각 그 형색에 따라서 성을 부여하였으니 이 형색이 바로 천성이다. 사람도 또한 사람마다 형색이 있

---

13) 『사변록·중용』 제1장, “註, 謂性爲理, 今不同, 何也? 理明于心爲性, 在天曰理, 在人曰性, 名不可亂故也. 曰理曰性曰道曰教, 論其致究其歸, 卒未嘗不同. 但不可亂其名, 名亂則或失所在本末之次第, 無以明所言之義也.”

14) 『사변록·중용』 제1장, “註, 言性兼人物, 今去物而獨言人, 何也? 雖物亦有性, 但其爲性也, 與人不類, 無以稱乎五常之德, 兼言物, 非中庸之指故也.”

15) 한국철학사상연구회, 『철학대사전』(서울: 동녘, 1989), 950쪽 참조.

어서 그 성을 타고난 것이다."[16] 뿐만 아니라 성은 형색이 구체적인 리를 갖춘 것으로서, 주자처럼 형이상자라고 규정할 수 있는 종류의 것은 아니다.[17] 그것은 구체성을 갖는 형이하자가 각각의 리를 함유함으로써 갖게 되는 일종의 재질과도 같은 것이다.[18] 장숙필은 서계의 이러한 입장이 맹자의 사유에로 되돌아간 것이라고 평가한다.[19]

그런데 이처럼 인간과 여타의 짐승들이 서로 '다른 류'의 존재들이라고 한다면, 다른 짐승들과 구분되는 인간만이 지닌 독자적 특수성이 전제되지 않으면 안 된다. 서계는 성이란 사물의 옳고 그름을 판단할 수 있는 '인식능력'을 본위로 하며,[20] '오상'의 덕목을 그 내용으로 지닌다고 한다. 특히, '오상'의 도덕적 덕목은 천성적으로 인간의 마음에 부여된 것으로서 형이상적 존재와는 거리가 멀다. 뿐만 아니라 오직 인간만이 고유하게 도를 알 수 있을 뿐, 인간과 '다른 류'에 해당하는 사물은 도를 알 수 없다는 것이 서계의 입장이다. 이와 같이 도는 범주적으로 인간에게만 적용되는 특수성을 갖는다. 이러한 서계의 입장은 인간과 사물의 모든 범주에 도를 적용시켰던 주자의 관점을 부정하는 것이라는데 그 의의가 있다.[21] 이러한 의의 때문에 서계

---

16) 『사변록·맹자』, 「진심 상」, "言萬物各有形色, 牛有牛之形色, 犬有犬之形色, 天各隨其形色而賦之以性, 則卽此形色, 便是天性. 人亦有此人之形色, 以稟其性."

17) 『사변록·맹자』, 「고자 상」, "朱子謂性, 形而上者也. 氣, 形而下者也. … 皆有是形而含此理之謂, 恐不可曰形而上者也." 참조.

18) 『사변록·맹자』, 「고자 상」, "旣賦形而在下則又各隨其形而含其理以爲之才, 故曰形而下者, 謂之器乎."

19) '성'을 일종의 재질과 같은 것으로 보는 것은 일찍이 맹자가 자신의 성선설을 논증하기 위하여 제시했던 견해이다. 이에 대해서는 장숙필, 앞의 논문, 108-109쪽 참조.

20) 윤사순, 앞의 논문, 264쪽 참조.

21) 『사변록·중용』 제1장, "註, 言人物各循其性之自然爲道, 今亦但言人者, 何也? 中庸言人而不言物, 夫中庸之爲書也, 以敎人而非以敎乎物, 人可敎也, 物不可敎, 人能知道, 物不能知道也." 참조. 서계의 이러한 입장은 주자가 내세운 '성즉리'에 대한 부정이다. 서계가 볼 때, 만일 '성즉리'의 대전제를 인정한다면

는 기호학파 안에서 '인물성동이론'의 단초를 제시한 인물로 평가받는다. 서계가 『사변록』에서 인성과 물성이 다른 이유를 설명하자, 이에 대해 1703년 농암(農巖) 김창협(金昌協, 1651-1708)과 수암(遂菴) 권상하(權尙夏, 1641-1721)가 조목별로 검토하면서 '인물성동이론'의 문제가 더욱 적극적인 쟁점으로 드러나기 시작하였다고 한다.[22]

서계의 논리에 따른다면, 모든 사물은 전체적 측면에서의 보편적 동일성이라는 권능을 행사하지 못하게 되고, 다만 각 개별자의 특수한 차이성만을 자신의 권능으로 보장받는다. 앞서 살펴본 것처럼 그 차이성은 다름 아닌 류의 같음과 다름을 기준으로 분리될 뿐이다. 이러한 논리대로라면 류의 같고 다름뿐만 아니라 종의 같고 다름, 속의 같고 다름 등의 또 다른 차이성을 염두에 두고 지속적인 분류를 진행시킬 수 있다는 가능성을 배제할 수 없다. 그럼에도 서계는 더 이상의 차이성에 대해서는 세세하게 거론하지 않는다. 물론 인간과 인간 사이에도 차이성이 존재하지만, 그 차이성은 류의 차이성과는 무관한 것이다. 그리고 인간과 사물의 거리만큼 커다란 차이성이 존재하는 것도 아니라는 점에서 큰 의미를 두지 않는다.[23] 결국 서계에게 있어

인간이나 사물은 모두 동일한 성을 공유할 수밖에 없다. 그러나 '도덕성'(또는 성)은 인간과 사물이 함께 공유할 수 없는 것이다. '도덕성'은 오로지 인간에게 전유된 것이기 때문이다. 이 점이 바로 서계가 인간을 도덕적 존재로 규정하면서도 주자와 달라지는 측면인 것이다.

22) 유명종, 『한국유학연구』(대구: 이문출판사, 1988), 319쪽 참조. 이병도는 서계의 이론이 호락논쟁이 시작된 뒤의 것으로 보지만, 윤사순은 『외암집』을 근거로 할 경우 호락논쟁은 『사변록』 발표 이후인 1700년 경부터 시작되었다고 한다(윤사순, 앞의 논문, 264쪽 참조).

23) 이와 관련하여 서계는 "'같은 류'의 것들은 대개 서로 비슷하다"(『맹자』, 「고자상」, "凡同類者, 擧相似也.")고 한 맹자의 주장을 따르고 있음에 유의할 필요가 있다. 『사변록·중용』 제13장, "註, 謂人物之性, 亦我之性, 人性固無彼我之殊, 若物之性, 安得同於人? 以孟子所言觀之, 亦明其不然. 孟子曰然則犬之性猶牛之性牛之性猶人之性歟, 又曰凡}同類者擧相似也, 何獨至於人而疑之? 聖人, 與我同類者, 又曰其性與人殊, 若犬馬之與我不同類也, 則天下何嗜皆從易

서 차이성의 종착지는 주체적 존재로서의 인간과 타자적 존재로서의 사물의 구분 이상을 벗어나지 않는다.

이렇게 볼 때, 개별적 사물의 차이성에 대한 숙고는 서계에게 있어서 '주체적 존재'로서의 '인간의 발견'을 가져왔다고 평가할 수 있다. 개별적 사물에 대한 차이성의 발견에서 드러나는 인간의 발견은 곧 중세적 인간상을 탈각하고 근대 지향적 인간상을 모색하는 지적 성숙의 과정과 밀접하게 연계되어 있다. 그것은 기존에 다른 권위적 존재들에게 예속되었던 실체적 인간의 성격을 부정하는 것임과 동시에 주체적 존재를 자각하는 하나의 사건이었기 때문이다.

이때 '주체적'이라는 말은 형이상학에서의 실체적이라는 의미로부터 독립하여 자주적·실천적이라는 의미를 갖는다. 이 점에서 그것은 주관적이라는 말과 구별되는데, 항상 타자와의 관계를 매개로 하여 자기 자신에게로 되돌아오는 활동을 담당하는 것이 바로 '주체적 존재'이다. 그러나 '주관적'이라는 말은 이러한 의미를 내포하고 있지 않다. 그것은 대상과 대립하는 관계이지 '타자'를 매개로 하는 관계가 아니기 때문이다. 따라서 타자 없이는 주체적 존재란 무의미하다.[24)]

주체적 존재로서의 인간을 발견해낸 서계에게 있어서 타자와의 관계설정은 한갓된 '적응'이 아니라 '응용', 즉 '사물의 도구화의 길'을 트고 있는 것이라 볼 수 있다.[25)] 서계가 이처럼 개별적 사물로부터 인간존재를 독립적으로 분리해낸 수 있었던 것은 무엇보다도 그가 경험적 존재들에 대한 객관적 관찰의 태도를 평소에 견지하고 있었기 때문에 가능한 것이었다.

牙? 然則唯其類同而後, 其性相似也, 類不同者, 性亦異, 人與物, 本{不同類. 今曰物之性,亦我之性, 得無不可矣乎." 참조.

24) 務臺理作, 홍윤기 옮김, 『철학개론』(서울: 도서출판 한울, 1982), 166쪽 참조.

25) 윤사순, 앞의 논문, 269쪽 참조.

4. 공허한 사변의 거부와 경험적 지식의 강조

천지만물의 보편적 원리보다 개별적 사물의 차이성을 강조한 서계에게서 지식의 대상은 필연적으로 눈에 보이지 않는 은미한 세계가 아니라 언제나 주체와 마주하고 있는 사물 자체이다. 그것은 경험 가능한 대상이라는 점에서 늘 주체와의 거리감을 유지하지만, 동시에 주체와의 소통을 전제하고 있는 존재이다. 그러나 이것은 그 대상으로서의 사물이 주체로의 환원을 예약하고 있다는 의미는 아니다. 그래서 사물에 대한 지식은 철저하게 주체적 경험의 토대를 매개로 성립하여야만 의미가 있게 된다. 이러한 측면에서 '즉물적 경험'은 매우 중요하다. 그것은 주체가 직접 사물에 나아가 사물과 관계를 맺는 방식이기 때문이다.

만일 지식에 있어서 이러한 즉물적 경험의 과정이 생략된다면 그 지식은 공허할 수밖에 없다. 경험의 토대 위에 마련된 사변적 지식은 유의미할지라도 경험이 배제된 사변적 지식은 무의미한 것이기 때문이다. 주자도 이 점을 직시하고 '격물'과 '궁리'를 연계하여 이해하고자 하였다. 그럼에도 주자는 궁리보다는 격물의 중요성을 강조한다. 그는 정자가 처음 말한 궁리는 격물의 친절 절실함만 같지 못하다고 단언한다. '궁리' 두 글자도 당연히 사물 위에서 그 도리와 이치를 궁구하라는 것이지만 '격물'을 말하지 않는다면 혹시 사물을 떠나서 허공에서 찾아야하는 공상적인 어떤 것으로 여기기 쉬울 것이다. 그렇게 헛것이 더 의미 있는 것처럼 생각할 빌미마저 주지 않기 위해서 구체적인 감각적 사물에 나아가서 그 속에서 그 이치를 궁구해내게 하는 '격물' 두 글자가 더 친절 절실하다고 한 것이다. 이것은 진실한 지식이란 반드시 사물 위에 나아가서 그 이치를 궁구해낸 것이라는 의

미이다.[26)]

이와 관련하여 주자는 “성인이 사람들로 하여금 허공에 매달려 궁리하게 하지 않고 반드시 사물에 나아가서 하도록 한 것은 사람들이 그곳 위에 나아가서 도리를 보아낼 수 있어야 곧 진실하기 때문이다”[27)]라고 자신의 입장을 밝힌 바 있다. 주자는 사물에 나아가는 것이 ‘꿈꾸는 것’과 ‘깨어 있는 것’의 관문이라고 주장한다. 그는 이에 대해 부연설명하면서, 이르러 알아내는 것은 ‘깨어 있는 것’이고 이를 수 없는 것은 다만 ‘꿈꾸는 것’이라고 한다.[28)] 주자는 경험적 관찰을 통해 구체적인 지식을 확보하는 것만이 공허한 지식으로부터 벗어나는 길임을 잘 인지하고 있었던 것이다. 주자는 지식의 객관화를 통해 주관적 관념주의를 극복하고자 한 것이다.

그럼에도 서계에게 비친 주자의 격물론은 경험적 관찰의 측면에서 불철저할 뿐만 아니라 일종의 비약이 전제된 논리적 비일관성을 갖는다고 평가된다. 물론 사물에 나아가 지식을 확보하여야 한다는 점에서는 주자나 서계의 입장이 동일하다고 볼 수 있다. 그러나 주자와 서계는 그 사물의 내용을 서로 다르게 규정한다. 주자가 보는 격물은 사물에 나아가 사물에 이르는 것을 말한다. 그리고 사물에는 고유한 리가 존재한다는 것이 전제된다. 그러나 서계가 볼 때, ‘사물’은 마땅히 ‘사’와 ‘물’로 구분되어야 한다. ‘물’은 ‘천하’·‘국’·‘가’·‘신’·‘심’·‘의’·‘지’·‘물’ 등을 뜻하고, ‘사’는 ‘평’·‘치’·‘제’·‘수’·‘정’·‘성’·‘치’·‘격’ 등을 뜻하는 것이기 때문이다.[29)] 특히 서계는 격물의 ‘격’이란 ‘법칙’(則) 내

---

26) 류인희, 「등에(蝱, gadfly)관으로 본 동서철학사의 이해와 주희 격물의 의미」, 『유학연구』 제21집, 충남대학교 유학연구소, 2010, 259-260쪽 참조.

27) 『주자어류』 권14, 「대학」, 강령, “聖人不令人懸空窮理, 須要格物者, 是要人就那上見得道理破, 便實.”

28) 『주자어류』 권15, 「대학」, 경하, “格物是夢覺關. [格得來是覺, 格不得只是夢.]”

지 ‘바르다’(正)는 의미를 갖는다고 본다. 이러한 이유 때문에 서계는 격물의 의미가 ‘물의 법칙을 구하여 그 물의 바른 법칙을 얻는 것’이라고 규정한다.[30]

이러한 서계의 입장은 리의 실재성을 인정하면서 대상의 객관성을 확보하고자 하는 주자로부터 벗어나 있다. 주자와 같이 리의 실재성을 전제한다면 사물의 객관성은 확보되기 어렵다는 것이 서계의 생각이다. 뿐만 아니라 주자는 결정적으로 보편적 원리의 세계를 상정하고, 거기에 도달할 수 있다는 가능성을 염두에 두고 있다. 경험적 관찰의 축적을 통한 지식의 확장을 통해 어느 날 갑자기 그 세계를 깨달을 수 있다는 것이다. 그것이 바로 ‘하루아침에 확 트이는 경지’이다. 그것은 모든 개별적 이치에 도달하여야만 가능한 것이며, 또한 사물의 원리를 철저하게 궁구해야만 가능한 경지이다. 그러나 서계는 이러한 일은 거짓일 뿐이고, 마치 눈에 보이지도 않는 귀신과 노니는 행위일 뿐이라고 비판한다.[31]

이것은 역설적으로 주자가 그토록 비판하고자 한 ‘허공에 매달려 궁리’하는 일에 다름 아니며, 또한 ‘꿈꾸는 것’에 해당한다고 할 수 있다. 이점에서 서계는 주자보다도 더 철저하게 ‘허공에 매달려 궁리’하거나 ‘꿈꾸는 것’으로부터 벗어나고자 하였음을 알 수 있다. 도대체 ‘하루아침에 확 트이는 경지’에 도달할 수 있다는 주장 자체가 서계에게는 공허한 것이다. ‘하루아침에 확 트이는 경지’와 같은 것은 선불교의 ‘몰록 깨침’을 연상시키는 종류의 것으로서, 올바른 지식의 방법

29) 『사변록·대학』 경1장, “物者如下文曰天下曰國曰家曰身曰心曰意曰知曰物, 是也. 事者, 如其曰平曰治曰齊曰修曰正曰誠曰致曰格, 是也.”

30) 『사변록·대학』 경1장, “格, 則也, 正也. 有物必有則, 物之有格, 所以求其則而期得乎正也.”

31) 『사변록·대학』 경1장, “今乃謂理未能無不到, 知未能無不盡之前, 其所爲皆不免於不誠, 則是爲僞而已, 爲鬼而已. … 未免隔閡鬼關黽勉爲僞.” 참조.

이 아님을 강조하는 것이다. 제 아무리 심오한 이치를 깨달아 알았다 하더라도 자신의 실천적 체험이 없이 '하루아침에 확 트이는 경지'에 도달하였다고 한다면, 이것은 삶의 이치와는 거리가 있는 '공리공론'일 수 있다는 것이다.[32)]

실제로 '하루아침에 확 트이는 경지'는 본질직관의 영역에 해당한다. 이는 단순한 경험의 축적을 넘어서 초월적인 추상으로 비약한 것이다. 그러나 주자에게 있어서 그러한 과정은 보편적인 원리를 선취하고자 하는 의도적인 것이 아니라 자연스런 앎의 확장이다. 사물의 여러 가지 측면을 분석적으로 궁구하여 구체적인 인식의 내용을 확보하고, 그것이 다시 깨달음을 통하여 종합된다는 의의를 갖는다.[33)] 그러나 서계에게서 이러한 주자의 관점은 수용될 수 없는 부당한 것이었다.

서계는 주자의 격물에 대한 논의가 자기모순에 빠져 있다고 주장한다. 서계는 『주자어류』의 다음과 같은 말을 인용한다. "앎의 지극함이란 천하사물의 리에 앎이 이르지 않음이 없는 것을 말한 것이다. 만약 하나만 알고 둘은 모르며, 큰 것은 알고 작은 것은 모르며, 높고 먼 것은 알지만 낮고 깊은 것은 모른다면 이들은 모두 앎이 지극한 것이 아니다. 모름지기 사통팔달로 모르는 것이 없고서야 지극하다고 일컫을 수 있다."[34)] 주자의 격물은 각각의 사물들을 다 100퍼센트 궁구하는 것이다.[35)] 주자는 이와 관련하여 '등불의 비유'를 든다. 예컨

32) 이희재, 「박세당 사상 연구-탈주자학적 입장에서-」, 원광대학교 박사학위논문, 1994, 60쪽 참조.

33) 조남호, 『주희: 중국철학의 중심』(서울: 태학사, 2004), 163쪽 참조.

34) 『주자어류』 권15, 「대학」, 경하, "知至, 謂天下事物之理知無不到之謂. 若知一而不知二, 知大而不知細, 知高遠而不知幽深, 皆非知之至也. 要須{四至八到, 無所不知, 乃謂至耳."

35) 조남호, 앞의 책, 163쪽.

대 그것은 등불이 여기에 있어서 그 빛이 방안에 비치면 어떠한 것에도 이르지 않음이 없음과 같은 것이다.[36)]

그러나 이와는 달리 서계는 자신에게 절실하고 비근한 구체적 인물에 대해 날마다 하나씩 '물의 법칙을 구하여 그 물의 바른 법칙을 얻는 것'이 격물의 진정한 의의라고 본다. 그래서 이른바 '앎이 투철하다'는 것 역시 뭇 사물의 리가 이르지 않음이 없다는 의미로서가 아니라, 다만 하나의 사물로 나머지를 '유추'(Analogy)하여 안다는 것의 의미로 파악한다.[37)] 그런데 논리학적으로 '유추'란 두 개의 사례가 여러 점에 있어서 유사한 것으로 미루어 한 쪽의 사례에서만 경험된 그 외의 점에 있어서도 다른 쪽의 사례와 유사할 것이라고 추리하는 것을 말한다.[38)] 이것은 개별적 사물의 법칙을 지식함으로써 다른 사물의 법칙을 관계적으로 추론하여 아는 것을 말한다. 이러한 점에서 유추는 불완전한 귀납추리의 일종이다. 귀납추리는 개별적 사례에서 일반적 법칙 내지 원리를 추정하는 것이지만, 유추는 사례 상호간의 유사관계를 추정하는 것이기 때문이다.[39)]

이러한 점을 고려할 때, 서계에게서 격물치지의 의의는 주자처럼 어느 일순간에 지식의 질적 전환을 이룩하는데 그 의미가 있는 것이 아니라, 구체적인 사물에 대한 지식을 경험적으로 확장시켜 나아가는 것이라는데 그 의의가 있음을 알 수 있다.[40)] 이러한 서계의 경험 존중의 경향은 조선후기 실학사상의 바탕을 이룬 것이라고 평가할

36) 『주자어류』 권15, 「대학」, 경하, "因指燈曰: 亦如燈燭在此, 而光照一室之內, 未嘗有一些不到也."

37) 『서계집』 권7, 書, 「答尹子仁書」, "所謂知徹, 非衆物之理無不到之謂, 只言一物而餘可推見也." 참조.

38) 박종홍, 『일반논리학』(서울: 박영사, 1979), 161쪽.

39) 박종홍, 앞의 책, 163쪽 참조.

40) 이희재, 앞의 논문, 59-61쪽 참조.

수 있다.[41]

5. 생활세계의 중시와 지행합일의 목표

서계에게서 참다운 인식이란 '확 트인 깨달음의 경지'가 있기 때문에 가능한 것이 아니라, 일상으로 경험하는 '생활세계'가 있기 때문에 가능한 것이다. 그러므로 참다운 인식은 생활세계 속에서 이루어진다는 특징이 있다.

서계가 "저 갓난아이가 우물에 들어가는 것을 보고 두려워하는 것을 '참됨'이라고 하지 않을 수 없다. 그러한즉 또한 어찌 반드시 천하의 사물을 모두 궁구하고 내 마음의 앎을 모두 극진히 하는 것을 기다린 뒤에만 이 일을 할 수 있는 것이겠는가?"[42]라고 한 것도 일상의 사소한 일을 실천하면서 앎에 이르는 길임을 밝힌 것이라 할 수 있다. 그래서 주자가 주장하는 것처럼 모든 이치를 하루아침에 깨닫고 난 이후에야 비로소 올바른 실천이 가능하다는 것은 사실과 다르다고 본다. 실천과 경험이야말로 앎에 이르는 가장 효과적인 방법이라는 것이 서계의 입장이다.[43]

서계는 "사람의 생활에서 모든 동작이 '물'을 떠날 수 없으며, 또 하는 일이 없을 수도 없으므로 비록 한가로이 있고 홀로 지내는 경우라도 앉고, 말하고, 침묵하고, 보고, 듣는 일이 아닌 것이 없다"[44]라고

---

41) 이희재, 앞의 논문, 64쪽 참조.

42) 『사변록·대학』 경1장, "彼見赤子之入井而怵惕者不可謂非誠, 則又豈必待盡格天下之物, 盡致吾心之知而後能此耶?"

43) 이희재, 앞의 논문, 60-61쪽 참조.

44) 『사변록·중용』 제1장, "人之生也一動一靜, 不能離物則亦不能無事, 雖自其閑

하여 일상의 생활세계가 중요함에 대해 강조하고 있다. 서계는 일상의 생활세계에서 경험된 것만이 진정한 지식으로서 의미를 갖는다고 한다. 만일 생활세계에 아직 나타나지 않은 사물을 대상으로 삼아 공부를 한다면 그것은 '공리공담'에 불과하다고 한다. 즉, 구체적인 경험적 대상이 없이 형성되는 관념은 무의미하다는 것이다. 이것은 일종의 경험주의적 사유에 토대를 둔 실천적 공부방법론을 제시했다는 점에 그 의의가 있다.[45]

한편, 서계는 앎과 행위의 일원화를 모색한다. 앎을 벗어난 행위도 무의미하지만, 행위를 벗어나 있는 앎도 무의미하다는 것이 서계의 입장이다. 이것은 인식과 실천에 해당하는 문제로서, 행위에 대한 앎의 선재성을 전제하는 주자의 관점에 대한 부정을 내포하고 있다. 주자가 말하는 앎과 행위의 관계는 앎의 선차성이 전제되며, 그에 대한 실천적 행위의 수반이 뒤따르는 종류의 것으로 규정된다. 즉 원리의 추상성을 먼저 깨닫고 나야만 그것을 생활세계에 실천할 수 있다는 것이다. 물론 주자는 구체성을 갖는 개별적 원리에 대한 궁리로부터 출발하여 추상적이고 보편적 원리를 궁구하는 데로 나아갈 것을 주장한다.

서계는 이것이 부당하다고 본다. 그 가장 큰 이유는 지식과 행위의 관계가 분열되어 있기 때문이다. 특히, 그것은 먼저 지식하고 난 이후에 행위를 수행한다는 방식의 이원화된 지행관계가 담지하고 있는 부당성이다.[46] 그리고 또 하나의 부당한 이유는 그 행위의 기준으로

居獨處而言之, 坐臥語默視聽之間, 無非事者."

45) 이희재, 앞의 논문, 62-63쪽 참조.

46) 주자의 지행관은 일방적으로 '선지후행'의 특징만을 지니고 있는 것은 아니다. 주자는 경우에 따라서는 '행을 지보다 중시'하기도 하고, 또 경우에 따라서는 '지행이 비록 구분되지만 상호 의뢰하고 영향을 준다'고 주장하기도 한다(임계유 주편, 『중국철학사』(북경: 인민출판사, 1992), 제3책, 249쪽 참조).

상정된 '소이연'의 성격이 공허할 뿐만 아니라, 그것을 철두철미하게 궁구함으로써 온전하게 안다는 것 자체가 불가능하다고 보았기 때문이다. 이것은 지식과 행위의 근거로 제시된 보편적 원리의 세계가 구체성을 결여한 추상성을 갖는다는 점으로부터 기인한 부당성이다. 그것은 일종의 신비적 대상으로 독해될 성향의 비대상적 존재라는 것이다. 이러한 점들은 모두 올바른 지식과 행위의 실천을 방해하는 요소들이다.

지식과 행위적 실천을 하나의 일로서 간주하는 서계는 마침내 주자와는 차별되는 종류의 독자적 방식의 '지행합일'의 관점을 확보한다. 그것은 매우 주체적인 것인 동시에 친절 절실한 것이다. 이러한 측면은 "사물을 궁구하는 것은 자기 몸을 살피는 것처럼 좋은 것이 없다"라고 한 정자의 말을 인용하면서, 그 본뜻을 얻는 것만큼 절실한 것이 없다[47]고 강조한 서계의 주장을 통해서도 확인된다.

몸을 떠난 지식과 행위는 무의미하다. 모든 지식과 행위는 자신의 몸에 토대를 두어야 한다. 주체의 몸은 경험적 대상으로서의 '물'과 이에 대응하는 '사'를 일원화한다는 특징이 있다. 이러한 지행합일의 정신이 서계의 『사변록』을 낳게 한 이유이기도 하다. 그는 먼 곳을 가려면 반드시 가까운 곳에서 출발해야 하며, 높은 곳에 오르려면 반드시 낮은 곳에서 출발해야 한다는 친절 절실한 정신을 매우 중요한 것으로 간주하였다. 이러한 친절 절실한 것이야말로 어린이들도 모두 알 수 있는 것이기 때문이다.[48] 진리는 결코 멀리 떨어져 있는 고

서계는 이 중에서 첫 번째 의미를 주자의 지행관계로 인식하고 있었고, 이에 따라 그 비판의 초점 역시 '선지후행'의 관계에 모아져 있었다.

47) 『사변록·대학』 전5장, "又曰格物莫若察之於身, 其得之尤切."

48) 『사변록·대학』 경1장, "故若行遠自邇, 升高自卑 … 皆童孺之知所可及焉者." 참조.

원한 것이 아니다. 이와 같은 맥락의 생활세계에서의 현실중시와 경험중시 내지는 실천중시의 태도는 서계의 실학적 사유를 여실히 보여주는 것들이다.

그렇다고 서계의 '지행합일'의 관점이 양명학적인 성격을 대변하는 것이라고 볼 수는 없다. 어느 사상치고 실천을 강조하지 않는 사상은 없겠지만, 특히 '지행합일'의 실천성을 강조한 것으로 알려진 양명학의 입장은 철저하게 '양지'의 특질을 배경으로 삼는다. 따라서 양명학에서의 '지행합일'의 입장은 일차적으로 격물에 대한 인식의 태도에 의해 주자적인 것으로부터 분리된다는 특징을 갖는다. 그것은 타자적 대상의 이치를 구명하는 것이 아니라, 나의 마음에 받아들여진 사물의 이치를 바르게 하는 것이라는 데 의의가 있다.

그러나 서계가 논정하는 지식의 대상은 객관적인 경험적 사물 그 자체를 벗어나지 않는다.[49] 즉, 서계에게서 구체적으로 행하여야만 하는 실천적 지식의 조건은 양명학의 실천적 지식의 조건과 서로 부합하지 않는다. 이러한 전망을 통해 본다하더라도 서계의 지행합일은 양명학의 지행합일과 일치할 수 없는 것이라 하겠다. 서계는 주체적 인간과 사·물을 일원화해서 보고자한다. 즉, 서계는 대상이 되는 '물'과 그 대상의 문제를 처리하는 '사'의 마땅함에 이르는 것이야말로 온전한 지식의 확보요, 또한 실천이라고 본다. 그래서 서계는 '격물'과 '치지'를 하나의 일이라고 한 것이다.[50] 그것은 앎과 실천적 행위의 일치라고 할 수 있다. 서계에게서 앎과 실천적 행위는 주자에서처럼 분리되는 법이 없다.

물론 이러한 서계의 지행합일의 관점은 양명학적 입장에서 볼 때

---

49) 이에 대해서는 류인희, 「실학의 철학적 방법론(Ⅰ)」, 『동방학지』 제35집, 연세대국학연구원, 1983. 209쪽을 참고할 것.

50) 『사변록·대학』 경1장, "而曰致知在格物者, 格物, 所以致知, 其事一故也."

는 다소 불철저한 것으로 평가될 소지가 있다는 것도 부정할 수는 없다. 그것은 객관적 대상을 전제로 그 관계적 행위의 일원화를 모색하는 것이기 때문이다. 그러나 이 불철저함의 요소가 오히려 서계의 지행합일의 관점을 강화시키는 역할을 수행한다. 왜냐하면 사·물에 직접 관계하고 있는 주체적 인간의 역할과 의지에 따라 사·물은 하나로 소통되고 행위화되는 것이기 때문이다. 따라서 이와 같은 서계의 지행합일의 관점은 주자와도 다르지만 양명과도 다른 사상적 차이성을 독자적으로 확보하게 된다. 이러한 점이야말로 서계 실학의 자주적 성격을 드러내는 주요 요인으로 작용한다는 점에서 그 의의를 갖는다.

6. 탈주자학적 실학사상의 토대

나는 일찍이 이전의 논의를 통하여,[51] 서계의 유학사상을 '탈주자학적 성향'을 갖는 것으로 규정한 적이 있다. 이러한 규정은 서계의 학문적 입장에 관한 기존의 연구 성과를 유형별로 분류하여 검토한 결과 도출된 것이었다. 서계의 학문적 입장에 대해서는 대체로 도가사상에 기반을 둔 반유학사상이라거나 반주자학적 유학사상이 아니면 반주자학 안에서의 양명학적 사상을 지니고 있다는 세 가지 정도의 관점으로 분류된다. 이러한 규정들은 나름대로의 의의를 지니는 것들이지만, 일정한 한계를 노정하고 있다는 점에서 나는 이들과는 다르게 '탈주자학'이라는 용어를 서계의 유학사상에 적용해야 한다고 제안하였었다. '탈주자학'의 범주 안에는 주자학에 대한 강한 비판이

51) 이종성, 「서계 박세당의 신주도덕경에 있어서의 노자관」, 『동양철학연구』 제16집, 동양철학연구회, 1996.

전제되지만, 또한 일면적 계승의 측면이 여전히 존재한다고 보았기 때문이다.[52)]

그런데 나는 이전의 규정방식도 일정부분 수정되어야 한다는 생각에 도달하였다. 그렇다고 나는 이전에 가졌던 사유의 끈을 모두 놓아버릴 생각은 없다. 나는 이전에 가졌던 사유의 내용을 여전히 유효한 것으로 보고자 한다. 다만 지금은 '탈주자학'이라고 규정하였던 서계의 유학사상적 범주는 '실학'이라고 하는 또 다른 범주와 항상 연동되어 결속되어야 한다는 생각이 이전과 다를 뿐이다. 나는 이제 서계의 유학사상을 '탈주자학적 실학사상'으로서 보고자 한다. 서계의 유학사상은 조선후기 실학적 사유의 내용까지 풍부하게 담고 있기 때문이다. 본문의 내용을 통해 살펴본 것처럼, 서계는 생활세계에서의 현실중시와 경험중시, 그리고 실천중시의 태도를 강하게 견지하고 있었기 때문에 이러한 규정은 논지를 크게 벗어나지 않는다고 본다.

특히 서계는 이전의 주자학적 인간상을 부정하면서 근대지향적인 새로운 인간상을 제시하였다는 점에 있어서도 실학사상의 범주 안에 놓인 사상가였음을 부정할 수 없다. 서계는 주자학에서처럼 인간의 '욕망'을 단지 제거해야만할 부정적인 대상으로 보지는 않았다. '욕망'의 문제가 근대철학의 담론을 이끌어가는 하나의 화두이기도 한 것임을 상기할 때, 욕망을 긍정하고 나선 서계의 철학은 근대지향성을 보여주기에 충분하다. 서계에게서 욕망은 모든 사람이 본래부터 갖추고 있는 보편적인 것이다. 서계는 "행하는 것은 욕망이요, 감추는 것은 욕망이 아닌 것이 어찌 보통사람만 그러하겠는가? 비록 성인이라도 또한 그러하다. 천하에 어찌 행하는 것은 욕망이 아니고, 감추는 것이 욕망인 자가 있겠는가? 성인만이 홀로 인정이 없다는 말인가"[53)]

52) 이종성, 앞의 논문, 158-164쪽 참조.

라고 하였다. 여기에서도 확인되는 것처럼 서계에게 있어서 욕망은 인간이라면 누구나가 지니고 있는 종류의 것이다.

모든 인간이 욕망을 지니고 있다는 점에서 인간은 같은 류에 해당한다. 이러한 사유의 연장선상에서 서계는 인간의 평등을 강조할 수 있었다.[54] 서계는 유학의 이상적 인간상인 '성인'의 존재 역시 현실적 일반인과 다를 바 없는 존재라고 한다. 그것은 삶과 죽음을 대하는 방식에서도 동일한 호오를 보여준다는 점에서 확인 가능하다고 본다. 서계는 삶을 욕망하고 죽음을 싫어하는 호오의 감정에 있어서 성인과 보통사람이 다를 바 없다고 주장한다.[55] 그것은 인간존재에 대한 '류'의 공통성을 성인과 일반인이 공유하고 있다는 인식 때문이다.

뿐만 아니라 서계는 농학과 생물학에 관련된 연구서인 『색경』을 저술하여 생물체와 외부환경의 관계에 대해 관심을 갖고 연구하였을 뿐만 아니라, 종자의 품종개량의 문제와 생물유전학의 문제에 대해서도 나름의 연구 성과를 보여주었다. 이러한 측면은 서계의 자연과학적 인식의 태도와 밀접한 연관성을 갖는다. 그는 생명현상과 기운의 질서가 상호 간에 유기적 연대력을 갖고 있다는 생각을 통해 자연의 질서를 해석하고자 하였다.[56]

서계는 자연환경에 대한 이해나 곡식의 재배 및 화훼 등의 지식에만 밝았던 인물은 아니었다. 자연환경에 대한 서계의 높은 관심은 자

---

53) 『사변록·논어』, 「술이」, "至於行乃所欲, 藏非所欲, 豈常人獨然? 雖聖亦然. 天下安有行而非欲, 藏而是欲者? 聖人獨非人情乎哉"

54) 박재술, 「박세당의 천관」, 『실학의 철학』(서울: 예문서원, 1996), 132-133쪽 참조.

55) 『사변록·맹자』, 「고자상」, "註, 欲生惡死, 衆人利害之常情, 夫欲生惡死, 豈衆人之爲利害者乃有此心, 雖聖人亦然, 恐不可如此說耳." 참조.

56) 한국철학사상연구회, 『한국철학스케치(1)』(서울: 도서출판 풀빛, 2008), 236쪽 참조.

신의 삶의 터전인 '조국의 산하'에 대한 또 다른 형태의 애정으로 나타났다. 그는 『동국여지승람』을 환하게 꿰뚫고 있었다. 그런 관심과 지식이 마침내 당시 고루한 집권층의 무관심 속에 있던 '울릉도와 독도'에 대한 그의 언급을 이끌어내게 하였다. 오늘날 한일관계를 늘 긴장케 만드는 '독도'가 서계의 눈에는 이미 중요한 우리의 강역으로 인식되고 있었고, 그로부터 독도가 우리국토일 수밖에 없음을 증언하였던 사실을 기억해야만 한다.[57] 이러한 측면은 특히 현실적 문제를 중시한 서계의 유학사상이 갖는 실학적 특징으로서 손색이 없다.

그럼에도 시대가 가졌던 일정한 한계는 서계의 자주적이고 독창적이었던 사유를 충분히 발산시키기에는 무력한 것이었다. 이러한 시대적 한계가 서계의 유학사상적 한계를 낳기도 하였다는 점은 여전히 설득력을 갖는다. 그는 자연과 인간을 분리하여 사물의 세계로부터 인간의 주체를 발견해 내는데 있어서 당대 조선의 그 어떤 지식인보다도 성공적이었다. 그러나 그는 결정적으로 자연과 당연의 범주적 혼란 속에서 완신히 벗어나지 못하였다고 여겨진다. 이러한 점은 개별적 사물의 차이성에 주목한 서계가 인간의 '성'을 도덕성으로서 파악하여 '오상'의 덕목을 인간의 재질이 갖추고 있는 것으로 간주한 것과 관련을 갖는다. 그것은 사실과 가치의 영역에 대한 유학적 지식인들의 공통된 문제의식과 결부되는 사상적 근거에 관한 문제라는 점에서, 그 한계는 오히려 역설적이게도 서계 유학사상의 의의로 전환될 수 있는 성질의 것이기도 하다.

---

57) 윤사순, 「서계 연구방향에 대한 소망적 단상」, 『서계 박세당 사상의 재조명』, 2010년 전반기 한국공자학회 학술대회(2010. 6. 5. 고려대학교 인촌기념관) 발표논문집, 9-10쪽 참조.

제 11 장

남당 한원진의 역사인식과 조선중화주의

1. 남당이 본 역사인식의 기초

남당(南塘) 한원진(韓元震, 1682-1751)이 살다간 시기는 17세기 후반에서부터 18세기 중반기로 조선조 후기에 해당한다. 후기 가운데서도 병자호란(1636-1637)이 끝난 후, 거의 반세기가 지난 때부터 시작된 남당의 시대는 부분적으로나마 전란으로 인한 상처는 어느 정도 치유된 시기였다. 하지만 여전히 대내·외적으로 위기에 처한 국가를 다시 일으켜 세워야 한다는 절체절명의 과제 해결에 총력을 기울여야 했다. 이 시기는 비교적 안정적인 체제가 유지되었던 조선 전기 사회와는 달리 정치·경제·사회·문화·사상 등 거의 모든 분야에 걸쳐 대변화의 진통을 겪은 격동기이자 전환기였다.[1)]

남당은 조선조 학술계를 대표하는 인물로서, 특히 호락논쟁(湖洛論爭)의 대표적인 중심인물로 알려져 있다. 남당의 본관은 청주이며, 그의 자는 덕소(德昭)이다. 남당은 한원진의 호이다. 세종 때 영의정을 지낸 상경(尙敬)의 후손으로, 통덕랑 유기(有箕)의 아들이며, 어머니는 함양 박씨(咸陽朴氏)로 숭부(崇阜)의 딸이다. 남당은 우암(尤庵) 송시열(宋時烈, 1607-1689)의 고제인 수암(遂菴) 권상하(權尙夏, 1641-1721)의 제자들인 강문팔학사(江門八學士)의 한 사람으로서, 호락논쟁에서 호론(湖論)인 '인물성이론'(人物性異論)

---

1) 이상곤, 『18세기 기호유학을 이끈 호학의 일인자, 남당 한원진』(서울: 성균관대학교 출판부, 2009), 17쪽 참조. 이상곤의 이 책은 그의 박사학위논문을 저본으로 엮어진 것인데, 특히 책의 후반부에 『남당집』 일부가 선역 소개되어 있어서 남당 연구에 큰 도움을 주고 있다. 본고 역시 논의의 필요에 의해서 인용한 『남당집』 해석의 많은 부분은 이 책의 선역에 크게 신세지고 있음을 밝힌다.

을 주장한 대표적 인물로 잘 알려져 있다.[2)]

남당은 어려서부터 재지가 뛰어나고 사리에 명철하였으며, 사서와 삼경을 비롯한 『태극도설』, 『통서』, 『역학계몽』 및 여러 경세서 등을 정독하여 성리학설에 정통하였다. 그밖에 율려·천문·지리·병가·산수 등의 서적까지도 깊이 연구하였다. 그의 학문과 사상은 당시 성리학의 중심과제에 두루 미치고 있었으며, 특히 성리학의 연구에 몰두하여 율곡(栗谷) 이이(李珥, 1536-1584)의 '기발리승일도설'(氣發理乘一途說)의 입장을 고수하면서 퇴계(退溪) 이황(李滉, 1501-1570)의 '리기호발설'(理氣互發說)을 비판하기도 하였다. 심성론 논쟁에서는 외암(巍巖) 이간(李柬, 1677-1727)을 중심으로 하는 '인물성동론'의 주장에 반대하여 '인물성이론'의 주장을 대표하였다. 그의 심성설의 구조는 우주만물의 생성구조에 토대를 누고 있다. 만물의 생성을 '기화', '형화', '형화 속의 기화' 등과 같은 삼층의 구조로서 파악하며, 이 삼층구조를 심성설에 적용하여 '성삼층설'을 주장하였다. 그는 이 성삼층설에 입각하여 성을 인간과 사물이 같은 '초형기(超形氣)의 성', 인간과 사물이 다른 '인기질(因氣質)의 성', 인간과 인간이 서로 다른 '잡기질(雜氣質)의 성' 등으로 구분하여 파악하였다. 또한, 미발심체(未發心體)의 문제에 관한 논쟁에서도 그는 미발의 심체는 본래부터 선하다고 주장하는 외암과는 달리 미발한 심체에도 선악의 가능성이 공재하는 것으로 파악하여, '미발심체유선악설'(未發心體有善惡說)을 주장하였다.[3)]

그동안 남당에 관한 연구는 주로 심성론 방면에 초점이 맞추어져 그의 '인물성이론'의 특징과 의의를 밝히는데 집중된 감이 없지 않았다. 조선조에 있어서 실학의 분위기가 고조되어 가는 가운데에도 성

---

2) 한국정신문화연구원 편, 『한국인물대사전』(서울: 중앙일보 출판법인 중앙 M&B, 1999), 2381-2382쪽.

3) 한국정신문화연구원 편, 『한국인물대사전』, 2382쪽 참조.

리학적 세계관을 철저하게 고수하였던 남당의 학문적 입장을 고려한다면, 이러한 기존의 연구방식은 나름의 가치를 갖는 것임에 분명하다.[4] 그러나 남당이 가지고 있었던 학문관의 전모를 밝히기 위해서는 기존의 연구주제와 방법에 머물기보다는 좀 더 다양한 주제의 분석을 통한 새로운 담론들이 제시되지 않으면 안 된다.

최근에는 이러한 문제의식을 공유한 일군의 연구자들에 의하여 남당의 학문적 세계가 다양한 관점에서 새로운 조명을 받고 있음이 확인된다. 일찍이 유초하에 의하여 남당의 사회관이 주목된 이래,[5] 최근에는 남당의 경학관을 비롯하여[6] 남당의 이단관과 그 문제점들에 대한 비판적 검토가 이루어지고 있는 중이다. 특히, 이와 관련하여 남당의 『장자변해』에 대한 몇 편의 연구 성과가 주목되며,[7] 또한 남당의 양명학관[8]에 대한 비판적 검토는[9] 남당 연구에 새로운 전기를 마

---

4) 남당의 철학사상을 대상으로 연구된 박사학위논문은 다음과 같다. ① 이상곤, 「남당 한원진의 기질성리학 연구」, 원광대학교 박사학위논문, 1991. ② 임원빈, 「남당 한원진 철학의 리에 관한 연구-리의 지각론을 중심으로」, 연세대학교 박사학위논문, 1994. ③ 김태년, 「남당 한원진의 정학 형성에 관한 연구」, 고려대학교 박사학위논문, 2006. 여기에서도 확인되는 것처럼 남당 철학사상에 관한 전문적인 연구는 대체로 성리학 분야에 집중되었음을 알 수 있다.

5) 유초하, 「조선후기 성리학의 사회관(1)-한원진(1682-1751)의 경우」, 『민족문화연구』 제17호, 고려대학교 민족문화연구소, 1983. 이 논문은 유초하, 『한국사상사의 인식』(서울: 한길사, 1994)에 다시 상재되었다.

6) 최석기는 남당의 『대학』 및 『중용』 해석의 관점에 대한 여러 편의 논고를 발표한 바 있어 주목된다.

7) ① 문석윤, 「남당 한원진의 장자철학비판-『장자변해』를 중심으로」, 『철학논구』 제21집, 서울대학교 철학과, 1993. ② 조한석, 「남당 한원진의 『장자』 「소요유」·「제물론」 해석-수용과 비판의 경계에서-」, 『원불교사상과 종교문화』 제40집, 원광대학교 원불교사상연구원 참조. 이밖에도 남당의 『장자변해』에 대해서는 일찍이 송항룡, 이강수 등에 의하여 연구된 바 있다.

8) 김태년, 「남당 한원진의 양명학 비판」, 『한국사상사학』 제22집, 한국사상사학회, 2004.

9) ① 황갑연, 「조선성리학자의 양명학 비판 논거에 대한 비판적 고찰-이황과 한

련하였다고 평가된다. 이들의 연구 성과는 남당의 관점을 일방적으로 기술하는데 그치지 않고 남당의 입장과는 일정 정도의 거리두기를 하면서 그의 주장을 일목요연하고 구체적이면서도 비판적으로 검토하고 있다. 그럼에도 아직까지 남당의 역사인식에 초점을 맞추어 그의 사상체계를 개관한 자취는 발견되지 않는다.

나는 이 글을 통하여 남당의 역사인식과 조선중화주의의 입장에 관하여 검토해보고자 한다. 물론 남당의 조선중화주의의 입장은 남당의 사상을 소개하는 과정 중에 조금씩 거론된 적이 있기는 하지만, 나는 이것을 남당의 역사인식의 틀 속에서 본격적으로 하나의 주제의식으로 검토해보고자 하는 것이다. 내가 주목하고자 하는 것은 남당의 역사 교훈주의와 사례역사의 거울에 관한 것을 비롯하여 조선중화주의의 의리론적 입장과 그 특징에 관한 것이다. 나는 이에 대한 검토를 위하여 먼저 역사 교훈주의의 사례역사를 크게 세 가지 측면에서 고찰해볼 예정이며, 남당의 조선중화주의의 특징을 네 가지 요소로 분류하여 구체적으로 검토해볼 예정이다.

이러한 검토를 통하여 남당의 역사인식과 조선중화주의의 입장이 결국 당대의 문제현실을 극복하고 왕도정치의 목표를 구현하기 위한 뚜렷한 이념체계로 정향되어 있었음이 밝혀질 수 있을 것이라 본다.

원진 및 이정직의 양명 비판을 중심으로-」, 『퇴계학보』 제120집, 퇴계학연구원, 2006. ② 조남호, 「조선 주자학자들의 양지에 대한 논쟁」, 『양명학』 제2호, 한국양명학회, 1988.

2. 역사 교훈주의와 사례역사의 거울

신이 듣자오니 새 도끼자루는 헌 도끼자루를 보고 본으로 삼으며,
뒷 수레는 앞 수레를 거울삼아 경계하는 것이니,
대개 과거의 흥망은 실로 장래의 교훈이 되옵니다.
남수문, 「진고려사전」(進高麗史箋) 중에서[10]

과거에 많은 역사가들은 역사를 하나의 교훈으로 인식하여 왔다. 서양의 로마 사가였던 폴리비오스(Polybios)는 교훈적 역사의 아버지라고 일컬어진다. 중국 송대의 사마광(司馬光, 1019-1086) 역시 '역사 교훈주의'의 표본적 사가였다. 특히, 사마광은 19년이란 세월을 걸쳐 편찬한 자신의 『자치통감』(自治通監)을 국가의 성쇠, 백성의 안부에 관한 일과 본받아야 할 선한 일, 경계하여야 할 악한 일 등을 다루는 사서라고 자칭했고, 역대의 사관들 역시 이러한 교훈주의에 따라 군주의 언행을 직필하였다.[11] 『자치통감』을 즐겨 읽었던 조선의 사대부들도 역사를 교훈으로 이해하였고, 현재적 문제 상황을 해결하는 하나의 지남으로 이해하였다.

교훈적 역사란 '예를 들어 가르치는 철학'(philosophy teaching by example)이

---

10) 南秀文, 「進高麗史箋」(『東文選』 권44, 表箋), "臣竊聞新柯視舊柯以爲則, 後車鑑前車而是懲, 盖已往之興亡, 實將來之勸戒."

11) 박성수, 『역사학개론』(서울: 삼영사, 1983), 193쪽 참조. 사마광의 『자치통감』은 역사의 서술에 있어서 쓸데없이 긴 것은 깎고 요긴한 것은 남겨두며 국가의 성쇠, 백성의 안녕에 관한 것, 경계해야 할 나쁜 일을 뽑아내어 편찬한 것이다. 편년체로 기술된 『자치통감』은 역사에서 소설적인 기사를 추방하고 춘추정신을 회복하고자 한 것이다. 따라서 사마광의 『자치통감』은 춘추정신을 통하여 왕도정치를 구현하고자 하는 경세론적 의미가 강하게 내포되어 있다고 볼 수 있다(이종성, 「왕선산 역사철학의 기본입장」, 『중국 철학의 현대적 모색』(서울: 이회문화사, 2001), 295쪽 참조).

란 뜻을 지니고 있다. 흔히 교훈적 역사라고 할 때 우리는 '선이 악을 이긴다'라거나 '악을 다스리되 악으로 하지 말라', '서두르면 불행을 자초한다', '절대 권력은 절대적으로 부패한다' 등등의 격언을 연상하지만, 그렇다고 교훈적 역사가 단순한 경구나 격언과 동일시되는 것은 아니다. 교훈적 역사는 사례(example)를 통하여 자신의 본질을 드러낸다. 즉, 교훈적 역사는 사례역사라는 점에 그 본질이 있다. 그리고 그 사례역사의 진술은 반드시 진실하여야 하며, 명백한 설명이 수반되어야만 한다. 이때 명백한 설명이란 사실을 인용하고 사건의 원인을 밝히는 것이다.[12]

이러한 역사 교훈주의의 관점은 남당의 역사관에서도 두드러지게 나타난다. 남당이 역사 교훈주의의 입장을 견지하고 있음을 직접적으로 알려주는 기록은 『남당집』에 수록되어 전해지는 「경연설」(經筵說)의 내용이 결정적이다. 이 글은 남당이 영조에게 『송사』(宋史)의 대체에 대해 진강하면서 우리나라와 유사한 점을 들어 송나라 일을 거울삼아 전철을 밟지 말 것을 당부하고, 당시 조선이 안고 있는 문제점을 민생, 붕당, 군정으로 들고 불우한 일에 대비할 것을 주장하였고, 또한 양역(良役) 개혁안 중에서 호포(戶布)가 편리하다고 주장하는 내용을 담고 있다.[13] 남당은 영조에게 역사를 보는 법이 "마땅히 그 긴요한 곳을 보고 거울(監)삼아 경계(戒)하여야 할 따름"[14]에 있음을 강조하였다.

그런데 역사 교훈주의는 달리 역사 감계주의(鑑戒主義)라고도 일컫는다. '감계'(鑑戒)라는 말은 『남당집』에 총 3차례 나타나는데, 특히 그 중 2차례가 「경연설」에 등장할 정도로 「경연설」은 남당의 역사 교훈주의의 입장을 강하게 반영하고 있다. 남당은 역사를 거울삼아 마땅히

---

12) 박성수, 『역사학개론』, 199-201쪽 참조.
13) 이상곤, 『18세기 기호유학을 이끈 호학의 일인자, 남당 한원진』, 390쪽 참조.
14) 『남당집』 권5, 筵說, 「經筵說(上)」, "當觀其緊要處而鑑戒之耳."

경계하여야 할 대상으로 보았던 것이다. 그렇다면, 이제 남당의 역사 교훈주의가 견지하고 있는 사례역사의 구체적인 예를 살펴보기로 하자.

1) 사례역사 1: 지나친 문교정책의 한계가 주는 교훈

남당은 영조에게 『송사』의 중요성에 관하여 진강하면서, 『송사』가 우리나라 조정의 국사에서 거울삼아 경계해야 할 도리를 가장 절실하고도 근접하게 제시하고 있다고 강조한다. 그것은 우리나라 조정이 나라를 세우고 다스려온 것이 송나라 조정과 아주 흡사하기 때문이라는 인식 때문이다. 특히, 무(武)를 강조하기보다는 예악의 법도나 문장의 교화, 문화 교육 등의 문교정책을 지나치게 앞세운 점이 유사하다고 본다. 그러나 문교정책을 강조한 반면 군사상의 전략을 다듬지 않은 한계가 있었는데, 이로부터 인재가 비록 많기는 하지만 정작 일을 감당해낼 사람이 적은 것 역시 송나라 조정과 같다고 보았다. 그리고 결국 송나라가 군사상의 전략을 다듬지 않았기 때문에 처음부터 매양 오랑캐의 침범과 핍박의 대상이 되었다가 끝내는 오랑캐에게 멸망하고 말았다는 사례를 들어 이를 특별하게 경계한다.[15)]

그것은 남당 이전의 시대에 이미 임진왜란과 병자호란이라는 화마가 조선의 강토를 휩쓸고 지나간 경험이 있었기 때문이기도 하다. 조선의 조정은 송나라처럼 문약하였기 때문에 도적과 같은 무리들에게 패할 수밖에 없었고, 그 연유로 가죽이나 비단 등의 재물로써 오랑캐를 섬기는 치욕을 면치 못하고 있다고 반성한다.[16)]

---

15) 『남당집』 권5, 筵說, 「經筵說(上)」, "元震對曰, 殿下方觀宋史, 此於我朝國事, 鑑戒之道, 最爲切近. 伏望熟玩而深思之. 我朝立國爲治, 大抵與宋朝甚相似. 以上言之, 則列聖修身之嚴, 家法之正, 崇儒重道, 培養士氣, 同於宋朝. 以治道言, 則文教太勝, 而武略不競, 人才雖多, 而辦事者少, 亦同於宋. 宋之武略不競, 故自始每爲夷狄所凌逼, 卒亡於夷狄."

이상과 같은 사례역사를 거울삼아 볼 때 국방력의 강화는 필수적인 것이었다. 그는 군정을 개혁하기 위한 과제로 장수 선발과 인사고과 제도의 개선, 전방 지역의 방어력 증강, 그리고 전술의 전환을 제시했다. 그의 군정 개혁안은 주요 가상적을 청으로 상정하고 도성 방어 위주의 중앙 군비 증강에서 전방 방어를 위한 지역 군비 확충으로 정책의 중심을 전환할 것을 요청하는 내용을 담고 있었다.[17]

그런데 남당이 제안한 국방대책 가운데 특이한 것으로 거북선의 재건조를 위한 건의를 들 수 있다. 이 건의에서 그는 임진왜란에서의 이순신의 공과 거북선의 성능을 설명하고 거북선과 같은 교묘하고 독창적인 무기를 방치하는 것은 결과적 이적행위라고 역설한다. 이어서 그는 아직도 5척의 거북선이 실전에 쓰일 수 없는 상태로나마 남아 있다는 것과 그에 따라 값싼 방식으로 기존의 다른 모형의 전선을 거북선으로 변조할 수 있는 방법을 구체적으로 제시한다.[18] 남당의 거북선 재 건조에 대한 건의문은 「전선변통의」(戰船變通議)에 실려 있다.[19]

---

16) 『남당집』 권5, 筵說, 「經筵說(上)」, "我朝壬辰丙丁之難, 皆爲賊所敗, 而至今不免皮幣事狄之恥."

17) 김태년, 「남당 한원진 사상의 배경과 형성 과정」, 『한민족문화연구』 제20집, 2007, 351쪽. 남당의 군정 개혁안은 『남당집』의 「擬上時務封事」를 참고할 것.

18) 유초하, 『한국사상사의 인식』, 201쪽. 그러나 유초하는 엄밀하게 볼 때 거북선의 제조안은 남당 자신의 것이 아니라고 한다. 그것은 당시(1708년) 수군에 가장 오래 몸담고 있었던 81세의 상민 노인의 생각을 27세 때의 남당이 관청에 보내는 건의형식으로 정리한 것이기 때문이라는 것이다(유초하, 『한국사상사의 인식』, 201쪽). 그러나 남당이 거북선 제조안에 대한 건의문을 작성하였다는 것 자체가 거북선 제조에 대한 암묵적 동의였음을 인정한다고 할 때, 남당은 누구보다 강한 거북선 재건조에 대한 필요성을 인식하고 있었다고 볼 수 있다.

19) 『남당집』, 습유 권2, 議, 「戰船變通議(代作呈巡撫使)」 참조.

2) 사례역사 2: 당화 여파의 한계가 주는 교훈

남당은 당쟁의 화가 국가의 멸망을 초래할 수도 있음을 경계한다. 그는 국가 멸망을 초래하는 외부적 요인은 말할 것도 없이 적국의 외침이 가장 직접적인 원인이라고 할 수 있겠지만, 내부적 요인은 천재지변과 민생의 궁핍, 그리고 당화를 들 수 있다고 한다.[20] 특히, 당화는 사악한 자와 올바른 자들 사이의 싸움이 역적과 충신의 싸움으로 변질되어, 이러한 상황이 극도에 이르면 국가적 위기를 몰고 오는 화란이 일어날 수밖에 없다고 한다.[21]

이에 남당은 영조에게 다음과 같이 진강하였다. "신이 그윽이 근심하는 바는 송나라 당화의 여파가 결국에는 정강의 화를 낳았듯이, 우리나라 당화 역시 신임년(辛壬年)에 이르러 극심해졌다는 것입니다. 깊이 두려워하건대, 이후 다시 말하기조차 어려운 화가 있었으니 송나라가 패망에 이르렀던 것과 같습니다. 이는 대개 충심이 안에서 무너짐에 따라 외환이 필시 이른 것이니, 비유하자면 나무의 중심이 안에서 곪아 비바람에 뿌리가 송두리째 뽑히는 것과 같습니다."[22]

중국 송나라의 당화는 북종시대 신종(神宗, 1048-1085) 때부터 북송이 멸망하기까지 지속되었다. 그것은 왕안석(王安石, 1021-1086) 등의 신법당 대 사마광의 구법당 사이에서 일어난 당화였다. 그런데 이 당화의 여파가 급기야 '정강의 화'(靖康之禍)를 초래하였다. 남당은 이 사례역사를 거

---

20) 『남당집』 권5, 筵說, 「經筵說(上)」, "總言今日之時勢. 內則天灾時變, 民窮黨禍, 危亡之象已著. 外則倭奴自麗末至壬辰以前, 每侵掠沿海州郡, 壬辰以後不復出者, 此其心豈忘前日之爲哉. 盖懲前之敗, 蓄銳伺釁耳. 我國倘有可乘之釁, 其不來侵, 安可保也." 참조.

21) 김태년, 「남당 한원진 사상의 배경과 형성 과정」, 350쪽 참조.

22) 『남당집』 권5, 筵說, 「經筵說(上)」, "臣之所竊憂者, 宋朝黨禍之餘, 遂有靖康之禍, 我朝黨禍, 亦至於辛壬之年而極矣. 深恐此後復有難言之禍, 如宋之致敗也. 此盖腹心內潰, 外患必至, 譬如木心內傷, 風雨蹶拔者矣."

울로 삼고 경계하여야 함을 역설한다. '정강의 화'란 금나라가 북송을 멸망시킨 사건을 말한다. 정강(靖康) 원년(1126) 금의 군대가 2차에 걸쳐 송나라에 침입해와 동경(東京)을 함락시키고, 이듬해 북송에서 투항한 관료 장방창(張邦昌, 1081-1127)을 황제로 내세워 국호를 초(楚)라고 명명하였다. 금나라의 군대는 북송의 휘종(徽宗, 1082-1135), 흠종(欽宗, 1100-1161)과 후비 등 3천명을 포로로 삼고, 각종 재물을 약탈하여 본국으로 돌아갔다. 이 사건을 계기로 북송은 멸망했다. 당시의 연호가 '정강'이었으므로 역사에서 이를 '정강지화', 또는 '정강지변'(靖康之變), '정강지란'(靖康之難)이라 하며, 정강 원년의 간지에 따라 '병오지치'(丙午之恥)라고도 한다.[23]

장방창은 원래 미천한 선비로서 '정강의 변'이 일어난 뒤, 초나라의 허수아비 황제로 등극하였고 그 일로 인해 많은 비방을 사게 되었다. 젊은 시절에 송강(松江, 1072-1122)을 배신한 이후 또 다시 자신의 동족들과 황제까지 배신한 것이다. 배신한 자는 계속 배신한다는 말이 장방창의 경우를 두고 하는 말일 정도로 그의 인생은 배신의 연속이었다. 그러나 장방창은 허수아비 황제로 지내던 32일 후에 퇴위하여 응천부(應天府, 하남성 상구시)로 가서 고종(高宗)에게 죽음을 청했고 담주(潭州)로 유배당한 뒤 사사 당하였는데, 이때 그의 나이 46세였다.

그런데 이러한 사례역사와 맞먹는 사건이 조선에서도 일어났다는 것이 남당의 인식이다. 남당은 그것이 바로 신임사화(辛壬士禍)라고 본다. 신임사화란 1721년(경종 1)부터 1722년에 걸쳐 일어난 사류들의 참변이다. 신축년(辛丑年)과 임인년(壬寅年)에 일어났으므로 신임사화라고 한다. 그리고 임인년에 주로 일어났기 때문에 '임인옥'이라고도 부른다. 이 사건은 왕위 계승문제를 둘러싼 노론과 소론 사이의 당파싸움

23) 이상곤, 『18세기 기호유학을 이끈 호학의 일인자, 남당 한원진』, 393쪽 참조.

에서 소론이 노론을 역모로 몰아 소론이 집권한 사화이다. 특히, 임인년에 지관이었던 목호룡(睦虎龍, 1684-1724)의 역모고변으로 일어난 대옥사를 가리켜 임인옥이라고 한다. 이 고변으로 인하여 김창집(金昌集, 1648-1722), 이이명(李頤命, 1658-1722), 이건명(李健命, 1663-1722), 조태채(趙泰采, 1660-1722) 등 이른바 노론 4대신이 연루되어 사사되었다. 그리고 이때 국청에서 처단된 자 중에 정법(正法)으로 처리된 자가 20여 명, 장형(杖形)으로 죽은 자가 30여 명이었으며, 그 밖에 그들의 가족으로 체포되어 교살된 자가 13명, 유배된 자가 114명, 스스로 목숨을 끊은 부녀자가 9명, 연좌된 자가 연인원 173명에 달하였다. 반면에 권력을 잡은 소론파에서는 윤선거(尹宣擧, 1610-1669)와 윤증(尹拯, 1629-1714) 부자를 복관시키고 남구만(南九萬, 1629-1711)·박세채(朴世采, 1631-1695)·윤지완(尹趾完, 1635-1718)·최석정(崔錫鼎, 1646-1715) 등을 숙종의 묘정에 배향하였다.[24)]

이 신임사화는 노론의 당색을 지니고 있었던 남당에게는 치명적인 사건으로 인식될 수밖에 없었다. 남당은 이 사건을 계기로 당쟁의 폐해를 없애야 한다는 인식을 그 이전보다 더 강하게 갖게 되었고, 탕평을 시도하고자 한 영조와 입장의 차이를 보이며 서로 갈등하게 되었다.[25)] 그는 영조의 정책에 근본적인 문제가 있음을 지적한다. 영조는 왕권강화를 위해 종전과는 다른 방식의 탕평책을 채용하였는데, 그 근거로서 요·순과 같은 초월적 군주상을 제시하였다. 원래 탕평책은 붕당을 없애는 데 뜻이 있었지만 당장 그 실현이 어려운 점이 있었다. 그래서 당파의 시비를 가리지 아니하고 어느 당파든 온건하고 타협

---

24) 『민족문화대백과사전』(성남: 한국정신문화연구원, 1992), 「신임사화」조 참조.

25) 김태년은 영조와 남당의 당파에 대한 대립적 입장의 차이에 관하여, "이는 정파의 상호 견제를 이용하여 정국을 주도적으로 조정하려는 왕과 단일화된 신료들의 힘을 유지함으로써 왕의 독주를 견제하려는 한원진(노론)의 대립이기도 했다"(김태년, 「남당 한원진 사상의 배경과 형성 과정」, 354쪽)고 설명한다.

적인 인물을 등용하여 왕권에 순종시키는 데 주력하였다. 이를 '완론탕평'(緩論蕩平)이라고도 한다. 탕평정책은 숙종 때의 '환국' 형식의 왕권 강화방식이 많은 부작용을 낳는 데 대한 반성으로, 초당적 정치운용으로 왕권을 강화하자는 발상이었다.[26]

그러나 남당은 소인에게 작은 선이 있다 하여 그것을 군자의 큰 선과 함께 논의하면서 "피차가 모두 선이 있으니 한쪽만을 취할 수 없다"라든가 군자의 작은 잘못을 소인의 큰 악과 함께 들먹이면서 "피차가 모두 잘못이 있으니 한쪽만 공격할 수 없다"고 하는 양시양비론(兩是兩非論)을 인정하지 않았다. 군자와 소인의 분당은 정책의 시비득실을 따지다 그렇게 된 것이 아니라, 근본적으로 소인의 정(正)·사(邪)에 의한 것이기 때문이라는 것이다. 남당은 군자와 소인을 근본적으로 다른 존재로 규정하였던 것이다.[27] 본시 의로움에 밝은 것이 군자이고 이로움에 밝은 것이 소인이라고 구분하지만,[28] 당대의 군자와 소인은 이미 정·사의 차원을 넘어 충(忠)·역(逆)의 차원에 이르렀다는 것이 남당의 입장이다.[29]

'충·역 시비론'으로부터 비롯된 남당과 영조 사이의 갈등은 영조 7년(1731) 맹자의 문묘출향에 대한 입장 차이에서 절정에 이른다. 남당은 "경연석상에서 일찍이 명 태조(太祖)가 맹자를 문묘에서 출향(黜享)한 것은 잘못이 아니다"라고 한 영조의 발언에 문제가 있다는 내용의 상소를 올렸다.[30] 이로 말미암아 영조는 남당이 세간의 풍문만을 듣고 자신의 말을 오해하였을 뿐 아니라 임금인 자신마저 모독하였다고

---

26) 한영우, 『다시 찾는 우리역사』(서울: 경세원, 1997), 336쪽 참조.
27) 김태년, 「남당 한원진 사상의 배경과 형성 과정」, 352쪽 참조.
28) 『논어』, 「里仁」, "君子喩於義, 小人喩於利."
29) 『남당집』 권4, 疏, 「辭召命兼附所懷疏」 참조.
30) 『남당집』 권4, 疏, 「辭召命兼附所懷疏」 및 『조선왕조실록』, 영조 29권, 7년 6월 27일 조 참조.

분노하였고, 이는 남당과 영조 사이의 대립과 갈등을 노골화하는 결정적 계기가 되었다.

남당은 군자와 소인이 같은 하늘아래 서로 공존한다는 것은 불가능하다고 보았다. 이러한 변별의식과 소인의 척결이야말로 인륜의 도를 구현하는 일이라는 것이다. 그래서 남당은 실제로 영조에게 충·역의 시비가 분명하지 않은 조정에서 역적의 무리와 함께 있을 수 없다는 논리를 내세워 거듭 상소를 올려 조정으로부터 사퇴하기도 하였다. 남당의 이와 같은 행동이 가능할 수 있었던 것은 붕당을 해소하는 방법이 다른 데 있는 것이 아니라, 정직한 사람을 들여 쓰고 부정한 사람을 버리는 것 이외에 다른 것이 없다고 본 인식 때문이었다.[31]

3) 사례역사 3: 패도정치의 한계가 주는 교훈

남당은 모든 유학적 지식인들이 그런 것처럼 왕도정치의 이상을 목표로 삼는다. 그리고 군왕을 통해 그 왕도정치를 구현해보고자 한다. 역사적으로 도를 실행하면 왕도가 되었고, 도를 가장하면 패도가 되었다는 것이 남당의 입장이다. 그리고 남당은 주자학자답게 안정과 혼란, 왕도와 패도의 분별은 모두 천리와 인욕을 분별하는 데 달려 있다고 본다.[32] 이러한 남당의 역사인식은 도덕주의적인 경향성을

---

31) 『남당집』 권5, 筵說, 「經筵說(上)」, "孔子曰, 擧直錯諸枉, 能使枉者直, 擧直錯枉, 消朋黨之術也, 枉者直, 朋黨消盡之驗也." 여기에서 남당은 『논어』 「안연」 편의 말을 인용하여 붕당의 해소방법을 제시하고 있음을 알 수 있다. 이에 대한 주자(朱子, 1130-1200)의 주는 참고할 만하다. "정직한 사람을 들여 쓰고 부정한 자를 버리는 것은 지혜요, 부정한 자로 하여금 곧게 하면 이것은 어짊인 것이다. 이와 같이 하면 이 두 가지는 서로 모순되지 않을 뿐만 아니라, 도리어 서로 쓰임이 되는 것이다."(『논어집주』, 「안연」, "擧直錯枉者, 知也. 使枉者直, 則仁矣. 如此, 則二者不惟不相悖而反相爲用矣.")

띤다고 할 수 있다. 남당은 중국 역사를 볼 때, 삼대의 이상은 정치의 도리가 순전히 천리에 의거하였기 때문에 논할 바가 없지만, 삼대 이하의 정치는 거의 패도가 뒤섞였기 때문에 삼가 살펴보지 않을 수 없다고 한다.[33] 그는 시대별로 구분하여 그 패도의 양상과 한계를 다음과 같이 지적한다.

① 한나라의 정치는 황로(黃老)가 뒤섞였다. 한 고조(高祖, BC.247- BC.195)는 천하를 차지함에 있어서 묵묵하게 참아내며 힘을 축적하고서 사람들의 폐해에 편승하여 차지하였다. 문제(文帝, BC.222-BC.157)는 몸소 현묵(玄黙)의 도를 닦아 천하를 교화하였다. 이들은 모두 황로를 이용한 것이었다. 그들을 보좌하였던 장자방(張子房, ?-BC.168)이나 조참(曹參, ?-BC.190)의 무리들은 모두 황로의 술수를 익힌 사람들이었다. 그러나 황로의 폐해는 입을 다물고 그저 남의 말을 따르기만 하는 풍조가 만연된 것이다. 그러므로 나라가 쇠퇴할 때마다 간신배들이 나라의 운명을 틀어잡고서 사람들은 감히 잘못을 지적하지도 못하였기 때문에 나라를 잃고 말았던 것이다.[34]

② 당나라의 정치는 오랑캐와 뒤섞인 한계가 있다. 당 고조(高祖, 566-635)와 태종(太宗, 599-649)은 다 같이 군신·부자간에 수치스러움이 많았다. 그들을 보좌하였던 배적(裵寂, 573-632)이나 위징(魏徵, 580-643)과 같은 무리들은 다 군신·부자간의 인륜에 있어서 분명하지 못한 것이 있었다. 오랑캐의 가르침이 세상을 정의롭지 못하게 한 까닭으로,

---

32) 『남당집』 권5, 筵說, 「經筵說(上)」, "歷代治亂王霸之分, 只在於道之得失眞假也, 得其道者治, 失其道者亂. 行是道者王, 假是道者霸, 治亂王霸之分, 只在於天理人欲之分矣" 참조.

33) 『남당집』 권5, 筵說, 「經筵說(上)」, "三代以上, 爲治之道, 純乎天理, 無可容議. 三代以下, 治道大抵皆是雜霸也, 於其中又有大同小異者" 참조.

34) 『남당집』 권5, 筵說, 「經筵說(上)」, "漢之治, 雜於黃老. 高帝取天下, 以含忍蓄力, 乘人之弊, 文帝躬修玄默, 以化天下, 此皆黃老之用, 而其佐命之臣若子房曹參之流, 皆習於黃老之術者也. 黃老之弊, 循默成風. 故其衰也, 以奸臣世執國命, 人莫敢指而失其國."

지방 군진의 반역을 사람들이 떳떳한 일로 여겨 그 나라를 망하게 하였다.[35)]

③ 송나라의 정치는 임시방편에만 얽매었기 때문에 끝내 떨치고 일어나지 못하였다.[36)]

④ 명나라의 정치는 엄격하고 혹독한 것이 지나쳐 홀연히 패망하였다.[37)]

이와 같이 남당은 한나라로부터 명나라에 이르기까지의 역사를 자체적으로 분석하고, 국가 패망의 갖가지 원인을 제시한다. 그러나 그 갖가지 원인은 결국 패도정치라는 하나의 근본적인 원인에 귀속된다. 국가가 멸망하였다면 반드시 그 멸망에 이르게 된 필연적 원인이 있다. 그 필연적인 국가 패망의 원인을 남당은 패도정치에서 찾고 있는 것이다. 그런데 남당과 같은 성리학자의 관점에서는 역사의 필연과 우연의 문제는 그리 큰 문제가 되지 않는다. 유학적 관점에서 바라보는 역사의 성격은 우연성을 수반하기보다는 늘 하늘의 이치와 관련된 사건의 필연성을 수반하기 때문이다. 하늘의 이치를 잘 계승하고 구현할 때 왕도가 실현된다는 믿음을 유학적 지식인들은 공유한다. 반면 인간의 사적 욕망에 치우친 패도에 기울게 될 때 역사는 반

---

35) 『남당집』 권5, 筵說, 「經筵說(上)」, "唐之治, 雜於夷狄. 高祖太宗, 皆於君臣父子之間, 多有慙德. 其佐命之臣若裵寂魏徵之徒, 皆於君臣父子之倫, 有所不明. 夷狄之敎, 綱常不正, 故以藩鎭叛逆, 人視爲常而亡其國."

36) 『남당집』 권5, 筵說, 「經筵說(上)」, "宋之治, 狃於姑息, 其終之不振可知也." 남당은 "우리나라 국사는 지나간 일들이 대부분 송나라와 같지만, 앞으로 밀어닥칠 재앙과 실패에 대해 송나라와 같은 전철을 밟지 않는다면 종사의 행운일 것이다"(『남당집』 권5, 筵說, 「經筵說(上)」, "我朝國事, 旣往則多同於宋矣, 將來禍敗, 勿復與宋而同歸, 則宗社之幸也.")라고 언급하여 송나라의 사례 역사를 거울삼아야 함을 역설한다.

37) 『남당집』 권5, 筵說, 「經筵說(上)」, "明之治, 過於嚴急, 其亡之忽焉, 亦可知也."

드시 패망의 길로 떨어지고 만다는 믿음 또한 유학적 지식인의 것이다.

남당은 역사를 통해 국가 멸망의 원인을 제대로 인식하고 마땅히 이를 경계하지 않으면 안 된다고 본 것이다. 남당에게 있어서 사례역사는 하나의 귀감이다. 따라서 중국 역사에서 패망한 국가의 사례역사들은 우리에게 교훈을 준다. 만일 패망한 국가의 사례역사의 교훈을 외면하게 된다면, 우리도 동일한 전철을 밟을 수밖에 없을 것이다. 남당은 그것을 필연적인 역사의 법칙이라고 인식하였음이 분명하다. 그래서 남당은 당대의 군주였던 영조에게 다음과 같은 말을 진강한다.

> 후대의 인군으로서 정치를 하고자 하는 사람은 마땅히 삼대를 본받아야 합니다. 그런데 삼대 이전이나 이후나 안정과 혼란이나 왕도와 패도의 구별은 오직 공과 사 두 글자 사이에 매달려 있을 뿐입니다. 공공의 일에 매진하여 정치를 하면 순전히 천리를 얻어 왕도가 되는 것이며, 사사로운 일에 매여 정치를 하면 인욕에 떨어져 이른바 패도가 되는 것입니다.[38]

즉, 역사는 끊임없이 왕도와 패도, 공공의 일과 사사로운 일의 대립에 직면하게 되는데, 만일 전자를 포기하고 후자의 경우를 선택한다면 그 어떠한 나라가 되었건 간에 그 나라는 필연적으로 멸망의 위기에 처하게 될 것이라는 것이 남당의 인식인 것이다.

이상에서 살펴본 세 가지 사례역사들, 즉 지나친 문교정책과 당화여파, 그리고 패도정치 등의 문제들은 모두 국가존망의 위기를 초래하는 요인들이다. 남당은 이들을 철저히 경계할 것을 권고한 것이다. 그리고 그 교훈적 사례역사에 대한 청자를 당대 정치권력의 실권자

---

38) 『남당집』 권5, 筵說, 「經筵說(上)」, "後之人君欲爲治者, 當法三代. 而三代以上以下治亂王覇之分, 只在於公私二字之間而已矣. 公則純乎天理而所謂王也, 私則流於人欲而所謂覇也."

였던 영조로 상정하고 있다. 남당의 국가존망의 여부는 사대부나 일반 백성들에게 있는 것이 아니라 그 책임이 일차적으로 군주에게 있음을 시사하는 발언을 서슴지 않았던 것이다. 그 대표적인 예는 중국 최대의 간신이라 일컬어지는 진회(秦檜, 1090-1155)에 대한 남당의 평가이다. 일반적으로 사람들은 진회가 송 고종(高宗, 1107-1187)을 그르쳤다고 말하는데, 남당은 오히려 고종이 진회를 그르쳤다고 인식한다. 이에 남당은 고종이 일시적인 편안함과 두려움 때문에 부형의 원수를 망각한 것은 가히 천 년을 두고 경계로 삼아야 할 일이라고 주장한다.[39]

이 점을 상기한다면, 역사 교훈주의의 입장과 사례역사의 교훈은 올바른 정치의 구현을 위한 경세론적 기초에 해당하는 존재의의를 지닌 것임을 알 수 있다. 역사는 정치 현실의 문제와 떼려야 뗄 수 없는 밀접한 상관관계를 지니고 있다. 진정 역사에서 교훈을 얻는다는 것은 다스려짐과 어지러워짐에 대한 사건을 인식하는 데 그치는 것이 아니라, 힘써 행하여진 진정한 정치의 방법을 찾는 바탕을 얻는다는 것을 의미한다.[40]

따라서 정치적 군왕에게는 올바른 정치의 구현을 위한 과거 역사에 대한 교훈 획득의 노력이 필수적이다. 지나간 역사의 교훈들은 그 성격이 매우 포괄적이기 때문에 군왕은 정치에 임하기에 앞서 이에 대한 선(先) 이해를 갖지 않으면 안 된다. 그러나 무엇보다 중요한 것은 이러한 선(先) 이해가 있었음에도 이를 실행하지 않는다면 아무런 의미가 없다는 점이다. 그래서 남당은 역사에서 귀감이 될 만한 좋은

39) 『남당집』 권5, 筵說, 「經筵說(上)」, "人謂秦檜誤高宗, 臣則謂高宗誤秦檜也. 高宗之偸安畏㤼, 忘父兄之讐者, 可爲千載之戒也."

40) 王夫之, 『讀通鑑論』, 敍論 4, 「釋資治通鑑論」, "曰資治者, 非知治知亂而已也, 所以爲力行求治資也." 참조.

것을 알았다면 군왕된 사람은 반드시 이를 시행하여야 한다는 입장을 피력한다. 귀감이 될 만한 좋은 것은 그 좋은 줄을 아는 것만으로는 귀한 것이 될 수 없기 때문이다.[41]

군왕의 입장에서 역사를 안다는 것은 곧 임금의 도를 아는 것이며, 정치의 대상을 포괄적으로 이해한다는 것을 의미한다. 즉, 군왕의 입장에서 역사를 이해한다는 것은 국가의 이념과 정치체제, 민생, 국방, 문화의 유행 등과 같은 정치·사회·군사·문화적인 제반 요소를 이해한다는 의미와 상통하는 것이다.

3. 조선중화주의의 의리론적 입장과 특징

중국과 이적 등 오방 백성은
각각의 습성이 있어 이를 바꿀 수 없다.
『예기』, 「왕제」(王制) 중에서[42]

남당의 역사인식에서 두드러진 특징 중 하나는 그가 강한 조선중화주의의 입장을 견지하였다는 점이다. 이러한 조선중화주의의 입장은 남당뿐만 아니라 당시 사상계의 일반적 특징으로 자리 잡고 있었다.[43] 그것은 임진왜란과 병자호란이라는 사상 초유의 국난의 여파

---

41) 『남당집』 권5, 筵說, 「經筵說(上)」, "臣聞知之非難, 行之爲難. 臣言固不足採, 凡於廷臣之言, 如知其善, 斷然行之. 不然則無貴於知其善矣." 참조.

42) 『예기』, 「王制」, "中國戎夷, 五方之民, 皆有其性也, 不可推移."

43) 그러나 남당의 조선중화주의는 대청 관계론의 입장에서 주화론의 입장에 선 일군의 정파나 사상가들과는 차별되는 입장이었기 때문에 그 특징은 강경론

가 당시 지식인들의 사상적 반성을 촉구한 것으로부터 기인한 것이기도 하다. 특히, 17세기와 18세기를 살아간 사상가들에게 있어서 병자호란으로 인한 대청 관계론의 입장은 이미 사상논쟁을 넘어 하나의 정치적 논쟁으로까지 비화되고 있었다. 이와 관련된 남당의 이념적 좌표는 매우 명백하였다. 그는 생물학적 인간으로 태어난 인간이 인간다운 삶의 가치를 보장받고 살아가기 위해서는 무엇보다도 '중화'(中華)[44]와 '이적'(夷狄)에 대한 변별력을 갖지 않으면 안 된다고 생각하였다.

우경섭은 중화와 이적의 구분은 대체로 다음과 같은 세 가지 측면에서 논의된다고 본다. 첫째, 지역적 개념으로 중화란 중국의 고대 문명이 가장 먼저 흥성하였던 화북지역을 세계의 중심으로 인식한 관념이었다. 둘째, 종족적 개념으로 동이·서융·남만·북적으로 지칭되는 변방민족과 구별되는 집단으로서 한족의 우월성 과시이다. 셋째, 문화적 개념으로 주나라의 왕도정치사상과 예악형정으로 대표되는 유교문화를 담지한 중국이 세계 문명의 중심이라는 것이다.[45] 이 세 가지 요소 중 특히 중심이 되는 것은 문화적 개념이라고 할 수 있는데, 남당의 조선중화주의의 입장도 이를 중시하고 있음이 확인된다. 그리고 이러한 조선중화주의의 이념적 좌표는 정치적으로 우암의 학

적 입장을 견지하고 있었다.

44) '중화'(中華)는 본래 중국 고대 국가가 성립한 '지역과 문화'를 가리키는 말로, 후대에는 '중국인의 민족 문화에 대한 우월감과 동경'을 상징하는 의미로 확대되었다. 그리고 이러한 중화주의는 자연환경의 외연적 범주를 넘어 사고와 행위를 통해 일구어 낸 인위적 공간과 의미를 문화로 담아 이를 향유하고 계승하려는 의식이 스스로에 대한 긍지와 상대적 우월감으로까지 전개된 결과라고 할 수 있다(한국사상사연구회, 『조선유학의 개념들』(서울: 예문서원, 2002), 608쪽 참조).

45) 우경섭, 「송시열의 화이론과 조선중화주의의 성립」, 『진단학보』 101, 진단학회, 2006, 260쪽 참조.

통을 계승한 서인 노론 정파의 일맥을 계승하는 것이기도 하다는 점에서 의의가 있다.

남당의 조선중화주의의 입장은 『남당집』의 도처에서 발견된다. 뿐만 아니라, 남당의 도우였던 병계(屛溪) 윤봉구(尹鳳九, 1681-1767)의 문집에 기록된 「남당한공(원진)행장」은 남당이 조선중화주의의 입장을 평생 하나의 이념적 정론으로 견지하였음을 분명하게 밝히고 있다. 병계는 다음과 같이 말한다.

> 또한 (남당공은) 항상 만년에 문인들에게 다음과 같이 말하였다. "사람과 짐승의 본성을 놓고 똑같이 오상을 갖추었다고 주장하는 것은 '사람과 짐승도 분별하지 못하는 것'이며, 심선이라는 말을 주장하여 석가의 본심과 동일시하는 것은 '유교와 불교도 분별하지 못하는 것'이며, 허형(許衡)을 추존하여 성문의 신유로 간주하는 것은 '중화와 오랑캐도 분별하지 못하는 것'이다." 이것이 그의 평생 정론이었다.[46]

병계는 남당의 평생 정론을 세 가지 특징으로 요약 정리한다. 즉, ① '사람과 짐승을 분별하는 것', ② '유교와 불교를 분별하는 것', ③ '중화와 오랑캐를 분별하는 것'이 그것이다. 이와 같은 세 가지 정론은 사실상 남당 자신이 살아생전에 직접 자신의 사상적 좌표로 제시하였던 것인데,[47] 병계는 남당의 말을 원용하여 남당 사후에 그의 「행

46) 『병계집』 권59, 「南塘韓公(元震)行狀」, "又晩年, 常謂諸門人曰, 以人物之性, 謂同具五常, 則此人獸無分之說也. 主張心善之言, 同於釋氏之本心, 則此儒釋無分之說也. 推尊許衡, 以爲聖門眞儒, 則此華夷無分之說也. 此其平生定論也."

47) 특히, 이에 대한 입장은 정묘년(丁卯年, 1747) 8월 문인 권진응(權震應, 1711-1775)에게 보낸 서신 속에 분명하게 제시되어 있다. 『남당집』 권20, 書門人問答, 「答權亨叔」, 別紙, "自古異端之說, 皆是無分之說也. 老莊齊物. 告子生之謂性, 皆是也. 今之學者, 以人物之性, 謂同具五常, 是人獸無分也. 釋氏曰心善, 而儒者亦曰心善, 是儒釋無分也. 推尊許衡, 以爲聖門眞儒, 旣以爲眞

장」 속에 기록하였던 것이다. 그런데 이들 세 가지 정론은 각각 별개의 주장으로 독립된 것이라기보다는 상호간에 긴밀한 연관관계를 지니고 있다는 특징이 발견된다.

이 세 가지 정론은 당대의 무분별한 세 가지 시대적 상황에 대한 대체방안의 제시였다고 할 수 있다. 남당의 눈에 비친 당 시대적 상황은 사람과 짐승의 구별에 대한 분별력의 상실, 유교와 불교를 비롯한 이단사설의 구별에 대한 분별력의 상실, 중화와 오랑캐의 구별에 대한 분별력의 상실로 점철된 극도의 혼란기였던 것이다.[48] 이를 극복하기 위한 각각의 이념적 대안이 세 가지 정론으로 제시된 것이다. 그리고 그 세 가지 정론들에서 논의되는 전자의 입장은 후자를 극복 지양해 나아가야 할 이념적 준거 틀로 제시된 것이기도 하다. 즉, 인간은 짐승의 길을 넘어서서 인간다움의 길을 걸어가야 하며, 불교를 비롯한 이단사설을 극복하고 유교의 가르침을 지향하여야 하고, 오랑캐를 물리치고 중화를 높여야 한다.

그런데 유교의 인본주의적 특색은 중화의 문명을 건설하는 '사람다움의 길'이라고 하는 공통분모가 있는 반면에 불교를 비롯한 이단사설과 오랑캐의 생존방식은 '짐승이 걸어가는 길'이라는 당 시대적 사대부들의 공통의 인식이 전제된다. 이러한 점에서 남당의 세 가지 정론은 모두 서로가 동일한 문제의식을 공유하고 있음을 부정할 수 없다.

儒, 則當學其人, 是華夷無分也. 此三說者, 將爲吾道無窮之害, 所恃而衛道者, 惟高明也. 把此題目明辨之, 如何? 歐陽玄輩推尊許衡, 以爲集濂洛關閩之大成, 薛文淸以爲有仕止久速之氣像, 羅整菴以衡之事元, 謂無不可, 非特東人之論然也." 참조.

48) 이상곤은 남당의 세 가지 정론이 세 가지 '분별력의 상실'로부터 연유한 것임을 현대적 관점에서 잘 풀이하고 있다. 이에 대해서는 이상곤, 『18세기 기호유학을 이끈 호학의 일인자, 남당 한원진』, 137-145쪽을 참고하라. 이 글에서 사용한 세 가지 '분별력의 상실'의 개념은 이상곤의 용어를 차용한 것임을 밝힌다.

그런데 남당의 세 가지 정론 중에서 시대적 역사 현실론의 입장을 가장 강하게 견지하는 것은 무엇보다 조선중화주의의 입장이다. 물론 이 말이 '사람과 짐승도 분별하지 못하는 것'과 '유교와 불교도 분별하지 못하는 것'이 추상적이고 시대적 현실론을 외면하고 있다는 것을 의미하는 것은 아니다. 남당은 '사람과 짐승도 분별하지 못하는 것'과 관련하여 자신이 당대의 학술사조를 선도한 '인물성동이론'의 입장을 결부하여 파악하고 있고, '유교와 불교도 분별하지 못하는 것'과 관련해서는 상대 당인들의 양명학적 경향성에 대한 짙은 경계의 의혹을 제기하고 있기 때문이다. 다만 이 말은 역사적 맥락에서 볼 때, 남당의 역사인식과 결부하여 당대의 대내외적인 문제현실론과 가장 직접적인 관련성을 갖는 시대적 현실론의 담론이 '중화와 오랑캐도 분별하지 못하는 것'과 같은 조선중화주의적 입장이었음을 전제한 것이다.

남당에게서 조선중화주의의 입장 이외에 나머지 두 가지 정론은 모두 조선중화주의의 입장을 지지하는 이론적 배경으로 작용한다. 중화를 존중하는 것이야말로 인간의 길이며, 올바른 정통의 길이라고 할 수 있기 때문이다. 중화를 지키고 보존하는 일은 인간다움을 지키고 보존하는 길인 반면에 인간이 짐승의 상태로 전락하는 것을 막는 일이기도 하다.[49] 남당의 조선중화주의 역시 기본적으로는 '중화를 높이고 오랑캐를 물리치는 것'으로 대변된다. 남당은 다음과 같이 말한다. "중화를 높이고 오랑캐를 물리치며, 적을 징토하여 복수를 하는 일보다 더 큰일은 없다. 이것은 실로 하늘의 길이요 땅의 뜻이며 백성의 법도이다. 우주를 괴어 떠받치고, 인도의 벼리를 바로세우고,

---

49) 『남당집』, 「陳大義疏」, "一有墜失, 則中國而裔戎, 冠裳而禽犢矣, 可不懼哉" 참조.

만고에 널리 알려 잃어버리지 않도록 하여야 한다."[50] 이러한 조선중화주의의 입장은 자연의 법칙이면서 인간의 당위에 해당하는 일이라는 것이 남당의 인식이었다.[51] 그것은 춘추대의의 의리론적 입장을 좌표로 삼는다. 그리고 이러한 인식에 기초한 남당의 조선중화주의는 다음과 같은 몇 가지 구체적 특징을 갖는다.

첫째, 남당의 조선중화주의는 북벌론의 구현과 관련을 갖는 춘추의리정신을 그 특징으로 한다. 남당의 조선중화주의는 정치의 측면에서 보면 오랑캐를 물리치고 천자를 보호하자는 것이고, 사상의 측면에서 보면 오랑캐의 문화를 물리치고 중화의 도를 지키자는 것이다. 일찍이 공자가 엄격한 기준 하에 『춘추』를 지어서 후세 왕들에게 모범을 제시했던 것은 오로지 난적을 징토하고 이적을 물리치기 위해서였으며 성인의 일 중에 가장 큰 것이 춘추이고 춘추의 의리 중 가장 큰 것이 '중화를 높이고 오랑캐를 배척하는 일'이며 '적을 징토하고 복수하는 일'인데, 북벌이 그 의리를 구현하는 일이었다. 이것을 이룬다면 조선이 바로 춘추의 의리, 중화의 도를 구현하는 주체가 된다는 것이다.[52] 김태년은 이를 구현하기 위한 구체적인 방안으로써 남당이 청나라의 위협에 맞서 방어하는 것에서 더 나아가, 지금은 청나라의 운이 이미 다했으니 수륙 양면으로 진격하면 그 뜻을 이룰 수 있을 만한 상황이라며 이에 대한 자세한 작전 계획을 세우기까지 한 점을 예로 든다.[53] 남당은 비록 지금 당장은 청나라의 침입을 걱정해야 하

---

50) 『남당집』, 「陳大義疏」, "莫大於尊華而攘夷, 討賊而復讐. 此實天之經地之義民之彝, 撑拄乎宇宙, 綱紀乎人道, 亘萬古而不可墜失者也."

51) 유초하, 『한국사상사의 인식』, 208쪽.

52) 김태년, 「남당 한원진 사상의 배경과 형성 과정」, 356쪽 참조.

53) 『남당집』 권38, 「雜識」 外篇(下), "孝廟北征之計, 天下大義也. 恨當日區畫旣秘, 後人莫之聞也. 愚嘗竊爲當日計之制北虜之策, 莫如造兵車治舟師, 水陸幷發, 首尾掩擊, 庶可以得志矣. 我國人馬強壯, 俱不如北虜, 自義州江北至山海

는 처지지만, 각종 개혁을 통해 민생이 안정되고 국방력이 강화되면 조선은 북벌의 꿈을 이룰만한 역량을 가지게 된다고 기대했던 것이다. 이러한 구상은 조선에 대한 자부심, 즉 현재 천하에서 조선만이 중화문명을 이어가고 있다는 '조선중화의 자존의식'에 기반을 두고 있었다는 것이다. 남당은 북벌을 통해 춘추의리를 실현하는 것은 홀로 문명을 지키고 있는 조선만이 할 수 있는 일이라고 생각했다.[54] 남당은 우암 송시열과 수암 권상하의 뒤를 이어 청나라에 대한 북벌을 정치적으로 춘추의리를 구현할 방법으로 제시했던 것이다.[55] 단적으로 말해 남당의 북벌론적 조선중화주의의 입장은 화양의 수장이었던 우암이 다른 어떤 성리학자보다 강력한 존화관을 북벌론을 통해 보여준 연장선상에 있다. 남당에 의하면 조선의 두 외적 가운데 왜를 정벌하는 것은 '한 나라의 사적 원수'를 갚는 것임에 비해 청나라를 치는 것은 중화문화를 회복하는 '천하의 대의'를 실현하는 것이었다.[56]

둘째, 남당의 조선중화주의는 주자학적 도통론의 특징을 견지한다. 남당은 조선중화주의와 관련하여 도학적 정통론의 입장을 취한다. 남당은 율곡으로부터 사계(沙溪) 김장생(金長生, 1548-1631)-우암 송시열-수암 권상하로 전해진 이른바 우암 계열의 화양의 정맥을 자임하였

關, 由關至燕京, 皆平原廣陸, 虜騎馳逐, 政得其形便. 我國步騎, 轉鬪萬里, 以與鐵騎, 從事於原野, 其不敗沒, 必無幸矣. 平地制騎, 莫如用車, 行則藏兵車中, 止則環車爲陣, 所謂不飼之馬, 有脚之城, 虜騎雖善蹂躙衝突, 亦無所施矣. 先以兵車五萬衆, 由旱路直進山海關, 虜必空其內以守關, 復以舟師五萬衆, 渡海徑趍燕京, 出其不意, 則虜必奔潰北走, 關外之師, 不爲邀擊, 放之使出, 而以全師入關, 自關以內, 自屬於我矣. 虜若撤其守關之師以救燕, 關外之師, 亦可方軌而進矣. 旣覆其根本, 傳檄天下, 則中原萬里, 自當皆響應而歸附矣. 其視以區區偏師, 欲與虜爭鋒於萬里之外者, 得失相萬矣." 참조.

54) 김태년, 「남당 한원진 사상의 배경과 형성 과정」, 356-357쪽 참조.

55) 김태년, 「남당 한원진 사상의 배경과 형성 과정」, 356쪽.

56) 유초하, 『한국사상사의 인식』, 212쪽 참조.

다. 남당에게 전승된 화양의 정맥은 그 도통이 멀리 공자로까지 소급될 뿐만 아니라, 공자의 위로는 유학의 이상적 인간상이기도 한 '요-순-우-탕-문-무-주공'을 거쳐 아래로는 '맹자-주자-율곡-우암-수암'으로 이어지는 것으로서 규정된다. 이러한 도학적 정통론에 입각하여 남당은 유학 이외의 사고형태들을 철저히 배격한다. 불교[57]와 노장[58]을 비롯한 양명학[59]이 배척될 뿐만 아니라 고자와 순자의 학설도 배척의 대상이다. 물론 맹자가 극렬하게 비판한 양주와 묵적도 남당의 비판을 벗어나지는 못하였다. 양주와 묵적은 처음에 인의를 배

57) 남당은 이단의 학설이 기(氣)를 주로 한다고 본다. 남당에 따르면, 불교 역시 기의 영각을 성이라 여기고, 심의 본질인 성을 공(空)으로 여겨, 심·성과 리(理)를 완전히 절연시켜버린 폐해가 있다고 주장한다. 이와 같은 남당의 불교 비판은 곧바로 유학에 접목되어, '유학의 옷을 입은 불교'로 인식된 양명학을 겨냥하는 면모를 띠게 된다. 이에 관한 자세한 내용에 관해서는 남당의 「선학통변」(禪學通辨)을 참고하라.

58) 남당은 『장자변해』(莊子辨解)를 지어 노장에 대한 남다른 관심을 보여주기도 하였지만, 그의 『장자』 연구는 주자학적 기준 위에서 이루어졌다는 특징이 있다. 남당은 주자학적 토대 위에서 『장자』를 분석하여 "그 주장의 (허황되고 잘못된 측면을) 보여줌으로써 비판한다"(解其意辨其說)는 입장을 견지하였다. 『장자』는 "진리에 아주 가까워 보이기는 하지만 그만큼 더 진리를 왜곡하고 어지럽힌"(彌近理而大亂眞) 혐의를 피할 수 없다는 것이 남당의 기본적 입장이었다.

59) 남당이 주자학적 정통론에 근거한 조선중화주의의 입장을 피력할 수밖에 없었던 시대적 배경으로, 우리는 명·청 교체기의 학술계를 주목할 필요가 있다. 남당에게 있어서 명나라의 몰락과 청나라의 새로운 등장은 곧 정통의 붕괴로 인식되었고, 정학의 몰락으로 이해되었다. 그리고 정학이 몰락하게 된 원인은 명나라의 지식인들이 주자학의 정통을 폐기하고 양명학을 추종함에 있었다(문석윤, 「남당 한원진의 장자철학비판-『장자변해』를 중심으로-」, 『철학논구』 제21집, 서울대학교 철학과, 1993, 40쪽 및 『남당집』 권6, 筵說, 「經筵說(下)」, "至皇朝而大盛, 王守仁之徒出, 而專尙陸學, 排斥朱子, 旣斥朱學, 則其於朱子之言議行事, 一切背馳, 遂使義理晦塞, 人心敗壞, 終召夷狄之禍" 참조). 이러한 인식 때문에 남당은 양명학에 대해 매우 비판적이었다. 그러나 남당의 양명학 비판은 단순히 비판을 위한 비판에 머문 것이 아니라, 『왕양명집』을 학문적으로 검토하여 「왕양명집변(병발)」을 지을 만큼 구체적인 것이었다. 남당은 이를 통해 양명학의 대강령을 조목별로 비판하고 있다.

운 자들이었지만, 나중에는 무부(無父)·무군(無君)에 떨어졌다고 여겨졌기 때문이다.[60] 이밖에 기철학을 중시한 정암(整菴) 나흠순(羅欽順, 1465-1547)의 경우도 남당의 비판을 비껴가지는 못했다. 요컨대, "정학을 떠받들고 이단을 배격한다"[61]고 하는 주자학적 선언은 남당 조선중화주의의 한 특징이다. 이러한 측면에서 남당의 조선중화주의는 현실적 국가나 왕조 내지는 지역적 외연의 공동체가 지향할 이념을 지시하기보다는 문화주의의 정통성과 깊은 관련을 갖는 이념임을 알 수 있다. 그리고 그 문화주의의 정통성을 보장하는 것은 바로 유학적 도리의 세계이다. 유학적 도리의 세계를 기반으로 문화적 공동체를 형성하였는지 그렇지 못하였는지의 여부는 중화와 이적의 중요한 갈림길이 된다. 그래서 남당은 당대 동아시아의 새로운 패권국으로 등장한 청나라의 존재를 부정한다. 청나라는 비록 무단적 패권으로 중원을 차지하긴 했지만 유학적 도리의 세계로부터 멀리 떨어져 있는 비문화적 공동체일 뿐이라고 인식하였기 때문이다. 남당은 청나라가 단지 하나의 야만적 군집에 불과할 뿐이라고 한다. 그러나 이에 비하여 지역적으로는 비록 중원으로부터 멀리 떨어진 동쪽 구석의 변방국이기는 하지만 조선이야말로 중화의 도리를 유일하게 간직하고 있는 문화 공동체라고 인식한다. 남당이 볼 때, 중화의 정통성은 아름다운 풍속과 훌륭한 인재, 성대한 예악 문물, 도학과 유가의 학술 등에 의하여 확보되는 종류의 것이다.[62] 남당은 유가의 학술체계 위에서만이 중화가 이루어진다고 하는 신념을 가지고 있었고, 특히 주자학적 세계관은 그 이념적 좌표가 되었다고 할 수 있다.

---

60) 『남당집』 권5, 筵說, 「經筵說(上)」, "楊墨其初學仁義者也, 其終至於無父無君."
61) 『남당집』, 「연보」, "扶正學, 闢異端."
62) 『남당집』 권38, 「雜識」 外篇(下), "風俗之美, 人才之出, 禮樂文物之盛, 道學儒術之興, 又與中國相埒." 참조.

셋째, 남당은 중화와 이적의 분별을 가늠하기 위한 하나의 전제조건으로 원대의 유학자 노재(魯齋) 허형(許衡, 1209-1281)[63]의 출처를 비판한다. 남당의 조선중화주의적 기준에 의한 허형 비판은 이미 17세기 후반부터 본격화된 당대의 지배적 담론으로서, 당대의 대청 인식의 태도와 밀접하게 연관되어 있다. 허형은 중화와 이적에 대한 분별적 문제가 부조리한 현실에서 어떻게 적용되어야 하는지를 보여준 대표적 지식인의 전범이었다. 허형에 대한 비판은 우암에 의해 본격적으로 가시화된다. 우암은 중화인으로서 오랑캐의 왕조인 원나라에 출사한 허형을 극단적으로 비판한다. 우암이 볼 때, 허형은 중화와 이적의 분별력을 상실한 가장 대표적 경우에 해당하였던 것이다. 우암이 허형을 비판하는 가장 큰 이유는 그가 '춘추대의의 절의를 저버린'(失節) 배신자였다는 점 때문이다. 그래서 우암은 허형의 문묘출향을 주장하였던 것이고,[64] 이를 상대 당인의 정파적 이념비판에 적용하였던 것이다. 우암의 적통을 계승한 수암 역시 허형을 가리켜 오랑캐에게 몸을 잃어버린 죄인이라고 혹평하였고,[65] 남당도 우암의 허형 비판에 대한 입장을 고수하였다. 남당은 졸수재(拙修齋) 조성기(趙聖期, 1638-1689)가 허형을 추존한 설을 비판하면서, 38세 되던 기해년(己亥年, 1719) 2월에 「졸

---

[63] 허형은 원나라 세조 쿠빌라이에게 발탁되어 조정에 나아가 주자학적 소양을 가지고 국정에 참여하였다. 그는 집현대학사가 되어 원나라 귀족 자제들의 교육을 담당하였을 뿐 아니라 주자학을 원나라 황실에 뿌리내리게 하였다. 한편, 그는 역법 개정에 착수하여 수시력(授時曆)을 제정하기도 하였다. 후에 공자의 묘정에 종사되었고 『소학』을 공부하여 쇄소응대(灑掃應對) 진퇴지절(進退之節)을 중시한 실천적인 성향의 학풍을 가지고 있었다. 그의 학풍은 여말선초 신진사대부들의 학문에 커다란 영향을 미쳤다(우경섭, 「송시열의 허형 인식과 문묘출향론」, 『진단학보』 106, 진단학회, 2008, 35-36쪽 참조).

[64] 이에 대한 자세한 논의는 우경섭의 다음 논문을 참고하라. 우경섭, 「송시열의 허형 인식과 문묘출향론」, 『진단학보』, 106, 진단학회, 2008.

[65] 『한수재집』 권5, 書, 「答李同甫」, "許衡爲胡鬼爲失身."

수재설변」을 지을 만큼 허형의 출처에 대해 매우 비판적이었다. 뿐만 아니라 남당은 허형이 원나라 조정에 나아가 주자학을 강론한 것을 가리켜, 마치 기방에서 창녀가 예서를 읽고 백정이 예불을 드리는 것과 다를 바가 없는 행위였다고 극단적 비유로 비판할 정도였다.[66] 이와 같은 남당의 허형 비판관은 이미 그의 세 가지 정론에 대한 주장에서도 제시된 바 있다. 즉, 절의를 저버린 배신자 허형을 참된 유학자로 추존하는 일은 중화와 오랑캐의 구분에 대한 분별력을 상실한 것이라는 것이 그것이다.[67] 한편, 남당의 허형 비판에는 중화와 오랑캐에 대한 근본주의적 입장이 전제된다. 즉, 중화와 오랑캐는 엄연히 다른 존재일 뿐 결코 변하지 않는다는 것이다. 그런데 허형의 출처를 긍정하는 입장에서는 허형이 중화의 이념과 예를 적용하여 오랑캐를 교화시킨 업적이 있다고 평가되기도 한다.[68] 그러나 남당은 그 가치를 전연 용인하지 않는다. 남당의 조선중화주의는 이적이 결코 중화적 존재로 변화할 수 없다는 근본주의적인 전제 하에 이루어진 것이기 때문이다. 남당이 볼 때, 이적은 중화인과 짐승 사이의 존재이다. 그러므로 이적은 중화인과는 태생적으로 다른 존재이다. 천지가 만물을 만들어 내면서 '중화인-이적-짐승'을 만들었는데, 이들은 각각 기질이 다르고 거처하는 곳이 다르고 음식과 언어가 다르다. 짐승이 이적이 될 수 없는 것처럼 이적도 중화인이 될 수 없다는 것이 남당의

66) 『남당집』 권37, 雜識, 「外篇(上)」, "政是娼家之讀禮而屠兒之禮佛耳."

67) 『남당집』 권20, 書, 門人問答, 「答權亨叔」, 別紙, "推尊許衡, 以爲聖門眞儒, 旣以爲眞儒, 則當學其人, 是華夷無分也." 및 『병계집』 권59, 「南塘韓公(元震)行狀」, "推尊許衡, 以爲聖門眞儒, 則此華夷無分之說也." 참조.

68) 그 대표적인 예가 명나라의 유학자 경헌(敬軒) 설선(薛瑄, 1389-1464)의 경우이다. 설선은 자신의 『독서록』(讀書錄)에서 허형이 주자의 적통을 계승하였을 뿐 아니라, 원나라에 출사하여 임금과 백성을 교화하고자 했던 행적이 공자의 가르침에 부합하는 '성인의 학문' 그 자체였다고 극찬한다(우경섭, 「송시열의 허형 인식과 문묘출향론」, 37쪽 참조).

인식이다.[69] 이러한 남당의 인식은 『예기』에 근거를 두는데, 『예기』는 다음과 같이 말한다.

> 중국과 이적 등 오방 백성은 각각의 습성이 있어 이를 바꿀 수 없다. 동방 이족은 머리를 깎고 온몸에 문신을 새겼으며 날것을 먹기도 한다. 남방 만족은 이마에 색색의 문신을 새기고 안짱다리로 걸으며 날것을 먹기도 한다. 서방 융족은 머리를 풀어헤치고 가죽옷을 둘렀으며 곡물 이외의 것을 주식으로 한다. 북방 적족은 털옷을 입고 혈거생활을 하며 마찬가지로 곡물은 주식이 아니다. 중국과 동이·남만·서융·북적의 나라가 모두 안주할 곳, 맛이 조화된 먹을거리, 기후에 마땅한 의복, 이용할 물품, 상비하는 기구가 있다. 오방의 백성은 서로 언어가 소통되지 아니하고, 기욕이 같지 않다.[70]

물론 남당이 『예기』의 전통을 따라 중화와 이적의 경계를 명백히 하는 것은 사실이지만, 그렇다고 완고하게 이적의 변화 가능성 자체를 완전히 부정한 것은 아니다. 물론 이적도 변화 가능한 존재이다. 사방의 오랑캐들이 자신의 풍습과 생활습관을 버린다면 오랑캐도 중화인의 범주에 얼마든지 편입될 수 있다. 그 대표적인 사례가 민(閩)과 월(越)이다. 그러나 남당은 이적 중에서도 변화가 가능한 존재가 있는가 하면, 전연 그렇지 않은 존재가 있다고 구분하기도 한다. 이들은

---

69) 김태년, 「남당 한원진 사상의 배경과 형성 과정」, 357-358쪽 참조. 이에 대한 남당의 입장은 「졸수재설변」에서 주로 논의되었는데, 관련 내용은 다음과 같다. 『남당집』, 습유 권6, 잡저, 「拙修齋說辨」, "盖以天地生萬物, 有中國焉夷狄焉禽獸焉, 氣類旣分, 游居異處, 食味別聲, 被色之性, 亦自不同, 則夷狄之不可以爲中國, 猶禽獸之亦不得爲夷狄也." 참조.

70) 『예기』, 「王制」, "中國戎夷, 五方之民, 皆有其性也, 不可推移. 東方曰夷, 被髮文身, 有不火食者矣. 南方曰蠻, 雕題交趾, 有不火食者矣. 西方曰戎, 被發衣皮, 有不粒食者矣. 北方曰狄, 衣羽毛穴居, 有不粒食者矣. 中國·夷·蠻·戎·狄, 皆有安居·和味·宜服·利用·備器, 五方之民, 言語不通, 嗜欲不同."

각각 양의 존재질서와 음의 존재질서로 구분되어진다. 그리고 서쪽과 북쪽의 이적은 음의 존재질서에 해당하는 것임에 비하여 동쪽과 남쪽의 이적은 양의 존재질서에 해당한다고 주장한다. 그리고 양의 존재질서를 갖춘 동쪽과 남쪽의 이적은 변화가 가능하지만, 음의 존재질서를 가지고 사는 서쪽과 북쪽의 이적은 변화가 불가능하다. 역사적으로 원나라와 청나라가 음의 존재질서를 대표하며, 따라서 이들은 근원적으로 변화가 불가능하다는 것이 남당의 주장이다.[71] 근원적으로 성인의 교화가 불가능하고 자체적인 심성의 변화가 불가능한 오랑캐의 왕조에 출사한 허형의 출처는 그래서 문제가 있는 것이며, 결국 허형은 아무런 학문적 성과도 거둘 수 없었다는 것이 남당이 허형을 비판한 이유였음을 알 수 있다. 그런데 우암 이래로 화양의 문중에서 허형을 비판한 것은 '친청파'에 대한 정치적 비판의 의도가 담겨 있었음을 부정할 수 없다. 즉, 당대 친청파의 태도는 허형의 출사와 다를 바 없는 분별력 상실의 결과일 뿐이라는 것이 화양의 문중의식이었다고 할 수 있다. 남당 역시 우암과 같이 허형의 출사를 친청파의 행위와 동질시하였고, 북벌을 반대하는 사람들을 이적 내지는 역도로 간주하였던 것이다. 이렇게 볼 때, 남당의 허형 비판론적 측면의 중화주의 관점은 북벌론적 조선중화주의의 입장과 상호 연계되는 특징이 발견된다.

넷째, 남당의 중화주의는 기자조선의 정통성을 인정하는 조선중화주의의 특징이 있다. 그것은 중화문명이 명대에 와서 단절되고, 그 보편문명이 조선으로 건너왔다는 인식과 관련된다. 남당은 청나라를 중화문명의 계승자로 인정하지 않는 것이다. 그리고 이미 오래 전 기자에 의해 문명화된 조선이 명나라의 뒤를 이어 새로운 문명세계를

---

71) 이에 대해서는 『남당집』에 수록된 「졸수재설변」의 내용을 참고하라.

계도해 나아갈 수밖에 없는 시대가 왔다고 본 것이다. 중화의 보편문명이 중국으로부터 조선으로 건너왔다는 인식은 비슷한 시기에 식암(息庵) 김석주(金錫胄, 1634-1684)에 의해 단적으로 주장된 바 있다. 남당보다 한 세대 앞의 선배 유학자인 식암은 "중국에 군주가 사라지자 우리나라가 동주가 되었다"[72]고 하는 말을 자신의 상소문 속에서 문묘개혁의 주장과 함께 제시하였던 것이다. 그것은 조선이 중화문명을 온전하게 계승하였으니, 문묘개혁을 단행하는 것은 당연하다는 것을 선언한 주장이었다. 남당도 조선이 중화의 특징을 계승하고 있음을 다음과 같이 피력한다.

> 우리나라는 동쪽 귀퉁이에 치우쳐 있고 땅은 겨우 중국의 한 주의 크기에 비견되지만, 기후의 차고 더움이나 토지에서 생산되는 것들은 모두 사방의 다양함을 포괄하여, 중국과 비교하면 그 규모는 작지만 갖출 것은 다 갖추고 있다. 왕업의 홍성함은 북쪽으로부터 남쪽에 이르며, 풍속의 아름다움이나 인재의 배출, 예악 문물의 성대함, 도학과 유가학술의 홍성함 등은 또한 중국과 더불어 서로 필적한다. (우리 조선이) 서·남·북의 여러 나라들과 다르게 얻을 수 있는 도리는 어떠한 것인가? 가만히 생각건대, 원(元)은 사덕(四德)의 으뜸이기 때문에 한 가지 일로 네 가지 일을 포괄하고, 목(木)은 오행의 으뜸이기 때문에 한 가지 기운으로 다섯 가지 기운을 포괄하며, 동(東)은 사방의 으뜸이기 때문에 덕(德)에 원(元)이 속하고 행(行)에 목(木)이 속한다. 그러므로 또한 일방으로 사방의 기운을 겸하는 것이 아닌가? 그러한즉 하늘이 낳은 것과 땅이 기른 것이 홀로 동방에 두텁다고 말할 수 있으니, 사람들은 성현이 되고 다스림은 옹희(雍熙, 송 태종의 연호)의 태평함을 이루는 것은 모두 어려운 일이 아니다.[73]

---

72) 『숙종실록』 권12, 숙종7년 11월 戊午(9), "諸夏無君, 我爲東周."

73) 『남당집』 권38, 「雜識」 外篇(下), "我國僻在東隅, 地方僅比中國一州之大, 而風氣之寒熱, 土地之所産, 皆兼有四方之異, 比之中國, 具體而微. 王業之興, 自

남당은 이러한 중화문명의 조건을 두루 갖춘 조선의 잠재성을 보고 기자가 조선으로 건너왔다고 주장한다.[74] 그리고 남당은 기자의 동래 이후 조선이 중화의 전통을 이어올 수 있었다고 자부한다. 뿐만 아니라 조선이야말로 중화의 춘추의리를 구현할 다시없는 적임자라고 본다. 그런데 기자조선의 정통성을 중심으로 조선중화주의의 입장을 견지한 남당의 사유에는 보다 내밀한 자신의 가계에 대한 자긍심이 존재하고 있었다. 그것은 청주 한씨인 남당은 그 가계의 기원이 멀리 기자로부터 유래하였다는 점이다. 남당은 청주 한씨가 기자의 후예라는 점에 대해 대단한 자부심을 보였다.

이에 관하여 이상곤은 다음과 같은 두 가지 예를 든다.[75] ① 기자의 동래로부터 8조의 범금이 공포되어 가르쳐지고 중화의 문물제도를 사용케 되어 종전에 젖어 있던 인습이 변화되었으니, 이로부터 조선은 예의의 나라라고 칭하여졌다.[76] ② 기자의 동래는 성인의 지혜가 능히 백세 뒤를 내려다보는 까닭에 우리나라가 반드시 문명하게 될 곳인 줄 알았기 때문에 이루어진 하나의 커다란 사건이었다. 그리하여 먼 훗날 중국이 이적에 의해 중화의 예악문물을 잃어버리게 된다 하더라도 우리나라가 문명한 정치를 보존하고 진유를 배출함으로써 중화의 전통을 계승하게 되니, 이는 실로 하늘의 뜻이 있었던 것이

北而南, 亦與中國同, 風俗之美, 人才之出, 禮樂文物之盛, 道學儒術之興, 又與中國相埒, 非西南北諸國所可得而方者何哉? 竊甞思之, 元爲四德之首, 故以一事而包四事, 木爲五行之首, 故以一氣而包五氣, 東爲四方之首, 而於德屬元, 於行屬木, 故亦以一方而兼四方之氣耶? 然則天之所生, 地之所養, 可謂獨厚於東方, 而人之作聖賢, 治之做雍熙, 皆不難矣."

74) 『남당집』 권38, 「雜識」 外篇(下), "箕聖之東來, 想亦有見於此."

75) 이상곤, 『18세기 기호유학을 이끈 호학의 일인자, 남당 한원진』, 52쪽 참조.

76) 『남당집』 권6, 筵說, 「經筵說(下)」, "自箕子東來, 八條敷教, 用夏變夷, 自是而稱禮義之邦矣."

지 결코 우연한 일이 아니었다는 것이다.[77] 남당은 기자의 동래 이후 조선 왕실에서 문명의 정치가 크게 흥하였다고 한다. 그리고 그 문명의 영향 아래 주자의 도통을 계승한 진유가 대거 배출되었는데, 율곡을 비롯한 우암 등이 그들이라는 것이다.[78]

이를 통해 볼 때, 남당은 혈통과 학통의 내·외적 요소에서 그 근원을 모두 기자로부터 확인받는다. 이는 혈통의 자부심이 조선중화주의의 자긍심으로 확대 재생산된 예에 해당한다고도 볼 수 있을 것이다. 요컨대, 기자조선의 정통성을 인정하는 남당은 개인적 차원에서는 진유가 되는 것이 목표였고, 세계적 차원에서는 문명세계를 건설하여 발전시키는 것이 목표였던 것이다. 조선중화주의란 도통을 계승한 진유들이 세계사적인 보편문명을 현실국가인 조선에 구현해 내는 일에 다름 아니라고 할 수 있다.

4. 남당 역사인식의 철학적 의의

남당 한원진이 활동한 17세기 후반부터 18세기의 조선은 양란의 화마가 훑고 간 여진이 잔존하여 여러 가지 사회적 문제가 유발되고 있었다. 이에 국가적으로는 민생의 안정과 국방의 대책 등을 고심할 수밖에 없었던 시대였고, 역사적으로는 과거를 반성하고 새로운 미래적 대안을 마련하기 위해 고민할 수밖에 없었던 시대였다. 중국에

---

77) 『남당집』 권6, 筵說, 「經筵說(下)」, "箕子之去中國也, 何處不可往, 而必於東南者, 盖其先知其地之終必爲文明之區也. … 今天之下, 獨有我國, 以一隅偏邦, 能保其文明之治, 禮樂文物在焉, 眞儒代作, 此實天意之所在也." 참조.

78) 『남당집』 권6, 筵說, 「經筵說(下)」, "箕子東來我國, 而至我朝, 大興文明之治, 眞儒輩出, 而李珥·宋時烈尤其著者, 則其接朱子之統."

서는 이미 명나라의 멸망으로 중화주의가 붕괴된 지 오래이며, 오랑캐의 왕조가 천하의 패권을 장악하고 있었다. 남당이 본 문제현실은 바로 여기에 있었다. 그래서 그는 과거의 역사를 거울삼아 현재에 적용할 필요성을 느꼈고, 문명화된 조선의 미래상을 기획하기 위해서 중국의 중화주의와는 다른 새로운 방식의 조선중화주의를 제시하기에 이르렀다.

남당은 자신의 역사인식을 통해 중화의 필요성을 절감했고, 조선에 중화의 문명을 건설할 수밖에 없는 필연성을 강조하였다. 그는 역사가 하나의 교훈이 되어야 한다고 믿었기 때문이다. 남당의 역사 교훈주의의 입장은 ① 지나친 문교정책의 한계가 주는 교훈, ② 당화 여파의 한계가 주는 교훈, ③ 패도정치의 한계가 주는 교훈 등을 문제삼았다. 이러한 문제의식은 모두 국가의 패망과 직결되는 것들이었다. 문무가 균형을 이루지 못함으로써 문약할 수밖에 없었던 이유 때문에 국가가 패망한 경우와 지나친 당화 때문에 국가가 위기에 처하게 된 경우, 그리고 무단적 권력의 남용으로 패망에 이르게 된 경우가 모두 문제였다.

이와 같은 것들은 비록 중국의 역사적 사례를 모범으로 논의된 것들이지만, 남당은 이를 조선의 역사적 현실에 적용하여 인식하고자 하였다. 남당은 지나간 과거의 중국역사를 통해 국가 패망의 원인을 제대로 인식하고, 마땅히 이를 경계하지 않으면 안 된다고 본 것이다. 지나간 과거의 역사에서 잘못되었던 원인과 사건들을 반면교사로 삼아 이전의 과오를 재현하지 않고자 끊임없이 경계하여야 한다는 것이, 역사에서 현재적 의의를 찾고자 한 남당의 입장이었다. 이런 한에 있어서 "역사는 과거와 현재의 끊임없는 대화"라고 한 에드워드 핼릿 카(Edward Hallett Carr, 1892-1982)의 관점은 여전히 남당의 역사인식에도 적용될 만한 유효한 것이라고 할 수 있다.

그런데 남당의 역사인식에서 무엇보다 중요한 것은 남당이 '조선중화주의의' 이념을 제시한 점이다. 중화와 오랑캐를 분별하는 일을 평생 하나의 정론으로 삼았던 남당이었던 만큼 조선중화주의의 입장은 남당의 사상을 대변하는 것 중의 하나로 부족함이 없다. 남당이 볼 때, 중화를 존중하고 보존하는 일이야말로 자연의 법칙이면서 인간의 당위에 해당하는 것이었다. 남당의 조선중화주의는 춘추대의의 의리론적 입장을 기본 좌표로 삼고 있었다. 나는 이러한 점에 주목하고 본문의 내용을 통해 남당 조선중화주의의 특징을 네 가지 요소로 분류하여 검토해보았다. ① 남당의 조선중화주의는 북벌론의 구현과 관련을 갖는 춘추의리정신을 그 특징으로 한다. ② 남당의 조선중화주의는 주자학적 정통론의 특징을 견지한다. ③ 남당은 중화와 이적의 분별을 가늠하기 위한 전제조건으로 원대의 유학자 노재 허형의 출처를 비판한다. ④ 남당의 조선중화주의는 기자조선의 정통성을 인정하는 특징이 있다.

이러한 남당의 조선중화주의의 특징은 사대주의적 굴종성을 갖는 중국 중심의 중화주의와는 그 성격이 전연 다르다. 남당은 조선이 주체가 된 새로운 유형의 조선중화주의를 주장한 것이었기 때문이다. 남당이 설정하고 있는 조선중화주의가 이적을 배척하고자 하는 중화주의의 본래의 성격을 갖는 것은 사실이지만, 그렇다고 별도의 개별적 유형의 패권적 중화주의를 지향하고자 한 것은 결코 아니었다. 조선중화주의의 기준이 예의와 도학, 그리고 유가의 학술 등에 있었기 때문에 이를 주체적으로 자각하는 것이 무엇보다 먼저 선결되어야 할 중요한 일이었다. 조선중화주의의 의식은 조선에 대한 새로운 발견이었고 주체적 자존의식의 천명이었음을 부정할 수 없다.

남당은 중국역사의 선례를 통해 국가 패망의 원인들을 면밀하게 분석하여 반성하고, 조선중화주의의 천명을 통해 중화와 이적의 양립불가론을 제창하였다. 남당은 정의와 불의, 충성과 반역, 의리와 배신, 선과 악, 정통과 이단, 중화와 이적, 군자(또는 충신)와 소인(또는 역적) 등의 상대적 관계에서 전자와 후자는 결코 양립하여 존재할 수 없다고 보았던 것이다. 남당은 중화의 적은 오랑캐이고, 군자의 적은 소인이라고 인식하였다. 남당은 중화와 오랑캐, 군자와 소인이 함께 화합하는 이치는 결단코 존재할 수 없다고 한다. 예컨대, 예로부터 소인이나 오랑캐와 함께 사업을 도모하다가 패망하지 않은 경우가 단 한 가지도 없었음을 상기한다면 이 점은 더욱 명백하다는 것이다.[79] 남당에게서 소인과 오랑캐의 존재는 금수와 더불어 동열에서 논의되는 특징이 있고, 이들의 폐해는 매우 심각하다고 인식된다. 그리고 경우에 따라서는 소인과 오랑캐에 의한 편파적이고 삿된 폐해는 맹수나 홍수에 의한 피해보다 더 심각한 것이라고 강력하게 경고되기도 한다.[80]

이상과 같은 남당의 역사인식과 조선중화주의의 입장은 그 지반에 왕도정치의 구현을 목표로 하는 뚜렷한 정향성이 발견되는 특징이 있다. 특히 남당이 볼 때, 정치적 군왕에게 올바른 정치의 구현을 위

---

79) 『남당집』 권38, 雜識, 「篇(下)」, “中國之所與爲敵者夷狄也, 君子之所與爲敵者小人也, 二者決無共和之理, 故自古未有與小人夷狄同事而不敗者, 此踵後者之至戒也.” 참조. 남당에게는 상대 당인들이 모두 소인의 범주로부터 자유로울 수 없었는데, 남당은 소인의 범례에 해당하는 인물들을 구체적으로 거명하기까지 하였다. 즉, 김안로, 이이첨, 남구만을 비롯하여 김효원, 조지겸, 정여립, 정인홍, 윤휴, 박세당, 그리고 윤증의 부자들이 그들이라고 한다(『남당집』 권38, 雜識, 「篇(下)」, “安老·爾瞻·九萬, 以保護東宮爲號. 金孝元·趙持謙輩, 以排斥勳戚爲號. 汝立·仁弘·鑴·世堂·拯之父子, 以讀書躬行爲號.” 참조.

80) 『남당집』 권38, 雜識, 「篇(下)」, “詖淫邪遁之害, 甚於洪水猛獸者.” 참조.

한 과거 역사에 대한 교훈 획득의 노력은 필수적이다. 지나간 역사의 교훈들은 그 성격이 매우 포괄적이기 때문에 군왕은 정치에 임하기에 앞서 이에 대한 선 역사적 이해를 갖고 현실정치를 수행하여야만 한다. 군왕의 입장에서 역사를 안다는 것은 곧 임금의 도를 아는 것이며, 정치의 대상을 포괄적으로 이해한다는 것을 의미한다. 그리고 올바른 역사인식은 곧바로 현장정치에 적용되어 실천되어야만 한다. 남당은 그것이 왕도 확립의 지름길이라고 보았다. 남당은 당대 조선의 현실에서 왕도를 확립하기 위해서는 먼저 나라 안의 역적을 토벌하고 명분을 바로잡는 춘추의 의리를 밝혀야 한다고 보았다. 왕도를 구현하는 일에 있어서 이보다 중요한 것이 다시 있을 수 없다는 것이다. 이와 관련하여 남당은 영조에게 다음과 같이 진강한 바 있다.

> 춘추의 의리는 단지 중화를 높이고 오랑캐를 물리치는 것뿐만이 아닙니다. 난신적자를 주살하고 토벌하여 군부를 높이는 것보다 큰일은 없습니다. 먼저 나라 안을 밝힌 연후에라야 천하에 미칠 수 있으니, 전하께서는 춘추의 의리를 밝히는 것을 먼저 하여야 할 것입니다.[81]

81) 『남당집』 권3, 疏, 「陳大義疏」, "春秋之義, 非但尊華攘夷而已也. 誅亂臣討賊子, 以尊君父, 尤其大者也. 先明於國中然後, 可及於天下, 而殿下所以明春秋之義者."

제 12장

성담 송환기의 「태극도설」 해석의 기본입장

1. 문제의 소재

성담(性潭) 송환기(宋煥箕, 1728-1807)는 영조 4년(戊申年)에 태어나 순조 7년(정묘년)까지 살다간 조선 후기의 산림학자이다. 본관은 은진(恩津)이며 자는 자동(子東), 시호는 문경(文敬)으로서 성담은 호이다. 그는 성담이라는 호 이외에 심재(心齋)라는 호를 사용하기도 한다. 성담은 우암으로부터 한수재(寒水齋) 권상하(權尙夏, 1641-1721)를 거쳐 남당(南塘) 한원진(韓元震, 1682-1751)과 운평(雲坪) 송능상(宋能相, 1710-1758)으로 이어진 정통 기호유학의 학맥을 이어받은 율곡 계열의 중심인물이다.[1] 당시 산림을 대표하던 성담은 인품과 학덕을 겸비하여 조야의 존경을 한 몸에 받았으며, 많은 선비들이 그의 문하로 모여들었다고 한다.

성담은 당시의 가장 대표적 철학논변의 핵심이었던 '인물성동이론'에 대해 '인물성이론'의 입장을 분명하게 견지하고 있었다. 이는 남당 한원진의 입장을 계승하는 것으로서, 성담은 남당의 학맥을 정통으로 이어받고 있음을 천명한 것이다.[2] 그것은 성담의 5대조인 우암 송

---

1) 송기섭은 『주자대전』의 전수가 그 적통의 상징성을 갖는다고 밝힌다. 즉 우암은 자신의 수택본이었던 『주자대전』을 한수재에게 전하였고, 한수재는 남당에게, 남당은 운평에게, 운평은 성담에게 전함으로써 명실상부한 도통의 상징성을 확보하였다고 본다(송기섭, 「성담 송환기」, 『송자학논총』 제5집, 충남대 송자연구소, 1998, 239-240쪽 참조).

2) 성담은 '인물성동이론'의 시발이 되었던 농암 김창협과 수암 권상하 사이에서 전개된 지각론의 논리에서 수암의 설을 좇겠다는 입장을 분명하게 밝히고 있다. 성담은 다음과 같이 말한다. "지각에 대한 설에서 수암과 농암 양 선생의 논리는 크게 다른 데가 있다. … 나의 어리석은 견해로는 단지 수암의 설을 지킬 뿐이다"(『성담집』 권9, 서, 「答安參奉」, "知覺之說, 遂菴農巖兩先生所論, 大有不同 … 愚見則只守遂翁說而已."). 또한 성담은 남당이 밝힌 '건순오

시열의 가학적 전통을 계승하는 것임과 동시에 기호유학의 주류학맥을 계승하는 것이기도 하였다. 또한 스승이면서 종숙인 운평이 남당의 학맥을 직접 계승한 직전제자였다는 점도 성담이 '인물성이론'의 입장을 지지하는데 한몫했을 것임을 부정할 수 없다.

성담은 '인물성이론'에 대한 입장 이외에도 예설을 비롯한 경학적 분야에도 조예가 깊었다. 특히 『대학』이나 『중용』, 『주역』 등에 조예가 깊었다. 『일성록』에는 성담의 학술이 칭송할 만하다고 한 정조의 평가가 기록되어 있고, 『조선왕조실록』에는 성담과 정조가 서로 『중용』 해석에 대한 경학적 의견을 주고받은 내용이 발견되고 있어서 주목된다. 그러나 성담의 역학관을 살펴볼 수 있는 보다 전문적인 자료가 전승되지 않는[3] 한계 때문에 그 전모를 확인할 수는 없지만, 『성담신생집』(총 32권 16책으로 구성되어 있다. 이하 『성담집』으로 약칭)에 남아있는 여러 편의 서간문을 통해 성담 역학관의 대략을 살펴볼 수 있다. 그 중 남치태, 남상직, 김규정 등과 주고받은 서간문에서는 「태극도설」과 『역학

상'의 성이 인물편전을 가져온다는 입장을 충실히 따름으로써 '인물성이론'의 입장을 견지한다. 성담은 "사람과 사물이 부여받은 것은 비록 치우침과 온전함의 다름이 있을지라도 사실은 음양오행을 벗어나지는 않는다. 말의 굳셈과 소의 유순함, 범과 이리의 어짊 및 벌과 개미의 의로움이 어찌 건순오상의 덕이 아니라고 하겠는가?"(『성담집』 권9, 서, 「答金奎正」, "人物所稟, 雖有偏全之殊, 而實不外乎陰陽五行矣. 馬之健牛之順, 虎狼之仁蜂蟻之義, 豈非爲健順五常之德也耶.")라고 말한다. 즉, 다른 동물의 어짊과 의로움이 건순오상의 덕이라고 할 수 있을지는 모르지만 그 치우침과 온전함이 인간과는 다르다는 것이 성담의 입장이다. 이것은 남당이 "범과 이리의 어짊, 벌과 개미의 의로움과 같은 것은 오행 가운데 빼어난 기의 일단을 얻은 것이다. 그러므로 그 리가 어짊이 되고 의로움이 되었으나, 결국 온전할 수는 없는 것이다"(『남당집』 권29, 잡저, 「論性同異辨」, "虎狼之仁, 蜂蟻之義之類, 是於五行中亦得其一段秀氣. 故其理爲仁爲義而終不能全也.")라고 한 주장을 계승한 것이다.

3) 성담의 역학적 관점을 확인할 수 있는 자료는 『성담집』에서 발견되는 『주역』 64괘 가운데 특정한 괘명에 대한 관심을 피력해 놓은 글을 비롯하여 주자의 『역학계몽』에 관한 글, 그리고 「태극도설」에 대한 해석의 입장을 기록해 놓은 글 등이다.

계몽』에 관해 논의한 내용이 발견되고 있어서, 성담이 본 역학관의 기본입장에 대해 살펴볼 수가 있다.

이 글은 성담이 남치태, 김규정과 주고받은 「태극도설」 문답의 내용을 중심으로 성담의 역학관을 조명해보고자 기획된 것이다. 현재까지 성담의 철학사상에 대한 본격적이고 체계적인 연구는 아직 진행된 바가 없고,[4] 특히 그의 역학사상에 대한 전문적 연구 성과는 전무한 실정이다. 따라서 이 글은 성담의 역학관에 주목하고 그 철학적 기본입장을 살펴봄으로써, 향후 성담 송환기 철학사상 연구의 활성화에 이바지하고자 함에 목표가 있다.

2. 무극과 태극의 관계

「태극도설」의 제1명제는 '무극이태극'(無極而太極)이다. 그런데 「태극도설」을 지은 주렴계조차 '무극'과 '태극'의 개념 및 그 상호관계에 관한 명확한 설명을 생략하고 있다. 이러한 이유 때문에 「태극도설」이 간행된 이후 서로 다른 해석들이 수도 없이 제기되어 왔고, 그로 인해 「태극도설」에 대한 본질적 이해에 어려움이 수반되어 왔다.

특히 유학의 범주 안에서는 다소 생경할 수밖에 없던 '무극'의 개념과 그 내용에 관한 문제를 비롯하여 그와 연관된 태극의 관계설정 문제는 늘 새로운 쟁점을 불러일으키기에 부족하지 않았다. 남치태의

---

4) 성담 송환기에 대한 기존의 연구 성과는 송기섭의 「성담 송환기」 단 1편이 발표되었을 뿐이다. 이 글은 각주가 없는 15쪽 분량의 성담의 삶과 벼슬살이, 그리고 사상의 대체를 간략하게 설명한 글이다(송기섭, 「성담 송환기」, 『송자학논총』 제5집, 충남대 송자연구소, 1998 참조. 이 글은 『남간사지』(대전: 南澗祠儒會, 1998)에 재수록되어 있다).

경우도 예외는 아니었다. 그는 성담에게 다음과 같은 질문을 던진다.

> [문] 「태극도설」의 '무극이태극'에 대하여: ○ 우암 선생은 '무'자가 무형상을 일컫는 것이라고 말합니다. 그런즉 '무'자는 이미 무형상의 뜻을 내포하고 있습니다. 그렇다고 '극'자가 형상을 말하는 것은 아닙니다. '무극'이란 두 글자는 당연히 무로써 종극을 보는 것입니까? 소강절은 이른바 '무극의 앞'과 '유극의 뒤'라는 말로써 보아 그 '무극유극' 네 글자를 거꾸로 해석하였는데, 이것은 곧 그 극이 없다는 것을 말한 것이니, 마땅히 무로써 그 극을 본 것이 옳은 것입니까? 만약 '무극이태극'이라는 다섯 글자로써 말한다면 무로써 종극을 본다는 것이 좋아 보입니다. 어떤지 모르겠습니다.[5] (이하 인용문의 [문][답]표기는 설명의 방편 상 필자가 임의로 보충한 것임).

남치태는 우암의 견해를 좇아 '무'의 개념문제에 접근하는 한편 무극과 태극의 단계설정 문제를 정리하고, 이를 성담에게 확인받고자 한다. 우암은 '무극'이라는 개념에서 '무'의 의미가 형상이 없는 것이라고 보았는데, 남치태는 이 견해를 적극 원용하고 있는 것이다. 주자에 따르면, '무'는 소리가 없고, 냄새가 없고, 그림자가 없는 상태이기도 하다.[6] 그런데 남치태의 의문은 북송오자의 한 명인 소강절의 경우에로 초점이 맞추어진다. 그처럼 '무'를 해석해도 무방하냐는 의문이다.

---

5) 『성담집』 권8, 서, 「答南致泰」, "太極圖說無極而太極. ○尤菴先生曰無者無形象之謂. 然則無字已包無形象之意. 而極字非形象之謂也. 無極二字當以無底極看耶? 以邵子所謂無極之前有極之後之語觀之, 倒釋其無極有極四字矣. 此則謂無其極者也, 當以無其極看者是耶? 若夫以無極而太極五字言之, 則以無底極看似好矣. 未知如何."

6) 『朱子大全』 권36, 「答陸子靜」, "周子所以謂之無極, 正其無方所, 無形狀, 以爲在無物之前, 而未嘗不立于有物之后 以爲在陰陽之外, 而未嘗不行乎陰陽之中, 以爲通貫全體, 無乎不在, 則又初無聲臭影響之可言也." 참조.

한편 '무극이태극'이란 무극으로 말미암아 태극이 생겨났는가, 혹은 무극이 곧 태극인가, 아니면 무극이 있으면서 동시에 따로 태극이란 것이 있는 것인가, 등으로 해석된다. 남치태는 이에 대한 자신의 입장을 구체적으로 밝히지는 않았지만, 질문의 내용으로 보아 태극과는 다른 무극의 존재를 염두에 두고 있는 것으로 이해된다. 성담은 이 점을 발견하고 다음과 같이 대답한다.

> [답] '무극이태극'은 태극의 위에 별도로 무극이 있다는 것을 말하는 것이 아니다. 다만 태극은 구체적인 사물이 아니라는 것을 말한 것일 뿐이다. 만약 언해로써 풀이한다면, 마땅히 극 *'없이 가장'*극*'한 것이니'*, 그런즉 그 극이 없다는 것을 일컬은 것이 이것이다. 주자는 '무극이태극'이 마치 함이 없는 함, 이르지 않는 이름과 같고, 또한 함이 없는 함과 같은 것을 말하는 것이라고 한다.[7)]

즉, 무극과 태극은 별개의 것이 아니며, 태극 위에 별도의 무극이 있는 것이 아니라는 것이 성담의 입장이다. 이것은 성담 자신의 견해임과 동시에 주자의 견해를 반영한 것이기도 하다. 주자는 '무극이태극'에 대해 다음과 같이 설명한다. "'무극이태극'이란 단지 형체가 없는 것이고 이치를 갖추고 있음을 말한 것이다. 이른바 태극이란 단지 리기와 오행의 이치일 뿐, 별도로 어떤 것이 태극이 되는 것은 아니다."[8)] "'무극이태극'이란 다만 형체가 없으면서 이치를 가지고 있을 뿐이다. 주렴계는 사람들이 태극의 밖에서 다시 태극을 찾을 수도 있

---

7) 『성담집』 권8, 서, 「答南致泰」, "無極而太極, 非謂太極之上, 別有無極也. 但言太極非有物耳. 若以諺解釋之則當曰極업시가장極ᄒᆞᆫ거시니, 然則無其極云者是矣. 朱子曰無極而太極, 猶曰莫之爲而爲, 莫之致而至, 又如曰無爲而爲."

8) 『朱子語類』 권94, 「周子之書」, "無極而太極, 只是說無形而有理. 所謂太極者, 只二氣五行之理, 非別有物爲太極也."

음을 꺼려하여 무극이라고 말한 것이다."[9]

성담은 남치태가 무형으로서의 무에 관해 천착하던 중에 찾아낸 소강절의 무와 태극에 관한 관심 역시 문제가 될 수 있음을 지적한다. 성담은 직접 소강절을 언급하지는 않았지만, 선천태극론에 준거한 무극과 태극의 관계설정은 유·무의 대립을 초래함으로써 태극 밖의 무극을 염두에 둘 수도 있음을 경계한다. 실체가 없는 무로부터 현상적 유의 세계가 발생했다고 볼 수는 없기 때문이다.

성담은 남치태가 자칫 주자가 걱정했던 것처럼 태극 밖에서 태극을 찾을 수도 있다는 혐의를 피하기 어렵다고 판단하였던 것이다. 그것은 결코 존재하지 않는 허무적멸의 세계가 아니라는 것이 성담의 기본적인 입장이다.[10] '무극이태극'이란 함이 없는 함, 이르지 않는 이름과 같은 것이다. 그것은 주사학적 리의 세계와 다르지 않다. 주자의 이론체계 안에서 무극과 태극이 하나의 다른 두 이름인 것처럼 성담의 철학체계 안에서도 이 점은 다르지 않다.

현대 중국철학사가인 라오쓰광(勞思光, 1927-2012)은 이러한 '무극'을 일종의 서술개념으로서 이해한다. 그것은 실체개념과는 전연 다른 종류의 것이다. 라오쓰광은 이러한 서술개념으로 무극을 이해하는 주자학적 해석의 방식은 주렴계 본래의 「태극도설」 자체의 내용과는 다른 것이라고 한다.[11] 일종의 오독이라는 것이다. 이 문제는 성담의

---

9) 『朱子語類』 권94, 「周子之書」, "無極而太極, 只是無形而有理. 周子恐人於太極之外更尋太極, 故以無極言之."

10) 우암은 소강절이 마음으로써 태극을 삼은 후 '이발'과 '미발'을 논하였다고 보고, 이러한 주장이 의심스럽다고 밝혔는데(『송자대전』, 권130, 잡저, 「율곡별집정오」, "若如邵子說以心爲太極, 然後論已發未發則可也. 今於太極, 直以已發未發爲言則不成說話矣." 참조), 성담은 묵시적으로 우암의 견해를 따랐을 것이라 추정된다.

11) 勞思光, 『中國哲學史』(香港: 友聯出版有限公司, 1980) 제3권 상책, 301쪽.

'무극이태극' 독해문제에도 그대로 적용된다. 성담은 주자학적 입장을 벗어나지 않기 때문이다. 그러나 충분히 양명학적 사유에 훈도된 라오쓰광의 주자비판이 또한 정확한 것이라고 보기도 어려운 점이 있다. '원도'에 대한 해석만이 서로 다를 뿐이다. 원도에 대해 리로 해석할 여지가 충분히 남아 있다고 보아야 한다.[12]

3. 음양의 움직임과 고요함에 관한 문제

주렴계는 「태극도설」 제2권에서 "태극이 움직여 양을 생겨나게 하고 움직임이 극하여 고요함이 된다. 고요함은 음을 생겨나게 하고, 고요함이 극하면 다시 움직임이 된다. 움직임과 고요함은 서로가 근원이 되는 것이다. 음과 양으로 나눔으로써 양의가 세워진다"[13]라고 하였다. 태극이 음양으로 전개되는 과정에 움직임과 고요함의 작용을 갖게 됨을 설명한 것이 「태극도설」 제2권의 내용이라고 볼 수 있다.

「태극도」의 제1권이 미분화의 태극을 표시한 것이라고 한다면, 제2권은 왼쪽과 오른쪽에 반원의 분별을 통해 음양의 분화를 설명한 것이다. 남치태는 태극의 유전과 음양변역의 진실성을 '성'(誠)으로서 이해하고, 다음과 같이 묻는다.

[문] 주석에서 말한, '성'(誠)이 성인의 근본이라는 것에 관하여: ○

---

12) 쓰치다 겐지로, 성현창 옮김, 『북송도학사』(서울: 예문서원, 2006), 215쪽 참조.

13) 「태극도설」, "太極動而生陽, 動極而靜; 靜而生陰, 靜極復動. 一動一靜, 互爲其根. 分陰分陽, 兩儀立焉."

이 단락은 태극음양으로 말한 것입니다. 그래서 천명의 유행으로써 주석하여 만물의 시작하는 바탕과 만물이 각각 그 성명을 바르게 함을 말한 것인데, 그 사이에 성인을 말함은 왜입니까? 무릇 성이란 곧 참다운 이치이니, 천지가 만물을 덮어주기도 하고(覆物), 사물을 실어주기도 하며(載物), 화육하고(化育), 유행하는(流行) 까닭이 다만 이 한 개의 '성'일 따름입니다. 그러한즉 그 '성'을 말한 까닭이 반드시 성인의 근본이기 때문이라고 말한 것은 무슨 뜻입니까?[14]

남치태는 「태극도설」에 나타난 움직임과 고요함의 문제를 '성'(誠)의 개념을 통해서 이해하고자 한다. 이미 '성'이란 성인의 근본임을 밝힌 「태극도설」의 주석도 존재할 뿐만 아니라 주렴계의 『통서』에서도 '성'을 움직임과 고요함의 문제로 풀이하고 있는 곳[15]이 발견되기 때문에 남치태는 '성인의 근본'이 되는 '성'의 문제로 태극의 움직임과 고요함의 문제에 접근해보고자 한 것이다.

『통서』에서 밝힌 주렴계의 '성'은 실천수양의 최고경지를 가리킨다. 움직임과 고요함의 유무로 볼 때 '성'은 적막하여 움직임이 없는 상태이다.[16] 또한 움직임이 있다 하더라도 도를 벗어나지 않는 것이 '성'이다. 주렴계는 "움직이는데 바른 것을 도라 하고, 힘씀에 있어 조화로운 것은 덕이라 한다. … 삿되게 움직이면 곤욕을 당하게 되고, 심하면 해를 받게 된다. 따라서 군자는 움직이는데 신중해야 한다"[17]라고 말하기도 한다. 이 경우 움직임과 고요함은 존재 자체의 움직임

---

14) 『성담집』 권8, 서, 「答南致泰」, "註誠者聖人之本. ○此段以太極陰陽立說. 而註釋以天命之流行, 萬物之資始, 萬物之各正爲言, 則其間乃以聖人言之者何也? 夫誠者卽實理, 而天地之所以覆物載物化育流行者, 只是一箇誠也, 則其所以言誠, 而必曰聖人之本者. 何意耶?"

15) 주렴계, 『通書』, 「誠下第2」, "靜無而動有."

16) 주렴계, 『通書』, 「誠第4」, "寂然不動者誠也."

17) 주렴계, 『通書』, 「愼動第5」, "動而正曰道, 用而和曰德. … 邪動, 辱也; 甚焉, 害也. 故君子愼動."

과 고요함을 말하는 것이 아니라 인간행위의 움직임과 고요함을 말하는 것이라고 할 수 있다.

남치태는 인간의 실천수양의 행위에 존재의 이법이 관여하지 않을 수 없다는 입장이다. 그래서 인간행위의 준칙이기도 한 '성'이 존재의 참다운 이치이며, 만물이 유행하는 까닭이라고 이해한 것이다. 주자에 따르면 만물이 유행하는 까닭과 그의 존재원리는 모두 리 이외의 다른 것이 아니다. 남치태도 이러한 견해를 좇는다. 그래서 '성'이란 하늘과 땅이 사물을 덮어주기도 하고, 사물을 실어주기도 하며, 화육하고, 유행하는 까닭이며, 세계가 존재하는 리에 다름 아니라고 본 것이다.

그런데 남치태는 이러한 '성'이 성인의 근본이라고 말한 까닭은 무엇 때문인가가 궁금했던 것이다. 이에 대해 성담은 『경의기문록』을 인용하여 다음과 같이 설명한다.

> [답] 『경의기문록』은 다음과 같이 말한다. 한 번 음하고 한 번 양한 것을 일컬어 도라고 한다는 것은 「계사」의 설이다. 성이 성인의 근본이라고 한 것은 『통서』의 설이며, 성이 사물의 마침과 시작이라는 것은 『중용』의 설이며, 성이 하늘이 명한 도라는 것은 호오봉의 『지언』의 설이다. 이 네 가지 설을 합하여 태극동정을 밝힘으로써 천명유행의 뜻을 일컬은 의의가 있다. '명지도야'(命之道也) 아래에 있는 해석은 다음과 같다. "한 번 음하고 한 번 양하여 조화를 말한 것이 성인의 근본이요 사물의 종시이다. 물건의 여러 가지 종류로써 하늘이 명한 도를 말한 것은 다시 두 가지 것이 통일된 것을 말한 것이다."[18]

---

18) 『성담집』 권8, 서, 「答南致泰」, "經義記聞錄曰: 一陰一陽之謂道, 繫辭說也. 誠者聖人之本, 通書說也. 誠者物之終始, 中庸說也. 誠者命之道, 胡子知言說也. 合是四說, 以明太極動靜, 天命流行之義,所謂之義. 釋在命之道也之下. [一陰一陽以造化言, 聖人之本. 物之終始, 以品彙言, 命之道. 復統二者而言也.]"

이 대답은 성담의 것이지만, 그 내용은 온전하게 남당 한원진에게서 빌려온 것이다. 바로 남당의 『경의기문록』 「태극도」에 나타난 설명을 성담이 글자 하나 바꾸지 않고 그대로 인용한 것이다. 성담은 남당의 해석을 그대로 옮겨와 남치태에게 전해주면서, '성'의 의미를 남당과 같이 다음과 같은 네 가지로 정리한다.

① 한 번 음하고 한 번 양하는 것을 일컬어 도라고 한다(『주역』 「계사전」). 성담은 그것이 '성'이라고 본 것이다. ② 성이란 성인의 근본이다(주렴계의 『통서』). ③ 성이란 사물의 마침과 시작이다(자사의 『중용』). ④ 성이란 하늘이 명한 도이다(호오봉(胡五峯)의 『지언』(知言)). 이 가운데 남치태는 주렴계가 『통서』에서 제시한 입장에 준거하여 성담에게 질문했던 것임이 확인된다. 성담은 남치태가 제시한 해석도 중요하지만, 나머지 세 가지 해석에 대해서도 주복하라고 권유한 것임을 알 수 있다.

성담은 남치태가 제시한 한 가지 해석만으로 '성'의 의미를 다 설명하는 데는 어려움이 있다고 보아 하나의 해석에 지나치게 집착하지 말 것을 경계한 것이다. 남치태처럼 볼 경우 '성'의 의미는 지나치게 인간학적 개념으로 축소될 우려가 없지 않다.[19] '성'이란 인간학적 범주에만 국한된 것이 아니라 우주론적 범주에도 밀접한 관련을 갖기 때문이다.

태극이란 본연의 참된 리이며, 다른 말로 표현한다면 '성'이다. 즉 천지 사이에 존재하는 만물에는 모두 법칙이 있어서 모든 존재사물을 그렇게 존재하게끔 한다. 이것을 인간에 응용할 때 성인은 이 태극

---

19) 물론 여기서 말하는 '성'이 성실성이라는 인간적인 덕목을 의미하기보다는 『중용』에서 말하는 '천도' 자체로서의 '성'을 의미한다고 볼 수 있다(권정안·김상래 역주, 『통서해』(수원: 청계출판사, 2000), 41쪽 참조). 그러나 '성인'의 존재와 대응하는 한 일정 정도의 인간학적 범주를 배제하고 그것을 논의할 수 없다는 점에서 남치태가 가설하는 '성'은 여전히 인간학적 개념에 가까운 것으로 파악된다.

곧 실리를 온전히 하는 데 지나지 않는다. 바꾸어 말하면, 성인은 '성'일 뿐이지 다른 것이 있는 것이 아니다.[20] 이처럼 태극의 의미는 인간학적인 범주에 통용된다는 점은 부정할 수 없다. 남치태는 「태극도설」이 '주체적 형이상학'[21]의 관점에 바탕을 두고 논의되었다는 점을 확인한 것이다. 성담 역시 주체적 형이상학의 관점을 통해 「태극도설」을 이해한다는 점에서는 남치태와 다를 바가 없다.

그러나 주체적 형이상학의 문제가 단순하게 인간학적 범주에만 머무는 것일 수 없다는 것이 성담의 입장이다. 태극의 문제는 기본적으로 우주론적 범주를 벗어나서 논의될 수 없다. 그 범주 안에서 인간과 우주가 하나로 논의된다. 그래서 성담은 앞에서 인용한 네 가지 설을 모두 종합해 보아야만 한다고 강조한 것이다. 그것은 우주론적 속성의 범주와 인간학적 수양의 범주를 통합한 종류의 '성'이라고 볼 수 있는 태극이다. 이렇게 볼 때 남치태의 질문이 전연 잘못된 것은 아니지만, 그것은 극히 제한적인 관점이었다고 평가할 수 있다.

이에 남치태는 음양의 변화와 합함의 문제에 관하여 다음과 같은 질문을 던진다. 그것은 질문이라기보다는 차라리 자기 공부의 결과에 대한 점검의 성격을 갖는다.

> [문] 양이 변하여 음이 합한다는 것에 관하여: ㅇ 양은 음이 변한 것을 말하고 음은 합한 것을 말한다는 것은 무엇 때문입니까? 양기가 움직여 유행하기 때문에 변한다고 말한 것이고, 음기가 고요하여 응취하기 때문에 합한다고 말한 것입니까?[22]

---

20) 가노 나오키, 오이환 역, 『중국철학사』(서울: 을유문화사, 1988), 368쪽 참조.

21) '주체적 형이상학'이란 표현은 김길환의 용어를 차용한 것이다. 그는 특히 우암 송시열의 도학을 가리켜 주체적 형이상학이라고 규정한 바 있다. 김길환, 『조선조유학사상연구』(서울: 일지사, 1980), 184쪽 참조.

22) 『성담집』 권8, 서, 「答南致泰」, "陽變陰合. ㅇ陽言變陰言合者何也? 陽氣動而

음양의 변화는 한 번 음하고 한 번 양하는 존재양상을 띤다. 「계사전」에서 그것은 '도'라고 표현되었지만, '성'과 다르지 않은 참된 운행의 질서를 가리킨다. 태극은 움직임의 상태에 있을 수도 있고, 고요함의 상태에 있을 수도 있다. "태극이 움직이면 양을 생겨나게 하고 고요하면 음을 생겨나게 하는 것이지 움직인 연후에 바야흐로 양을 생겨나게 하는 것은 아니다. 움직임이 곧 양에 속하고, 고요함이 곧 음에 속한다."[23)]

그렇다고 움직임과 고요함을 곧바로 태극이라고 볼 수는 없다. 음양의 움직임과 고요함의 연고가 되는 것이 태극인 것이지 태극 자체가 직접 움직임과 고요함의 상태에 놓이게 되는 것은 아니라는 것이다. 이에 성담은 "변화와 합함으로 동정을 설명한 것이야말로 훌륭한 견해를 얻은 것 같다"[24)]고 하여 남치태의 답변을 칭찬하였다. 남치태의 견해가 주자학적 사유반경을 벗어나지 않았기 때문이다. 변화는 양의 움직임을 말하고, 합함은 음의 움직임을 말한다. 음양의 변화와 합함을 구분하면서, 성담은 이렇게 보고 있는 남치태의 견해가 훌륭한 것이라고 평가한 것이다.

주자에 따르면, 양이 '현격한 변화'(頓變)가 일어나는 것이라면 음은 '점진적 변화'(漸化)가 일어나는 것이다. '현격한 변화'는 양의 기운과 연대하고, '점진적 변화'는 음의 기운과 연대하기 때문이다. '점진적인 변화'는 양(量)적인 변화요, '현격한 변화'는 질(質)적인 변화에 해당한다.[25)] 양의 움직임이 현격한 변화를 뜻한다면 음의 움직임은 수동적

流行, 故所以言變, 陰氣靜而凝聚, 故所以言合耶?"

23) 『朱子語類』 권94, 「周子之書」, "太極動而生陽, 靜而生陰, 不是動後方生陽, 盖在動變屬陽, 在靜變屬陰."

24) 『성담집』 권8, 서, 「答南致泰」, "變合以動靜而言, 盛論似得."

인 합함을 의미한다. 그런데 양의 움직임에 대하여 합함을 말할 수 없고, 거꾸로 음의 움직임에 대하여 현격한 변화라는 표현을 사용할 수가 없다. 음양은 각각의 고유한 존재의 특성을 지니고 있다. 그리고 움직임과 고요함의 작용에 따라 각각의 변화와 합함을 달리한다.

이와 같은 음양관의 차이는 남성성과 여성성에 대한 구분으로부터 비롯된다. 남성성은 생성의 과정에 변화를 일으키는 단서를 제공하지만, 여성성은 수렴의 과정에 합함을 촉매해주는 역할을 수행한다. 남성성이 참여한 양의 변화는 능동적이고 적극적인 반면 여성성에 참여한 음의 합함은 수동적이고 소극적이다. 양의 변화는 자기 확장적인 것이지만, 음의 합함은 자기 수렴적인 것이다. 성담은 음양의 움직임과 고요함에 대한 문제로부터 이와 같은 남성성과 여성성의 차이를 본 것이다. 그러나 그 차이는 각자에게 고유한 것일 뿐, 가치적 우열이 전제되는 차별적인 종류의 것이라고 말할 수는 없다.

4. 오행의 세 가지 전개순서

「태극도설」의 제3권은 오행의 문제를 다루고 있다. 남치태는 이 문제에 대해 남송 시대의 대표적 주자학자인 황면재(黃勉濟, 黃榦, 1152-1221)의 이론을 섭렵하고 그의 이론에 대해 회의를 갖게 된다. '음양이 도의 본체'라는 입장을 가지고 있었던 황면재는 '태극'의 문제에 대해서보다는 음양과 그의 전개문제에 관하여 더 천착한 특징이 있다. 그는 오행의 문제에 대해서도 나름의 자기학설을 가지고 있었다. 그러나

25) 朱伯崑, 『易學哲學史』(臺北: 藍燈文化事業股份有限公司, 2000) 제2권, 513쪽.

남치태가 볼 때 황면재의 오행설은 많은 결함이 있는 것처럼 느껴졌다. 그에게는 다음과 같은 의문이 있었다.

[문] '수·화·목·금·토'의 생성에 대하여: 주석에서 다음과 같이 말한다. 질(質)로써 그 생겨남을 말한다. (중략) 금·수는 음이다. ○ 소주에서 황면재는 제1수가 생기고, 제2화가 생기고, 제3목이 생기고, 제4금이 생긴다고 한 것으로 차서를 삼은 것은 잘못이라고 합니다. 또한 오행의 순서를 말하면서 황면재는 세 구절로 만들어 나누어서 말하는데, 수열에서 홀수와 짝수의 많고 적음으로 논한다면 '수·화·목·금·토'이고, 생성이 시작되는 순서로 논한다면 '수·목·화·금·토'이며, 상생의 순서로 말한다면 '목·화·토·금·수'라는 것입니다. 아마도 이 설은 주자의 설과는 서로 어긋나 거슬리는 듯합니다. 대저 오행의 순서는 형질로써 말한 것이고 기운으로써 말한 것인데, 이것이야말로 참으로 분명한 것입니다. 그러니 황면재가 세 구절로 끊어서 만든 것은 무엇 때문입니까? 그 생성이 시작되는 순서를 논하면 '수·목·화·금·토'는 더욱 이해하기가 어렵게 됩니다. 오행이 비롯되어 생겨나는 것은 하늘의 생성과 땅의 생성이 아니고 무엇이겠습니까? 만약 하늘의 생성과 땅의 생성이라고 말한다면 '수·화·목·금·토'의 순서가 마땅하니, 어떻게 '수·목·화·금·토'라고 말하겠습니까? 또한 도해의 '나누면 5가 되고 갈무리하면 2가 된다'(五殊二實)는 주석에서는 '금·목·수·화·토'라는 다섯 가지 나누어짐을 말했는데, 그렇게 '금·목·수·화·토'라고 말한 것은 그 어떠한 순서를 가리켜서 말한 것입니까?[26]

---

26) 『성담집』 권8, 서, 「答南致泰」, "生水火木金土. 註以質而語其生 止 金水陰也. ○小註黃勉齋曰以第一生水, 第二生火, 第三生木, 第四生金, 以爲次序則誤矣. 又曰五行之序, 某欲作三句斷之曰: 論得數奇耦多寡則曰水火木金土; 論始生之序則曰水木火金土; 論相生之序則曰木火土金水. 竊恐此說, 與朱子說似相牴牾. 大抵五行之序, 以質言以氣言者, 是固分曉. 而黃氏之斷作三句者何也? 其論始生之序則曰水木火金土者尤難曉得. 五行之始生, 非天生地生而何. 若謂天生地生則水火木金土之序當矣, 何以曰水木火金土耶? 且圖解五殊二實註曰: 金木水火土五者之殊, 其曰金木水火土, 是指其何序而言耶?"

오행의 생성과정은 어떠한 기준을 따르느냐에 따라 그 순서가 일정하지 않다.[27] 남치태는 이에 대해 황면재가 기존에 정리해놓았던 세 가지 분류법을 원용하여 소개한다. 남치태의 용어를 빌리자면, 그것은 수열의 기준으로 보는 것과 생성이 시작되는 순서로 보는 것, 그리고 상생의 순서로 보는 것이다. 각자의 기준에 따라 오행의 시작과 전개과정은 서로 다르다. 황면재는 그것은 각각 ① '수·화·목·금·토', ② '수·목·화·금·토', ③ '목·화·토·금·수'의 순서를 따른다고 한 것이다.

그러나 남치태는 과연 어떠한 근거에서 이렇게 서로 다른 오행 생성의 순서가 정해진 것인지 이해하기가 어려웠고, 또한 그 이유가 궁금하였다. 그래서 그는 황면재가 이렇게 세 가지로 분류한 이유는 과연 무엇 때문이며, 또한 앞의 세 가지 이외에 또한 '금-목-수-화-토'의 순서가 발생하는 이유는 무엇 때문인지, 묻지 않을 수 없었다. 그리고 황면재가 주장하는 내용이 장황하긴 하지만, 그것은 결정적으로 주자의 견해와는 상호 배치되는 것이라 생각하였고, 스스로 주자의 견해를 통해 이를 바로잡지 않으면 안 되겠다는 생각을 갖기에 이르렀다. 이러한 문제들에 관하여 성담은 다음과 같이 짧게 답변한다.

> [답] 황면재의 오행설은 완전히 주자설과 상반된다. 이희렴(李希濂)의 변론은 대부분 이미 분명하고 또한 상세하다. 『경의기문록』은 이것을 아주 정밀하고 상세하게 논하고 있으니, 깊이 헤아려 살펴보면 알 수 있을 것이다. '금·목·수·화·토'의 순서는 아마도 음양의 미약함과 장성함을 나누어 말한 것일 따름일 것이다.[28]

---

27) A. C. 그레이엄, 이창일 옮김, 『음양과 상관적 사유』(화성: 청계출판사, 2001), 24쪽 참조.

28) 『성담집』 권8, 서, 「答南致泰」, "黃勉齋五行說, 全與朱子說相反. 李氏希濂之

성담은 오행의 전개순서에 관한 남당역학의 관점을 기준으로 제시하면서, 남당의 저서 『경의기문록』의 내용을 보면 모든 의문이 풀릴 것이고 답변한다. 실제로 성담의 「태극도설」에 대한 이해는 남당의 『경의기문록』에 상재되어 있는 「태극도」의 내용을 크게 벗어나지 않는다. 그것은 주자의 『역학계몽』에 나타난 오행의 전개순서를 따르는 것이며, 「하도낙서」의 원리를 기준으로 삼는다는 것을 말한다.

(1) 수열의 기준으로 보면, 오행의 순서는 1[수], 2[화], 3[목], 4[금], 5[토]이다. 즉 천일(天一)이 수를 생하고, 지이(地二)가 화를 생하며, 천삼(天三)이 목을 생하고, 지사(地四)가 금을 생하며, 천오(天五)가 토를 생한다. 수열로 보면 '1·2·3·4·5'이지만, 오행으로 보면 '수·화·목·금·토'의 순서이다.[29] '수·화·목·금·토'의 순서에 관한 수의 근거는 『주역』「계사전」에서 확인되는 천지자연의 수이다. 천지자연의 수, 즉 하늘과 땅의 수는 각각 다섯이다. 홀수는 하늘의 수에 해당하며, 짝수는 땅의 수에 해당한다. 그리고 '1·2·3·4·5'는 생수로서 오행의 '수-화-목-금-토'의 순서에 각각 해당하며, '6·7·8·9·10'은 성수로서 마찬가지로 '수·화·목·금·토'의 순서에 각각 배속된다.[30] 이러한 오행의 수열적 전개순서는 문제가 없다. 다만, 남치태가 인용한 주장에서 '토'가 결여되어 있는 점을 주목해야 한다. 결정적으로 도서역학 계열에

辨, 盖已得之而且詳矣. 經義記聞錄論此甚精細, 可攷而知也. 金木水火土之序, 恐以陰陽稚盛之分而言耳."

29) 이것이 이른바 '오행지수생성설'(五行之數生成說)로서, 오행의 생수와 성수로부터 괘가 생겨나는 과정을 설명한다.

30) 이러한 오행의 순서는 『서경』「홍범」에서 제시한 것과 동일하다. 그러나 여기서 중요한 것은 「홍범」에 나타난 오행의 순서가 아니라, 「홍범」을 「낙서」의 원리로 볼 것인지, 아니면 「하도」의 원리로 볼 것인지에 대한 구체적인 기준과 그 내용의 문제이다. 주자가 「홍범」을 「하도」로 보지 않고 「낙서」로 본 근거는 『역학계몽』, 「본도서제일」을 참조하라.

서 토10의 유무가 주자적인 것과 비주자적인 것을 갈라놓기 때문이다. 주자는 '도십서구설'(圖十書九說)의 논리를 제창하지만, 주자 이전의 많은 역학자들은 '도구서십설'(圖九書十說)[31]을 주장하는 차이가 있다.

(2) 뿐만 아니라 황면재가 본 오행생성이 '수·목·화·금·토'의 순서를 따른다는 것도 문제였다. 성담이 염두에 두고 살펴보라고 한 남당의 『경의기문록』에 따르면, 황면재는 '수'를 양의 미약함으로 보고, '화'를 음의 미약함으로 보아, 그 음양의 미약함으로 드러나는 현상적 오행의 속성에만 주목하고 있는 것이 문제이다. 그래서 남당은 이러한 황면재의 관점이 주렴계의 뜻에도 어긋날 뿐만 아니라, 주자의 역학사상에도 완전히 위배되는 것이라고 본다. 그 이유는 황면재가 「태극도설」의 오행배치도를 주목해서 보지 않은 결과라고 한다. 요컨대, 목·금이 아래에 배치되고, 수·화가 위에 배치된 이유와 수·금이 오른쪽에 배치되고 화·목이 왼쪽에 배치된 이유를 주목하지 못한 결과 오행의 발생 순서를 잘못 이해했다는 것이다.[32] 이것은 단지 계절적인 개념을 기준으로 오행의 생성과정을 묘사한 것으로서 '겨울·봄·여름·가을'로 이어지는 시간적 추이를 담고 있다. 그러나 이 주장에 대한 주자 역학적 근거가 없다는 점은, 남치태에게 커다란 한계로 받아들여질 수밖에 없었다. 그래서 이것은 차라리 '수·화·목·금·토'로도 충분히 대신할 수 있다는 주장의 가능성을 열어놓게 된 것이다.

(3) 또한 황면재는 오행의 상생이 '목·화·토·금·수'의 순서를 따른

---

31) 주자 이전에 '하구낙십설'을 주장한 유목(劉牧)의 경우를 참고하라. 주자는 『역학계몽』에서 '하구낙십설'을 제창한 유목의 견해가 억측이라고 비판한다(『역학계몽』, 「본도서제일」 참조).

32) 韓元震, 『經義記聞錄』(『南塘集』 所收), 「太極圖」 참조. 남당은 오행배치도에서 상하의 구분은 오행이 생겨나는 순서를 밝힌 것이고, 좌우의 구분은 오행의 성질이 나누어지는 것을 밝힌 것이라고 설명한다. 황면재는 단지 이 점을 관찰하지 못했을 뿐이라는 것이 남당의 입장이다.

다고 한다. 이것은 방위적으로 각각 '동쪽-남쪽-중앙-서쪽-북쪽'에 자리를 잡는다. 이것은 오행이 상생하는 일반적인 순서와 일치한다. 다만, 황면재가 본 오행상생의 순서는 양이 움직이면 음이 고요해지고, 음이 고요해지면 양이 움직인다는 기운의 작용과 관련된 것이라는 점에 문제의 소지가 있다. 즉, 목·화의 기운이 움직여 양이 되고, 금·수의 기운이 고요하게 되어 음이 된다는 것이다.[33] 그러나 이에 대한 주자나 성담의 견해는 「하도낙서」의 원리에 기준을 둔다. 요컨대, 목이 화를 생하고(木生火), 화가 토를 생겨나게 하고(火生土), 토가 금을 생겨나게 하고(土生金), 금이 수를 생겨나게 하고(金生水), 그리고 다시 수가 목을 생겨나게 하는(水生木) 방식이다. 황면재가 밝힌 '목·화·토·금·수'의 순서는 바로 오행상생설에 적합한 경우이다. 방위적으로 볼 때 이와 같이 '동쪽·남쪽·중앙·서쪽·북쪽'으로 돈 다음 다시 동쪽에서 시작하는 좌선(左旋)의 방식은 「하도」의 생수원리 때문이다.[34] 참고로 「하도」에 나타난 오행의 전개순서가 '목·화·토·금·수'라면, 「낙서」에 나타난 오행의 전개순서는 '수·화·금·목·토'이다. 「하도」는 생성을 말하고, 「낙서」는 성장을 말한다. 「하도」가 오행상생을 말하고 있다면, 「낙서」는 오행상극을 말하고 있다. 생성을 통해 상생하고, 상극을 통해

---

33) 韓元震, 『經義記聞錄』, "錯而言之. 動陽而靜陰以氣, 則木火之氣動而陽, 金水之氣靜而陰." 참조.

34) 성담은 오행상생의 순서는 하늘의 생성과 땅의 성장을 통해 그 순서를 이해하는 것이 올바른 것이라고 생각한다. 오행은 기운의 변화와 형질의 변화로써 보아야 한다. 그것은 다름 아닌 「하도낙서」에 적용된 오행상생 및 오행상극의 상호관계를 통해 전개되는 오행의 전개순서를 기준삼아야 한다는 말과 다르지 않다. 기운의 운행은 「하도」의 수와 관련이 있고, 형질의 성장 계기는 「낙서」의 수와 관련이 깊다. 특히, 주자의 「하도낙서」의 입장이 그 기준이 되어야만 한다는 것이 성담의 입장이다. 주자는 『역학계몽』에서 「하도낙서」를 통해 천지자연의 수와 오행의 전개순서를 잘 밝혀놓았기 때문이다. 성담은 주자의 『역학계몽』의 입장처럼 오행의 전개순서를 「하도낙서」에 준하여 보고자 한 것이다.

성장하는 것이다.35) 남치태는 이와 같은 주자의 관점을 통해 오행의 전개순서를 보아야 한다는 입장이었고, 성담 역시 주자의 견해만이 돈독한 견해였음을 인정하였던 것이다.

그렇다면 '금·목·수·화·토'의 운행순서는 어떠한 근거에서 말해진 것인가? 여러 가지 오행의 전개순서가 있지만, '금·목·수·화·토'는 천지자연의 수에 근거할 수 없는 순서 위에 놓여 있기 때문에 그 논리적 정합성이 과연 있기나 한 것인지 의문이 들지 않을 수 없다. 남치태의 의문도 이 점을 간과할 수 없었다. 성담은 이와 같은 남치태의 의문에 대하여 간단명료한 답변을 제시한다. 그것은 다만 음양의 미약함과 장성함의 관점에서 본 순서에 불과하다.

『주자어류』에도 오행을 거론하면서 '금·목·수·화·토'의 순서로 언급한 곳이 여러 차례 있는데, 이는 모두 음양의 미약함과 장성함을 오행의 기준으로 삼은 결과이다. 음양과 오행은 별도의 독립된 존재가 아니다. 주자는 음양과 오행의 관계를 체질관계로 이야기할 때가 있다. 즉 음양이 본체라고 한다면, 오행은 형질에 해당한다는 것이다. 특히 형질은 사물의 생성전개와 밀접하게 연대하고 있다. 이에 비하여 그 근거가 되는 본체로서의 음양은 태극의 유전이라는 점에서, 또한 '기'를 통한 사태의 전개에 밀접하게 연대하고 있다.

그런데 '금·목·수·화·토'의 순서에 앞서 남치태가 살펴본 오행의

---

35) 그래서 「하도」에서는 목이 화를 생하고(木生火), 화가 토를 생하고(火生土), 토가 금을 생하고(土生金), 금이 수를 생하는(金生水) 오행상생의 구조를 갖는다. 이에 반하여 「낙서」에서는 수(1·6)가 화(27)를 이기고(水剋火), 화가 금(4·9)을 이기고(火剋金), 금은 목(3·8)을 이기고(金剋木), 목은 토(5)를 이기고(木剋土), 토는 수를 이기는(土剋水) 오행상극의 구조를 갖는다. 주자는 그 오행상생 및 오행상극의 근거가 「하도낙서」에 있다고 본 것이다. 『역학계몽』, 「본도서제일」 및 Richard J. Smith, *Fathoming the Cosmoa and Ordering the World*, Unv. of Virginia Press, Chatlottesville and London, 1999, 118쪽 참조.

전개방식은 구체적 오행의 형질을 통한 전개방식이었다기보다는 음양의 원리에 준거한 전개방식이었음에 유의하지 않으면 안 된다. 그리고 남치태의 질문 마지막 부분에서 언급된 '금·목·수·화·토'의 순서는 구체적인 형질의 전개방식이라는 점이 상호 차별적인 것임을 인정해야 한다. 음양의 원리가 천지자연의 수를 통해 '기'로써 전개되는 오행의 범주가 있는 반면, 오행의 구체적인 형질을 통해 천차만별의 다양한 물건이 생성되는 방식의 또 다른 오행의 생겨남이 있는 것이다. 기운은 사태와 연대하고, 형질은 사물과 연대한다. 그러나 기운과 형질은 결코 섞여서는 안 된다는 것이 주자의 입장이기도 하다.[36] 따라서 그것은 「하도낙서」를 기준으로 삼느냐, 그렇지 않으면 그 밖의 생성의 순서를 따르느냐의 두 가지 차원의 문제라고 할 수 있다.[37]

'금·목·수·화·토'의 순서는 「하도낙서」의 차원에서 본 것이 아니다. 이것은 오행의 구체적인 형질이 전개되는 순서를 밝힌 것이다. 그것은 '음·양·음·양·중앙'의 성격을 띤다. 더 구체적으로 본다면, '미약한 음·미약한 양·장성한 음·장성한 양·중앙'이라는 성격을 갖는다. 음양의 미약함이 앞부분에 위치하고, 음양의 장성함이 뒷부분에 자리를 점유함으로써 어린 상태의 음양이 성장하여 장성한 음양이 되어가는 것을 표상한 것이다.

---

36) 『朱子語類』 권94, 「周子之書」, "氣自是氣, 質自是質, 不可滾說."

37) 주자는 팔괘를 기준으로 한 오행의 전개순서가 있고, 오행 자체를 기준으로 한 전개순서가 있다고 주장한다. 따라서 태극음양의 원리적 측면에서 본 오행의 전개순서와 사물의 질료적 측면에서 본 오행의 전개순서를 서로 구분하여 보지 않으면 안 된다. 예컨대, '금' 하나만 본다 하더라고 역리상의 금은 '건'(乾)이지만, 오행상의 금은 '태'(兌)로서 서로 다르다. 『朱子語類』 권72, 「易八」, "有八卦之金木水火土, 有五行之金木水火土. 如乾爲金, 易卦之金也; 兌之金, 五行之金也. 巽爲木, 是卦中取象. 震爲木, 乃東方屬木, 五行之木也, 五行取四維故也." 참조.

이와 같은 순서는 오행의 질료적 성향이 점점 자라나가는 모습을 상징하고 있는 것임을 알 수 있다. 이것이 일반적인 오행론의 배열순서인 것이다. 「태극도설」의 제3권의 도상을 보면 금(미약한 음)과 목(미약한 양)이 아래의 자리에 있고, 수(장성한 음)와 화(장성한 양)가 위의 자리에 있다. 그리고 중앙에는 개별적인 음양으로 분리할 수 없는 토가 '금-목-수-화'와 상호 유기적인 연대망을 갖추고 자리를 잡고 있다.

주자역학의 관점을 따르는 성담의 역학관은 주자의 논리를 크게 벗어나지 않는다. 성담은 주자의 관점과 그를 계승한 남당 한원진의 역학관을 기준으로 「태극도설」에 대한 자신의 입장을 분명하게 밝힌다. 성담은 「태극도설」에 관한 남치태의 문제제기에 대체적으로 동의하였고, 특히 황면재의 역학적 관점에 대한 의문을 '주자역학의 관점'[38]을 통해 비판하였다. 그것은 일찍이 『경의기문록』에서 제시된 남당의 입장이기도 하였다.

「태극도설」의 도체에서는 수를 음의 고요함 아래에 두고, 수를 음에 배속시켰을 뿐만 아니라 화를 양에 배속시켰다. 그러나 남당이 볼 때, 황면재는 수가 양의 미약함이며 화가 음의 미약함이라고 하였는데, 이것은 주렴계의 「태극도설」과 부합하는 사유가 아니라고 한다. 또한 그것은 주자의 사유와도 다른 것이다. 주렴계는 수가 양에서 생겨나고 화가 음에서 생겨난다고 보았는데, 주자 역시 수가 양이 되고 화가 음이 된다고 본 점에서 동일한 맥락의 오행관을 가지고 있었음을 알 수 있다. 이와 같은 의론은 『경의기문록』에서 언급된 남당의 역학적 논의이다.[39]

---

38) '양변음합'과 관련된 주자의 견해를 보다 상세히 살펴보고자 한다면, 다음을 참고하라. 주희, 곽신환 외 2인 옮김, 『태극해의』(서울: 소명출판, 2009), 170-192쪽.

39) 韓元震, 『經義記聞錄』(『南塘集』 所收), 「太極圖」 참조. 「태극도설」 제3권에

이와 같은 사유의 연장선상에서 남치태는 또한 황면재가 견지하고 있던 오행관의 오류를 지적한다. 그것은 '금은 음의 장성함이 된다'고 하는 일단의 통설에 대한 황면재의 의심에 관한 문제였다. 이와 관련된 남치태의 문제의식은 다음과 같다.

> [문] 황면재는 다음과 같이 말한다. 태극도해 한 군데에 의심이 있다. (중략) 금은 음의 장성함이 된다. ○ 이것은 수가 양의 미약함이 되고, 목이 양의 장성함이 되며, 화가 음의 미약함이 되고, 금이 음의 장성함이 되는 것을 주장한 것이니, 진실로 또한 일단의 통설이 됩니다. 그런데 다만 도해의 설에서 생겨나는 순서를 말한 것에 의심이 있는 것은 아직 잘 이해하지 못했기 때문입니다. 대개 도해에서 수는 음의 장성함이고 화는 양의 장성함이라 운운한 설은 바로 수·화의 체계적 구조로써 말한 것과 같으나 아직은 반드시 생성의 순서를 말한 것은 아닙니다. 그리고 아래 문단에서 수·화가 양이라고 운운한 말은 곧 생성의 순서를 말한 것입니다. 대저 그 생성의 근본을 말한다면 수는 양의 뿌리이며 화는 음의 뿌리이니, 진실로 수는 양의 미약함이며 화는 음이라고 말할 수 있습니다. 만약에 그 성장의 체계적 구조를 보아 말한다면, 수가 실하면 음이 장성하고 화가 실하면 양이 장성할 것입니다. (따라서) 황면재의 의심이란 어떠한 것인지 잘 모르겠습니다.[40]

이와 같은 남치태의 문제의식은 음양-오행에 대한 두 가지 차원의

대한 성담의 답변 중 제일 앞부분의 말("黃勉齋五行說, 全與朱子說相反. 李氏希濂之辨, 蓋已得之而且詳矣.")은 남당의 『경의기문록』 문장을 그대로 옮겨 왔음을 알 수 있다.

40) 『성담집』 권8, 서, 「答南致泰」, "黃氏曰: 太極圖解有一處可疑. 止 金爲陰盛. ○此水爲陽稚, 木爲陽盛, 火爲陰稚, 金爲陰盛之說, 固亦爲一段通說. 而但以圖解之說, 謂之說生之序而爲疑者, 有所未曉. 盖圖解水陰盛火陽盛云云之說, 似直以水火之體段而言, 未必言生之序. 而下文水木陽也云云之語, 乃是說生之序矣. 大抵語其生之本則水根陽火根陰, 固可謂水陽穉而火陰矣. 若語其見成之體段則水實陰盛火實陽盛矣. 黃氏之疑. 未審如何."

체계적 구조와 관련된다. 그 하나는 생성상의 순서를 말하는 것이고, 다른 하나는 성장상의 순서를 말하는 것이다. 어떤 차원에서 말하느냐에 따라 각각의 오행은 음으로 배속되기도 하고, 또한 양으로 배속되기도 한다. 그럼에도 황면재는 오행에 대한 일정한 음양의 배속을 전제하고 있는 듯 보이기 때문에 문제가 아닐 수 없다는 것이 남치태의 견해였다. 이에 대해 성담은 다음과 같이 분명하게 말한다.

> [답] 황면재의 설은 「하도낙서」에 부합하는 것이 아니기 때문에 참으로 의심할 수 있는 것이다. 남당은 다음과 같이 말한다. 도체에서 수·화를 위에 두고, 목·금을 아래에 둔 것은 오행의 발생 순서이다. 수·금을 오른쪽에 두고 화·목을 왼쪽에 둔 것은 오행의 형질을 이루는 구분이다. 생성으로써 말하면 수가 양일 때 화는 음이고, 형질로써 말하면 화가 양일 때 수는 음이다. 두 가지 뜻은 모두 도체에 갖추어져 있다. 황면재는 다만 이것을 살피지 못했을 뿐이다.[41]

성담이 제시한 이와 같은 답변의 대강은 역시 남당의 견해로부터 원용된다. 남당의 『경의기문록』의 내용이 그의 답변을 대신하고 있다고 보아도 크게 틀리지 않을 정도이다. 이 답변은 남치태의 지적과 설명이 잘못되지 않았음을 확인시켜주는 근거가 된다.

오행의 생성과정으로부터 말해지는 음양과 오행의 형질적 차원에서 말해지는 음양은 서로 다르며, 또한 서로 섞일 수도 없다. 그리고 각각의 개별적 오행은 어떤 차원에서 말해지느냐에 따라서 음이 되기도 하고, 양이 되기도 한다. '수·화'의 경우를 예로 든다 하더라도,

---

41) 『성담집』 권8, 서, 「答南致泰」, "勉齋之說, 不合於圖書, 誠可惑也. 南塘云: 圖體水火置上, 木金置下, 五行生出之序也. 水金居右, 火木居左, 五行成質之分也. 以生言則水陽而火陰也, 以質言則火陽而水陰也. 二義自具於圖體. 勉齋特未之察耳."

수는 음일 때와 양일 경우가 있고, 화도 양일 때와 음일 경우가 있다. 따라서 이러한 상호관계를 제대로 구분하지 않는다면, 음양이 지닌 이중적 속성을 간과하는 한계를 초래하게 된다. 남당계열의 성담과 남치태 등이 공통적으로 황면재를 비판적으로 볼 수밖에 없었던 이유는 기본적으로 오행에 배속된 음양의 두 가지 차원과 그 적용문제 때문이었다고 볼 수 있다.

5. 건곤남녀와 만물화생의 선후문제

성담이 본 「태극도설」 해석의 인간학적 입장은 『성담집』에 실린 두 편의 서간문에서 발견된다. 그것은 성담이 남치태와 김규정이라는 두 명의 문인들에게 준 답신이다. 즉, 「남치태에게 주는 답신」(答南致泰)[42]과 「김규정에게 주는 답신」(答金奎正)[43]이 그것이다. 이 두 편의 서간문은 「태극도설」에 대한 사제 간의 질문과 응답으로만 기술되어 있다. 그리고 「남치태에게 주는 답신」이 전문에 해당한다면, 「김규정에게 주는 답신」은 그 후문에 해당한다. 따라서 이 글이 기술하고자 하는 첫 번째 논의 주제는 「남치태에게 주는 답신」에서 밝혀진 성담의 역학적 입장이며, 두 번째 논의 주제는 「김규정에게 주는 답신」에서 확인된 성담의 「태극도설」에 대한 관점이라고 할 수 있다.

성담은 문인 남치태와 주고받은 왕복서신을 통해 「태극도설」에 관한 문답을 주고받았는데, 그 마지막 주제가 바로 '건곤남녀'와 '만물화생'의 선후에 관한 문제였다. 이 주제는 「태극도설」의 제4권에 해당하

42) 이 서간문은 갑인년(1794년 정조 18년)에 작성되었다.
43) 이에 대한 작성 시기 및 문인 김규정에 대한 정보는 미상이다.

는 것으로서, 제5권과 함께 인간학적 논의를 다룬다는 특징이 있다.

'건곤남녀'와 '만물화생'이란 말은 『주역』 「계사 하」에 기원을 둔다. 『주역』은 "남성성과 여성성의 정기가 교합하여 만물을 화생한다"[44]고 말한다. 요컨대, 인간과 만물화생의 순서는 남녀의 발생으로부터 만물로 전개된다는 것이다. 그런데 「태극도설」은 이와 반대이다. 「태극도설」은 인간이 남성과 여성으로 구체화한 이후 만물의 화생으로 나아가는 도식을 보이고 있다.

그렇다면 양자의 차이는 무엇으로부터 비롯된 것일까? 남치태는 이에 관해 다음과 같이 자신의 견해를 피력한다.

> [문] 건도는 남성을 이룬다. (중략) 만물을 화생한다. ○ 『주역』에서는 만물이 있은 연후에 남녀가 있다고 하였는데, 이 그림(「태극도」)은 먼저 남녀를 말하고 뒤에 만물을 말한 것이 피차 같지 않습니다. 그러나 그렇게 주장한 데는 서로 다른 이유가 있습니다. 『주역』은 먼저 만물을 말하고 만물 가운데 아울러 인물을 말하였습니다. 남녀 이하로부터는 바로 사람이 나누어지는 것에 나아가 설명한 것입니다. 그러므로 남녀가 있은 연후에 부부가 있고, 부부가 있은 연후에 부자와 군신의 관계가 있다고 말한 까닭은, 이 '남녀'라는 글자가 다만 사람의 구분 위에 나아가 설명한 것 때문입니다. 이 그림(「태극도」)은 그 '기화'를 말하고 다음에 '형화'에 미친 것입니다. 그러므로 먼저 남녀를 말하면 이 '남녀'라는 글자가 곧바로 사람과 만물을 아울러 말하는 것입니다. 어떤지 잘 모르겠습니다.[45]

---

44) 『주역』, 「계사 하」, "男女構精, 萬物化生."

45) 『성담집』 권8, 서, 「答南致泰」, "乾道成男 止 化生萬物. ○易曰有萬物然后有男女, 此圖則先言男女而後言萬物者, 彼此不同. 而然其所以立言者有異. 易則先言萬物, 而萬物中並言人物. 自男女以下, 直就人分上說. 故所以曰有男女然后有夫婦, 有夫婦然后有父子君臣, 則此男女字只就人分上說也. 此圖則言其氣化而次及形化. 故先言男女則此男女字, 乃幷言人物也. 未知如何."

제4권의 내용은 바로 위의 도상인 제3권의 내용과 밀접한 관련을 갖는다. 그것은 음양의 정위와 관련된다. 남치태와 성담이 본 「태극도설」에서 제3권에 해당하는 오행의 도상은 수·금이 오른쪽에 정위하는 데 비하여 화·목은 왼쪽에 정위한다. 오른쪽은 음의 범주에 해당하고 왼쪽은 양의 범주에 해당한다. 음의 범주는 여성성을 상징하고, 양의 범주는 남성성을 상징한다. 괘로 본다면 그것은 『주역』의 '이괘'(離卦: ☲)와 '감괘'(坎卦: ☵)를 표상한다. '이괘'는 왼쪽에 자리를 잡고 감괘는 오른쪽에 자리를 잡는다. 「태극도」 제2권에 나타난 태극의 동그라미 형상은 이 두 개의 상호 공속성을 바탕으로 구상된 것이다.[46)]

이와 같은 「태극도설」의 도상을 따르는 것 자체가 일차적으로 주자를 계승하는 것이다.[47)] 그래서 남당은 『경의기문록』에서 "제2권의 오른쪽은 음의 고요함이니 '감괘'의 상이고, 왼쪽은 양의 움직임이니 '이괘'의 상이다. '감괘'와 '이괘'의 합이 음양의 완전함이다"[48)]라고 하여, 도상의 체계에서 주자를 따를 뿐만 아니라 도설의 내용에서도 주자를 계승하는 특징을 보이고 있다. 성담은 자신의 스승 운평의 스승이었던 남당 한원진의 『경의기문록』의 내용을 통해 「태극도설」에 대한 자신의 입장을 밝히고 있다.[49)]

---

46) 陳來, 『宋明理學』(上海: 華東師範大學出版社, 2004), 39쪽 참조.

47) 주자의 시대 당시에는 많은 종류의 「태극도」가 있었다. 그 어느 쪽을 주렴계 자신의 것으로 여길 것인가는 각자가 묘사한 주렴계 사상과 관련이 있었다. 특히 주자는 자신이 구도(舊圖)라고 평가한 양갑(楊甲)과 모방한(毛邦翰)의 「태극도」를 부정하였는데, 이들의 구도는 모두 '이괘'와 '감괘'에 해당하는 도상이 주자의 도상과는 반대였다. 이에 대한 자세한 내용은, 쓰치다 겐지로, 성현창 옮김, 『북송도학사』(서울: 예문서원, 2006), 200-210쪽 참조.

48) 한원진, 『경의기문록』(『南塘集』 所收) 권3, 「태극도」, "第二圈右陰靜, 坎之象也. 左陽動, 離之象也. 坎離之合, 陰陽之全也."

49) 특히 「태극도설」 제3권의 해석에 대해 성담은 『경의기문록』을 전적으로 의지하고 있음을 명시적으로 밝힌다(『성담집』 권8, 서, 「答南致泰」, "經義記聞錄論此甚精細, 可巧而知也." 참조). 이러한 점이 『경의기문록』이 성담의 「태

두 개의 양효가 하나의 음효를 둘러싸고 있는 '이괘'는 남성성이 강한 반면 두 개의 음효가 하나의 양효를 둘러싸고 있는 '감괘'는 여성성이 강하다. 그런데 '이괘'와 '감괘'보다 더 순정한 남성성과 여성성이 존재한다. 그것은 표면적으로 드러나지 않은 순양·순음의 괘인 '건괘'(乾卦: ☰)와 '곤괘'(坤卦: ☷)이다.[50] '건괘'와 '곤괘'는 『주역』에서 말하는 남성성과 여성성의 역리적 근거이다. 만일 이러한 지극한 순양·순음의 괘가 존재하지 않는다면, '이괘'와 '감괘'를 통한 개별적 남성성과 여성성은 또한 발생할 수 없다.

현실적 남녀의 발생은 모두 '건괘'와 '곤괘'의 역리적 원리에 그 철학적인 기원을 둔다. 그래서 '건의 도'(乾道)와 '곤의 도'(坤道)라고 표현한 것이다. 역의 원리에서 '건괘'는 제일 먼저 만물을 생겨나게 하는 기원이 된다.[51] 만물생성의 제일의 근거가 '건괘'로서 표상된 것이다. 이에 비해 본다면, '곤괘'는 만물성장의 제일의 근거라고 말할 수 있다.[52]

'건의 도는 남성을 이루고'(乾道成男) '곤의 도는 여성을 이룬다'(坤道成女)는 관점은 남성과 여성의 존재가 만물의 정수를 계승했다는 의미와 상통한다. '건도'와 '곤도'가 남성과 여성을 이루는 근원이지, 암컷과 수컷의 대명사라고 말하지 않은 이유가 있는 것이다. '만물화생'의 영역보다 남녀의 이루어짐을 먼저 언급한 「태극도설」은 인간의 영명성을 만물의 물질성보다 선행되어야 할 가치로 선택한 것이다. 「태극도」

극도설」 해석에 절대적인 영향력을 미치고 있음을 확인케 한다.

50) 주자는 '건·곤·감·리' 네 개의 괘를 정괘로 삼아 일단의 도식을 연역하는데, 이것이 바로 '복희역'이라고 본다. 이러한 주자의 사유는 소강절의 역학의 내용에 부합하는 것이다(朱伯崑, 『易學哲學史』(臺北: 藍燈文化事業股份有限公司, 2000) 제2권, 133쪽 참조).

51) 『주역』, 「乾卦」, 단전, "首出庶物." 참조.

52) 『주역』, 「坤卦」, 상전, "至哉坤元, 萬物資生." 참조.

의 도상에서 '만물화생'의 영역이 인간존재의 아래에 자리를 잡고 있는 이유는 인간이 만물의 우두머리가 된다는 사실 때문이다.[53] 인간이 만물의 영장이어야 한다는 사고가 「태극도설」의 내용에 뿌리 깊게 관류하고 있는 것이다.[54]

성담은 남치태의 견해가 매우 돈독한 것이라고 본다. 그리고 그의 견해를 전적으로 인정하면서, 『주역』과 「태극도설」이 견지하고 있는 '건곤남녀'와 '만물화생'의 순서가 서로 다른 점을 잘 파악하여야 함을 명시적으로 강조한다. 성담은 다음과 같이 말한다. "「태극도설」에서는 그 '기화'의 비롯됨을 말하였고, 『주역』에서는 그 '형화'의 뒤를 말하였다. 그 남녀와 만물의 구별을 말한 것은 선후가 같지 않기 때문이니, 어찌 그렇지 않겠는가?"[55]

성담은 '기화'와 '형화'의 구별을 통해 남녀의 이루어짐과 만물화생의 관계를 제대로 보아야 한다는 입장이다. 즉, 인간 남녀의 인격적 의의는 그 영명성에서 찾아지는 반면,[56] 금수를 비롯한 각종 사물들이 존재하는 의의는 그들이 가지고 있는 형체적 질료의 물상성에서 찾아진다고 본다. 결국 인간의 영명성이 '기화'의 비롯됨을 가리키는 것이라면, 사물의 물상성은 '형화'의 뒤를 말한 것이라고 할 수 있다. 이러한 특징을 앞세워 「태극도설」은 인간존재의 영명성을 중시하여 '기화'의 유행을 앞세웠다면, 『주역』은 존재사물의 질료적 응결을 강조하여 '형화'의 전개 이후의 문제를 앞세웠다. 이러한 이유 때문에 『주

---

53) 朱伯崑, 『易學哲學史』 제2권, 109쪽 참조.

54) 이것은 '천인합덕'을 통한 인간의 주체적 자각의 문제와 관련되는 것으로서, 특히 우암 계열의 역학적 세계관을 계승하고 있는 성담에게서는 결코 타자에게 양도할 수 없는 하나의 일관적 특징이었다고 볼 수 있다.

55) 『성담집』 권8, 서, 「答南致泰」, "圖說則言其氣化之始, 易書則言其形化之後. 其言男女萬物處, 所以先後不同者, 安得不然也."

56) 주렴계, 「太極圖說」, "惟人也, 得其秀而最靈."

역』은 만물이 인간 남녀보다 앞서고 인간 남녀가 그 뒤를 잇지만, 「태극도설」은 인간 남녀가 만물보다 앞서고 만물이 그 뒤를 따르는 존재의 차서를 제시한 것이다.

'기화'와 '형화'는 밀접한 관련이 있다. 특히 사물의 형체 또는 인간의 몸이 이루어지는 작용력은 '형화'와 관련되는데, 그것은 기의 작용 없이는 불가능하다. 개별적 사물의 '형화'는 밖으로 드러나는 기의 질료적 전환이라고 볼 수 있다. 기의 질료적 전환은 '기화'에 비하여 구체적이고 자기 현시적이다. 그러나 '기화'하는 기는 밖으로 드러나기보다는 안으로 수렴됨으로써 은미함 자체로 남는다. '기화'하는 기는 자연의 신비로운 작용력과 연대한다. 그것은 모든 사물에게조차 스며들 수 있는 경계 없는 변화요, 자연의 흐름 자체이다.

따라서 '형화'의 결과는 개별적 사물 상호간의 뚜렷한 경계의 형태로서 드러나지만, '기화'의 결과는 은미한 기의 정수와 연대하여 경계 자체가 무의미한 순일함으로서 간직된다. '기화'는 특히 질료적 기의 차원과는 다른 빼어난 정신적 영명성과 함께하는 특징이 있다. 음의 기가 형체의 형성에 관여한다면, 양의 기는 정신과 지각의 생성에 관여한다. 그런데 인간이 인간다울 수 있는 이유는 인간만이 자연의 빼어난 기를 얻어 가장 영활하기 때문이라는 것이 「태극도설」의 요체이다. 성담은 이 점을 강조한 것이라 볼 수 있다.

6. 중정인의의 선후와 체용의 관계

「태극도설」의 마지막 결론은 '성인'을 통한 인간존재의 자각의 근거를 설명하면서 마무리되고 있다. 남치태와 성담의 태극문답에서는 이 문제가 생략되었다. 그 결과 양자의 전반적인 논의는 주로 「태극도설」의 인간학적 논의보다는 형이상학적 논의에 집중되는 결과를 초래하였다.

물론 그렇다고 양자의 논의에서 인간학적 논의가 완전히 배제되었다고 볼 수는 없다. 양자는 비록 짧은 언급에서일망정 인간 남녀의 존재가 우수할 수 있는 이유가 '기화'의 작용에 있는 것임을 강조하였기 때문이다. 성담과 남치태는 공통적으로 「태극도설」의 핵심이 인간의 영명성을 확인케 하는 주체적 사명의식에 있다는 점을 자각하고 있었던 것이다.[57] 요컨대, 이들은 모두 '인간의 인격적 표준'을 확립하는 철학적 근거가 바로 「태극도설」에 마련되어 있음을 확인한 것이다.[58]

성담의 「태극도설」에 대한 관련 서신에서 한 가지 특기할만한 사항이 있다. 성담과 남치태의 태극문답에서 생략되었던 「태극도설」의 마지막 주제인 성인의 '중정인의'에 관한 문제가 다른 문인에게 보낸 서간문, 즉 「김규정에게 주는 답신」(答金奎正)에서 발견된다는 점이다. 이 서신이 지어진 시기는 미상이다. 그러나 「남치태에게 주는 답신」보다는 후일에 작성되었을 것임에 틀림없다. 왜냐하면 서신의 내용상 「김규정에게 주는 답신」은 「남치태에게 주는 답신」의 후속편에 해당하는 성격을 띠고 있기 때문이다. 「태극도설」에 관한 최종 결론적인 논의가 「남치태에게 주는 답신」에서 전체적으로 논의되지 못하고 종결되었는데, 그 나머지 부분에 대한 논의가 「김규정에게 주는 답신」에서 곧바로 이어져 논의되었던 것이다.

---

57) 이러한 문제의식은 기호노론의 정신적 지향성을 결정짓고 있던 우암 송시열의 '주체적 형이상학'의 문제와 맞닿아 있다. 이와 관련된 내용은 다음을 참고하라. 김길환, 『조선조유학사상연구』(서울: 일지사, 1980), 184쪽.

58) 주렴계, 「태극도설」, "惟人也, 得其秀而最靈." 및 "立人極焉." 참조.

우선 「태극도설」에 관한 김규정의 첫 번째 질문을 보자.

> [문] '중정인의'에 대하여: ○ 주자는 '중정인의'의 생성의 순서를 말하면 '수·화·목·금'에 배속된다고 하였습니다. 또한 이 네 글자는 '금·목·수·화'에 배속된다고도 말하였습니다. 이 두 가지 설은 서로 어긋나 거슬림이 없는 것입니까? 만약에 그 생성의 순서를 말하여 '수·화·목·금'에 배속한다면 마땅히 '정중인의'라고 말해야 할 것입니다. 만약에 그것을 '금·목·수·화'에 배속한다면 마땅히 '의인정중'이라고 말해야 할 것입니다. 그런데 그것을 '중정인의'라고 말한 것은 무엇 때문입니까? 그 이른바 짝하는 것이 곧 '인'과 '중'이 '목·화'에 배속되고, '정'과 '의'가 '금·수'에 배속되니, 이것은 곧 하나의 기가 순환하는 오행상생의 순서를 말한 것입니다. 그 아래 글자를 도치시킨 것이 의문을 가로막기에 부족하겠습니까?[59]

주자는 '중정인의'가 각각 오행에 배속된다고 본다.[60] 이 문제와 관련하여 김규정은 '중정인의'에 배속되는 오행 생성의 순서에 의문이 있음을 제시한다. 김규정은 주자가 '수·화·목·금'의 순서를 따르는 경우와[61] '금·목·수·화'를 따르는 경우가 있다고 전제한 후 그 다름의 원인에 대해 의문을 제시한 것이다.

전자와 같은 오행의 전개순서는 천지의 수에 근거한 차서를 따른 것이고, 후자와 같은 오행의 전개순서는 오행의 질료적 미약함과 장

---

59) 『성담집』 권9, 서, 「答金奎正」, "中正仁義. ○朱子曰: 中正仁義, 言生之序, 以配水火木金也. 又曰: 此四字, 配金木水火而言. 此二說得無牴牾乎? 若其言生之序而配水火木金則當曰正中仁義也. 若其配金木水火而言則當曰義仁正中. 而其曰中正仁義者何耶? 其所謂配者, 乃其以仁中配木火, 以正義配金水, 而此卽言一氣循環五行相生之序也. 其所下字之倒置, 不足泥疑耶?"

60) 『朱子語類』 권94, 「周子之書」, "仁義中正只屬五行."

61) 『朱子語類』 권94, 「周子之書」, "中正仁義而已矣, 言生之序, 以配水火木金也. 又曰: 仁義中正而已矣, 以聖人之心言之, 猶孟子言仁義禮智也."

성함의 기준을 따른 결과라고 볼 수 있다. 그러나 김규정이 볼 때, 오행전개의 방식으로 두 가지 경우가 모두 가능한 것이라면, '중정인의' 또한 경우에 따라서는 '중정인의'라고 하지 말고 '의인정중'이라고 도치시켜 말하여야 할 것이 아니겠느냐는 것이다. 이에 대한 성담의 답변은 다음과 같다.

> [답] 문의와 자구가 혹 가지런하지 못한 곳은 반드시 얽매여서 볼 필요가 없다.[62]

즉, 문자에 얽매이지 말라는 것이다. 이 말은 곧 주자에게 돌아가 그의 논리대로 보면 될 뿐 자칫 견강부회할 수 있음을 염려한 것이기도 하다. '중정인의'가 '의인정중'이라고 도치되어 이해될 수도 있는 가능성에 대해, 성담은 한마디로 일축하여 그 가능성을 차단시켜버린 것이다.

왜냐하면 김규정과 같은 문제의식은 일찍이 주자의 뛰어난 제자 중 한 명인 북계(北溪) 진순(陳淳, 1159-1223)에 의해서도 제기된 바 있는데, 그는 이 문제에 대해 어떤 것이 먼저이고 어떤 것이 나중이라고 고집하여 그 선후를 나누어 말할 수 없는 것임을 밝혔기 때문이다. 기의 움직임과 고요함에는 단서가 없고, 음과 양에는 시초가 없기 때문이다.[63]

이에 김규정의 질문은 곧바로 '고요함을 주로 한다'고 하는 다음의 주제로 넘어간다. 김규정과 성담의 문답은 다음과 같다.

> [문] 고요함을 주로 한다. ㅇ '중'과 '인'은 움직임에 속하고, '정'과

62) 『성담집』 권9, 서, 「答金奎正」, "文義字句之或未齊整處, 不必拘泥看也."
63) 진순, 『북계전서』 권36, 「答郭子從問目」 참조.

'의'는 고요함에 속한다고 하니, 이것은 진실로 주자의 정론입니다. 그런데 어떤 때는 '정'으로써 '중'을 대하면 '중'이 거듭됩니다. '인'을 '의'와 짝하면 '인'의 근본이 되니, 네 가지 바깥에서 별도로 '주정'(主靜) 일단의 일이 있는 것이 아닙니다. 또한 '주정' 두 글자를 말한 것은 곧 성인의 일입니다. 위의 문장을 이어 '중정인의'라고 말하여, 네 가지의 '중'을 밝힘으로써 또한 스스로 빈객과 주인이 있을 뿐입니다. 이것을 수설(水說)로써 본다면, 대개 '정·의'가 주인이 되고 '중·정'이 빈객이 되어, 그 '중'을 거듭하게 될 것입니다. '인'을 근본으로 삼아, 곧 반대로 빈객이 되는 것에 대하여 그것이 뜻하는 것을 들을 수 있겠습니까? 그 다음으로 '군자는 닦아서 길하다'는 것의 주에서 또한 주렴계는 '주정'을 말하였는데, '정'자는 단지 '경'자로 보는 것이 좋아 보입니다. 그러한즉 '중인정의'가 비록 움직임과 고요함으로 나누어지더라도, 그 주인이 되는 것은 아직 반드시 '중정인의' 위에서 구별할 수가 없으니, 단지 '경'(敬)의 뜻을 주인으로 삼은 것입니까?[64]

[답] '중정인의'가 움직임에 속하고 고요함에 속한다는 것에 관하여 전후에 논한 것이 사실은 같지 않음이 있다. 그런데 이른바 '중'이 거듭 '인'의 근본이 되는 것은 당초에 '중'과 '인'을 고요함에 소속시켜 논했기 때문이다. 그 '정'과 '의'를 고요함에 소속시켜 정론으로 삼는다면, 이른바 저절로 빈객과 주인이라는 것이 있을 것이니, 어찌 그렇지 않겠는가? 단지 모름지기 각자 하나의 의미로 보았을 뿐이다. '경'(敬)자 공부가 움직임과 고요함을 관통하면, 비록 네 가지가 분속되었다고 말할 수 없을 것 같아도 그 고요함으로써 근본을 삼는다는 뜻과 같을 것이니 진실로 자재하는 것이다.[65]

---

64) 『성담집』 권9, 서, 「答金奎正」, "主靜. ○中仁屬動, 正義屬靜. 此固朱子之定論. 而有曰以正對中則中爲重. 以仁配義則仁爲本, 非四者之外, 別有主靜一段事也. 又曰主靜二字, 乃言聖人之事. 承上文中正仁義而言, 以明四者之中, 又自有賓主耳. 觀此數說則盖謂主乎正義而中仁爲賓也. 其以中爲重, 以仁爲本, 而乃反爲賓者, 其義可得聞耶? 其下君子修之吉註又曰濂溪言主靜, 靜字只好作敬字看. 然則中仁正義, 雖分動靜, 然其所以主之者, 未必於中正仁義上區別, 而只主於敬之意耶?"

「태극도설」은 인간의 주체성이 '중정인의'에 있다고 본다. "성인은 '중정인의'로 주체를 정한다"[66]고 한 주렴계의 말이 이를 단적으로 보여준다. 이른바 '중정인의'란 주체적 인간의 가능성에 대한 철학적 전제에 해당한다.[67] 그것은 움직임과 고요함에 따라 나누어진다 하더라도 그 주인이 되는 것은 결국 '경'(敬)이라는 말, 한 글자에 지나지 않는다. 이러한 측면에서 「태극도설」의 고요함의 주체가 허무적멸일 수 없음은 자명하다.

'인'과 '의'는 각각 음양에 배속되고, 또한 부드러움과 강함의 특성을 드러내기도 한다. 김규정은 이에 대한 일반적인 견해가 주자와 같지 않음이 있다고 보고, 주자가 말하는 '인의'의 관계에 대해 성담에게 명시적인 설명을 부탁한다.

이에 대한 김규정의 물음과 성담의 답변은 다음과 같다.

> [문] 인도를 세워 '인'과 '의'라고 한다. ○ 음과 양, 부드러움과 강함, '인'과 '의'의 어세로써 혹자는 대부분 '인'이 음에 속하고 '인'이 부드러

---

65) 『성담집』 권9, 서, 「答金奎正」, "中正仁義之屬動屬靜, 前後所論, 實有不同. 而所謂中爲重仁爲本者, 卽當初以中仁屬靜之論也. 其以正義屬靜者爲正論, 則所謂自有賓主者, 豈不然乎? 只須以各是一義看之也. 敬字工夫, 通貫動靜, 則雖似無分屬四者之可言, 而若其以靜爲本之意, 固自在矣."

66) 주렴계, 「太極圖說」, "聖人定之以中正仁義."

67) 「태극도설」은 성인이 인격의 표준을 정립한 것을 '인의예지'라 말하지 않고, 도리어 '인의중정'이라고 표현한다. 주자는 그 이유가 상대적으로 느슨한 '예지'에 비하여 '중정'이 보다 더 절실하게 요청되기 때문이라고 본다. 요컨대, 그것은 일상의 현실에서 절제와 문식의 지나치고 모자람이 없을 뿐만 아니라 명백한 시비의 실상이 드러나지 않으면 안 된다고 하는 절실한 실천의 문제와 관련되어 있는 것이다. 『주자어류』 권94, 「周子之書」, "問: 周子不言禮智, 而言中正, 如何? 曰: 禮智說得猶寬, 中正則切而實矣. 且謂之禮, 尙或有不中節處. 若謂之中, 則無過不及, 無非禮之禮, 乃節文恰好處也. 謂之智, 尙或有有正不正, 若謂之正, 則是非端的分明, 乃智之實也." 참조.

움이 된다고 여깁니다. 그러나 주자는 그렇지 않은데, 그러한 '의'와 더불어 '인'을 말하지 않기 때문입니다. 그렇다면 (주자가 말하는) '인'과 '의'라는 것은 어떠한 것을 말합니까?[68]

[답] 주자는 '인'의 체는 부드럽지만 용은 강하며, '의'의 체는 강하지만 용은 부드럽다고 말한다. 그러한즉 그 '인'과 더불어 '의'를 말하고 '의'와 더불어 '인'을 말하니 모두 마땅하지 않음이 없다. 이러한 것들도 또한 반드시 얽매여서 볼 필요는 없다.[69]

성담은 '인의'에 대한 체용론을 언급한다. 체로써 볼 때 '인'은 부드럽고 '의'는 강하지만, 용으로써 볼 때 '인'은 강하고 '의'는 부드럽다고 본다. 이러한 '인의'에 대한 체용론적 접근은 주자의 학설에 의거한다. 체용론의 관계로 볼 때, '인'과 '의'의 관계는 상호 보완적인 것이라고 볼 수 있다.

그렇다고 그 체용의 관계에 굳이 얽매일 필요가 없어야 한다. 성담은 이 점을 잘 제시하고 있는 것이다. '얽매이지 말라'는 말은 질문에 대한 답변의 회피가 아니라, 존재의 체용이 상대적이고 가변적일 수 있는 것임을 유념해야 한다는 가르침이다. 이것은 체용의 관계가 불변적인 것이 아님을 말한 것으로서, 주자의 맥락에 잘 부합하는 것이라고 볼 수 있다.[70]

주자는 '부분적인 말'과 '전체적인 말'에서 볼 때 각각의 체용의 구

68) 『성담집』 권9, 서, 「答金奎正」, "立人之道曰仁與義. ○以陰與陽, 柔與剛, 仁與義之語勢, 而或者多以仁屬陰仁爲柔. 而朱子非之, 則其所以不曰義與仁, 而曰仁與義者何耶?"

69) 『성담집』 권9, 서, 「答金奎正」, "朱子曰仁體柔而用剛, 義體剛而用柔. 然則其曰仁與義曰義與仁, 皆無所不宜矣. 此等處亦不必滯泥看也."

70) 『朱子語類』 권94, 「周子之書」, "問: 仁爲用, 義爲體. 若以體統論之, 仁卻是體, 義卻是用? 曰: 是仁爲體, 義爲用. 大抵仁義中又各自有體用." 참조.

분이 달라질 수 있다고 주장한다.[71] 따라서 체용관계에 얽매이지 말라고 하는 성담의 견해는 체용관계를 고정불변의 범주로 인정하면 안 된다는 주자적 견해의 반영이라고 말할 수 있다. 주자는 "성인은 '중정인의'로써 정한다고 하였는데, '정'자와 '의'자가 도리어 체이고, '중'과 '인'이 오히려 드러나 용이 되는 곳이다"[72]라고 하여, 일찍이 '중정인의'의 체용관계에서 '중·인'과 '정·의'를 상호 대별시킨 후 각각의 체용관계가 상대적인 것임을 말한 적이 있다. 전자가 오히려 용이 되고 후자가 체가 될 수 있다는 것이다.

이상의 내용을 담고 있는 「태극도설」 해석에 대한 문답은 그 마지막 구절에 대한 다음의 문답으로 전체적인 막을 내린다. 양자의 문답을 보자.

> [문] '크도다. 역이여'에 대한 정자 형제의 주석에서 학문은 (중략) 은미한 뜻이 있다. ○ 정자가 이 그림을 다른 사람들에게 보이지 않은 이유는 그에 대한 폐단을 헤아려서, 양·사·유·윤씨의 학문과 같이 모두 이 그림의 묘리를 엿볼 수 없기 때문입니까?[73]

> [답] 정자 형제가 이 그림을 다른 사람들에게 보이지 않은 것은 실은 공자가 '성명'의 의의에 대해 드물게 말하였기 때문인데, 공자 문하의 제자들이 능히 '성'과 '천도'에 대하여 들을 수 있는 것이 또한 드물었다면, 정자 문하의 제현들이 이 그림의 옹골차고 웅숭깊음을 보기란

---

71) 『朱子語類』 권94, 「周子之書」, "中正仁義一節, 仁義自分體用, 是一般說; 仁義中正分體用, 又是一般說. 偏言專言者, 只說仁, 便是體; 才說義, 便是就仁中分出一箇道理." 참조.

72) 『朱子語類』 권94, 「周子之書」, "聖人定之以中正仁義, 正字義字卻是體, 中仁卻是發用處."

73) 『성담집』 권9, 서, 「答金奎正」, "大哉易也. 註程子昆季之學. 止 有微意. ○程子之所以不以此圖示人者, 慮其有弊, 而若夫楊謝游尹之學, 皆未能窺覷乎此圖之妙耶?"

아마도 쉽지 않았을 것이다.[74)]

사실『주역』이 위대한 것은 인간의 유래 및 그 본질을 이해하고 삶과 죽음의 문제를 해결할 수 있는 가능성을 제시하기 때문이다.[75)]「태극도설」은『주역』「계사 상」의 "시작을 궁구하고 끝을 돌이키므로 죽음과 삶의 이치를 안다"[76)]는 말을 인용하면서 마치고 있다. 인간은 '인의'와 '중정'을 정하여 '인격적 표준'을 구현해야만 할 사명을 가진 존재인데, 그 '인의'와 '중정'은 음양과 오행의 정수로부터 나온다는 것이「태극도설」의 견해이다.[77)]

그런데 위의 문답은「태극도설」처럼 전체적인 논의의 종결을 인간학적 의의를 천명하는 것으로써 맺기보다는 자칫「태극도설」을 오독함으로써 발생할 수도 있는 한계에 대하여 지적하는 것으로써 종결지은 특이점이 있다.「태극도설」의 옹골차고 웅숭깊은 의미를 초학자들이 제대로 이해하는 데는 여러 가지 어려움이 있을 것이기 때문이다. 초학자들은 보다 현실적인 일용의 공부에 목표를 두지 않으면 안 된다는 것이 성담의 입장이었다.[78)]

---

74)『성담집』권9, 서,「答金奎正」, "程子昆季之不以此圖示人者, 實孔聖罕言性命之意, 而孔門諸子之能聞性與天道者亦鮮, 則程門諸賢之能覰此圖蘊奥者, 恐未易也."

75) 朱伯崑,『易學哲學史』제2권, 113쪽 참조.

76)『주역』,「계사 상」, "原始反終, 故知死生之說."

77) 朱伯崑,『易學哲學史』제2권, 113쪽 참조.

78) 이러한 성담의 입장 역시 남당의 견해를 충실히 계승한 것이라고 볼 수 있다. 남당은「태극도」를 설명하면서, 형이상학적인 리기론과 같은 것은 초학자들이 미칠 수 없는 것이라고 보아 일용의 수기치인의 공부와 차이가 있음을 밝혔다(한원진,『경의기문록』권3,「태극도」, "理氣之論, 非初學所可幾及, 又於日用修治之功, 似無所闕, 則雖不言, 亦若可矣." 참조). 남당의 이러한 입장은 일용의 실천이 공허한 현학적 담론보다 훨씬 더 중요하다는 것을 밝힌 것이다. 남당의 학맥을 적통으로 계승한 성담은 최대한 남당의 해석의 방식에 따라「태극도설」을 이해하고자 하였던 것이다.

한편 주자는 주렴계의 『통서』 「서문」을 통해 「태극도설」을 세상에 전하여 유행시킨 것이 다름 아닌 정자 형제였다고 밝히고 있다.[79] 그럼에도 김규정과 성담은 모두 정자 형제가 「태극도」와 그 도설을 다른 사람들에게 제시하지 않았다고 하는 의론을 갖고 있었다. 이것은 당대에 유포되어 있던 주자의 또 다른 해석에 영향을 받은 것이라고 볼 수 있다. 그리고 그 또 다른 해석의 이면에는 반드시 숨겨진 뜻이 있었을 것이며, 초학자들은 또한 이 점을 알지 않으면 안 된다는 입장이 전제되어 있었다고 보아야 한다.[80]

「태극도설」에 대한 이설이 워낙 분분하기 때문에 초학자들은 우주론적 세계관에 대한 관심보다는 우선 실천궁행에 힘쓸 필요가 있음을 우회적으로 강조한 것이라고 여겨진다. 공자가 형이상학적 발언들에 대해 신중했던 것처럼 신유학자들도 형이상학적 관심에 절제가 없어서는 곤란하다는 입장의 반영일 것이다. 「태극도설」에 대한 오독으로 인하여 실천적 성향의 특색을 갖는 유학사상이 자칫 공소한 현학적 담론에 빠질 수도 있음을 경계한 말이 아닐 수 없다.

7. 논의의 종합과 의의

이 글은 「태극도설」에 관한 성담 송환기의 역학적 입장을 살펴본 것이다. 우주론적 측면의 연구의 저본이 된 텍스트는 『성담집』에 실

79) 주렴계, 『통서』, 「序」, "並出程氏以傳于世, 而其爲說, 實相表裏." 여기서 함께 나왔다고 하는 것의 생략된 주어는 『통서』와 「태극도설」을 가리킨다. 주렴계의 「태극도설」은 『통서』와 더불어 표리관계에 있는데, 정씨 형제에 의하여 세상에 전파되었다는 것이다.

80) 주희, 곽신환 외 2인 옮김, 『태극해의』(서울: 소명출판, 2009), 679-680쪽 참조.

린 「남치태에게 주는 답변」이라는 서간문 한 편이다. 그리고 인간학적 측면의 연구의 저본은 「태극도설」에 관하여 성담 송환기가 작성한 두 편의 서간문, 즉 「남치태에게 주는 답신」과 「김규정에게 주는 답신」이다. 한국철학계에서는 아직까지 해당분야에 대한 전문적인 연구 성과가 단 한 편도 발표되지 않은 한계가 있기 때문에, 이 글은 성담 역학관 연구의 활성화에 기폭제 역할을 수행할 수 있을 것이라 본다.

다만, 성담이 남치태, 김규정 두 명의 제자와 주고받은 「태극도설」 문답을 통해 살펴보았던 이상의 논의는 주자학적 사유의 공부에 대한 일정한 경과를 알려주는 것 이상의 특별한 쟁점이 새로운 논쟁으로까지 승화되지 못했다는 점에서 한계가 있다. 이러한 점은 「태극도설」에 대한 새로운 이론의 제시나 사상적 차별성에까지 나아갈 수 없는 한계로 이어질 수밖에 없었던 점을 인정하게 한다.

그러나 성담이나 남치태, 김규정의 학맥이나 정맥이 우암 송시열을 정점에 두고 철학하기를 할 수밖에 없던 현실을 감안한다면, 「태극도설」에 대한 주자학적 해석의 재확인은 기호유학자들의 학문적 문제의식의 좌표를 확인시켜준다는 점에서 전연 의의가 없는 것은 아니다. 우암계열의 성리학자들에게는, 혹자에게 학문적 교조주의라고 비판받을 수도 있는, 학문적 정통성에 대한 수호의식이 그 무엇보다도 중요한 것이었기 때문이다. 평생 주자를 신명처럼 받들고 성인시한 우암을 생각해볼 때,[81] 성담과 남치태의 주자학적 「태극도설」 해석은 나름의 의의가 있다. 우암의 도학이 '주체적 형이상학'이었던 것처럼,[82] 성담에게서 나타난 「태극도설」 해석의 입장 역시 '주체적

81) 최영성, 『한국유학통사(중)』(서울: 심산출판사, 2006), 260쪽 참조.
82) 김길환, 『조선조유학사상연구』, 184쪽 참조.

형이상학'의 특징을 크게 벗어나지 않는다.[83)]

성담은 「태극도설」의 자체적인 문제점이기도 한 「태극도」의 유래나 그 진위의 문제, 그리고 판본과 문자의 출입 등에 대해서는 함구한다. 그는 고증적 작업에는 별다른 흥미를 느끼지 못한 전형적인 경학자였기 때문이다. 또한 그는 「태극도설」과 관련된 정치한 사변적 논쟁을 증폭시킬만한 뇌관을 자신의 해석 그 어디에도 남겨두지 않았다. 그만큼 그의 「태극도설」 해석에 담긴 역학적 사유의 입장은 매우 온건하고 교과서적인 것이었다고 평가된다. 성담은 「태극도설」이 안고 있는 세계관을 「태극도설」 자체에 충실하게 우주론적 문제와 인간학적 문제로 나누어 살펴본 특징이 있다.

성담이 본 「태극도설」의 우주론적 해석은 대체로 다음과 같은 세 가지 특징으로 정리된다.

(1) 「태극도설」의 첫 번째 주제이기도 한 무극과 태극의 관계이다. 성담은 무극과 태극이 별개의 존재가 아니라고 보고, 그 발생론적 전개의 의의를 통하여 우주론적 의의에 관해 구명한 특징이 있다.

(2) 음양의 움직임과 고요함의 문제이다. 성담은 음양이 '성'(誠)의 원리에 의하여 전개되는데, 움직임은 양에 속하고 고요함은 음에 속한다고 본다. 음양의 움직임과 고요함에 의하여 만물의 변화가 일어난다. 다만 음양의 움직임과 고요함은 상호 보완적인 관계에 있다.

(3) 성담은 오행이 생성되는 전개의 순서에는 세 가지가 있다고 본다. 그 하나는 수열을 통해 보는 것으로 '수·화·목·금·토'의 순서이

---

83) 주체적 형이상학은 우주자연의 도를 타자화하여 그것을 대상적으로 연구하는데 의의를 두지 않는다. 그것은 천지음양의 도가 인간학적 범주와 연대함으로써 진정한 주체적 자각으로 승화되어야만 자신의 진정한 의미를 행사할 종류의 것이라고 말할 수 있다. 이러한 논의는 이 글의 범위를 벗어나 있으며, 지면을 달리하여 연구될 과제이다.

다. 두 번째는 오행상생을 통해 보는 것으로 '목·화·토·금·수'의 순서이다. 세 번째는 오행의 형질을 통해 보는 것으로 '금·목·수·화·토'의 순서이다.

그렇다면 성담의 「태극도설」 해석에서 발견되는 우주론적 의의는 무엇일까? 나는 이와 관련하여 다음과 같은 두 가지 측면을 주목한다.

(1) 성담의 역학관은 주자학적 태극관의 계승과 선양에 이바지하였다. 성담은 가학적으로나 학맥적으로 그리고 정파적 맥락으로도 확실한 주자주의자일 수밖에 없었다. 저 유명한 우암 송시열이 그의 5대조였다는 사실은 조선의 18세기적 삶을 살아가야만 했던 성담에게는 필연적으로 주자에게 연결될 수밖에 없던 하나의 태생적 조건이었다. 우암이 계승한 기호학의 정수와 그 노선을 성담도 그대로 이어받아 따라갔다. 그것은 율곡에게서 전해져 우암에 와서 절정을 이룬 '주자학의 꿈' 그 이상도 그 이하도 아니었다. 우암의 학통은 다시 한수재와 남당, 운평 등으로 이어져 성담에게 계승되었다. 특히 성담의 「태극도설」 해석에 깊은 영향을 미친 것이 다름 아닌 남당의 저작 『경의기문록』이었다. 성담은 『경의기문록』 안에 상재된 「태극도」의 사상에 깊이 공명하였다. 이러한 점에서 성담은 남당역학의 충실한 계승자였고, 그의 역학적 사유의 연원은 주자에게로까지 소급되는 종류의 것이었다. 성담은 철저히 주자학의 사유방식 안에서 「태극도설」을 해석함으로써, 자신의 학문적 근거가 주자학에 있음을 분명하게 밝혔다. 요컨대 성담의 「태극도설」에 대한 우주론적 해석의 입장은 철저히 주자학적인 특징을 갖는다는 점에 그 의의가 있다.

(2) 성담은 「태극도설」에 대한 우주론적 해석을 통해 무엇보다 '변역론'(變易論)에 충실한 세계해석을 제창하였다. 주자학의 세계관 자체가 구체적인 우주론적 지반 위에서 논의되는 것처럼 성담이 본 세계

역시 텅 빈 허무나 존재의 결여로서 상정될 수 없는 특징이 있다. 성담은 특정한 사상가들처럼 「태극도설」의 기원을 도교나 불교에서 찾지도 않는다. 이러한 사유의 지반은 「태극도설」의 제일의인 '무극'과 '태극'의 개념 및 상호관계에 대한 설명에도 그대로 적용되어 태극 이외의 별도의 존재를 상정하는 데로 나아가지 않는다. 성담이 본 세계는 역동하는 기운의 시스템에 의하여 움직임과 고요함의 운동을 통해 끊임없이 자기변화의 과정을 노정한다. 이른바 '변화'하는 존재가 이 세계이다. 그 어떠한 존재도 변화하지 않는 것은 없다. 그런데 그 변화의 양태가 '현격한 변화'와 '점진적 변화'로 나타나고, 두 가지 변화의 작용으로 인하여 세계는 고정된 실체로 남아있을 수가 없게 된다. 인간도 변화하지 않을 수 없다. 그러나 성담은 '형질의 변화'에 충실한 인간보다는 '기운의 변화'에 충실한 인간존재의 우수성을 볼 것을 제안한다. 이와 같은 성담의 변화원리에 대한 주목은 주자의 '변역론'의 사상을 따른 결과이다.

또한 성담이 본 「태극도설」 해석의 인간학적 의의는 다음과 같은 세 가지 내용으로 정리된다.

(1) 성담은 「태극도설」의 해석을 통해 인간존재의 주체적 자각원리와 그에 대한 이론적 근거를 확립하였다. 「태극도설」에 대한 신유학자들의 다양한 해석은 우주발생론의 범주에만 머무는 것이 아니라 주체적 존재로서의 인간의 문제에 대해서도 관심을 촉발시켰다. 사실 천일합일론적 사유의 연장선상에서 우주만물과 인간존재의 밀접한 연계성을 확인하고자 한 것이 「태극도설」의 제작배경이라고 볼 수 있다. 「태극도설」은 결코 인간의 문제를 예외로 하여 배제하지 않는다. 오히려 주체적 존재로서의 이상적 인간의 등장을 요청하는 것이 「태극도설」의 요지이다. 인간존재는 '형화'하는 질료성에만 관여

되지 않는, 또 다른 '기화'하는 존재이기도 하다. 그래서 인간은 다른 질료적 존재들의 응결과는 다르게 존재의 영명성을 가지고 있다. 이것이야말로 인간의 우수성이다. 성담은 인간의 인간되는 소이가 이 영명성에 있다고 보고, 그에 대한 주체적 자각을 강조한다. 성담이 본 「태극도설」에 전제된 고요함의 주체가 허무적멸 내지는 절대무의 세계에 도달하는 것이 아님은 분명하다. 그것은 '경'(敬) 이외의 다른 것일 수 없다. 그는 '인의중정'도 결국 '경'에 이르는 인격적 표준이라고 본다. 이러한 사유는 남당의 '인물성이론'을 계승하는 성담의 철학적 사유와도 무관하지 않다는 점에서 특히 주목된다.[84)]

(2) 주바이쿤(朱伯崑)의 관점을 원용해서 볼 때, 성담은 신유학적 '원인론'(原人論)에 대한 제창을 통해 일종의 '성인의 왕국'을 지향하였다고 할 수 있다. '원인론'이라는 말은 일찍이 불교학자 종밀(宗密)이 지은 『원인론』이라는 저서명으로부터 비롯된다. 그것은 불교적 인간의 본질과 이상형에 대한 나름의 답변이다. 당연히 불교적 관점에서 제창된 '원인론'은 불교가 이상시하는 붓다의 본성에로 정향된다. 여기에 대응하여 도교적 '원인론'도 존재할 수 있고, 신유학적 '원인론'도 존재할 수 있을 것임을 부정할 수 없다. 불교가 붓다라는 이상적 인간형과 그 본성에 관하여 설명하였다면, 도교는 신선이라는 이상적 인간형과 그 본원을 설명하였다. 이에 비하여 신유학은 '성인'과 그의 본성

---

84) 「태극도설」의 해석문제와 '인물성동이론'의 상관관계에 대한 검토는 향후 연구의 과제로 남는다. 그러나 분명한 것은 남당의 '인물성이론'을 따르는 성담의 입장에서 볼 때, 그는 '무극'과 '태극'의 관계설정 및 그에 따른 리의 주재적 능동성(理發) 여부의 문제를 비롯한 만물의 발생문제 등에 관해서는 인물성동론을 주장하는 일부의 학자들과 의견이 다르다. 또한 성담은 「태극도설」에 나타난 인간존재의 주체적 영명성에 주목함으로써, '오상'의 본성을 지닌 인간존재가 물상성에 바탕을 둔 사물존재와는 근본적인 차별성을 지닐 수밖에 없다는 점에 주목하는데, 이는 '인물성이론'의 사유맥락을 벗어나지 않는다.

에 대하여 설명하였는데, 신유학적 '원인론'은 「태극도설」에 잘 설명되고 있다.[85] 성담은 「태극도설」의 논리에 맞게 신유학적 '성인'이 담지하고 있는 고요함의 주체와 그 '경'의 실천을 강조함으로써, 인간본질의 선천적 선함을 구현할 방안에 대해 깊은 관심을 표명하였다. 주바이쿤은 도교와 불교의 '원인론'이 우주의 본원의 측면에서 설명한 것이라면, 신유학의 '원인론'의 목적은 모든 인간이 '성인'이 될 수 있는 본성이 주어져 있음을 논증한 것에 그 특장이 있다고 보았다.[86] 성담의 인간관은 신유학적 '원인론'을 벗어나지 않는다. 그의 꿈 역시 '성인'이 되는 것이었다.

(3) 성담은 '성인도통설'의 철학적 근거를 「태극도설」에서 찾았다고 본다. 그래서 당대 현실을 이끌어나가는 군주 역시 '성인'이 되어 '성인의 왕국'을 건설하는데 목표를 두어야 한다고 생각하였다. '성인의 꿈'과 '성인의 왕국'은 당대 정치현실에서 보자면 사대부(구체적으로는 노론)의 꿈이기도 하였다. 「태극도설」적으로 말한다면 성인은 움직임과 고요함의 덕을 완전하게 구현하여 항상 고요함의 근본을 잃지 말아야 한다. 만약 고요함을 잃어 욕심이 발동하고 감정이 지나치게 넘쳐흐르게 되면 인격의 표준이 정립될 수 없다.[87] 이렇게 되면 '왕'은 '성인'의 자격을 상실하게 될 것이니, 왕으로서의 위상 역시 추락할 수밖에 없을 것이다. 따라서 군주는 끊임없이 공부에 매진하여 자아의 완성을 위해 노력하지 않으면 안 된다. 그 자아의 공부방법은 신유학 중에서도 주자학적인 것이었고, 이상적 인간형으로 제시된 '성인'의 품격 역시 주자학적 특성을 벗어나는 것이 아니었다.

그런데 이와 같은 성인관은 신유학적 '원인론'에 근거를 두고 제창

---

85) 朱伯崑,『易學哲學史』제2권, 113-114쪽 참조.

86) 朱伯崑,『易學哲學史』제2권, 113-114쪽 참조.

87) 주희, 곽신환 외 2인 옮김, 앞의 책, 677쪽 참조.

된 것이었다는 점에서, 성담의 꿈은 당대 정국을 주도해 나아가던 정론의 방향성에도 나름의 지남을 제공하였음을 부정할 수 없다. 이러한 성담의 철학적 견해는 당대 조선의 군주였던 정조의 '군사론(君師論)적 정치관'과는 근본적으로 상충하는 것이었다고 말할 수 있다.[88] 이러한 세계관의 상충은 당대의 정치적 맥락을 이해하는데 중요한 단서가 될 수 있다는 점에서 그 의의를 과소평가할 수 없다. 다만, 정조가 본 역학적 관점 및 「태극도설」에 대한 해석의 관점은 이 글의 범위를 넘어선 별도의 연구과제로 남는다.

88) 정조의 '군사론적 정치관'은 박현모의 개념인데, 그는 섬담과 정조의 정치적 마찰의 예를 왕세자 책봉 문제와 신임의리의 재강조 등의 측면에서 파악하고 있다. 박현모, 『정치가 정조』(서울: 도서출판 푸른역사, 2005), 86-87쪽 참조.

제 13 장

관정 이능화 『조선도교사』의 학술사적 의의와 한계

1. 간정 이능화의 생애와 저작[1)]

간정(侃亭) 이능화(李能和, 1869-1943)는 신채호(申采浩), 주시경(周時經)과 더불어 조선 근대가 낳은 민족문화의 3대 학자로 꼽힌다. 그는 고종 6년(1869) 1월 9일 충청북도 괴산군 이도면 수진리에서 이원긍(李源兢)의 맏아들로 태어났다. 간정(이능화는 여러 가지 호를 사용하였는데, 이 글에서는 '간정'(侃亭)으로 통일)이 태어난 때는 오랜 동안 외척들이 세도정치로 부패가 극에 달하여, 땅에 떨어진 왕권을 바로잡으려고 홍선대원군이 섭정을 하여 국정에 일대 수술을 단행하여 정치의 쇄신과 함께 독재를 마음대로 하던 시절이었다.[2)]

이능화의 자는 자현(子賢), 호는 간정(侃亭), 상현(尙賢), 무무(無無), 무능거사(無能居士)[3)] 등이다. 간정은 어려서 향리에서 한문을 수학하였고 20여세에 아버지를 따라 상경하였다. 이때부터 격동하는 당시의 내외

---

1) 간정 이능화의 생애와 저작에 대한 소개는 ① 이종은, 「이능화의 생애와 학문」(『이능화연구』(서울: 집문당, 1994)), ② 안계현, 『한국불교사연구』(서울: 동화출판공사, 1982), ③ 이재곤, 「이능화론」(이능화, 이재곤 역, 『조선무속고』(서울: 동문선, 1991)), ④ 한국정신문화연구원 편, 『한국인물대사전』(서울: 중앙M&B, 1999), ⑤ 김성균, 「이능화: 한국의 얼을 찾아서」(『한국의 인간상(4)』(서울: 신구문화사, 1965)) 등이 대표적이다. 이 중에서도 ④는 ②를 요약정리한 것이라서 사실상 그 연구사적 의의는 ②에게 있다. 이 글에서도 여러 연구 성과를 참조하면서 특히 안계현의 연구를 중심으로 간정 이능화의 생애와 저작에 대해 종합적으로 소개하기로 한다.

2) 이종은, 「이능화의 생애와 학문」, 앞의 책, 9쪽 참조.

3) 이능화는 일제강점기를 살면서 운명적을 조선사편찬위원회에 관계를 맺게 된다. 그는 이때부터 자신을 가리켜 '무무'와 '무능거사'라는 이능화의 호는 이능화의 의식적 갈등과 자책을 낳은 좌절의 시대적 그림자를 반영하고 있다.

정세를 알고 국제문물에 접하기 위하여 불어·영어·일어·중국어 등 외국어 습득에 전력하였다. 1895년 관립법어학교에 입학하였고, 남달리 성적이 뛰어나 1897년 졸업 전에 한국인으로는 처음으로 불어를 가르쳤다. 1906년 10월 관립한성법어학교 교장으로 임명되었으며, 이어서 1909년 법어학교·영어학교·일어학교 등이 통합, 단일화되어 관립한성외국어학교 학제가 시행될 때 그 학감으로 취임하여 1911년 한일합방 이후 학교가 폐쇄될 때까지 불어교육을 통하여 인재양성에 주력하였다.[4]

간정은 한일합방 직후부터 일기 시작한 불교계의 계몽운동에 직접 참여하였고, 1915년에는 30본산의 주지와 50여 명의 신도를 중심으로 하여 서울의 각황사(覺皇寺)에서 발족된 불교진흥회의 중추적인 산파역을 맡았다. 그는 이 단체의 간사로 취임하였으며, 1917년부터는 이사직을 맡아보았고 전후 5년간은 『불교진흥회월보』, 『불교계』, 『조선불교총보』 등의 불교 교양잡지를 발간하였다. 이때에 그는 활발한 포교활동과 더불어 불교진흥회를 '민족문화 수호운동의 핵심체'로서 육성시킬 각오를 표명하고 있었다.[5] 그러나 다른 한편 간정이 활동한 불교진흥회는 조선총독부의 정책에 순응하는 설립취지를 분명하게 지니고 있었다는 연구결과가 있어서 주목되기도 한다.[6]

간정은 1922년 조선총독부가 조선사편찬위원회를 조직하여 그 위원의 한 사람으로 위촉하였을 때 이를 수락하였는데, 이것은 다름 아닌 일제의 조선사편찬에 직접 참여함으로써 한국사를 조금이라도 올

---

4) 안계현, 『한국불교사연구』, 336쪽 참조.

5) 이재곤, 「이능화론」, 앞의 책, 330쪽.

6) 강석주·박경훈, 『불교근세백년』(서울: 중앙일보사, 1980), 97쪽. 즉, 불교진흥회의 설립취지는 "위로는 일본천황의 통치를 보필하며, 아래로는 백성의 복을 도모하고, 불교를 진흥하여 우리 동포로 하여금 모두가 불교에 귀의하게 하고자 해서 불교진흥회를 발기한다"는 내용이 그것이다.

바르게 바로 잡고 나아가서는 희귀한 사료와 전적도 손쉽게 섭렵할 기회를 얻으려는 생각 때문이었다.[7] 그는 15년 동안 조선사편찬에 종사하는 한편, 종교를 비롯한 민족문화 각 분야에 걸쳐 수집한 자료를 정리·연구하고 이를 후학에 전수하기 위하여 원고를 집필하였다. 한국학 발전에 신기원을 이룩한 적지 않은 저서의 원고는 거의 다 이 무렵에 집필된 것이다. 1930년 한국학연구를 위하여 재한일인학자들을 중심으로 청구학회가 발족하였을 때 평의원으로 추대되어 1939년 이 학회가 해산할 무렵까지 계속 관계를 맺었으며, 또 조선총독부 보물고적보존회의 위원으로 있으면서 민족문화수호에 관심을 표하기도 하였다. 1931년 박승빈(朴勝彬)·오세창(吳世昌) 등과 더불어 계명구락부를 설립하여 민족정신의 계몽과 앙양에 앞장섰으며, 이 무렵 동국대학교의 전신인 중앙불교전문학교에서 조선종교사를 강의하였다. 총독부에서의 『조선사』 편찬이 일단락된 1938년 이후로는 잠시 이왕직(李王職)에 나갔다. 이미 칠순의 노경에 접어들어 칩거하던 중, 자녀들의 권유로 상경하여 5년 후 74세를 일기로 세상을 떠났다.[8]

간정의 한국학 관련 저술은 매우 뛰어난 가치를 지니고 있다. 그는 한국불교사 정리에 착수하여 한국불교에 관한 일체 사료를 집성 망라하여 1918년에 『조선불교통사』를 자비로 출판하였다. 이 책은 그의 학문적 업적 가운데에서 개척적인 명저의 하나이다.[9] 간정은 조

7) 안계현, 『한국불교사연구』, 337쪽 참조. 간정은 조선사편찬위원회(1925년 조선사편수회로 개칭됨)에서 활동한 이력이 문제가 되어 후일 사가들로부터 친일파로 규정되기도 한다. 이이화의 경우가 대표적이다(이이화, 「이능화-민족사 왜곡과 식민사학 확립의 주도자」, 반민족문제연구소 편, 『친일파 99인(2)』(서울: 돌베개, 1993), 241-247쪽 참조). 윤사순은 이능화가 민족주의 노선에 섰다가 고민과 방황 끝에 지조를 잃어버린 경우에 해당한다고 평가한다(윤사순, 『한국사상100년』(서울: 현암사, 2001), 158-159쪽 참조).

8) 한국정신문화연구원 편, 『한국인물대사전』, 1524쪽 참조.

9) 안계현, 『한국불교사연구』, 338쪽 참조.

선사편수회에서 주로 제4편(광해군-경종)과 제6편(영조-갑오개혁)을 맡았는데, 여기서 그는 '실학사상'에 깊이 심취하였다.[10] 한국인의 한국사를 세우기 위하여 1923년 1월 8일에 열린 제1회 위원회 석상에서 이나바 이와키치(稲葉岩吉, 1976-1940)가 "신라통일시대의 조선은 현대의 조선과는 그 지역이 다르고 현대의 조성에서 본다면 발해는 한 지방에 국한되었던 명칭"이라고 한 발언을 논박하여 한국사 체계에 발해사가 고구려사와 함께 마땅히 들어가야 함을 강력히 주창했을 뿐만 아니라, 건국신화는 민족정신을 발휘하는 것이므로 반드시 수재하여야 한다고 요청한 바도 있었다.[11]

간정은 「조선신교원류고」(『사림』), 「조선상제예속사」(『조선』), 「조선유교지양명학」(『청구학총』), 「이조시대경성시제」(『만선사논총』) 등의 연구논문을 잡시에 발표하였을 뿐만 아니라, 1923년부터 1924년에 걸쳐 조선사학회에서 간행한 조선사강좌 분류사 특별강의에서 『조선불교사』를 집필하였고, 1927년에는 『조선여속고』, 『조선해어화사』, 『조선무속고』 등을 간행하였다. 그리고 1928년에는 『조선기독교급외교사』를 출간하였다. 또한 「춘향전」을 한시로 풀이한 「춘몽록」을 비롯하여 『조선유학급유학사상사』, 『조선신화고』, 『조선십란록』, 『조선의약발달사』, 『조선사회사』, 『조선도교사』 등을 저술하였다. 이들 유고는 1959년 동국대학교에서 영인, 간행한 바 있는 『조선도교사』를 제외하고는 모

---

10) 이재곤, 「이능화론」, 338쪽. 간정은 유학사상 중에서도 특히 주자학에 대한 비판적 의식이 강하였는데, 그의 주자학에 대한 비판적 입장은 유학사상 내부에서 본다면 주로 실학사상에 기반을 두고 이루어진 것이라고 할 수 있다. 이와 관련하여 송석준은 "1910년 이후 이능화에 의해 전개된 국학에 대한 학문적 관심은 곧 조선 후기 실학사상의 정신을 계승하고 있다는 점에서 그의 학문의 실학적 성격을 살펴볼 수 있다"고 평가하였다(송석준, 「이능화의 한국유교 연구」, 『이능화 연구』(서울: 집문당, 1994), 72쪽).

11) 안계현, 『한국불교사연구』, 339쪽 참조.

두 6·25전쟁으로 산일되었다. 그의 『조선해어화사』는 우리 사회에서 천류로 버림받아온 기생을 주제로 하여 연정·치정·색정·음행·정렬·시가 등 여러 부분에 걸쳐 그들의 생활상황과 주변에 관한 자료를 집대성한 것으로, 통혼·가족·수과(守寡)·복장·교육·연중행사 등을 중심으로 정리한 『조선여속고』와 나란히 한국여성사의 개척적인 명저로서, 『조선불교통사』와 함께 1968년 재판 영인되었다. 『조선기독교급외교사』는 능통한 불어를 통하여 달레(Dallet, C.C.)의 『조선교회사』를 이해한 뒤 조선시대의 문적을 주로 더듬어 기독교사의 체계를 이룩하여 놓은 것으로, 이것 역시 이 분야 연구의 개척적 명저에 해당한다.[12]

이 글은 간정의 수많은 저작들 중에서 특히 『조선도교사』에 주목하고자 한다. 그동안 간정의 『조선도교사』는 크게 주목받지 못했던 것이 사실이다. 이종은에 의하여 『조선도교사』(1977)가 한글로 번역된 이후 최준식의 연구논문인 「이능화의 『조선도교사』」(1994)가 발표된 것이 이 분야의 전문적 연구 성과의 전부라고 한다면, 『조선도교사』는 그 의의에 비해 지나칠 정도로 빛을 보지 못한 대표적인 경우에 해당한다. 이에 앞의 연구 성과들을 최대한 참조하면서 『조선도교사』의 구성 체계와 그 학술사적 의의, 그리고 『조선도교사』가 내재적으로 함유하고 있는 몇 가지 한계들에 관하여 구체적으로 검토해보고자 한다.

2. 『조선도교사』의 구성 체계

간정은 『조선도교사』를 저술하여 한국도교의 자생설을 주장하는 한편 그 연장선상에서 한국도교의 범주 안에 그가 '신교'(神教)라고 부

[12] 안계현, 『한국불교사연구』, 339-340쪽 참조.

른 풍류도와 무축을 포함시키고 있다. 뿐만 아니라, 『조선도교사』는 민간신앙과 더불어 신종교까지 그 연구의 대상으로 삼아 범주화하고 있다는 특징을 지니고 있다.

차주환은 『조선도교사』가 "도교관계 문헌자료를 역사적인 시각에서 정리, 고찰한 저술이라 하겠으나 각종 문헌에서 발췌해놓은 원문이 전체의 3분의 2를 차지하기 때문에 자료집의 성격을 띠고 있다. 순한문으로 되어 있으며 인용된 문헌만도 100여종에 이르고 있다. 저자는 어려서부터 배운 한학을 기초로 하여 영어·프랑스어·중국어·일어를 습득하였기 때문에 한문 자료를 가지고 근대적인 체재를 갖춘 학술논저를 저술할 수가 있었다"[13]고 한다.

그리고 그는 『조선도교사』의 구성 체계를 셋으로 분류하여 그 각각의 요시를 다음과 같이 설명한다. "이 책은 총 28장으로 구성되어 있다. 목차에는 제29장이 「지나도교원류대관」(支那道教源流大觀)이라는 제목 하에 13항목으로 나누어져 있으나 이 부분은 집필되지 않았던 것으로 추측된다. 제1-5장까지는 도교가 들어오기 전부터 우리나라에 존재하고 있었던 신선설(神仙說)을 바탕으로 하여 한국도교의 원류와 전파과정을 살피고 있다. 한국의 선파(仙派)에서는 중국의 도교가 그 원시단계인 신선방술부터 한국에서 전하여진 것이라고 주장하는데 저자는 그런 관점을 인정하는 방향으로 논지를 전개시키고 있다. 제6-22장까지는 고구려·백제·신라의 삼국시대에 도교가 들어와 발전을 보게 된 과정 및 고려와 조선시대에 걸친 발전과정이 서술되어 있다. 제23-28장은 도교와 맹인(盲人)과의 관계, 성상(星象)·칠성(七星)·선음즐교(善陰騭教)에 관한 것뿐만 아니라 동학을 비롯한 여러 신종교와

13) 차주환, 「조선도교사」 조, 『민족문화대백과사전(20)』(성남: 한국정신문화연구원, 1991), 456쪽.

도교의 관계를 기술하고 있다."[14]

그런데 『조선도교사』의 구성 체계를 세 부분으로 나누어 보는 관점은 이종은으로부터 비롯된다. 실제로 차주환도 『조선도교사』를 사전적으로 정리하면서 이종은의 연구에 힘입고 있음을 자신이 인용한 참고문헌을 통해 밝히고 있다.[15] 이종은은 『조선도교사』를 한글로 번역한 이후 이에 대한 전체적인 「해설」을 책머리에 붙이면서 『조선도교사』의 내용을 세부분으로 분류하였다. 그가 나눈 『조선도교사』의 내용은 다음과 같은 세가지이다. 첫째, 종교로서의 도교가 한국에 들어오기 이전의 신화, 전설들을 도가설의 영향으로 보았다. 둘째, 삼국시대 이후의 도교수입이다. 고구려·백제·신라 삼국의 도교와 고려 및 조선(간정은 '이조'라고 표현)의 도교를 설명하였다. 셋째, 조선에 와서는 도·불 혹은 유·불·도의 혼합 잡유(雜糅)에서 오는 행사와 사상 등을 도교와 구별하여 서술하였다.[16]

이에 비해 최준식은 그 내용을 보다 상세하게 여섯 가지로 분류한다.[17] 즉, ① 도교수입 이전의 한국신화, ② 도교수입과 삼국의 도교사상, ③ 고려의 도교와 의례, ④ 조선의 도교, ⑤ 도교와 민간신앙,

---

14) 차주환, 「조선도교사」조, 『민족문화대백과사전(20)』, 456쪽 참고로 28장으로 구성된 『조선도교사』의 구성 체계는 다음과 같다. (1) 총설, (2) 조선 단군신화와 도가설, (3) 신시씨가 내려온 태백산은 곧 삼신산이다, (4) 삼신산은 해동에 있다, (5) 진의 방사가 동국에 온 자취, (6) 고구려의 도교수입, (7) 백제의 도교사상, (8) 신라의 도가사상, (9) 신라의 선파. (10) 고려의 도교와 도불의 행사 및 사상, (11) 고려사에 나타난 도교행사, (12) 초제청사, (13) 명태조가 고려에 도사를 보내다, (14) 고려선파, (15) 이조도교의 소격전, (16) 소격서상설 및 초제, (17) 태청관 연혁, (18) 태일전 및 태일신, (19) 마리산단제천, (20) 노인성, (21) 조선단학파, (22) 도교와 맹인의 관계, (23) 가택행사와 도교의 관계, (24) 연중행사와 도교의 관계, (25) 성상·성정설, (26) 칠성, (27) 선음즐교, (28) 자칭 유·불·선 합중의 교.

15) 차주환, 「조선도교사」조, 『민족문화대백과사전(20)』, 456쪽.

16) 이종은, 「해설」, 이능화, 『조선도교사』, 이종은 옮김, 5-6쪽 참조.

17) 최준식, 「이능화의 『조선도교사』」, 『이능화 연구』, 93쪽.

⑥ 도교와 신종교가 그것이다. 최준식의 분류는 이전에 이종은과 차주환이 주장하였던 세 가지 분류설에 비해 보다 더 체계적이고 맥락화되었다는 점이 특징이라고 할 수 있다. 그런데 간정의 『조선도교사』는 특히 도교수입 이전의 한국신화와 관련된 부분이 중요하다고 볼 수 있다. 그것은 간정이 한국도교의 자생성을 중시하기 때문인데, 이와 관련하여 최준식은 간정이 단군신교에 주목한 사실 이외에도 『조선불교통사』에 제시된[18] 선교의 계통으로서 광성자(廣成子)에 그 맥락을 대고 있는 점에 주목한다.[19] 또한 그는 『조선기독교급외교사』의 「서언」에 제시된 바 있는 단군신교는 무속(巫敎)과 풍류도의 두 갈래로 갈라진다는 간정의 주장에 관하여 주목하기도 한다.[20]

최준식은 간정이 도교의 삼청설이 불교의 삼신설을 모방한 것이라고 한 이규경(李圭景, 1788-1856)의 주장을 재치 있게 비판한 측면[21]에 대해서도 주의를 환기시키고 있다.[22] 그것은 조선도교의 원류가 외래적 충격에 의하여 형성된 것이 아님을 강조한 간정의 도교인식을 맥락적으로 확인하는 것이라서 의미가 있다. 뿐만 아니라 그는 고려시대와 조선시대에 행해진 도교의례에 관하여 각별히 주목하면서,[23] 태

---

18) 이능화, 『조선불교통사(하편)』(서울: 보련각, 1972), 「朝鮮古代神教已行」, 檀君神教, 1078쪽, "朝鮮檀君, 教有二途. 一爲神教, 奉事桓因天是也. 一爲仙派, 傳承廣成子是也."

19) 최준식, 「이능화의 『조선도교사』」, 앞의 책, 93쪽.

20) 최준식, 「이능화의 『조선도교사』」, 앞의 책, 93쪽.

21) 이능화, 『조선도교사』, 이종은 옮김, 153-154쪽 참조.

22) 최준식, 「이능화의 『조선도교사』」, 앞의 책, 99쪽.

23) 간정은 하늘에 제사를 지내는 도교적 의례가 민족의 자각을 대변하는 것이라는 인식을 견지하고 있었고, 이를 복권시켜야 한다는 입장이었다. 그것은 한민족이 '하늘의 자손'이라고 하는 민족적 자기정체성을 도교적 의례를 통해 꾸준히 확인해 왔다는 간정의 역사의식에 기반을 둔다. 이에 관해서는 이종성, 「근대와 만난 한국의 도교-이능화 『조선도교사』의 기본입장과 한계를 중심으로」, 제26회 한중인문학회 학술대회보, 2010.11.6., 25-26쪽 참조.

청관과 소격전을 비롯한 기타 도교적 초제의 의의를 공식적으로 복권시킬 필요성에 대해 주목하고 있다.

3. 『조선도교사』의 철학사적 의의

최준식의 연구에 의하면, 이능화의 『조선도교사』는 한국에서 다른 국학연구와 마찬가지로 한국도교 연구의 효시가 된다.[24] 최준식은 도교의 연구에 대해서는 지역적으로 프랑스와 일본을 꼽는데, 이 중 일본의 경우와 비교해 보면 이능화의 선진성이 크게 부각된다고 평가하였다. 이것은 일본의 경우 도교연구의 시작을 대체로 1930년도 중반 시게타 오야나기(小柳司氣太, 1870-1940)의 『백운관지-부록 동악묘지』(白雲觀志-附東嶽廟志)나 『노장의 사상과 도교』(老莊の思想と道敎)라는 저서로 잡고,[25] 그 본격적인 연구는 1950년대에 들어가서야 가능했다고 보았기 때문이다. 최준식은 간정의 한국도교 연구가 이보다도 앞서는 것으로 그의 진취성이 돋보인다고 한다.[26]

그러나 일본에서도 1920년대에 이미 요시오 타케우치(武內義雄, 1886-1966)의 『노자원시-그 사람과 그 책』(老子原始-其人其書)이 1926년에 출간되었으며, 핫토리 우노키치(服部宇之吉, 1867-1939)의 「풍수론」(風水論), 「선서에 대하여」(善書について), 「한대 방사의 반혼술」(漢代方士の返魂術) 등이 1926년 『지나연구』(支那硏究)에 게재되었다.[27] 뿐만 아니라 타다오 사

---

24) 최준식, 『이능화의 『조선도교사』」, 앞의 책, 87쪽.

25) 이에 대한 각각의 서지정보는 다음과 같다. ① 小柳司氣太, 『白雲觀志-附東嶽廟志』(東京: 東方文化學院東京硏究所, 1934). ② 小柳司氣太, 『老莊の思想と道敎』(東京: 關書院, 1935).

26) 최준식, 「이능화의 『조선도교사』」, 앞의 책, 87쪽.

카이(酒井忠夫, 1912-2010)와 노구치 테츠로(野口鐵郎)는 1936년에 시게타 고야나기와 함께 『도교사상』(道教思想)을 출간한 바 있는 고다 로한(幸田露伴, 1867-1947)의 책들 중 몇 권은 1930년대와 1940년대에 출간되었지만 거기에 포함된 거의 모든 논문들은 이미 1930년 이전에 저술된 것이라고 한다.[28]

또한 중국 사천대학 종교문제연구소장을 역임한 칭씨타이(卿希泰, 1928-2017)는 일본 학계의 도교연구는 이미 100여 전의 역사를 가지고 있다고 하면서 이를 4기로 구분한다. 그 중 19세기 후반부터 20세기의 20-30년대가 도교연구의 초창기인 제1기에 해당한다고 한다.[29] 그리고 이 시기에 활동한 중 도교연구가로서 요시오 타케우치, 고다로한, 시게타 오야나기를 비롯한 쓰다 소우키치(津田左右吉, 1873-1961) 등이 있다고 한다.[30]

따라서 간정 도교연구의 시간적 선차성에 대해서는 섣불리 단정하기 어려운 면이 있다. 간정이 『조선도교사』를 저술한 시점이 정확하지 않을[31] 뿐만 아니라, 국제적으로 일본의 경우만 하더라도 1930년

27) ed. Holmes Welch, Ann Seide, *Facets of Taoism-Essay in Chinese Religion*, Lodon: Yale University Press, 1979, pp.270-271.

28) ed. Holmes Welch, Ann Seidel, *Facets of Taoism-Essay in Chinese Religion*, p.271.

29) 卿希泰 주편, 『中國道教史』(成都: 四川人民出版社, 1996) 제4책, 623쪽. 이밖에 일본 도교연구의 제2기는 1930년대부터 제2차 세계대전 후에 이르기까지, 제3기는 전후부터 1972년까지, 제4기는 1972년부터 현재까지라고 구분하고 있다.

30) 卿希泰 주편, 『中國道教史』 제4책, 624쪽 참조.

31) 『조선도교사』는 간정의 생전에 출간되지 못하다가 그의 사후인 1959년에 동국대학교에서 원고대로 영인 출간하였다. 이것은 200자 원고지 489면에 해당하는 한문으로 구성되어 있다. 그런데 간정의 다른 논저를 참고할 경우 『조선도교사』는 적어도 1928년 이전에 저술된 것임에는 확실해 보인다(이에 대해서는 이능화, 「불교와 조선문화」, 『別乾坤』(서울: 개벽사, 1928.5.), 12·13호, 79쪽을 참조할 것). 『조선도교사』가 저술된 시기에 대해 좀 더 면밀한

대 이전에 이미 도교연구에 관한 여러 가지 성과를 거두고 있기 때문이다. 프랑스의 저명한 도교연구가인 앙리 마스페로(Henri Maspero, 1883-1945)의 『도교와 중국의 종교』(*Les Taoisme et les Religious Chinoises*)가 저술된 시기를 정확히 논정하기 어렵다 하더라도, 독일에서 막스 베버(Max Weber, 1864-1920)에 의해 『유교와 도교』(*Konfuzianismus und Taoismus*)가 출간된 시기가 1915년임을 감안한다면 간정의 『조선도교사』는 그것보다 선차성을 가질 수 없을 것이라고 본다. 간정이 조선사편수회 위원으로 참여하면서 학문연구에 진력함으로써 수많은 저술활동을 하였던 시기가 1922년이라는 사실이 이를 방증한다.

이와 같이 본다면, 최준식의 주장 중에서 간정의 『조선도교사』가 한국도교 연구의 효시가 된다는 주장은 매우 설득력을 갖는 것임을 인정할 수 있다 하더라도, 『조선도교사』의 저술시기가 국내·외적으로 도교연구의 시간적 선진성을 갖는다는 주장은 일정 부분 수정되어야 할 것이다. 이 부분은 오히려 이규경의 『오주연문장전산고』(五洲衍文長箋散稿)에서의 「도교선서도경변증설」(道敎仙書道經辨證說)에 돌려야 할 것이다. 이와 관련하여 정재서는 이규경의 「도교선서도경변증설」이 객관적 성격을 띤 한국도교 연구의 효시로 기록되어야 한다는 입장을 조심스럽게 피력하고 있다.[32]

다만, 중국이나 일본에서의 도교연구가 단편적인 연구에 그쳤기 때문에 『중국도교사』나 『일본도교사』와 같은 저작을 출간하지 못했던 점에 비해 볼 때, 간정의 『조선도교사』의 의의는 결코 과소평가될 수 없다. 왜냐하면 『조선도교사』야말로 역사적 맥락에서 통사적으로 한국도교의 특징과 전개과정을 구체적으로 서술한 것이기 때문이다.

고증이 요청된다.

32) 정재서, 『한국도교의 기원과 역사』(서울: 이화여자대학교출판부, 2006), 16쪽 참조.

이 측면에서 『조선도교사』는 분명 중국이나 일본의 도교연구보다 시간적으로 결코 뒤지지 않는다고 할 수 있을 것이다.

이에 정재서는 다음과 같이 평가한다. "일본 도교학과 프랑스 도교학도 아직 개척적인 국면을 벗어나지 못할 무렵 이 같은 한국도교에 대한 전저(專著)가 출현했다는 사실은 놀랄 만한 일이 아닐 수 없다. 실상 현금에 있어서의 한국 도교사 인식 체계나 자료 범위도 『조선도교사』의 그것을 크게 벗어난 것은 아니다. 이점은 한국 도교학이 향후 극복해야 할 과제이기도 하지만 아직도 미치고 있는 이능화의 영향을 웅변한다."[33]

4. 『조선도교사』에 내재된 몇 가지 한계들

그렇다면 이제 『조선도교사』가 안고 있는 내재적 한계에 관하여 살펴보도록 하자. 이 문제와 관련하여 나는 다음과 같은 다섯 가지 한계를 상정해보고자 한다.

첫째, 『조선도교사』는 일정 부분 자료선택의 한계와 더불어 주장의 근거가 불충분한 경우가 있다. 간정은 경우에 따라서 자료에 대한 비판적 검토 없이 그 내용을 자의적으로 원용하는 방식을 취하기도 하는데, 이러한 측면은 고증학적 엄밀성의 결여라고도 할 수 있을 것이다. 역사적 기술이 사실성에 토대를 두어야만 한다고 했을 때, 『조선도교사』에서 특히 문제가 될 수 있는 것은 단군신화와 관련된 내용들이다. 단군신화의 도교적 기원에 관한 문제부터 시작하여 단군의 존재와 유비되는 또 다른 형태의 존재들, 예컨대 '원시천존'이라든가

33) 정재서, 앞의 책, 17쪽.

'태상노군'이라든가 하는 도교적 존재들이 과연 단군과 어떻게 동일성을 확보할 수 있는 것인지에 대한 증거와 그에 대한 논증이 불충분한 것은 주장의 설득력을 떨어뜨리는 측면이 있다. 또한 간정은 진시황 때의 방사인 노생(盧生)이 얻었다는 『녹도서』(籙圖書)라는 비기가 다름 아닌 『신지비사』(神誌秘詞)이며, 이것이 곧 『진조구변도국』(震朝九變圖局)이라고 주장하는데,[34] 이에 대해서도 신뢰할 만한 객관적 증거가 부족한 것 역시 사실이다. 그리고 간정이 인용하고 있는 많은 자료들이 객관적 정사를 기록한 것이라기보다는 야사의 성격을 갖는 것이 많다는 것도 하나의 문제라고 할 수 있다. 그는 홍만종(洪萬宗, 1643-1725)의 『해동이적』(海東異蹟)과 조여적(趙汝籍)의 『청학집』(青鶴集) 등의 자료를 즐겨 인용하고 있기 때문이다. 이러한 토대 위에서 논의되는 간정의 주장은 자칫 견강부회라는 평가를 면하기 어려울 수 있다. 특히, 간정이 한국 선맥의 기원으로서 『청학집』에서 원용하고 있는 '광성자'에 관한 내용은 동방선파의 비조가 자생적이라고 주장한 간정 자신의 주장을 무력화시키는 하나의 딜레마로 작용할 수도 있다. 이와 관련하여 정세근은 "동방선파의 비조가 외래적인 것인 양 해석될 소지를 지니고 있어 주의를 요한다"[35]고 피력한 바 있다. 광성자는 『장자』의 「재유」편에 소개[36]되어 있을 정도로 중국문화에 근접해 있다는 것이 정

---

[34] 이능화, 이종은 옮김, 『조선도교사』, 50-51쪽 참조.

[35] 정세근(「한국 신선사상의 전개와 분파」, 『시대와 철학』 제16권 3호, 한국철학사상연구회, 2005, 91쪽. '동방선파'라는 용어는 간정이 『청학집』에서 차용한 것이기는 하지만, 그가 『조선도교사』 내부에서 '조선 단학파'라는 용어를 사용하고 있는 것을 보면 그는 분명 '동방선파'라는 용어에 대해 별다른 거부감이 없었음이 확실하다. 더군다나 간정은 『조선불교통사』에서 '선파'라는 용어를 직접 사용함으로써 중국도교와의 차별성을 선언하기도 하는데(이능화, 『조선불교통사(하편)』, 「朝鮮古代神教已行」, 檀君神教, 1078쪽, "朝鮮檀君, 教有二途. 一爲神教, 奉事桓因天是也. 一爲仙派."), 이는 한국도교의 자생적 논리를 가로막는 장애물로 작용하기도 한다는 점에 문제가 있다.

세근의 입장이다.[37)]

둘째, 간정은 한국도교의 기원설에 관한 거대담론을 주장하면서도 이에 부합할만한 적절한 용어선택의 보편성을 확보하지 못한 한계를 드러내고 있다. 이와 관련하여 정세근은 특히 '동방선파'라는 용어에 주목하고 이를 비판적으로 검토한 바 있다. 이것은 간정이 『청학집』에서 "환인은 동방선파의 조종이 되었"[38)]다는 기록을 원용한 것에 대한 비판이다. 정세근은 간정이 선택한 '동방선파'라는 용어가 지역적 중심성을 확보하지 못하고 있을 뿐만 아니라 특히 그 의미를 십분 긍정하여 신화적이고 이상적인 공간이라고 해석한다 하더라도 중국적 성향을 강하게 띠는 광성자라는 인물로부터 그 도맥을 확인하고자 하는 것은 여전히 한계라고 주장한다. 그리고 '파'라는 용어가 여러 파 가운데 하나인 듯한 인상을 주어 지엽적인 의미를 면하지 못하는 한계를 노정하기도 한다고 비판한다. 이 용어의 선택으로 인하여 간정은 자신이 주창한 한국도교의 자생성에 관한 주장의 설득력에 큰 손상을 입히게 되었다는 평가이다.[39)]

셋째, 간정은 『조선도교사』를 기술하는데 있어서 '철학적 도가'(Philosophy Taoism)와 '종교적 도교'(Religious Taoism)에 대한 구분이 명확하지 못하였다. 이 문제는 앞의 둘째 번 한계와 긴밀하게 연계되는 측면이 있기도 하다. 이에 대해서는 일찍이 『조선도교사』를 번역한 이종

---

36) 『장자』, 「재유」, "黃帝立爲天子十九年, 令行天下, 聞廣成子在於空同之山, 故往見之, 曰: … 廣成子南首而臥, 黃帝順下風膝行而進, 再拜稽首而問曰 …." 참조.

37) 정세근, 앞의 논문, 91쪽.

38) 이능화, 이종은 옮김, 『조선도교사』, 31쪽.

39) 정세근, 앞의 논문, 92쪽 참조. 정세근은 "특히 '동방선파'라는 것이 '중국선파' 또는 '일본선파'와 비교되어 말해지는 것이라면, 더욱더 세심하게 주의를 기울여야 한다"고 주장한다. 정세근, 앞의 논문, 92쪽.

은의 지적과 최준식의 비판적 견해가 제기된 바 있었다. 철학적 도가와 종교적 도교를 구분하고 본다면, 한국에 도교가 언제 들어왔는지를 평가하기 어려운 면이 있다. 다시 말하자면, 삼국시대에 『도덕경』이 읽혀졌던 정황이 알려져 있지만 이러한 사실만으로 그것이 곧 도교가 전래된 사실을 입증하지는 못한다는 것이다. 분명 교단도교의 형성은 이미 철학적 도가의 성립보다는 늦은 것이 사실이지만, 도교의 원형은 이미 교단도교의 성립 이전부터 존재하였다는 것 역시 사실이다. 이처럼 철학적 도가와 종교적 도교의 구분 자체는 논정 자체가 애매한 측면이 있다. 간정의 경우도 이러한 애매함으로부터 자유롭지 못한 것이다. 뿐만 아니라 간정은 도교가 한국에서 자생한 것이라고 주장하면서도, 또한 역으로 중국으로부터 수입되었다고 하는 또 하나의 역사적 맥락에 대해서도 애매한 입장을 드러내고 있는 것이 사실이다. 한국도교가 중국과 무관하게 한국에서 비롯되어 중국으로 건너간 것인지, 그리고 중국으로 건너갔던 도교가 중국에서 활발한 성장을 거친 후 다시 한국으로 되돌아왔다는 것인지, 아니면 중국에서도 도교가 성립하였고 한국에서도 중국과 비슷한 시기에 도교가 발생하였다는 것인지 그 기원이 자못 분명치 못한 점이 있다는 것이다. 이러한 점에서 그가 기획하였던 『지나도교원류대관』이 미완의 저술로 그친 점이 아쉬울 수밖에 없다.

넷째, 간정은 중국도교사에 대한 맥락적 이해가 다소 부족했다는 평가를 면하기 어렵다는 점도 하나의 한계이다. 최준식은 이 점을 잘 지적한 바 있다. 간정은 노자사상이 변하여 도교가 된 것이라고 하지만, 이것은 명백한 오류이다. 다른 한편 간정은 도교가 동한시대 말년에 이르러 '유사'(儒士)와 '방사'(方士)가 서로 분리되면서부터 시작되었다고 주장하기도 한다. 그렇다면 간정에게 있어서 과연 도교의 기원은 어디로부터 비롯된 것인가? 노자사상과 도교가 섞이게 된 경위는 오히려 도교 쪽에서 노자의 권위를 이용하였기 때문이다. 그리고 간정은 이것이 변천하면서 '전진교'가 나오고, 이것이 다시 변하여 '정일교'가 나왔다고 주장하였다. 그러나 양교는 서로 영향을 주고받기보다는 독자적으로 발전하였기 때문에 전후관계로 볼 수 없다는 것이 최준식의 주장이다. '정일교'는 전진교가 변한 것이 아니라 천하도가 원나라 때 황제로부터 새로 받은 이름임을 상기할 필요가 있을 것이다. 따라서 간정의 중국도교사에 대한 이해는 일정 부분 문제가 있음이 자명하다. 이외에도 간정은 『조선도교사』에서 진도남(陳圖南)이 「태극도」를 지었다고 기술하고 있지만, 그가 지은 것은 「태극도」 아니라 「무극도」였다고 정정하여야 마땅하다. 「태극도」는 주렴계가 「무극도」에서 힌트를 얻어 그린 것이다.

다섯째, 특정 신종교에 대한 평가가 객관적 비평을 제시하지 못했다는 지적은 『조선도교사』가 안고 있는 또 하나의 한계이다. 간정은 보천교(태을교, 음치교)의 교리가 지닌 문제점보다는 교주의 신상과 신도들의 지나친 행위를 주로 비판하면서 그 한계를 부각시킨 특징이 발견된다. 그러나 간정은 동학을 비판함에 있어서 보천교에 대해 비판하였던 것보다도 더 강한 어조로 비판한 특이함을 보이고 있다. 간정은 그의 대표적인 저작 중의 하나인 『조선불교통사』를 통하여 최제우(崔濟愚, 1824-1864)의 처음 이름이 '복술'이었다고 설명하는가 하면, 『조선도교사』에서는 의도적으로 최복술(崔福述)이라고 부르는 특징을 보이기도 한다. 그런데 간정은 『조선도교사』를 통하여 소경이 아니면서도 독경을 업으로 하는 자를 가리켜 경객(經客) 또는 경사(經師)라 불렀다고 소개한다. 함경북도의 속칭은 이를 '복술이'라고 한다는 것이다. 경객은 오직 시골에서나 볼 수 있는데 경객이나 맹인을 막론하고 모두 경을 읽어 병을 고친다고 하였다. 사람들은 어리석은 이 말을 크게 믿었기 때문에 당시에 하나의 풍속이 되었다고 한다. 아마도 '최복술'은 이러한 경객의 의미를 벗어나지 않을 것이다. 또한 특기할 만한 점은 간정이 최제우를 따르는 동학의 뿌리를 완전히 근절해야 한다고 극단적인 평가를 내린 것이다. 이것은 특정 신종교에 대해 가졌던 간정의 일방적 평가라는 점에서 종교 다원주의적 입장을 견지하던 간정을 자체 모순에 빠지게 한 사항이기도 하다. 동학을 평가하는데 있어서만큼은 간정의 학문적 객관성은 찾을 길이 없는 것이다. 그의 『조선도교사』가 민족주의적 특징으로 가득 차 있는 사실을 감안할 때, 동학에 대한 간정의 평가는 대단히 이례적인 것이 아닐 수 없다. 반봉건과 반외세를 외쳐대며 당대의 시대현실과 치열하게 맞섰던 동학에 대한 간정의 극단적 평가가 제기된 직접적인 원인은 과연 무엇일까?

5. 논의의 종합과 전망

나는 이상의 논의를 통하여 간정 『조선도교사』의 구성 체계와 학술사적 의의, 그리고 그 안에 내재된 몇 가지 한계들에 관하여 구체적으로 검토해보았다.

『조선도교사』는 역사적 맥락에 의한 통사적 관점에서 한국도교를 전체적으로 조망한 매우 특별한 연구 성과에 해당한다. 간정은 『조선도교사』를 통하여 시대별로 신화시대로부터 조선시대까지의 한국도교의 역사를 상세하게 서술하였을 뿐만 아니라, 도교와 민간신앙, 도교와 신종교의 관계까지도 구명하였다. 간정의 『조선도교사』는 해당 분야 연구의 효시라고 평가할 수 있다. 다만 그 연구의 많은 측면에 관하여 간정은 선행 연구된 이규경의 『조선선서도경변증설』에 빚을 지고 있다는 점만큼은 부정할 수 없다.

그런데 오늘날까지 한국도교에 관한 연구는 간정의 『조선도교사』가 제시한 방향성과 거기에 정리된 자료에 크게 의지하고 있을 정도로 그 연구사적 의의가 매우 크다. 그럼에도 『조선도교사』는 몇 가지 한계를 지니고 있다. 나는 이를 다음과 같은 다섯 가지 측면에서 검토해보았다. 첫째, 자료선택의 한계와 더불어 주장의 근거가 불충분한 경우가 있다. 둘째, 한국도교에 관한 적절한 용어선택의 실패와 더불어 그 보편성을 확보하지 못한 측면이 있다. 셋째, 철학적 도가와 종교적 도교의 구분을 명확히 하지 못한 한계가 있다. 넷째, 중국도교사에 대한 맥락적 이해가 부족한 측면이 있다. 다섯째, 신종교에 대한 객관적 평가를 제시하지 못한 한계가 있다.

그렇다면 『조선도교사』가 견지한 사상적 기본입장은 무엇일까? 또는 『조선도교사』를 떠나서라도 간정이 견지한 사상적 기본입장은 무엇일까? 간정에 대한 친일 또는 반일에 대한 기존의 엇갈리는 평가 속에서 나는 이제 간정의 학문적 진정성 자체에 주목해보고자 한다. 나는 간정 또는 그의 『조선도교사』가 민족주의적 성향을 견지하였다는 점을 밝혀보고자 한다. 일찍이 안계현은 간정의 변함없던 옷차림에 주목하고 그의 민족주의적 입장에 주목한 적이 있다. "검정색 수목 두루마기 속으로 엿보이는 광목 바지저고리, 이것이 근대가 낳은 민족문화의 학자 이능화의 변함없는 옷차림이었다."

그러나 잘 알려진 것처럼 간정은 일찍이 조선사편수회에서 활동한 이력 때문에 끊임없는 친일의 평가로부터 자유롭지 못하다. 그 강한 친일 평가의 그늘로부터 간정의 많은 연구업적들은 사장되고 왜곡되거나 평가 절하되었던 것이 사실이다. 그러나 김성균은 조선사편수회에 참여하여 활동한 간정의 입장을 두둔하면서, "그가 한 일이야말로 일제의 탄압정책에 대한 묵묵한 항거였다"라고 결론지어 말한 바 있다. 김성균은 간정을 평가하면서 학자로서의 그 묵묵한 항거의 대안은 다른 데 있다고 보지 않았다. 김성균은 간정이 "방편으로 잡은 그러한 기회들을 최대한 활용하였다. … 그는 종이를 살만한 돈도 없었으나 아무 종이에든지 우리 민족혼에 관계되는 것이면 무엇이든지 베껴 그것을 정리하였다"고 한다. 김성균은 민족혼과 민족문화에 대한 기록의 행위가 간정의 학자적 소임의 완수라고 본 것이다.

이와 같은 간정의 행위는 일제의 민족문화 말살정책에 대한 하나의 방편으로 불가피하게 선택된 것이었다. 한일합방 후의 일본통치정책은 주로 한국민의 민족혼을 말살하여 자기들에게 동화시키는 데 치중하고 있었다. 그들은 사상은 물론 풍습·언어와 생활양식·학문과 문화 등 모든 면에 있어 파괴와 억압을 일삼았으므로 한국인에게는 사료의 수집은 고사하고 문헌이나 기록을 읽고 보고 할 기회조차도 주지 않았다. 이러한 상황 속에서 간정은 손쉽게 사료를 수집하고 열람할 수 있는 하나의 방편으로 뜻에도 없는 조산사편수관 또는 편수위원으로 참여하며 혹은 총독부 학무국에도 관계를 가졌다는 것이 김성균의 주장이다.

나 역시 김성균의 입장에 동의한다. 그리고 간정의 친일문제에 대해서는 반드시 재고되어야 한다는 생각이다. 늦었지만 이제라도 간정에 대한 사상적 복권이 절실하게 이루어져야 한다고 본다. 『조선도교사』의 사상적 내용을 분석해볼 때, 간정은 식민사학(또는 식민사상)을 주장하였다기보다는 오히려 민족주의적 입장을 강하게 견지한 측면이 있다. 그 의의에 대해서는 『조선도교사』에 나타난 간정의 단군관을 비롯한 그의 역사의식을 면밀히 분석해볼 필요성을 남기고 있다.

제 14 장

만해 한용운이 본 주체의 문제와 민족자결의 원칙

1. 문제의 소재

만해(萬海) 한용운(韓龍雲, 1879-1944)은 일제 강점기를 살다간 대표적인 독립 운동가이며, 승려이자 시인이며 사상가이다. 그는 1879년 충청남도 홍성군 결성면 성곡리 491번지에서 아버지 한응준(韓應俊)과 어머니 온양 방씨(方氏) 사이에서 둘째 아들로 태어나 1944년 입적하였다. 본관은 청주, 자는 정옥(貞玉), 속명은 유천(裕天)이며, 득도 때의 계명은 봉완(奉玩), 법명은 용운(龍雲), 법호는 만해(萬[卍]海)이다.[1] 그는 5척 단신의 작은 키의 소유자였지만, 어린 시절부터 불굴의 의지와 남다른 용기를 지니고 있었고 불의를 참지 못하는 성격을 지니고 있었다고 전해진다.

만해는 청소년기 시절까지 유가의 주요 경전을 열독한 후 서숙에서 학생들을 가르치던 훈장으로서 전형적인 유교 지식인의 길을 걸었던 인물이다. 아마도 일제 강점기를 겪지 않았다면 만해는 평생 유교적 독서인의 길을 걸었을 지도 모를 만큼 개인적으로나 가정적으로 유교적 환경에 노출되어 있었다. 그가 가학으로 전승된 유학으로부터 불교로 전향하게 된 이유를 정확하게 알기는 어렵지만, 당대의 서세 동점하던 국제정세와 일제에 의하여 강제로 침탈당한 나라와 겨레의 비참한 현실의 문제가 밀접하게 연관되어 있음을 부정하기 어렵다.

현재 만해에 대한 연구는 저서와 학위논문 분야를 제외한다 하더

1) 안병직 편, 『한용운』(서울: 한길사, 1979), 299쪽 참조.

라도 무려 1,000여 편이 넘는 방대한 연구 성과가 축적되어 있다. 그런데 만해 연구 분야의 대부분의 범주는 만해가 남겨놓은 시를 비롯한 문학작품 등의 국문학 분야에 집중되어 있는 상황이다. 만해의 주체성에 관한 문제나 그의 불교연구, 또는 서양철학 연구의 내용 등은 다분히 철학적인 성과라고 할 수 있을 것임에도 여전히 이에 대한 연구보다는 문학적 연구가 주종을 이루고 있는 실정인 것이다. 만해에 대한 문학적 접근의 의의가 없는 것은 아니지만, 만해 연구 분야에 대한 균형을 맞추기 위해서는 문학적 범주 이외의 연구가 활성화되지 않으면 안 된다고 생각한다.

이 글은 만해의 철학사상적 측면에 주목하고, 만해의 철학적 기본입장에 대해 검토해보고자 하는 목적을 갖는다. 그러나 이 글은 만해의 철학적 입장에 대한 본격적인 연구라기보다는 다만 그의 사상에 접근하기 위한 하나의 시론에 불과할 뿐임을 전제한다. 나는 이 글을 통해 다음과 같은 세 가지 문제를 검토해보고자 한다. 우선 만해가 본 주체성의 발견과 무아의 혁명에 관한 입장이 무엇이며, 불교주체에 대한 반성과 불교유신론을 제창한 만해의 사상적 의의가 무엇인지를 검토한 후 문명과 야만의 경계를 비롯한 민족자결의 원칙에 대해 생각했던 만해의 입장이 어떠한 것인지에 관해 구체적으로 검토해보고자 한다.

2. 주체성의 발견과 무아의 혁명

만해는 대승불교에서 강조하는 인간의 주체성과 이타행의 정신에 관하여 주목한다. 만해는 특히 선종의 측면에 서서 일상의 구체성을 곧바로 진리로 인정하는가 하면, 대승불교를 민중불교 내지 대중불교의 차원에서 재해석함으로써 전통적인 귀족불교와 당시의 관제불교를 비판하는 기초로 활용한다. 이와 같은 만해의 입장은 일제 강점기라는 당대의 특수성을 외면하고 이해하기 어려운 측면이 있다.

만해는 일제 강점기라는 모순과 부조리의 시대를 살아가면서 분명 매우 복잡하고 어려운 문제들과 직면해 있었을 것임에 틀림없다. 그 중 주체의 문제만큼 절실하고 중요한 문제는 달리 없었을 것이라 여겨진다. 타자에 의하여 주체가 침탈당하여 굴욕의 역사를 겪는다 하더라도 다만 주어진 현실에 안주하면 될 뿐인가? 그렇다면 주체는 타자에 의하여 무방비 상태로 점령당한다 하더라도 아무런 문제가 없다는 말인가? 불교에서 말하는 무아는 주체에 대한 권리의 포기에 지나지 않는 것인가? 주체의 상실을 경험한 시기에 만해는 도리어 온전한 주체의 의의에 대해 묻지 않을 수 없었을 것이다.

그런데 주체와 관련된 여러 가지 문제들 가운데 인간의 자존성을 변별하기 위한 방편으로써는 인간과 다른 동물과의 차이가 무엇인지를 구분하는 것만큼 효과적인 것도 없다.[2] 만해는 인간과 다른 동물의 성품이 서로 다르다는 점을 직접 거론하지는 않았지만, 다음과 같은 동물 상호간의 차이성에 대해 거론한 점을 감안해볼 때 인간과 동물의 차이성에 대해 충분히 인식하고 있었음을 알 수 있다.

> 들짐승은 날짐승과 어울리지 못하고 날짐승은 곤충과 함께 무리를 이루지 못한다. 같은 들짐승이라도 기린과 여우나 삵은 그 거처가 다르고 같은 날짐승 중에서도 기러기와 제비·참새는 그 뜻을 달리하며,

2) 『잡아함경』에서 소개하고 있는 '맹구우목'(盲龜遇木)의 고사에서도 인간으로 태어나기가 어려운 점을 강조하고 있음을 볼 때, 불교 역시 다른 사상들과 마찬가지로 다른 동물과 차별되는 인간의 우수성이 있음을 주장하였다고 볼 수 있다.

곤충 가운데서도 용과 뱀은 지렁이와 그 즐기는 바를 달리한다. 또한 같은 종류 중에서도 벌과 개미는 자기 무리가 아니면 서로 배척하여 한 곳에 동거하지 않는다.[3)]

들짐승과 날짐승, 그리고 곤충은 서로가 무리를 이루지 못하듯이 인간 역시 이들과 동일한 방식으로 무리를 이룰 수는 없다. 그것은 각각의 본성과 생활방식이 다르기 때문이다.

만해는 고향을 떠난 짐승들의 수구지심(首丘初心)을 통해 인간과 다른 동물의 동일성과 차이성을 보기도 한다. "월나라의 새는 남녘의 나무가지를 생각하고 호마(胡馬)는 북풍을 그리워하는 것이니 이는 그 본바탕을 잊지 않기 때문이다. 동물도 이러하거든 하물며 만물의 영장인 사람이 어찌 그 근본을 잊을 수 있겠는가."[4)] 이 인용문을 주의 깊게 숙고해본다면, 만해는 인간이 인간일 수 있는 이유가 다른 데 있는 것이 아니라, 다른 짐승들과 차별되는 고유한 특징 때문이라고 보았음을 알 수 있다. 그는 인간을 만물의 영장이라고 인정한다. 그리고 그 이유가 인간은 다른 동물과 달리 정신계를 귀중히 여기기 때문이라고 하면서 다음과 같이 말한다. "물질계보다 정신계를 귀중히 여기는 고등 동물 중에 영장 되는 사람이 어찌 영원히 구구한 물질문명에 자족(自足)하여 정신계의 생활을 무시하리요. 고로 물질문명은 인생 구경(究竟)의 문명이 아닌즉, 다시 일보를 나아가 정신문명에 나아감은 자연의 추세라."[5)] 요컨대, 정신계를 귀중하게 여기는 인간이야말로 만

3) 『한용운전집 1』(서울: 신구문화사, 1973). 「조선 독립의 서」, 350쪽. 이하 본문에서 인용할 만해의 인용원문은 이 저본에 근거하며, 필요에 따라 띄어쓰기 및 맞춤법은 수정하여 인용할 곳도 있음을 전제한다. 이하 『전집』이라고 통일한다.

4) 『전집 1』, 「조선 독립의 서」, 351쪽.

5) 『전집 1』, 「조선 청년과 수양」, 267쪽.

물의 영장으로서 진정한 자격이 있는 것이다. 이러한 담론은 정신적 가치지향성에 대한 긍정이며, 결과적으로 인간 주체성의 문제로 귀결된다고 할 수 있다.

만해에게서 주체성의 문제는 본유의 '불성'을 깨달을 수 있는 존재가 다름 아닌 인간이라는 전제와 맞닿아 있다.[6] 만해는 불성을 깨달을 수 있다는 해탈론적 주체성의 문제에 대해 주목하면서 다음과 같이 말한다.

> 자아를 해탈함은 나의 자유에 있을 뿐이요, 조금도 외물의 견제를 받지 아니할 것이다. 그러나 자아를 해탈함은 실로 용이한 일이 아니다. 그러므로 10만의 군(軍) 중에 적수 단도(赤手單刀)로 백전백승하는 용사도 능히 일념의 망동을 제승(制勝)치 못하고, 엄연한 의관으로 묘당(廟堂)에 앉아서 백관을 진퇴하는 경대부도 한 몸의 사욕을 막지 못하느니, 고로 고금을 통하여 볼지라도 능히 자아를 해탈한 자가 실로 효천(曉天)의 잔성(殘星)과 같으니라. 자아의 해탈은 용력(勇力)으로도 하지 못하고 위권(威權)으로도 하지 못하고 지식으로도 하지 못하고 재능으로도 하지 못하느니, 그 길은 다만 수양의 한 길이 있을 뿐이라. 수양에도 갖가지 방식이 있을지니 유익한 서적을 읽는 일도 있으며 직접으로 선배의 교훈을 듣는 일도 있으며 간접으로 위인 석덕(碩德)을 사숙(私淑)하는 일도 있으리라. 그러나 여하한 양서를 읽으며 여하한 선배의 교훈을 들으며 여하한 위인 석덕을 사숙하여 자기의 수양에 자(資)하여도 자기의 실천이 없으면 허다한 세월을 지내더라도 전정(前定)의 이상향에 도달할 수 없으리니, 결국은 자기의 노력에 의하여 마음을 닦으며 성(性)을 길러서 실천궁행(實踐躬行)의 향상을 꾀함에 있으니, 그러면 품성은 훈도(薰陶)되어 고상(高尙)의 역(域)에 나아가고 인격은 단

---

6) 만해는 칸트 철학에 대해서도 주목한 바 있다. 윤종갑은 그 이유가 주체의 자발성과 깨달음에 대한 근거를 칸트의 '선의지로서의 자유의지'에서 발견했기 때문이라고 본다(윤종갑, 「한용운의 근대 인식과 서양철학 이해」, 『한국민족문화』 제39집, 부산대학교 한국민족문화연구소, 2011, 88쪽 참조).

련되어 정고(貞固)의 위(位)에 들어갈 것이니, 그리하여 점점 계박으로부터 통명(通明)에 들고 통명으로부터 무장애(無障碍)에 들고 무장애로부터 대 해탈(大解脫)에 이르면, 사분오열(四分五裂)이 다 같이 원융(圓融)이요, 칠전팔도가 다 같이 낙취(樂趣)리니, 안전에 어찌 마장(魔障)이 있으며, 두리(肚裡)에 어찌 역경이 있으리오.[7]

『유심』지 3호에 게재되었던 이 글은 인간의 해탈론적 주체성의 문제를 잘 설명하고 있다. 그런데 이 인용문에서 만해가 말한 "자기의 노력에 의하여 마음을 닦으며 성(性)을 길러서 실천궁행(實踐躬行)의 향상을 꾀함에 있으니, 그러면 품성은 훈도(薰陶)되어 고상(高尙)의 역(域)에 나아가고 인격은 단련되어 정고(貞固)의 위(位)에 들어갈 것"이라는 말은 유가의 실천적 수양론을 연상시킨다. 자기 심성을 수양하여 실천궁행한다는 표현 자체가 유가의 심성 수양론의 개념과 매우 유사함을 알 수 있다. 만해는 수양의 문제를 강조하여 다음과 같이 말하기도 한다. "고로 어떤 사람이라도 심적 수양이 없으면 사물의 사역자(使役者)가 되기 쉬우니 학문만 있고 수양이 없는 자는 학문의 사역이 되고, 지식만 있고 수양이 없는 자는 지식의 사역이 되느니라. 아니다, 사역이 될 뿐 아니라 학문과 지식이 많고 수양이 없는 자처럼 불행한 자는 없으리라."[8] 만해가 볼 때, 수양이야말로 인간다움의 특질을 이루는 중요한 요소의 한 가지인 것이다.

홍이섭은 만해가 "청소년기에 열심히 공부하고, 이해하고, 현실적으로 실천에 옮길 수 있었던 유교주의의 정신(한문을 통한 지식)이 불교의 전문적인 이해의 기틀이 되었다"[9]고 한다. 나는 홍이섭의 이 주장이

7) 『전집 1』, 「자아를 해탈하라」, 277-278쪽.

8) 『전집 1』, 「조선 청년과 수양」, 268쪽.

9) 홍이섭, 「한용운의 민족정신」, 『한용운사상연구』 제1집, 만해사상연구회, 1980, 114쪽.

일정 정도 설득력이 있다고 본다. 만해가 쓴 불교논설문 중에는 불교를 설명하기 위해 유학의 이론과 내용을 원용하는 곳이 적지 않기 때문이다. 만해가 "인생의 가치는 성공에 있음이 아니요, 인격에 있느니라"[10]라고 하면서 조선 청년의 '수양'을 강조한 점이라든지, "만일 사람이 일정한 입지(立志)가 없고 일직(一直)의 실행이 없으면 어떤 가치가 있으리요"[11]라고 하면서 유가에서 강조한 '입지'를 중시한 점이라든지, 또는 유가의 전유물인 것처럼 인식되는 '효'의 덕목을 불교경전에서 찾아 제시하고 불교 역시 '효'를 중시한 종교라고 강조한 점,[12] 『논어』의 원문을 인용한다든가[13] 맹자의 '구방심'(求放心)과 '존양'(存養)의 철학을 소개하면서 불교와 대비한 점,[14] 유가의 인간상인 '군자'와 '소인'을 대비하여 논설한 점,[15] 『대학』의 '일신우일신'(日新又日新)을 원용한 점,[16] 송대의 주자가 의리의 성과 기질의 성을 통해 『대학』의 '명명덕'(明明德)설을 주석한 사례를 예거한 점,[17] 그리고 왕양명의 학문을 선학(禪學)이라고 규정하고 이것이 불교의 사상에 부합하는 바가 있

10) 『전집 1』, 「조선 청년과 수양」, 266쪽.
11) 『전집 1』, 「조선 청년과 수양」, 267쪽.
12) 『전집 2』, 「불교와 효행」, 337-342쪽 참조.
13) 『전집 2』, 「조선불교유신론」, 63쪽. 여기서 인용된 『논어』의 구절은 다음과 같다. 『논어』 「里仁」, "擇不處仁, 焉得智."
14) 『전집 2』, 「선과 인생」, 314-315쪽 참조. 만해는 여기서 '선과 구방심' 및 '선과 존양'의 문제를 다루고 있다. 그러나 만해는 맹자의 '구방심'과 '존양'의 문제는 송대 성리학의 수양론에 미치지 못하는 점이 있을 뿐만 아니라, 불교와 같은 구체적인 방법론이 결여되어 있기 때문에 한계가 있다고 주장한다. 이에 관해서는 『전집 2』, 「선과 인생」, 314-315쪽 참조.
15) 『전집 2』, 「소인과 군자」, 356쪽.
16) 『전집 2』, 「조선불교유신론」, 99쪽.
17) 『전집 2』, 「조선불교유신론」, 40쪽. 만해가 볼 때 주자의 '명덕설'은 만인이 동일한 본체를 지니고 있는 상황을 지적하지 못한 한계가 있는데, 이것은 불교에 못 미치는 점으로 인식되었다. 이에 관해서는 『전집 2』, 「조선불교유신론」, 40쪽 참조.

다고 밝힌 점[18] 등은 모두 만해의 유가적 식견 및 사상적 경향성을 감지하게 한다.

만해는 불교 개혁안을 제시하는 자리에서 불교가 유교의 구세사상을 적극적으로 본받아야 한다고 주장할 만큼 유교의 장점을 외면하려 하지 않았다.[19] 물론 만해는 불교적 지반에서 자신의 세계관과 인생관을 구축하고 있음을 부정할 수 없다. 그럼에도 유학에 대해 품고 있는 만해의 생각은 일방적 배척이 아닌, 회통의 입장으로 나타나고 있음이 특징이다. 나는 이러한 만해의 사상적 특징이 '불교와 유교의 회통론'적 입장이라고 본다. 실제로 만해는 "사람마다 지닌 불성이 같고, 진리가 원래 하나"[20]라고 하는 진리 회통론의 입장을 견지한다.

만해는 불교와 유교의 회통만을 강조한 것은 아니다. 만해 역시 한국의 전통적 사유 방식의 하나인 유불도 삼가 회통사상을 견지한 특징이 있다. 만해는 『장자』를 인용하여 "장자는 '슬픔은 마음의 죽음보다 큰 것이 없고, 육체의 죽음은 그 다음쯤 간다'고 했으니, 옛 현인의 말씀이 어찌 나를 속이기야 하겠는가"[21]라고 하였을 뿐만 아니라 『장자』에 나오는 하백(河伯)의 우화를 원용[22]하여 자신의 불교관을 설명하는 방편으로 삼기도 한다. 이외에도 『장자』 「소요유」에 나오는 '북해'(북명)와 '남명'을 원용[23]하는가 하면, '팽조'나 '대춘'[24], '조균'[25]

---

18) 『전집 2』, 「조선불교유신론」, 42쪽.
19) 『전집 2』, 「조선불교유신론」, 66쪽. 만해는 이전에 책을 읽다가 공자의 일에 미칠 때면 존경해 우러러 보며 예배하지 않은 적이 없었다고 밝힐 만큼 공자에 대한 존숭의식이 남달랐다(『전집 2』, 「조선불교유신론」, 71쪽 참조).
20) 『전집 2』, 「조선불교유신론」, 42쪽.
21) 『전집 2』, 「조선불교유신론」, 48쪽.
22) 『전집 2』, 「조선불교유신론」, 65쪽.
23) 『전집 2』, 「조선불교유신론」, 80쪽.
24) 『전집 2』, 「조선불교유신론」, 84쪽.
25) 『전집 2』, 「조선불교유신론」, 85쪽.

등의 개념을 빌어 자신의 불교관을 설명하는 방편으로 사용하기도 한다. 또한 「제물론」의 '호접몽'의 내용을 원용[26]하는 한편 「외물」편의 '학철지어'(涸轍之魚)를 원용[27]하기도 한다. 만해가 장자의 사상에 그만큼 많은 애정을 가지고 있었음을 방증하는 예들이라고 하겠다. 이에 비한다면, 『노자』의 원문을 빌어 논설하는 곳은 별반 찾아지지 않는 특이성도 발견된다.

만해는 '주체성'[28]의 문제를 강조한다. 이 문제는, 개인 차원에서는 물론이고 민족의식 차원에서도 철저한 자주성 확보의 범주와 연대한다. 만해의 정치사회 사상은 주체성의 확보라는 관점에서 큰 의의를 갖는다. 그런데 무아론을 주장하는 불교에서 주체성의 주제는 모순처럼 비쳐질 수 있을지도 모른다. 그러나 주체성의 문제와 무아의 문제는 별개의 영역에 존재하는 것은 아니다. 하와이대학 철학과 교수인 D. J. 칼루파하나(David J. Kalupahana)는 주체성의 문제와 관련하여 다음과 같이 말한다. "우리는 자신의 성향들을 평온케 할 수 있으며, 집착(取)으로부터 벗어나는 식으로 우리의 주체성(na-maru-pa, 名色)을 개발할 수 있고, 그리하여 스스로를 위해 고통과 불행을 피할 뿐만 아니라 타인의 복리를 위해서도 기여하는 생활을 해나갈 수 있게 된다. 자유로워진 자는 애착을 버리고 평정한 생활 태도를 가꾸어 가기 때문에, 자기 자신이나 다른 사람을 위해서 자비를 베풀 수 있는 것이다."[29]

---

26) 『전집 2』, 「조선불교유신론」, 99쪽.

27) 『전집 2』, 「조선불교유신론」, 80쪽.

28) 주체성이란 모든 존재를 자기의식에 의해 객체화함으로써 시작된다. 타인의 주체성은 나를 객체화함으로써 비로소 주체성이 된다고 말할 수 있다(務臺理作, 홍윤기 옮김, 『철학개론』(서울: 도서출판 한울, 1982), 178쪽 참조). 이러한 주체성의 문제야말로 생명을 가진 인간에게는 태생적으로 고유하며 배제될 수 없는 것이 현실이다. 따라서 서로의 주체성은 타자의 객체성이 가진 주체성의 영역을 상호 침탈해서는 안 된다고 말할 수 있다.

29) D. J. 칼루파하나, 김종욱 역, 『불교철학의 역사』(서울: 운주사, 2008), 172쪽.

따라서 집착으로부터 벗어나기 위해서는 주체성에 대한 반성[30]이 철저히 이루어지지 않으면 안 된다. 정승석은 불교의 '무아'가 간혹 이 세상을 살아가는 '나'에 대한 부정인 양 오해되는 경우가 있다고 전제한 후 무아설의 진정한 뜻은 실재하지 않는 나에 집착하지 않음은 물론, 적극적으로 그것을 없애는 실천을 강조하는 데 있다고 주장한다. 따라서 무아란 곧 '참다운 나'를 찾는 것으로서, 이는 곧 이상을 향한 인간 자신의 주체적이고 적극적인 노력을 강조하는 것이라고 한다.[31]

만해에게서 주체성의 문제는 '자유'와 '평등'이라는 인간 고유의 특성을 배제하고 생각할 수 없다. 만해는 인간이 여타의 짐승들과 차별화되는 인간다운 삶을 영위하기 위해서는 자유와 평등의 전제조건 아래서만 가능하다고 본다. 자유와 평등이 보장되지 않는 삶이란 감각에 의지하여 사는 맹목적인 삶일 뿐이다. 불교에서도 짐승과 아수라의 삶을 비롯한 무간지옥의 삶을 제시하는 점을 감안한다면, 자유와 평등이 보장된 주체적 삶이란 생물학적 인간에게 인간다운 삶을 보장하는 것에 다름 아니다. 특히 만해가 살아야 했던 일제 강점기의 상황은 조선 민족을 인간의 위치로부터 하열한 단계로 떨어뜨린 역사성을 지니고 있었기 때문에 당대의 문제의식으로는 주체성과 그 회복의 문제만큼 중요하고 절실한 덕목도 달리 없었다.

---

30) 주체성은 타자에 대해 일방적이어서는 곤란하다. 주체성은 타자와의 상호 관련성 속의 주체성일 뿐이며, 타자 역시 고유한 주체성을 가지고 있기 때문이다. 그런데 불교는 그 주체성이 형성되는 원인에 대해 주목하고 그것이 결코 절대적이며 영원한 것이 아님을 강조한다. 이러한 주체의 주체성과 관련하여 주체의 유무에 대한 논의는 해결하기 어려운 오랜 과제 중의 하나였다. 이에 관련된 내용은 정세근, 『윤회와 반윤회』(청주: 도서출판 개신, 2010), 269-347쪽에 실린 「무아와 윤회 논쟁」에 잘 정리되어 있다.

31) 정승석, 『간추린 불교 상식 100문 100답』(서울: 민족사, 2012), 51쪽 참조.

일제 강점기의 삶이란 한마디로 인간 본성을 억압하는 비본질적 삶의 형태가 강요된 삶이었다. '자아'의 고통이 이보다 극단적일 수 없던 시기가 일제 강점기였던 것이다. 만해는 이 시기에 불교의 '자아'이론을 빌어 고통 받는 자아의 부정과 그 극복된 자아의 '무아'의 형태에 대해 고민하였다.[32] '무아'의 존재론은 궁극적 자아의 실체가 없다는 주장이다. 만해의 '무아'의 존재론은 세계가 상의상존(相依相存) 한다는 연기법에 의지하고 있는데,[33] 이러한 연기법에 따른다면 인간은 절대적인 평등관계를 유지하는 존재이며 그 자체 자유로운 존재이기도 하다. 또한 '무아'의 존재론에 입각해서 본다면, '나'라는 고정된 실체는 존재하지 않기 때문에 현재적 상황의 예속적 상태에 있는 조선인의 자아나 지배적 상태에 있는 일본인의 자아는 영원하지 않으며 영원할 수도 없다는 일종의 '무상'의 존재론으로 전개된다. 요컨대, 만해의 무아론적 세계관은 일본의 강점욕을 파탈시키고자 하는 불교적 저항[34]과 조선의 독립을 회복하기 위한 혁명적 세계관으로서의 의의가 내재되어 있다고 할 수 있는 것이다.

무아의 주체를 깨달을 수 있는 것은 짐승에게서 기대할 수 없는 일

---

32) 한자경은 부처가 인정하는 자아는 연기의 자아 내지 업의 자아인 오온이라고 말한다. 그것은 자기 동일성을 부정하는 중도의 자아이며, 그것은 상견과 단견을 부정하는 자아이기도 하다. 한자경, 『불교의 무아론』(서울: 이화여자대학교출판부, 2006), 36쪽 참조.

33) 연기는 '상호 생기시키는 작용'으로서, 우리가 경험하는 현상의 일체가 상호 조건이 되는 관계에 의해 성립·존재하게 됨을 말한다. 그런데 이러한 연기의 도리에는 인연과 결과와의 인과관계가 제시되어 있으며, 동시에 고통스러운 현실을 초래하는 이유·근거와 그 해결이 명시되어 있다. 高崎直道 외 3인 공저, 정호영 역, 『인도사상의 역사』(서울: 민족사, 1989), 50쪽 참조.

34) '무상'의 존재론에서 보면 일체의 무상한 것은 고(苦)이기 때문에 일제의 침탈은 영원할 수 없다는 추론이 가능하다. 이러한 논리를 일본이 자각한다면 더 이상의 침탈은 멈추어져야 할 뿐만 아니라 조선의 독립을 보장하지 않으면 안 되는 상황에 직면하게 되는 것이다.

이며, 인간에게서나 확인할 수 있는 것이라고 보는 것이 만해의 입장이다. 만해가 본 조선의 주체성은 일본의 침탈적 자아의 소유욕으로 인해 인간다움을 상실한 지 이미 오래였기 때문에 일본의 침탈적 자아에 도사리고 있는 야수성을 걷어내는 일 또한 조선의 독립 이상으로 중요한 일이었다. 그래서 만해는 일본인의 자아를 야수의 단계로 끌어내려 혹평하기보다는 자체적으로 일본인이 지니고 있는 본성과 주체성의 범주에 희망을 거는 메시지를 전달하는 형태로 자신의 입장을 제시한다.

> 일본이 넓은 도량으로 조선의 독립을 승인하고 일본인이 구두선(口頭禪)처럼 외는 중·일 친선을 진정 발휘하면 동양 평화의 맹주를 일본 아닌 누구에게서 찾겠는가. 그리하면 20세기초두 세계적으로 천만년 미래의 평화스런 행복을 위하여 복음을 전하는 전사국이 서반구의 미국과 동반구의 일본이 있게 되어 이 아니 영예이겠는가. 동양인의 얼굴을 빛냄이 과연 얼마나 크겠는가.[35]

인간이 인간다운 삶을 영위한다는 것은 인간의 생물학적 존재의 범주 위에서 이루어지지 않는다. 인간다운 인고와 자기 극복의 겸허성을 갖추지 않고는 결코 인간다운 삶의 질서는 도래하지 않는다. 만해는 "극기라는 것은 자기의 의욕(意慾)을 극복한다는 말"이라고 전제한 후 "극기에 있어서 인욕(忍辱)이 중요한 조건"이 된다고 말한다.[36] 무력과 폭력에 의지하기보다는 진리와 정의를 깨닫는 것이 무아의 존재론에 토대를 둔 주체성의 확인이라고 할 수 있다. 만해는 민족 주체성의 자각도 중요하지만, 일본인의 개별적 주체성 역시 포기할 수 없었던 자비의 실천자였음을 알 수 있다.

---

35) 『전집 1』, 「조선 독립의 서」, 353쪽.
36) 『전집 1』, 「극기」, 226쪽.

3. 불교적 주체에 대한 반성과 불교유신론

만해는 불교계를 대표하는 지성이었음에도 불교의 개혁을 위한 불교 내부의 모순과 문제점들에 대해 비판을 서슴지 않았다. 만해의 불교 비판은 불교 자체 내에서의 반성적 비판이었다는 점에 의의가 있다. 그렇다면 과연 어떠한 점들 때문에 만해는 불교, 또는 불교계 자체의 문제점을 비판하게 되는 것일까? 아래에서 몇 가지 이유를 적시해보기로 한다.

첫째, 불교는 구세의 사상이 없다는 것이다. 홀로 사는 일은 구세주의자가 싫어하는 것이며, 산은 염세주의자가 좋아하는 장소이다. 만해는 세상을 구제하고자 한 인물로서 석가, 공자, 예수, 묵자 등을 예로 든다. 반면, 염세주의자의 전형적인 인물들로 소보(蘇父), 허유(許由), 상산사호(商山四皓), 엄자릉(嚴子陵) 등을 든다. 전자의 경우는 여럿 속에 섞여 살았고 혼자 살지 않았는데 비하여 후자의 경우는 산에 살고 저자에 살지 않았다고 한다.[37] 만해는 불교가 중생을 구제하는 데 목적을 두어야 한다고 주장한다. 그러기 위해서는 사찰은 산중에 있을 것이 아니며 승려들은 인간 사회로 하산하여 사회 속에서 중생과 더불어 살아야 한다고 본다. 이러한 만해의 주장은 기성 불교에게는 매우 혁신적인 사상으로 작용하였다.[38]

둘째, 불교에는 경쟁하는 사상이 없다는 것이다. 만해가 볼 때, 그동안 승려들은 세계 밖의 세계, 인류 밖의 인류를 구성하여 다른 사회와 뚜렷이 구분되어 왔다. 그리고 이로 인해 다른 세계, 다른 사회와

---

37) 『전집 2』, 「조선불교유신론」, 66쪽 참조.

38) 송건호, 「만해 한용운의 민족운동」, 『한용운사상연구』 제3집, 만해사상연구회, 1994, 9-10쪽 참조.

이해득실이 없어져 마침내 고립된 독선주의자(獨善主義者)로서 살아왔다고 한다.[39] 이와 연관하여 만해는 다음과 같이 말한다.

> 요즘 참선하는 사람들은 참 이상하다. 옛사람들은 그 마음을 고요하게 가졌는데, 요즘 사람들은 그 처소를 고요하게 가지고 있다. 옛사람들은 그 마음을 움직이지 않았는데, 요즘 사람들은 그 몸을 움직이지 않고 있다. 그 처소를 고요하게 가지면 염세(厭世)가 되는 것뿐이며, 그 몸을 움직이지 않으면 독선(獨善)이 안 되려야 안 될 수 없을 것이다. 불교는 구세의 가르침이요, 중생 제도의 가르침인 터에 부처님의 제자된 사람으로서 염세와 독선에 빠져 있을 따름이라면 잘못된 것이 아니겠는가.[40]

만해는 불교가 세상일을 외면하고 자기 몸만 깨끗하게 가지려 하고 이로 인해 염세주의적인 삶의 태도를 견지하게 된 것을 비판한 것이다. 그리고 불교가 이렇게 된 이유에는 사원의 위치가 결정적인 영향을 미쳤다고 본다.[41]

셋째, 불교에는 진보의 사상이 없다는 점이다.[42] 이 문제 역시 앞의 지적과 마찬가지로 사원의 위치와 관련된다는 것이 만해의 인식이다. 만해는 사원의 위치가 산간에 있을 경우 먼저 진보의 사상이 없어질 것이라고 걱정하였는데, 이러한 걱정은 결국 만해 당시의 조선

---

39) 『전집 2』, 「조선불교유신론」, 66쪽.
40) 『전집 2』, 「조선불교유신론」, 54-55쪽.
41) 『전집 2』, 「조선불교유신론」, 67-68쪽 참조.
42) 만해는 당 시대의 사상적 조류였던 사회진화론의 영향을 받고 불교 역시 진화하지 않으면 안 된다고 주장하였다. 만해는 량치차오(梁啓超, 1873-1929)의 『음빙실문집』에 나타난 사회진화론의 내용에 크게 공감한 부분이 있었고, 이를 주체적으로 변용하여 불교사회주의 운동으로 확장시키는 계기로 활용하였다. 양계초가 미래의 정신적 지도 역할을 유가가 담당해야 함을 강변했다면, 만해는 불교의 정신적 역할을 강조한 차이점이 있다.

불교가 전연 진보적이지 못하였음에 대한 비판의식으로부터 기인한다. 만해는 이와 관련하여 다음과 같이 말한다.

> 진보란 자꾸 나아가 물러남이 없다는 소리다. 우리 의사 중 앞으로 가고 싶다고 미리 생각하는 것을 희망이라고 하는 바, 희망이 발생하는 조건이 매우 복잡하여 헤아리기 곤란하지만 다 고통을 피하고 즐거움으로 옮겨 가려는 뜻에 있어서는 마찬가지다. … 대도시의 진보가 산골에 비해 비상한 속도로 이루어지는 것이 그 증거라고 하겠다. 승려들은 사는 데 있어서 산이 아니면 큰일 날 듯이 두려워하는 까닭에, 보고 듣는 것이 물이 흐르고 꽃이 피는 것이라든지, 새가 울고 구름이 스러지는 것에 그치게 되어 있다. 그리하여 '내가 이미 차지했거니 누가 내 처소를 다투랴' 마음먹어, 이것으로 만족하기에 한 걸음도 전진하지 못하고 만다. 이것은 진보의 사상이 위치와 관계되어 생긴다는 첫 결과다.[43)]

넷째, 불교에는 모험적인 사상이 없다는 점이다. 만해는 조선 불교가 다윈이나 나폴레옹처럼 배를 타고 태평양을 건너지 않으면 안 된다고 한다. 천하의 모험 사상은 견문(見聞)과 열력(閱歷)으로부터 생기는 것이요, 사람이 본래부터 가지고 있다든지, 아니면 본래부터 없다든지 하는 것이 아님을 알 수 있다고 한다. 만해는 비록 산에서는 용감할지라도 세상일에서는 비겁한 경우도 있는 것이 작금의 조선 불교의 현실이라고 인식한다. 이것은 앞서 지적한 사원의 위치가 파생시킨 또 하나의 문제이다. 만해는 궁벽한 산골의 삶은 견문과 열력이 없기 때문에 결과적으로 모험 사상이 결여될 수밖에 없다고 본 것이다. 만해는 "더 없이 궁벽하고 깊어서 하늘의 해밖에는 다시 볼 것이라고는 없는 절에 있어서야 말은 해 무엇하겠는가"라고 회의할 정도로 모

43) 『전집 2』, 「조선불교유신론」, 64-65쪽.

험 사상은 사원의 위치와 떼려야 뗄 수 없는 관계를 지니고 있다.[44] 결국 첫 번째 문제점부터 네 번째 문제점까지는 모두 사원의 위치 때문에 파생된 문제점들임을 알 수 있다. 따라서 이상과 같은 문제제기는 사원의 위치를 저자로 옮긴다면 일거에 불교의, 보다 정확하게 말한다면 불교계의 많은 문제점을 해결할 수 있을 것임을 시사한다.

다섯째, 불교에는 생산의식이 없다는 점이다. 이러한 특징은 당시의 경제학자들이 말하던 '분리'(分利)의 사상에 맞닿아 있다. '분리'란 남이 올린 이익을 나누어 가질 뿐 자신이 생산에 참여하지는 않는다는 의미이다. 만해는 이를 걱정하며 다음과 같이 말한다. "수백 년 이래 승려들은 대단한 압박을 받아 사람이면서 사람 취급을 못 받았는데, 놀면서 입고 놀면서 먹은 것도 그 한 대원인(大原因)이 되었음을 부정할 길이 없다. 놀면서 입고 놀면서 먹는 것은, 요즘의 경제학자가 말하는 분리(分利)의 개념에 해당한다. 이런 분리주의자가 남에게 해롭고 나라에 해롭고 세계에 해로운 존재임은 말할 나위도 없는 일이다."[45] 본래 '자리이타'(自利利他)를 표방하는 불교의 근원을 상기할 때, 이러한 분리주의적 입장은 반드시 척결되지 않으면 안 될 한계의 하나였던 것이다.

이외에도 당대 승려들의 친일 행적에 대한 비판을 들 수 있다. 일제 침략의 간계에 의하여 을사늑약이 체결된 후 3년 되던 해 무신년 3월에 소위 전국 사찰 대표 10여 명이 동대문 밖에 있는 원흥사에 회합하여, 원종종무원(圓宗宗務院)이란 기관을 설립하고, 이회광(李晦光, 1862-1933)[46]

---

44) 『전집 2』, 「조선불교유신론」, 65-66쪽 참조.

45) 『전집 2』, 「조선불교유신론」, 78쪽.

46) 그는 열성적인 친일 활동을 벌였던 일제 강점기 불교계의 대표인물이다. 친일 단체인 불교진흥회를 조직한 것이라든가 조선불교를 근간부터 바꾸어 정교일치(政教一致)와 일선융화(日鮮融和)로 불교계를 개혁해야 한다는 친일적인 내용의 건백서를 제출했던 예 등은 모두 이회광의 친일 행각을 잘 보여

을 대종정으로 선출했다. 목적은 교육과 포교를 표방한 것이지만, 경술국치도 아랑 곳 없이 이회광은 원종 대표로 경술년에 일본에 건너가서 국적(國敵)인 일본 조동종(曹洞宗)[47]과 불교 확장의 미명으로 야합하여 조선불교를 영원히 일본 불교에 예속시킨다는 내용의 불평등 연합 동맹 조약을 체결하였다. 이에 분개한 만해는 신해년에 여러 동지들과 함께 궐기하여 호남의 송광사에서 승려대회를 개최하고, 역사성과 자주성이 결여된 이회광을 종문 난적 친일파로 규정하였다. 이후 영남의 범어사에서 거듭 승려대회를 개최하고, 이회광 일파의 친일적 흉계를 통격하여 분쇄하고, 이른바 한일 불교의 동맹 조약을 여지없이 좌절시켰다.[48] 이것은 만해가 불교를 통해 일제에 저항한 구체적 사례의 하나이며 또한 성공을 거둔 항일운동 성과의 하나로서 의의가 있다.

만해는 위에 소개한 바와 같이 기성 불교를 혹독하게 비판하였다. 그의 개혁론은 가위 혁명적이었다. 이러한 점 때문에 만해의 민족사상이나 역사의식을 이해하는 데 있어 그의 불교사상을 이해하는 것은 매우 중요한 일이다.[49] 만해는 한국의 중심 사상이 되어온 불교를

주는 것들이다. 그는 불교를 일본에 팔아먹은 불교계의 이완용으로 지탄받고 있는 인물이다. 이에 대해서는 인터넷 위키백과 〈이회광〉조 참조.

47) 일본 아오모리현 운쇼사(雲祥寺) 주지 이치노헤 쇼코(一戸彰晃)에 의하면, 일본 조동종은 일제의 하수인이자 첨병노릇을 했는데, 정부의 전쟁 정책을 적극 선전하고, 물자 공출을 강권하기도 했다. 그의 증언에 따르면, 이탈리아, 독일, 일본 파시즘 중 일본천황 파시즘이 가장 심했다고 한다(「일본제국주의 첨병 '조동종'…충격 받았다」, 『오마이뉴스』, 2012. 6. 19일자 참조). 그는 또한 일본 조동종이 명성황후 시해에 직접 관여하기도 했는데, 다케다 한시(武田範之)라는 조동종 승려는 후에 시해에 대한 보상으로 조동종 총괄자리인 조선포교관리에 취임했다고 회고하기도 하였다(「일본 불교 조동종 명성황후 시해 관여했다」, 『서울경제』, 2013. 4. 22일자 참조). 이와 관련된 자세한 내용은 이치노헤 쇼코, 장옥희 역, 『조선 침략 참회기』(서울: 동국대학교출판부, 2013)를 참고할 수 있다.

48) 조종현, 「불교인으로서의 만해」, 『전집 2』, 13-14쪽 참조.

혁신하는 길만이 민족과 국가를 구하는 길이요, 불성과 불교적 염원을 성취하는 길이라고 생각하였다. 그러나 이러한 사상을 실현하기 위해서는 미온적인 태도나 정책으로는 안 되고 오로지 파괴를 전제로 하는 혁신만이 유일한 방법이라고 생각하였다. 만해는 이러한 사상을 「조선불교유신론」을 통해서 널리 일반 사회에 공개하였다.[50)]

만해는 파괴가 있어야 건설이 있다고 강변한다. 그는 건설을 위해서는 파괴보다 급한 일이 없다고 본다. 파괴가 있은 후에 건설이 있는 것이요, 파괴가 빠르면 빠를수록 유신이 빠르고 파괴가 크면 클수록 유신도 크다고 했다.[51)] 만해는 그것이 진정한 유신이라고 확신하고, "유신이란 무엇인가, 파괴의 자손이요. 파괴란 무엇인가, 유신의 어머니다"[52)]라고 말한다. 그렇다면 만해에게서 유신의 대상이 됨과 동시에 파괴의 대상이 되는 것은 무엇인가? 그것은 앞서 제시한 불교 내부에 존재하는 기성의 문제점들과 그 한계라고 할 수 있다.

다른 한편 만해는 불교 개혁과 유신을 위한 구체적인 방안제시에도 소홀하지 않았다. 그는 정치와 불교를 분리해야 한다고 주장하여 불교의 정치적 구속과 당대의 식민 통치적 예속으로부터 해방시켜 불교의 '자치'를 이루고자 하였다. 만해의 정치와 종교의 분립에 대한 태도는 두 가지 차원에서 논의된다.

(1) 일반론적 의미에서의 정·교 분립에 대한 주장이다. 만해는 종교가 권력에 영합하면 필연적으로 망할 수밖에 없다고 인식하였다.

---

49) 송건호, 「만해 한용운의 민족운동」, 11쪽.

50) 송건호, 「만해 한용운의 민족운동」, 7-8쪽 참조. 일반적으로 「조선불교유신론」은 "만해 사상의 집대성적 성격을 지닌다"(염무웅, 「만해 한용운론」, 『한용운: 한국현대시문학대계(2)』(서울: 지식산업사, 1988)고 평가될 만큼 만해의 사상과 실천의 좌표가 집약되어 있는 글이라고 평가된다.

51) 송건호, 「만해 한용운의 민족운동」, 8쪽 참조.

52) 『전집 2』, 「조선불교유신론」, 46쪽.

또한 정치의 본질과 종교의 본질은 전적으로 다르기 때문에 이를 잘 구분하지 않으면 안 된다고 생각하였다. 만해는 이와 관련하여 "관권은 정권을 의미하며 정권은 정치의 권력을 의미하는 것이라, 정치는 본질상 도덕이나 종교와는 분명히 구분하여야 할 것이니, 정치는 현실계를 대상으로 하는 것이요, 종교는 이상계를 표준하는 것이라"[53]고 역설하였다.

(2) 특수론적 상황에서의 정·교 분립에 대한 주장이다. 그것은 만해가 말한 것처럼 "여기에서 정·교 분립이라 함은 정치와 종교의 원리적 비판으로부터, 일반의 정치와 일반의 종교의 엄격한 본질적 분립을 말함이 아니오, 조선 불교에만 한하여 있는 특수한 정치적 간섭 즉 조선 사찰령에 대하여 말하는 것이다. 이러한 협의적 의미의 정·교 분립은 결코 불가능이 아니다"[54]라고 하는 당시의 특수한 정치적 측면과 관련을 갖는다.

이러한 만해의 입장은 '관제불교'[55]에 대한 비판으로 전개되어 조선총독부의 '사찰령' 철폐에 대한 운동으로 나타난다. 그리고 만해는 뿔뿔이 흩어진 조선 불교를 통일시키고자 하는 회통운동에 앞장서기도 했다. 이와 관련하여 만해는 구체적으로 (1) 사찰의 통일, (2) 승려와 신도의 통일을 내세운다.[56] 그리고 승려들이 결혼할 것을 주장하였고, 승가교육의 혁신을 제창하여 승려들의 해외 유학을 독려해야 할 뿐만 아니라 불교의 민중화를 위해 노력해야 한다고 강조하였다.

---

53) 『전집 2』, 「불교 개신에 대하여-자치와 통일」, 160쪽.

54) 『전집 2』, 「불교청년동맹에 대하여」, 203쪽.

55) 특히 정치의 간섭과 지배를 받는 '관제불교'는 특수 감정을 가진 조선 대중으로부터 점점 소격(疏隔)하게 될 우려가 있으니, 만해는 이것이야말로 조선 불교의 큰 불행이 아닐 수 없다고 간주하였다. 이러한 만해의 입장은 『불교』 87호(1931)에 상재되어 공표되었다. 『전집 2』, 「정·교를 분립하라」, 145쪽.

56) 『전집 2』, 「조선 불교를 통일하라」, 145-148쪽 참조.

불교의 유신화를 위해서는 "(1) 그 교리를 민중화함이며, 그 경전을 민중화함이로다. (2) 제도를 민중화함이며, 그 재산을 민중화함이로다"[57]라고 하여 민중불교를 불교 유신의 목표로 삼았다.

이와 같은 만해의 인식은 급기야 '불교 사회주의'라고 하는 새로운 이념의 제시로 나타난다. 그러나 '불교 사회주의'에 대한 만해의 기획과 구상은 불행하게도 체계적으로 정리되어 발표되지 못한 한계가 있다.[58] 만해의 '불교 사회주의'는 그 기획단계에 머물고 만 한계가 있지만, 당대에 유행한 유물론적 사회발전론 내지 계급 투쟁주의와 연대하지는 않았으며, 춘원 이광수와 같은 민족개조론에 기반을 둔 전통 단절적 계몽주의의 함정에 빠지지도 않았다는 특징이 있다. 고명수는 이러한 점을 지적하면서 만해의 '불교 사회주의'는 민족 자존론에 거점을 둔 전통 계승론적 계몽주의를 지향한 점에 그 의의가 있고 본다.[59]

한편, 『불교대전』의 편찬을 비롯한 어려운 불교경전을 한글화하여 번역 출간하는 일에 기여한 만해의 행위는 불교의 대중화[60] 또는 불교의 사회화를 위한 하나의 일환이었다고 평가된다. 만해에게 있어 역경(譯經)의 사업은 조선인의 민족혼을 일깨우는 일이며 재래의 조선 문화를 계승 발전시키는 일에 다름 아니었다. 만해는 조선 문화가 한

---

57) 『전집 2』, 「불교유신회-불교의 자치와 신활동의 필요」, 133쪽.

58) 『전집 2』, 「인생은 사후에 어떻게 되나-기자와의 문답」, 292-293쪽 참조.

59) 고명수, 「조선불교유신론과 만해의 문학관」, 『불교평론』, 만해사상실천선양회, 2003. 9. 10일자 참조.

60) 만해는 '민중불교'라는 개념과 함께 '대중불교'라는 말을 혼용한다. 만해는 "대중불교라는 것은 불교를 대중적으로 행한다는 의미니, 불교는 반드시 애(愛)를 버리고 친(親)을 떠나서 인간 사회를 격리한 뒤에 행하는 것이 아니라, 인간 사회의 만반 현실을 조금도 여의지 않고 번뇌 중에서 보리를 얻고 생사 중에서 열반을 얻는 것인즉 그것을 인식하고 실천하는 것이 곧 대중불교의 건설이다"(『전집 2』, 「불교 개신에 대하여-자치와 통일」, 167쪽)라고 한다.

마디로 불교문화였다고 해도 별로 항의할 사람이 없다고 하면서, 재래의 조선 문화 쳐놓고 불교의 감화를 받지 않은 것이 어디 있겠느냐고 반문한다. 그런데 만해는 조선의 불교문화를 이룩한 정신적 소산물인 불교경전은 사실 불교 자체를 위한 것이 아니라, 중생의 개오(開悟)를 위한 것이라고 주장한다. 중생의 개오를 위해서는 이에 대한 선포가 중요한데, 선포의 방법 중 문자보급보다 좋은 것이 없기 때문에 역경의 필요성이 절실하다고 주장하였다.[61] 역경의 사업을 통해 자칫 잊혀 질 수도 있는 우리말의 보존과 계승에도 크게 이바지하였던 이가 바로 만해였던 것이다.

4. 문명과 야만의 경계

조선은 오랜 동안 '화이론'(華夷論)의 세계관을 통해 중화와 오랑캐의 범주를 구분하였고, 문명과 야만의 갈림길에 대해 논정해 왔다. 만해와 비슷한 시기를 살았던 독립운동가 중에는 면암(勉菴) 최익현(崔益鉉, 1833-1907)이 대표적 위정척사론자로서 조선중화주의의 전통을 강조한 경우라고 할 수 있다. 그러나 만해는 표면적인 조선중화주의를 내세우지는 않는다. 그는 중국 중심의 세계관을 지향하지도 않는다. 그렇다고 만해는 또한 문명과 야만을 기준으로 조선과 일본의 관계를 구분하여 상호 대치시키지도 않는다. 만해의 의식은 오대양 육대주의 전 세계로 확장되어 있다.

이러한 점 때문에 만해에게서 문명과 야만의 구분이 전혀 언급되

61) 『전집 2』, 「역경(譯經)의 급무」, 227-228쪽 참조.

지 않는다고 단정할 수는 없다. 만해는 일본과의 관계를 설명하는 데 있어서 '오랑캐'라는 용어를 직접 사용하기보다는 침략주의자에 해당하는 또 다른 표현인 '야만'이라는 용어를 더 선호하여 사용한다. 그렇다고 만해가 침략주의자에 대한 비판의 일환으로 제기하는 '오랑캐'라는 용어 자체를 폐기하는 것은 아니다. 만해는 연합국과 독일의 전쟁을 가리켜 '오랑캐로서 오랑캐를 친다'는 점에서는 다를 게 없다고 주장하기 때문이다. 그들은 군국주의의 유물인 군함과 총포 등의 살인 도구들을 통해 무차별적으로 인명을 살상하였기 때문에 제 아무리 문명의 혜택을 받고 있더라도 '오랑캐'에 지나지 않는다는 것이 만해의 인식이었던 것이다.[62] 일본 역시 군함과 총포를 동원하여 조선을 침략하였던 점을 감안한다면 만해가 본 '오랑캐'의 범주에서 자유로운 수 없다. 만해의 수많은 저술들 속에 숨겨진 문명과 야만의 은유는 얼마든지 존재한다. 이와 관련하여 발견되는 대표적인 특징 세 가지를 살펴보기로 한다.

첫째, 평화주의자들은 문명의 범주에 해당하지만 총포를 가지고 상대방을 약탈하는 침략주의자들은 야만의 범주에 해당한다. 평화주의자들은 진리와 정의를 따르는데 비하여 침략주의자들은 자신의 강고한 힘의 질서를 앞세우면서도 표면적으로는 문명과 정의를 선전하는 사이비적 평화주의의 태도를 표명한다. 만해는 다음과 같이 말한다.

> 이른바 강대국 즉 침략국은 군함과 총포만 많으면 스스로의 야심과 욕망을 충족시키기 위하여 도의를 무시하고 정의를 짓밟는 쟁탈을 행한다. 그러면서도 그 이유를 설명할 때에는 세계 또는 어떤 지역의 평화를 위한다거나 쟁탈의 목적물 즉 침략을 받는 자의 행복을 위한다거나 하는 기만적인 헛소리로써 정의의 천사국으로 자처한다. 예를

62) 『전집 1』, 「조선 독립의 서」, 347쪽 참조.

들면 일본이 폭력으로 조선을 합병하고 2천만 민중을 노예로 취급하면서도, 겉으로는 조선을 병합함이 동양 평화를 위함이요, 조선 민족의 안녕과 행복을 위한다고 하는 것이 그것이다.[63]

이것은 문명의 혜택을 받지 못해 발전하지 못한 힘없고 나약한 나라만이 야만이 아니라, 문명국으로 자부하는 나라 중에도 일반적인 야만과는 차별되는 또 다른 형태의 야만의 성향이 엄연히 존재하고 있다는 지적이다. 만해는 일본의 경우가 대표적이라고 본 것이다. 일본은 군국주의의 유물인 군함과 총포를 앞세워 다른 나라를 침탈하면서 도의를 무시하고 정의를 짓밟는 쟁탈을 일삼았기 때문에 제 아무리 당대의 동아시아의 선진국이었을망정 야만의 범주로부터 자유로울 수가 없다는 비판인 것이다. 일본이 진정한 선진국임을 자처하고자 한다면 야만의 범주로부터 탈주하여 도의와 정의를 건설하는데 앞장서지 않으면 안 된다는 것이 만해의 입장이었다.

둘째, 참다운 자유를 가진 자는 문명의 범주에 해당하지만 상대방을 위해하는 약탈적 자유인은 야만의 범주에 해당한다. 만해는 「조선 독립의 서」에서 다음과 같이 말한다.

> 자유는 만물의 생명이요 평화는 인생의 행복이다. 그러므로 자유가 없는 사람은 죽은 시체와 같고 평화를 잃은 자는 가장 큰 고통을 겪는 사람이다. 압박을 당하는 사람의 주위는 무덤으로 바뀌는 것이며 쟁탈을 일삼는 자의 주위는 지옥이 되는 것이니, 세상의 가장 이상적인 행복의 바탕은 자유와 평화에 있는 것이다. 그러므로 자유를 얻기 위해서는 생명을 터럭처럼 여기고 평화를 지키기 위해서는 희생을 달게 받는 것이다. 이것은 인생의 권리인 동시에 또한 의무이기도 하다. 그러나 참된 자유는 남의 자유를 침해하지 않음을 한계로 삼는 것으로

---

63) 『전집 1』, 「조선 독립의 서」, 346쪽.

서 약탈적 자유는 야만적 자유가 되는 것이다. 또한 평화의 정신은 평등에 있으므로 평등은 자유의 상대가 된다. 따라서 위압적인 평화는 굴욕이 될 뿐이니 참된 자유는 반드시 평화를 동반하고, 참된 평화는 반드시 자유를 함께 해야 한다. 실로 자유와 평화는 전 인류의 요구라 할 것이다.64)

만해가 볼 때, 참다운 자유란 상대방을 위해하지 않는 자유를 말하지만, 그 자유의 한계를 억압하는 일종의 한계가 없는 자유는 야만적 자유이다. 일제 강점기 상황은 조선 민중의 자유를 억압하고 일본과 조선의 평등을 파괴하는 심각한 인간 본성의 억압구조를 요구하였다. 특히, 총독 정치의 비본질성은 조선 민중의 자아의 주체성을 억압하는 구체적인 기제로 작용하였다. 일제 강점기에 일본인이 조선에서 누린 자유는 총독 정치로 수탈한 야반적 사유였다는 것이 만해의 인식이다.

만해는 당대 상황에 대한 공개적인 비판을 통해 일제의 만행에 대해 저항의 목소리를 높였다. 만해는 "조선을 합방한 후 조선에 대한 일본의 시정 방침은 무력 압박이라는 넉 자로 충분히 대표된다. 전후의 총독, 즉 테라우치(寺內)와 하세가와(長谷川)로 말하면 정치적 학식이 없는 한낱 군인에 지나지 않아 조선의 총독 정치는 한마디로 말해 헌병 정치였다. 환언하면 군력(軍力) 정치요 총포(銃砲) 정치로써 군인의 특징을 발휘하여 군력 정치를 행함에는 유감이 없었다"65)고 비판하면서, "그러나 조선인은 이 같은 학정 아래 노예가 되고 소와 말이 되면서도 10년 동안 조그마한 반발도 일으키지 않고 그저 순종할 뿐이었다. 이는 주위의 압박으로 반항이 불가능했기 때문이기도 하겠으나

64) 『전집 1』, 「조선 독립의 서」, 346쪽.
65) 『전집 1』, 「조선 독립의 서」, 352쪽.

그보다는 총독 정치를 중요시하여 반항을 일으키려는 생각이 없었기 때문이다"[66]라고 하여, 총독 정치의 성립 가능성 자체를 부정하였다.

만해는 일제 강점기를 당해서도 조선은 조선의 민적(民籍)이 있어야 하고, 일본은 일본의 민적이 있어야 함은 그 경계가 명확하게 분별되어야 한다고 강조한다. 일본인에게 조선의 민적을 준다든가 조선인에게 일본의 민적을 부여하는 것은 잘못된 것이라는 것이다. 만해는 일본이 조선인을 강제 병합하여 일본의 민적에 편입하고자 하는 부조리와 모순에 저항하여 당당하게 일본의 민적을 거부하였다. 그런데 일본의 민적은 창씨개명의 문제와 밀접한 연관성을 지니고 있다. 조선인의 성과 이름을 일본식으로 바꾸어 일본인의 옷을 입히고자 함으로써, 조선의 실체 자체를 소멸시키고자 한 것이 일본의 저의였기 때문이다. 만해는 이를 분쇄하기 위해서라도 민적 거부에 앞장서지 않을 수 없었다.

만해는 "나는 집도 없고 다른 까닭을 겸하여 민적이 없다. '민적이 없는 자는 인권이 없다. 인권이 없는 너에게 무슨 정조냐'하고 능욕하려는 장군이 있었다"[67]고 고백한다. 자유를 상실한 나라는 독립이 없는 나라이고, 독립이 없는 나라의 백성은 민적 없는 사람들이며, 민적이 없는 사람은 존재하지 않는 사람이다. 이는 존재하지 않는 자에게 무슨 인권이 있겠느냐는 절규이다. 그래서 이 절규는 「조선 독립의 서」에서 언급한 "자유가 없는 사람은 시체와 같다"는 구절과 같은 맥락에서 자유가 존재의 생명으로 인식되고 있음을 알게 해준다. 본질적인 가치의 파괴에 대한 대응으로서 그의 민적 거부는 가혹한 대가를 치러야 하는 것임을 잘 알면서도 자유를 얻기 위하여 생명을 터럭

---

66) 『전집 1』, 「조선 독립의 서」, 352쪽.
67) 『전집 1』, 「당신을 보았습니다」, 58쪽.

처럼 여기는 스스로의 실천이었던 것이다.[68]

셋째, 교육의 유무와 정도에 따라 문명과 야만은 구분된다. 만해는 다음과 같이 말한다. "교육이 보급되면 문명이 발달하고, 교육이 보급되지 못하면 문명은 쇠미해지는 것이니, 교육이 없다는 것은 야만·금수가 되는 길이다. 옛날에 상(庠)·서(序)·학교를 설치하여 사람을 가르친 것은 사람을 야만·금수로 만들지 않으려는 뜻에서 나온 것이라 볼 수 있다."[69] 이 말을 참조한다면, 인간의 가치등급에는 인간다운 인간도 있지만 야만인과 금수 같은 인간도 있음을 알 수 있다. 만해는 교육의 정도에 따라 생물학적 인간은 야만과 금수도 될 수 있지만, 인간다운 인간이 될 수도 있는 존재임을 시사하고 있다.

만해는 교육이 문명과 야만을 가르는 중요한 척도임을 지적하여 "문명은 교육에서 생기는 것이니, 교육은 문명의 꽃이요, 문명은 교육의 실과라 할 만하다. … 사람이 이 세상에 태어나 살아가는 데 있어서는 입고 먹고 자고 깨고 하는 것에 그칠 수는 없는 것이니, 그 밖에 따로이 삶의 목적이 있지 않아서는 안 된다. 그러면 그 목적이란 무엇인가. 우리들의 의무의 피안(彼岸)이 그것이다"[70]라고 한다. '피안'이란 '파라'(pāra)의 번역어로서 깨달음의 세계를 가리킨다. 결국 깨달음을 얻어 해탈의 자유인이 되느냐 그렇지 못하느냐에 따라 문명과 야만의 범주가 갈린다고 볼 수 있다.

만해는 교육에도 요령이 있다고 본다. 즉, 교육은 지혜로 자본을 삼고, 사상의 자유로 법칙을 삼고, 진리로 목적을 삼아야 한다. 그리고 이 셋 중에서 어느 것 하나라도 결여되어서는 안 된다. 그런데 특

---

68) 윤세원, 「한용운 자유 개념의 철학적 토대와 논리 구조에 관한 연구」, 『동양사회사상』 제9집, 동양사회사상학회, 2004, 42쪽 참조.
69) 『전집 2』, 「승려의 교육」, 47쪽.
70) 『전집 2』, 「승려의 교육」, 47-48쪽.

히 사상의 자유가 없는 사람은 그 학문의 정밀 여부를 떠나서 한 마디로 '노예의 학문'이라고 단정 짓지 않을 수 없다고 한다. 노예란 살았으나 죽은 사람이나 마찬가지의 사람이라고 한다.[71] 그런데 사상의 자유가 결여된 노예의 학문은 가르치는 자나 배우는 자 모두에게 참다운 문명을 제시하지 못한다. 그것은 야만의 범주와 연대하고 있기 때문이다. 이러한 점에 주목하고 만해는 다음과 같이 말한다.

> 일본인은 항상 조선의 물질문명이 부족한 것으로 말머리를 잡으나 조선인을 어리석게 하고 야비케 하려는 학정과 열등 교육을 폐지하지 않으면 문명의 실현은 보기 어려울 것이다. 이것이 어찌 조선인의 소질이 부족한 때문이겠는가. 조선인은 당당한 독립 국민의 역사와 전통이 있을 뿐만 아니라 현대 문명을 함께 나눌 만한 실력이 있는 것이다.[72]

만해는 진정한 문명이란 진리를 목표로 삼지 않는 한 이루어지지 않는다고 본다. 이러한 점에서 일제가 조선에 시행하던 열등 교육 내지는 우민화 교육을 폐지하지 않으면, 일본은 결코 문명의 실현을 볼 수 없을 것이라는 것이 만해의 입장이었던 것이다.

5. 민족자결의 원칙과 독립정신

만해는 조선은 일본의 간섭과 지배가 없더라도 현대 문명과 충분히 어깨를 견줄만한 실력을 자체적으로 가지고 있다는 점을 강조한

71) 『전집 2』, 「승려의 교육」, 48쪽 참조.
72) 『전집 1』, 「조선 독립의 서」, 349쪽.

다. 이것이 이른바 '민족자결'(民族自決, self-determination)의 원칙이다. 민족자결이란 어떤 민족이 자신의 일을 스스로 결정하는 일을 가리킨다. 좀 더 구체적으로 말한다면, 민족자결이란 각 민족 집단이 스스로의 의지에 따라 그 귀속과 정치 조직, 정치적 운명을 결정하고, 타민족이나 타국가의 간섭을 인정하지 않는다고 하는 집단적 권리를 말한다.[73]

따라서 민족자결에는 다른 민족이나 다른 국가에 대한 배타가 수반된다. 그러나 배타는 침략과는 전연 다른 것이다. 배타는 자존성과 관련이 있지만 침략은 자존의 범위를 넘어선 행위로서 일종의 오만일 수도 있다. 따라서 침략은 부정될 수 있는 것이지만 배타는 폐기될 수 없는 자연적인 것이다. 만해는 이 점을 잘 구별하여야 한다고 보고 다음과 같이 말한다.

> 이것은 배타성이 주체가 되어 그런 것이 아니라 같은 무리는 저희끼리 사랑하여 자존을 누리는 까닭에 자존의 배후에는 자연히 배타가 있는 것이다. 여기서 배타라 함은 자존의 범위 안에 드는 남의 간섭을 방어하는 것을 의미하며 자존의 범위를 넘어서까지 배척함을 뜻하는 것이 아니다. 자존의 범위를 넘어서 남을 배척하는 것은 배척이 아니라 침략이다. 민족 간에는 자존성이 있다. 유색 인종과 무색 인종 간에 자존성이 있고 같은 종족 중에서도 각 민족에 자존성이 있어 서로 동화하지 못하는 것이다.[74]

따라서 만해는 민족자결이 세계 평화의 근원적인 해결책이라고 본

---

73) 인터넷 위키백과, 〈민족자결〉 조 참조. 오늘날 〈국제연합헌장〉 1조 2항, 55조는 '국민의 기본권리와 자결원칙의 존중'을 그 활동 목적의 하나로서 규정하고, 자결원칙의 주체를 '국민'(peoples)이라고 규정하고 있다.

74) 『전집 1』, 「조선 독립의 서」, 350쪽.

다. 민족자결주의가 성립되지 못하면 아무리 국제 연맹을 조직하여 평화를 보장한다 하더라도 결국에는 수포로 돌아가고 말 것이다. 왜냐하면 민족자결이 이룩되지 않으면 언제라도 싸움이 잇따라 일어나 전쟁이 계속될 것이기 때문이다.[75] 만해는 이와 같은 사유를 가지고 있었기 때문에 일제가 강점한 조선을 독립시켜 원위치로 돌려놓아야 한다고 주장할 수 있었다.

만해는 "국가는 모든 물질문명이 완전히 구비된 후에라야 꼭 독립되는 것은 아니다. 독립할 만한 자존의 기운과 정신적 준비만 있으면 충분한 것으로서 문명의 형식을 물질에서만 찾음은 칼을 들어 대나무를 쪼개는 것과 같으니 그 무엇이 어려운 일이라 하겠는가"[76]라고 말할 정도로 당대 조선인의 자존의식은 이미 독립의 자격을 충분히 갖추었다고 본다.

또한 만해는 문명의 기준이 물질문명에만 한정될 수는 없는 일이며, 더욱이 그것이 세계의 역사를 선도해 나아갈 수는 없는 일이라고 보았다. 그리고 이 과정에서 만해는 특히 조선이야말로 유구한 정신문명의 역사를 간직한 진리의 나라라는 문명사적 의의를 강조함으로써 조선의 독립이 필연적인 것일 뿐만 아니라, 세계사적 요구성과도 맞아떨어지는 특징이 있다고 선언할 수 있었던 것이다.

잘 알려진 것처럼 만해는 기미년의 3·1 독립운동을 주도한 대표적인 인물이다. 만해는 3·1 독립운동을 계획하고 실천하는데 있어 〈독립선언서〉와 〈공약삼장〉의 작성에 특별하게 관여하였고,[77] 민족을

---

75) 『전집 1』, 「조선 독립의 서」, 351쪽 참조.

76) 『전집 1』, 「조선 독립의 서」, 349쪽.

77) 육당 최남선에 의하여 작성된 〈독립선언서〉에 한용운이 〈공약삼장〉을 추가하였다는 이야기는 너무나 잘 알려져 있다. 그러나 신용하, 홍일식, 박걸순 등은 한용운의 〈공약삼장〉 추가설을 부정하고 최남선 전담설을 주장한다. 이 글에서는 만해가 〈공약삼장〉을 직접 작성했다는 의견에 대해서는 잠정적

대표하여 그 선포식을 주재하였다. 이러한 행위는 만해 자신이 가지고 있던 민족자결의 원칙과 독립에의 확고한 신념에 바탕을 두고 이루어진 것이라 볼 수 있다. 민족자결의 원칙과 독립의 상관성은 매우 크다. 독립의 의미는 '다른 것에 의존하는 것이 없는 상태' 또는 '독자적으로 존재하는 상태'를 뜻한다. 하나의 개인과 단체, 국가가 다른 개인이나 단체, 국가로부터 구속되지 않은 상태가 바로 독립이다. 따라서 민족자결은 독립의 전제 위에서만 가능한 것이라고 볼 수 있다.

이러한 이유 때문에 만해는 민족자결의 원칙과 독립정신을 중시한다. 그리고 이와 같은 만해의 사유는 그의 불교적 무아론에 토대를 둔다. 불교는 모든 존재가 상의 상존의 관계에 있기 때문에 어느 특정한 존재가 다른 특정한 존재를 일방적으로 지배하거나 구속해서는 안 된다는 입장을 표방한다. 내가 타자를 지배하거나 구속할 수 없는 것처럼 타자 역시 나를 지배하거나 구속해서는 안 된다. 이것이 불교 무아론의 핵심이라고 말할 수 있다.

불교가 선언적으로 무아를 제창한 것은 시사해주는 바가 크다. 불교는 무아를 통해 사물 상호간의 평등한 관계를 보라고 종용하기 때문이다. 따라서 만해는 불교 지성인답게 세계의 존재구도를 지배와 피지배의 불평등 관계로 보지 않는다. 그는 모든 개별적 사물의 독립적 의의와 상호 연기적 관계성에 주목하고, 모든 존재자의 상호 독립성과 자유를 보장하지 않으면 안 된다는 입장을 피력한다. 그것은 정치, 경제, 사회, 문화 등 전 방위적인 범위에 관련된다.

특히 그 가운데 경제적인 측면에서 제안된 것이 조선물산장려운동 같은 것이다. 민족자결과 독립의 정신은 경제적인 자립역행의 정신과 밀접하게 맞닿아 있기 때문이다. 만해는 다음과 같이 말한다.

으로 판단을 유보하기로 한다.

세상을 살아가면서 남을 의뢰하지 않을 수는 없다. 그렇지만 모든 것을 남에게 의뢰하고 원조를 받아 살아간다면 이것은 약하고 비열하고 타락한 일이다. 조선의 경제력이 어려워진 것도 남을 의뢰한 결과이다. 우리도 자원과 공업의 시설이 있지만 모든 것을 다른 사람이 제작한 것을 갖다 썼기 때문이다. 이런 문제점을 해결하기 위해서는 개인과 사회에 있어 자기 일은 자기가 한다는 강력한 의지력이 필요하다. … 우리가 무실역행하면 생산증수의 방략을 개척할 여지가 있다. 그런 의미에서 조선물산장려운동은 남의 힘을 빌려서 의지하려는 것보다도 자기의 노력을 발휘하려는 의기에 부합하는 일이다. 그런 기본과 정신에 어그러지지 않도록 자중 분투하여야 한다.[78]

조선물산장려운동에 문제점이 전혀 없다고 볼 수는 없다. 여기에는 타자가 생산한 것들에 대한 배제의 정신이 뿌리 깊게 개입되어 있기 때문이다. 그러나 이 운동이 독립정신과 밀접한 관련을 갖는 이유는 일본의 자본에 의한 조선의 경제적 예속이 심각한 상태에 빠져 있어서 이에 대한 반성을 촉구한다는 이면의 논리가 작동하고 있기 때문이다. 경제구조의 의존과 독립은 정신과 의식의 의존과 독립에 긴밀하게 맞닿아 있다는 점에 대한 반성이 그것이다. 만해는 조선물산장려운동을 통해 타자 또는 외세의 의존성으로부터 벗어나 자립 역행하는 주체를 발견함으로써, 진정한 민족자결과 주체의 독립을 성취할 수 있기를 간구한 것이라 볼 수 있다.

이와 같은 내용을 통해 보면, 만해가 제창한 민족자결의 원칙이나 독립정신의 문제는 태생적으로 상호 침탈의 권능과 연대할 수 없는 성격을 갖는다. 그것은 개별자 상호간의 존중을 통한 정의의 구현 및 공존, 공영을 위한 것이기 때문이다. 따라서 민족자결이나 독립을 위

---

78) 『전집 2』, 「자립역행의 정신을 보급시키라」, 366쪽.

한 상호 배타성의 전제는 근원적인 것은 아니며, 일종의 방편적 수단일 수 있음이 확인된다. 그것은 민족자결과 독립을 선취하기 위한 것으로서, 유력한 집단이나 국가의 침탈행위의 배제를 위한 배타일 뿐 상대를 열등시하거나 지배하기 위한 목적을 가진 배타가 아니다. 이런 점에서 그것은 민족자결과 독립이 이뤄졌을 경우 더 이상 자신의 권능을 행사하지 못하는 종류의 제한적 배타일 수밖에 없다.

6. 논의의 종합과 의의

만해는 눈 속에 꽃피운 매화처럼 평생을 혹독한 인고의 생활 속에서도 오직 조선의 독립만을 희망하고 노래하고 이를 위해 실천하다 간 민족의 선각자였다. 그는 불교를 통해 민족의식을 일깨우고자 했고, 진리를 기준으로 문명과 야만을 나누고, 이를 통해 조선의 정신사적 의의를 확인함으로써 민족의 주체적 자존성을 확인하는데 일생을 바친 실천적 지식인이었다.

나는 본문의 논의를 통해 만해가 본 주체의 문제와 민족자결의 원칙에 관한 입장에 대해 검토해보았다. 이와 관련하여 이 글이 주목하고자 한 것은 다음과 같은 네 가지 문제였다.

첫째, 주체성의 발견과 무아의 혁명에 관한 문제이다. 만해는 일제강점기를 살아가면서 주체의 문제에 대해 새롭게 자각하였고, 이 문제를 불교의 무아론에 적용하여 자유와 평등을 구현하는 진정한 주체의 문제로 승화시켰다. 만해는 자유와 평등이 보장되지 않는 삶이란 진정한 의미의 인간적 삶이라고 볼 수 없다고 보면서, 조선의 독립이 인간의 자존성과 밀접한 관련이 있음을 강조하였다.

둘째, 불교적 주체에 대한 반성과 불교유신론이다. 만해는 주체에 대한 반성 없이 무아의 혁명은 도래하지 않는다고 본다. 이에 만해는 불교적 주체에 대한 몇 가지 반성을 제시한다. 만해가 볼 때, 불교는 ① 구세사상, ② 경쟁사상, ③ 진보사상, ④ 모험사상, ⑤ 생산사상 등과 같은 적극적인 실천사상이 결여되어 있다. 만해는 이러한 점을 철저히 부정하고 불교를 새롭게 개혁하지 않으면 안 된다고 보고 불교유신론을 제창한다. 그리고 그 연장선상에서 만해는 불교의 자치권을 통해 민중불교 내지는 불교 사회주의로 나아가야 한다고 주장하였다.

셋째, 문명과 야만은 뚜렷하게 구분된다. 만해는 진정한 문명의 의의에 대해 묻는 과정에서 문명과 야만의 범주를 다음과 같이 구분한다. ① 평화주의적 문명이 진정한 문명이라면 침략주의적 문명은 야만이다. ② 참다운 자유는 문명의 범주에 해당하지만 약탈적 자유는 야만이다. ③ 교육의 유무는 문명의 좌표이며, 특히 사상적 자유의 유무는 문명과 야만의 갈림길이 된다.

넷째, 만해는 물질문명보다는 정신문명의 우수성을 강조하고, 조선이 그 대표라고 전제한 후 민족자결의 원칙과 독립정신의 중요성을 강조한다. 민족자결의 원칙은 민족 상호간의 배타를 전제하는 것이 기본이다. 그러나 그것은 민족 간의 상호 자존성을 인정하는 배타일 뿐 침략과는 구별되어야 한다는 것이 만해의 입장이다. 또한 만해가 제창한 민족자결의 원칙은 개별적 단체의 철저한 독립을 전제로 유지된다는 특성이 있다.

이상과 같은 내용의 검토를 통해 확인할 수 있는 것은 만해가 본 주체 또는 주체가 가진 주체성은 자유와 평등의 고유성과 자존성에 토대를 두지 않으면 안 된다는 사실이다. 만해는 이러한 사유의 토대 위에서 민족의 독립이 정당함을 자신 있게 피력할 수 있었고, 대내외적으로 민족자결의 원칙에 대한 의론을 공론화 할 수 있었다고 평가된다. 요컨대, 만해가 본 주체의 문제와 민족자결의 원칙에 대한 의론은 조선의 독립을 위한 이론적 기초이자 실천적 좌표로서의 의의가 있고, 근원적으로는 인간의 본질에 대한 의의를 확인하고자 한 철학적 특징이 내재적으로 함유되어 있음을 부정할 수 없다.

[부 록]

탈경계 시대의 한국철학의 인문학적 의의와 전망

-율곡의 철학적 문제의식을 중심으로-

1. 탈경계의 현대에서 율곡인문학 정신찾기

21세기 현대를 규정하는 말은 매우 많다. 혹자는 현대를 가리켜 초연결 시대라고 규정하는가 하면 혹자는 뉴노멀 시대라고 규정하기도 한다. 어떤 이들은 현대를 가리켜 근대적 사유의 경계[1]를 극복하는 탈경계의 시대라고 명명하기도 한다. 어떤 규정을 따르건 이들은 다 같이 현대가 급변하고 있음과 지난 시대의 대립적 장벽을 허물고 상호 공존해야함을 시사적으로 역설하는 것으로 보인다.

그런데 이 가운데 한동안 주목받던 탈경계 시대에 대한 담론이 잠시 주춤한 것 같은 양상이 눈에 띈다. 그것은 전 세계에 돌발적으로 등장한 코로나19로 인한 비대면 상황과 관련을 갖는다. 계층과 인종 사이에서 허물어져 가던 장벽이 다시금 고개를 들고 나타나고 있다. 폭력이 난무하기도 한다. 이로 인한 혐오와 좌절, 그리고 피로와 우울의 정서 등이 만연하고 있다. 탈근대를 꿈꾸던 사람들이 다시 고대나 중세로 회귀한 것 같은 시대적 분위기가 곳곳에서 발견되기도 한다. 이러한 점이 이 시대가 안고 있는 최대의 과제라고 여겨진다.

이 시대에는 탈중심, 탈가치, 탈위계와 같은 논리가 불필요한 것일까? 아닐 것이다. 자기중심적인 중심이 다시 서고, 자기중심적인 가치의식이 다시 자리 잡고, 자기중심적인 위계가 다시 고개를 드는, '경계짓기'[2]가 권능을 행사하는 이런 시대일수록 탈경계의 인문학은

---

1) 이 글에서 사용하는 경계는 미학적 측면의 체험경지를 말하는 것이 아닌, 특정한 사건과 문제가 어떠한 기준에 의하여 분간되는 한계라는 의미임을 전제한다.

보다 더 소망스러운 가치로 요청되어야 마땅할 것이다. 이러한 당위 원리에 대해 깊이 고민해 보는 것이 인문학적 과제가 아닐까 한다.

그런데 탈경계라는 개념에 유념할 때 '탈'의 전제가 되는 경계들이 있을 것이다. 그 경계는 다양성의 측면이 있음에도 '탈'의 대상이 되어야 한다는 숙명에 놓일 경우 그것은 마땅히 지양되고 극복되어야 할 타자성을 갖는다. 왜냐하면 '탈'의 대상은 자체적인 대립성과 폐쇄성을 가지고 있다고 평가되기 때문이다. 경계의 다양성이 가치론적 위계를 허물고 존재론적 형평의 질서 위에 놓일 때 진정한 탈경계는 수행된다고 보아야 한다.

이와 같은 전제 위에 이 글은 탈경계의 시대라고 규정되는 현대적 시선에서 율곡(栗谷) 이이(李珥, 1536-1584)의 탈경계론적 인문학의 정신을 톺아보고자 한다. 일종의 '율곡인문학'[3)]이라고 말해질 수 있는 범주 안에서, 이 글은 율곡의 인간론이 중시하는 이성 또는 탈이성의 문제와 인간 공동체에서 요청되는 통합과 소통의 문제 및 학문이념 간 갈등과 대립을 극복, 지양하는 학제 간 대화와 소통의 문제를 주제별로

---

2) 국내에서는 이에 대해 이화인문과학원을 중심으로 다양한 주제의 탈경계인문학을 연구 중에 있다. 이화인문과학원은 "탈경계인문학은 오늘날 변화무쌍한 사회 환경 안에서 문화적 경계들이 빠르게 해체되고 재편되는 탈경계 문화 현상 속의 인간과 인간의 관계를 탐구하는 학문으로서, 학문 간 대립과 갈등을 야기하는 '경계짓기'를 반성적으로 성찰하고, 인문학과 타학문, 나아가 학문과 일상을 잇는 연구 모델을 개발하는 것을 목표로 하고 있다"(이화인문과학원 편, 탈경계인문학 학술총서 앞쪽 책날개 참조)고 밝히고 있다.

3) 한정주는 『율곡인문학』이라는 책을 통해 인문학을 "인간다움에 대해 의문을 제기하고 질문을 던지는 학문이며, 자신을 포함한 인간과 사회와 세계를 비판적으로 이해하고 성찰하는, 나아가 그 모두를 변화시키고 혁신하는 데 진정한 뜻을 둔 학문이다. 이를 위해서는 무엇보다 비판과 성찰과 변화와 혁신의 좌표와 방향이 있어야 한다"고 밝힌다(한정주, 『율곡인문학』(서울: 다산초당, 2018), 5-6쪽). 이러한 입장에 기초할 때 '율곡인문학'이란 개념은 율곡을 논의의 중심에 둔 인간과 사회와 세계에 대한 비판적 이해와 성찰이라고 규정할 수 있을 것이다.

검토해보고자 한다. 이러한 문제의식은 단순히 율곡에게만 전유될 수 있는 것이 아니라 한국철학 일반의 문제의식과 공유될 수 있는 가치가 충분하다는 점에서 논의의 현재성이 있다.

2. 야만적 이성의 경계를 넘어 건전한 이성의 회복에로

인간을 규정하는 정의 가운데 가장 대표적인 것은 바로 "인간은 이성적 존재이다"라는 명제일 것이다. 이 명제는 아리스토텔레스(Aristotles, BC.384-BC.322)가 인간에 대하여 부여한 정의로서, 정치적(국가적, 사회적) 동물이라는 의미이다. 시간적으로 본다면 가족 및 가족들로 이루어진 촌락이 국가에 선행하는 것이지만 그 자연(自然), 즉 그 목적을 우선하여 고찰하면 후자는 전자의 위에 위치하여 인간 생활에 간섭할 권리를 갖지 않으면 안 된다. 국가의 존립은 인간의 본성에 기초하는 것이고, 인간은 그 본성상 동류(同類)와의 협동생활에 대한 충동을 자신의 내부에 지니고 있으며, 도덕은 국가가 존재하는 한에서만 달성될 수 있다고 말한다.[4)]

사전적 정의에 의하면, "이성이란 일반적으로 보고 들어서 아는 감각적 능력과 구별되는 개념에 의한 사유능력"으로서, "다른 동물이

4) 철학사전편찬위원회, 『철학사전』(서울: 도서출판 중원문화, 2009), 727쪽. 인간을 이성적 존재 내지는 정치적 존재로 본 아리스토텔레스의 규정은 유가 성리학자인 율곡에게도 통용된다. 율곡철학이 강한 경세론의 특징을 보여주는 것 역시 사회적이며 정치적인 인간의 존재성을 염두에 두었기 때문이며, 이에 반하는 반국가적이며 반사회적 이념을 제창했다고 평가된 양주와 묵적을 강하게 비판한 점은 이를 뒷받침하는 근거로 예시될 수 있다. 양주와 묵적에 대한 율곡의 입장은 맹자와 주자의 사상을 전유하는 것이라서 그 자체 유가철학적인 입론의 의의가 있다.

오직 본능적 충동에 의해서만 행동하는데 비해서, 인간은 의무의식(義務意識)에 의해서 행위를 하는 것이 본질적 특질이며 따라서 인간의 행위가 어떤 이성적인 힘에 의해서 지도를 받고 있다는 사실 때문이다. 요약해서 말하면, 개념적 사유능력을 가질 뿐만 아니라 이성적 명령에 따르는 행위를 하기 때문에 이성적 동물이라고 부르는 것이다."[5]

이와 같은 이성의 개념은 인간존재를 다른 동물존재와 구별하여 차별화시켜 정의한 특징이 있다. 인간은 인식능력의 주체 및 도덕적 행위주체로서의 특징을 갖는다고 본 점에서 그렇다. 율곡 역시 인간이야말로 천지 사이에 가장 영명한 존재라고 규정한다는 점에서 인간존재의 우수성을 이성적 측면에서 파악했음에 분명하다. 율곡이 외숙인 홍호(洪浩)에게 보낸 서간을 참조할 경우 그 이성은 개별적인 이성이라기보다는 세계이성적 의의를 갖기도 한다.[6] 대부분의 유학자들처럼 율곡 역시 영명한 인간존재 가운데 가장 빼어난 존재는 다름 아닌 '성인'이라고 본다.[7] 이와 같은 율곡의 입장은 횡거(橫渠) 장재(張載, 1020-1077)[8]를 위시한 섭도(葉濤)[9] 등 유가의 인간중심주의적인 관점

---

5) 철학사전편찬위원회, 『철학사전』, 727쪽. 물론 서양철학의 이성 개념과 율곡이 본 이성 개념이 정확하게 일치하기는 어렵겠지만, 이 글에서는 일반론에 입각한 보편적 이성의 범주에서 율곡이 보았을 법한 이성에 관한 논의 가능성을 열어두고 현대적 시선에서 논의를 제기해보기로 한다.

6) 『율곡전서』 권13, 序, 「別洪表叔浩序」, "物之最大者, 天地也, 天地果有主乎? 最靈者, 吾人也, 吾人果有主乎?" 참조. * 이하 본문에서 인용할 『율곡전서』의 번역문은 주로 『국역 율곡전서』(성남: 한국정신문화연구원, 1996)와 한국고전번역원 DB자료를 참고하여 문맥에 따라 부분적으로 수정하여 인용함을 밝힌다.

7) 『율곡전서』 권24, 『성학집요』, 「爲政」 第4上, "惟人得其秀而靈, 具四端, 備萬善, 知覺獨異於物, 而聖人又得其最秀而最靈者, 天性聰明, 無待勉强, 其知先知, 其覺先覺, 首出庶物." 참조.

8) 『율곡전서』 권20, 『성학집요』, 「修己」 第2上, "張子曰: 天地之德, 謂人之德性如天地之性. 人爲貴, 是也. 稟五行之氣以生, 最靈於萬物, 是其秀也. … 陰陽之交, 鬼神之會, 五行之氣, 物生皆然, 而人爲備焉."

을 고스란히 계승한 것이다.

그런데 이처럼 빼어난 영명성을 가진 인간존재가 비이성적 존재들, 예컨대 금수라든가 식물 내지 무생물보다 못한 반도덕적이며 비이성적인 행태를 보일 때가 있다. 이러한 행위의 뿌리에는 세계를 이원론적으로 파악하여 대상존재를 주체에 복속시키는 완악한 형태의 이성의 개입이 문제가 된다. 이와 관련하여 서양철학에서는 특히 근대적 이성의 한계를 문제 삼기도 한다. 데카르트(René Descartes, 1596-1650)로부터 강화된 심신이원론의 철학은 이성 우위의 세계관을 제창하면서, 이성적 범주에 반하는 타자들을 정복하여 지배하는 근거를 제시했다.

호르크하이머(Max Horkheimer, 1895-1973)는 '도구적 이성화'를 이성의 상실이라고 간주한다. 그는 『도구적 이성 비판』(*Zur Kritik der instrumentellen Vernunft*)이라는 저술을 통해 "도구적 주관적 이성은 자연을 철학이 해석할 수 있는 텍스트, 그리고 만약 올바르게 읽는다면 무한한 고통의 역사가 펼쳐져 있는 텍스트로 취급하는 대신에, 순수한 생명력으로 칭송하거나 잔혹한 폭력으로 하찮게 평가한다"고 말한다.[10] 그는 자연과 인간을 수단적 방편으로 간주하는 도구적 이성은 건전한 이성의 파멸뿐 아니라 자연과 인간의 공멸을 가져온다고 생각한다. 도구적 이성은 자기중심주의에 기초하여 자신과 자기 집단의 사적 이익을 위해 공공선이나 이익을 해치는 결과를 초래한다. 이러한 이성의 형태는 도리어 비이성적이며 그 자체 야만적이라고 말할 수밖에 없다.

---

9) 『율곡전서』 권20, 『성학집요』, 「修己」 第2上, "龍泉葉氏曰: 天地之情性, 非人則不能體而參之, 天地之功用, 非人則不能察而法之. 天地之所以不息者, 由人道而後見之, 此人所以爲天地之心."

10) 막스 호르크하이머, 박구용 옮김, 『도구적 이성 비판』(서울: 문예출판사, 2006), 161쪽,

야만이란 “① 문화가 뒤떨어져 미개한 상태. 또는 그런 상태에 있는 사람들” 또는 “② 교양이나 도의심이 없는 무례한 행동. 혹은 그러한 행동을 하는 사람”을 가리킨다.[11] 앞의 정의 가운데 율곡의 비판 대상은 ①과 같은 문명과 야만의 이분법에 대해서보다는 특히 ②와 같은 종류의 도의심의 기준에 따른 행동양상 여부에 관련되어 있다고 볼 수 있다. 이러한 점에 주목하고 내면적 도의심이 결여된 이성의 형태를 여기서는 ‘야만적 이성’이라고 부르기로 한다.

야만적 이성은 자기 인정성에 기초하며, 타자의 비동일성에 대한 강한 배척의 형태를 띠고 역사의 전면에 부상한다. 야만적 이성은 본래 음모와 사술의 형태를 띤다. 이러한 점에서 야만적 이성은 신화주의와 손을 잡는다. 율곡 당대에도 이러한 신화주의는 귀신존재에 대한 구복신앙의 형태로 나타나고 있었다. 율곡은 불교의 기복적 불사행위를 부정하였을 뿐만 아니라, 도교의 미신성 자체에 대해서도 강한 회의와 부정을 피력하였다. 율곡은 귀신존재에 의지하여 현실을 도피하고자 하는 행위와 불교적 불사행위와 도교적 기복행위 등의 비이성적 행위들을 부정한 것이다. 이와 관련하여 『경연일기』에는 이런 기록이 있다. “인순왕후가 편치 않았을 때 시녀가 요망한 무당을 대궐 안으로 끌어들여서 기도와 미혹을 일삼고 약은 쓰지 않다가 큰 변고를 초래하게 되니, 인심이 통분해 하였다. 이른바 요망한 무당이란 선비의 딸로서 종실 요경의 처였다.”[12]

그런데 야만적 이성은 집단주의적 특성을 띠고 역사의 전면에 나

---

11) 국어국문학회 감수, 『국어대사전』(서울: 민중서관, 2000), 1678쪽

12) 『율곡전서』 권29, 『경연일기』, 선조8년, “仁順王后違豫時, 有侍女引妖巫入禁中, 專以祈禳幻惑爲事, 停廢藥餌, 馴至大故, 人心痛憤. 所謂妖巫者, 是士人之女, 而宗室堯卿妻也.”(본문의 『경연일기』 번역문은 주로 오항녕, 『율곡의 경연일기』(서울: 너머북스, 2016)를 중심으로 부분적으로 수정하여 인용하기로 한다).

타난다는 특징이 있다. 야만적 이성은 비동일성의 체계를 갖는다고 평가한 대상적 객체에 대해 악으로 규정하고 이를 응징한다. 20세기에 자행된 대표적인 역사사례가 바로 나치의 유태인 대학살 사건이다. 물론 중국 난징에서 자행된 일제의 난징대학살 사건 역시 예외일 수는 없다. 이러한 종족주의적인 폭력은 더할 수 없이 야만적이다. 아도르노(T. W. Adorno, 1903-1969)는 나치의 유태인 대학살을 직접 목격하고 『계몽의 변증법』(*Dialektik der Aufklaerung*)을 저술하는데, 이를 통해 아도르노는 계몽에 내재된 이중적 맥락 가운데 신화주의적인 탈을 쓴 계몽의 특성에 유념할 필요가 있음을 상기시킨다.

율곡이 살던 조선중기에도 야만적 이성의 폭력은 예외 없이 발생했다. 물론 율곡 생전에 임진왜란이나 병자호란이 발발하지는 않았기 때문에 극단적인 종족주의 형태의 국가 간 전쟁의 야만적 폭력은 일정 정도 비껴갔다고 볼 수는 있다.[13] 다만 국가 내부적으로 반이성적 집단지성에 의한 피해가 큰 후유증을 남기고 있었음을 부정하기 어렵다. 율곡은 기묘사화(1519, 중종 14년)와 을사사화(1545년, 명종 즉위년)를 반이성적 집단지성의 심각한 사건으로 지목한다. 이성의 집단화가 권력화되고, 그 결과 강포한 야만적 폭력이 자행된 것이 기묘사화와 을사사화였다고 인식한 것이다.

잘 알려진 것처럼 기묘사화는 조광조(趙光祖), 김정(金淨), 김식(金湜) 등 신진사류가 남곤(南袞), 심정(沈貞), 홍경주(洪景舟), 김전(金詮) 등의 훈구 재상들에 의해 화를 입은 사건이다. 중종 14년에 일어난 기묘사화는 조광조를 중심으로 한 신진사류가 반정중신들을 탄핵한 것이 결정적인

---

13) 그렇다고 율곡 당시에 국가 간 종족 간 집단의 충돌이 없었던 것은 아니다. 1555년 남쪽에서는 왜구가 전라도 일대를 습격하는 약탈이 자행되었고, 1583년 북방에서는 여진족이 함경도 북부의 6진을 침입한 니탕개(尼湯介)의 변란이 일어났던 점에 주목할 필요가 있다.

발단의 계기였다. 조광조 일파의 탄핵으로 인해 공신의 4분의 3에 해당하는 76인의 공신호를 삭탈하고 그들의 과분한 토지와 노비를 환수하는 결과가 초래되었으니, 당시 반정중신으로서 조광조의 탄핵을 받지 않은 자가 없을 정도였다. 이 사화는 1515년 왕비 책립 때 조신간의 대립·알력을 배경으로, 조광조의 지치주의 정치에 의해 대량 등용된 신진사류에 대한 불만과, 도의론을 앞세워 사장파를 소인시한 배타적인 태도에 대한 증오 등이 삭훈사건을 계기로 폭발된 것이다.[14]

율곡은 기묘사화로 인해 "지금의 사림은 활에 맞아 크게 다친 것처럼 두려움이 아직 진정되지 않았다"[15]고 보면서, 당시의 시국을 이렇게 비판한다. "기묘년에 조광조가 중종의 지우를 입고 큰일을 할 가망이 있었으나, 다만 젊은 선비들이 일을 할 때 단계가 없어서 소요를 면하였고 소인이 이 틈을 타서 사림을 해쳤습니다. 지금까지 정사를 맡은 사람들이 기묘년의 일로써 경계를 삼으니, 기묘년의 인물들이 일을 할 때 점진적인 단계가 없었던 것은 비록 실수였다고 하더라도 요즘처럼 전연 일을 하지 않는 것보다야 어찌 낫지 않겠습니까."[16]

그리고 을사사화는 왕실의 외척 윤임을 중심으로 한 대윤과 윤원형을 중심으로 한 소윤의 반목으로 발생한 사림의 화옥으로서 대윤이 소윤으로부터 받은 정치적 탄압사건이다. 『한국민족문화대백과사전』에 의하면, "윤원형은 윤임 및 그 일파인 영의정 유관·유인숙 등과 그 배경을 이루는 사림을 배제하기 위하여 평소 이들에게 원한을 가진 정순봉(鄭順朋)·이기(李芑)·임백령(林百齡)·허자(許磁) 등을 심복으

14) 『한국민족문화대백과사전(4)』(성남: 한국정신문화연구원, 1992), 443-444쪽 참조.

15) 『율곡전서』 권5, 소차3, 『만언봉사』, "今之士林, 傷弓甫已, 餘惴尙存."

16) 『율곡전서』 권29, 『경연일기』, 선조6년, "己卯年間 °趙光祖見遇於中廟, 有大有爲之望, 第以年少士類, 作事無漸, 未免騷擾, 小人乘間, 起害士林. 至今任事者, 以己卯爲戒, 己卯之作事無漸雖過矣, 豈不愈於今日之全不做事乎."

로 삼아 계책을 꾸미고, 한편으로는 윤원형의 첩 난정(蘭貞)으로 하여금 문정대비에게 대윤 일파가 역모하고 있다고 무고하게 함으로써 대윤 일파는 역모죄로 몰려 … 처형되어 일조에 몰락하였다. 이 무고사건으로 빚어진 옥사를 을사사화라 한다."[17]

율곡은 을사사화를 일으킨 권신들을 '간흉'(姦兇)이라고 규정한다. 그는 이들이 하늘의 공을 탐내 사림을 쳐 죽이고도 위훈에 등록되어 있는데, 마땅히 그 위훈을 삭제하고 명분을 바로 세우지 않으면 안 된다고 주창한다.[18] 율곡은 기묘사화와 을사사화로 인해 국가적 우환이 가중되었음을 밝힌다. 율곡은 이렇게 말한다.

> 중종반정 때 진정 그전대로 환원했어야 할 것인데, 초년의 당국자는 그저 무식한 공신들뿐이었습니다. 그 뒤 기묘 제현이 조금 큰일을 해보려고 하였으나 참소로 참화를 입어 혈육이 가루가 되었고, 그 뒤에는 기묘사화보다도 참혹한 을사의 화가 계속되었습니다. 이로부터 사림은 숨을 죽이고 눈치나 보면서 구차하게 목숨을 부지하는 것을 다행으로 여기어 감히 국사를 말하지 못하였습니다. 이에 권력과 세력을 가진 간신의 무리가 마음 놓고 제멋대로 행동하여 자기에게 유리한 것은 오래된 법이라 하여 준수하고 자기에게 해로운 것은 새로운 법이라 하여 혁파하였으니, 그 결과는 백성을 수탈하여 자기를 살찌게 하는 것에 불과할 뿐이었습니다. 그러니 나라의 형세가 날로 기울고 나라의 근본이 날로 손상되어 가는 일에 대해서 그 누가 털끝만큼이라도 생각했겠습니까?[19]

---

17) 『한국민족문화대백과사전(17)』, 416쪽.

18) 『율곡전서』 권35, 부록3, 「行狀」[門人金長生撰], "姦兇乃敢貪天之功, 斬伐士林, 以錄僞勳, 神人之憤久矣."

19) 『율곡전서』 권5, 소차3, 『만언봉사』, "中廟反正, 政當惟舊, 而初年當國者, 只是功臣之無識者而已. 厥後, 己卯諸賢, 稍欲有爲, 而讒鋒所觸, 血肉糜粉, 繼以乙巳之禍, 慘於己卯. 自是士林, 狼顧脅息, 以苟活爲幸, 不敢以國事爲言. 而惟是權姦之輩, 放心肆意, 利於己者, 以爲舊法而遵守, 妨於私者, 以爲新法而革

율곡은 야만적 이성이 빚은 사화에 대한 비판 이외에 뇌물수뢰 행위의 문제점에 대해서도 주목한다. 무엇보다 율곡 당시 뇌물수뢰 문제는 심각한 사회적 문제로 표면화되고 있었다. 이와 관련하여 율곡은 이렇게 말한다.

> '이서주구'(吏胥誅求, 아전들의 가렴주구)의 폐단이란 무엇을 말하는가? 간사한 권신이 세상을 혼탁하고 어지럽게 한 뒤로 상하가 오직 뇌물만 일삼아서 관작도 뇌물이 아니면 진급이 되지 않고 소송도 뇌물이 아니면 판결이 나지 않고 죄수도 뇌물이 아니면 석방되지 않으니 이 때문에 모든 관료들은 이 법을 어기는 일만 하고 아전들은 법률 조문을 가지고 농간하여 모든 물건이 관에 공납될 때에 좋고 나쁜 것을 구별하지 않고 많고 적은 것을 계산하지 않고 오직 뇌물의 등급을 매겨 취사선택의 표준을 삼기 때문에 관청의 일개 하인이나 일개 사령까지도 다 약간의 일만 맡으면 금방 토색질을 일삼게 되었다. 이뿐만이 아니라 중대한 소송 사건도 교활한 아전의 손에 맡겨져 뇌물의 많고 적음으로 곡직을 결정하게 되었으니 이것이 참으로 정치를 혼란시키고 나라를 망치는 고질이다. 지금은 간사한 권신이 없어지고 공론이 차차 행하여서 조정에는 다소나마 낡은 풍습과 습관이 고쳐졌으나 아전들의 간사하고 교활한 것만은 이전보다 더욱 심하게 되었다.[20]

이와 같은 율곡의 지적은 같은 시대를 공유했던 남명(南冥) 조식(曺植,

罷, 要其所歸, 不過剝民自肥而已. 至於國勢之日蹙, 邦本之日斲, 孰有一毫動念者哉?"

20) 『율곡전서』 권15, 잡저2, 『동호문답』, "何謂吏胥誅求之弊? 自權姦濁亂之後, 上下惟貨賄是事, 官爵非賄不進, 爭訟非賄不決, 罪戾非賄不免, 以致百僚師師非度, 吏胥緣文舞術, 百物納官之際, 精麤不分, 多寡不算, 惟以貨賂等級而取捨之, 以至一皂一隸, 稍有所管, 則輒事漁奪. 不特此也, 獄訟重事, 亦委猾吏之手, 視其賄賂而曲直之, 此誠亂政亡國之痼病也. 目今權姦已去, 公論稍行, 朝廷之上, 少革舊習, 而吏胥之姦, 比前尤甚."

1501-1572)의 '서리망국론'을 연상시킨다. 본래 뇌물이란 사적 이익을 얻기 위하여 남에게 몰래 주는 부정한 물건이나 돈을 가리킨다.[21] 오늘날도 대부분의 국가는 뇌물을 주고받는 행위를 정의에 반하는 범죄로 규정[22]할 만큼 그 행위 자체가 정상적이지 못하다. 그런데 율곡은 아전들의 뇌물수뢰 문제에 대한 현실비판에 머물지 않고, 이를 개혁하기 위한 제도마련의 시급함을 밝힌다. 이러한 점에서 율곡의 현실비판은 문제 상황에 대한 관념적 비판에 머물지 않고 구체적 대응방안을 전제로 한 개혁성을 갖는다는 의의가 있다.

또한 축색(蓄色)과 같은 종류의 감각적 쾌락에 휘둘리는 행위 역시 이성적 범주의 정상성을 벗어난다. 축색의 행위에는 남성중심주의 내지는 남근중심주의의 권력 메커니즘이 개입되어 있기 때문이다. 그런데 율곡 당대에 회재(晦齋) 이언적(李彦迪, 1491-1553)과 퇴계(退溪) 이황(李滉, 1502-1571)은 다 같이 축색한 일과 을사사화에 동일한 과실을 가지고 있었다. 을사사화 당시 회재는 좌찬성으로서 왕을 대신하여 국사를 처리한 공으로 위사공신이 되었으며, 퇴계는 사옹원정, 홍문관전한 등을 역임하였다. 이 문제를 두고 율곡은 퇴계에 대해서는 언급하지 않고 회재만을 지목하여 그 허물을 비판한 적이 있다. 그러자 이때 주변에서 그 까닭을 물었다. 이에 율곡은 한참 있다가 "대저 사람을 보는 도리는 덕을 이룬 뒤와 인격이 아직 덕을 이루기 전을 구별해야 한다. 퇴계의 실수는 연소한 시기에 있었지만 회재는 이미 늙고서 이 실수가 있었으니 이래서 구별하지 않을 수 없는 것이다"라고 대답하였다고 한다.[23]

---

21) 국어국문학회 감수, 『국어대사전』, 539쪽 참조.

22) 인터넷 위키백과, 〈뇌물〉 조. https://ko.wikipedia.org/wiki/뇌물

23) 『율곡전서』 권32, 語錄下, 「牛溪集」, "問: 蓄色與乙巳事, 晦, 退均有其過, 而先生獨咎晦齋, 何也? 栗谷良久答曰: 凡觀人之道, 當分成德後與未成德前. 退

율곡은 특히 권력화된 이성의 야만성을 문제 삼는다. 그는 이것을 유가에서 말한 가혹한 정치는 호랑이보다 무섭다는 의미의 '가정맹어호'(苛政猛於虎)라는 말로 비판한다. 『예기』에서 언급된 이 말[24]이 율곡에 의하여 재등장한다. 율곡은 『경연일기』에서 이렇게 말한다. "겨울에 경기 지방에 호랑이 피해가 자주 발생하였다. 장수에게 명하여 군사를 거느리고 가서 호랑이를 잡게 하였는데, 군사들이 마을에 들어가 노략질을 자행하므로 백성들이 호랑이보다 이들을 더 괴로워하였다."[25] 이는 강포한 이성적 폭력의 남발을 지적한 것으로서, 공자가 말한 '가정맹어호'의 조선 판 사건이라고 볼 수 있다.

율곡은 야만적 이성과 건전한 이성의 두 가지 경계에서 줄타기를 하고 살아가는 일상적 인간을 주목한다. 일상적 인간은 인심과 도심의 범주를 벗어나 인욕에 충실한 삶을 기획한다는 점에서 야만적 이성을 행사할 가능성이 높은 존재이다. 야만적 이성은 타자를 전혀 배려하지 않는 자기중심적 욕망과 연대한다. 그리고 자기중심적 욕망으로서의 인욕은 악화 가능성에 노출되어 있다. 이에 율곡은 유학적 지식인답게 야만적 이성으로부터 탈주할 것을 요청한다. 주자학의 근본 테제의 하나인 "천리를 보존하고 인욕을 소멸시킨다"(存天理 滅人欲)고 하는 정신이 율곡에게서도 그 영향력을 행사하는 까닭이 있는 것이다.

율곡이 주자학적 사유를 계승하여 인욕을 소멸하고 천리를 보존하

溪之失, 在於年少時, 晦齋則旣老而有此失, 所以不能無別也."

24) 『예기』, 「檀弓下」, "孔子過泰山側, 有婦人哭於墓者而哀, 夫子式而聽之. 使子貢問之曰: 子之哭也, 壹似重有憂者. 而曰: 然, 昔者吾舅死於虎, 吾夫又死焉, 今吾子又死焉. 夫子曰: 何爲不去也? 曰: 無苛政. 夫子曰: 小子識之, 苛政猛於虎也."

25) 『율곡전서』 권28, 『경연일기』, 선조4년, "冬, 畿甸多虎患. 命將起軍圍捕, 軍士侵掠閭閻, 民間苦之甚於虎."

여함을 역설한 것은 야만적 이성을 버리고 본연한 이성의 건전성에로 돌아가야 함을 밝힌 것이다. 율곡에게서 야만적 이성이란 '본연지성'에서 일탈한 거칠고 탁한 형태를 가진 기운의 질서와 우발적으로 연대하게 된 이성이라고 볼 수 있다. 건전하고 건강한 이성으로서의 '본연지성'의 순선함을 믿는 율곡은 이러한 야만적 이성을 본래의 상태로 되돌릴 수 있고, 또한 되돌려야만 한다는 생각을 가지고 있었다. 그래서 율곡은 '천리'와 '인욕'의 경계가 그리 먼 것이 아님을 강조하면서 당시 조선의 군주인 선조에게 다음과 같이 말할 수 있었던 것이다.

> 천리와 인욕 사이는 털 하나도 용납하지 않을 정도로 가깝습니다. 이 둘은 처음부터 두 근본이 아니라 인심이 발하기 전에는 다만 혼연한 천리일 뿐인데, 언제나 발동하는 곳에서 선과 악이 나누어지는 것이니 마음이 움직인 뒤에야 인욕이 있게 됩니다.[26]

율곡은 끊임없이 사사로운 '인욕'을 극복하여 성인과 군자가 될 것을 요청한다. 이 역시 야만적 이성으로부터 탈주하기 위한 방편적 의도라고 볼 수 있다. 요컨대 야만적 이성으로부터 벗어나 사람다운 사람이 되어야 한다는 것이 율곡의 입장이다. 전통 유학자들처럼 율곡 역시 사람다운 사람의 모범을 성인과 군자로서 규정한다. 그런데 현실적 인간존재가 성인과 군자가 되기 위해서는 하늘의 이치를 확장하거나 일상에서 자칫 가려지고 잃어버릴 수 있는 본래적 이성의 순선함을 회복하려는 극기의 노력이 수반되지 않으면 안 된다. 율곡이 '기질변화론'[27]에 큰 기대를 거는 까닭 또한 건전하고 건강한 이성의

---

26) 『율곡전서』 권29, 『경연일기』, 선조8년, "天理人欲, 間不容髮. 二者初非二本, 人心未發時, 只是渾然天理而已, 每於動處, 善惡分焉, 心動然後乃有人欲."

27) 율곡은 기질을 교정함으로써 본래의 건강한 이성을 회복할 수 있다고 본다. 이러한 측면에서 율곡은 교기질(矯氣質), 복기기(復其氣), 복기성(復其性)이

회복을 염두에 둔 까닭이라고 볼 수 있다.

3. 대립적 당파의 경계를 넘어 대통합의 세상에로

율곡은 야만적 이성이 낳은 사화의 결과 당시 사림의 기개가 크게 위축된 상황에 대해 심각한 우환의식을 갖는다. 이에 율곡은 이를 바로잡기 위한 방편으로 사화를 일으킨 장본인들의 위훈삭제를 강력히 촉구한다. 그러나 위훈삭제는 큰 성과를 거두지 못하였고, 사림 내부의 분열 또한 가속화되어 동인과 서인으로 분열되고 말았다. 이른바 동서 붕당의 사건이 율곡 당대에 발생한 것이다.

동서 붕당이란 성암(省庵) 김효원(金孝元, 1542-1590)을 중심으로 한 동인과 손암(巽菴) 심의겸(沈義謙, 1535-1587)을 중심으로 한 서인의 당파적 분열을 가리킨다. "김효원과 심의겸의 두 당이 원수처럼 서로 공격하였다. 당초 심의겸이 김효원을 비방하자 김효원도 심의겸을 비난하여 각기 붕당이 나뉘었고 서로 알력하게 되었다. 김효원과 심의겸이 모두 외직으로 나가 있었으나 심의겸 쪽이 김효원 쪽보다 나아서 김효원 쪽의 당하 문신들 가운데 유명한 사람이 많이 배격되었다."[28] 이때 "붕당이 나뉘어 서로 공격하는 것이 당나라 때의 '우이(牛李)의 당'과

하나로 상통한다고 본다. 이러한 사유가 가능한 것은 율곡이 '본연지기'로서의 담연청허가 인정되기 때문이다(황의동, 『율곡사상의 체계적 이해(1)』(서울: 서광사, 1998), 246-247쪽 참조).

28) 『조선왕조실록』, 『선조실록』, 선조 9년 병자(1576) 3월 3일(병신), 〈김효원과 심의겸의 알력으로 당을 나누어 다투는 상황〉. * 이 글에서 인용할 『조선왕조실록』의 기사 내용은 한국고전번역원의 한국고전번역 DB자료를 저본으로 인용하되 문맥에 따라 일부 수정하여 인용하는 곳이 있음을 밝힌다.

같아서 사림의 조용하지 못함이 마침내 이 지경에 이르렀다"[29]고 한다. '우이의 당'이란 당나라 말년에 우승유(牛僧儒)와 이덕유(李德裕)가 서로 갈라져 붕당을 달리하여 서로 권력을 다투었는데, 이 사건 이후 '당쟁'을 가리키는 말로 전용되었다.[30]

그런데 서인의 지지를 받고 서인의 정신적 지주로 표상된 율곡이지만, 그는 동인의 대표인물이기도 한 김효원에 대한 평가에서 다소 온건한 모습을 보인다. 서인의 당색을 가진 인물들과 비교해볼 때 율곡은 성암에 대한 평가에서 당색을 초월한 의견의 차이를 보인다. 특히 율곡과 친분이 깊었던 송강(松江) 정철(鄭澈, 1536-1593)은 성암을 소인배라고 규정하고 강하게 배척하였다. 그러나 율곡은 성암이 명예를 좋아하는 선비일 뿐이며, 그의 재주는 나라와 백성을 위해 쓸 만하니 그를 소인배로 규정할 수는 없다고 하여 두둔하였던 것이다.[31]

또한 이조에서 성암을 사간의 후보로 추천하였을 때 율곡은 사암(思菴) 박순(朴淳, 1523- 1589)[32]에게 "지금 사류가 화합하지 않는 것은 동인과

---

29) 『선조실록』, 선조 9년 병자(1576) 3월 3일(병신), 〈김효원과 심의겸의 알력으로 당을 나누어 다투는 상황〉.

30) 『율곡전서』 권7, 소차5, 「辭大司諫兼陳洗滌東西疏」, "唐之李德裕. 牛僧孺, 分朋結黨, 相傾相軋." 참조. 이때 이종민(李宗閔)은 우승유의 편에 이길보(李吉甫)는 이덕유의 편에 서서 서로 대립하였다.

31) 『율곡전서』 권34, 부록2, 「年譜下」, "鄭松江澈, … 其後, 益疑先生偏護孝元. 先生貽書諭之, 略曰: 此人, 兄則以爲無狀小人, 必至敗亂斬伐. 珥則以爲好名之人, 其才亦可取也." 참조.

32) 박순은 동서 분당의 실질적인 태동을 가져온 인물로 평가될 수 있는 인물이기도 하다. 박순은 동인의 영수가 된 초당(草堂) 허엽(許曄, 1517-1580)과 함께 화담(花潭) 서경덕(徐敬德, 1489-1546)의 문하에서 수학한 인물이다. 그런데 이들은 정계에 진출하여 서로 의견의 일치를 보이지 못하다가, 사암이 우의정이었을 당시 대사간이던 초당의 탄핵을 받고 자리에서 쫓겨난 일이 발생했다. 붕당이 본격적으로 갈라지기 3년 전의 일이었지만, 이것이 실질적인 촉매가 되어 사림은 성암과 손암의 불화를 계기로 본격적으로 동서 양당의 체제로 분당되었던 것이다. 사암 박순과 초당 허엽의 불화가 동서분당의 촉매가 되었다고 본 대표적인 인물은 이건창으로서, 그의 『당의통략』이 이를

서인이라는 말이 아직 사라지지 않은 까닭입니다. 지금 동과 서를 씻어버리고 재주와 기량만 보아 기용하는 것이 좋을 것입니다"[33]라고 하여 성암의 당파보다는 그의 능력과 재주를 발휘하게 해야 한다는 입장을 표방하였다. 율곡은 이러한 자신의 논리를 당시 최고 인사결정권자인 선조에게 그대로 적용하여 이렇게 말했다. "한 사람을 쓰거나 버리는 것은 큰 상관이 없습니다마는, 동과 서란 말이 해소되지 못한다면 사류가 서로 의심하고 시기하여, 온전할 때가 없을 것입니다. 임금께서는 반드시 동과 서를 씻어서 털끝만 한 흔적도 없이 하여야 할 것입니다"[34]

이러한 사유의 연장선상에서 율곡은 붕당의 언론에 대해 '양시양비론'(兩是兩非論)을 제창한다. 율곡은 이렇게 말한다.

> 세상에는 진실로 양쪽 다 옳고 양쪽 다 그른 일이 있다. 백이와 숙제가 서로 무왕에게 양보하였는데, 백이와 숙제는 서로 달랐다. 이것이 '양시'(兩是)이다. 춘추전국시대에는 의로운 전쟁이 없었으니 이것이 양비이다. 최근 심의겸과 김효원의 일은 국가에 관련된 일이 아니라 곧 상호 알력이 조정에까지 편안하지 않으니 진실로 이것이 '양비'(兩非)이다. 비록 양비이지만, 모두 사류이니 마땅히 화해하여 용해함이 옳다. 반드시 이것을 옳다고 하고 저것을 그르다고 하려고 하면 막 새로운 주장이 생겨나니[是此而非彼, 方生之說], 서로 알력이 되는 형세가 어느 때에 끝날 수 있겠는가?[35]

방증하는 자료이다(李建昌, 『黨議通略』 참조).

33) 『율곡전서』 권30, 『경연일기』, 선조14년, "當今士類不能協和者, 以東西之說, 尙未消釋故也. 今當洗滌東西."

34) 『율곡전서』 권30, 『경연일기』, 선조14년, "一人之用舍, 雖非大關, 而但東西之說未消, 則士類相顧疑忌, 無有妥帖時也. 自上必須洗盡東西, 使無毫髮痕迹可也."

35) 『율곡전서』 권34, 부록2, 「年譜下」, "天下固有兩是兩非矣, 伯夷, 叔齊之相讓及武王, 夷·齊之不同, 是兩是也. 春秋戰國之無義戰, 是兩非也. 近日沈·金之

율곡의 「연보」에 기록된 이 내용은 『경연일기』에서도 확인된다. 이 인용문에서 확인되는 것처럼 율곡은 붕당론에 관한 '양시양비론'의 입장을 견지한다. 세간에서는 양쪽 모두 다 옳고 양쪽 모두 다 그른 일은 없다고 하지만, 율곡은 도리어 양쪽 모두 다 옳고 양쪽 모두 다 그른 일이 있을 수 있음을 주장한다. 그리고 그 구체적인 사례를 지난 과거의 구체적인 역사적인 전거로써 밝혔던 것이다.

그런데 선조 대에 동서 붕당이 발생한 까닭이 이조전랑 자리 때문이라고 알려져 있다. "처음에 심의겸이 외척으로 용사(用事)하여 한때의 명류들이 모두 붙좇았는데 김효원이 이조전랑이 되자 비로소 배척하기 시작했으므로 심의겸에게 출입하던 시배들이 미워하여 붕당이 점점 나뉘더니 비로소 동서의 설이 생겼다. 율곡이 대신들에게 말하여 둘 다 내쳐서 화단이 생길 빌미를 막아야 한다고 청함에 따라 김효원은 삼척 부사에 제수하고 심의겸도 감사에 제수하였는데, 용사하는 무리들이 사당(私黨)을 끌어들이고 올바른 선비를 배척하였으므로 이로부터 조정에 문제가 많아졌다."[36] 『선조실록』에 기록된 이 기사를 보면, 율곡은 성암과 손암이 모두 문제가 있으니 이들을 내쳐야 한다고 주장하였음을 확인케 된다. 이와 같이 율곡이 붕당의 중심인물인 성암과 손암 두 사람을 모두 배척한 것은 양쪽 모두에게 잘못이 있기 때문이라고 하는 '양비론'(兩非論)의 입장을 적용한 결과이다.

율곡은 붕당을 인정하기는 하지만, 철저하게 사당(私黨)을 배척하는 태도를 견지한다. 동서와 남북의 경계짓기는 작위적인 것으로서, 여

事, 非關國家, 而乃相傾軋, 至於朝廷不靖, 眞是兩非也. 雖是兩非, 而俱是士類, 但當和解消融, 可也. 必欲是此而非彼, 則方生之說, 相軋之勢, 何時可了乎?"

36) 『선조실록』, 선조 10년 정축(1577) 5월 27일(갑인), 〈심의겸과 김효원의 시비로 인한 상황〉.

기에 사적 감정이나 이해관계가 개입되면 안 된다는 입장을 표방한다. 선조 당대에 분당화가 가속화되는 상황을 맞아 율곡은 급기야 「논붕당소」(論朋黨疏)를 짓게 된다. 그는 여기에서 이렇게 말한다.

> 오호라! 붕당의 이론이야 어느 시대인들 없겠습니까? 오직 그들이 군자의 붕당인가 아니면 소인의 붕당인가를 살피는 것이 중요할 따름입니다. 진실로 군자라면 백 명이든 천 명이든 붕당을 이룬다고 해도 많을수록 좋겠습니다만, 참으로 소인이라면 단지 한 사람이라고 하더라도 용납해서는 안 될 것인데 당을 이루는 것이야 말할 나위가 있겠습니까? 만약 사악한지 올바른지를 헤아려 살피지 않고 항상 붕당에 관해 의심하고 반드시 깨뜨리려고만 한다면, 곧 동한 때 당고의 재앙과 백마역에서의 청류들의 참화가 일어나지 않는다고 할 수 없을 것입니다.[37]

율곡은 구양수(歐陽修, 1007-1072)와 주자의 견해를 좇아 군자의 붕당과 소인의 붕당이 있을 수 있음을 전제하지만, 붕당 자체보다는 붕당에 참여하는 사람이 누구인지가 더 중요하다는 입장을 피력한다. 인물 됨됨이가 소인을 면치 못하는 사람이 있다고 한다면, 이들을 한 치도 용납해서는 안 된다는 입장인 것이다. 일차적으로 붕당이 문제가 아니라 붕당을 조성하고 이를 통해 자신의 권능을 행사하고자 하는 사람이 문제라고 본 것이다.

이는 '율곡인문학'의 기본정신이 확인되는 지점이다. 율곡은 '수기'(修己)가 이루어지지 않은 사람이 '치인'(治人)을 하겠다고 나선다면 문제라고 본다. 이는 정암 조광조 이래의 도학정치의 이념을 달리 표현한

---

37) 『율곡전서』 권4, 소차2, 「論朋黨疏」, "嗚呼! 朋黨之說, 何代無之? 惟在審其君子小人而已. 苟君子也, 則千百爲朋, 多多益善. 苟小人也, 則一人, 亦不可容也. 況於成黨乎? 若不問邪正, 輒疑其朋黨而欲破之, 則東京黨錮之禍, 白馬淸流之慘, 未必不作也."

것이라고 볼 수 있다. "이런 점에서 율곡은 원칙 있는 포용 정신을 강조했다. 여기에서 원칙이란 '도학의 길'이라고 할 수 있다. 즉 도학의 길을 함께 걸을 수 있는 사람이라면 비록 정치적 반대파나 경쟁자라도 기꺼이 포용해 함께 해야 한다는 것이 율곡의 주장이었다."[38] 율곡은 원칙 있는 포용정신을 가진 도학지사가 바로 참된 유자라고 말하면서,[39] '도학'이란 격물로써 선을 밝히고, 성정으로 그 몸을 닦아서, 이를 몸에 쌓으면 하늘의 덕이 되고 정교에 시행하면 왕도가 된다고 밝혔다.[40]

그러나 율곡 당시 동서 분당의 상황에 놓인 조선에서 도학의 구현은 매우 요원한 일이었다. 특히 소인배의 성향을 가진 사람들이 서로 모여 당을 형성하고, 자신의 이해관계에 따라 공적 기준이 결여된 행동을 서슴없이 자행하는 상황을 연출하고 있었기 때문이다. 율곡은 이 점을 매우 심각한 문제 상황으로 인식한다. 도학정신이 결여된 붕당의 대립이 날이 갈수록 격화된다면, 이미 지나간 중국역사의 사례에 비춰보아 '당고의 화'와 '백마역 청류의 참화' 같은 사건이 발생하지 말라는 법도 없을 것이라고 예단할 정도였다.

'당고의 화'는 중국 후한시대 말기에 일어난 두 차례에 걸친 지식인 탄압 사건이다. 첫 번째는 166년 환관 일파가 환제(桓帝)를 충동질하여 청류당의 대표인물 이응(李膺, 110-169) 등 2백 여 명을 붙잡아 투옥한 후 당인을 향리로 돌려보내되 금고 처분을 내렸다. 두 번째 화는 환제가 죽고, 168년에 영제(靈帝)가 즉위하였을 때 두무가 청류당 사람들을 등용함과 동시에 환관을 일소하려다 실패함으로써, 이응 등의 당인은

---

38) 한정주, 앞의 책, 177쪽.

39) 『율곡전서』 권15, 잡저2, 『동호문답』, "道學之士, 謂之眞儒."

40) 『율곡전서』 권15, 잡저2, 『동호문답』, "夫道學者, 格致以明乎善, 誠正以修其身, 蘊諸躬則爲天德, 施之政則爲王道."

또다시 붙잡히고 죽음을 당한 자는 1백 여 명이요, 금고 등의 처분을 받은 자는 6-7백 명이나 되었다. 이것이 169년의 일이었다.[41]

그리고 '백마역 청류의 참화'란 중국 오대십국 시대에 후량을 개국한 주온(朱溫, 852-912), 즉 주전충(朱全忠)이 당나라 말기에 선비들을 백마역에서 처형하여 황하에 수장시켰던 지식인 탄압 사건을 말한다. 구양수가 지은 「당육신전」(唐六臣傳)에 의거하면, '백마역 청류의 참화'란 주온이 자기의 측근인 장정범(張廷範)을 태상경으로 삼으려 하자 당나라 재상 배추(裴樞)가 이를 반대하였는데, 이에 주온이 크게 노하여 자신의 편을 들어 주지 않는 사람은 모조리 붕당이라고 지목하여 '좌복야 배추·우복야 최원(崔遠)·수태보 조숭(趙崇)·병부시랑 왕찬(王贊)·공부상서 왕보(王溥)·이부상서 육의(陸扆)' 등 당나라의 여섯 충신을 백마역에서 사사시키고, 충신 수백 명을 폄사시킴으로써 당나라 조정을 텅 비게 하여 망하게 한 사건을 말한다.[42] 율곡은 '백마역 청류의 참화'를 가리켜 당나라 말기의 청류를 모두 물고기 뱃속에 장사 지낸 사건으로 규정한다.[43]

율곡은 중국에서 발생했던 청류의 참화가 조선에서인들 없을 수 없음을 경고한다. 당색을 달리하는 붕당이 서로 자신의 권능을 무소

---

41) 위키백과, 〈당고의 화〉, https://ko.wikipedia.org/wiki/당고의_화 참조.

42) 歐陽修, 『新五代史』 권35, 「唐六臣傳」, "甚哉, 白馬之禍, 悲夫, 可爲流涕者矣! 然士之生死, 豈其一身之事哉? 初, 唐天祐三年, 梁王欲以嬖吏张廷范爲太常卿, 唐宰相裴樞以謂太常卿唐常以清流爲之, 廷範乃梁客将, 不可. 梁王由此大怒, 曰: 吾常語裴樞純厚不陷浮薄, 今亦爲此邪! 是歲四月, 彗出西北, 掃文昌·軒轅·天市, 宰相柳璨希梁王旨, 歸其譴於大臣, 於是左仆射裴樞·獨孤損·右仆射崔远·守太保致仕赵崇·兵部侍郎王贊·工部尚書王溥·吏部尚書陸扆皆以無罪貶, 同日賜死于白馬驛. 凡搢绅之士與唐而不與梁者, 皆誣以朋黨, 坐貶死者數百人, 而朝廷爲之一空." 참조.

43) 『율곡전서』 권7, 소차5, 「辭大司諫兼陳洗滌東西疏」, "唐末白馬之慘, 清流悉葬魚腹."

불위로 행사하여 다른 붕당을 무차별 공격한다면, 붕당 간의 대립을 유발한 개인이나 거기에 소속된 집단 내지 공동체는 반드시 파멸하고 말 것임을 경고한 것이다. 자기 당파의 이로움만을 좇는 마음이나 사사로운 감정은 사특한 마음으로부터 생겨난다. 또한 자신과 다른 세력을 무조건 배척하려는 태도는 상대방을 공경하지 않는 마음으로부터 생겨난다. 따라서 그 근원은 사특하고 악독한 마음을 품는 자기 자신의 내면세계로부터 기인한다는 점 때문에 율곡은 '생각에 삿됨이 없어야 함'(思無邪)을 강조하면서 '공경하는 마음을 떠나지 말아야 함'(毋不敬)을 강조한다.[44]

율곡은 은연중 중국 한당시대에 일어난 '당고의 화'와 '백마역 청류의 참화' 사건이 기묘사화와 을사사화의 성격과 무관하지 않음을 연관시켜 이해하고자 한 것으로 보인다. 기묘사화와 을사사화로 인해 무고하게 죽거나 피해를 입은 사림의 복권과 두 차례의 사화 주동자들의 위훈을 삭제할 필요성이 있음을 강력하게 주장하였음이 이를 방증한다. 이러한 평가의 이면에 개인의 사적 감정이나 정치적 이해타산은 개입될 여지가 없었다.

율곡이 윤원형과 더불어 사림의 원기를 무너뜨린 이기(李芑, 1476-1552)를 탄핵한 사건이 대표적인 사례이다. 이기는 율곡과 본관이 같은 덕수 이씨로서 한 시대의 정치적 전횡을 대표할만한 권력 남용자이다. 그는 율곡의 아버지 이원수(李元秀, 1501-1561)의 당숙이기도 했다. 사임당이 살아생전 남편인 이원수는 이기의 문하에서 지냈는데, 사임당은

---

44) 한정주, 앞의 책, 164-165쪽 참조. 이와 같은 사유를 강화하는 방편으로 율곡은 다음과 같은 정자의 말을 인용한다. "사무사(思無邪)와 무불경(毋不敬)의 이 두 구절을 따라 행하면 어찌 어긋남이 있겠는가? 어긋남이 있는 것은 모두 불경과 부정에 말미암은 것이다"(『율곡전서』 권21, 『성학집요』, 「修己」 第2中, "程子曰: 思無邪, 毋不敬, 只此二句, 循而行之, 安得有差? 有差者, 皆由不敬不正也.").

이를 매우 못마땅하게 여겼다. 이기가 윤원형과 손잡고 을사사화를 일으켜 수많은 선비들을 죽음으로 내몬 인물이었기 때문에 이러한 인물과 가까이 지내는 것을 달가워하지 않았던 것이다.[45]

또한 "동인계열의 사류들은 당시 명종비 인순왕후의 종조부로서 권력을 잡고 있던 심통원(沈通源)과 그의 종손인 심의겸(沈義謙)에게 율곡이 큰 신세를 졌다고 하면서 율곡을 비난했으나, 오히려 율곡은 권력을 남용한 심통원을 탄핵하는 상소를 올렸"[46]던 사례가 있다. 당시 동인의 사류들은 율곡과 심씨가문의 관계를 의심의 눈초리로 바라보고 있었다. 그러나 율곡의 심통원 탄핵사건은 선대의 혼인관계라든가[47] 율곡의 출신문제[48]의 영향력 때문에 율곡이 사적 감정을 버리지 못하고 서인을 두둔했다는 의론이 온당치 못한 것임을 방증한다.

한편 율곡은 성암과 손암이 사적 감정을 가지고 서로 배척한 것은 아니라고 하는 '양시론'의 입장을 피력한다. 이들은 본디 악한 감정을

---

45) 이원수는 이기의 집에 식객으로 드나들면서 벼슬자리를 애원하여 50세가 되던 해에 종5품 벼슬인 조운판관을 얻었다. 사임당은 이런 남편의 행태가 매우 못마땅하여 발길을 끊게 했다고 전한다(한영우, 「율곡 이이의 평화사상」, 『통일과 평화』 10집 1호, 서울대학교 통일평화연구원, 2018, 68-69쪽 참조).

46) 한영우, 앞의 논문, 68쪽.

47) 율곡의 5대조 이명신(李明晨)은 태조의 사위인 심종(沈淙, 세종의 장인인 심온(深溫)의 친형)의 사위가 되어 왕실의 먼 외척이 되었다. 이명신이 왕실의 외척이 된 것이 인연이 되어 심씨 집안과의 관계가 계속 이어질 수 있었던 것이다(한영우, 앞의 논문, 67-68쪽 참조).

48) 송응개는 이러한 입장을 대표한다. 그는 선조에게 이렇게 아뢴 적이 있다. "그가 처음 상사(上舍)에 뽑혀 알성(謁聖)할 때에 관(館)에 있는 많은 선비들은 그와 동렬이 되는 것을 수치로 여겨 통알(通謁)을 불허했는데 마침 심통원(沈通源)이 자기의 심복을 보내 앞뒤에서 분주히 소통의 길을 열어 놓음으로써 비로소 행세할 수 있었습니다. 급기야 출신(出身)한 후에는 심의겸(沈義謙)의 천발(薦拔)을 받아 청현(淸顯)의 길이 트였으므로 그와 심복(心腹) 관계를 맺어 생사를 함께 하게 되었으니 그가 일생 동안 가진 마음을 더욱 알 만합니다."(『선조실록』, 선조 16년 계미(1583) 7월 16일(을미), 〈대사간 송응개가 성혼의 상소를 계기로 이이와 심의겸의 일을 아뢰다〉).

가지고 서로 대립한 것이 아니라고 본 것이다. 성암은 사적 감정이 아니라 그의 소견이 그러했기 때문이며 손암은 사태를 융통성 있게 바라보지 못했기 때문이라고 본 까닭이다. 이와 관련하여 율곡은 우계(牛溪) 성혼(成渾)에게 이렇게 말한다. "심의겸과 김효원이 서로 다툰 것은 당초에 심의겸에게는 오래된 혐의가 없었고, 그가 김효원의 청선(淸選)의 망(望)을 막은 것도 사사로운 뜻은 아니었고, 다만 그전의 허물을 지나치게 생각하여 그렇게 한 것이니, 이는 소인의 일은 아니다. 김효원이 심의겸을 헐뜯은 것도 반드시 사사로운 원한을 보복한 것은 아니었고 다만 소견이 이와 같았던 것이니, 이것은 큰 흠이 아니다. 만약 두 사람이 서로 감정을 풀어 버렸다면 아무런 일도 없었을 것이다."[49]

이러한 율곡의 입장은 일찍이 선조에게 아뢴 다음과 같은 말에서도 그 단서가 확인된다. "이 두 사람은 사이가 크게 나쁜 것은 아닙니다. 단지 우리나라 인심이 가볍고 조급할 뿐 아니라 세속의 타락한 풍습이 시끄러워지는 것이 더욱 심해져, 두 사람의 친척과 친구들이 각각 들은 말을 전하여 고자질하였으므로 드디어 어지럽게 된 것입니다. … 오늘날 조정에 드러난 간인(奸人)은 없지만 그렇다고 반드시 소인이 없다고 할 수 있겠습니까. 만약 소인들이 이 두 사람을 붕당을 한다고 지목하여 둘 다 치죄할 계획을 한다면 사림의 화가 일어날 것이니, 이것을 살피지 않아서는 안 됩니다."[50] 요컨대 율곡은 사태를 진정시키고자 하는 취지에서 그 죄가 성암과 손암 두 사람에게 있다

---

49) 『율곡전서』 권11, 서3, 「答成浩原」, "沈·金之相爭, 當初沈無宿嫌, 其遏淸選之望, 亦非私意, 只是過念舊愆而然耳, 此非小人之事也. 金之毁沈, 亦非必報復私怨也, 只是所見如此, 此非大釁. 若兩得消釋, 則可無事矣."

50) 『선조실록』, 선조 8년 을해(1575) 10월 24일(무자), 〈김효원과 심의겸이 틈이 갈라져 각각 부령 부사, 개성 유수로 삼다〉.

기보다는 그들을 둘러싼 주변 인물들에게 있음을 지적한 것이다.

이밖에도 율곡은 손암이 과거에 이량(李樑, 1519-1583)[51]으로부터 사림을 구호해준 일이 있어 그들로부터 신망을 얻었으며, 성암은 또한 명망 있는 선비들을 뽑아 쓴 까닭에 사림의 칭송을 받았다고 하여, 두 사람의 장점을 말하고 있다.

> 심의겸은 왕실의 외척 출신으로 약간 선으로 향한 마음이 있었고, 계해년(1563, 명종18) 연간에 이량이 사림을 해치고자 할 때 심의겸이 구호하는 데 힘이 있었으므로, 사림이 그 사람됨을 인정하였으니 심의겸을 알아준 사람은 선배 사류였습니다. 김효원은 젊었을 때는 조심함이 없었지만 뒤에 행실을 고쳐 선하게 되고, 관직에 나선 후에는 자신을 단속하기를 청고(淸苦)하게 하고 강한 상대를 두려워하지 않았으며, 또한 즐겨 명망 있는 선비들을 뽑아 쓴 까닭에 많은 사림이 그를 높이 보게 되었으니, 김효원을 알아 준 사람은 후배 사류였습니다. 선배나 후배나 모두 사류인데, 만일 서로를 의심하거나 저지하지 않고 같은 마음으로 힘을 합하여 왕실을 도왔다면 또한 좋지 않았겠습니까?[52]

이처럼 양쪽이 모두 사적인 감정 때문에 상대를 무함하거나 공격한 것은 아니라고 한 율곡의 입장은 '양시론'의 입장을 적용한 결과이

---

51) 이량은 명종 대의 권신으로서 당시 사람들은 이량을 윤원형·심통원과 더불어 3흉(凶)이라 불렀다. 사림이 이량의 비리를 폭로하고 비판을 가하자, 1563년 몇몇 무리들과 모의해 박소립(朴素立)·기대승(奇大升)·허엽(許曄)·윤두수(尹斗壽)·윤근수(尹根壽)·이산해(李山海) 등 사림을 제거하려 하였다. 그러나 조카인 심의겸에게 발각되고, 기대항(奇大恒)의 탄핵으로 그 무리와 함께 삭탈관직되었다(『한국민족문화대백과사전(17)』, 785쪽 참조). 율곡은 이 사건을 지목하고 있는 것이다.

52) 『율곡전서』 권7, 소차5, 「辭大司諫兼陳洗滌東西疏」, "沈義謙出於戚畹之中, 稍有向善之心, 癸亥年間, 李樑方禍士林, 而義謙有救護之力, 故士林許其爲人, 許義謙者, 是前輩士類也. 金孝元少時雖無檢束, 而後乃改行爲善, 及其從仕也, 律身淸苦, 不畏強禦, 且喜汲引名流, 故士林多推重焉, 許孝元者, 是後輩士類也. 前後輩皆是士類也, 若使不相疑阻, 同心戮力, 以奬王室, 則不亦善乎?"

다. 이는 '같은 마음으로 힘을 합하여' 함께 살아가는 공동체를 위해 노력할 필요가 있음을 걱정한 현실진단과 무관하지 않다.

율곡의 '양시양비론'은 장자의 '제물론' 사상을 적용한 것임이 확인된다. '제물론'은 크게 '만물제동설'(萬物齊同說)과 '물론제일설'(物論齊一說)이라는 두 가지 방식으로 나누어 해석할 수 있다.[53] 언어와 관련된 이 문제는 '물론제일설'의 성격을 띤다. '물론제일설'에 입각한 율곡의 '양시양비론'은 '이다'와 '아니다'라고 하는 경계에서 발견되는 서로 다른 규정성 '사이'의 상황을 고려하는 일종의 사이의 존재론이다. 그것은 동일성과 타자성 사이에 존재하는 것으로서, 지나친 자기중심성이나 소외된 타자화의 맥락을 부정하는 성격을 갖는다. 서로 다른 타자들이 균질의 참여를 보장받기 위해서는 그 사이에 형성된 경계짓기가 허물어지지 않으면 안 된다.

율곡은 '양시양비론'을 통해 사적 언어가 가질 수 있는 일반화의 폭력을 경계한다. 일반화란 경험빈도에 따른 논리적 조작으로서, 경험빈도의 적용 가능성은 오직 경험사실의 일반화에서만 보장된다. 일반화란 특정한 곳에서만 통용되는 것이 아니라, 언제 어디에서나 일정불변하게 이러한 것이 되풀이되는 것을 말한다.[54] 이 일반화의 기능은 하나의 사태는 언제든지 자기동일성을 지니면서 결코 타자와는 동일하지 않은 것으로 집약된다. 그러므로 만일 사물이 시시각각으로 변화하는 유동과정에 있는 것이라면, 이러한 일반화의 논리적 사유는 그 기능을 상실하고 만다.[55] 이러한 점을 잘 인지한 율곡이었기 때문에 그는 주관적 일반화의 오류, 즉 '시비'의 경계를 넘어서기 위

---

53) 신동호, 『동양철학사상논고』(대전: 충남대학교출판문화원, 2012), 72-96쪽 참조.

54) 고형곤, 『선의 세계』(서울: 삼영사, 1981), 18쪽 참조.

55) 고형곤, 앞의 책, 18쪽 참조.

한 방편으로 '양시양비론'의 논의를 적극 제시할 수 있었던 것이라 볼 수 있다.

한편 장자철학의 사유가 율곡의 '양시양비론'에 개입되었다는 방증은, 율곡의 주장 가운데 실제로 『장자』 「제물론」의 사유를 인용하고 있다는 점에서 확인 가능하다. '양시양비론'과 관련하여 앞서 언급한 율곡의 말 가운데 "반드시 이것을 옳다고 하고 저것을 그르다고 하면 막 새로운 주장이 생겨나니, 서로 알력이 되는 형세가 어느 때에 끝날 수 있겠는가?"[56]라고 한 구절이 있다. 율곡의 이 언명은 바로 장자가 「제물론」에서 언급한 '이것과 저것이 막 생겨난다는 주장', 즉 혜시(惠施)의 '피시방생지설'(彼是方生之說)을 비판했던 내용[57]을 방불케 한다. 장자가 혜시를 비판한 것처럼 율곡은 당대에 붕당을 형성한 당인들을 비판한다. 그리고 장자가 '막약이명'(莫若以明)을 내세워 '명'(明)을 기준으로 상대주의적 주장들을 논파하고자 한 것처럼[58] 율곡은 '도학'을 기준으로 사적 당론의 한계를 비판하고자 한 점이 확인된다.

이와 같은 율곡의 '양시양비론'은 그가 힘써 주창한 '조제'(調劑)와 '보합'(保合)의 목표를 구현하기 위한 방편으로 제시된 것이다.[59] 율곡의 '조제보합론'과 관련하여 한영우는 이렇게 말한다. "율곡은 대체로 중

---

56) 『율곡전서』 권34, 부록2, 「年譜下」, "必欲是此而非彼, 則方生之說, 相軋之勢, 何時可了乎?"

57) 『장자』, 「齊物論」, "物無非彼, 物無非是. 自彼則不見, 自知則知之. 故曰: 彼出於是, 是亦因彼. 彼是, 方生之說也. 雖然, 方生方死, 方死方生; 方可方不可, 方不可方可; 因是因非, 因非因是. 是以聖人不由, 而照之于天, 亦因是也. 是亦彼也, 彼亦是也. 彼亦一是非, 此亦一是非. 果且有彼是乎哉? 果且無彼是乎哉? 彼是莫得其偶, 謂之道樞. 樞始得其環中, 以應無窮. 是亦一無窮, 非亦一無窮也." 참조.

58) 『장자』, 「齊物論」, "物無非彼, 物無非是. 自彼則不見, 自知則知之. … 故曰莫若以明." 참조.

59) 『율곡전서』 권34, 부록2, 「年譜下」, "時沈·金旣出, 朝論益乖. 先生力主調劑, 欲爲保合." 참조.

립을 지키면서 두 당파를 조정하고 화합하는데 힘을 기울였다. 이른바 '조제보합'(調劑保合)을 내세워 두 당파가 서로 권력을 나누고 협조하도록 촉구했다. '조제보합'이 필요하다고 보는 이유는 서인 가운데에도 좋은 사람과 나쁜 사람이 있고, 동인 중에도 좋은 사람과 나쁜 사람이 들어있기 때문에, 두 당파에서 좋은 사람을 골라 등용하자는 것이다. 그러니까 당파의 차이를 선악(善惡)과 흑백(黑白)의 차이로 보아서는 안 된다는 이론이다. 이런 생각이야말로 정치평화를 가져올 수 있는 최선의 길이 아닐 수 없었지만, 두 당파의 극단주의자들이 주도권을 잡고 정쟁을 멈추지 않았다."[60]

율곡은 『경연일기』에서 '동인과 서인이라는 명목을 타파하고 하나의 사류로 재결속할 것'을 요청하는 '조제설'을 주장한다.[61] 그런데 율곡이 '조제'의 필요성을 요청한 까닭은 붕당의 분열현상을 병증으로 인식했기 때문이다. 그는 "큰 병통은 소용없는 변론을 가지고 시비를 분별하는 것으로 명분을 삼는 데 있다고 여겼다. 그러므로 먼저 병의 근원을 제거하고서 그 조제의 약을 쓰고자 하였던 것이니, 그 말은 진실로 이치를 다하지는 못했지만, 큰 강령은 틀리지 않다"[62]고 말한다. 그리고 그가 제시한 '조제'의 궁극목적은 서로 사랑하고 돈독한 믿음을 회복하는 것이다. 이를 위해서는 마음 속 선의지를 발휘하여 한뜻으로 화합하는 것이 무엇보다 중요하다고 본다.[63] 율곡은 그 구체적인 방법으로 '양시양비론'뿐만 아니라 '변별숙특'(辨別淑慝)[64]의

---

60) 한영우, 앞의 논문, 75쪽.

61) 『율곡전서』 권30, 『경연일기』, 선조14년, "打破東西, 保合士類."

62) 『율곡전서』 권11, 서3, 「答成浩原」, "鄙意以大病在於無用之辨, 以別是非爲名. 故欲先去病根, 而施其調劑之藥, 其言固不盡理, 而大綱則不誤矣."

63) 『율곡전서』 권12, 서4, 「答李潑」, "苟非相愛之至, 相信之篤, 何以至此? 且審擔當國事, 一意調劑, 士林之協, 當有期日, 尤爲欣幸, 無以言喻." 참조.

64) 『율곡전서』 권34, 부록2, 「年譜下」, "辨別淑慝." 이 말은 탁류를 치고 청파를

전제조건을 제시한다. '변별숙특'이란 율곡이 제시한 '조제'의 방법으로서, '탁한 이를 물리치고 맑고 깨끗한 이를 끌어다 쓰는 것'이다.[65] 요컨대 "동인·서인 모두에 사류로서는 자질이 부족한 사람이나 심지어는 간사한 자들까지 섞여 있어 사류 재결속을 위한 조제책의 시행에는 반드시 이들을 먼저 구별해 내어 제거해야 한다는 주장이"[66]라고 할 수 있다.

이와 더불어 율곡은 분열된 동인과 서인의 갈등을 해소하여 하나로 화합시킨다고 하는 의미의 '보합설'을 주장한다. 『경연일기』에 표현된 '보합'의 대상은 '사류', '인재', '피차'라고 하는 동인과 서인이다. 율곡이 볼 때 동인과 서인은 사림이라고 하는 공통점을 가지고 있다. 이들은 나라의 원기이다. 이러한 까닭으로 만일 사림이 왕성하고 화합한다면 그 나라는 반드시 잘 되게 되어 있지만 반대로 사림이 잘못되면 그 나라는 반드시 망하게 되어 있다는 것이 율곡의 입장이었다.[67]

율곡은 대립적 당파의 분열을 극복하고 당론에 대한 언어적 경계짓기[68]와 그에 따른 당파적 권력행사의 남용을 해체하여 대통합의

일으키게 한다는, 즉 악을 징벌하고 선을 드러내게 한다는 뜻의 '격탁양청(激濁揚淸)'의 의미가 있다(정만조, 「사림의 분열과 붕당의 출현」, 『한국사』(과천: 국사편찬위원회, 2013) 30권, 53쪽 참조).

65) 『율곡전서』 권12, 서4, 「答李潑」, "激濁揚淸之爲得也."

66) 정만조, 「사림의 분열과 붕당의 출현」, 앞의 책, 53쪽 참조.

67) 『율곡전서』 권7, 소차5, 「辭大司諫兼陳洗滌東西疏」, "士林者, 有國之元氣也. 士林盛而和則其國治. 士林激而分則其國亂, 士林敗而盡則其國亡." 그러나 동인 측 인사들은 이러한 율곡의 입장이 문제의 핵심을 희석시켜 논점을 흐리게 하는 것에 지나지 않는다고 강력하게 반박한다. 김우옹은 율곡의 '양시양비론'을 비판하는 상소(『선조실록』, 선조 12년 기묘(1579) 6월 8일(임오), 〈집의 홍혼 등이 이이의 동·서 보합에 대한 상소를 가지고 논란을 벌이다〉)를, 그리고 송응개는 율곡의 '조제보합론'을 비판하는 상소(『선조실록』, 선조 16년 계미(1583) 7월 16일(을미), 〈대사간 송응개가 성혼의 상소를 계기로 이이와 심의겸의 일을 아뢰다〉)를 올린다.

68) 율곡은 당시 사류가 서로 화합하지 못하는 것은 '동'과 '서'라는 말 때문이니,

세상에로 나아갈 것을 요청한다. 이와 같은 율곡의 요청은 그의 시대 인식과 무관하지 않다. 율곡은 조선이 건국된 지 200여 년이 경과하다 보니, 여러 가지 병폐들이 생겨나 국력이 쇠하고 있다고 진단한다. 이러한 시기에 무엇보다 중요한 것이 바로 사림의 역할이라는 것이다.[69] 율곡은 사림의 존재와 책무에 대한 자긍심과 사명의식을 함께 가지고 있었던 인물이다. 그는 '사림'이 군자로 구성된 집합으로서 사회국가적 공공성의 실현을 그 책무로 삼는다고 본다. 사림은 병들어 가고 있는 시대를 개혁할 책무를 띤 사람들이었던 것이다.

율곡은 당대의 현실을 개혁하여 대통합을 이루어내기 위해서는 반드시 '인위적인 노력'이 필요하다고 한다. 율곡의 시대에는 산적한 과제가 많았기 때문에 "마땅히 널리 좋은 방책을 구하여 급히 현실을 구제하여야 하는데, 이를 위해서는 가만히 앉아 아무 일도 하지 않아서는 안 된다"[70]고 강조한다. 율곡은 주자학적 '격물궁리'가 갑자기 하루아침에 이루어지는 것이 아닌 구체적인 단계 수행법에 의해서 이루어지는 것이라는 지식론의 기반 위에서, 대통합의 목표에 도달하는 방식 역시 하루아침에 비약적으로 이루어질 수 있는 것이 아님을 밝힌다. 율곡은 대동세계의 구현에 대한 궁극의 목표와 차선의 목표인 소강(小康)의 세계에 대한 바람 이외에 별도로 소강(少康)의 세계를 구

이 말이 해소되지 못하면 사류가 서로 의심하고 시기하여 온전할 때가 없을 것임을 경계한다(『율곡전서』 권30, 『경연일기』, 선조14년, "當今士類不能協和者, 以東西之說, 尙未消釋故也. … 而但東西之說未消, 則士類相顧疑忌, 無有妥帖時也." 참조).

69) 왕의 역할 또한 사림의 역할 못지않게 중요하다. 그래서 율곡은 선조에게 2백 년 동안 내려온 종묘사직을 위해 힘써 진작하라는 상주한다(『율곡전서』 권30, 『경연일기』, 선조14년, "明宗大王以二百年宗社, 付之殿下. 殿下受其憂也, 非受其樂也. 二百年宗社日阽危地, 而殿下不思振起之乎?" 참조).

70) 『율곡전서』 권30, 『경연일기』, 宣祖14年, "當敷求善策, 汲汲救時, 不宜深拱無所猷爲也."

현하여야 한다는 현실적 목표를 제시한다.[71)]

동아시아에서 대동의 세계를 이룬 인물은 요순이라고 평가된다. 너나없이 태평성대를 가리켜 요순시대에 비유한다. 그럼에도 율곡은 당대 조선의 현실이 당장 요순과 같은 시대를 이룰 수 있는 상황은 아니라고 진단한다. 이에 '성인'을 중심으로 한 소강의 세계를 차선의 목표로 상정한다. 소강의 세계는 요순시대에 비견될 정도는 아니지만, 그래도 다수 성인들에 의해 정치가 이루어져 오륜의 질서가 안정을 찾은 시대였다. 율곡은 통시적 차원에서 이 소강의 세계를 차선의 목표로 상정한다. 그런데 소강의 세계를 구현한다는 목표도 현실적으로 보면 매우 어려운 일임에 분명하다. 많은 문제들이 있겠지만, 특히 율곡 당시 조선의 군주인 선조가 성인이 되기 위한 후천적 노력에 별다른 관심을 보이지 않음을 지적하고 있는 율곡의 언명[72)]이 이를 방증한다고 볼 수 있다.

율곡은 현실적 목표로서 소강(小康)의 세계에 도달하기 위한 *소강(少康)*의 세계의 목표를 상정한다. 소강의 세계는 병든 상태로부터 회생하여 아직 완전한 건강을 회복하지는 못했지만 다소 건강한 상태를 유지하게 된 세계이다. 율곡은 소강(少康)의 세계에 도달하기 위해서는 인위적인 노력이 불가피하다고 본다. 이미 쇠락기에 처해진 사회국가의 상황을 건강한 상태로 돌이키기 위해서는 사사로운 감정이나

---

71) 율곡의 '소강'(少康)론에 대해 처음 주목한 것은 강정인이다(강정인, 「율곡 이이의 정치사상에 나타난 대동·소강(小康)·소강(少康)」, 『한국정치학회보』 제44집 제1호, 한국정치학회, 2010). 나는 강정인의 논의의 정합성을 확인하고자 한 논고(이종성, 「율곡 대동사회론의 철학적 지향과 해석의 전환」, 『동서철학연구』 제81호, 2016)를 통해 그의 주제의식을 율곡의 왕도정치 이념의 여과장치를 통해 재해석하여 온전하게 맥락화해 보고자 했다.

72) 율곡은 당시 조선 군주인 선조가 요순의 도로 인도하려고만 하면 반드시 감당할 수 없다고 거절하고 있다는 점을 지적하고 있다(『율곡전서』 권19, 『성학집요』, 「進箚)」, "引以堯舜之道, 則必拒以不敢當.").

이해관계에 얽매여서는 안 되며, 공변된 마음으로 요순의 심법을 구해 그 정사를 본받아 이를 실천하기 위해 끊임없이 노력하지 않으면 안 된다. 그래서 율곡은 삼대의 다스림을 갑자기 회복할 수는 없지만, 폐습을 개혁하여 백성을 구하는 일만큼은 현실적으로 불가능한 것이 아님을 끊임없이 강조한 것이다.[73]

이와 같은 맥락에서 율곡은 갈등과 분열의 대립적 문제 현실의 한계를 제대로 직시하고 갖가지 경계짓기의 상황에서 벗어날 것을 강하게 요청한다. 무엇보다 급선무는 현실적으로 실현 가능한 *소강(少康)*의 세계를 구현하기 위해 모든 노력을 경주하는 일이다. 이러한 건강성을 회복하기 위해 일차적으로 요구되는 것이 바로 구습의 혁파로서 갖가지 폐단을 없애는 일이었다. 갖가지 구습이 혁파되어야만 사회정치적인 대통합이 가능하다. 그런데 율곡이 살던 전통시대만 하더라도 대통합을 이루어내기 위한 책무는 국정 최고책임자인 군주일 수밖에 없다. 군주의 입지와 이념적 지향성이 큰 역할을 담당할 수밖에 없는 상황이었던 것이다. "임금의 뜻이 먼저 정해져야만 천하의 다스림이 이루어진다"[74]고 한 율곡의 지적이 이를 단적으로 말해준다.

4. 학문적 이념의 경계를 넘어 학제 간 대화와 소통에로

율곡은 성리학자로서 유학의 학문적 정체성을 가진 인물이다. 그는 유학정신을 강조한 성리학적 독서인이었다. 그가 만년에 주자의

---

73) 『율곡전서』 권35, 부록3, 「行狀」[門人金長生撰], "且三代之治, 固不可猝復, 至於革弊救民, 則此豈難行之事乎? 堯舜之德, 雖曰難及, 但求堯舜之用心, 法堯舜之善政, 則庶幾堯舜之治矣." 참조.

74) 『율곡전서』 권20, 『성학집요』, 「修己」 第2上, "君志定而天下之治成矣."

무이정사를 본떠서 지은 은병정사에서는 유가경전 이외의 독서를 금할 정도로 그는 철저히 유학의 정신을 강조하였다. 당연히 『노자』와 『장자』를 비롯한 여타 제자백가서를 비롯한 불교경전 등 유학 외적인 사상서에 대한 탐독을 금지시켰던 것이다.[75]

그럼에도 율곡의 사유는 불교와 도가의 사상과 폭넓게 연계되어 있다. 그는 일찍이 어머니 신사임당을 잃고 금강산에 들어가 불교공부에 진력한 경험이 있을 뿐 아니라 『노자』를 읽고 조선조 최초로 『노자』 주해서를 남긴 인물이다. 이와 같은 율곡의 학문정신은 당대의 강고한 호교론적 학술관을 반성하는 개방적 학문관의 전형을 보여준다는 점에서 의의가 있다. 조선 중기를 살았던 지식인 가운데 율곡만큼 유불도 삼가사상에 대해 조예가 깊었던 인물도 달리 없다.

율곡은 시대의 한계 때문에 불교와 도가가 유학과는 다른 실마리를 가진 학문이라고 제척하기는 하였지만, 당대 그 어떤 지식인보다 불교와 도가에 대하여 개방적인 태도를 보여주었던 인물이다. 그렇다면 율곡이 불교와 도가에 대해 관심을 갖게 된 동기와 유학과의 사상적 소통의 코드를 어디에서 찾고 있는지를 확인해보기로 한다.

먼저 율곡과 불교와의 연관성이다. 사계(沙溪) 김장생(金長生, 1548-1631)은 율곡이 불도에 관심을 갖게 된 까닭을 이렇게 설명한다. "18세에 관례를 치렀다. 학문을 하는 데는 오로지 심법에만 힘을 썼다. 그때에 선생이 막 [어머니 신사임당의] 상복을 벗었으나 애모하는 생각을 이기지 못하여 항상 밤낮없이 부르짖으며 울었다. 하루는 봉은사에 가서 불서를 읽고 그 생사의 설에 깊이 감명하였으며, 또 그 학문이 간편하면서도 고상하고 오묘한 것이 좋아 한번 속세를 떠나 구도해 보려 하였다."[76]

---

75) 『율곡전서』 권15, 잡저, 『학교모범』, "而非聖之書勿讀." 참조.

율곡이 18세에 찾았던 봉은사는 명종 때 문정왕후의 후원을 통해 선종의 최고 사찰로 지정되었다. 문정왕후는 그동안 폐지되었던 승과고시를 봉은사에서 치르게 했고, 당대의 고승으로 평가되던 보우를 주지로 임명하였다. 승과고시를 통해 배출된 서산 휴정, 사명 유정, 벽암 각성 등이 연이어 봉은사 주지를 역임하면서 봉은사는 조선불교의 명맥을 유지하는데 기여하였다.[77] 서산, 사명, 벽암은 모두 1592년에 발발한 임진왜란 당시 승병장으로 위용을 떨친 인물들이다.

율곡이 봉은사에서 읽었다는 불서가 무엇인지 확인할 길은 없다.[78] 다만 '생사의 설'과 '그 학문의 간편하면서도 고상하고 오묘한 것'에 마음이 끌렸었다는 「행장」의 기록에 주목할 때 율곡은 불교의 계속된 흐름이라는 취지의 삼사라(輪迴, Samsāra)의 주장[79]과 선종의 이치에 큰 관심을 가지게 되었음을 알 수 있다.

불도에 관심을 가진 율곡이 금강산으로 떠난 것은 19세 때다. 그는 여러 친구들에게 다음과 같은 편지를 써서 이별을 고했다고 한다.

---

76) 『율곡전서』 권35, 부록3, 「行狀」[門人金長生撰], "十八歲而冠, 爲學專用力於內, 時先生新免於喪, 哀慕不自克, 常日夜號泣. 一日, 入奉恩寺, 披覽釋氏書, 深感死生之說, 且悅其學簡便而高妙, 試欲謝去人事而求之."

77) 위키백과, 〈봉은사〉, https://ko.wikipedia.org/wiki/봉은사

78) 봉은사에는 현재 조선 철종 때 승려 영기가 조각한 『화엄경』(81권), 『금강경』, 『유마경』 등이 보존되어 있다(『두산세계대백과사전(12)』(서울: 두산동아, 2002), 597쪽 참조). 이러한 점을 감안한다면, 봉은사는 『화엄경』과 『금강경』 등을 중시한 전통이 있었을 것이라 추정된다. 그렇다면 율곡은 이들 경전을 읽었을 가능성이 높다. 특히 율곡의 사상체계에서 화엄불교의 세계관과 유사성을 갖는 사유방식을 확인할 수 있다는 점에서 본다면, 적어도 율곡은 봉은사에서 『화엄경』을 읽었을 가능성이 높아 보인다.

79) 삼사라(Samsāra)는 달리 '윤회전생'(輪廻轉生) 또는 '생사유전'(生死流轉)이라고도 한다. 삼봉(三峯) 정도전(鄭道傳, 1342-1398)은 불교 윤회설의 핵심이 "사람은 죽어도 멸하지 않으므로 태어남에 따라 다시 형체를 받는다"는 점에 있다고 보고, 이를 정면으로 비판한 바 있다(『삼봉집』 권9, 『佛氏雜辨』, 「佛氏輪迴之辨」, "佛之言曰: 人死精神不滅, 隨復受形, 於是輪迴之說興焉." 참조).

> 글[文]은 배워서 능할 수 없으나 기(氣)는 길러서 이룰 수 있다. 이 기란 것은 사람마다 똑같이 타고난 것으로서, 잘 기르면 마음에 의해 부릴 수 있지만, 잘 기르지 못하면 마음이 기에 부림을 당하게 된다. 기가 마음에 의해 부려지면 몸에 주재하는 바가 있어서 성현도 될 수 있지만, 마음이 기에 부림을 당하게 되면 칠정을 통솔할 수 없어 어리석고 미친 사람이 됨을 면할 수 없다. 옛날 사람으로 기를 잘 기른 이가 있는데, 맹자가 바로 그 사람이다. 공자가 말하기를, "지혜로운 사람은 물을 즐기고, 어진 사람은 산을 즐긴다"라고 하였는데, 산을 즐기는 자는 우뚝 서 있는 것만을 취할 뿐 아니라 그 고요한 도[靜之道]를 취해 본받아야 하며, 물을 즐기는 자는 흘러가는 것만을 취할 뿐 아니라 그 움직이는 도[動之道]를 취해 본받아야 할 것이니, 어질고 지혜로운 사람으로서 기를 기르려면 산과 물을 놔두고 어디에서 찾을 것인가?[80]

율곡은 이상과 같은 편지를 남기고 절에 들어가 침식도 잊어 가며 불교의 삼학 가운데 '계율'을 지키고 '선정'을 닦는데 매진하였다.[81] 그러나 한참 지난 후 율곡은 홀연히 "붓다가 그 제자에게, 생각을 더하지도 말고 덜하지도 말라고 경계한 것은 무슨 뜻인가? 대개 그 학문은 별다르게 기묘한 것이 없다. 다만 이 마음이 내달리는 길을 끊어

---

80) 『율곡전서』 권35, 부록3, 「行狀」[門人金長生撰], "文不可學而能, 氣可以養而致. 是氣者, 人之所同得者, 而養之則役於心, 不能養之則心爲氣役. 氣役於心, 則身有主宰而聖賢可期. 心役於, 則七情無統而愚狂難免. 古之人有善養氣者, 孟子是也. 孔子曰: 知者樂水, 仁者樂山. 樂山者, 非取其峙而已, 取其靜之道而體之也. 樂水者, 非取其流而已, 取其動之道而體之也. 仁知者之所以養氣者?"

81) 『율곡전서』 권35, 부록3, 「行狀」[門人金長生撰], "因入山門, 戒定堅固, 至忘寢食." 사계는 율곡의 「행장」을 기록하면서 율곡이 불도에 관심을 갖고 '계(戒)-정(戒)-혜(戒)' 삼학 가운데 계율과 선정을 몸소 닦아보았다고 한다. 삼학의 세 가지 요소는 엄밀히 볼 때 별개의 것으로 독립되어 있지 않다. 그럼에도 「행장」에서 삼학 가운데 지혜가 배제된 것은, 불교적 실천이 지혜의 완성으로까지 도달하지는 못한다고 하는 불교배척의 의도성과 무관하지 않다.

정신을 집중시켜 고요함이 지극하여 허명한 경지로 나아가게 하고자 할 뿐이다. 화두를 두고 거기에 매달려 공부하게 하는데, 또 그 사람이 미리 이런 뜻을 알면 선(禪) 공부가 알뜰하고 전일하지 못할까 염려하여, 이런 금법(禁法)을 만들어서 속이는 것이다"라는 생각을 갖게 되었다고 한다.[82]

율곡이 불도를 익히고자 한 핵심은 바로 선가의 돈오법 때문이었다. 이와 관련하여 사계는 다음과 같은 율곡의 말을 인용한다. "내가 어릴 때에 쓸데없이 선가의 돈오법이 도에 들어가는 매우 빠르고 묘한 법이라고 생각하여, '만상이 하나로 돌아가는데, 그 하나는 결국 어디로 돌아가는 것인가'라고 하는 것을 화두로 삼아 수년 동안 생각해 보았지만, 결국 깨닫지 못하다가 돌이켜 구해보고는 그제야 그것이 참된 학설이 아님을 알았다."[83] 그럼에도 율곡의 불교 돈오법에 대한 관심으로 말미암아 향후 그의 학문은 유학에 의거한 바가 없다고 비판받는 계기가 되기도 한다. 이른바 하학처에 대한 관심이 부족하다는 것이 그 까닭이다.[84]

---

82) 『율곡전서』 권35, 부록3, 「行狀」[門人金長生撰], "久之忽思, 以爲佛氏戒其徒勿作增減想者, 何意也? 蓋其學無他奇妙. 只欲其截斷此心走作之路, 凝聚精神, 以造靜極虛明之域. 假話頭, 使之依靠下功, 而又恐人先知此意, 則著禪必不精專. 故又設此禁以誑之也."

83) 『율곡전서』 권35, 부록3, 「行狀」[門人金長生撰], "吾少時, 妄意禪家頓悟法, 於入道甚捷而妙, 以萬象歸一, 一歸何處爲話頭, 數年思之, 竟未得悟, 反以求之, 乃知其非眞也." 이와 같은 내용은 백사(白沙) 이항복(李恒福, 1556-1618)이 지은 율곡의 「신도비명」에도 비슷하게 적혀 있다(『율곡전서』 권36, 부록4, 「神道碑銘 幷序」[領議政李恒福撰] 참조).

84) 해주 유생 박번(朴蕃)의 소장 내용이 이를 잘 말해준다. 박번은 명재(明齋) 윤증(尹拯, 1629-1714)이 부친 노서(魯西) 윤선거(尹宣擧, 1610-1669)의 평일 언행을 기록한 『선거유사』(宣擧遺事)를 지었는데, 그 한 문단에 "율곡은 먼저 상달처로 좇아 들어갔기 때문에 유학에 의거한 바가 없다"고 비판하였음을 자신의 소장에 인용한다(『율곡전서』 권38, 부록6, 「前後辨誣章疏」, "今於成渾畫獅之託, 得一尹宣擧者, 乃反誣李珥, 無復顧藉. 其所謂宣擧遺事者, 卽

조선조 불교는 숭유억불 정책으로 인해 큰 발전을 보이지 못했다. 더군다나 고려 말 보조국사 지눌의 '돈오점수' 사상이 후대로 전승되면서, 이것이 불교의 핵심이론이자 실천의 방안인 것처럼 인식되고 있었다. 그런데 '갑자기', '단번에', '몰록' 깨침이 이루어진다고 하는 선가의 돈오법은 근본불교의 정신과는 일정한 거리가 있다. 이는 중국적으로 변형된 불교로서, 격의불교라는 성격을 갖는다. 이러한 격의불교가 한국에 전래된 후 재변용된 측면이 있었기에 한국불교는 근본불교와 많은 차이점을 가질 수밖에 없었다. 율곡도 이 점을 잘 인식하고 있었으리라 추정된다.

율곡은 중국 당나라 때 성행하기 시작한 중국 선불교를 집중적으로 비판한 글을 지어 선조에게 올렸는데, 그 내용은 다음과 같다.

> [불교가] 당나라 때 이르러 크게 번성하였는데, 그 무리가 천하에 가득 차서 눈썹을 치켜들고 눈을 꿈벅이거나[揚眉瞬目] 몽둥이로 내리치거나[棒] 갑자기 외마디 소리를 지르거나[喝] 크게 웃음으로써 서로 마음을 확인하였습니다. 대개 무의(無意)를 도를 얻은 것으로 보아 선과 악은 논하지 않았고, 의사(意思)를 두면 모두 망령된 견해라고 여겨, 반드시 마음대로 행하여 의사(意思)를 사용하지 않은 뒤에야 진실한 견해라고 여겼습니다. 여기에 도달하지 못한 자는 반드시 의미 없는 한두 구절 화두[즉 "개는 불성이 없다"(狗子無佛性)라거나 "뜰 앞의 잣나무"(庭前栢樹子)와 같은 종류]를 무한한 묘리로 삼아, 드디어 크게 의심을 내어 오로지 마음을 궁구하고 끊임없이 공을 쌓아서 고요하게 좌정한 끝에, 비슷하게 상상하는 사이에서 심성의 그림자나마 얼핏 보고 나면, 드디어 이것을 활연히 크게 깨달은 줄 알고 미친 듯이 행동하고 방자하게 굴면서 할 일을 다 마쳤다고 합니다.[85]

宣擧平日之言, 而其子拯所追述者也. 其一段曰: 栗谷先從上達處入, 故學之無可依據." 참조).

85) 『율곡전서』 권20, 『성학집요』, 「修己」 第2上, "至唐而大盛, 其徒遍天下, 揚眉

율곡은 불교의 폐단을 절멸시켜 바로잡은 것이 송학이라고 본다.[86] 그리고 그는 송학 즉 주자학의 범주 안에서 불교비판의 방안을 강구한다.[87] 율곡이 수년 동안 선가의 화두를 참구하여 돈오하고자 하였으나 결국 실패하고, 그로부터 벗어날 수 있었던 것은 율곡 당시 사상계에 유행하던 중국적 선불교의 탈현존적 사유로부터 벗어나 주자학적 맥락의 생활세계의 현존성을 회복하는데 성공했다는 의미로 받아들일 수 있다.

율곡은 선가의 돈오법을 유가 성리학의 '격물궁리'(格物窮理)의 정신으로 전환시켜 '하학이상달'(下學而上達) 방식의 단계법으로 세계를 이해하는 계기를 스스로 마련한 것이다.[88] 율곡은 자신이 보고자 한 세계의

瞬目, 棒喝大笑, 以相印證. 大槪以無意爲得道, 不論善惡, 若以意思而得, 則皆以爲妄見, 必也任情直行, 不用意思. 然後乃以爲眞見, 其未及乎此者, 則必以一二句無意味話頭, [若狗子無佛性, 庭前柏樹子之類], 作無限妙理, 遂生大疑, 專心窮究, 積功不已, 靜定之極, 略見心性影子於髣髴想象之際, 則遂擬之以豁然大悟, 猖狂自恣, 謂之了事."

86) 『율곡전서』 권20, 『성학집요』, 「修己」 第2上, "宋初, 其徒猶熾, 自程朱廓淸之後, 其勢始衰, 于今所謂禪學者, 殆至於絶矣." 참조.

87) 주자는 "성인이 사람들로 하여금 허공에 매달려 궁리하지 않고 반드시 사물에 나아가서 하도록 한 것은 사람들이 그곳 위에 나아가서 도리를 보아낼 수 있어야 곧 진실하기 때문이다"(『주자어류』 권14, 『大學』 綱領, "聖人不令人懸空窮理, 須要格物者, 是要人就那上見得道理破, 便實.")라고 밝히면서, 이 이치를 깨달은 상황이 '깨어난 것'임에 비해 깨닫지 못한 상황은 '꿈꾸는 것'이라고 한다(『주자어류』 권15, 『大學』 經下, "格物是夢覺關. [格得來是覺, 格不得只是夢.]).

88) 그럼에도 율곡을 비판하던 노서 같은 이들은 율곡이 '하학처'를 등한시하고 '상달처'를 좇아 들어갔다고 여겼다. 이 문제에 대해 박번은 율곡의 견해가 주자를 벗어나지 않는다고 변명하면서, 주자가 "이치는 모름지기 돈오할 것이요 점수를 빌지 않는다"고 한 것과 "먼저 소견처가 있으면 평이한 데로 나아간다"고 말한 예시를 들어 율곡을 두둔한다(『율곡전서』 권38, 부록6, 「前後辨誣章疏」, "而今曰先從上達處入云, 則正朱子所謂理須頓悟, 不假漸修. 及先有見處, 造夫平易者也." 참조). 유학의 정신이 하학 없이 상달할 수 없음에 유

실재와 그 실재의 성실성을 믿고자 한 것이라고 볼 수 있다. 이러한 점은 율곡이 풍악산에서 만난 노승에서 준 한편의 시에서, "물고기 뛰고 솔개가 나는 것 위아래가 한 가지"라고 한 내용에도 잘 반영되어 있어서 참고할 만하다.[89)]

그러나 초기불전에는 율곡이 깨치고자 한 선가의 '돈오'의 수행법 같은 것은 아예 등장하지 않는다. 『맛지마 니까야』(*Majjhima Nikāya*) 가운데 『차례대로경』(*Anupada Sutta*), 『가나까 목갈라나 경』(*Gaṇakamoggallāna Sutta*), 『끼따기리 경』(*Kīṭāgiri Sutta*) 등에서는 '발자국을 따라서'(following on foot) 또는 '차례대로', '이전 것을 따라서' 위빠사나(Vipassanā)를 닦아야함을 말하고 있다. 이들 경문은 한결같이 '돈오'를 부정하고, 구경의 지혜가 단번에 이루어지지 않음을 설파한 특징이 있다. 두 가지 경문만 인용해보기로 한다. "바라문이여, 이 법(dhamma)과 율(vinaya)에서도 이와 같은 순차적인 공부지음과 순차적인 실천과 순차적인 도 닦음을 설명할 수 있다."[90)] "비구들이여, 사리뿟따는 보름 동안 차례대로 법에 대해 위빳사나를 닦았다."[91)]

이러한 초기불전의 단계론적 공부 방법은 율곡이 자각한 방법론적 의의와 상통하는 측면이 있다. 율곡은 중국적으로 변형된 불교의 허점을 제대로 인식한 것이라 볼 수 있다. 율곡이 초기불전에 나타난 공

념해야 한다면, 율곡이 깨친 상달처는 하학의 공부에 기반을 둔 것이라고 보아야 한다는 것이다(『율곡전서』 권38, 부록6, 「前後辨誣章疏」, "大抵吾儒之學, 下學而上達, 無不先下學而能上達之理." 참조).

89) 『율곡전서』 권1, 詩上, 「楓嶽贈小菴老僧」, "魚躍鳶飛上下同, 這般非色亦非空. 等閒一笑看身世, 獨立斜陽萬木中." 참조.

90) 대림스님, 『맛지마 니까야III』(서울: 초기불전연구원, 2012), p.693. *Majjhima Nikāya* III, p.2. "Sakkā, brāhmaṇa, imasmimpi dhammavinaye anupubbasikkhā anupubbakiriyā anupubbapaṭipadā paññapetuṃ."

91) 대림스님, 『맛지마 니까야III』(서울: 초기불전연구원, 2012), p.79. *Majjhima Nikāya III*, p.25. ""sāriputto, bhikkhave, aḍḍhamāsaṃ anupadadhammavipassanaṃ vipassati."

부의 단계법을 별도로 익혔을 가능성 자체는 희박하다. 그럼에도 그는 붓다의 초기 가르침에로 소급되는 불교의 정신을 스스로 깨친 것이라 볼 수 있다. 이러한 점을 감안한다면, 율곡은 중국적 사유의 프리즘에 의하여 여과된 불교를 부정하고 불교의 기본이념에 대해 대화를 나눌 수 있는 새로운 지평을 마련하였다는 의의가 있다.[92]

다음은 율곡의 도가에 대한 개방적 입장에 관한 문제이다. 앞서 율곡의 '양시양비론'이 『장자』의 「제물론」 구절을 인용한 것임을 확인한 바 있다. 앞선 논의의 소재는 「연보」의 기록에 기초한 것이었는데, 율곡의 '양시양비론'과 장자의 '피시방생지설'에 관한 연관적 논의는 『경연일기』에로 소급된다. 율곡은 성암과 손암 "이 두 사람의 시비를 분간하는 것이 치란과 안위에 무슨 관계가 있겠는가? 서인은 굳이 '심효겸이 옳고 김효원이 그르다'고 하는데 진실로 미혹한 것이고, 동인은 굳이 '김효원이 옳고 심의겸이 그르다'고 하는 말 역시 '피시방생'의 설이니, 또한 어찌 미혹이 아닌가?"[93]라고 한다. 동인의 주장을 가리켜 혜시의 '피시방생지설'로 규정하여 비판한 것이다. 장자가 주관적 언어의 한계에 주의할 것을 요청하면서 명가의 대표인물 혜시를 비판하였던 것처럼 율곡 역시 동인의 당론이 자기주장의 상대성을 면치 못한다고 반대한 것이다.

그런데 율곡과 도가의 관련성 문제에서 가장 주목을 끄는 것은 『순언』(醇言)이라는 저작이다. 『순언』은 율곡이 『노자』를 정독하고 이에

---

92) 율곡의 불교비판은 율곡 당시 조선불교에서 논의되던 선사상과 돈오법에 초점이 맞추어져 있다. 이러한 점은 제한적 불교비판일 수밖에 없다는 점에서, 율곡의 불교관은 불교의 근본정신과 소통할 수 있는 대화의 여지를 남기고 있다고 평가된다.

93) 『율곡전서』 권30, 『경연일기』, 선조12년, "斯二人是非之辨, 豈係於治亂安危哉? 西人之必曰沈是金非者, 固惑矣. 東人之必曰金是沈非者, 亦是彼是方生之說也, 亦豈非惑乎?"

대해 구결을 달아 주해를 한 것이다. 이 책을 통해 율곡은 『노자』의 근본 취지가 유가의 가르침과 크게 다르지 않다고 천명한다. 그래서 『노자』에 대한 세상의 오해를 바로잡고자 하는 취지에서 『노자』에 구결과 주해를 단 『순언』을 스스로 저술하게 되었다고 그 저술동기를 밝힌다.

율곡은 세상 사람들이 『노자』를 오해하게 된 주된 까닭은 노자에게 그 원인이 있는 것이 아니라 하안이나 왕필과 같은 위진 현학자들 때문이라고 한다. 위진 현학자들의 공소한 노자관을 통해 『노자』를 읽은 결과, 즉 『노자』를 『노자』로서 이해하지 못하고 위진 현학의 프리즘을 통해 『노자』를 독해함으로써 그 오해가 심각해진 것이라고 본 것이다. 율곡은 『노자』가 유가의 기본정신인 '수기치인'의 도와 다르지 않다고 본다. 이 점에서 『노자』의 많은 문장들이 유가의 가르침과 서로 통용될 수 있다고 본 것이다.

그렇다면 율곡이 『노자』를 긍정적으로 독해할 수 있었던 까닭은 무엇인가? 이와 관련하여 율곡의 학문관을 주목할 필요가 있다. 율곡은 자신의 학문에 대한 입장을 다음과 같이 피력한다.

> 옛날에는 학문이란 명칭이 없었습니다. 날마다 쓰는 윤리의 도를 사람들이 실천하였고 특별히 딱 붙이는 명칭이 없었습니다. 군자는 마땅히 해야 할 것을 할 뿐이었습니다. 후세에 와서는 도학이 밝지 못하여 윤리의 행실이 폐하고 행해지지 않자, 자신이 해야 할 것을 하는 사람을 지목하여 학문한다고 이름 붙였습니다. 학문이라는 이름이 생긴 뒤로 도리어 세상 사람에게 지목을 받아 억지로 결함을 꼬치꼬치 캐내어 혹은 위선이라고 지목하기도 하여 선을 행하는 사람으로 하여금 어물어물하게 만들어 학문의 이름을 피하게 되었으니, 이것이 후세의 큰 걱정거리입니다. 임금은 모름지기 학문을 주도하여 속류로 하여금 훼방하지 못하게 하는 것이 옳습니다. 학문에 어찌 별다른 것이

있겠습니까? 다만 일상에서 옳은 것만 노력하여 실천할 뿐입니다.[94]

이 인용문을 볼 때, 율곡이 『노자』를 수용할 수 있었던 까닭은 그것이 일상의 도를 넘어서지 않고 옳은 것을 위해 실천하는 정신을 제시함이 있다고 하는 긍정적 평가 때문임이 확인된다. 확실히 율곡은 『노자』를 독해함에 있어 남다름이 있다. 그것은 추상적이고 공소한 형이상학으로서의 노자철학보다는 일상적 자아의 탈현존의 전략을 통해 생활세계와의 연관성을 확인하고자 한 노자의 정신을 확인하였다는 점에서 분명하다.

적어도 조선시대 유학적 교양인 가운데 유불도 삼가사상에 대하여 율곡만큼 관심을 갖고 이를 적극적으로 이해해보고자 노력한 인물도 드물다. 불도를 알기 위하여 금강산 행을 선택한 동기와 『노자』를 읽고 이를 주해한 저술을 남긴 동기 등이 타자에 대한 배척, 비판을 위한 비판을 위해 시도된 것이 아니라는 점에서, 율곡의 불교와 도가에 대한 접근태도는 완고한 적대성을 갖지는 않는다. 노자철학이 유학의 '수기치인'의 도와 다르지 않을 뿐 아니라, 앞에서 살핀 것처럼 불교 역시 "그 학문은 별다르게 기묘한 것이 없다"는 것이 율곡의 입장이었던 것이다.

율곡이 특별하게 비판의 대상으로 삼은 선불교 역시 일상적 삶의 현장 자체를 도라고 주장하기도 한다. 이러한 점에 주목한다면, 유불도 삼가는 모두 일상성이라는 토대 위해서 서로 만나 소통의 대화를

94) 『율곡전서』 권29, 『경연일기』, 선조8년, "古者, 無學問之名. 日用彝倫之道, 皆人所當爲, 別無標的之名目. 君子只行其所當爲者而已. 後世道學不明, 彝倫之行, 廢而不擧, 於是以行其所當爲者, 名之以學問. 學問之名旣立, 反爲世人所指目, 吹毛覓疵, 或指爲僞善, 使爲善者諱祕遷就, 以避學問之名, 此後世之大患. 人君須主張學問, 使俗流不得謗議可也. 學問豈有他異哉? 只是日用間, 求其是處行之而已矣."

나눌 수 있는 가능성이 있다. 율곡이 이와 같은 학문적 대화와 소통의 가능성에 대한 확신을 갖고 『순언』을 저술한 것은 그의 나이 45세 무렵의 일이라고 볼 수 있다.[95] 『노자』 주해서인 『순언』을 저술하는 과정 중에 그 저본으로 삼은 동사정(董思靖)의 『도덕진경집해』의 저술 방식에 공감한 까닭과 무관하지 않다. 『도덕진경집해』를 지은 중국 남송의 동사정은 도교적 성향의 지식인이다.[96] 그럼에도 그는 사서와 같은 유가경전과 주자학적 사유를 빌어 『노자』를 주석하는 태도를 보인다. 율곡은 이러한 학문적 상호 소통정신에 공감하여 『순언』을 저술한 것임에 분명하다.

율곡 당대 서산(西山) 휴정(休靜, 1520-1604)은 『삼가귀감』을 지어 유불도 삼가회통의 사상을 담은 저술을 남기기도 한다. 이러한 점에 유의한다면 조선중기 율곡이 살아가던 시대는 사회정치적 혼란의 부조리가 낳은 반작용 이외에 학제 간의 대화와 소통의 가능성을 타진하는 조화로운 학술분위기가 싹텄던 시대적 특성이 있었던 것이다. 율곡은 『순언』을 지어 학제 간의 대화와 소통의 가능성을 직접 구현한 의의가 있는 것이다.

이러한 사유의 연장선상에서 율곡은 매우 독특한 이단관을 제시한다. 율곡은 이단이 외부에만 있는 것이 아니라 내부에도 있다고 역설하며, 내부적인 이단의 폐해가 더 큼을 경계한다. 물론 율곡은 맹자의

95) 『순언』의 정확한 저술연대는 확인되지 않는다. 다만 『구봉집』을 참고할 경우 율곡이 구봉과 서신을 주고받던 1580년에는 이미 『순언』이 저술되었음을 알 수 있다(금장태, 『한국유학의 『노자』 이해』(서울: 서울대학교출판부, 2006), 81쪽 참조).

96) 동사정의 생몰연대는 알려져 있지 않다. 다만 그는 남송시대 중국 천주(泉州) 사람으로 청원산 천경관의 도사였으며, 자칭 청원의 후학이라고 하였다. 『도덕진경집해』 4권과 『구천생신장경의해』(九天生神章經解義) 4권의 저술이 있다(中华典藏, https://www.zhonghuadiancang.com/renwu/dongsijing/ 참조).

주장을 계승하여 양주와 묵적의 도를 이단으로 규정하는데 이의가 없다. 이들의 도리가 가정윤리와 국가의 기강을 와해시키는 해악을 끼친다는 까닭 때문이다. 나아가 율곡은 유학 내적인 이단으로서 특히 육상산학을 지목하여 이렇게 비판한다.

> 선학은 사람을 혹하게 할 만하지만 그 언어는 유학이 아니며, 그 행실은 윤리를 절멸하게 하니, 세상에 하늘이 정한 항상적인 도리가 있음을 조금이라도 아는 이는 진실로 이미 의심하여 막았습니다. 또 정자와 주자가 선학을 물리쳤으니 그 자취를 말끔히 쓸어버린 것 같은 것은 당연합니다. 육상산의 학은 그렇지 않아서 말했다 하면 공자와 맹자를 일컫고, 행실은 반드시 효제에 근거하였으나, 그 마음을 쓰는 정미한 곳은 선학과 같습니다. 이를 물리치기가 어찌 불씨보다 10배나 힘들지 않겠습니까? 불씨의 폐해가 바깥 오랑캐의 침략과 같다면 육상산의 피해는 간신이 나라를 그르치는 것과 같습니다.[97]

율곡은 한 걸음 더 나아가 "이단이란 말이 어찌 반드시 불교와 노자, 선학과 육상산학만을 가리키겠는가? 세상에서 선왕의 도리를 그르치고 자기 한 몸의 욕망만을 따르는 자는 모두 이단 아닌 것이 없다"[98]고 비판한다. 육상산의 학문이 유가의 옷을 걸치고 커다란 피해

---

97) 『율곡전서』 권20, 『성학집요』, 「修己」 第2上, "禪學雖足以惑人, 其言非儒, 其行滅倫, 世間稍知有秉彝者, 固已疑阻. 又經程朱之闢, 宜乎其迹若埽矣. 陸學則不然, 言必稱孔孟, 行必本孝弟, 而其用心精微處, 乃是禪學也. 闢之之難, 豈不十倍於佛氏乎? 佛氏之害, 如外寇之侵突, 陸氏之害, 如奸臣之誤國."

98) 『율곡전서』 권13, 발, 「學蔀通辨跋」, "異端之言, 豈必佛老禪陸爲然乎? 世之非先王之道, 循一己之欲者, 莫非異端也." 율곡은 육상산의 학문이 후대에 왕양명의 학문으로 전승되었기에 "중국에서 왕양명의 도가 나오게 되자 더욱더 우리 유학의 도에 대해 해악이 되었다"고 한다(『율곡전서』 권38, 附錄6, 「前後辨誣章疏」, "中朝之學, 尊信象山, 以至陽明之徒出, 則尤爲吾道之害."). 이 말은 해주 유생 박번이 율곡의 「학부통변발」의 내용을 원용한 것인데, 율곡의 말 또한 청란(淸瀾) 진건(陳建, 1479-1567)이 『학부통변』에 기록한 말을

를 끼치는 것 이상으로 유가 내부에 더 큰 이단이 도사리고 있음을 경계한 것이다.

율곡은 주자학을 표방하면서도 주자학의 이념대로 살지 않는, 권력과 손잡은 주자학자들을 이단이라고 규정한 것이라 볼 수 있다. 그가 '속류'라고 규정한 지식인이 바로 이들이다. 율곡은 '속류'도 명예를 좋아하는 부류와 이익을 좋아하는 부류가 있다고 한다. 이 둘 가운데 명예를 좋아하는 부류는 좀도둑 같은 위험성이 있는 반면 이익을 좋아하는 부류는 나라의 기강 자체를 흔드는 위험성이 있다고 보아, 부득이 이들을 등용할 경우 명예를 좋아하는 부류는 중용해서는 안 되며 이익을 좋아하는 부류는 아예 등용하지 말아야 한다고 한다.[99] 이는 주자학 내부에 이단이 있을 경우 이들이 학문권력을 통해 정치권력까지 확보함으로써 자신들의 권능을 부정적으로 휘둘러 국가의 기강을 흔들고 민생을 도탄에 빠뜨릴 수 있다는 인식과 궤를 같이 한다. 요컨대 율곡은 사적 이익을 좇는 이가 바로 이단이라고 본 것이다. 이러한 점에서 율곡의 이단관은 매우 독특한 성격을 갖는다.[100]

율곡은 어떠한 학문이든 '수기치인'에 힘쓸 수 있는 것이라면 언제든 대화와 소통이 가능하다고 본다. 그런데 대화와 소통이 방해받는 까닭은 학문 상호 간의 서로 다른 주관적이며 호교론적인 주장들 때문이다. 따라서 만일 학문 상호 간의 서로 주관적이며 호교론적인 주장들만 소거한다고 한다면, 다양한 학문분과 영역의 자유로운 대화

인용한 것이다(『율곡전서』 권13, 跋, 「學蔀通辨跋」, "但中朝之士, 靡靡入於陸學, 傳聞王陽明得參從祀之列. 然則邪說之禍, 懷山襄陵, 匹夫之力, 難以救止." 참조).

99) 『율곡전서』 권30, 『경연일기』, 선조14년, "心欲求名, 而矯情爲善. … 由學者心術論之, 則好名之恥, 甚於穿窬. 由人君用人論之, 則好利者不可用, 好名者不可棄也, 但不可柄用耳." 참조.

100) 이종성, 『율곡과 노자』(대전: 충남대학교출판문화원, 2016), 24-25쪽 참조.

와 소통이 가능하게 될 것이다. 도가에는 도가적인 방식의 '수기'와 '치인'의 내용이 있고, 불교에는 불교적인 방식의 '수기'와 '치인'의 내용이 있기 때문이다.

유불도 삼가는 비록 개별학문으로서 서로 다른 코드의 형태를 드러내기는 하지만, 그 공통의 '수기치인'의 범주를 통해 자신을 바르게 하고 세상에 밝은 빛을 가져다 줄 수 요소를 다 같이 가지고 있다. 이러한 공통의 속성에 초점을 맞추어본다면, 유불도 삼가의 대화와 소통은 언제나 열려 있는 것이라 볼 수 있다. 이러한 입장에서 율곡은 서로 다른 학문적 개별성의 코드들을 상호 연결할 수 있는 요소로서 진리에 대한 공통의 지향성을 문제 삼았던 것이라 볼 수 있다. 그가 불도를 연마하고 도가에 대한 관심을 천착하여 전문적인 연구서적까지 발행할 수 있었던 것은 모두 이와 같은 학문적 대화와 소통의 정신에 기인한다고 볼 수 있을 것이다.

5. 율곡인문학의 탈경계론적 의의와 전망

이 글은 새로운 갈등과 대립의 경계짓기가 유발되고 있는 현대를 맞아 탈경계라는 시대적 요청의 맥락에서 율곡학에 대한 인문학적 성찰을 시도해보기 위한 연구목표로부터 기획된 것이다. 이 글은 이와 같은 문제의식의 기초 위에 율곡학에서 발견되는 탈경계의 문제를 율곡인문학의 정신에 기초하여 다음과 같은 세 가지 측면에서 검토해보았다.

첫째, 인간 이성의 문제를 야만적 이성과 건전한 이성이라고 하는 이중적 맥락에서 파악한 후 이를 율곡학의 입장에 적용하여, 야만적 이성이 야기하는 경계짓기 문제를 반성적으로 살펴보았다. 나아가 이를 극복하기 위한 건전한 이성 회복의 필요성에 대해 살펴봄으로써, 인간존엄성을 중시하는 율곡인문학의 의의를 확인해보았다. 율곡은 당시 도구적 이성의 권능을 무소불위로 휘둘러 지식인 참화 사건을 일으킨 야만적 이성의 소유자들을 강력하게 비판한 바 있다. 나아가 중앙 관료와 지방 아전들의 축첩 및 가렴주구가 강고한 남성우월주의에 의하여 촉발되는 것임을 감안하여 이에 대한 경계를 잊지 않았다. 율곡이 당시대의 급선무가 폐습을 혁파하는 일임을 주창한 까닭도 근원적으로 보면 야만적 이성의 경계로부터 벗어나 건전한 이성을 회복하는 것이었음에 다름 아니라고 볼 수 있다.

둘째, 야만적 이성이 낳은 율곡 당대의 사회 국가적 문제로서 지식인 참화 사건은 매우 큰 문세였다. 이에 이를 심각하게 인식한 율곡이 대립적 당파의 경계를 넘어 대통합의 세상으로 나아갈 필요성이 있음을 제시한 구체적인 논의내용들을 검토해보았다. 붕당의 대립을 해체해야 한다고 본 율곡은, 현실적으로 붕당을 해체하기 어려운 현실이라면 능력 있는 인재를 등용해야 한다는 취지에서 '양시양비론'과 '변별숙특'의 방법을 통한 '조제보합론'이 필요함을 역설한다. 그리고 명예를 지나치게 중시하는 지식인도 문제가 있지만, 그보다도 더 큰 해악을 끼치는 존재는 자기 이익에 혈안이 되어 있는 지식인이라고 보아 이들을 등용해서는 절대 안 된다는 입장을 피력한다. 자기 이익을 좇아 붕당을 형성하는 속류를 척결하지 않고는 사회적 대통합이 이루어질 수 없다고 진단한 것이다. 당시 누구보다 사회정치적 대통합의 필요성이 중요하다고 본 율곡은 일차적으로 그 대통합을 위해 필요한 장애물을 먼저 제거해야함을 역설한 것이다.

셋째, 율곡은 학문적 측면에서 서로 다른 이념의 경계를 넘어 학제

간 대화와 소통의 필요성이 있음을 강조한다. 이에 율곡이 제시한 학문의 기본입장 및 유불도 삼가에 대한 관심과 소통정신의 인문학적 의의를 확인해보았다. 이 점과 관련하여 황의동은 이렇게 평가한다. "율곡은 퇴계와는 달리 불교, 도가, 양명학, 화담의 기학에 대해 무조건 이단이라 하여 반대, 배척하지 않고, 비판적 입장에서 취사선택하는 학문적 개방성을 보여주었다. 이는 당시 조선조의 경직된 학문풍토에서는 비난의 대상이 될 수 있었지만, 현대적 관점에서 보면 율곡의 이러한 개방적 학풍은 그의 학문적 폭과 깊이를 더해 주는데 크게 이바지했다."[101] 나아가 손홍철은 자신과 다른 학문유파를 이단이라고 경계짓는 행위는 '야만적 편 가르기' 및 '억압적 순혈주의'라고 규정하고, 이를 타파하여 저급한 진영논리로부터 벗어나야함을 주장한 바 있다.[102]

율곡의 시대에 나타난 경계짓기와 탈경계의 문제는 오늘날도 여전히 유효하다. 인종과 계층 간에 벌어지는 갈등과 대립을 비롯하여 서로 다른 정치, 종교, 이념 등의 경계와 학문적 소속의 지형도에 따른 갈등과 대립이 여전히 사라지지 않고 있기 때문이다. 현대와 같이 자기중심적인 가치의식이 다시 자리 잡고, 자기중심적인 위계가 다시 고개를 드는, 새로운 '경계짓기'의 권능이 행사되는 시대일수록 탈경계의 인문학은 어느 때보다 더 소망스러운 가치로 요청된다. 이러한 점에서 율곡학의 인문학 정신에 나타난 경계짓기에 대한 반성적 비판의식은 탈경계의 현대에 여전히 시사해주는 것이 크다고 할 수 있다.

---

101) 황의동, 「율곡학의 계승과 창신」, 『유학연구』 제23집, 충남대학교 유학연구소, 2010, 87쪽.

102) 손홍철, 「율곡학 연구의 새로운 지평과 신공동체의 모색」, 『율곡학연구」 제43집, (사)율곡학회, 2020, 32쪽 참조.

참고문헌

『시경』
『서경』
『춘추』
『맹자』
『중용』
『장자』
『성리대전』
『주자어류』
『신오대사』
『잡아함경』
『화엄경』
『묘법연화경』
『열반종요』
『십문화쟁론』
『무량수경종요』
『일승법계도원통기』
『대각국사문집』
『권수정혜결사문』
『동문선』
『삼국유사』
『삼봉집』
『점필재집』
『율곡전서』
『주역』
『예기』
『논어』
『대학』
『노자』
『산해경』
『통서』
『주자대전』
『자치통감』
『금강경』
『화엄론절요』
『종경록』
『대승기신론』
『금강삼매경론』
『화엄일승법계도』
『당의통략』
『목우자수심결』
『원돈성불론』
『조선불교통사』
『삼국사기』
『양촌집』
『퇴계집』
『청송집』

『고봉집』
『사계유고』
『국역사변록』
『남계집』
『수곡집』
『남당선생연보』
『병계집』
『일성록』
『홍재전서』
『남간사지』
『고려사절요』
『학봉집』
『사변록』
『서계집』
『명재유고』
『남당집』
『한수재집』
『성담집』
『순언』
『동춘당집』
『고려사』
『조선왕조실록』

『유교대사전(상)』, 유교사전편찬위원회, 1990.
『디지털한국민족문화대백과사전』, 서울: 동방미디어, 2001.
『종교학대사전』, 서울: 한국사전연구사, 1998.
정치학대사전편찬위원회, 『21세기 정치학대사전(상)』, 서울: 아카데미리서치, 2002.
철학사전편찬위원회, 『철학사전』, 서울: 도서출판 중원문화, 2009.
한국철학사상연구회, 『철학대사전』, 서울: 도서출판 동녘, 1989.
須藤隆仙, 『世界宗教用語大事典』, 東京: 新人物往来社, 2004.
『岩波 佛教辭典』, 東京: 岩波書店, 1999.

贊寧, 『宋高僧傳』, 上海: 上海古籍出版社, 2014.
勞思光, 『中國哲學史』 제3권 상책, 香港: 友聯出版有限公司, 1980.
朱伯崑, 『易學哲學史』 제2권, 臺北: 藍燈文化事業股份有限公司, 2000.
陳來, 『宋明理學』, 上海: 華東師範大學出版社, 2004.
馮友蘭, 『中國哲學簡史』, 北京: 北京大學出版社, 2013.
한용운, 『한용운전집』(전6권), 서울: 신구문화사, 1973.

가노 나오키, 오이환 역, 『중국철학사』, 서울: 을유문화사, 1988.

가마타 시게오, 신현숙 옮김, 『한국불교사』, 서울: 민족사, 1992.
강건기, 『불교와의 만남』, 서울: 도서출판 불지사, 1993.
______, 『목우자 지눌 연구』, 전주: 부처님세상, 2001.
강석주·박경훈, 『불교근백년』, 서울: 중앙일보사, 1980.
강정인, 『넘나듦의 정치사상』, 서울: 후마니타스, 2013.
고영섭, 『원효 한국사상의 새벽』, 서울: 한길사, 1999.
고형곤, 『선의 세계』, 서울: 삼영사, 1981.
고운기 외 16인, 『한국의 고전을 읽는다(4)』, 서울: 휴머니스트, 2006.
곽신환, 『주역의 이해』, 서울: 서광사, 1990.
______, 『조선조 유학자의 지향과 갈등』, 서울: 철학과현실사, 2005.
권정안·김상래 역주, 『통서해』, 수원: 청계출판사, 2000.
교육인적자원부, 『윤리와 사상』, 서울: 지학사, 2003.
금장태, 『한국유교의 이해』, 서울: 민족문화사, 1989.
______, 『조선 전기의 유학사상』, 서울: 서울대학교출판부, 1997.
______, 『한국유학의 『노자』 이해』, 서울: 서울대학교출판부, 2006.
김길환, 『조선조유학사상연구』, 서울: 일지사, 1980.
김범부, 『화랑외사』, 대구: 이문출판사, 1981.
김지견 역, 『일승법계도합시일인』, 서울: 초롱, 1997.
김지하, 『틈』, 서울: 솔출판사, 1995.
김충열, 『한국유학사(1)』, 서울: 예문서원, 1998.
다카하시 도오루, 조남호 옮김, 『조선의 유학』, 서울: 소나무, 1999.
대림스님, 『맛지마 니까야III』, 서울: 초기불전연구원, 2012.
동서철학연구회 편, 『동서철학입문』, 서울: 창학사, 1984.
막스 호르크하이머, 박구용 옮김, 『도구적 이성 비판』, 서울: 문예출판사, 2006.
務臺理作, 홍윤기 옮김, 『철학개론』, 서울: 도서출판 한울, 1982.
박성수, 『역사학개론』, 서울: 삼영사, 1983.
박원재, 『유학은 어떻게 현실을 만났는가』, 서울: 예문서원, 2001.
박종홍, 『한국사상사』, 서울: 서문당, 1999.
______, 『일반논리학』, 서울: 박영사, 1979.

박현모, 『정치가 정조』, 서울: 도서출판 푸른역사, 2005.
배종호, 『한국유학사』, 서울: 연세대학교출판부, 1978.
성 철, 『선문정로』, 합천: 장경각, 1981.
신동호, 『동양철학사상논고』, 대전: 충남대학교출판문화원, 2012.
신옥희, 『일심과 실존』, 서울: 이화여자대학교출판부, 2000.
신정일, 『신정일의 새로 쓰는 택리지: 충청도』, 서울: 다음생각, 2012.
쓰치다 겐지로, 성현창 옮김, 『북송도학사』, 서울: 예문서원, 2006.
안병직 편, 『한용운』, 서울: 한길사, 1979.
오항녕, 『율곡의 경연일기』, 서울: 너머북스, 2016.
유명종, 『한국사상사』, 대구: 이문사, 1981.
______, 『한국유학논구』, 대구: 이문출판사, 1988.
유승국, 『한국의 유교』, 서울: 세종대왕기념사업회, 1999.
유초하, 『한국사상사의 인식』, 서울: 한길사, 1994.
윤사순, 『퇴계철학의 연구』, 서울: 고려대학교 출판부, 1983.
______, 『한국유학논구』, 서울: 현암사, 1991.
______, 『한국사상100년』, 서울: 현암사, 2001.
______, 『한국의 성리학과 실학』, 서울: 열음사, 1987.
윤천근, 『퇴계철학 어떻게 볼 것인가』, 청주: 온누리, 1987.
______, 『한국인의 철학』, 서울: 도서출판 외계사, 1992.
이기백·이기동, 『한국사강좌 I 』, 서울: 일조각, 1982.
이기영, 『한국의 불교』, 서울: 세종대왕기념사업회, 1999.
이능화, 『조선도교사』, 한국학연구소, 『이능화전집』 5집, 서울: 민족문화사 1981.
______, 이종은 옮김, 『조선도교사』, 서울: 보성문화사, 1986.
______, 『조선불교통사』, 서울: 보련각, 1972.
______, 이재곤 옮김, 『조선신사지』, 서울: 동문선, 2007.
______, 이재곤 옮김, 『조선무속고』, 서울: 동문선, 2002.
이동인, 『율곡의 사회개혁사상』, 서울: 백산서당, 2004.
이병도, 『한국유학사』, 서울: 아세아문화사, 1987.
이상곤, 『18세기 기호유학을 이끈 호학의 일인자, 남당 한원진』, 서울: 성균관대학교출판부, 2009.
이상은,『퇴계의 생애와 학문』, 서울: 서문당, 1974.
이은봉 편,『단군신화연구』, 청주: 온누리, 1994.
이종성,『믿음이란 무엇인가』, 파주: 글항아리, 2014.
______,『율곡과 노자』, 대전: 충남대학교출판문화원, 2016.
이치노헤 쇼코, 장옥희 역,『조선 침략 참회기』, 서울: 동국대학교출판부, 2013.
장대년, 김백희 옮김,『중국철학대강(상)』, 서울: 까치, 1998.
정병련,『고봉 선생의 생애와 학문』, 광주: 전남대학교출판부, 2006.
정세근,『윤회와 반윤회』, 청주: 도서출판 개신, 2008.
정승석,『간추린 불교 상식 100문 100답』, 서울: 민족사, 2012.
정인재 역,『중국철학사』, 서울: 형설출판사, 2002.
정재서,『한국도교의 기원과 역사』, 서울: 이화여대출판부, 2006.
조남호,『주희: 중국철학의 중심』, 서울: 태학사, 2004.
주　희, 곽신환 외 2인 옮김,『태극해의』, 서울: 소명출판, 2009.
차주환,『한국도교사상연구』, 서울: 서울대출판부, 1978.
최영성,『한국유학통사(중)』, 서울: 심산출판사, 2006.
한국사상사연구회,『조선유학의 개념들』, 서울: 예문서원, 2002.
한국사특강편찬위원회 편,『한국사특강』, 서울: 서울대학교출판부, 1996.
한국철학사상연구회,『한국철학스케치(1)』, 서울: 도서출판 풀빛, 2008.
한국철학회 편,『한국철학사(중)』, 서울: 동명사, 1987.
한영우,『다시 찾는 우리역사』, 서울: 경세원, 1997.
______,『한국선비지성사』, 서울: 지식산업사, 2017.
한자경,『한국철학의 맥』, 서울: 이화여자대학교출판부, 2001.
______,『불교의 무아론』, 서울: 이화여자대학교출판부, 2006.
한정주,『율곡인문학』, 서울: 다산초당, 2018.
황의동,『한국의 유학사상』, 서울: 서광사, 1995.
______,『율곡철학연구』, 서울: 경문사, 1987.
______,『한국사상』, 청주: 청주대학교출판부, 1990.
______,『율곡사상의 체계적 이해(1)』, 서울: 서광사, 1998.

______,『율곡사상의 체계적 이해(2)』, 서울: 서광사, 1998.
______,『우계학파연구』, 서울: 서광사, 2005.
______,『기대승』, 서울: 성균관대학교 출판부, 2008.
A. C. 그레이엄, 이창일 옮김,『음양과 상관적 사유』, 화성: 청계출판사, 2001.
D. J. 칼루파하나, 김종욱 역,『불교철학의 역사』, 서울: 운주사, 2008.
K. S. 케네스 첸, 박해당 옮김,『중국불교(상)』, 서울: 민족사, 1991.
ed. Holmes Welch, Ann Seide, *Facets of Taoism-Essay in Chinese Religion*, Lodon: Yale University Press, 1979.
Richard J. Smith, *Fathoming the Cosmoa and Ordering the World*, Unv. of Virginia Press, Chatlottesville and London, 1999.

강정인,「율곡 이이의 정치사상에 나타난 대동·소강(小康)·소강(少康)」,『한국정치학회보』 제44집 제1호, 한국정치학회, 2010.
고명수,「조선불교유신론과 만해의 문학관」,『불교평론』, 만해사상실천선양회, 2003. 9. 10일자.
고영섭,「원효의 통일학」,『한국의 사상가 10인: 원효』, 서울: 예문서원, 2002.
김교빈,「'태극'을 둘러싼 주자학적 이해와 비주자학적 이해의 대립」,『논쟁으로 보는 한국철학』, 서울: 예문서원, 1995.
김두진,「의상의 화엄사상과 사회적 성격」,『한국학논총』 17.『의상: 그의 생애와 화엄 사상』, 서울: 민음사, 1995.
김문경,「의식을 통한 불교의 대중화운동」,『사학지』 제4권, 단국사학회, 1970.
김문준,「동주 성제원의 생애와 도학정신」,『동서철학연구』 제24호, 한국동서철학회, 2002.
김상현,「신라중대 전제왕권과 화엄종」,『동방학지』 제44권, 연세대학교 국학연구원, 1984.
______,「원효 화쟁사상의 연구사적 검토」,『불교학연구』 11.12 합집, 한국불교연구원, 1995.

______, 「원효의 무애행과 화쟁사상의 현대적 의미」, 『전자불전』 11권, 동국대학교 전자불전문화콘텐츠연구소, 2009.

김성균, 「이능화: 한국의 얼을 찾아서」, 『한국의 인간상』 제4권, 서울: 신구문화사, 1965.

김영태, 「설화를 통해본 신라의상」, 『불교학보』 제18집, 동국대학교 불교문화원, 1981.

김용흠, 「조선후기 노·소론분당의 사상기반-박세당의 사변록 시비를 중심으로-」, 『학림』, 제17집, 연세대사학연구회, 1996.

김진무, 「종밀선사의 시대인식과 '삼교회통'」, 『한국선학』 제27권, 한국선학회, 2010.

김태년, 「남당 한원진의 정학 형성에 관한 연구」, 고려대학교 박사학위논문, 2006.

______, 「남당 한원진 사상의 배경과 형성 과정」, 『한민족문화연구』 제20집, 2007.

______, 「남당 한원진의 양명학 비판」, 『한국사상사학』 제22집, 한국사상사학회, 2004.

김태영, 「퇴·율 성경사상 연구」, 충남대학교 박사학위논문, 1988.

남동신, 「의상 화엄사상의 역사적 이해」, 『역사와 현실』 제20권, 한국역사연구회, 1996.

류인희, 「등에(蝱, gadfly)관으로 본 동서철학사의 이해와 주희 격물의 의미」, 『유학연구』 제21집, 충남대학교 유학연구소, 2010.

______, 「실학의 철학적 방법론(Ⅰ)」, 『동방학지』 제35집, 연세대 국학연구원, 1983.

문석윤, 「남당 한원진의 장자철학비판-『장자변해』를 중심으로」, 『철학논구』 제21집, 서울대학교 철학과, 1993.

박균섭, 「이광수의 『원효대사』를 통해 본 전시동원체제와 식민교육의 성격」, 『교육문제연구』 제46집, 고려대학교 교육문제연구소, 2013.

박연호, 「교육의 목적으로서의 '위기지학'-조선시대 교육사상을 중심으로-」, 『중등 우리교육』 제83호, 우리교육, 1997.

박재술, 「박세당의 천관」, 『실학의 철학』, 서울: 예문서원, 1996.

박홍갑, 「조선 명종조 충주옥의 전개와 충주사림」, 『조선시대사학보』 17, 조선시대사학회, 2001.
손흥철, 「율곡학 연구의 새로운 지평과 신공동체의 모색」, 『율곡학연구』 제43집, (사)율곡학회, 2020.
송건호, 「만해 한용운의 민족운동」, 『한용운사상연구』 제3집, 만해사상연구회, 1994.
송기섭, 「성담 송환기」, 『송자학논총』 제5집, 충남대 송자연구소, 1998.
송석준, 「이능화의 한국유교 연구」, 『이능화연구』, 서울: 집문당, 1994.
송창한, 「정도전의 척불론에 대하여」, 『대구사학』 제15 · 16집 합집, 대구사학회, 1978.
안계현, 「원효: 한국불교의 횃불」, 『한국인물탐사기(1)』, 서울: 오늘, 1996.
안진오, 「고봉의 생애와 시대적 배경」, 고봉사상학술대회 발표 요지문, 한국동양철학회, 1990. 11. 2.
연 탁, 「불일보조국사 지눌의 생애」, 『승가』 13, 중앙승가대학교, 1996.
염무웅, 「만해 한용운론」, 『한용운: 한국현대시문학대계(2)』, 서울: 지식산업사, 1988.
우경섭, 「송시열의 화이론과 조선중화주의의 성립」, 『진단학보』 101, 진단학회, 2006.
______, 「송시열의 허형 인식과 문묘출향론」, 『진단학보』 106, 진단학회, 2008.
원용문, 「우계 성혼론」, 『한문학논집』(양곡 박천규교수 화갑기념특집), 근역한문학회, 1994.
유남상, 「한국고대사상에 나타난 인본정신」, 『새마음논총』 창간호, 충남대학교 새마을연구소, 1977.
유명종, 「절충파의 비조 우계의 리기철학과 그 전개」, 『성우계사상연구논총』, 우계문화재단, 1991.
유승국, 「율곡 철학의 근본 정신」, 『율곡 이이』, 서울: 예문서원, 2002.
______, 「한국의 유학사상 개설」, 『한국의 유학사상』, 서울: 삼성출판사, 1984.
유초하, 「조선후기 성리학의 사회관(1)-한원진(1682-1751)의 경우」, 『민족문화연구』 제17호, 고려대학교 민족문화연구소, 1983.

윤사순,「박세당의 실학사상에 관한 연구」,『한국유학논구』, 서울: 현암사, 1980.
______,「박세당의 실학사상」,『한국의 성리학과 실학』, 서울: 열음사, 1987.
______,「서계 연구방향에 대한 소망적 단상」, 서계 박세당사상의 재조명, 2010년 전반기 한국공자학회 학술대회 발표논문집, 2010. 6. 5.
윤세원,「한용운 자유 개념의 철학적 토대와 논리 구조에 관한 연구」,『동양사회사상』 제9집, 동양사회사상학회, 2004.
윤종갑,「지눌의 중도의 공부법」,『동서철학연구』 제31호, 한국동서철학회, 2004.
______,「한용운의 근대 인식과 서양철학 이해」,『한국민족문화』 제39집, 부산대학교 한국민족문화연구소, 2011.
이동준,「16세기 한국 성리학파의 역사의식에 관한 연구」, 성균관대학교 박사학위논문, 1975.
이동희,「율곡 성리학과 고봉 성리학 비교」,『동양철학연구』, 제44집, 동양철학연구회, 2005.
이두찬,「율곡 대동사회론에 나타나는 사회철학적 의의」,『율곡사상연구』 제10집, 율곡학회, 2005.
이상곤,「남당 한원진의 기질성리학 연구」, 원광대학교 박사학위논문, 1991.
이상은,「이황의 철학」,『한국철학연구(중권)』, 서울: 동명사, 1982.
이영경,「율곡 대동사회론의 윤리적 성격」,『유교사상연구』 제9집, 한국유교학회, 1997.
이영무,「보조국사 지눌의 인물과 사상」,『인문과학논문집』 제9집, 건국대학교 인문과학연구소, 1976.
이영호,「서계 박세당의『사변록·대학』에 대한 연구」,『한문학보』 제2집, 우리한문학회, 2000.
이이화,「이능화-민족사 왜곡과 식민사학 확립의 주도자」, 반민족문제연구소 편,『친일파99인(2)』, 서울: 돌베개, 1993.
이재곤「이능화론」, 이능화, 이재곤 옮김,『조선무속고』, 서울: 동문선, 1991.
이종성,「왕선산 역사철학의 기본입장」,『중국 철학의 현대적 모색』, 서울: 이회문화사, 2001.

______, 「보인당과 기호유학의 맥락적 관계」, 『동서철학연구』 제37호, 한국동서철학회, 2005.
______, 「고봉과 율곡의 사상적 연계성」, 『동서철학연구』 제52호, 한국동서철학회, 2009.
______, 「우계 성혼의 도학적 삶과 학문연원」, 『우계학보』 제28호, 우계문화재단, 2010.
______, 「율곡 대동사회론의 철학적 지향과 해석의 전환」, 『동서철학연구』 제81호, 한국동서철학회, 2016.
______, 「서계 유학사상의 실학적 인식의 기초」, 『철학논총』 제61호, 새한철학회, 2010.
______, 「남당 한원진의 역사인식과 중화주의」, 『우암논총』 제5집, 충북대학교 우암연구소, 2011.
______, 「성담 송환기 「태극도설」 해석의 우주론적 의의」, 『공자학』 제29호, 한국공자학회, 2015.
______, 「성담 송환기 「태극도설」 해석의 인간학적 의의」, 『인문학연구』 제101호, 충남대학교 인문과학연구소, 2015.
______, 「이능화 조선도교사의 학술사적 의의와 한계」, 『인문학연구』 제81호, 충남대학교 인문과학연구소, 2010.
______, 「만해 한용운의 주체의식과 민족자결주의의 문제」, 『대동철학』 제69호, 대동철학회, 2014.
______, 「탈경계 시대의 율곡학에 대한 인문학적 성찰」, 『율곡학연구』 제44집, (사)율곡학회, 2021.
이종익, 「원효의 「십문화쟁론」 연구」, 『원효의 근본사상-십문화쟁론 연구』(동방사상개인논문집 제1집), 동방사상연구원, 1977.
이태호, 「범부 김정설의 풍류도론」, 『범부 김정설 연구논문자료집』, 서울: 선인, 2010.
이희재, 「박세당사상 연구-탈주자학적 입장에서-」, 원광대학교 박사학위논문, 1994.
임원빈, 「남당 한원진 철학의 리에 관한 연구-리의 지각론을 중심으로」, 연세대학교 박사학위논문, 1994.

장숙필, 「박세당의 실학적 인간관」, 『실학의 철학』, 서울: 예문서원, 1996.

전호근, 「사칠리기 논쟁: 주희 심성론의 한국적 전개를 위한 최초의 갈등」, 『논쟁으로 보는 한국철학』, 서울: 예문서원, 1995.

정만조, 「사림의 분열과 붕당의 출현」, 『한국사』 30권, 과천: 국사편찬위원회, 2013.

정세근, 「한국 신선사상의 전개와 분파」, 『시대와 철학』 제16권 3호, 한국철학사상연구회, 2005.

정혜정, 「지눌의 돈오점수와 이문정혜의 쌍수」, 『불교학연구』 제49호, 불교학연구회, 2016.

정호영, 「『화엄일승법계도』에 나타난 의상의 중도적 사유」, 『불교연구』 제42집, 한국불교연구원, 2015.

조남호, 「조선에서 주기철학은 가능한가」, 『논쟁으로 보는 한국철학』, 서울: 예문서원, 1995.

______, 「조선 주사학자들의 양지에 대한 논쟁」, 『양명학』 제2호, 한국양명학회, 1988.

조명기, 「불교의 총화성과 원효의 근본 사상」, 『한국의 사상가 10인: 원효』, 서울: 예문서원, 2002.

조종현, 「불교인으로서의 만해」, 『한용운전집 2』, 서울: 신구문화사, 1973.

조한석, 「남당 한원진의 『장자』 「소요유」·「제물론」 해석-수용과 비판의 경계에서-」, 『원불교사상과 종교문화』 제40집, 원광대학교 원불교사상연구원, 2008.

최도영, 「율곡 대동사상에 관한 연구」, 동국대 석사학위논문, 1993.

최영성, 「고봉 경세사상에서의 '개혁'의 성격」, 『동양철학』, 제14집, 한국동양철학회, 2001.

최준식, 「이능화의 『조선도교사』」, 『이능화연구』, 서울: 집문당, 1994.

한영우, 「율곡 이이의 평화사상」, 『통일과 평화』 10집 1호, 서울대학교 통일평화연구원, 2018.

한종만, 「중국불교의 본체관」, 『동양철학의 본체론과 인성론』, 서울: 연세대학교출판부, 1986.

한홍섭, 「풍류도의 어원」, 『신라학연구』 제8권, 위덕대학교 신라학연구소,

2004.

황갑연, 「조선성리학자의 양명학 비판 논거에 대한 비판적 고찰-이황과 한원진 및 이정직의 양명 비판을 중심으로-」, 『퇴계학보』, 제120집, 퇴계학연구원, 2006.

황의동, 「고봉의 성리학과 율곡의 성리학」, 『고봉의 철학과 사상』(II), 광주직할시, 1991.

______, 「우계학의 전승과 그 학풍」, 『범한철학』 제28집, 범한철학회, 2003.

______, 「율곡학의 계승과 창신」, 『유학연구』 제23집, 충남대학교 유학연구소, 2010.

홍이섭, 「한용운의 민족정신」, 『한용운사상연구』 제1집, 만해사상연구회, 1980.

권재현, 「大同과 小康과 少康, 그 차이를 아시나요」, 『동아일보』 2013년 7월 22일자.

김정빈, 「선(禪)과 위빠사나」, 『법보신문』, 법보신문사, 2016년 12월 14일자.

김형효, 「도덕적 마음과 예술적 마음으로서의 불상」, 『법보신문』, 법보신문사, 2008년 12월 8일자.

박성배, 「울며 겨자먹기 3000배에 속심이 눈녹듯」, 『시사저널』, 서울: 시사저널사, 1993년 11월 11일자.

이병욱, 「보조국사 지눌의 선교일치」, 『불교신문』 2003년 9월 24일자.

한국유경편찬센터, ygc.skku.ede, 도설자료

『한국불교전서』, 한국불교기록문화유산아카이브,
https://kabc.dongguk.edu/content/list?itemId=ABC_BJ

한국고전번역원 DB자료

『엔사이버 두산백과사전』, http://www.encyber.com

中华典藏, https://www.zhonghuadiancang.com/renwu/dongsijing/

위키백과, 〈뇌물〉 조. https://ko.wikipedia.org/wiki/뇌물

위키백과, 〈당고의 화〉, https://ko.wikipedia.org/wiki/당고의_화

위키백과, 〈봉은사〉, https://ko.wikipedia.org/wiki/봉은사

찾아보기

ㄱ

ㄴ

ㄷ

ㅇ

ㅈ

개정증보판 후기

이 책 『역사 속의 한국철학』을 출간한 지 어느덧 몇 해가 흘렀나 보다. 처음에 출간한 책이 모두 소진되어 다시 인쇄에 들어가게 되었으니 말이다. 알게 모르게 여러 독자들이 이 책에 관심을 가져주었기 때문이라 생각하니 한편으론 가슴 벅차게 고마우면서도 새롭게 엄습하는 막중한 책임감을 외면할 수 없다.

역사 속에 나타난 한국철학의 흐름을 좇아 시대의 문제 상황을 고민하고 그 실천의 동력을 찾아보고자 했던 당초의 저술목표는 지금도 여전히 요원한 과제로 남아 있다. 이러한 한계를 절감하고 있음에도 용기를 내어 개정증보판을 내게 된 데는 나름의 까닭이 있다. 기존에 발행한 초판본에서 발견된 몇 군데 오탈자와 문장의 오류들이 눈에 거스르던 차에 조금이나마 정정할 수 있는 긍정적인 기회라고 생각한 것이 가장 큰 이유이다.

이번 기회에 개정증보판을 내면서 기존에 논의했던 14개 주제의식 이외에 [부록] 하나를 덧붙이게 되었다. 바로 「탈경계 시대의 한국철학의 인문학적 의의와 전망: 율곡의 철학적 문제의식을 중심으로」가 그것이다. 이 글은 비록 율곡철학의 문제의식을 중심으로 논의한 것이기는 하지만 한국철학 일반의 문제의식을 담고 있는 현재적 보편성이 담겨져 있다. [부록]은 한국철학적 문제의식의 의의와 전망을 반성적으로 모색해보는 자리를 제공한다. 이러한 점에서 [부록]은 초판본에 없었던 이 책의 결론을 대신한다.

또한 책의 말미에 '찾아보기'를 만들어 이 책의 본문에서 언급한 주요 인명과 저서 및 개념어들을 찾아보기 쉽게 정리하여 제시하였다. 본문 내용에 대한 정보찾기의 지름길이라고 볼 수 있다. 물론 이와 같은 편의성에도 불구하고 지정되지 않은 여러 주요어들이 본문의 내용 곳곳에 숨어있지 않으리라는 보장은 없다. 이러한 주요어들에 대해서는 불편함을 감내하더라도 독자들이 일일이 찾아서 확인해야 할 몫으로 남는다.

나는 역사 속에 전개된 한국철학의 맥락과 정신을 확인하기 위한 방편으로 현지답사만큼 중요한 것이 달리 없다고 믿는다. 선철들의 발자취를 찾아 전국을 답사하다 보면 피상적으로만 알고 있던 내용들이 새롭게 다가오는 경험을 수도 없이 많이 하게 된다. 내겐 원효와 관련된 유적지 '오어사'(吾魚寺)에서의 각성이 그 중 하나이다.

경상북도 포항에 가면 '오어사'라는 오래된 사찰이 있다. '오어사'는 『삼국유사』에 '항사사'(恒沙寺)라고도 소개되어 있는 사찰이다. 사찰의 이름으로 사용한 '오어사'와 '항사사'가 모두 특이성을 갖는다. '항사사'란 말 그대로 인도 갠지스강가의 모래알 같은 사찰이라는 뜻이니, 널리고 널린 대중적이며 보편적인 장소 이외의 별다른 특이한 공간성을 가질 수 없다는 내용을 담고 있다. 이곳에서 한국철학의 새벽을 열었다는 원효가 혜공이라는 인물에게 크게 한방 먹었다는 일화가 전해진다. 이는 '항사사'가 '오어사'라는 이름으로 불리게 된 연유와 관련이 있다.

『삼국유사』에 전해지는 이야기의 전말은 이렇다. 원효는 만년에 항사사(恒沙寺)로 옮겨가 지냈다. 그때 원효는 여러 불경의 소를 짓고 있었는데, 늘 혜공에게 나아가 의심스러운 부분을 물었으며 가끔 말장난을 하기도 했다. 하루는 두 사람이 시냇물을 따라다니며 물고기와 새우를 잡아먹다가 바위 위에다 똥을 누었다. 혜공이 그것을 가리키며 놀렸다. "너는 똥을 누고 나는 물고기를 누었다." 그래서 그 절 이름을 오어사(吾魚寺)라고 했다(일연, 이가원·허경진 옮김, 『삼국유사』(서울: 한길사, 2012), 353-354쪽 참조 수정 인용).

인생 도처에서 숨은 고수를 만날 때가 있다. 원효라는 이름만큼 세간에 널리 알려진 인물도 없지만, 그의 시대에도 세간에 크게 드러나지 않은 고수들이 많았던 같다. 혜공도 그 중 한명이다. 일생을 살아가면서 숨은 고수들과 조우할 수 있다는 것은 뜻밖의 행운이다. 자신의 한계를 발견하게 할 뿐만 아니라 더욱더 분발하게 하는 삶의 터닝 포인트를 제공받을 수도 있기 때문이다. 혜공과 같은 숨은 선각자들이 있었기 때문에 과거의 원효는 현재 우리가 알고 있는 원효로 거듭날 수 있었넌 것이 아닐까 한다.

그렇다면 이 알다가도 모를 "너는 똥을 누고 나는 물고기를 누었다"는 말은 도대체 무슨 뜻일까? 사람에 따라 여러 가지 의미로 해석할 수 있을 것이다. 그럼에도 분명한 것은 혜공 자신은 물고기를 먹었지만 물고기를 죽인 것이 아니라 물고기를 물고기 자체로 살려내는 생명을 낳았다는 것이다. 이러한 비유는 역설적이면서도 매우 아름답다. 생명을 죽이는 것과 생명을 살리는 것 사이에서 더럽다고 여겨지는 똥조차 죽은 것이 아닌 산 것으로 승화시킬 수 있는 세계관이 전제되어 있기 때문이다. 혜공은 이러한 세계관에 대한 안목을 원효에게 열어주었던 것이리라 여겨진다.

'오어사'의 일화는 한국철학 고유의 풍류정신을 제대로 보여준다. 삶의 참다운 멋이 자기 부정적 비판정신과 자기 긍정적 조화정신으로 나타난 전형적인 사례에 해당한다. 내가 잡아먹은 물고기의 배출이 똥이 아니라 물고기라고 하는, 그야말로 존재에 관여된 가치설정에 대한 부정적 비판정신이 매우 삼엄하다. 그럼에도 똥과 물고기가 하나의 존재성을 갖는다고 하는, 자아와 타자 사이에 관여된 존재론적 조화정신의 철학적 지평이 또한 더없이 고귀하다.

한국철학사의 전승 속에서 명멸해간 수많은 철학자들을 현재에 소환하여 그들의 실천적 지혜의 숨결에 나의 호흡을 함께 맞추어볼 수 있다는 것은 뜻밖의 행복이다. 더군다나 시간을 초월한 곳에서 역사 속의 숨은 철학고수들과 만나 그들과 대화를 나눌 수 있다는 것은 배움을 업으로 삼는 사람들의 더없는 행복이다. 길을 걷다가 만나게 되는 뜻밖의 철학고수들이 지금도 사방도처에서 나와 우리를 기다리고 있다. 비록 잰 발걸음일지라도 그 걸음을 멈출 수 없는 까닭이 있는 것이다.

책을 출간할 때마다 고마운 사람들이 셀 수 없이 많이 떠오른다. 그럼에도 강의실에서 초롱초롱한 눈망울로 나의 강의에 귀를 기울여 준 나의 수강생들이 없었다면 아마도 이 책은 세상에 빛을 보기 어려웠을 것이다. 일일이 호명할 수 없는 그 불특정한 다수의 수강생들에게 감사드린다. 그리고 마지막으로 이 책의 출간을 위해 전폭적인 지원을 아끼지 않은 충남대학교출판문화원의 관계자 여러분에게 깊이 감사드린다.

2021년 9월 21일(신축년 한가윗날)

중정원을 마주한 무명재(無名齋)에서

이종성 삼가적다